如皋政协志

《如皋政协志》编纂委员会　编

苏州大学出版社
Soochow University Press

图书在版编目(CIP)数据

如皋政协志 /《如皋政协志》编纂委员会编. —苏州:苏州大学出版社,2020.12
ISBN 978-7-5672-3426-0

Ⅰ.①如… Ⅱ.①如… Ⅲ.①中国人民政治协商会议-地方委员会-概况-如皋 Ⅳ.①D628. 534

中国版本图书馆 CIP 数据核字(2020)第 242148 号

书　　名: 如皋政协志

编　　者:《如皋政协志》编纂委员会
责任编辑: 王　亮
封面设计: 吴　钰

出版发行: 苏州大学出版社(Soochow University Press)
社　　址: 苏州市十梓街 1 号　邮编:215006
印　　刷: 南通彩虹印刷有限责任公司
邮购热线: 0512-67480030
销售热线: 0512-67481020

开　　本: 889 mm×1 194 mm　1/16　**印张:** 34　**插页:** 30　**字数:** 865 千
版　　次: 2020 年 12 月第 1 版
印　　次: 2020 年 12 月第 1 次印刷
书　　号: ISBN 978-7-5672-3426-0
定　　价: 260. 00 元

苏州大学出版社营销部　电话:0512－67481020
苏州大学出版社网址　http://www.sudapress.com
苏州大学出版社邮箱　sdcbs@suda.edu.cn

2014 年 12 月 3 日，江苏省政协主席张连珍（中）到如皋视察

2007年10月28日，全国政协外事委员会副主任周可仁参加“第五届中国·如皋沿江经济洽谈会”

2018 年 4 月 14 日，全国政协民族和宗教委员会副主任杜鹰（右三）到如皋调研

2000 年 4 月 28—30 日，江苏省政协副主席、九三学社中央副主席、中科院院士闵乃本（右一）到如皋视察

2016年5月10日，全国政协常委、江苏省政协副主席周健民（前中）到如皋视察

2017年8月30日，江苏省政协副主席阎立（左三）到如皋调研

2019 年 4 月 3 日，江苏省政协副主席洪慧民（左四）到如皋调研

2019 年 5 月 5 日，江苏省政协副主席、南京大学党委书记胡金波（前中）到如皋调研

2019 年 6 月 25 日，江苏省政协副主席朱晓进（右一）到如皋视察

1999 年 5 月 1 日，黑龙江省政协原主席王钊（右三）到如皋考察

2005 年 9 月 9 日，上海市政协副主席谢丽娟（左二）参加如皋长寿经济发展活动

2010 年 10 月 3 日，云南省政协副主席顾伯平（左二，后任全国政协社会和法制委员会副主任）到如皋考察

2016年5月9日，福建省政协副主席杨根生（右一）到如皋考察

2017年7月11日，南通市政协原主席程亚民（左三）、曹能新（左二）到如皋视察

1983 年 3 月 16—20 日，如皋县政协召开五届三次全会

1986 年 12 月 17—20 日，如皋县政协召开六届四次全会

1987 年 3 月 22—29 日，如皋县政协召开七届一次全会

1990 年 3 月 18—22 日，如皋县政协召开八届一次全会

1993年2月18—23日，如皋市政协召开九届一次全会

1998年1月2—6日，如皋市政协召开十届一次全会

2003 年 1 月 4—8 日，如皋市政协召开十一届一次全会

2007 年 12 月 26—31 日，如皋市政协召开十二届一次全会

2012 年 3 月 18—24 日，如皋市政协召开十三届一次全会

2017 年 1 月 11—15 日，如皋市政协召开十四届一次全会

1991年6月1日，政协如皋县委员会更名为政协如皋市委员会，举行挂牌仪式

1996年3月4日，召开纪念如皋市政协成立40周年大会

2006年3月25日，召开纪念如皋市政协成立50周年座谈会

2019年9月21日，召开庆祝人民政协成立70周年大会暨全市政协工作会议

2019年9月6日，召开庆祝人民政协成立70周年“我与政协情缘”恳谈会

2014年7月29日，南通市全市政协主席联席会议在如皋召开

2019 年 8 月 6 日，南通市政协系统“提高联系群众能力”学习研讨暨“有事好商量”协商议事室现场观摩推进会在如皋召开

1990 年 3 月 22 日，如皋县政协八届一次全会期间，七届、八届主席和部分副主席合影

1998 年 9 月 25 日，如皋市政协举行国庆中秋茶话会

如皋县政协七届常委会组成人员合影

如皋市政协八届常委会组成人员合影

如皋市政协十届常委会组成人员合影

如皋市政协十一届常委会组成人员合影

如皋市政协十二届常委会组成人员合影

如皋市政协十四届常委会组成人员合影

如皋市政协十四届主席会议成员合影

1996 年 2 月 27 日，五届政协主席吴功祥（左）在庆祝如皋市政协成立 40 周年座谈会上讲话

1986 年 12 月 17 日，六届政协主席季秀英在六届四次全会上讲话

1990 年 3 月 19 日，七届、八届政协主席明道奎在八届一次全会上讲话

1993 年 2 月 23 日，九届政协主席石秀峰在九届一次全会上讲话

2000 年 1 月 14 日，十届政协主席魏国平在十届三次全会上讲话

2001 年 1 月 17 日，十届政协主席刘桂江在十届四次全会上讲话

2006年2月7日，十一届政协主席浦文海在十一届四次全会上讲话

2006年2月11日，中共如皋市委书记、十一届政协主席陈惠娟在市政协十一届四次全会上讲话

2011 年 1 月 11 日，十二届、十三届政协主席李中林在十二届四次全会上讲话

2019 年 1 月 24 日，十四届政协主席张元健出席十四届三次全会

1991年3月11日，中共如皋市委书记柯文在市政协八届二次全会上讲话

1998年1月2日，中共如皋市委书记郁政在市政协十届一次全会上讲话

1999年2月24日，中共如皋市委书记刘井石在市政协十届二次全会上讲话

2001年1月14日，中共如皋市委书记蓝绍敏在市政协十届四次全会上讲话

2013年1月13日，中共如皋市委书记姜永华在市政协十三届二次全会上讲话

2018年1月11日，中共如皋市委书记陈晓东在市政协十四届二次全会上讲话

2019 年 9 月 21 日，中共如皋市委书记张建华在庆祝人民政协成立 70 周年暨全市政协工作会议上讲话

2018 年 1 月 12 日，如皋市人民政府市长何益军（现任中共如皋市委书记）出席市政协十四届二次全体会议

1994年1月20日，如皋市政协视察如皋港闸管理情况

1997年4月24日，如皋市政协调研民营经济发展情况

1999 年 4 月 27 日，如皋市政协赴南京市雨花台区考察农业产业化情况

2002 年 1 月 24 日，如皋市政协委员视察内外城河改造工程

2002年8月16日，如皋市政协听取药品管理工作情况汇报

2005年10月，如皋市政协老领导在长江镇开展调研活动

2010年1月16日，如皋市政协举办“推进城乡一体化”委员论坛

2010年6月16日，如皋市政协视察万顷良田建设情况

2011 年 1 月 15 日，如皋市政协委员、人大代表参观如皋市红十四军纪念馆

2014 年 6 月 10 日，如皋市政协外出调研商会工作

2014 年 10 月 14 日，如皋市政协视察花木盆景产业

2016 年 11 月 28 日，如皋市政协视察规划和房地产管理工作

2017 年 8 月 28 日，如皋市政协老领导到经济开发区调研社会经济发展情况

2018 年 11 月 9 日，如皋市政协常委会协商“全域旅游示范区”创建工作

2019 年 5 月 30 日，如皋市政协主席会议协商“三大攻坚战”重点工作

2018 年 11 月 29 日，如皋市政协召开民主评议民政局、农委工作总结会议

2017 年 10 月 10 日，南通市政协委员视察江苏恒康家居科技股份有限公司发展情况

2018 年 6 月 12 日，如皋市政协督查污染防治工作

2017 年 11 月 15 日，如皋市政协视察“一河两行业”整治工作

2019 年 7 月 17 日，如皋市政协调研基层信访维稳工作

2017 年 6 月 20—22 日，如皋市政协到广东佛山考察学习现代装备制造业发展情况

2019 年 3 月 27 日，如皋市政协督查 “精准扶贫” 工作

2018 年 4 月 12 日，如皋市政协视察食品安全工作

2018 年 6 月 6 日，如皋市政协督查吴窑镇“污染防治攻坚”工作

2019 年 4 月 25 日，如皋市政协调研高中教育质量

2019 年 11 月 29 日，如皋市政协开展重点提案办理“回头看”活动

2019 年 8 月 28 日，如皋市政协考察融媒体建设工作

2019 年 12 月 17 日，如皋市政协考察哈尔滨双城区基层治理和文史工作

2019年，如皋市委、市政协推进"有事好商量"协商议事室建设

2019年9月20日，城北街道平园池村开展"有事好商量"协商议事活动

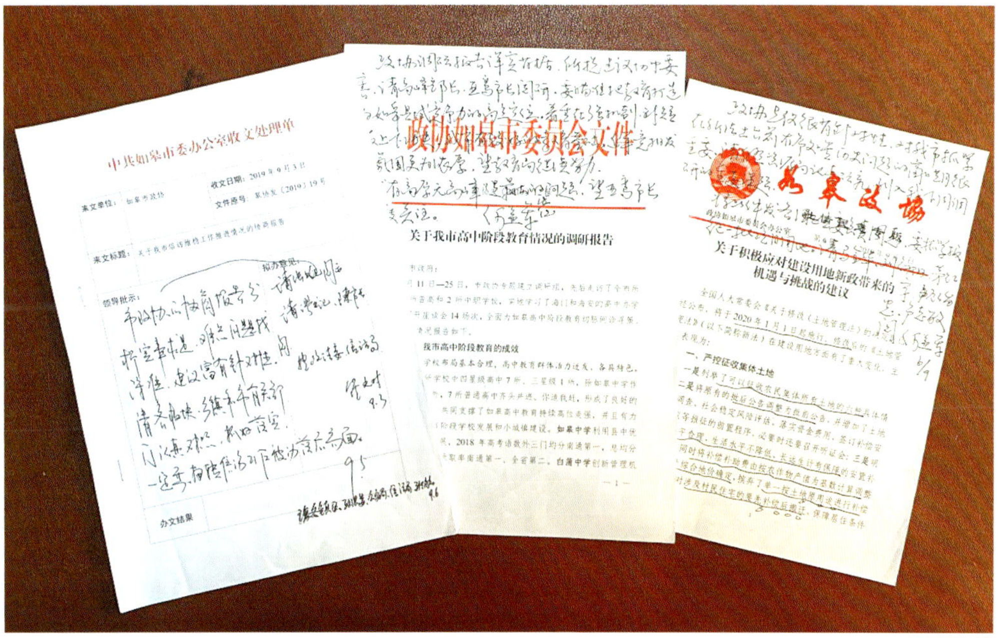

如皋市委、市政府主要领导在政协调研报告及社情民意信息上批示，推动政协履职成果转化

2020 年 9 月 10 日，如皋市政协"虚拟委员"议政建言工作被《半月谈》杂志报道

2016 年 5 月 5 日，如皋市政协在江西干部学院开展委员履职能力培训

2017 年 4 月 15 日，如皋市政协在江西井冈山开展委员履职能力培训

2018 年 9 月 11 日，如皋市政协在贵州遵义开展委员履职能力培训

2019 年 5 月 21 日，如皋市政协在厦门大学开展委员履职能力培训

2020 年 9 月 21 日，如皋市政协在湖南大学开展委员履职能力培训

2017 年 9 月 19 日，如皋市政协举行政协委员慈善爱心基金揭牌捐赠仪式

1999 年 7 月 6 日，如皋市政协联谊会成立

2002 年 11 月 1 日，长江三角洲十二县（市、区）政协工作研讨会第十六次会议在如皋召开

2003 年 7 月 18 日，如皋市政协拜访上海市委原书记夏征农（左）

2006 年 5 月 15 日，如皋市政协拜访上海市人大原副主任沙麟（中）

2015 年 7 月 14 日，如皋市政协拜访第二军医大学校长李家顺（右）

2016 年 9 月 22 日，如皋市政协拜访吉林大学副校长孙友宏（中，现为中国地质大学校长）

2018 年 5 月 19 日，如皋市政协与陕西省洋县政协建立友好政协关系

2018 年 5 月 22 日，如皋市政协拜访中科院院士、兰州大学校长严纯华（右一）

2018 年 6 月 26 日，如皋市政协拜访南京大学副校长邹亚军（左）

2018 年 6 月 26 日，如皋市政协拜访中国科学院院士马瑾（中）

2018 年 8 月 16 日，如皋市政协拜访东华大学教授朱美芳（右一，现为中科院院士）

2019 年 3 月 17 日，如皋市政协拜访全国政协委员、全国工商联常委、月星集团董事局主席丁佐宏（中）

2019 年 6 月 17 日，如皋市政协拜访大连海事大学副校长刘正江（右二）

2019 年 6 月 18 日，如皋市政协拜访清华大学五道口金融学院教授鞠建东（中）

2019年7月15日，如皋市政协拜访哈尔滨工程大学校长助理严汝建（中）

2018年11月，如皋市政协祝贺原副主席黄国珍（左）百岁寿诞

《如皋政协志》编委会

《如皋政协志》编纂人员

序一

在喜迎中国共产党成立100周年之际，全面记载中共如皋市（县）委领导下如皋市协商民主建设光辉历程的首部志书——《如皋政协志》付梓问世了，这是全市人民政治生活中值得庆贺的一件喜事。

人民政协是中国人民爱国统一战线的组织，是中国共产党领导的多党合作和政治协商的重要机构，是中国政治生活中发扬社会主义民主的重要形式，是中国共产党把马克思列宁主义统一战线理论、政党理论和民主政治理论同中国具体实践相结合的伟大创造，是中国共产党同各民主党派、人民团体和各族各界人士风雨同舟、团结奋斗的伟大成果。如皋政协组织从它的前身——1950年建立的如皋县各界人民代表会议，到1956年正式成立至今，转瞬已经历65个寒暑春秋。65年来，无论是在社会主义革命和建设时期，还是在改革开放和全面建成小康社会的新征程中，历届如皋政协始终坚持党的领导，围绕中心、服务大局，与党委和政府工作同轴运转、同频共振、同向推进，政治协商聚焦大事、参政议政关注实事、民主监督紧盯难事，献良策、谋实招、促发展；同时，历届如皋政协带领社会各界人士紧密团结在中共如皋市（县）委员会的周围，风雨同舟，和衷共济，当好党委和政府联系群众、团结群众的桥梁和纽带，倾力集中民智，广泛凝聚人心，汇民意、进诤言、求共识，推动党委和政府科学决策、民主决策，确保上下同唱一首歌、协力画好同心圆，为全市经济社会发展和协商民主政治建设做出了重要贡献。如皋政协65年的风雨历程充分表明，人民政协前景广阔、大有作为。

今天，如皋已迈入奋力建设长江以北最强县市、开启基本现代化建设的新征程，希望市政协和广大政协委员以史为鉴、继往开来，牢记辉煌历史，勇担时代重任，积极履职尽责，为建设“强富美高”新如皋做出新的贡献！

中共如皋市委书记　张建华

如皋市人民政府市长　何益军

2020年11月

序二

盛世修志，志载盛世。经过近三年的辛苦努力，《如皋政协志》正式出版发行了，这是如皋政协史上的一件盛事，也是全市民主政治建设中的一项丰硕成果。

回顾如皋政协65年的历史，既有一帆风顺的喜悦，也有风雨如晦的曲折，以史为鉴，可以知兴替、明得失。这波澜壮阔的65年，是历届如皋政协坚持以马列主义、毛泽东思想、邓小平理论、“三个代表”重要思想、科学发展观、习近平新时代中国特色社会主义思想为指导，不断解放思想、与时俱进的65年；是历届如皋政协在中共如皋市（县）委员会正确领导和上级政协大力指导下，砥砺前行、克难奋进的65年；是历届如皋政协坚持中国共产党领导的多党合作和政治协商制度，政治协商、民主监督、参政议政职能履行成效卓著、群众认可的65年；是历届如皋政协围绕党委和政府工作大局，发挥政协优势，为如皋改革、发展和稳定建言献策、奋发有为的65年；是历届如皋政协高举爱国主义、社会主义旗帜，牢牢把握团结和民主两大主题，凝心聚力、共筑和谐的65年；是历届如皋政协不断发展壮大，政协事业逐步进入制度化、规范化、科学化良性发展轨道的65年。正是这些鲜活的实践和巨大的成就，为编修《如皋政协志》提供了弥足珍贵的第一手资料。

修志问道，以启未来。《如皋政协志》以翔实的史料、丰富的内容、严谨的阐述，全方位展示了如皋政协的历史与风貌，具有存史、资政、团结、育人的重要作用，对于了解如皋政协的过去、做好如皋政协的今天、开创如皋政协的未来，更有重要的借鉴意义。在此对为《如皋政协志》出版做出贡献的各界人士表示衷心的感谢！

人民政协，前程远大。让我们不忘初心、牢记使命，商以求同、协以成事，为书写如皋政协新篇章、接续开辟如皋高质量发展新境界而努力奋斗！

如皋市政协主席　张元健

2020年11月

凡例

一、本志以马列主义、毛泽东思想、邓小平理论、“三个代表”重要思想、科学发展观、习近平新时代中国特色社会主义思想为指导，坚持实事求是的思想路线，运用辩证唯物主义和历史唯物主义的观点和方法，力求全面、真实、准确，体现思想性、科学性、时代性与资料性的统一。

二、本志主体时间上限1956年3月，下限2019年12月，卷末附录1941年成立的如西县参政会、1950年成立的如皋县各界人民代表会议组织机构和工作简况。卷首照片时间适当后延至2020年。

三、本志述、记、志、图、表、录诸体并用。概述为全志之纲；大事记以编年体为主，辅以纪事本末体；各章节为志的主体，采用记述体；照片集于卷首，其他有关表格、附记随文；附录搜集与政协工作密切相关的重要文献、资料。全志采用第三人称记述。

四、继承修志传统，横排纵写，横分门类，纵写史实。划分事类，不受部门隶属关系限制，采取“事以类从”的方法。

五、本志原则上设章、节、目3个层次，个别章节根据实际内容的需要做适当增减。

六、本志用公元纪年。行政区划、机构、职官、地名等一般依当时名称，必要时加注现名。需用简称者，在首次出现时写明全称，括注简称。

七、本志采用规范语体文，文字、标点、数字、计量单位等均按国家颁发的统一规范书写。

八、本志资料主要来自如皋市档案馆、如皋市政协档案室所藏档案、书籍、报刊，相关部门、单位所提供的资料，以及有关人士的回忆，一般不注明出处。

目录

CONTENTS

第一章

概　述

中国人民政治协商会议江苏省如皋市（县）委员会是如皋市（县）人民爱国统一战线的组织，是中共如皋市（县）委领导的多党合作和政治协商的重要机构。如皋市（县）政协前身为如皋县各界人民代表会议，自1950年至1956年共4届；如皋市（县）政协于1956年正式成立，至2019年已历经14届。65年来，如皋市（县）政协准确把握人民政协性质、地位、职能和作用，依照宪法、法律和政协章程履行职能，在如皋政治、经济、文化、社会生活中发挥了重要作用。

一

如皋市（县）政协从成立到2019年，大体经历了四个阶段：

创建阶段（1956年3月—1966年5月）

1956年3月1日，如皋县政协一届一次会议的召开宣告政协如皋县委员会正式诞生。自1956年至“文化大革命”，县政协经历4届，召开全体会议7次，委员从59人渐增至141人。创建初期，政协机关未设专职驻会人员，仅由县委统战部一名干部担任兼职秘书。第二届始设立秘书处、专门委员会和工作组，先后设立学习工作委员会、提案审查（工作）委员会、文史资料研究委员会，以及文教、医卫、工商、社会、综合、妇女等工作组，同时设立区乡工作小组。此阶段县政协的主要任务是贯彻落实中共中央关于过渡时期的总路线，协商讨论政府大政方针、重要事务和政府领导班子人选，巩固扩大爱国统一战线，团结各界人士参加社会主义改造，组织学习马克思列宁主义、毛泽东思想，促进自我教育、自我改造。

中止阶段（1966年5月—“文化大革命”结束）

1966年5月16日，中央下发《五·一六通知》，“文化大革命”全面开始。1968年3月，县政协停止活动。

恢复阶段（“文化大革命”结束—1984年3月）

1979年11月，中共如皋县委发文宣告县政协恢复活动。1981年4月，第五届政协召开第一次全体会议，时有委员197人，设有学习和提案两个委员会，以及工商、侨务和宗教三个工作组，并在三个区（镇）设立委员联络小组。此阶段，县政协的主要任务是贯彻落实党的十一届三中全会精神，团结各界人士把工作中心转移到经济建设上来，同时协助县委拨乱反正，为政协委员和民主人士落实政策、平反冤假错案。

发展阶段（1984年3月—2019年年底）

伴随着改革开放的不断深入，人民政协的职能不断明确、作用不断显现、地位不断提升，如皋市（县）政协的制度化、规范化、程序化建设不断加强。从1984年3月的第六届县政协到2019年12月的第十四届市政协，共经历9届，召开全体会议36次，委员从219人增加到369人。1991年6月，如皋撤县设市，政协如皋县委员会更名为政协如皋市委员会。这一阶段政协工作机构变化较大，前期先后设立学习工作、文史资料研究、提案工作、工作组、经济工作、“三胞”工作等委员会和秘书处、委组工作室，以及教育、医卫、工商（工交、财贸、工商财贸）、科技、妇幼（工青妇）、宗教（民宗）、对台（侨台、侨务、祖国统一）、农业、文化（文体）、计划等工作组。1997 年机构改革中秘书处、委组工作室、工作组撤销，设立政协办公室、专委会办公室、委组办公室，工作委员会成为日常机构，2002 年以后随着历次机构改革，内设机构不断整合、扩充，2019 年调整为“一办六委”。农村委员组也由少数区（镇）设立逐步扩展到全部区（镇），2015 年在全市各镇（区、街道）设立政协工作委员会。这一阶段，如皋市（县）政协以邓小平理论、“三个代表”重要思想、科学发展观和习近平新时代中国特色社会主义思想为指导，把握团结、民主两大主题，切实履行政治协商、民主监督、参政议政三项主要职能，集思广益助发展，履职尽职惠民生，凝心聚力促和谐，团结各界人士推动如皋高质量发展，加快建设“强富美高”新如皋。

二

如皋市（县）政协成立后始终坚持正确的政治方向，广泛团结各界代表人士，较好地发挥了人民政协的职能作用。

（一）履行政协自身职能，服务经济社会发展

围绕党委、政府大政方针的部署落实以及政治、经济、文化、社会生活中的重要问题，如皋市（县）政协通过召开会议、视察调研、提案办理等多种形式组织政治协商，推进民主监督，开展参政议政。

会议协商是政协履职的基本形式。如皋市（县）政协通过全体会议、常委会议、主席会议、专门委员会会议、专题会议等形式，对大政方针和重要工作进行协商讨论。市（县）政协全体会议一般每年召开一次，从 1956 年成立至 2019 年年底已召开全体会议 46 次。全体会议的主要内容是听取和审议常委会工作报告、提案工作报告。从二届二次全体会议开始，政协、人大“两会”同时召开，政协委员列席市（县）人民代表大会，协商市（县）委和政府的大政方针与重要事务。从二届到六届政协，全体会议还参与协商县人大、县政府、县法院、县检察院的领导人选。为探索“协商在先”的改革，八届二次、三次全体会议曾试行先于人民代表大会举行，单独听取并协商讨论政府工作报告、国民经济和财政报告等。市（县）政协常委会议一般每季度召开一次，从 1956 年成立至 2019 年年底已召开常委会议 235 次。常委会议的主要内容是传达并学习上级党委、政协的重要会议和文件精神；听取和协商如皋市（县）政治、经济、文化和社会生活中的重要事项；协商讨论常委会工作和召开全体会议的有关事项；协商讨论并通过政协领导人选、政协委员变动、政协工作机构负责人。市（县）政协主席会议一般每月召开一次。主席会议的主要内容是传达并学习上级会议和文件精神；专题协商经济社会发展相关工作；讨论召开全体会议和常委会议的有关事项；研究政协日常工作。

视察调研是政协履职的重要方法。如皋市（县）政协十分重视视察调研工作，每年都要围绕市（县）委、市（县）政府的重点工作开展视察调研。不同的历史时期，市（县）政协视察调研的主题顺应党的工作重心的变化而变化。“文革”前突出阶级斗争为纲，重点围绕农业、手工业和资本主义工商业的社会主义改造，农业合作化，整风运动，增产节约运动，人民公社建设，社会主义教育运动等主题。“文革”后突出以经济建设为中心。20 世纪 80 年代重

点围绕推行农业生产责任制、落实政策、发展乡镇企业、精神文明建设等主题；20 世纪 90 年代重点围绕治理整顿和深化改革、农业结构调整、减轻农民负担、企业产权制度改革、发展私营经济、“三外”工作、建筑业发展、城乡建设等主题；21 世纪初叶重点围绕沿江开发、项目建设、园区建设、环境打造、小城镇建设、现代高效农业、科技兴市、人才强市、接轨上海、历史文化研究利用等主题；近年来重点围绕创新转型战略实施、特色产业发展、制造业转型升级、重大项目建设、乡村振兴、深化行政审批制度改革、旅游业发展、“三大攻坚战”等主题开展视察调研。各个专门委员会和工作组积极与相关部门联系，具体制订计划，组织视察调研，形成调研报告，提出建议、意见，呈报市（县）委、市（县）政府，意见和建议受到市（县）委、市（县）政府的重视，不少被充分吸收采纳，对于发扬民主、科学决策起到了较好作用。

提案工作是政协履职的核心方式。如皋市（县）政协一直高度重视提案工作，将其作为政协履行政治协商、民主监督、参政议政职能最直接、最有效的方式。从第一届开始，县政协就设立提案审查（工作）委员会，作为全会期间的非常设机构，负责政协委员的提案收集、登记、审查、办理等工作，形成提案审查报告，提交全会审议；第五届开始设立提案工作委员会，作为政协工作结构；第十届政协设立提案委员会，作为政协机关常设机构。提案数量逐年逐届增多，提案工作日益规范化、制度化，办理方式不断创新，办理落实率、满意率持续提升。八届政协制定了《如皋政协提案工作条例》；十届政协制定了《如皋政协提案审查办法》；十一届政协与市人大、市政府联合制定了《关于评选优秀人大代表议案、建议，优秀政协委员提案及评选办理工作先进集体、先进个人的通知》；十二届政协开展提案办理“回头问效”跟踪检查，设立网上政协提案工作系统，实现了提案工作信息化、办理网络化、分析自动化、内容透明化；十三届政协邀请提案委员参与调研、协商、督办；十四届政协在全省率先创新实施“提案办前协商”、重点提案主要领导批办，构建“虚拟委员履职”平台。2018 年，市委、市政府出台了《如皋市政协委员会提案办理协商办法》《关于做好提案办前协商工作通知》，提案办理工作首次列入市级机关年度目标责任制考核和镇、主功能区落实“四个全面”战略布局、推动高质量发展综合考核，提案办理的质量得到不断提高。

（二）把握团结民主主题，凝聚社会各方力量

如皋市（县）政协始终以团结和民主为主题，充分发挥政协的广泛代表性和巨大包容性，沟通思想，增进共识，加强团结，维护稳定，努力寻求全社会意愿最大公约数，画出民心民愿最大同心圆，为经济社会发展凝心聚力。

从成立到“文革”，县政协巩固扩大爱国统一战线，加强与民主人士、工商界、手工业界、人民团体、民族宗教界的联系，学习宣传党的方针政策，广泛听取意见，帮助协调问题，动员、组织各界人士积极投身社会主义改造和社会主义建设，同时发挥政协代表广泛的优势，积极推进祖国和平统一，声援亚非拉人民反帝反封建的正义斗争。

“文革”之后，县政协协助县委、县政府拨乱反正，想方设法为政协委员和民主人士、知识分子、宗教人士落实政策，平反冤假错案，把各类人士团结凝聚起来，努力在全社会营造关心、尊重各界人士的良好社会氛围，共同投身“四化”建设。

改革开放后，随着国际国内形势的变化，市（县）政协不断加强“三胞”（台湾同胞、港澳同胞、海外侨胞）联谊工作，会同县侨务办公室对“三胞”情况进行联合调查，按照“放宽视野、广交朋友、宣传政策、争取人心”的海外统战工作方针，宣传党的“和平统一、一国两制”方针，宣传祖国大陆的政策和家乡的变化，积极走访、听取意见、解决困难，激发“三胞”的爱国思乡之情，为家乡经济建设建言献策、汇聚力量。县政协还多次在深圳组织如皋在港同胞活动，叙乡情，交朋友，牵线搭桥引进合资项目。

进入21世纪，市政协进一步广泛团结社会各界人士，丰富民主形式，畅通民主渠道，充分利用包容各界、联系广泛、人才集聚的有利条件，创新开展民主评议、社情民意、委员之家、委员论坛、有事好商量、“两代表一委员”等工作，当好党和政府联系各界、团结各界的重要桥梁和纽带。一方面积极宣传党的路线方针政策和重要决策部署，把党的治国理政方略变成社会各界的共识；另一方面深入了解社会关注、群众关切，汇集舆情民意，上情下达、下情上达，把有识之士的真知灼见变成党委、政府进行科学民主决策的重要民意资源，使党委、政府工作真正体现社会各界的意愿，使公共决策更好地与社会各界的实际需求对接，让党委、政府和社会各界心连心，上下同唱一首歌，协力画好同心圆。

自设立之始，如皋市（县）政协还充分发挥政协文史资料工作“存史、资政、团结、育人”的作用，整理出版如皋文史资料。政协建立初期就成立文史资料研究委员会，下设文史工作组，征集、访核、编辑、整理如皋文史。1985年《如皋文史》正式出版，至2019年共出版31辑、700多万字。20世纪90年代以来，如皋市政协还编辑出版了《如皋政协四十年》《古邑如皋一片金》《胡瑗》《如皋历史文化》《如皋方言研究》《东皋话旧》《如皋长寿经》《寿比南山：为什么如皋有那么多百岁以上老人》《勠力同心战高沙》等书籍，这些都是记录如皋政治、经济、社会、文化发展的宝贵文献。从2015年开始，市政协实施“雉水英才”采访和“聚识聚力、振兴如皋”主题活动，对分散在全国各地的当代如皋籍院士、将军、知名企业家以及教育、科技、文化、体育界的名人进行拜访、采访、宣传报道，加强感情联络，吸引在外人才献计出力，助推如皋高质量发展。

（三）强化思想能力建设，提升履职服务水平

如皋市（县）政协始终把自身建设作为履行政治协商、民主监督、参政议政职能的基础，持续加强机关和委员的思想、能力和作风建设。

开展学习，提高思想业务素质。政协成立之时就建立学习委员会，增进政治认同，统一思想认识成为政协工作的优良传统。“文革”前，着重学习马列主义和毛泽东思想，组织开展社会主义思想教育活动，学习始终贯彻“百花齐放、百家争鸣”方针，实行“三自”（自己提出问题、自己分析问题、自己解决问题）、“三不”（不抓辫子、不扣帽子、不打棍子）原则，推动自我教育、自我改造。“文革”中，政协学习工作停顿。“文革”后，政协学习先于政协工作恢复，1980年后适应全党工作重点转移需要，从开展讨论“实践是检验真理的唯一标准”起，组织委员和各界人士学习党和国家的各项方针政策，宪法、法律、法规，统一战线、人民政协理论，以及经济、科技等专业知识，将政协工作重点转移到为现代化建设服务的轨道上来。进入21世纪，市政协依托“三讲”、群众路线教育实践、“三严三实”、“两学一做”等活动，学习邓小平理论、“三个代表”重要思想、科学发展观和习近平新时代中国特色社会主义思想，不断夯实广大政协委员履职的思想政治基础，每年除举办常委会集体学习、委员培训学习等报告会、座谈会、交流会外，还组织委员赴井冈山、延安、遵义、莆田、林州等地开展“加强红色基因教育”专题培训，组织委员赴厦门大学等高校开展履职培训，提高委员和机关人员的履职能力、综合素质。

建章立制，推进政协规范化建设。如皋市（县）政协在长期的工作实践中，先后制定了政协如皋市委员会《关于政治协商、民主监督、参政议政的规定》《常务委员会工作规则》《提案工作条例》《视察调查规则》《关于加强与委员联系的制度》《关于委员建议、意见跟踪反馈的制度》《提案工作评优表彰实施办法》《关于委员、委员小组工作的考核办法》《专门委员会组织通则》《提案办理协商办法》《关于加强了解和反映社情民意工作的意见》《秘书长工作规则》《办公室工作职责》《领导班子民主生活会制度》《委员履职积分管理考评办法》《关于完善“政协委员之家”建设的实施意见》和各专门委员会与市委、市政府有关部门对口联系制度及工作简则等，其中有的做了多次修订。这些规章制度的制定和实施，使政协工作逐步走上规范化、制度化的轨道，有力地推进了政协的自身建设。

加强机关建设，提高服务质量和工作效率。政协机关本着为领导、为委员、为基层、为老干部、为政协工作的全方位服务的指导思想，不断改进工作作风、提升工作能力、改善服务态度，不断健全和完善政协机关工作制度和运行机制，重视机关干部的教育和培养，努力把政协机关建设成学习、团结、民主、服务、务实、智慧、高效的工作机构。

三

如皋政协自1956年成立后的实践和探索，为进一步做好政协工作、推动政协事业高质量发展提供了启迪。

（一）坚持党的领导，是做好政协工作的根本保证

如皋政协成立以来，自始至终坚定贯彻执行党的理论和路线方针政策，坚持把履职工作置于市（县）委领导之下，融入市（县）委重大决策部署之中。市（县）委也始终重视政协工作，改革开放以来历届市（县）委均要召开一次政协工作会议，出台相关文件，对政协工作提出新要求，做出新部署。实践证明，只有自觉把党的决策部署贯彻到政协工作的全过程和各方面，与党在思想上同心同德、目标上同心同向、行动上同心同行，人民政协事业才能始终沿着正确方向前进。

（二）坚持服务中心，是做好政协工作的重要原则

65年来，如皋政协服从和服务于市（县）委、市（县）政府在各个历史时期的中心工作和目标任务，自觉把政协工作放到党委和政府工作大局中去思考、去谋划、去推动，动员和组织社会各界聚焦经济社会发展的重大问题，努力做到建言建在需要时、议政议到点子上、监督监在关键处。实践证明，只有做到谋划工作在大局下思考、推动工作在大局下行动、检验工作用服务大局的实际成效来衡量，政协工作才能彰显在服务经济社会发展全局中的独特价值。

（三）坚持以人为本，是做好政协工作的出发点和立足点

如皋政协始终坚持以人民为中心的思想，围绕群众享有更幸福的生活、更公平的发展、更公正的待遇，密切联系群众，倾听民众心声、反映群众诉求，同时组织结对帮扶、慈善捐助等活动，为群众办好事、办实事，尽力协助党委和政府实现好、维护好、发展好最广大人民群众的根本利益。实践证明，只有坚持人民政协为人民，以人为本，履职为民，社会主义协商民主的独特优势在人民政协这个平台上才能得到充分展现。

（四）坚持依靠委员，是做好政协工作的关键所在

如皋政协始终尊重和保障委员的民主权利，为委员履职尽责创造良好条件。十八大后，更是按照习近平总书记“懂政协、会协商、善议政，守纪律、讲规矩、重品行”的要求，不断强化政协委员的委员意识、群众意识和服务意识，充分发挥了政协委员在本职工作中的带头作用、政协工作中的主体作用和界别群众中的代表作用。实践证明，只有充分发挥好政协委员的主体作用，提高委员参与国家和社会事务管理的能力，调动委员政治协商、民主监督、参政议政的积极性，政协工作才能始终保持旺盛的生机与活力。

如皋政协 65 载春华秋实的发展历程，是高举爱国主义、社会主义旗帜，围绕中心、服务大局，团结一切可以团结的力量，为全市（县）现代化建设团结奋斗的历程；是发展协商民主、积极推进社会主义民主政治建设的历程；是不忘初心、砥砺前行，解放思想、实事求是，与时俱进、开拓创新的历程。

千秋伟业，任重道远。在决胜全面建成小康社会、夺取新时代中国特色社会主义伟大胜利、实现中华民族伟大复兴的中国梦、实现人民对美好生活向往的奋斗进程中，人民政协肩负着庄严而崇高的使命。站在历史新起点上的如皋政协，将始终坚持以邓小平理论、“三个代表”重要思想、科学发展观、习近平新时代中国特色社会主义思想为指导，在如皋市委领导下，继承和发扬优良传统，以改革思维、创新理念、务实举措大力推进履职能力建设，聚焦市委提出的“做实产业、做优城市、做好民生、建强队伍”四大重点，深入议政，高效协商，精准监督，广泛凝心聚力，着力提质增效，推动如皋政协事业高质量发展，为奋力构建长江经济带战略支点重要支撑、接续开辟如皋高质量发展新境界、建设“强富美高”新如皋发挥更大的作用。

第二章

大　事　记

1956 年

3 月 1—2 日，召开政协一届一次全会，宣告中国人民政治协商会议如皋县委员会成立。选举倪锦瑜为主席，张朝模、陶肖溪为副主席。

3 月 2 日，召开一届一次常委会议。

4 月 4 日，组织各界人士 50 余人慰问焦港疏浚工地民工，参观磨头区曙光农业生产合作社。

5 月 20 日，召开一届二次常委会议，决定设立文教、医卫、工商 3 个工作组。

6 月 15 日，召开工商界资方及手工业代表公私合营与合作化座谈会。

7 月 22 日，会同县委统战部召开工商界各行业生产经营座谈会。

8 月 24 日，召开一届三次常委会议，决定增加委员 20 名，委员总数增至 79 人。

9 月 11 日，组织各界人士 20 余人参观南通县三余区飞机治虫现场、环本农场拖拉机站和南通市电力灌溉站、狼山古物陈列馆。

9 月 29 日，召开各界人士学习全国人大一届三次会议精神座谈会。

10 月 1 日，组织各界人士参加如城庆祝国庆大会。

10 月 4 日，与总工会、团委、妇联、工商联共同为徐淮灾区发起募捐活动。

11 月 20 日，召开各界人士声援埃及人民收回苏伊士运河主权、反抗英法侵略斗争座谈会。

12 月 2 日，江苏省政协视察组到如皋检查和了解政协工作情况。

12 月 17 日，召开一届四次常委会议，决定建立学习委员会和区乡工作小组，增加 7 名常务委员。

1957 年

1 月 15 日，召开一届五次常委会议，预备协商县第二届人民代表大会代表候选人。

1 月 24 日，召开一届六次常委会议暨县各人民团体代表联席会议，协商县第二届人民代表大会代表候选人初步名单。

2 月 4 日，举行各界人士春节联欢茶话会。

3 月 25—27 日，召开一届七次常委会议暨县各人民团体代表联席会议，协商第二届县人民委员会组成人选。

4 月 3—11 日，政协常委、部分委员和县人民委员会委员中的民主人士出席中共南通地委召开的各县政协会议。

4 月 14 日，江苏省政协视察组到如皋视察生猪养殖情况。

5 月起，参加南通地委和如皋县委的整风和反右派斗争活动。

6 月 1 日，召开一届八次常委会议，决定增加政协委员 35 名，委员总数增至 114 人。

6月3日和6日，与县委统战部联合召开社会人士帮党整风座谈会。

7月21日，组织部分委员参观焦港闸工程。

8月3日，召开一届九次常委会议。

8月16日，组织部分委员参观白蒲、石庄和卢港区农业生产合作社。

8月26—27日，召开一届十次常委会议。

9月3日，召开一届十一次常委会议。

9月29日，召开一届十二次常委会议。

9月30日—10月8日，召开一届二次全会。

10月28日，召开一届十三次常委会议，决定设立学习委员会和妇女工作组。

10月31日，在政协委员和各界人士中再次开展为徐州地区灾民募捐活动。

11月1日和5日，召开各界人士庆祝苏联十月革命40周年座谈会。

11月7日，召开如城各界代表庆祝苏联十月革命40周年大会。

11月28日，组织部分在城委员和各界人士政治学习，确定每周四下午为集中学习日。

12月22日，召开一届十四次常委会议，协商通过李普凡辞去县长职务的请求，建议倪锦瑜为县长候选人。

1958年

2月3日，召开各界人士开展除“四害”、讲卫生运动座谈会。

3月13日，召开一届十五次常委会议。

3月20日—4月23日，召开整风学习座谈会。

4月6日，召开一届十六次常委会议暨县各人民团体负责人联席会议，专题协商县第三届人民代表大会代表候选人初步名单。

5月22日，召开一届十七次常委会议，协商县第三届人民委员会委员、县长、副县长、县法院院长和出席江苏省人民代表大会代表候选人名单。

5月26日，出席江苏省政协第二次各市县政协工作会议。

5月27日，组织医生到城西区开展巡回医疗，历时两周，受治人员1 103人次。

7月27日，召开各界人士抗议美英帝国主义侵略中东、声援中东人民正义斗争座谈会。

8月10日，召开各界人士学习中苏领袖会议公报座谈会。

8—9月，会同县工商联开展各界人士向党“交心”活动。

9月8日，召开各界人士声讨美帝国主义在台湾海峡对我国进行威胁挑衅座谈会。

9月12日，召开各界人士关于城镇私房改造政策征求意见座谈会。

9月21日，召开一届十八次常委会议。

10月4日，列席江苏省政协一届四次全会。

10月13—16日，会同县委统战部召开全县宗教界代表会议，倡议破除迷信、参加生产、自我改造，会后宣布创办如城芦菲厂。

11 月 8 日，组织各界人士 40 余人参观白蒲镇和勇敢农业中学。

12 月 10 日，组织各界人士到南通参观“大跃进”成就展。

12 月 14 日，召开部分委员和非党县人民代表关于人民公社化问题座谈会。

12 月 28 日，召集全体委员与县人民代表中的文教、工商、医卫、宗教界非党人士和其他社会人士，学习中共中央《关于人民公社若干问题的决议》。

1959 年

1 月至 2 月春节前，协助如城镇工商联举办 193 人参加的政治学习班，动员与会者制订自我改造规划，参加挑河建闸、筑坝开渠、街道拓宽、种田喂猪、食堂建设等义务劳动。

2 月，协同县卫生协会召开中医学术研究会，动员中医界人士献方，献礼国庆 10 周年。

4 月，召开谴责西藏上层反动分子叛乱、拥护党和政府平定叛乱决策座谈会。

5 月，组织参观如皋县工商界 1958 年总结评比经验交流展览。

6—7 月，组织各界人士参观县人民医院、县农场、城西电灌站、如城 6 家工厂和新民、胡芝（场北）公社。

7 月，举办卫生巡回讲座。

8 月 20 日，召开一届十九次常委会议。

9 月 1 日，召开一届二十次常委会议，决定政协委员增至 131 名。

9 月 10 日，召开一届二十一次常委会议。

9 月 11—16 日，召开二届一次全会，选举倪锦瑜为主席，沈忠怀、陶肖溪、胡伯兰、潘逸尘为副主席，黄克明为秘书长，何锦春、潘信征为副秘书长。

9 月 18 日，召开二届一次常委会议。

9 月 29 日，举行各界人士国庆 10 周年报告会、联欢会。

9 月，召开各界人士支持我国政府关于中印边界问题外交政策座谈会。

10 月上旬，组织各界人士参观如皋县各条战线成就展，外出参观南通建设成就展和任港船闸。

11 月，召开各界人士关于建立城市人民公社和公共食堂座谈会。

11 月，出席江苏省政协工作经验交流会。

1960 年

1 月 10—14 日，召开二届二次全会。

1—8 月，组织开展社会主义教育，参观南通专区社会主义教育展览会。

8 月，召开二届二次常委（扩大）会议，协商开办各界人士政治学习班事宜。1960 年 8 月至 1963 年上半年，举办各界人士政治学习班 9 期。

全年，先后召开各界人士有关反帝座谈会，内容包括：支持苏联反对美国破坏“四国首脑会议”，支持日本、南朝鲜和土耳其人民的反帝斗争，支持亚非和南美国家的民族独立运动，支持老挝人民的反帝斗争，反对艾森豪威尔到远东活动。

1961 年

3 月 25 日，召开二届三次常委会议。

4 月，召开各界人士支持古巴人民革命、反对美帝国主义侵略座谈会。

7 月，组织部分委员，历时一年半时间，帮助县有关单位整理古籍 5 万余卷、字画文物1 070 件。

9 月，召开工商界人士合作共事座谈会。

10 月 10 日，召开各界人士纪念辛亥革命 50 周年座谈会。

12 月 27 日，召开二届四次常委会议。

12 月 29 日，召开二届五次常委会议，协商正、副县长和县人民委员会委员人选。

1962 年

4 月，召开二届六次常委会议。

5 月 5—9 日，召开三届一次全会，选举倪锦瑜为主席，沈忠怀、胡伯兰、潘逸尘、刘心灿为副主席，黄克明为秘书长，何锦春、潘信征为副秘书长。

5 月 9 日，召开三届一次常委会议。

7 月，召开三届二次常委会议。

9 月，向工商界人士传达国务院《关于在精简工作中妥善安置资产阶级工商业者的若干具体规定》《关于处理资产阶级工商业者退休问题的补充规定》。

10 月 21 日—11 月 8 日，组织政协常委、部分委员和非党县人民委员参观雪岸、新姚、子厚（袁桥）、搬经和邓白（江安）等公社。

12 月，召开三届三次常委会议。

12 月，召开去台军政人员家属座谈会。

1963 年

4 月，常委 20 人、县人民委员 1 人出席南通专区 6 县政协常委会议，历时 1 个月。

5 月，设立文史资料研究委员会。

5 月，分别召开文教、医卫专题会议。

6 月 19 日—7 月 7 日，召开三届四次常委（扩大）会议。

10 月，组织各界人士夜集水明楼填词赋诗，迎国庆话中秋。

10 月，组织各界人士参观“三史”展览馆、“南京路上好八连”事迹展览会和雷锋事迹展览会。

下半年，在全县举办3次医疗业务讲座，听众679人次。

1964年

1月11日，召开三届五次常委会议。

1月20日，召开三届六次常委会议。

1月21—29日，召开三届二次全会。

1月26日，召开三届七次常委会议，协商县长、副县长、县人民委员会委员、县法院院长、江苏省人民代表候选人名单。

1月29日，召开三届八次常委会议。

5月18日，召开三届九次常委会议。

秋季，组织工商界人士及家属30多人到搬经公社视察知识青年插社、插队情况。

10月12日，召开三届十次常委会议，庆贺我国打破美苏核垄断、成功研制核武器。

1965年

县政协全年工作以社会主义教育运动为中心，组织各界人士开展政治学习。

1966年

1月3—6日，召开四届一次全会，选举王飞岳为主席，魏志田、胡伯兰、潘逸尘为副主席，黄德银为秘书长，潘信征、何锦春为副秘书长。

2月，中共南通地委社会主义教育总团进驻如皋，政协工作围绕社会主义教育展开。

5月，“文化大革命”开始，政协活动停止。

1978年

协助县委、县革命委员会对“文革”十年动乱中的冤假错案进行平反。

8月3日，为县政府原副县长、县政协原副主席、县人民医院原院长胡伯兰举行追悼会。胡伯兰于1969年7月12日辞世。

9月20日，为县政协原副主席潘逸尘举行追悼会。潘逸尘于1970年10月4日辞世。

1979年

7月26日，为县工商联原副主任、县政协原委员吴兆庆举行追悼会。吴兆庆于1968年辞世。

10月26日，为县政协原常委汤慧余、吴宗俊举行追悼会。

11月29日，中共如皋县委发文，宣告如皋县政协正式恢复活动。

1980年

1月18—20日，召开四届一次常委（扩大）会议。

3月27—29日，县政协代行县工商联职责，召开工商界代表会议。

4月至6月底，配合县委统战部进行“把小商、小贩、小手工业者和小业主从原工商业者中区别出来”的工作。如皋县区别对象421人，确定劳动者成分的347人。

全年，配合县委统战部对如城、白蒲两镇原寺庙房产情况和宗教界人士的经济收入、住房等情况进行调查，为落实宗教政策提供依据。

1981年

1月13—14日，召开四届二次常委会议，学习邓小平在全国政协五届三次全会上的讲话。

4月10—12日，召开四届三次常委会议。

4月24—30日，召开五届一次全会，选举吴功祥为主席，吴凤琴、王学源、安子余、沙宇清、殷宗焕、黄国珍、黄道贯、阙剑冲、潘信征为副主席，张远猷为秘书长。

4月30日，召开五届一次常委会议。

6月23日，到何庄公社调研联产到劳生产责任制情况。

7月1—2日，举行庆祝中国共产党成立60周年活动。

7月10日，发文号召全体委员学习中共中央《关于建国以来党的若干历史问题的决议》。

7月13日，主席办公会议协商建立工商、侨务和宗教3个工作组，通报镇村委员编组情况。

9月2日，召开五届二次常委会议。

9月10日，专题协商《如皋县城建设规划》。

10月15日，召开部分委员和台胞关于叶剑英委员长的台湾回归祖国九条建议座谈会。

10月17日，组织部分委员参观丁堰纺织厂。

10月27—28日，召开工商工作座谈会。

11月6—11日，会同县人大常委会联合视察环境卫生和蔬菜生产情况。

11月24日，专题协商环境保护工作。

12月10—11日，召开五届三次常委（扩大）会议。

12月18日，组织部分委员到马塘公社庄米大队第七生产队参观联产到劳生产责任制情况。

12月22日，原副主席沙宇清因病逝世，享年76岁。

1982 年

1 月 5 日，组织如城、白蒲、石庄和丁堰四个镇部分委员参加春节前市场管理和物价检查工作。

1 月 20 日，与县委统战部联合举行迎春茶话会。

2 月 19 日，专题调查协商如城镇鲜鱼产供销情况。

3 月 5 日，召开部分委员关于中央决定开展打击经济领域犯罪活动座谈会。

3 月 29—31 日，召开工商界为“四化”服务经验交流会，百货公司、糖烟酒公司等 19 个单位介绍经验。

4 月 13 日，召开五届四次常委会议。

4 月 24—28 日，召开五届二次全会。

5 月 17—19 日，召开五届五次常委会议。

6 月 3 日，召开学习《中华人民共和国宪法（草案）》座谈会。

7 月 8 日，会同县人大常委会调研企业环境污染情况。

7 月 29 日，召开各界人士学习《廖承志致蒋经国先生信》座谈会。

8 月 11 日，专题协商工商界人士在“文革”中被扣发工资的问题，后县委常委会研究决定照数补发。

8 月 17—18 日，召开五届六次常委会议，学习《中国人民政治协商会议章程（草案）》。

9 月 20—22 日，召开知识界为“四化”服务经验交流会。

9 月 26—30 日，会同县人大常委会对中小学教育和如城劳动就业情况进行联合视察。

9 月 27—28 日，会同县人大常委会视察县粮食局、如皋肉联厂等单位。

9 月 29 日，与县委统战部联合举行国庆中秋茶话会。

10 月 11 日，召开五届七次常委会议，协商建立学习委员会和教育、医卫、科技、妇女、对台等工作组（原已建立工商、侨务、宗教工作组）。

10 月 13 日，县委发文设立政协党组，吴功祥兼任党组书记，王学源任党组副书记，黄国珍为党组成员。

10 月 23 日，召开“怎样使我县农民尽快地富裕起来”委员座谈会。

10 月 31 日—11 月 18 日，检查如城、白蒲落实统战政策工作。

11 月 24—27 日，会同县人大常委会联合视察兴办沼气情况。

12 月 8 日，召开关于学习、宣传、维护和执行新宪法的委员座谈会。

12 月 21—23 日，召开五届八次常委会议。

1983 年

1 月 24—25 日，召开五届九次常委会议。

2 月 4 日，与县委统战部联合举行春节茶话会。

2 月 4 日，与县侨务办公室公布联合调查结果。至 1982 年年底，全县外籍华人、旅外华侨、港澳同胞共 283 户、1 037 人，分布于 18 个国家和地区，在如皋直系亲属 343 户、1 666 人。

3 月 4 日，召开主席（扩大）会议，专题协商南通地市合并后如皋县出席南通市人大、市政协会议的代表及委员名额问题。

3 月 4 日，因应市管县体制改革，召开专题会议协商提名 20 人为南通市第五届政协委员。此为如皋县首次安排南通市政协委员。

3 月 15 日，召开五届十次常委会议。

3 月 16—20 日，召开五届三次全会，补选何剑芒、陈汝贤、袁靖东为副主席，何剑芒兼任秘书长。

3 月 21 日，召开五届十一次常委会议，协商讨论落实知识分子政策问题。

5 月 12—14 日，召开五届十二次常委会议，协商讨论农村实行政社分设和包干分配责任制情况。

5 月 27—28 日，组织委员 50 余人参观南通市国棉二厂、南通市机床厂、海港码头和狼山法乳堂。

6 月 8—9 日，会同县委统战部对非党县政协委员落实政策中的遗留问题逐个研究。

6 月 16—22 日，会同县人大常委会，联合视察县饮服公司饭店、旅社和丁堰区供销社承包责任制情况。

6 月 21 日，会同县委统战部联合召开各界人士座谈会。

6 月 23 日，南通市委统战部部长徐希权一行 4 人到如皋了解非党政协委员落实政策遗留问题的解决情况。

7 月 16 日，召开学习《邓小平文选》专题座谈会。

8 月 13 日，约请县委统战部、人事局、财办、供销社学校负责人协商解决工商界政协委员落实政策问题。

8 月 16 日，约请县人大常委会、如城镇委、房管所、如皋师范学校负责人商讨解决宗教界房产政策中的问题。

8 月 19 日，约请副县长季秀英、县卫生局负责人商讨解决医卫界非党政协委员落实政策问题。

8 月 25—27 日，召开五届十三次常委会议，县委书记谢翼飞通报工农业生产情况。

8 月 31 日—9 月 2 日，南通市政协副主席江庆曾、孟桂林、黄树勋一行 6 人到如皋调研非党政协委员落实政策工作。

9 月 4 日，部分政协委员听取县委书记谢翼飞通报当日凌晨 2 时起从重从快打击严重刑事犯罪的情况。

9 月 13 日，召开关于风味食品、手工艺品生产专题座谈会。

9 月 14 日，召开如城初中学生补习问题座谈会。南通市委统战部部长徐希权到会介绍南通市初中补习班的做法。

9 月 18 日，举行中秋茶话会。

9 月 23—24 日，组织部分委员参观丁北万方村棉田、丁堰化工厂、丁堰炼油厂、薛窑养鸡场和中心沙渔场。

10 月 6—8 日，召开五届十四次常委会议。

10 月 19 日，主席会议协商落实统战政策工作。

10 月 19—21 日，会同县人大常委会对如城内城河淤塞情况进行联合视察。

10 月 21 日，会同县委统战部联合召开相关部门负责人会议，研究非党政协委员落实政策问题。

10 月 25 日，江苏省政协副秘书长施秉章到如皋，看望江苏省政协委员、县政协常委黄星楼。

10 月 26 日，江苏省政协落实政策调查组一行 9 人到如皋调研。

11 月 7—11 日，南通市政协落实政策调查组一行 9 人到如皋调研。县领导吴功祥、孙忠权、杨银聪、季秀英、王学源、何剑芒、潘信征参加。

11 月 25 日，全国政协副主席费孝通、上海科技大学校长钱伟长到如皋视察，如皋政协副主席何剑芒、潘信征陪同。

11 月 29 日，主席会议协商落实统战政策工作。

11 月 29 日，组织政协委员 60 余人出席“纪念反清乡斗争 40 周年报告会”。

12 月 7 日，召开五届十五次常委会议，县委书记谢翼飞通报县级机关机构改革初步方案。

1984 年

1 月 6—7 日，召开五届十六次常委会议，听取对非党政协委员落实政策情况的汇报。

1 月 12 日，在城政协委员听取“严打”第二批拘捕刑事罪犯的情况通报。

1 月 24 日，与县委统战部联合举行迎春茶话会。

2 月 24 日，召开五届十七次常委会议，通过第六届政协委员名单。

3 月 7 日，继续召开五届十七次常委会议，协商通过县委书记谢翼飞提名的增补政协委员名单。

3 月 10—16 日，召开六届一次全会，选举吴功祥为主席，王学源、潘信征、殷宗焕、黄道贯、阙剑冲为副主席，谢明为秘书长。

3 月 17 日，召开六届一次常委会，协商确定副秘书长，协商建立政协工作组，确定筹备组负责人。

4 月，与县政府财贸领导组联合调查如城镇和白蒲镇集体商业发展情况。

5 月上旬，会同县人大组织部分在如皋的省人大代表和县人大代表、县政协委员，联合视察乡办村办工业企业。

5 月 7—12 日，会同县人大常委会联合视察“两户一体”、乡镇企业和中等教育结构改革工作。

5月22—23日，南通市政协副主席黄树勋率政协医卫工作组一行15人到如皋，举办医学讲座，到县人民医院、中医院会诊。

5月29—31日，召开六届二次常委会议，协商通过财贸、工交、教育、侨台和宗教5个工作组负责人名单。

6月13日，江苏省政协原委员、江苏省中医学会原理事、南通地区医学会原副理事长、县政协原常委、县中医院原主任医师黄星楼逝世，享年84岁。

7月6日，主席办公会议协商讨论出席江苏省政协表彰大会人员名单。

8月24日，南通市九三学社医卫组到如皋讲学，副主席黄道贯陪同。

8月30日，主席办公会议协商讨论对外开放问题，通报对越自卫反击战情况。

9月8日，与县委统战部联合举行中秋茶话会。

9月29日，会同县委统战部联合召开各界人士关于中英《香港问题联合声明（草签）》座谈会。

10月16日，会同县人大常委会联合视察农业产业结构调整情况。

10月25日，选送张宝蔚、王天光、树德、范存进四人书法和绘画作品参加江苏省政协展览。

11月上旬，专题调查白蒲镇集体商业运行情况。

11月21日，副主席王学源、潘信征带队到南京参加江苏省政协表彰大会。

12月11日，召开六届三次常委会议。

12月12—15日，召开县政协委员和各界人士为“四化”服务经验交流会。南通市政协副主席濮九康参加并讲话。

1985年

1月，《政协工作情况》更名为《如皋政协》，从1981年5月创刊至此累计编印25期。

1月9日，与县委统战部联合召开部分在城的省、市、县政协委员和“三胞”眷属座谈会。

1月22日，召开征求“严打”第二战役意见座谈会。

3月21—28日，到搬经、磨头、城西、薛窑、城东和江安等镇，分别召开政协委员联系小组座谈会。

4月4日，召开六届四次常委会议。

4月16—17日，组织调查如城自来水污染原因。

4月17—20日，黄道贯、黄仪、王宣福、宗泉、汪元才、奚定九、俞坤维、冯龙生、程郁美、刘光展、刘炳生、沙冰、刘万方、葛克有等出席南通市政协表彰先进大会。

4月24日，召开六届五次常委会议。

4月25—28日，举行六届二次全会，通过主席吴功祥、副主席王学源的辞职申请，选举季秀英为主席，贲正祥为副主席。

5 月 15 日，主席会议决定增设文史资料工作组和农业工作组。

5 月 24 日，南通市政协副主席吴志仪率市政协委员、各民主党派成员共 70 余人到如皋，参观水绘园、顾庄村和丁西乡蜻蜓村。如皋县政协主席季秀英、副主席贲正祥陪同。

5 月 28 日—6 月 3 日，会同县人大常委会联合视察企业安全生产情况。

6 月 17—20 日，召开六届五次常委会议，协商如城城建规划。

8 月 14 日，召开在城部分非党人士关于县级机关整党工作征求意见座谈会。

8 月 28 日，会同县委宣传部、统战部联合召开纪念抗日战争和世界反法西斯战争胜利 40 周年座谈会。

9 月 3 日，会同县人大常委会联合举行如皋县暨如城镇各界人士纪念抗日战争、世界反法西斯战争胜利 40 周年大会。人大常委会主任孙德明、政协主席季秀英参加并讲话。

9 月 25 日—10 月 5 日，在水绘园举办书画展览。

10 月 28—31 日，召开六届六次常委会议。

11 月 3 日，主席会议研究恢复工商联问题。

11 月 7 日，主席会议讨论决定开办高中补习班。

11 月，会同城建委对邓园乡农村宅基地问题开展调查。

11 月 28 日，组织部分委员参观如皋动力机厂、染织厂和食品罐头厂。

12 月 22—25 日，参加南通市政协工作经验交流会，如皋政协、石庄镇委员联系小组、工交工作组和直属学习组分别在会上做经验交流。

12 月底，《如皋文史资料》第一辑出版。

1986 年

1 月 13—16 日，召开六届七次常委会议，协商讨论如皋县“七五”发展计划、1986 年经济和社会发展计划。

1 月 13—17 日，南通市政协农业工作组一行 6 人到如皋视察并调查瘦肉型猪饲养和农村产业结构情况。如皋县政协副主席贲正祥、潘信征陪同。

1 月 14—16 日，南通市政协副主席王太祥一行 3 人到如皋检查、指导文史工作。

3 月 11—19 日，副主席贲正祥参加江苏省政协召开的市、县（区）政协工作经验交流会，介绍石庄镇政协委员联系小组的工作经验。

4 月 2—3 日，召开六届九次常委会议。

4 月 2 日，政协原副主席安子余逝世，享年 76 岁。

4 月 8 日，中共如皋县委印发《关于做好新时期人民政协工作的通知》。

4 月 14—15 日，南通市政协副主席蒋正颐率农业工作组一行 9 人到高明乡进行扶贫调查。如皋县副县长冯邦才、政协副主席贲正祥陪同。

5 月 3 日，召开六届十次常委会议。

5 月 4—9 日，召开六届三次全会。

5 月 26—27 日，江苏省政协常委、江苏省国防工办顾问莫珊一行 9 人到如皋考察沿江港口岸线。如皋县政协主席季秀英陪同。

6 月 12—13 日，南通市政协副主席江行一行 5 人到如皋调研“三胞”工作情况。

6 月 13 日，举行台海形势报告会。

6 月 13 日，《人民政协报》报道如皋政协直属学习组坚持学习活动 11 年的经验。

7 月 7—8 日，调研《中华人民共和国食品卫生法》贯彻执行情况。

8 月 11—12 日，调研长江镇等镇水利建设及河道管理情况。

8 月 13 日，南通市政协教育工作组带领优秀教师到如皋讲授教学经验。

9 月 11—13 日，召开六届十一次常委会议，县长潘宝才通报全县经济形势。

9 月 16 日，与县委统战部联合举行中秋茶话会。

10 月 21 日，视察沿江滩涂资源开发利用情况。

10 月 21 日，政协原副主席何剑芒逝世，享年 65 岁。

11 月 1 日，南通市政协副主席吴志仪率教育工作组一行 9 人考察如皋奚斜职业中学。如皋政协副主席贲正祥、潘信征陪同。

11 月 7—8 日，南通市政协农业工作组到如皋考察优质棉基地建设和淡水养殖情况。如皋政协副主席贲正祥陪同。

12 月 16 日，召开六届十二次常委会议。

12 月 17—20 日，召开六届四次全会。

1987 年

1 月 13 日，举行迎春茶话会。

1 月 17 日，召开六届十三次常委会议。

2 月 26—27 日，在如皋的南通市政协委员参观考察如皋手套厂、丁堰纺织厂和如皋绢纺厂。

3 月 9—10 日，召开六届十四次常委会议。

3 月 22—29 日，召开七届一次全会，选举明道奎为七届政协主席，贲正祥、潘信征、黄道贯、马云鹏为副主席，谢明为秘书长。

3 月 29 日，召开七届一次常委会议，决定设立学习工作组等 11 个工作组、如城镇政协委员联系小组等 10 个政协委员联系小组。

5 月 8 日，召开通榆公路如城地段拓宽后路名、桥名委员献计座谈会。

5 月 14—15 日，考察丁西乡、高明乡棉花生产情况。

5 月 19 日，中共如皋县委印发《批转县政协党组〈关于进一步发挥人民政协政治协商、民主监督职能作用的意见〉的通知》。

5 月 29 日，南通市政协落实政策检查组一行 9 人到如皋检查统战政策落实情况。

6月13日，南通市政协副主席朱良春、殷若男率医疗队一行11人到高井乡接诊群众289人；南通市政协副主席蒋正颐率纺工组一行5人到高井乡对乡办企业进行咨询服务。

6月15—16日，考察白蒲等8个集镇的夏季食品卫生状况。

6月27日，视察场南乡葡萄、银杏和韭菜芽等庭院经济作物种植情况。

8月12—13日，召开七届二次常委会议，副县长袁泉通报开展“双增双节”的情况。

8月20日，副主席黄道贯率医卫委员11人赴场北乡义诊并在卫生院进行业务培训。

9月5—6日，江苏省政协副秘书长尹良到如皋听取贯彻全国地方政协组（委）工作会议精神情况。

9月29日，举办“迎国庆话中秋”政协委员活动日。

10月12—13日，视察如皋纺织厂等企业女职工劳动保护情况。

10月15日，江苏省政协委员、南京医学院教授厉鼎禹应邀到如皋做《养身与长寿》讲座。

10月21日，组织部分委员参观如皋针织内衣厂和如皋工艺丝毯总厂。

10月26—27日，实地考察水绘园、人民公园和邓园乡木材个体经营户白蚁防治情况。

12月26日，“长江杯”自我教育政协知识有奖征答竞赛评比结果揭晓。

12月31日，召开七届三次常委会议。

1988年

1月29日，协商如城镇跃进路改造规划。

2月9日，与县委统战部联合举行迎春茶话会。

2月29日，召开七届四次常委会议，协商如城海阳路、跃进路的街面改造规划。

3月24日，召开七届五次常委会议。

3月24—28日，召开七届二次全会。

3月27日，召开七届六次常委会议。

4月13日，协商白蒲镇苗猪行搬迁问题。

4月28日，召开提案交办会议，政协主席明道奎、副县长周宝生参加。

4月29日，政协主席明道奎带队调查石庄镇委员反映的该镇煤球厂煤球质量差、分量不足的问题。

5月3日，组织部分委员参观如皋化工二厂、如皋卫生服装材料厂和如皋手套厂。

5月下旬，视察林梓镇和吴窑乡的机电排灌管理工作情况。

6月6—7日，视察丁堰镇商业总店等单位的冷饮生产情况。

6月15—18日，会同县人大常委会联合考察江防等3个乡水泥预制承重构件质量管理情况。

6月23—24日，调研石庄粮油味精厂和如皋食品厂经营管理、新品开发、企业改革情况。

6月30日，召开七届七次常委会议，决定设立经济工作委员会。

7月，县委办公室、县政府办公室编印的《内部参考》先后转发政协考察冷饮生产情况的报告和联合考察水泥预制承重构件质量管理情况的报告。

7月12—25日，政协副主席贲正祥率队赴深圳举行香港（如皋）同胞联谊活动，开展招商，并酝酿建立香港如皋同乡会。

8月20—22日，会同县人大常委会联合视察南通电子材料厂BOPP（双向拉伸聚丙烯薄膜）工程建设情况。

8月25—27日，南通市政协副主席徐希权、张柔武一行4人到如皋调研“三胞”工作情况。

9月10日，政协主办的高中文化补习班正式开学。

9月10—11日，召开七届八次常委会议，协商《如城总体规划调整意见》。

9月14—17日，参加南通市政协工作经验交流会，做《认真办理提案，发挥协商监督作用》经验交流。

9月22日，举行各界人士国庆中秋茶话会。

10月11—12日，与县人大常委会联合视察物价情况。

11月10日，南通市政协主席唐真寿一行4人到如皋调研政协工作和海外统战工作。如皋县委书记潘宝才、政协主席明道奎陪同。

11月11日，召开各界人士关于治理整顿、深化改革征求意见座谈会。

12月19—20日，召开七届九次常委会议，审议通过《政协如皋县委员会常务委员会工作规则》《秘书长、副秘书长工作规则》。

1989年

1月14日，考察东陈镇河道蓄水和水产养殖情况。

1月20—24日，组织在如皋的江苏省政协委员、南通市政协委员视察如皋肉联厂、如皋第二印染厂和如皋兔毛纺厂。

1月27日，会同县委统战部、台办、侨办、侨联和工商联举行各界人士迎春茶话会。

3月15日，召开七届十次常委会议，协商讨论政府工作报告（讨论稿）。

3月25日，政协原副主席吴凤琴逝世，享年70岁。

3月29日，召开七届十一次常委会议。

3月29日—4月2日，召开七届三次全会。

4月13日，视察县蚕种场，对相邻的化工厂环境污染问题提出治理建议。

4月26日，召开提案交办会议，如皋副县长周宝生、政协副主席潘信征参加。

5月5日，与县委统战部联合召开“三胞”工作座谈会。

5月13日，南通市政协副主席殷若男一行11人到丁西乡开展扶贫医疗，诊治病员177人。

5月15日，视察县精神病防治医院。

5月17日，视察如城镇卫生院，实地办理副主席马云鹏的提案《救救如城卫生院》。

6月5—6日，视察胜利缫丝厂等乡镇企业发展情况。

6月16日，视察第二制药厂等企业贯彻《中华人民共和国食品卫生法》的情况。

6月22日，召开提案办理经验交流会。

6月23日，召开七届十三次常委会议，学习邓小平在接见首都戒严部队军以上干部时的讲话，协商通过《关于加强和完善政治协商、民主监督制度的意见》。

8月10—12日，南通市政协主席唐真寿、副主席朱文涛等到如皋征求对南通市政协《关于政治协商、民主监督的实施办法（草案）》的意见。

8月22—24日，视察如城等5个镇的文化市场。

8月24—26日，组织在如皋的南通市政协委员，以事先不通知的方式对如皋汽车站的服务质量进行视察。

9月12日，会同县委统战部、台办、侨办、侨联和工商联举行各界人士“话中秋迎国庆”茶话会。

9月20—21日，南通市政协在如皋召开各县（市、区）政协工作经验交流会。如皋政协做题为《发挥协商监督职能，积极参政议政》的经验介绍，如皋县委书记潘宝才做题为《全方位发挥政协工作的职能作用，推进县委决策民主化》的发言。

10月4日，组织部分委员参观南通市经济开发区、狼山港和纺织博物馆。

10月9—10日，召开七届十四次常委会议，协商廉政建设、惩治腐败和治理整顿工作。

10月28日，组织部分委员参观南通市“三资”企业、经济开发区、狼山港和纺织博物馆。

11月27日，组织政协委员和县人大代表联合视察如泰河疏浚工地。

12月6日，视察女职工劳动保护情况。

12月14日，召开七届十五次常委会议。

12月19—21日，政协主席明道奎带领在如皋的南通市政协委员视察黄市毛纺厂等企业。

1990年

1月17日，会同县委统战部、台办、侨办、侨联、台联和工商联举行各界人士迎春茶话会。

1月19日，政协原副主席殷宗焕逝世，享年67岁。

2月24日，召开七届十六次常委会议，学习中共中央《关于坚持和完善中国共产党领导的多党合作和政治协商制度的意见》。

3月8日，召开七届十七次常委会议。

3月18—22日，召开八届一次全会，选举明道奎为八届政协主席，袁泉、马云鹏、黄金红、章骥为副主席，张国辉为秘书长。

3月23日，召开八届一次常委会议，协商确定政协副秘书长，协商酝酿县人大、县政府、县法院、县检察院的领导人选。

4月12日，专题视察城镇就业工作。

4月13日，召开提案交办会议，副县长郭载荣、县政协副主席黄金红参加。

4月18—19日，南通市政协文史工作会议在如皋召开。

4月19—20日，调研新姚等4个乡血吸虫病防治工作。

4月30日，全国人大常委会副委员长、民盟中央主席费孝通，民盟中央副主席、全国政协常委高天一行7人到如皋视察。南通市市长徐燕、如皋市政协主席明道奎等陪同。

5月3—5日，视察劳动就业情况。

5月8—9日，南通市政协常委、市委农工部部长严绍恭率市政协农业工作组一行20人到如皋视察调研农民负担情况。

5月31日，政协机关与教育局、团委、妇联等部门到如皋聋哑学校慰问儿童，捐资助学。

6月5日，视察如城农贸市场。

6月11日，组织学习中共中央《关于坚持和完善中国共产党领导的多党合作和政治协商制度的意见》、中共江苏省委《关于贯彻中共中央14号文件的通知》。

7月3日，召开提案办理经验交流会。

7月21日，召开八届二次常委会议，听取如皋县工农业生产情况和贯彻《中华人民共和国城市规划法》情况通报。

8月8日，组织政协委员与人大代表联合视察丁堰纺织厂、如皋纺织厂。

8月11日，视察新疏浚的如泰运河。

8月29日，主席会议研究建立如皋县政协联谊会。

9月1日，政协主席明道奎、县委副书记管贵方、副县长于永芳带队到机场驻如部队协商相关拥军工作。

9月7日，南通市政协副主席濮九康、姜光斗一行25人到如皋调研基层文化工作，视察丁堰镇和柴湾乡文化站。如皋县政协副主席袁泉陪同。

9月13日，现场协商白蒲段通扬运河驳坡经费问题。

9月27—28日，召开八届三次常委会议，听取如皋工业新区规划和清理整顿公司、纠正行业不正之风的情况通报。

9月29日，会同县委统战部等单位举行国庆中秋茶话会。

10月11—12日，视察搬经镇等农村小学集资办学和校舍状况。

10月11—13日，政协副主席袁泉参加南通市政协召开的献计献策会议，并做题为《找准主要原因，提高经济效益，是目前工业生产的当务之急》的发言。

10月27日，组织部分委员参观丁堰纺织厂和如皋手套厂。

11月5—6日，南通市各县（市、区）政协秘书长、办公室主任联席会议在如皋物资大厦举行。如皋县政协秘书长张国辉做经验介绍。

11月17—20日，南通市政协主席唐真寿、副主席徐希权一行15人到如皋调研，走访夏堡、高井等乡特困农户。如皋县政协主席明道奎等陪同。

11月28—30日，政协副主席袁泉、秘书长张国辉参加南通市政协召开的各县（市、区）

政协工作经验交流会，做题为《围绕稳定，努力开创政协工作新局面》的经验介绍。

12月8日，中共如皋县委批复，同意黄金红辞去政协副主席职务。

12月10—13日，视察调查企业负担情况。

12月20—21日，组织委员联系小组组长到南通县石港镇学习。

12月26日，政协原副主席、丁堰纺织厂原副厂长阙剑冲逝世，享年70岁。

12月26—27日，召开八届四次常委会议，审议通过《如皋县政协提案委员会工作简则》。

1989—1990年，组织政协委员开展“为振兴如皋献一计”活动，两年分别有39名、68名委员共提出建议135条。

1991年

1月11日，视察如皋聋哑学校。

1月26日，召开八届五次常委会议。

2月11日，与县委统战部联合举行各界人士迎春茶话会。

3月9日，召开八届六次常委会议，决定设立“三胞”工作委员会。

3月10—14日，召开八届二次全会。

3月13日，召开八届七次常委会议。

4月16日，主席会议协商农用物资储备情况。

4月22—24日，视察调查搬经等4个乡镇供销社农用物资供应情况。

5月14—17日，赴海门、崇明学习考察“三资”企业情况。

6月1日，如皋撤县设市。政协如皋县委员会更名为政协如皋市委员会；政协如皋县委员会秘书处更名为政协如皋市委员会秘书处。

6月8日，召开提案办理经验交流会。如皋市副市长石耀参加。

6月24日，南通市政协主席唐真寿一行10人到如皋调研集体商业发展情况，视察东陈镇和如城镇集体商业。如皋市委书记柯文、政协主席明道奎、市委副书记陈斌、政协副主席袁泉陪同。

6月28日，与市委统战部联合召开庆祝中国共产党成立70周年各界人士座谈会。

7月5—7日，如皋市突遭特大雨涝灾害，政协机关工作人员和政协委员全力以赴奔向排涝抗灾第一线。

7月26—27日，召开八届八次常委会议，协商工业产品结构调整工作。

7月30日，政协机关为抗洪救灾和淮安周恩来总理纪念馆捐款。

8月22日—9月4日，政协主席明道奎赴广东参加如皋在深圳召开的撤县设市联谊会。

9月17—18日，在如皋的江苏省政协委员和南通市政协委员到如皋中学等单位视察知识分子工作。

9月19日，与市委统战部在人民公园联合举行中秋国庆游园活动。

9月20—22日，政协副主席章骥一行4人参加崇明县政协主办的长江口北部七县（市、区）政协联谊会。

9月26—27日，考察袁桥等乡镇生猪购销管理情况。

10月4—5日，召开八届九次常委会议，审议通过《关于进一步加强和改进知识分子工作的建议案》。

10月18日，南通市政协副主席徐希权一行6人到如皋参加定慧寺建寺1 400周年庆典活动，如皋市政协新老领导参加。

11月12日，政协主席明道奎接待台胞孙国光，并陪同参观绿园。

11月17—21日，政协副主席袁泉参加南通市政协召开的县（市、区）政协工作经验交流会，并做题为《视察调查是搞好协商监督的基础》的经验介绍。

12月14日，召开“三胞”眷属座谈会。

12月17日，参加江苏省政协召开的提案工作座谈会，并介绍经验。

12月20—21日，组织在如皋的南通市政协委员视察如皋市“三资”企业。

12月27—28日，召开八届十次常委会议。

1992年

1月18日，召开八届十一次常委会议。

1月22日，向新民乡敬老院赠送物品。

1月25日，与市委统战部联合举行各界人士迎春茶话会。

2月21日，南通市政协副主席徐希权到如皋调研文史工作。

3月4日，召开八届十二次常委会议，审议通过《政协如皋市委员会提案工作条例》。

3月5—8日，召开八届三次全会。

3月23—28日，政协副主席袁泉带队到徐州市参观学习破“三铁”（铁饭碗、铁工资、铁交椅）经验。

4月2—4日，长江口北部七县（市、区）政协联谊会在如皋举行。

4月12—28日，政协主席明道奎到深圳市和海南省考察，洽谈项目，联谊交友。

4月16—17日，视察搬经、白蒲地区玉米和棉花种植情况。

5月18—20日，视察长庄等4个乡庭院经济情况。

6月8—10日，视察老松林饭店等企业和部分个体户食品卫生情况。

6月12—13日，召开八届十三次常委会议，协商讨论关于加快发展如皋经济的5个政策性意见，决定设立市政协委组工作室。市委书记柯文、市委副书记管贵方、常务副市长石耀参加。

6月16—18日，南通市政协主席唐真寿一行8人到如皋调研高沙土地区农民脱贫致富情况，视察胜利、场南、吴窑等乡。如皋市委书记柯文、政协主席明道奎、副市长周宝生参加。

6月22—26日，政协副主席袁泉率队赴崇明、嘉定等县政协学习。

8月13—14日，在如皋的南通市政协委员视察如皋市减速机厂等企业，调研企业扭亏增盈情况。

8月17日，南通市政协副主席徐希权、蒋正颐一行5人到如皋调研政协工作。如皋市政协主席明道奎陪同。

9月10—11日，召开八届十四次常委会议，听取如皋港经济开发区规划情况通报。

9月26日，与市委统战部、台办、侨办和工商联举行“迎国庆暨政协统战知识竞赛抽颁奖大会”。

10月8日，主席会议协商讨论举办第三产业问题。

10月14—27日，受市委、市政府委托，政协副主席袁泉到陕西省铜川市参加第二届商品交易会和民间艺术节。

10月20日，召开各界人士学习中国共产党第十四次全国代表大会精神座谈会。

11月3日，政协如皋市委员会机关工会成立。

11月5日，召开八届十五次常委会议。

11月11日，视察协商如城宁海东路拓宽问题。

12月8日，政协主席明道奎带队赴盐城市郊区政协参观学习。

1993年

1月2日，江苏省政协秘书长吴镕到如皋调研，参观如皋工艺丝毯总厂、如皋协和实业有限公司。如皋市委书记柯文、市长石秀峰、市委副书记管贵方、政协主席明道奎、政协副主席袁泉参加。

1月11日，召开八届十六次常委会议。

1月16日，与市委统战部联合举行如皋市各界人士迎春茶话会。

2月5日，召开八届十七次常委会议。

2月17日，召开八届十八次常委会议。

2月18—23日，召开九届一次全会，选举石秀峰为九届政协主席，袁泉、马云鹏、章骥、王连生为副主席，史有生为秘书长。

3月11日，视察白蒲镇至204国道路段公路建设情况。

3月15日，政协原秘书长、享受地市级待遇的离休干部张远猷逝世，享年77岁。

3月24—25日，召开九届一次常委会议，明确明道奎为政协顾问。

4月8日、4月20日、5月15日，视察204国道、宁通一级公路和如皋港引河段沿线的压废土地复垦工作。

4月16—17日，召开九届二次常委会议，协商“一港两区”建设。

4月22日，协商新建西皋中学（如城第六中学）问题。

4月23日，政协机关与市委宣传部、团市委、教育局、爱委会、如城镇、环保局等9个单位发起“爱我如皋、美化城河”活动。

4月27日，市政府、市政协召开提案交办会议，政协主席石秀峰、副市长石耀、政协副主席袁泉参加。

5月10—12日，南通市政协主席黄冰率农业科技组一行15人到如皋调研市场建设情况，视察如城、磨头、白蒲等地的农贸市场和专业市场。如皋市市长王耀光、政协主席石秀峰、副市长徐邦友、政协副主席袁泉陪同。

5月13日，举办社会主义市场经济理论辅导报告会。

5月17—18日，政协副主席王连生带队赴泰州市、江都县、扬州市、邗江县学习政协工作。

5月28日，如皋政协工会所办经济实体如皋协和实业有限公司开业，江苏省财政厅副厅长朱醒民、南通市副市长潘宝才和如皋市委、市人大、市政府、市政协部分领导参加。

5月29日，江苏省政协常委、民进副主委汪洋一行10人到如皋调研民族宗教工作，参观水绘园、定慧寺。如皋市政协主席石秀峰陪同。

6月12日，政协主席石秀峰带队视察南通高美皮件有限公司等“三资”企业。

6月15—16日，视察长江、丁北、场北等乡镇工业项目开发情况。

6月18日，与市物资局在物资大厦联合召开招商座谈会，发动委员为乡镇企业发展外向型经济服务。

6月23日，组织部分委员参观林梓镇镇办工业和集镇建设。

7月18日，联合召开人大代表建议、政协委员提案办理情况交流会。副市长石耀、政协副主席王连生参加。

7月28—29日，召开九届三次常委会议。

8月10—11日，视察市属企业推行股份合作制试点情况。

8月10—22日，市长王耀光、市政协主席石秀峰带队赴云南考察洽谈项目。

8月17—18日，南通市政协副主席、纺工局局长张克诚一行10人到如皋调研高沙土地区发展乡镇企业的情况，视察胜利乡和常青乡乡办工业。如皋市委书记柯文、市委副书记管贵方、副市长于永芳、市政协顾问明道奎、市政协秘书长史有生参加。

8月17—21日，受市委、市政府委托，政协副主席王连生赴江西省乐平市进行救灾慰问。

8月25—26日，视察场北等地的果业生产情况。

9月25日，与市委统战部联合举行国庆中秋茶话会。

9月28日，政协副主席马云鹏带队参观南通市经济开发区和狼山风景区。

10月7—9日，组织部分人大代表、政协委员视察《中华人民共和国科学技术进步法》落实情况。

10月19—20日，召开九届四次常委会议，协商深入开展反腐败斗争问题。

10月22—23日，调查视察邓园乡私营经济。

12月20日，与市委统战部联合召开各界人士纪念毛泽东同志100周年诞辰座谈会。

12月31日，市委宣传部、政协秘书处、文化局、文联和江苏盐业公司如皋支公司在水绘园联合举行纪念冒襄逝世300周年研讨会及书画展。

1994年

1月11日，召开九届五次常委会议。

1月20日，视察如皋港闸管理情况。

1月29日，与市委统战部联合举行迎春茶话会。

2月17日，召开九届六次常委会议。

2月18—21日，召开九届二次全会，增选王光国为政协副主席。

2月20日，召开九届七次常委会议。

2月28日—3月1日，市委召开政协、统战工作会议。市委书记柯文到会并讲话。

3月22日，主席会议研究编写政协史工作。

3月31日，市人大、市政府、市政协联合召开代表建议和委员提案交办会议，市领导戴崇颐、于永芳、王连生参加。

4月14日开始，历时一个月左右时间，调查财税体制改革对企业经济效益的影响。

5月19—20日，召开九届八次常委会议，协商适应并加快财税体制改革、促进如皋经济持续快速健康发展的问题。

5月21日，南通市政协副主席陆守曾一行5人到如皋调研小集镇建设和医疗卫生事业情况，视察长江镇、吴窑乡。如皋市政协副主席马云鹏陪同。

5月21—28日，政协顾问明道奎、副主席章骥带队赴厦门、石狮市考察学习“三胞”工作经验。

6月17日，政协主席石秀峰带队视察204国道如皋段全线。

7月17—19日，视察花园乡等4个乡的银杏生产情况。

7月19—20日，政协主席石秀峰带队调研劳动保障工作。

7月31日，主席会议学习《中国人民政治协商会议章程（修正案）》。

8月9—10日，分别召开私营企业主和个体经济代表人士关于发展个体私营经济征求意见座谈会。

8月16—18日，南通市政协副主席张克诚一行10人到如皋调研企业产权制度改革情况，视察如皋肉联厂、如皋高压电器厂、如皋毛巾厂、丁堰纺织厂等企业。如皋市委常委、副市长陈照煌和政协副主席袁泉陪同。

8月18日，会同如皋经济开发区、市委统战部召开“三胞”眷属代表为加快开发区建设献计献策座谈会。

9月13—14日，召开九届九次常委会议，协商个体私营经济发展工作。

9月19日，与市委统战部联合举行各界人士国庆中秋游园活动。

10月3日，政协原副主席、享受地市级待遇的离休干部陈汝贤逝世，享年78岁。

10月11—14日，政协副主席袁泉、王连生带队赴大丰、兴化参观学习。

10月13日，南通市政协副主席沈启鹏一行11人到如皋视察九年制义务教育实施情况，走访如皋中学、丁西中学和丁西小学。如皋市领导柯文、石秀峰、陈照煌、马云鹏陪同。

10 月 27—28 日，南通市政协在如皋召开县（市、区）政协秘书长联席会议，参观绿园、如皋工艺丝毯总厂和手套厂。南通市政协秘书长徐式君主持。如皋市政协副主席马云鹏、秘书长史有生参加并介绍经验。

11 月 7 日，主席会议协商讨论重修董小宛墓园的建议。

11 月 17—19 日，江苏省政协常委、江苏省政协经济委员会副主任、江苏省工商局原局长曹顺霖一行 7 人到如皋调研产权制度改革情况，视察丁西乡有关企业。如皋市领导柯文、冯邦才、王耀光、石秀峰、周宝生、陈照煌、袁泉陪同。

12 月 14—15 日，南通市政协在如皋召开政协工作经验交流会，参观江苏力星钢球有限公司、如皋工艺丝毯总厂、如皋高压电器厂和如皋无线电厂。政协主席石秀峰做题为《在参与上做文章，在力度上下功夫，积极为经济建设出力》的经验介绍。如皋市委书记柯文参加。

1995 年

1 月 10 日，召开九届十次常委会议。

1 月 17 日，与市委统战部联合举行各界人士迎春茶话会。

2 月 28 日，召开九届十一次常委会议。

3 月 1—4 日，召开九届三次全会。

3 月 3 日，召开九届十二次常委会议。

3 月 15—17 日，视察葛市等 7 个乡镇的成人教育工作。

3 月 29 日，市人大、市政府、市政协联合召开人大代表建议和政协委员提案交办会议。市委常委、副市长石耀，人大常委会副主任戴崇颐，政协副主席王连生参加。

4 月 10—18 日，调研多种经营百项致富工程。市委副书记周宝生参加。

4 月 14 日，视察如皋港引河护坡管理情况。

4 月 19 日，举行台情、侨情形势报告会。

4 月 22 日，政协主席石秀峰调研高明乡“两旱一水”耕作制度情况。

5 月 2—26 日，政协副主席袁泉带领蒲西液压铸件厂人员一行 7 人赴德国考察学习。

5 月 4—5 日，在如皋的南通市政协委员调研对外开放、发展外向型经济情况。

5 月 9 日，与市委统战部联合召开打通如城海阳北路座谈会。

5 月 23—24 日，召开九届十三次常委会议，协商推进农村百项致富工程、大力发展多种经营工作。

5 月 29—30 日，政协主席石秀峰、市委副书记刘桂江等参加南通市委召开的政协工作会议。

6 月 12 日，南通市政协副主席杨伯林一行 12 人到如皋调研扶持国家重点粮棉大县（市）发展经济项目的实施情况。如皋市政协主席石秀峰、副主席王连生陪同。

6 月 27—28 日，政协副主席袁泉、秘书长史有生赴如东参加长江三角洲十二县（市、区）

政协工作研讨会第一次会议。

7 月 18 日，市政府办公室、市政协秘书处联合召开提案办理交流会。

7 月 19—20 日，政协主席石秀峰带队视察丁堰纺织厂等企业贯彻实施《中华人民共和国劳动法》的情况。

8 月 4 日，主席会议讨论通过《关于进一步加强和改进政协工作的意见》《关于贯彻〈政协全国委员会关于政治协商、民主监督、参政议政的规定〉的实施意见》。

8 月 16—18 日，南通市政协副主席张克诚一行 8 人到如皋调研创汇农业和江滩开发情况，视察花园乡和常青乡出口蔬菜生产基地、城西乡顾庄花木村、如皋中密度纤维板厂。如皋市政协主席石秀峰、副市长秦玉林、政协副主席王连生陪同。

8 月 31 日—9 月 1 日，召开九届十四次常委会议，协商进一步提高工业经济运行质量和搞好海阳北路工程问题，通过《如皋市政协常委会工作规则》《如皋市政协提案工作条例》。

9 月 5 日，主席会议协商如皋市预算外资金管理情况。

9 月 15—19 日，政协副主席王连生带队赴河南省南阳市西峡猕猴桃研究所参观洽谈。

9 月 27 日，视察种子基地建设情况。

9 月 28 日，主席会议协商城市建设管理、旧城改造情况。

9 月 29 日，与市委统战部联合举行各界人士国庆电影招待会。

10 月 9—16 日，在如皋的部分南通市政协委员赴江苏溧阳、山东荣成等市考察学习城市规划、建设和管理经验。

10 月 30 日，组织部分委员参观如皋港经济开发区。

11 月 1 日，召开各界人士关于旧城改造座谈会。

11 月 13 日，南通市政协副主席陆守曾一行 9 人到如皋视察妇幼保健工作。如皋市政协副主席马云鹏陪同。

11 月 15—17 日，政协副主席王连生、秘书长史有生赴浙江余杭市参加长江三角洲十二县（市、区）政协工作研讨会第二次会议。

11 月 24 日，召开九届十五次常委会议，协商旧城改造和加强青少年思想教育两个专题。

12 月 3 日，南通市政协主席黄冰陪同泰国德兴集团总裁林继成及美国客人一行 13 人到如皋考察。如皋市长王耀光、政协主席石秀峰、市委副书记刘桂江陪同。

12 月 7—8 日，在如皋的部分南通市政协委员视察小城镇建设。

12 月 22—24 日，参加南通市政协工作经验交流会，做《充分发挥政协职能作用，切实做好反映社情民意工作》的介绍。

1996 年

1 月 19 日，召开九届十六次常委会议。

1 月 20 日，召开各界人士协商如皋市“九五”计划和 2010 年远景目标规划（草案）座谈会。副市长石耀参加。

2月2日，与市委统战部联合举行各界人士迎春茶话会。

2月27日，召开纪念如皋政协成立40周年座谈会。

3月4日，举行纪念如皋政协成立40周年大会。

3月4日，召开九届十七次常委会。

3月5—8日，召开九届四次全会，通过石秀峰辞去主席职务的请求，补选魏国平为主席，增选徐建平为副主席。

3月7日，召开九届十八次常委会议。

4月11—12日，政协副主席王光国参加南通市政协“三胞”工作座谈会。

4月15日，市人大、市政府、市政协联合召开代表建议和委员提案交办会议，市领导石耀、汤建华、王连生参加。

4月19日，召开各界人士关于海阳中路改造工程座谈会。

4月29—30日，视察调研马塘等4个乡镇农技队伍建设情况。

5月6—8日，政协副主席袁泉、王连生带领政协离退休老同志赴苏州、常熟等地参观学习。

5月14—15日，政协副主席王光国带队赴海门、启东两市学习交流“三胞”工作。

5月21—23日，长江三角洲十二县（市、区）政协工作研讨会第三次会议在如皋举行。

6月17—19日，调查沿江5个乡镇和5个场圃的开发利用情况。

6月27—28日，召开九届十九次常委会议，协商加快实施沿江开发战略问题。

7月17日，召开提案办理承办单位经验交流会。政协主席魏国平、副市长石耀、政协副主席王连生参加。

7月18—22日，视察如城等地市场建设情况。

8月7—9日，视察场北等6个乡镇对《食盐加碘管理条例》的执行情况。

8月15日，召开加强交通安全管理政协委员座谈会。

8月28日，南通市政协副主席姜光斗一行10人到如皋调研文化市场，视察建设、丁堰两地的文化设施及农村文化活动开展情况。如皋市政协主席魏国平、副市长刘培银、政协副主席马云鹏陪同。

9月9日，视察如皋市邮电局、丁堰邮电支局和白蒲航运公司。

9月24—25日，召开九届二十次常委会议，协商进一步加快发展第三产业问题。

9月26日，与市委统战部联合举行各界人士中秋国庆茶话会。

10月16日，视察常青乡科技兴农工作。

10月23—25日，视察白蒲等6个乡镇的计划生育工作。

10月30日，视察调研郭元乡观音净院、南通中意服装有限公司。

11月6日，市人大副主任汤建华、政协副主席王光国带队赴兴化学习文物古迹保护工作。

11月9日，江苏省政协副主席沙人麟一行14人到如皋视察工程建设专项治理工作。如皋市政协主席魏国平、市委副书记殷雄、副市长章树山、政协副主席王光国陪同。

11月11日，召开《如皋市社会主义精神文明建设“九五”规划纲要》征求意见民主协商会。市委书记郁政参加。

11 月 25—27 日，视察调研全市“三资”企业。

12 月 5 日，视察如城镇学校布局。

12 月 25—26 日，召开九届二十一次常委会议。

1997 年

1 月 23 日，召开九届二十二次常委会议。

1 月 24—27 日，召开九届五次全会。

1 月 30 日，与市委统战部联合举行各界人士迎春茶话会。

2 月 28 日—3 月 5 日，政协主席魏国平带队赴浙江海宁、义乌等地参观考察民营经济。

3 月 7 日，主席会议对口协商劳动保险工作。

3 月 9—14 日，政协主席魏国平、副主席袁泉参加市“三产”及民营经济南方考察团，参观义乌、绍兴、黄山、海宁、浦东和宝山钢铁厂。

3 月 14 日，召开城市改造建设座谈会。

3 月 21 日，南通市政协副主席沈鹏千一行 4 人到如皋调研，参观如动集团（市动力机厂）。如皋市政协主席魏国平陪同。

3 月 24 日，对口协商学校收费工作。

3 月 28 日，主席会议专题协商科技工作。

3 月 31 日—4 月 2 日，政协副主席袁泉带队赴浙江省绍兴县参观学习。

4 月 2 日，市政府、市政协联合召开委员提案交办会议。政协主席魏国平、副市长石耀、政协副主席王连生参加。

4 月 22 日，民主评议自来水水质。副市长章树山、人大常委会副主任谭志旺参加。

4 月 23 日，南通市政协副主席高志兰带领医学专家到搬经中心卫生院义诊。如皋市政协副主席马云鹏陪同。

4 月 23—24 日，视察林梓等 8 个乡镇的民营经济发展情况。

4 月 25 日，调研农村妇女在“双学双比”活动中发挥“双带”作用的情况，走访新姚乡植棉能手王秀珍。

4 月 28 日，会同市委统战部举行关于香港回归祖国报告会。

5 月 11 日—6 月 1 日，政协主席魏国平到北戴河参加全国政协第十一期干部培训班。

5 月 16—17 日，专题视察全市环境保护工作。

5 月 27 日，召开九届二十三次常委会议。

6 月 16 日，与市委宣传部、统战部、文化局、广电局和文联联合举办“天龙杯”迎香港回归书画展。

6 月 25 日，与市委宣传部、统战部、广电局、报社和江苏力星钢球有限公司联合举办“力星杯”《香港特别行政区基本法》知识竞赛。

6月28日，会同市委宣传部、统战部举办“三胞”工作成果展。

7月4日，政协主席魏国平带队视察跃进西路改造工程。

7月10日，南通市政协副主席杨伯林一行16人到如皋视察农民街建设，参观雪岸乡和丁堰镇集镇建设。如皋市政协主席魏国平、副市长章树山陪同。

7月18日，专题协商司法工作。

7月23日，专题协商法院工作。

8月1日，专题协商外贸公司工作。

8月4日，市大人、市政府、市政协联合召开人大代表建议和政协委员提案办理工作交流会。

8月中旬，视察政府为民办实事项目的进展情况。

8月18日，政协主席魏国平带队视察南通百德食品有限公司黄牛养殖工作。

8月22日，政协主席魏国平带队到长青沙视察水灾情况，慰问破堤区抗灾自救的干部群众。

8月26日，召开医德医风民主评议会。

9月10日，政协主席魏国平带队赴白雁中学、如皋师范附属小学慰问教师。

9月15日，与市委统战部联合举行各界人士中秋国庆茶话会。

9月23日，召开九届二十四次常委会议，协商政府为民办实事情况。

9月24日，南通市政协主席黄冰、副主席沈鹏千一行10人到如皋视察东门良种场和磨头畜牧场。如皋市领导周宝生、魏国平陪同。

9月29日，组织市建委对答复不满意提案的委员进行重新答复。

10月13—14日，政协副主席王连生出席南通市政协提案工作交流研讨会。

10月20日—11月3日，政协主席魏国平随南通市政协赴云南、贵州和广西参观考察边境贸易情况。

10月21—23日，政协副主席马云鹏带队赴昆山、苏州、无锡考察学习。

10月29—30日，视察全市中小学开展食用碘盐知识教育情况。

11月10日，政协主席魏国平带队调研戴庄乡、搬经镇、南通百德食品有限公司。

11月25日，召开九届二十五次常委会议。

12月19日，召开九届二十六次常委会议。

1998年

1月1日，政协秘书处改设为政协办公室，并启用新印章。

1月2—6日，召开十届一次全会，选举魏国平为十届政协主席，袁泉、于永芳、徐建平、王连生、王光国、陆小兵为副主席，史有生为秘书长。

1月5日，召开十届一次常委会议，通报政协机构设置情况。

1月21日，与市委统战部联合举行迎春茶话会。

2 月 26 日，主席会议专题协商检察工作。

3 月 1 日，开展送科技下乡活动。

3 月 4 日，市人大、市政府、市政协联合召开人大建议和政协提案交办会。

3 月 5 日，南通市政协副主席储长林到如皋召开南通市政协委员座谈会。如皋市政协主席魏国平、副主席王光国、秘书长史有生参加。

3 月 19 日，召开“不忘国耻、振兴中华”座谈会，纪念抗战中如城沦陷 60 周年。

3 月 23 日，视察调研再就业工作。

3 月 26 日，举办全体委员培训班。市委书记郁政讲话。南通市政协老领导黄冰、沈鹏千分别做《关于政协性质、地位、特点和作用》《怎样当好一名政协委员》的辅导报告。如皋市委常委、组织部部长浦文海，南通市政协秘书长冯祖祥参加。

4 月 1 日，政协主席魏国平带队视察调研邓元乡个体私营经济发展情况，参观南通英田柴油机厂、大棚蔬菜种植。副市长章树山参加。

4 月 8 日，政协主席魏国平带队协商讨论石庄中学创建省级重点中学问题。

4 月 13 日，视察调研白蒲等乡镇供电工作。

4 月 19 日，到新姚乡开展送教活动。

4 月 23 日，南通市政协副主席季康到如皋调研政协工作。如皋市政协主席魏国平，副主席袁泉、于永芳、徐建平、王连生，秘书长史有生陪同。

4 月 24 日，开展民主评议供电活动。

4 月 28—29 日，召开十届二次常委会议。

5 月 7 日，政协主席魏国平参加市计经委关于液士乐集团提案的当面答复。

5 月 12—13 日，江苏省政协常委、教育文化委员会主任周顺生和江苏省政协常委、副秘书长孙观懋一行 8 人到如皋调研文化阵地建设，实地视察丁堰镇和白蒲镇。如皋市领导魏国平、刘桂江、刘培银、陆小兵陪同。

5 月 14 日，在如皋的南通市政协委员视察投资环境。

5 月 19 日，视察税收工作。

5 月 26 日，举行学习中共十五大精神和全国两会精神辅导报告会。

5 月 26 日，民主评议公安工作。市委常委、副市长章树山参加。

5 月 28 日，召开市政协十届文史工作会议。

5 月 31 日，调研素质教育工作。

6 月 6 日，政协主席魏国平、副主席王光国带队赴新疆视察调研如皋建筑业开拓外地市场情况。

6 月 12 日，政协原主席季秀英逝世，享年 66 岁。

7 月 1 日，主席会议协商建筑业发展情况。

7 月 2—3 日，市人大、市政府和市政协联合组织对排污单位限期达标排放执法情况进行监督检查。

7 月 3 日，南通市政协组织医疗专家，在南通市政协原副主席张克诚带领下，到常青乡进行扶贫义诊。

7月10日，视察农业产业化工作。

7月24日，主席会议专题协商司法工作。

7月29日，视察调研海阳路环卫、绿化情况。

8月5日，调研邮电机构改革情况。

8月21日，主席会议专题协商土地管理工作。

8月31日，市政府召开市政协《关于挖掘古文化资源，发展地方特色旅游的建议》办理落实情况座谈会。政协主席魏国平，副市长张元健，政协副主席于永芳、王光国参加。

9月24—25日，召开十届三次常委会议，协商加快乡镇企业健康快速发展问题。

9月25日，与市委统战部联合举行各界人士国庆中秋茶话会。

10月20日，参加南通市政协组织的“顺达杯”演讲比赛活动，获两个一等奖、两个优秀奖。

11月4日，主席会议专题协商计划生育工作。

11月11日，政协副主席王连生应邀为长青沙乡做推进农业产业化报告。

11月16日，协商盐业市场管理工作。

11月24日，政协主席魏国平带队到白蒲镇如皋化肥厂视察项目推进情况。

11月30日，主席会议专题协商市政府1999年工作思路。

12月14日，主席会议专题协商贯彻落实新《中华人民共和国土地管理法》情况。

1999年

1月7日，召开十届四次常委会议。

1月14日，江苏电视台采访全国“十面红旗”老有所为个人、如皋政协常委谢庆生。政协主席魏国平、秘书长史有生接待。

1月15日，政协副主席王连生被江苏省委组织部、江苏省科技厅评为优秀教学个人。

2月4日，与市委统战部联合举行各界人士迎春茶话会。

2月23日，召开十届五次常委会议。

2月24—27日，召开十届二次全会，增选严世进为副主席。

2月26日，召开十届六次常委会议。

3月4日，南通市政协副主席储长林一行12人到如皋港经济开发区视察调研。如皋市政协主席魏国平陪同。

3月12日，调研高明乡农田基本建设情况。

3月19日，南通市政协副主席马汉坤一行3人到如皋调研，参观南通英田柴油机厂。政协主席魏国平、副主席袁泉、秘书长史有生陪同。

3—5月，政协副主席徐建平带队先后到湖州、苏州、扬州收集胡安定史料。

3月21—31日，政协主席魏国平带队到哈尔滨、大庆、上海和无锡等地考察如皋建筑业外地市场情况。

4月8日，视察搬经镇农业产业化进程情况。

4月17—24日，政协副主席袁泉、王连生带队赴湖北省安陆市考察农业产业化工作。

4月23日，农工民主党南通市委员会副主委程聚生、朱胜华一行26人到如皋考察，参观定慧寺、水绘园、江苏花木城以及如皋经济开发区。如皋市政协主席魏国平、副主席于永芳陪同。

4月26日，主席会议专题协商工程建设质量治理工作。

4月27日，召开社情民意信息员会议。

4月30日，视察殡葬改革工作。

5月6日，视察长庄乡银杏产业化生产情况。

5月7日，如皋市委书记刘井石，副书记刘桂江、石耀、蓝绍敏到政协召开主席座谈会，听取对全市两个文明建设的意见和建议。

5月10日，召开强烈谴责美国为首的北约轰炸我驻南斯拉夫大使馆暴行的座谈会。

5月12日，政协主席魏国平带队到长青沙乡视察农业资源开发利用情况。

5月13日，南通市政协副主席马汉坤、颜福星一行17人到如皋视察农业产业化经营情况，参观绿园和顾庄花木村。如皋市政协主席魏国平、副市长徐天明、政协副主席王连生、政协秘书长史有生陪同。

5月21日，主席会议专题协商科技工作。

5月24—25日，南通市政协副主席杨伯林一行20人到如皋视察限期治理达标排放工作。如皋市政协主席魏国平、政协副主席王光国、市长助理程德兴陪同。

5月25—26日，江苏省政协社会法制委员会主任汪洋一行16人到如皋视察劳动再就业工作。如皋市政协主席魏国平，市委副书记、常务副市长蓝绍敏，政协副主席徐建平陪同。

5月27—28日，召开十届七次常委会议，协商农业产业化经营和农业资源开发工作，通过《如皋市政协委组工作通则》。

6月22日，召开民主评议工商工作会议。

6月28日，主席会议专题协商“三外”工作。

7月6日，市政协联谊会成立大会暨第一次会员大会在天成大酒店召开。选举魏国平为理事长，马云鹏为副理事长，史有生为秘书长。

7月上旬，政协副主席于永芳带队赴山东省平度市海峡两岸农业合作试验区参观学习。

7月13日，召开市政协社情民意信息员暨政协工作宣传报道员会议。

7月19日，与市人大联合视察供电行业行风建设情况。

7月26日，举行国防形势报告会。

7月27日，召开谴责李登辉分裂祖国言论座谈会。

8月3日，对口协商如城地区纯净水质量和价格情况。

8月10日，南通市政协副主席储长林、杨伯林一行10人到如皋视察调研建筑业发展情况。如皋市委副书记刘桂江，政协主席魏国平、副主席王光国、秘书长史有生陪同。

8 月 27 日，调研交通秩序管理情况。

9 月 11 日，举行庆祝人民政协成立 50 周年专场文艺演出。

9 月 17 日，召开庆祝人民政协成立 50 周年座谈会。

9 月 23—24 日，召开十届八次常委会议，协商加快经济小区建设、促进个体私营经济快速发展的问题。

10 月 12 日，主席会议协商“如皋今后怎么办”。

10 月 19—20 日，政协主席魏国平带队视察交通重点工程建设情况。

10 月 26 日，召开“英田杯·我与政协”有奖征文颁奖大会。

11 月 7—11 日，政协主席魏国平带队视察全面推进素质教育的情况，参观搬经中学和磨头小学。

11 月 15 日，主席会议专题协商高中阶段教育的布局及规模。

11 月 17 日，市政协、市人大联合视察如皋市看守所。

11 月 26—28 日，视察普通高中和职业学校的规模、布局情况。

12 月 7 日，南通市政协副主席杨伯林一行 10 人到如皋调研厂务公开情况，视察江苏南浦机电集团有限公司。如皋市政协主席魏国平、政协副主席于永芳、市长助理程德兴、政协秘书长史有生陪同。

12 月 17 日，南通市政协副主席储长林一行 10 人到如皋视察少数民族群众生活状况，走访场北乡少数民族。如皋市政协主席魏国平、副市长刘培银、政协副主席严世进、政协秘书长史有生陪同。

12 月 22—23 日，召开十届九次常委会议，协商高中阶段教育情况。

2000 年

1 月 14 日，召开十届十次常委会议。

1 月 14—18 日，召开十届三次全会。

1 月 17 日，召开十届十一次常委会议。如皋市委书记刘井石参加。

1 月 26 日，会同市委统战部举行各界人士迎春茶话会。

3 月 16 日，视察如皋米面厂和南通超康食品有限公司。

3 月 17 日，召开信息宣传报道工作会议。

3 月 21—22 日，政协副主席于永芳、徐建平带队赴淮阴县考察学习粮食系统改革与发展情况。

3 月 24 日，政协主席魏国平带队视察石庄粮管所、江安粮管所。

4 月 20—21 日，召开十届十二次常委会议，专题协商讨论粮食系统改革与发展问题。

4 月 28—30 日，江苏省政协副主席、九三学社中央副主席、中科院院士闵乃本夫妇一行 4 人回乡考察。如皋市领导刘井石、蓝绍敏、刘桂江、石秀峰、魏国平、刘培银接待。

6 月 14 日，主席会议专题协商环保工作。

6 月 15 日，南通市政协副主席姜光斗一行 10 人到如皋调研预防青少年犯罪工作。如皋市副市长刘培银、政协副主席徐建平陪同。

6 月 20 日，民主评议电信部门行风建设情况。

7 月 18 日，视察如城地区道路建设情况。

7 月 24 日，政协副主席王光国同志逝世，享年 59 岁。

8 月 19 日，召开市政协党组民主生活会。江苏省委、南通市委“三讲”巡视组王斌列席。

8 月 25 日，南通市政协副主席马汉坤一行 10 人到如皋视察国有企业改革与解困工作，参观江苏力星钢球有限公司、如皋动力机厂。如皋市领导魏国平、石耀，政协秘书长史有生陪同。

9 月 5 日，政协主席魏国平参加市委农工部、市农机局答复不满意提案重新答复会议。市委副书记章树山参加。

9 月 7 日，主席会议专题协商依法治市工作。

9 月 14 日，举行两岸关系和我国加入世界贸易组织（WTO）情况报告会。

9 月 22 日，与市委统战部联合举行各界人士国庆茶话会。

10 月 10 日，调研城市建设与管理工作。

11 月 7 日，调研生猪管理工作。

11 月 22 日，南通市政协副主席高志兰一行 9 位专家到如皋场北乡进行扶贫义诊。如皋市政协秘书长史有生陪同。

11 月 23—24 日，召开十届十三次常委会议。

12 月 29 日，举行《胡瑗》一书首发式。南通市政协副主席姜光斗，如皋市委副书记刘桂江、副市长刘培银参加。

2001 年

1 月 2 日，召开十届十四次常委会议。

1 月 13 日，召开十届十五次常委会议，市委书记蓝绍敏通报相关人事安排。

1 月 13—18 日，召开市政协十届四次全会，通过主席魏国平、副主席徐建平辞职请求，补选刘桂江为主席，杜永红为副主席。

1 月 16 日，召开十届十六次常委会议。

2 月 16 日，视察如皋经济开发区。

2 月 26 日，主席会议专题协商审计工作。

2 月 27 日，举办学习“三个代表”重要思想辅导报告会。

2 月 28 日，市政协向市委、市政府汇报视察生猪管理情况。市委书记蓝绍敏、市长陈惠娟参加。

3 月 7 日，政协主席刘桂江带队察看丁堰镇农村危桥改造情况。

3 月 7—9 日，督导员徐建平带队赴淮安、江都、邗江参观现代农业。

3月14日，视察搬经农业科技示范园、吴窑银杏市场、如城花木市场。

3月16日，政协主席刘桂江、秘书长史有生带队赴海门市考察学习农桥维修和管理工作。

3月21日，南通市委在如皋召开北三县政协工作调研座谈会。如皋市领导蓝绍敏、刘桂江、石耀、袁泉，政协秘书长史有生参加。

3月29日，视察长江如皋段江堤和沿江闸管所。

4月16日，政协主席刘桂江带队视察大明乡花木生产销售情况。

4月20日，南通市政协副主席马汉坤到如皋了解信息化带动工业化课题调研情况。如皋市政协副主席袁泉、秘书长史有生陪同。

4月24日，主席会议专题协商医保工作。

4月25—26日，召开十届十七次常委会议。

5月10日，市政协向市委、市政府汇报视察花木生产情况。市委书记蓝绍敏、市长陈惠娟、市委副书记徐长凤、副市长徐天明、市委督导员周宝生参加。

6月4—10日，政协副主席袁泉、王连生带队到济南市历下区、青岛市市南区、盐城市城区考察学习社区建设管理工作。

6月28日，召开庆祝中国共产党成立80周年座谈会。

7月12日，视察跃进中路南侧旧城改造。

7月13日，召开十届十八次常委会议。

7月18日，协商质量技术监督工作和行风建设情况。

7月31日，主席会议协商上半年工业经济运行情况。

8月8—10日，南通市政协副主席储长林带队到如皋视察调研农村税费改革。如皋市委副书记徐长凤，政协主席刘桂江，政协副主席袁泉、王连生，政协秘书长史有生陪同。

8月11日，市政协向市委、市政府汇报关于内外城河改造调研情况。市委书记蓝绍敏，市委常委、副市长陈照东参加。

8月17日，民主评议质量技术监督局行风建设。

8月22日，主席会议专题协商法院工作。

9月25日，主席会议专题协商市会计管理中心工作。

9月26日，召开内外城河建设委员座谈会，向市委、市政府提交《关于内外城河整治工程有关问题的紧急建议》。

9月28日，举行各界人士国庆中秋茶话会。

10月12日，主席会议专题协商检察工作。

10月24日，南通市政协主席程亚民、党组副书记施景铃、政协秘书长冯祖祥一行5人到如皋调研贫困群体社会保障工作。如皋市领导蓝绍敏、刘桂江、陈照东、袁泉，政协秘书长史有生陪同。

10月27日，市委召开全市政协工作会议。市委书记蓝绍敏、市长陈惠娟、政协主席刘桂江分别讲话。

11月13日，主席会议专题协商严打整治斗争工作。

11 月 19 日，视察跃进路南侧旧城改造。副市长沈品辉参加。

11 月 22 日，南通市政协副主席张琛带领南通市政协机关离退休老领导一行 24 人到如皋参观江苏力星钢球有限公司、十里花市。如皋市领导蓝绍敏、刘桂江、石耀、王连生陪同。

11 月 22—23 日，召开十届十九次常委会议，协商企事业单位改革工作。

12 月 7 日，主席会议专题协商交通工作。

12 月 14 日，主席会议专题协商地税工作。

12 月 20 日，主席会议专题协商土地管理工作。

12 月 31 日，召开十届二十次常委会议。

2002 年

1 月 5 日，主席会议专题协商审计工作。

1 月 14 日，主席会议专题协商供销工作。

1 月 22 日，召开十届二十一次常委会议。

1 月 23—26 日，召开十届五次全会。

1 月 25 日，召开十届二十二次常委会议。

2 月 6 日，主席会议讨论如皋、海安委员联名提出的《关于区域供水水源、水质问题的建议案》。

3 月 6 日，主席会议协商烟草专卖工作。

3 月 29 日，调研个体经济发展情况。

4 月 3 日，政协主席刘桂江，副主席王连生、杜永红，秘书长史有生带队到通州市考察学习区域供水工作。

4 月 7 日，主席会议协商自来水水源、水质问题。

4 月上中旬，政协主席刘桂江带队视察如皋市西东色织厂有限公司等 20 余家企业。

4 月 17 日，南通市政协副主席马汉坤、颜福星一行 8 人到如皋开展“打造南通品牌，增强竞争优势”专题调查研究。如皋市副市长程德兴、政协副主席袁泉陪同。

4 月 29 日，举办适应加入 WTO 新形势、转变政府职能辅导报告会。

4 月 30 日，政协主席刘桂江带队视察城区绿化建设和管护情况。副市长沈品辉参加。

5 月 4 日，政协原副主席潘信征逝世，享年 78 岁。

5 月 10 日，调研物价部门行风建设情况。

5 月 15 日，主席会议专题协商讨论行政审批中心工作。

5 月 17 日，召开政协委员“物价行风建设”座谈会。

5 月 20 日，政协主席刘桂江带领机关离退休老同志参观长青沙大桥、长青沙生态环境建设现场、如皋港开发区重油码头、如皋市凯凯电信器材有限公司。

5 月 22—23 日，召开十届二十三次常委会议。

5 月 27 日，协商医院改革情况。

5月29日，视察大气环境污染和废旧电池污染防治工作。

6月11日，主席会议成员调研质量技术监督工作。

6月12日，南通市政协主席程亚民，副主席储长林、杨伯林一行16人到如皋视察旅游业发展情况，参观如皋港月亮湖风景区、长青沙大桥、九华千年银杏树、顾庄花木村、水绘园、定慧寺、内外城河。如皋市领导蓝绍敏、石耀、刘桂江、周宝生、沈品辉陪同。

6月14日，南通市政协副主席施景钤等到如皋视察文化旅游业。如皋市委副书记周铁根、政协主席刘桂江陪同。

6月16日，如皋市长寿研究会成立。政协主席刘桂江兼任会长。

6月19日，主席会议专题协商司法工作。

7月5日，主席会议成员视察如皋市皮肤病防治所。

7月9日，会同市纠风办民主评议物价部门行风建设。

7月23日，主席会议专题协商《中华人民共和国工会法》贯彻实施情况。

7月29—30日，上海市政协常委、上海社会科学院副院长左学金一行6人到如皋考察。

8月20日—9月4日，政协主席刘桂江，副主席袁泉、于永芳、王连生带队赴昆山、东台、江阴、丹阳考察学习人才队伍建设工作。

9月4日，南通市政协副主席张琛一行3人调研长江镇长青沙岛开发建设情况。如皋市领导石耀、刘桂江、邵晓泉陪同。

9月5—20日，政协主席刘桂江、副主席于永芳带队赴北京、哈尔滨等地视察建筑市场。

9月11日，政协副主席王连生、杜永红视察指导碾砣港、如皋港、四号港闸管所绿化工程。

9月19日，与市委统战部联合举行中秋国庆茶话会。

9月24—25日，召开十届二十四次常委会议。

10月31日—11月2日，长江三角洲十二县（市、区）政协工作研讨会第十六次会议在如皋召开。南通市政协主席程亚民，南通市委常委、如皋市委书记蓝绍敏参加。

11月11日，与市委统战部联合召开市政协换届工作会议。

11月19日，南通市政协副主席储长林召集在如皋的南通市政协委员座谈，参观如皋丝毯艺术博物馆、柴湾工业园区。如皋市政协主席刘桂江、副主席严世进、秘书长史有生参加。

12月15日，召开十届二十五次常委会议。

12月18日，主席会议协商审计工作。

2003年

1月3日，召开全体政协委员培训会。

1月4—8日，召开市政协十一届一次全会，选举浦文海为主席，袁泉、于永芳、陆小兵、杜永红、魏祝明为副主席，史有生为秘书长。

1月8日，召开十一届一次常委会议，协商通过“一办三委”和各委员活动组负责人名单。

3 月 5—7 日，政协主席浦文海、督导员刘桂江、秘书长史有生一行 5 人赴镇江、南京考察相关企业。

3 月 22 日，召开代表建议、委员提案交办工作会议。市委副书记、常务副市长陈照东，市人大副主任刘培银，政协副主席于永芳参加。

3 月 24 日，举行学习中共十六大精神辅导报告会。

3 月 27 日，召开评议城市管理工作会议。副市长沈品辉参加。

5 月 16 日，主席会议专题协商讨论国资公司营运情况。

5 月 26—27 日，召开十一届二次常委会议。

6 月 6 日，政协主席浦文海带队到大治街道、普济社区商讨结对共建事宜。

6 月 11 日，南通市政协副主席储长林组织南通市政协委员如皋联系小组活动，参观江苏力星钢球有限公司、江苏英田集团有限公司。如皋市政协主席浦文海、督导员刘桂江、秘书长史有生参加。

6 月 24 日，主席会议专题协商政府采购工作。

6 月 29 日，市政协联谊会召开第二届会员大会。

7 月 15 日，调研民营医院。

7 月 24 日，南通市政协副主席、民建南通市委主委赵闻斌率统战部、工商联、民主党派负责人到如皋调研私营工业企业，参观如皋如兴纺织有限责任公司、如皋米久食品有限公司、南通英田柴油机厂。如皋市领导杨曹明、浦文海、潘建华陪同。

7 月 31 日，南通市政协副主席储长林、经科委主任王兆祥一行 16 人到如皋考察调研农村劳动力转移情况，视察第一职业高中、磨头劳动力市场、秋艳职业培训学校、市职业介绍所。如皋市政协督导员刘桂江、秘书长史有生陪同。

8 月 6 日，主席会议协商科技、科协工作。

8 月 29 日，南通市政协副主席储长林，原副主席张琛、马汉坤率领部分委员到如皋视察沿江开发利用保护工作。如皋市副市长陈冬梅、政协副主席杜永红陪同。

9 月 11 日，视察计生工作。

9 月 23—24 日，召开十一届三次常委会议，协商农民增收问题。

9 月 29 日，与市委统战部联合召开各界人士国庆茶话会。

10 月 13 日，主席会议协商整合开发区的相关事宜。

10 月 25 日，主席会议专题协商创建国家级生态示范区工作。

11 月 19 日，南京市政协常务副主席张伯兴一行 9 人在南通市政协主席程亚民、副主席施景钤陪同下到如皋考察。

12 月 5 日，南通市政协副主席陈振兴一行 15 人到如皋视察少数民族扶贫工作，参观丁堰镇、林梓镇少数民族扶贫工作点，走访困难户。如皋市政协主席浦文海陪同。

12 月 17—18 日，召开十一届四次常委会议。

2004年

1月7日，召开十一届五次常委会议。

1月7—11日，召开市政协十一届二次全会，增选张秀良为副主席。

1月9日，召开十一届六次常委会议。

1月24日，南通市政协主席程亚民、副主席杨展里应邀到如皋参加新春团拜会。

2月20日，主席会议专题协商科技创业园区建设工作。

3月15—17日，南通市政协副主席储长林、赵闻斌一行14人和在如皋的南通市政协委员考察调研民营经济发展情况，走访江苏英田集团有限公司、江苏南天集团有限公司、江苏九鼎集团有限公司、江苏长寿集团有限公司等企业。如皋市政协主席浦文海，市委常委、常务副市长潘建华，政协督导员严世进，政协秘书长史有生陪同。

3月29日，主席会议协商“三外”工作。

3月31日，江苏省政协副主席陆军，江苏省政协常委、医卫体育委员会常务副主任刘洪琪一行8人，在南通市政协副主席高志兰陪同下，到如皋调研新型农村合作医疗制度实施情况。如皋市委书记陈惠娟、政协主席浦文海、副书记杨曹明、政协副主席陆小兵陪同。

4月18日，邀请南通市委党校副校长、南通市政协常委姜作培做关于科学发展观的辅导报告。

5月11日，南通市政协副主席储长林组织在如皋的南通市政协委员参观如皋中学、九鼎新材料工业园、江苏英田集团有限公司。如皋市政协主席浦文海、秘书长史有生参加。

5月25—26日，召开十一届七次常委会议。

6月11日，主席会议协商工业项目投入情况。

6月14日，南通市政协副主席储长林一行18人到如皋调研农业标准化、市场化建设情况，参观江苏长寿集团有限公司、江苏九鼎集团花木生产基地、江苏银燕集团生猪养殖场。如皋市政协主席浦文海、副主席杜永红陪同。

6月17—18日，南通市六县二区政协主席联席会在丽都大酒店举行，与会人员会后参观江苏英田集团有限公司、上海制皂（集团）如皋有限公司、江苏长寿集团有限公司、内外城河风光带。南通市政协主席程亚民，副主席施景钤、储长林、杨伯林、颜福星、陈振兴、张永凯，秘书长孙应杰参加。如皋市委书记陈惠娟致辞。

7月5日，召开如皋历史文化研究课题汇报会，围绕内外城河风光带建设、东大街景区建设、石合泰建设、集贤里建设、如皋名人录编印、如皋特色文化研究6大课题交流研究成果。市长周铁根、市委副书记杨曹明参加。

7月7日下午，南通市政协副主席施景钤、江苏省政府研究室宣传处处长金建明一行6人到如皋参观江苏长寿集团有限公司、水绘园、花木大世界。如皋市政协原主席魏国平、副主席张秀良、秘书长史有生陪同。

8月2日，江苏省政协副主席、民盟江苏省委主委、全国人大代表曹卫星一行8人到如皋调研农村义务教育。如皋市政协主席浦文海、副市长张元健、政协副主席陆小兵参加。

8 月 4 日，南通市政协副主席施景钤、高志兰、颜福星、张永凯一行 28 人到如皋视察调研大中专毕业生就业情况。如皋市政协主席浦文海、常务副市长潘建华、政协副主席陆小兵、政协秘书长史有生陪同。

8 月 21 日，江苏省政协副主席、工商联会长李仁一行 6 人在南通市政协副主席李界元陪同下到如皋调研同业商会建设情况。如皋市委书记陈惠娟，政协主席浦文海，人大常委会副主任程德兴，政协副主席魏祝明、张秀良陪同。

9 月 7 日，举行委员培训班。市委副书记杨曹明、政协主席浦文海参加。

9 月 14—15 日，召开十一届八次常委会议。

9 月 17—21 日，赴浙江宁波、舟山、普陀山、奉化、千岛湖等地学习民族宗教工作。

9 月 20 日，主席会议专题协商农村交通建设情况。

9 月 27 日，与市委统战部联合举行各界人士国庆中秋茶话会。

10 月 28 日，南通市政协副主席杨伯林一行 20 人到如皋考察古树名木和花木盆景，参观水绘园、东方大寿星园及九华古银杏。如皋市政协秘书长史有生陪同。

11 月 18 日，江苏省政协副秘书长丁泽生到如皋考察，参观水绘园、定慧寺和花木大世界。如皋市政协主席浦文海、秘书长史有生陪同。

12 月 3 日，主席会议专题协商“平安如皋”创建工作。

12 月 17 日，召开十一届九次常委会议。

2005 年

1 月 7 日，召开十一届十次常委会议，市委副书记姜永华通报相关人事安排情况。

1 月 8—11 日，召开市政协十一届三次全会，增选章建平为副主席，补选羌汉荣为秘书长。

1 月 9 日，召开十一届十一次常委会议。

3 月 30 日，举办“构建社会主义和谐社会”专题讲座。

4 月 7 日，主席会议专题协商国土资源管理工作。

4 月 17—18 日，如皋市人民政府顾问、上海社会科学院常务副院长左学金率领有关专家、企业界人士到如皋考察开发区发展情况。市领导周铁根、浦文海、李中林、刘桂江陪同。

4 月 27 日，与市委统战部联合举行学习贯彻《反分裂国家法》座谈会。

5 月 9 日，江苏省政协教育文化委员会常务副主任周德藩，江苏省政协提案委员会副主任谢玲，江苏省残联副理事长、江苏省政协医卫体育委员会副主任徐庆祥一行 15 人，在南通市政协副主席施景钤陪同下到如皋视察调研特殊教育发展情况。如皋市市长周铁根、副市长张元健，政协主席浦文海、副主席陆小兵陪同。

5 月 12 日，召开十一届十二次常委会议。

5 月 30 日，主席会议协商讨论幼儿教育工作。

6 月 3—4 日，南通市政协主席程亚民、副主席李界元、秘书长孙应杰一行 17 人到如皋开展“培养发展产业集群、优化工业结构布局”专题视察。如皋市领导陈惠娟、周铁根、浦文海、黄成等陪同。

6月21日，召开十一届十三次常委会议。

7月13日，主席会议专题协商财税工作。

7月26日，主席会议专题协商计生工作。

8月9日，主席会议专题协商科技工作。

8月17—18日，南通市政协副主席杨伯林、陈振兴、杨展里一行12人到如皋视察调研食品药品监管工作。如皋市领导浦文海、陈冬梅、陆小兵等陪同。

9月6日，主席会议专题协商拆迁工作。

9月19日，召开各界人士国庆中秋茶话会。

9月22日，召开十一届十四次常委会议。

9月23日，主席会议专题协商公安工作。

10月20日，主席会议专题协商全民创业工作。

10月24日，政协主席浦文海主持召开重修中山钟楼座谈会。

10月26日，南通市政协副主席陈振兴带领政协委员一行25人到如皋调研宗教和民族教育事业，视察法宝禅寺、灵威观、定慧寺。如皋市政协主席浦文海、副主席张秀良陪同。

11月2日，主席会议讨论通过主席会议工作规则、社情民意工作规则、委员调研工作规则。

11月10日，南通市政协主席程亚民率领在通的江苏省政协委员季金虎、高志兰、颜福星、张永凯、赵闻斌等一行24人到如皋视察推进新农村建设工作。如皋市领导陈惠娟、周铁根、石耀、浦文海、姜永华、陈冬梅、袁泉陪同。

11月28日，政协副主席张秀良带领在如皋的南通市政协委员到南通参加委员论坛活动。

12月1日，全国政协常委、全国政协社会与法制委员会副主任张绪武及南通市政协副主席陈振兴一行8人到如皋专题调研《中华人民共和国个人独资企业法》《中华人民共和国合伙企业法》执行情况。如皋市领导陈惠娟、浦文海、潘建华陪同。

12月7日，主席会议专题协商创建环保模范城市工作。

12月9日，南通市政协副主席高志兰率领医卫组部分专家到如皋市政协机关挂钩扶贫的白蒲镇唐堡村开展送医下乡活动，为近200名村民义诊。如皋市政协主席浦文海参加并慰问挂钩扶贫户。

12月16日，主席会议专题协商外经外贸工作。

2006年

1月10—11日，召开十一届十五次常委会议。

2月6日，召开十一届十六次常委会议，市委副书记杨曹明通报相关人事安排。

2月6—11日，召开市政协十一届四次全会，选举陈惠娟为主席。

2月9日，召开十一届十七次常委会议。

3 月 9 日，主席会议专题协商金融工作。

3 月 17 日，主席会议专题协商民政工作。

3 月 25 日，召开纪念如皋政协成立 50 周年座谈会。

4 月 6—7 日，南通市政协副主席张永凯、储长林带队到如皋调研农村组织建设和村民自治情况，视察搬经镇梅甸村、丁堰镇鞠庄村。如皋市领导杨曹明、浦文海、张秀良陪同。

4 月 6—7 日，南通市政协副主席杨伯林、赵闻斌带队到如皋调研新农村建设、环境保护与治理情况，视察如城工业园区（英田工业园区）、白蒲镇朱家桥村和江苏长寿集团有限公司养鸭基地、饲料加工厂、屠宰场。如皋市副市长陈冬梅陪同。

4 月 12 日，主席会议专题协商市行政服务工作。

6 月 14 日，主席会议专题协商法院工作。

6 月 16 日，南通市政协副主席杨伯林带队到如皋调研精神病防治工作，实地视察如皋市第二人民医院、江滨医院。如皋市领导浦文海、张元健、于永芳、陆小兵陪同。

6 月 27—28 日，召开十一届十八次常委会议，协商农村劳动力培训工作。

7 月 4 日，南通市政协副主席储长林在丽都假日酒店主持召开各县（市、区）政协经科委工作交流会。如皋市政协党组书记李中林、副主席于永芳参加。

7 月 4 日，南通市政协副主席杨伯林到如皋调研《江苏省长江水污染防治条例》执行情况，视察如皋港精细化工园区、南通阳鸿石化储运有限公司、南通森林公园、2 万吨/日污水处理厂施工现场、60 万吨/日区域供水项目取水口。如皋市副市长单定方陪同。

7 月 10—13 日，市政协党组书记李中林、副主席杜永红带队赴南京市六合区、安徽省铜陵市考察现代农业。

7 月 14 日，主席会议专题协商审计工作。

8 月 16 日，南通市政协副主席杨伯林率领提案委员会和人口资源环境委员会人员到如皋现场办理民主党派关于种养殖业污染防治的集体提案，实地视察石庄等镇现场。

9 月 2 日，专题协商《如皋市城市总体规划汇编（2005—2020）》。副市长单定方参加。

9 月 28 日，召开各界人士国庆中秋茶话会。

9 月 29 日，召开十一届十九次常委会议，协商现代物流业发展。

10 月 10 日，南通市政协主席曹能新带领在南通的江苏省政协委员到如皋开展视察活动。如皋市领导陈惠娟、姜永华、李中林、黄成、丁兴华陪同。

10 月 11 日，主席会议专题协商自来水生产经营管理工作。

10 月 18 日，主席会议专题协商供电工作。

10 月 23 日，主席会议协商宗教场所管理工作。

10 月 28—29 日，十届全国政协外事委员会副主任、外经贸部原副部长周可仁，港澳台侨委员会副主任何天发到如皋参加“一会两节”。

10 月 31 日，南通市政协副主席、工商联会长李界元率领工商界、工商联界的 38 位委员到如皋视察调研。

11 月 1 日，举办台海形势报告。

11 月 10—11 日，江苏省政协提案委员会主任董瑾及提案办副调研员崔东进一行 5 人到如皋调研提案工作情况。如皋市政协领导李中林、于永芳、张秀良、浦文海陪同。

11 月 16 日，主席会议专题协商如皋港区发展情况。

11 月 21 日，视察调研科普示范市创建工作。

11 月 25 日，市委在市广电中心召开全市政协工作会议。市委书记陈惠娟、代市长姜永华分别讲话。

12 月 14 日，召开民主评议交通部门会议。

12 月 22 日，召开十一届二十次常委会议。

全年，组织政协委员积极参与“为如皋发展做贡献、为政协事业添光彩”活动。政协委员引进招商项目 80 多个，引进外资 7 000 多万美元、市外资金 5 亿多元；为社会办实事、做好事 190 多件；为“一会两节”、公益事业和扶贫济困捐款 500 多万元；领养、认养或资助孤困儿童近百名；为就业和再就业提供岗位 1 000 多个；提出合理化建议 300 多条。

2007 年

1 月 14 日，召开十一届二十一次常委会议，市委副书记杨曹明通报有关人事安排。

1 月 15—18 日，召开市政协十一届五次全会，选举李中林为主席，刘聪泉为副主席。

1 月 17 日，召开十一届二十二次常委会议。

2 月 1 日，召开社情民意信息员会议。

2 月 7 日，政协主席李中林带队赴白蒲镇塘堡村慰问结对帮扶贫困户。

3 月 6 日，对口协商中小企业融资工作。

3 月 9 日，南通市政协秘书长联席会议在如皋举行。南通市政协副主席陆国甫，如皋市政协主席李中林、副主席于永芳参加。

3 月 15 日，南通市政协副主席施景钤、杨柏林带领部分政协委员到如皋调研。如皋市领导姜永华、李中林、黄成陪同。

3 月 30 日，南通市政协副主席季金虎组织在如皋的委员活动，参观江苏九鼎集团有限公司。如皋市政协主席李中林参加。

4 月 13 日，全国人大常委会委员、北京市政协副主席朱相远在南通市政协副主席施景钤陪同下到如皋考察。如皋市政协主席李中林、副主席于永芳陪同。

4 月 20 日，主席会议专题协商农村文化建设工作。

5 月 14—16 日，政协副主席杜永红一行 6 人赴山东省诸城市、寿光市考察学习农业产业化情况，参观第八届中国（寿光）国际蔬菜科技博览会。

5 月 18 日，政协副主席章建平一行 10 人赴山西平遥等地考察农业龙头企业。

6 月 2 日，江苏省政协副主席、如皋籍中科院院士、南京大学教授闵乃本应邀回如皋参加科技招商洽谈会，并做《新世纪面临的科技挑战》学术报告。如皋市政协主席李中林、副主席于永芳陪同参观如皋高新技术园区、水绘园和定慧寺。

6 月 24 日，召开十一届二十三次常委会议。

6 月 30 日，主席会议专题协商食品安全工作。

7 月 19 日，江苏省政协副秘书长、研究室主任丁泽生，学习文史委员会副主任袁甫生一行 6 人到如皋考察，参观长寿园、定慧寺。如皋市政协副主席于永芳陪同。

7 月 20 日，主席会议专题协商社会保障工作。

7 月 25 日，主席会议专题协商财政工作。

8 月 1 日，南通市政协主席曹能新、副主席陈振兴、秘书长孙应杰带领部分政协委员一行 13 人到如皋开展“大桥经济”调研，参观城市建设及双钱集团（江苏）轮胎有限公司、九鼎工业园区。如皋市领导陈惠娟、李中林、单定方、于永芳，政协秘书长羌汉荣陪同。

8 月 2 日，主席会议讨论开展“学习张家港，建设新如皋”活动。

8 月 16 日，主席会议成员协商反腐倡廉工作。

8 月 23 日，主席会议成员协商农业资源开发工作。

8 月 28 日，主席会议成员协商政法工作。

8 月 31 日，主席会议专题协商司法行政工作。

9 月 3 日，政协副主席于永芳带队赴常熟市学习考察“调整经济结构、转变发展方式、加大节能减排”的经验和做法。

9 月 4 日，政协主席李中林带队赴浙江省慈溪市考察学习发展“大桥经济”，参观宁波跨海大桥。

9 月 11 日，政协副主席张秀良带队赴扬州市邗江区，考察学习发展“大桥经济”、转变城市发展方式，参观润扬大桥。秘书长羌汉荣参加。

9 月 27 日，召开十一届二十四次常委会议，协商发展“大桥经济”。

9 月 30 日，与市委统战部联合举行国庆茶话会。

10 月 18 日，主席会议专题协商体育工作。

10 月 22 日，主席会议专题协商国税工作。

10 月 27—29 日，十届全国政协外事委员会副主任、外经贸部原副部长周可仁一行应邀参加第五届中国如皋沿江经济洽谈会。

11 月 14 日，南通市政协副主席季金虎一行 14 人到如皋视察调研村级体育健身工程，实地考察磨头镇、江安镇村级体育健身工程建设情况。如皋市政协主席李中林、副市长张元健、政协副主席陆小兵陪同。

11 月 28 日，对口协商全市教育负债问题。

12 月 15 日，召开十一届二十五次常委会议。

12 月 25 日，在江陵大酒店举办“关注弱势群体、构建和谐社会”委员论坛和新委员培训活动。市领导杨曹明、陈冬梅等参加。

12 月 26—31 日，召开十二届一次全会，选举李中林为主席，张元健、魏祝明、章建平、刘聪泉为副主席，羌汉荣为秘书长。

12 月 30 日，召开十二届一次常委会议。

2008 年

1 月 25 日，政协主席李中林赴台湾地区考察招商。

3 月 4 日，对口协商专利工作。

3 月 18 日，主席会议专题协商节能减排工作。

3 月 22 日，召开十二届二次常委会议，协商《政协全委会工作规则》。

4 月 4 日，江苏省政协人资环委副主任刘一平、刘百铭、蔡建国等到如皋调研土壤污染及防治情况。南通市政协副主席张永凯，如皋市领导李中林、杜永红、张元健陪同。

5 月 15 日，政协机关全体人员向四川汶川地震灾区捐款。

5 月 19—20 日，在如皋光华国际大酒店举办长三角十三县（市、区）政协工作研讨会第 27 次会议。

6 月 27 日，主席会议专题协商安全生产工作。

7 月 7 日，江苏省政协副主席包国新带领部分委员到如皋对《关于推动民营企业实施“走出去”发展战略的建议》进行督办，考察如皋市双马化工有限公司。南通市领导沈振新、徐守铭、薛斌，如皋市政协主席李中林、副市长张军陪同。

7 月 17 日，主席会议专题视察协商市长公开电话受理中心工作。

7 月 23 日，南通市政协主席王德忠带领部分委员到如皋调研“增加城乡居民收入”情况。如皋市领导陈惠娟、姜永华、杨曹明、李中林、陈万圣陪同。

7 月 24 日，召开十二届三次常委会议，协商“工业集中、产业集聚”工作。

7 月 30 日，主席会议协商水绘园东大街景区开发建设情况。

8 月 4—5 日，全国政协港澳台侨委员会副局级秘书黄健一行 3 人到如皋参观考察水绘园、定慧寺。

8 月 5 日，南通市政协秘书长朱进一行 9 人到如皋参观水绘园、定慧寺、长寿园。

8 月 13 日，江苏省政协办公厅副主任、联络处处长黄华业一行 11 人到如皋，准备全国政协驻苏委员考察事宜。如皋市政协主席李中林、副主席张元健陪同。

8 月 18 日，调研史志工作。

8 月 20 日，江苏省政协主席张连珍带领驻苏全国政协委员到如皋考察，参观水绘园、顾庄生态园、桃园镇垃圾中转站和污水处理厂。如皋市委书记陈惠娟、政协主席李中林陪同。

8 月 21 日，九三学社江苏省委专职副主委、江苏省政协副秘书长叶勇率领江苏九三学社中的 25 名江苏省政协委员，在南通市政协副主席徐守铭陪同下到如皋考察江苏熔盛重工有限公司。如皋市政协主席李中林陪同。

8 月 26 日，视察市惠民医院建设及运行情况。

8 月 27 日，主席会议专题协商企业上市工作。

9 月 12 日，会同市委统战部在市行政中心召开中秋各界人士茶话会。

10 月 6 日，全国政协原副主席张怀西到如皋参加首届“中国十大寿星排行榜”揭榜仪式暨中国长寿之乡（如皋）揭牌仪式，考察江苏熔盛重工有限公司、顾庄花木村及城市建设。南通市政协主席王德忠，如皋市领导陈惠娟、姜永华、石耀、李中林、杨曹明、张秀良、杜永红、刘聪泉陪同。

10 月 10 日，召开民主评议税务工作动员会。

10 月 10 日，主席会议专题协商教育现代化工作。

10 月 27 日，十届全国政协外事委员会副主任、外经贸部原副部长周可仁一行 3 人应如皋市委、市政府邀请到如皋参加“一会两节”活动。如皋市政协主席李中林陪同。

10 月 30 日，主席会议专题协商有线电视数字化建设工作。

10 月 31 日，召开十二届四次常委会议，协商旅游产业发展调研情况。

11 月 12—18 日，政协副主席张元健带队赴陕西对市职教中心、实验初中挂钩学校开展回访、联谊活动。

11 月 21 日，召开平安法治工作座谈会。

11 月 26 日，主席会议专题协商法院审判工作。

12 月 3 日，视察老年康复医疗机构筹备工作。

12 月 23 日，召开十二届五次常委会议。

12 月 27—28 日，十届全国政协外事委员会副主任、外经贸部原副部长周可仁到如皋参加如皋港获批国家一类开放口岸庆祝活动。

2009 年

1 月 7 日，召开十二届六次常委会议。

1 月 7—11 日，召开十二届二次全会，选举殷高华为秘书长。

1 月 10 日，召开十二届七次常委会议。

2 月 2 日，召开市政协机关思想作风建设会议。

3 月 4 日，江苏省政协宣传处处长尹毅一行 5 人到如皋考察，参观如皋港、水绘园、定慧寺。如皋市政协主席李中林、副主席张元健、秘书长殷高华陪同。

3 月 6 日，组织在如皋的南通市政协委员视察检察工作。

3 月 11 日，南通市各县（市）区政协港澳台侨外事工作座谈会在如皋召开。南通市政协副主席张永凯，如皋市政协主席李中林、副主席刘聪泉参加。

3 月中旬，专题调研中小企业运行情况。

3 月 23 日，召开市政协机关深入学习实践科学发展观活动动员大会。

3 月 31 日，南通市政协十届六次常委会议专题协商“优化投资结构，增加有效投入”农业投入调研组一行 17 人，由南通市政协原副主席施景铃带队到如皋调研。

3 月下旬，专题视察调研社区卫生服务体系建设。

4 月 16 日，十届全国政协外事委员会副主任、外经贸部原副部长周可仁一行 6 人到如皋视察经济社会发展情况，参观水绘园、江苏熔盛重工有限公司。南通市副市长、如皋市委书记陈惠娟，政协主席李中林接待。

4月20日，召开市政协中心组学习实践科学发展观交流会。政协主席李中林做《弯道超越正当时》报告。

4月28日，南通市政协副主席顾裕岳、原副主席施景钤带领南通市政协特邀界委员到如皋视察，参观水绘园、东大街、如皋丝毯艺术博物馆、江苏熔盛重工有限公司及城市建设。如皋市政协主席李中林、副主席张元健、秘书长殷高华陪同。

4月30日，专题视察白蒲古镇历史文化保护工作。

5月9日，召开十二届八次常委会议，专题协商生态市建设。市委常委、副市长马建明参加。

5月26日，主席会议专题协商体育工作。

6月9日，主席会议专题协商高新技术产业工作。

7月1日，南通市政协关于“推进新型城镇化建设”协商专题的“顺势推进农民集中居住点建设”调研组到如皋调研。如皋市政协主席李中林，副主席张元健、刘聪泉陪同。

7月2日，组织医卫委员到白蒲镇双桥村送医下乡，为200多名群众义诊。

7月3日，主席会议专题视察人民医院综合大楼工程建设情况。

7月11日，专题协商教育工作。

7月13—17日，专题调研协商农村环境工程。

7月24日，主席会议专题协商交通工作。

7月27日，召开胡瑗学术思想座谈会。政协副主席刘聪泉、秘书长殷高华参加。

8月26日，召开市政协机关学习实践科学发展观总结大会。

9月23日，召开民主评议公安部门工作动员大会。

9月27日，举行庆祝人民政协成立60周年茶话会。南通市副市长、如皋市委书记陈惠娟到会讲话。

10月6日，全国政协办公厅新闻局局长张海霞一行4人到如皋考察长寿现象，参观水绘园、东大街、如皋丝毯艺术博物馆、长寿园，如皋市政协主席李中林、秘书长殷高华陪同。

10月上旬，专题视察矛盾调处工作。

10月上旬，专题调研人才公寓建设。

10月20日，主席会议专题协商商标工作。

10月24日，召开民主评议公安部门工作会议。

10月24日，召开十二届九次常委会议，专题协商三大主体功能区建设、生态示范市建设。市委常委、常务副市长黄成参加。

10月26日，主席会议专题协商职业教育工作。

10月29—31日，十届全国政协外事委员会副主任、外经贸部原副部长周可仁到如皋参加第七届沿江经济洽谈会。如皋市政协主席李中林、秘书长殷高华陪同。

12月2日，主席会议专题协商中小企业信用担保体系建设工作。

2010年

1月6日，召开十二届第十次常委会议。

1月12日，召开十二届十一次常委会议。

1月12—16日，召开市政协十二届三次全会。

1月15日，召开十二届十二次常委会议。

3月9—10日，江苏省政协办公厅宣传处处长尹毅等一行5人到如皋指导政协宣传工作，参观城市建设及江苏熔盛重工有限公司。如皋市政协主席李中林、秘书长殷高华陪同。

3月12日，南通市政协主席王德忠带队一行10人到如皋考察工业企业科技创新能力，考察江苏熔盛重工有限公司、江苏神马电力科技有限公司、江苏英田集团有限公司等企业。

3月16日，专题视察调研现代高效设施农业发展情况。

3月25日，召开市政协联谊会三届三次会员大会。

4月16日，专题视察调研区域供水情况。

5月18—20日，江苏省政协人口资源环境委员会主任张肖敏一行8人到如皋调研百岁老人情况，参观水绘园、东方大寿星园、顾庄生态园等。如皋市政协主席李中林、副主席张元健陪同。

6月2日，主席会议专题协商文化工作。

6月24日，主席会议专题协商法院工作。

6月25日，召开十二届十三次常委会议，专题协商万顷良田建设工程。

6月30日，南通市政协机关全体党员干部103人到如皋进行革命传统教育主题活动，参观红十四军纪念馆，凭吊革命烈士，并参观江苏熔盛重工有限公司、江苏神马电力科技有限公司。如皋市领导陈惠娟、姜永华、石耀、李中林、张元健接待。

8月4日，南通市政协副主席张庆平到如皋调研“建立健全医疗卫生服务体系”工作。如皋市领导陈惠娟、李中林、司祝建、赵男男陪同。

8月17日，主席会议协商教师队伍建设情况、“十二五”规划准备工作调研情况。

9月2日，江苏省政协主席张连珍，副主席陈凌孚、周健民，秘书长刘立仁一行到如皋视察农村饮用水安全工程建设情况。南通市领导丁大卫、王德忠，如皋市领导丁大卫、王德忠、陈惠娟、李中林陪同。

9月10日，主席会议专题协商全市劳动就业工作。

9月13日，江苏省政协医卫体育委员会副主任刘卫华、办公室副主任林启元到如皋协助全国政协调研“十二五”规划体育工作。如皋市政协副主席张元健陪同。

9月27日，专题视察调研工业集中区（特色园区）转型升级情况。

10月12日，主席会议专题协商人口与计生工作。

10月13日，专题视察协商工业企业运行情况。

12月9日，专题视察宗教场所管理工作。

12月24日，召开十二届十四次常委会议。

2011年

1月10日，召开十二届十五次常委会议。

1月10—15日，召开市政协十二届四次全会，选举黄文斌为副主席。

1月13日，召开十二届十六次常委会议。市委副书记杨曹明参加。

1月13日，召开十二届十七次常委会议。

1月24日，政协主席李中林，副主席章建平、黄文斌赴无锡参观考察船舶重工研究所。

1月26日，主席会议专题协商公安工作。

2月19日，南通市政协副主席张永凯带领港澳委员、特邀界委员视察如皋港区。如皋市政协副主席黄文斌陪同。

2月25日，主席会议专题协商财税工作。

3月4日，政协主席李中林、副主席黄文斌、秘书长殷高华一行赴大丰市政协参观学习。

3月16日，南通市政协主席王德忠带队到如皋调研养老服务体系建设情况，考察高明镇晓庄村托老院、如城镇敬老院、宏坝社区养老服务站。如皋市领导陈惠娟、杨曹明、李中林、张辉、杜永红陪同。

3月24日，主席会议专题协商民政工作。

3月29日，专题视察幼儿教育工作。

4月1日，召开政协联谊会三届四次会员大会。

4月9日，政协主席李中林带队督查花市路、江曲线、蒲黄路、如港连接线、长青沙桥南段等在建交通工程。

4月12日，主席会议专题协商物价工作。

4月27日，政协主席李中林专程到雪岸镇走访沈寿明、何建委员。

5月14—18日，政协主席李中林、副主席黄文斌带领部分在如皋的南通市政协委员赴陕西延安、子长和山东临沂参观学习。

5月21—29日，组织部分政协委员对全市21个窗口服务行业文明创建情况进行考核打分。

5月22日，主席会议专题协商档案工作。

5月27日，专题视察如城地区小区物业管理工作。

6月20—22日，政协副主席章建平、黄文斌带队赴浙江省杭州市萧山区，学习考察信息化带动工业化、推动“两化”融合并进的经验和做法。

6月23日，政协副主席张元健带领机关离退休老干部赴通州区政协学习，参观南通纺织品市场。

6月29—30日，为纪念中国共产党成立90周年，组织全体党员干部参观姜堰市机关党建工作、淮安周恩来纪念馆。

7月7日，召开十二届十八次常委会议，协商信息化带动工业化，通过《如皋市政协委员管理办法（试行）》。副市长缪小华参加。

7月14日，南通市县（市、区）政协主席联席会议在如皋召开，围绕“推动人民政协民主监督工作的实践与思考”进行交流研讨。南通市政协全体领导和如皋市领导陈惠娟、石耀、黄成参加。

7月28—29日，江苏省政协经济委员会主任汤以伦、副主任李明生，人资环委副主任宣荣、刘百铭等一行到如皋调研农民集中居住区建设。如皋市领导陈惠娟、姜永华、杜永红、刘聪泉陪同。

8月12日，专题视察农村危桥改造工程实施情况。

8月16日，主席会议专题协商现代农业发展情况。

8月18日，南通市政协副主席顾裕岳率“加快培育和发展战略性新兴产业”协商课题调研组到如皋调研。如皋市领导李中林、黄成、缪小华、章建平陪同。

8月23日，主席会议专题协商文广传媒集团工作。

9月14日，主席会议专题协商软件园建设和产业发展。

9月21日，主席会议专题协商口岸和港口工作。

9月24日，主席会议专题协商工会工作。

9月27日，召开民主评议银行金融机构工作和行风建设动员会。

9月30日，举行各界人士国庆茶话会。

10月18日，南通市政协主席王德忠到如皋调研，参观考察如皋港区。如皋市领导姜永华、李中林以及政协原主席刘桂江、浦文海陪同。

10月21—25日，《人民政协报》编辑部主任路强到如皋调研考察，为政协机关做政协新闻宣传讲座。如皋市政协主席李中林，副主席张元健、章建平，秘书长殷高华陪同。

11月3日，《中国政协》杂志社南京记者站站长付俊怀一行6人到如皋考察。如皋市政协副主席张元健、秘书长殷高华陪同。

11月18日，主席会议专题协商“六五”普法工作。

12月2—7日，政协主席李中林，副主席魏祝明、刘聪泉一行7人赴哈尔滨、大庆、长春等地考察建工工作。

2012年

1月13日，举行全市政协工作会议暨政协委员论坛活动。南通市副市长、如皋市委书记陈惠娟到会讲话。

2月10日，主席会议专题协商质量技术监督工作。

2月27日，主席会议专题协商镇（区）污水处理工作。

3月6日，主席会议专题协商历史文化保护利用工作。

3月9日，召开十二届十九次常委会议。

3月18—24日，召开十三届一次全会，选举李中林为主席，魏祝明、刘聪泉、黄文斌、张亚鸾、郑振明为副主席，殷高华为秘书长。

3 月 23 日，召开市政协十三届一次常委会议。

4 月 10 日，南通市政协工作座谈会在如皋召开。南通市政协秘书长朱进，如皋市政协主席李中林、秘书长殷高华参加。

4 月 18 日，主席会议专题协商餐饮服务食品安全监管工作。

4 月 27 日，主席会议专题协商水利工作。

5 月 24 日，主席会议协商法院执行工作。市委常委、政法委书记缪小华，市法院院长吴存银参加。

5 月 25 日，召开第四届政协联谊会第一次会员大会。

5 月 29 日，主席会议专题协商工商联工作。

6 月 13—14 日，专题视察台资企业运行工作并赴昆山参观。

7 月 4 日，专题视察文化强市建设工作。

7 月 17 日，主席会议专题协商市级机关事务管理工作。

7 月 18 日，南通市政协主席会议到如皋调研区镇合一、产权等课题，视察如皋港、如皋经济开发区、软件园。如皋市政协主席李中林陪同。

7 月 21 日，主席会议专题协商教育工作。

7 月 25 日，主席会议专题协商科技创新平台建设工作。

7 月 27 日，主席会议专题协商集约节约用地工作。

8 月 17 日，政协主席李中林带领部分在城委员到白蒲镇松杨社区向贫困学子捐款。

8 月 29 日，主席会议专题协商财政工作。

8 月 31 日，主席会议专题协商新型农村合作医疗工作。副市长缪爱诚参加。

9 月 4 日，政协主席李中林率队赴连云港市赣榆县考察，参观赣榆县青口镇大盘村、江苏镔鑫钢铁集团有限公司、江苏新海石化有限公司、赣榆港区。

9 月 7 日，南通市政协主席王德忠、副主席杨展里、秘书长朱进带队到如皋调研城乡社区建设与管理工作，视察袁桥镇纪港村、如城镇城东社区。如皋市领导姜永华、李中林、缪小华、黄建龙、杜永红、黄文斌陪同。

9 月 25 日，主席会议专题协商农业资源开发工作。市委常委马金华参加。

9 月 26 日，举行各界人士中秋国庆茶话会。

9 月 27 日，主席会议专题协商深化法治如皋建设工作。

10 月 12 日，召开民主评议市农委工作动员大会。副市长杜永红参加。

11 月 5 日，召开十三届二次常委会议，协商讨论加强与创新社会管理基层基础建设工作。市委常委、政法委书记缪小华参加。

11 月 7 日，主席会议专题协商优质均衡教育工作。副市长缪爱诚参加。

11 月 22 日，召开民主评议农委工作总结大会。副市长杜永红参加。

11 月 23 日，主席会议专题协商社会保障工作。

12 月 13 日，专题视察人防工程建设情况。市长助理万维庆参加。

2013年

1月12日，主席会议专题协商国土资源管理工作。

1月13日，召开十三届三次常委会议。

1月13—16日，召开十三届二次全会。

1月16日，市委召开全市政协工作会议。市委书记姜永华、代市长陈晓东、政协主席李中林分别讲话。

1月16日，举办“文化强市建设”委员论坛。

1月16日，召开十三届四次常委会议。

3月12日，专题视察保障性住房及搬迁安置房建设工作。

3月22日，主席会议专题协商《如皋市志》修编工作。

3月26日，南通市政协副主席杨展里、单晓鸣率“完善社会保险体系、推进民生幸福工程”专题调研组到如皋，考察开发区（城北街道）养老保险管理机构、邓元社区卫生服务站。如皋市政协副主席刘聪泉陪同。

3月27日，南通市政协主席王德忠，副主席陆玉明、陈德新、杨展里、徐守铭到如皋，专题调研如皋现代港口物流发展情况，实地考察如皋港现代物流园区、如皋港物流总部经济基地、江苏融达再生资源加工配送有限公司、如皋港务集团。

4月8日，政协原副主席贲正祥逝世，享年84岁。

4月25日，专题协商视察民营医疗机构运行发展情况。

5月9日，专题视察民营医疗机构运行发展情况。

5月16日，主席会议专题协商镇级债务偿还机制建设情况。

5月17日，召开十三届五次常委会议。

5月22日，主席会议专题协商城乡客运一体化工作。

5月29—30日，全国政协经济委员会调研组到如皋，围绕“积极稳妥推进城镇化，着力提高城镇化质量”的主题进行调研座谈。南通市领导王德忠、徐辉，如皋市领导姜永华、陈晓东、李中林、司祝建、陈万圣、魏祝明、章建平参加。

5月30日，南通市政协在如皋召开提案工作会议，与会人员参观长江镇长江药用植物园、青少年素质教育实践基地和金岛生态园。

5月31日，主席会议专题协商社会养老服务体系建设工作。

5月31日，十届全国政协外事委员会副主任、外经贸部原副部长周可仁一行到如皋，实地考察南通小樱时装有限公司和石庄镇小城镇建设。南通市政协主席王德忠、如皋市政协主席李中林陪同。

6月13日，南通市政协副主席杨展里带队到如皋专题调研生态建设情况，实地考察长江药用植物园、如皋港新材料工业园区环境监控中心、如城街道顾庄社区、龙游湖商务区。如皋市领导姜永华、李中林、陈万圣、黄文斌陪同。

6月26日，政协主席李中林率部分委员到白蒲镇朱家桥村向贫困学生发放助学金。

6月28日，主席会议专题协商开放型经济工作。

7月4日，政协主席李中林带领市委总督查组第二小组对全市国民经济、工业经济运行情况和科技创新工程、新“六城同创”、生态文明建设以及部分镇重点工作推进情况进行督查。

7月10日，主席会议专题协商人口和计划生育工作。

7月26日，主席会议专题调研职务犯罪查办和预防工作。

7月28日，主席会议专题协商工业项目投入。副市长陆雪松参加。

7月30日，主席会议专题协商少数民族工作。

8月8日，政协主席李中林到白蒲镇朱家桥村看望慰问6位90周岁以上老人。

8月8日，政协原主席吴功祥逝世，享年90岁。

8月16日，主席会议专题协商教育工作。

8月19日，主席会议专题协商依法治市工作。

8月29日，专题视察供销总社“三农”服务工作。

9月23日，主席会议专题协商“六五”普法工作。

9月27日，专题视察如皋电信。

10月14日，召开十三届六次常委会议，协商高新技术产业发展情况。副市长陆雪松参加。

10月14日，召开民主评议工商管理工作动员会。

10月29日，全国政协人口资源环境委员会副主任、中国花卉协会会长江泽慧到如皋，视察盆景产业和中国花卉协会盆景分会筹备情况。南通市领导丁大卫、黄巍东，如皋市领导姜永华、陈晓东、李中林、司祝建、刘向阳、杜永红参加。

10月30日，专题视察文化体育设施投入使用情况。

11月1日，主席会议专题协商农业机械化工作。

11月6日，南通市政协委员如皋组全体委员视察如皋团委工作，实地考察如城街道城东社区、城南街道、如皋市检察院未成年人公诉科等处共青团工作。如皋市政协主席李中林参加。

12月12日，专题视察全市燃气管道项目，实地查看“西气东输”如皋支线工程郭园接收站、如皋港区域燃气公用工程液化天然气（LNG）接收站。

全年，开展党的群众路线教育实践活动。

2014年

1月7日，召开十三届七次常委会议。

1月8—11日，召开十三届三次全会，选举钱志刚为副主席。

1月11日，召开十三届八次常委会议。

3月7日，主席会议专题协商残联工作。

3月20日，市政协机关人员到如城街道城西社区开展“学习雷锋好榜样，践行核心价值观”志愿服务活动。

3 月 25 日，专题视察物价管理工作。

3 月 31 日，专题视察房地产市场发展情况。

4 月 12 日，专题视察物流业发展情况。

4 月 15 日，主席会议专题协商食品药品监管工作。

4 月 29 日，举办市政协委员学习十八届三中全会精神报告会暨新任政协委员培训班。

5 月上旬，赴河北、内蒙古专题调研全市建筑业发展情况。

5 月 13 日，专题视察市现代物流业，参观南通市凯诺物流有限公司、南通远航运输有限公司、顾里物流园、鑫鼎鑫现代物流园、苏中国际集装箱物流园。

5 月 28 日，专题视察如皋档案工作。

5 月 30 日，主席会议专题协商金融业支持实体经济发展工作。

6 月 5 日，政协主席李中林率部分委员到白蒲镇朱家桥村捐助贫困学子。

6 月 30 日，政协主席李中林带队到城北街道现场督办委员提案办理情况。

7 月 4 日，召开十三届九次常委会议，协商城镇化建设工作。市委常委、组织部部长蒋建，市长助理万维庆参加。

7 月 16 日，主席会议专题协商公安工作。副市长、公安局局长成明参加。

7 月 21 日，主席会议专题协商粮食工作。

7 月 29 日，南通市政协在如皋召开全市政协主席联席会议，围绕“充分发挥委员主体作用”专题进行研讨。南通市政协主席王德忠，副主席陆玉明、陈德新、杨展里、徐守铭、殷雄，秘书长朱进参加。

8 月 7 日，主席会议专题协商科技创新工作。

8 月 12 日，主席会议专题协商社会养老保险工作。

8 月 18 日，专题视察调研广播电视事业。

8 月 21 日，召开全市经济社会发展情况通报会。市长陈晓东向全体政协委员通报工作。

8 月 27 日，主席会议协商法治如皋建设和“六五”普法工作。

8 月 28 日，主席会议专题协商水绘园景区东大街开发与利用。市委常委、宣传部部长胡拥军，副市长缪爱诚参加。

10 月 8 日，召开民主评议市环保局工作动员大会。市长助理万维庆参加。

10 月 14 日，专题视察花木盆景产业。

10 月 16 日，主席会议专题协商职业教育工作。

11 月 24 日，召开十三届十次常委会议。

11 月 24 日，召开民主评议环保工作总结大会。副市长陈万圣参加。

11 月 25 日，南通市政协主席王德忠带队到如皋，对民生工程、传统与新兴产业发展、政协工作开展考察。如皋市政协主席李中林，副主席黄文斌、郑振明，秘书长殷高华陪同。

11 月 26—29 日，政协主席李中林率队赴山东省考察学习食品工业产业化经验，副主席魏祝明、郑振明参加。

12月3日，江苏省政协主席张连珍带队到如皋调研经济发展与生态保护，参观长江青少年素质教育实践基地。南通市委书记丁大卫、政协主席王德忠和如皋市领导姜永华、陈晓东、李中林陪同。

12月11日，主席会议专题协商传统特色产业发展。

12月27日，专题视察浙江商会工作。

2015年

1月7日，召开十三届十一次常委会议。

1月13—15日，召开十三届四次全会。

2月，市政协原主席刘桂江被江苏省委组织部、老干部局授予“全省离退休干部先进个人”荣誉称号。

3月6日，南通市政协主席王德忠带队到如皋调研“构筑技能人才高地，促进产业转型升级”课题，考察技工学校、职教中心、人才市场。如皋市领导姜永华、李中林、吴道健、张亚鸾陪同。

3月7日，主席会议专题协商残联工作。

3月17日，南通市政协副主席陆玉明带队到如皋，围绕“营造遵法守法学法用法社会环境，推进法治南通建设”进行调研，考察市公共法律服务中心、西城花园普法主题园、城南街道桃北村调委会、城北街道调处中心、南通荣威娱乐用品有限公司。如皋市领导李中林、吴道健、黄文斌陪同。

3月19日，主席会议专题协商政务中心工作。

3月27日，召开十三届十二次常委会议，通报市委在全市各镇区街道设立政协工作委员会情况。

4月17日，主席会议专题协商公共文化服务体系建设。

5月15日，视察公共资源交易管理工作。

5月26日，南通市政协到如皋考察“中医药传承与发展”情况。如皋市政协副主席钱志刚陪同。

5月28日，南通市政协“促进慈善事业健康发展”调研组到如皋调研。如皋市政协副主席郑振明陪同。

6月11日，主席会议专题协商法院民商事审判和执行工作。如皋市法院院长吴存银参加。

6月16日，政协主席李中林率队到宿迁市宿城区考察文物保护工作。

6月18—19日，政协主席李中林、副主席钱志刚带队赴启东市、上海闵行区参观考察卫生服务体系建设。

7月8日，南通市政协副主席杨展里带队到如皋就“关于积极应对人口老龄化，加快发展社会养老服务业”开展调研，考察九华镇长寿养生园、江苏医邦医疗器械科技有限公司、吴窑镇福康康复护理院、博爱康复护理院。如皋市政协主席李中林、副市长杜永红、政协副主席郑振明、政协秘书长殷高华陪同。

7月16日，召开市政协十三届十三次常委会议，协商公共医疗卫生服务体系建设情况。市委常委、宣传部部长胡拥军，副市长缪爱诚参加。

7月17日，主席会议专题协商安全生产工作。副市长陆雪松参加。

8月2日，主席会议专题协商“非遗”传承人队伍建设。

8月5日，政协原副主席黄道贯逝世，享年87岁。

8月7日，主席会议专题视察城市管理工作。

8月11—15日，政协主席李中林带队赴四川成都、绵阳考察学习创新创业先进经验，副主席黄文斌、张亚鸾，秘书长殷高华参加。

8月20日，政协副主席郑振明、钱志刚率队赴苏州工业园区学习考察众创空间建设。

8月27日，专题视察奥体中心运行情况。

9月11日，专题视察“12345”市长公开电话工作。

9月15日，南通市政协副主席陆玉明率队到如皋，围绕“优化资源配置，加快中心镇建设”进行调研。如皋市领导李中林、司祝建、郑振明陪同。

9月30日，主席会议专题协商政府法制工作。

10月12日，召开民主评议教育工作动员大会。

10月14日，主席会议专题协商科技服务业工作。

10月16日，视察气象服务工作。

10月21日，主席会议专题协商国土部门集约节约用地和产出效益“双提升”工作。

10月23日，召开2015年度重点提案办理协商座谈会。

10月27日，南通市政协主席王德忠到如皋调研，实地考察下原镇“政协委员之家”、华夏花卉青年电商创业基地、如皋农商行城南支行青年创业梦想援助工作站、东大街历史文化街区、龙游河生态公园。如皋市领导姜永华、李中林、郑振明、钱志刚，政协秘书长殷高华陪同。

11月14日，主席会议专题协商“六五”普法工作。

11月18日，召开民主评议教育部门总结大会。副市长缪爱诚参加。

11月18日，召开十三届十四次常委会议。

11月20日，主席会议专题协商市场监管工作。

12月2日，南通市政协副主席杨展里率队到白蒲镇调研食品安全工作，考察白蒲小学、南通润蒲酒业有限公司。如皋市政协副主席张亚鸾陪同。

12月17日，召开“政协委员之家”建设现场会，参观如皋经济技术开发区（城北街道）“政协委员之家”。

12月30日，召开十三届十五次常委会议，协商构建农业产业化体系。副市长杜永红参加。

2015年，为加强与如皋籍在外名人的沟通联络，市政协启动“雉水英才”采编工作。由政协领导带队，对如皋籍当代政界要员（省部级以上）、军旅人物（将军）、两院院士、艺文俊彦、体坛精英、企业楷模等分批进行拜访。全年先后赴南京、上海、北京等地拜访闵乃本、杨裕生、郭锡林、张小波、夏骏、周玲美、沙麟、李家顺等，并拜访本地全国劳模顾清波、沈良兵等。

全年，开展“三严三实”专题教育。

2016 年

1 月 9—11 日，召开十三届五次全会。

2 月 5 日，政协原副主席王学源逝世，享年 92 岁。

2 月 29 日，主席会议专题视察调研供电工作。

3 月 17 日，专题视察农业保险工作。

3 月 22 日，召开 2016 年建议提案交办会议。市领导吴道健、张元健、钱志刚参加。

3 月 24 日，召开十三届十六次常委会议。

3 月 30 日，主席会议专题协商城市公交运营工作。市政府党组成员万维庆参加。

4 月 7 日，南通市政协副主席屈宝贤带队到如皋，围绕完善“大众创业、万众创新”生态环境进行调研，考察众创空间、南通康净环保科技有限公司、南通莱奥电子科技有限公司。如皋市领导李中林、陆雪松、张辉、张亚鸾陪同。

4 月 20 日，主席会议专题协商工商联工作。

4 月 28 日，主席会议专题协商港口建设管理工作。

5 月 9 日，福建省政协副主席杨根生一行到如皋考察强镇扩权试点改革工作，参观如皋港新城建设和东升国际石材产生城。南通市政协主席王德忠，如皋市领导姜永华、李中林、杜永红、郑振明陪同。

5 月 10 日，全国政协常委、江苏省政协副主席周健民率江苏省政协医卫体育委员会成员到如皋视察青少年体育活动开展情况。南通市政协副主席杨展里，如皋市领导姜永华、李中林、胡拥军、钱志刚陪同。

5 月 12 日，召开市政协机关“两学一做”学习教育工作动员会。

5 月 19 日，南通市政协主席王德忠走访白蒲镇松杨村，慰问结对困难户。如皋市政协主席李中林、人大常委会副主任张元健陪同。

5 月 27 日，主席会议专题协商侨联工作。

5 月 31 日，主席会议专题协商 120 急救体系建设工作。

5—9 月，政协领导带队分批开展“雉水英才”走访采编，先后赴北京、大连、长春，或于在外名人回乡期间，拜访周可仁、顾伯平、冒蔚、吴迪镛、孙友宏、阮武昌、许映泉、李玉坤、花汉民、施祥贵等。

6 月 1 日，南通市政协副主席杨展里率队到如皋调研“非遗”工作，考察南通白蒲三香斋食品有限公司、南通华星木业有限公司、苏中红木大世界、如皋丝毯艺术博物馆、文化馆“非遗”展厅。如皋市政协副主席钱志刚陪同。

6 月 2 日，南通市政协副主席、市委统战部部长殷雄到如皋，就发挥统一战线各界人士示范引领作用进行调研，考察江苏恒康家居科技股份有限公司。如皋市委副书记司祝建、政协副主席钱志刚陪同。

6月11日，主席会议专题协商律师工作。

7月8日，主席会议专题协商土地流转工作。

7月27日，主席会议协商金融业支持地方经济发展工作。

8月5日，召开十三届十七次常委会议，围绕“放大长寿品牌，发展长寿产业”主题进行协商。如皋市委副书记司祝建、政协副市长杜永红参加。

9月12日，专题听取如通（通皋）快速路规划建设情况汇报。市长何益军、副市长陈万圣参加。

9月13日，主席会议专题协商经侦工作。

9月20日，南通市政协主席王德忠率队到如皋，围绕“用好两孩政策，改善人口结构”开展调研。

9月21—24日，政协副主席钱志刚、秘书长殷高华赴长春、大连，分别拜访吉林大学副校长孙友宏和中科院大连物理研究所研究员吴迪镛。

9月22日，政协主席李中林、副主席黄文斌赴北京拜访全国政协社会和法制委员会原副主任顾伯平。

9月29日，主席会议专题协商党史工作。

10月10日，召开民主评议人社局工作动员会。

10月25日，召开建议提案办理工作集中督查会议。市委常委、副市长胡拥军参加。

10月27日，十届全国政协副主席张怀西到如皋调研，实地视察市文化广场、华夏电影展示馆、李昌钰刑侦科学博物馆。南通市政协副主席殷雄、如皋市政协主席李中林陪同。

11月3日，专题视察校园安全工作。

11月10日，南通市政协主席黄巍东、副主席屈宝贤到如皋调研政协工作，实地考察城北街道政协工委“委员之家”、康迪电动汽车江苏有限公司、南通荣威娱乐用品有限公司、花木大世界（如皋）国际园艺城有限公司。如皋市领导李中林、刘向阳、魏祝明、黄文斌、郑振明、钱志刚，政协秘书长殷高华陪同。

11月15日，召开十三届十八次常委会议，专题协商外向型经济工作。副市长高峰参加。

11月28日，主席会议协商规划和房地产市场管理工作。

11月30日，召开民主评议人社局工作总结会议。市委常委、常务副市长胡拥军参加。

2017年

1月10日，组织新一届全体政协委员集中培训，南通市政协副秘书长、办公室主任叶沈良做辅导报告。

1月11—14日，召开十四届一次全会，选举张元健为主席，杜永红、郑振明、冒平、严世斌、刘晓洁为副主席，许映亮为秘书长。

1 月 14 日，召开十四届一次常委会议。

2 月 22 日，召开四届政协联谊会理事会议。

2 月 27 日，召开建议提案交办会。市领导胡拥军、桂万先、张勇、冒平，政协秘书长许映亮出席。

3 月 9 日，主席会议专题调研协商高标准农田建设工作。

3 月 20—25 日，在延安举办 2017 年度第一期如皋市政协委员履职能力培训班。政协主席张元健、副主席郑振明、秘书长许映亮参加。

3 月 27—31 日，政协主席张元健在南京参加江苏省政协组织的全省新任政协主席培训班。

3 月 28 日，专题调研环境保护“两减六治三提升”专项行动推进情况。

4 月 7 日，市政协联谊会召开五届一次会员大会，选举主席张元健为理事长。

4 月 10 日，政协主席张元健赴白蒲镇南通茂鑫工艺品有限公司、南通华东油压科技有限公司、南通白蒲黄酒有限公司、如皋市金铁纺织有限公司等企业开展“走帮扶”活动。

4 月 11 日，召开十四届二次常委会议，协商通过《政协如皋市委员会委员履职服务与管理办法》。

4 月 12 日，政协主席张元健率在如皋的南通市政协委员专题视察如皋工业园区（如城街道）项目建设情况。

4 月 15—21 日，在江西井冈山举办 2017 年度第二期如皋市政协委员履职能力培训班。副主席杜永红参加。

4 月 25 日，政协主席张元健率队调研东升国际石材产业城，副主席郑振明、秘书长许映亮参加。

5 月 9 日，专题督查文明城市创建工作。

5 月 19 日，主席会议专题协商社会治安综合治理工作。

6 月 2 日，在福建龙岩市委党校举办 2017 年度第三期政协委员履职能力培训班开班仪式。政协主席张元健，副主席冒平、刘晓洁参加。

6 月 15—19 日，政协副主席冒平、刘晓洁带队赴山东寿光市、陵城区、高唐县学习考察新能源汽车发展情况。

6 月 19—21 日，政协主席张元健、副主席严世斌带队赴杭州市萧山区、宁波市鄞州区和永康市学习考察新能源汽车发展情况。

6 月 20—22 日，政协副主席杜永红、郑振明带队赴广东云浮市、佛山市学习考察新能源汽车发展情况。

6 月 25—30 日，在安徽金寨、河南信阳举办 2017 年度第四期如皋市政协委员履职能力培训班。主席张元健，副主席严世斌、杜永红，秘书长许映亮参加。

7 月 4 日，召开十四届三次常委会议，专题协商新能源汽车产业发展情况。

7 月 21 日，专题调研区域供水运行情况。

7 月 26 日，主席会议专题协商群众体育工作。

8 月 16—18 日，政协副主席刘晓洁带领“雉水英才”采写组赴广州、深圳拜访广东轻工学院院长卢坤建和华侨城副总裁陈跃华。

8 月 28 日，政协主席张元健、副主席刘晓洁、秘书长许映亮接待回乡的北京凤凰联动文化传媒有限公司总裁张小波，“雉水英才”采写组进行采访拍摄。

8 月 30 日，江苏省政协副主席阎立来如皋调研丝绸文化传承与发展工作，参观丝毯艺术博物馆。南通市政协主席黄巍东、如皋市政协主席张元健陪同。

8 月 31 日，主席会议专题协商“强化富民举措，促进农民增收”工作。

8 月，专题调研“五道医疗保障线”基层落实情况。

9 月 1—9 日，政协主席张元健带队赴内蒙古调研如皋在外建筑业市场发展情况，副主席严世斌、刘晓洁，秘书长许映亮参加。

9 月 19 日，举行政协委员慈善爱心基金揭牌捐赠仪式。市政协牵头成立南通市首家政协委员慈善爱心基金，377 名政协委员捐款 75.9 万元，首批帮扶特困单亲家庭学生 137 名、19.35 万元。市委副书记丁兴华、市慈善总会会长石耀参加。

9 月 19 日，召开十四届四次常委会议，专题协商城市水系畅通工程规划建设情况。副市长黄文斌参加。

9 月 21—22 日，政协副主席杜永红带队赴重庆拜访重庆交通旅游投资集团公司总经理陈振洋、重庆规划局局长曹光辉，并参观重庆规划馆。

9 月 28 日，主席会议专题协商少数民族工作。

10 月 10 日，政协主席张元健率在如皋的南通市政协委员调研江苏恒康家居科技股份有限公司发展及项目建设情况。

10 月 24 日，市政协召开 10 亿元以上重大项目推进情况督查会。如皋工业园区（如城街道）、高新区（城南街道）、长江镇（如皋港区）等单位汇报了如皋市鑫程医院、花木大世界（如皋）国际园艺城二期、南通开元药物化学有限公司、中膜新材料科技有限公司、江苏初曦生物科技有限公司等 10 亿元以上重大项目推进情况。

10 月 25 日，政协主席张元健带领市委总督查组，对“三农”、社会事业、小城镇建设等重点工作推进情况开展督查。

10 月 26 日，召开民主评议水务局工作动员大会。副市长张百璘参加。

10 月 31 日，专题视察调研交通重点工程。

11 月 2 日，政协主席张元健赴上海参加如皋市在沪企业家商会成立仪式。

11 月 9—10 日，政协主席张元健在扬州参加江苏省政协召开的全省政协主席座谈会。

11 月 13—17 日，政协主席张元健带队赴青海省贵德县开展对接帮扶、项目洽谈。副主席严世斌、郑振明参加。

11 月 27 日，主席会议专题协商“七五”普法工作。

11 月 28 日，主席会议专题协商财政工作。

12 月 4 日，召开民主评议水务局工作总结大会。副市长张百璘参加。

12 月 13 日，政协主席张元健带领在如皋的南通市政协委员到如东县开展异地视察“三河三行业”整治工作活动。副主席冒平参加。

12 月，政协原副主席于永芳被中国老年科技工作者协会授予 2017 年度中国老科学技术工作者协会奖。

2018 年

1 月 6 日，召开十四届五次常委会议。常务副市长丁峰参加。

1 月 11—15 日，召开十四届二次全会。

1 月 13 日，召开十四届六次常委会议。

3—12 月，开展环境污染防治攻坚民主监督，组织分项视察调研 7 个，开展专题活动 13 次。

3 月 1 日，政协主席张元健率领相关部门、镇（区、街道）负责人乘船对如海河全线河道整治情况进行巡查。

3 月 7 日，专题视察调研电信基础设施建设情况。

3 月 29 日，召开十四届七次常委会议，协商通过《如皋市政协委员履职积分制管理考评办法》。市委常委、宣传部部长茅红宇应邀上意识形态工作专题党课。

4 月 14—15 日，十二届全国政协民族和宗教委员会副主任、国务院参事杜鹰率中国经济社会理事会调研组一行到如皋，调研“促进农村一二三产业融合发展”情况，实地考察花木大世界（如皋）国际园艺城有限公司、顾庄生态园。南通市政协领导黄巍东、赵闻斌、金元，如皋市领导何益军、张元健、丁兴华、张百璘陪同。

4 月 17—18 日，政协副主席冒平参加上海市奉贤区举办的长三角十三县（市、区）政协工作研讨会，做交流发言。

4 月 25 日，主席会议专题协商基层文化队伍建设工作。

5 月 4 日，主席会议专题协商农村规划建设管理工作。

5 月 10 日，专题视察调研居家智慧养老工作。

5 月 17 日，政协主席张元健带队赴湖北省襄阳市走访市政协委员、常青建筑有限公司总经理明志忠。副主席刘晓洁、秘书长许映亮参加。

5 月 18—21 日，政协主席张元健，副主席冒平、刘晓洁，秘书长许映亮赴陕西洋县政协开展缔结友好政协活动。洋县县委书记胡瑞安、政协主席陈三荣参加。如皋市政协对口捐赠 22 万元，并对部分贫困学生发放助学款。考察团一行实地考察蔡伦造纸博物馆、华阳农业产业基地、陕西秦洋长生酒业有限公司、陕西朱鹮黑米酒业有限公司。市委常委、如城工业园区党工委书记刘向阳参加。

5 月 22—23 日，政协主席张元健带队赴兰州大学拜访中科院院士、兰州大学校长严纯华。副主席刘晓洁、秘书长许映亮参加。《如皋文史》采写组采访并拍摄专题片。

5 月 22—26 日，在河南林县举办政协委员培训班，政协副主席杜永红、严世斌参加。

5 月 24—26 日，政协主席张元健带队赴西安拜访国家“千人计划”专家、西安交通大学教授闵泰。副主席刘晓洁、秘书长许映亮参加。

5月27—28日，政协主席张元健带队赴安徽蚌埠走访政协常委、南通诚源港务集团总裁宋在付。副主席刘晓洁、秘书长许映亮参加。

6月8日，专题督查环保基础设施建设情况。

6月14日，政协副主席冒平、郑振明、严世斌分别带队赴上海中共一大会址、淮安周恩来纪念馆开展主题党日活动。

6月19—20日，政协主席张元健带领机关部分党员赴常熟市蒋巷村、嘉兴市秀洲区开展主题党日活动。副主席杜永红、刘晓洁，秘书长许映亮参加。

6月22日，政协副主席严世斌带队赴盐城建湖考察医疗卫生信息化建设情况。

6月23—26日，政协副主席杜永红、严世斌率《如皋文史》采写组赴北京，先后拜访并采访中科院院士、中国地震局地质研究所研究员马瑾，中国水利水电科学研究院副院长汪小刚以及中版昆仑传媒有限公司总经理曹剑。

6月26日，政协主席张元健带队到南京拜访南京大学党委常委、副校长邹亚军。副主席刘晓洁参加。《如皋文史》采写组采访并拍摄专题片。

6月29日，召开十四届八次常委会议，专题协商新城规划建设工作。副市长黄文斌参加。

7月3日，市政协机关党支部举行“进一步解放思想，激励新时代新担当新作为”专题组织生活会。会前二个党小组分赴上海中共一大会址、嘉兴南湖革命纪念馆、淮安周恩来纪念馆开展党性教育。政协主席张元健围绕“政协系统如何解放思想、政协工作者如何担当作为、政协机关党员如何争当先锋”上专题党课。

7月4日，主席会议专题调研商会建设情况。

7月24日，专题视察公安工作。副市长、公安局局长陈晓彬参加。

7月25日，专题协商卫生信息化建设工作。

7月26日，主席会议专题协商金融支持实体经济工作。

7月30日，政协主席张元健带领在如皋的南通市政协委员视察侨联工作。

8月13日，政协主席张元健、秘书长许映亮接待回乡的中国作家协会会员、伤痕文学代表人物卢新华。《如皋文史》采写组采访并拍摄专题片。

8月15—17日，政协副主席冒平、郑振明带队赴山东台儿庄、徐州贾汪、淮安金湖，考察全域旅游示范区创建工作。

8月16日，政协副主席刘晓洁带队赴上海，拜访东华大学材料学院院长、长江学者朱美芳。《如皋文史》采写组采访并拍摄专题片。

8月20日，专题调研全省高质量发展监督评价指标完成情况。

8月21日，专题调研国土资源管理工作。

8月21—23日，政协副主席严世斌带队赴浙江慈溪市、杭州下城区、广州白云区和南沙区考察行政审批工作。

8月21—26日，政协副主席杜永红带队赴南京江宁区、安徽青阳县、常州溧阳市调研全域旅游创建工作。

8月23日，组织开展“百名政协委员面对面资助单亲特困家庭”活动，63名企业家委员踊跃捐款，14 人捐款超过 10 万元，101 名如皋单亲家庭特困学生得到救助，发放善款 16.1 万元。

8 月 23 日，开展“助推全面小康，彰显委员风采”主题活动，政协主席张元健率队走访白蒲镇南通华东油压科技有限公司、南通锦鑫工艺品有限公司、南通茂鑫工艺品有限公司等企业的企业家委员。主席会议成员陆续走访委员组挂钩企业家委员，协调解决发展难题。

9 月 10—15 日，在贵州遵义举办政协委员培训班。政协副主席冒平、郑振明、严世斌参加。

9 月 18 日，受如皋市委、市政府委托，政协主席张元健到南京大学吊唁江苏省政协原副主席、中科院院士、南京大学教授闵乃本先生。秘书长许映亮参加。

9 月 18—19 日，政协主席张元健在南京参加全省政协系统加强新时代政协党的建设工作座谈会。

9 月 20 日，政协主席张元健带队赴泰兴、海安学习重大项目建设经验。副主席郑振明、刘晓洁参加。

9 月 21 日，主席会议专题协商项目建设工作。

9 月 28 日，主席会议专题协商行政审批制度改革工作。

10 月 11 日，主席会议视察调研法院工作。

10 月 22 日，召开民主评议民政局、农委工作动员会。副市长张百璘参加。

11 月 9 日，召开十四届九次常委会议，专题协商国家全域旅游示范区创建工作。副市长程瑞琴参加。

11 月 13—16 日，政协主席张元健参加南通市政协考察团赴云南考察。

12 月 10—14 日，政协副主席郑振明带队赴安徽凤阳县和谯城县、河南临颍县、江苏泗阳县，学习科技创新等工作。

12 月 12—13 日，政协副主席冒平带队赴宜兴、溧水考察学习农村规划建设管理工作。

12 月 18 日，主席会议专题调研检察工作。检察长孙亚参加。

全年，在企业家委员中开展“助推全面小康，彰显委员风采”主题活动，鼓励投身高质量发展、开展工作监督、帮扶困难群众。78 名企业家委员所办实体实现应税销售额 224.1 亿元，纳税 7.9 亿元；提供招商信息 109 个，所在企业在建项目 33 个，投资总额 79 亿元，其中亿元以上项目 14 个；参加重点课题协商，建言献策 500 余人次，提出建议 120 余条；参加社会慈善捐款 583.25 万元，资助如皋百名单亲家庭特困学生就学，资助青海贵德县 35.6 万元以救助 356 名困难学生，对口交流捐助陕西洋县 22 万元；“政协委员慈善爱心基金”定向资助全市单亲特困家庭学子 122 名，发放善款 20 万元。

2019 年

1 月 11 日，召开十四届十次常委会议。

1 月 21—24 日，召开十四届三次全会。

1月22日，召开十四届十一次常委会议。

1月23日，召开十四届十二次常委会议。

1月24日，举办以“振兴乡村，建设‘强富美高’新如皋”为主题的委员论坛。

3月1日，南通市政协主席黄巍东率队到如皋，围绕“持续优化营商环境，推动民营经济高质量发展”开展调研。南通市领导赵闻斌、吴旭、马啸平，如皋市领导张建华、张元健、杜永红参加。

3月1日，召开十四届十三次常委会议。通报机构改革相关情况。

3月17日，政协副主席杜永红、刘晓洁带队到广东佛山拜访并采访全国政协委员、全国工商联常委、月星集团董事局主席丁佐宏。市委副书记丁兴华参加。

3月18—22日，政协副主席郑振明、严世斌带队赴陕西洋县考察经济社会发展情况，参观陕西双亚粮油工贸有限公司、陕西秦洋酒业有限公司、县幼儿园、西城小学、协和医院、汉中朱鹮湖果业专业合作社、蔡伦墓祠、华阳古镇等。洋县政协主席陈三荣，副主席蒙燕钰、冉旭鹏、张宏钧、张建军接待。

3月26日，政协主席张元健带队赴常熟市考察学习农村分散式污水处理建设管理工作。副主席冒平参加。

3月29日，政协主席张元健率队视察经济技术开发区“三大攻坚战”重点工作，实地调研南通荣威娱乐用品有限公司、双楼庄村公共服务中心、海鹏污水处理厂、花海整改项目现场、碎石场整改项目现场。

3月29日，专题调研税务工作。

3—6月，开展以“沿江地区坚持生态优先、加快绿色发展”为主题的系列调研活动。

4月1日，政协办公室与社科联联合召开《多维视角下的建言与献策——统计与经济发展研究》荣获“南通市社科优秀成果三等奖”座谈会。政协主席张元健、副主席郑振明，老领导浦文海、于永芳、张秀良，秘书长许映亮参加。

4月3日，江苏省政协副主席洪慧民率队到如皋围绕“大力促进创业就业”开展调研，实地考察留学人员创业园、顾庄生态园。南通市领导黄巍东、马啸平，如皋市领导何益军、张元健、茅红宇、高峰、刘晓洁，政协秘书长许映亮陪同。

4月11日，南通市政协副主席陈本高率队到如皋调研经济薄弱村建设情况。如皋市领导张元健、孙恒、郑振明参加。

4月中下旬，专题调研高中阶段教育情况。政协副主席严世斌带队赴海安、海门学习高中教育经验。

4月18日，召开“提高联系群众能力”专题研讨会暨“政协委员之家”推进会。

4月24日，专题调研和监督食品安全工作，实地考察吉得堡双语幼儿园、实验小学、和府餐饮中央厨房、正翔广场小吃一条街。

4月25日，专题调研人才引进、培育和使用情况，实地考察南通中铁华宇电气有限公司、江苏卓远晶体科技有限公司。

5月5日，江苏省政协副主席、南京大学党委书记胡金波，南京大学副校长王志林一行到如皋中学调研。南通市领导陈宋义，如皋市领导张建华、张亚鸾陪同。

5月11日，青海省政协副主席王晓勇到如皋考察，参观江苏盆景博物馆、李昌钰刑侦科学博物馆、红十四军纪念馆、如皋丝毯艺术博物馆。南通市领导陈本高，如皋市领导张元健、张亚鸾、冒平陪同。

5月13—14日，政协主席张元健带领政协机关第一支部部分党员到山东临沂开展主题党日活动。秘书长许映亮参加。

5月13—16日，政协副主席严世斌、刘晓洁带队赴安徽肥西县、湖北东湖高新区、安徽六安市金安区考察创新驱动发展战略实施情况。

5月13—17日，政协副主席杜永红、郑振明带队赴徐州新沂市、青岛黄岛区、连云港连云区考察创新驱动发展战略实施情况。

5月20—26日，市政协第一期政协委员能力提升培训班在厦门大学举办。政协主席张元健，副主席严世斌、刘晓洁参加。

5月22—24日，政协主席张元健带队到广东深圳宝安区、佛山南海区、江门台山市考察科技创新工作，并拜访南通市政协委员、深圳如皋商会会长沈寿明和如皋市政协常委、江苏远宏集团总裁徐远宏。副主席冒平、秘书长许映亮参加。

5月30日，主席会议专题协商“三大攻坚战”重点工作。

6月3日，南通市政协副主席吴旭带队到如皋，调研优化营商环境和金融服务实体经济工作，实地考察南通星球石墨股份有限公司、南通超达装备股份有限公司、江苏神马电力股份有限公司。如皋市政协主席张元健、副主席郑振明陪同。

6月5日，专题调研残疾人工作推进落实情况。

6月5日，南通市政协副主席金元率队到如皋，围绕“沿江地区坚持生态优先、加快绿色发展”课题进行调研，现场考察沪江废油净化厂污染场地生态修复工程、化工园区污水处理厂排口迁扩现场、长江镇河道整治及人工湿地建设工程现场、九洲固废处理中心、焦港泵站工程。如皋市政协主席张元健、副主席冒平、秘书长许映亮陪同。

6月12日，政协主席张元健走访白蒲镇邓杨村，落实结对帮扶工作。

6月16—19日，副主席郑振明、严世斌带队，先后拜访“雉水英才”大连海事大学副校长刘正江、清华大学五道口金融学院教授鞠建东。《如皋文史》采写组采访并拍摄专题片。

6月20日，市政协机关第一支部开展“访红色印记，守初心使命”主题教育活动，参观中共如皋县委诞生地纪念碑、中共如皋第一个支部遗址、红十四军建军纪念碑。

6月25日，江苏省政协副主席朱晓进带队到红十四军纪念馆参观。南通市领导陈宋义，如皋市领导张建华、张元健陪同。

6月27日，副主席杜永红赴上海参加如皋（上海）投资环境说明会。

6月28日，召开“政协委员之家”建设现场推进会，参观经济技术开发区、搬经镇、卫健委和高新区（城南街道）“政协委员之家”。

6月28日，召开十四届十四次常委会议，协商创新驱动发展战略实施情况。副市长程瑞琴参加。

6月下旬，调研镇级医疗卫生服务体系建设。

7月8—12日，主席张元健在井冈山干部学院参加2019年第一期全省政协系统领导干部培训班。

7月12日，副主席杜永红、刘晓洁带队赴上海，拜访如皋在沪企业家商会会长、上海福瑞德电气有限公司董事长崔建华。《如皋文史》采写组采访并拍摄专题片。

7月12日，视察调研审计工作。

7月16日，调研交通重点工程、绿色建筑和建筑节能工作。

7月19日，政协老干部支部赴嘉兴南湖接受红色教育。

7月26日，副主席冒平带队赴海安考察基层信访维稳工作。

8月1日，主席会议专题协商信访维稳工作。

8月2日，副主席杜永红参加北京世界园艺博览会国际盆景展开幕式。

8月6日，南通市政协系统“提高联系群众能力”学习研讨暨“有事好商量”协商议事室建设现场推进会在如皋召开。南通市政协领导黄巍东、陈宋义、尹建炉、顾诺之、吴旭、陈本高、金元、马啸平、施学雷，秘书长朱进；如皋市领导张建华、张元健、冒平、杜永红、郑振明、严世斌、刘晓洁，政协秘书长许映亮出席。

8月13日，视察调研区域供水工作。

8月15日，南通市政协副主席尹建炉到城北街道平园池村、南通荣威娱乐用品有限公司指导推进村级和企事业单位“有事好商量”协商议事室试点建设。如皋市政协主席张元健、副主席严世斌、秘书长许映亮陪同。

8月19日，专题调研花木产业，现场察看花木大世界（如皋）国际园艺城有限公司、江苏花名堂农业科技发展有限公司、城北街道平园池村。

8月20—22日，副主席郑振明带队赴东台、铜山、宜兴考察学习高质量发展情况。秘书长许映亮参加。

8月20—27日，开展2019年度政协委员慈善爱心基金捐资助学活动。

8月21—24日，主席张元健参加南通市政协考察团赴宁夏考察。

8月23—31日，副主席杜永红赴新疆乌鲁木齐组建如皋商会。

8月27日，主席张元健到长江镇慰问家庭困难的上海交通大学新生李雨瑶。

8月28—29日，副主席刘晓洁带队到四川合江、徐州邳州考察学习融媒体建设。秘书长许映亮参加。

9月3日，召开民主评议交通局、城管局工作动员会。副市长黄文斌参加。

9月6日，召开纪念人民政协成立70周年“我与政协情缘”恳谈会。主席张元健，副主席冒平、郑振明、严世斌，秘书长许映亮参加。

9月18日，召开市政协“不忘初心、牢记使命”主题教育动员会。主席、党组书记张元健做教育动员。

9月18—19日，副主席冒平赴上海市崇明区参加长三角十三县（市、区）政协工作研讨会，做经验交流。

9 月 20 日，主席张元健到白蒲镇松杨社区调研软弱涣散村（社区）党组织集中整顿工作。

9 月 21 日，市委召开庆祝人民政协成立 70 周年大会暨全市政协工作会议。市委书记张建华、政协主席张元健分别讲话。

10 月 17 日，南通市政协主席黄巍东带队到如皋调研“有事好商量”协商议事室建设，考察如城街道孔庙社区、城北街道平园池村协商议事室。南通市政协副主席尹建炉，如皋市领导张建华、张元健、严世斌，政协秘书长许映亮参加。

10 月 17 日，专题视察“四好农村路”建设。

10 月 22 日，主席张元健在南京参加全省市、县（市、区）政协主席座谈会。

10 月 23 日，主席会议专题协商融媒体建设工作。市委常委、宣传部部长高峰参加。

10 月 24 日，主席会议专题调研市检察院检察建议书落实情况。市检察院检察长孙亚参加。

10 月 24 日，副主席郑振明带队到如东考察化工园区建设。

10 月 25 日，副主席刘晓洁带队专题督查 2018 年政协常委会关于全域旅游协商建议落实情况，考察花木大世界国际园艺城有限公司二期工程和文博苑、市游客服务中心、华夏电影展示馆新馆等新项目。

10 月 27—28 日，副主席郑振明带队到邳州考察新材料产业园区建设情况。

10 月 29 日，副主席郑振明在徐州参加江苏省政协“推进政协协商与基层协商有效衔接”现场推进会。

10 月 29 日，主席张元健到白蒲镇松杨社区，为全村党员上题为《共产党人的初心和使命》的专题党课。

10 月 31 日，召开民主评议交通局、城管局工作总结大会。副市长陈晓彬参加。

11 月 7 日，专题调研农村污水处理工作。

11 月 7 日，主席会议专题协商如皋港化工新材料产业园区建设。副市长顾留忠参加。

11 月 9 日，副主席严世斌带队赴嘉兴南湖参观红船精神纪念馆。

11 月 18—20 日，副主席冒平随南通市政协“有事好商量”专题考察团赴徐州、南京、苏州等地学习。

11 月 19 日，召开“有事好商量”协商议事室建设工作推进会。

11 月 19 日，召开民营企业发展企业家座谈会。

11 月 20 日，副主席杜永红赴上海参加如皋市企业家协会在沪企业家商会交流会。

11 月 21 日，召开十四届十五次常委会议，协商乡村振兴发展战略实施情况。市委常委、宣传部部长高峰应邀上《时刻保持清醒，做好意识形态工作》的党课。副市长黄文斌参加。

11 月 22 日，主席会议专题调研长江流域环境资源第二法庭工作。市法院院长章智敏参加。

11 月 28 日，主席会议专题协商高质量发展监测指标完成工作。

12 月 3 日，南通市政协副主席尹建炉带队到如皋调研“有事好商量”协商议事室建设推进工作，现场考察农业委员组、东陈镇委员组、如城街道新民社区及第 24 居民小组协商议事室。如皋市政协主席张元健、副主席严世斌、秘书长许映亮陪同。

12 月 9 日，副主席杜永红赴深圳参加如皋（深圳）投资环境说明会。

12 月 9 日，副主席严世斌带队赴石家庄学习提案工作经验。

12 月 16—19 日，副主席杜永红、郑振明带队到浙江德清、奉化、定海、海盐考察农业龙头企业培育情况。

12 月 16—19 日，副主席刘晓洁带队赴淮阴市淮安区、哈尔滨市双城区、哈尔滨政协文史馆学习文史工作经验。

12 月 24—26 日，主席张元健带队赴贵州省德江县参观考察生态环境保护工作。副主席冒平参加。

全年，市政协在“雉水英才”工作基础上，启动“聚识聚力、振兴如皋”主题活动，进一步联络乡情、增进友谊、扩大共识、凝聚合力。

第三章

组织机构和人员组成

第一节　全体委员会及其常务委员会

政协如皋县第一届委员会

（1956 年 3 月—1959 年 9 月）

1956 年 2 月，如皋县各界人民代表会议第四届常务委员会根据中央《关于成立地方政治协商会议的决定》，撤销县各界人民代表会议及其常委会，成立政协如皋县委员会，并在县各界人士中协商推选政协委员 59 名。1956 年 3 月 1 日至 2 日，在如皋县各界人民代表会议第四届常务委员会主持下，在如城召开政协如皋县第一届委员会第一次全体会议，成立中国人民政治协商会议如皋县委员会，选举产生主席 1 名、副主席 2 名和常务委员会委员 11 名。

政协如皋县第二届委员会

（1959 年 9 月—1962 年 5 月）

1959 年 9 月 11 日至 16 日，政协如皋县第二届委员会第一次会议在如城举行。会议按照政协章程的规定，经过民主协商，选举产生县二届政协常务委员会委员 37 名。其中，主席 1 名，副主席 4 名，秘书长 1 名。1959 年 9 月 1 日，一届政协二十次常委会议通过协商产生二届政协委员 131 名。

自 1957 年 10 月 8 日县政协一届二次全委会议闭幕后，如皋县处于整风、反右派斗争的高潮中，紧接着全民投入“大跃进”和人民公社化运动。因此，第二届县政协委员的推荐产生因形势所需而推迟。

政协如皋县第三届委员会

（1962 年 5 月　1966 年 1 月）

1962 年 5 月 5 日至 9 日，政协如皋县第三届委员会第一次会议在如城举行。会议按照政协章程的规定，经过民主协商，选举产生县三届政协常务委员会委员 39 名。其中，主席 1 名，副主席 4 名，秘书长 1 名。1962 年 4 月，二届政协六次常委会议通过协商产生三届政协委员 139 名。

政协如皋县第四届委员会

（1966 年 1 月—1981 年 4 月，其中 1967 年 3 月—1979 年 11 月中止活动）

1966 年 1 月 3 日至 6 日，政协如皋县第四届委员会第一次会议在如城举行。会议按照政协章程的规定，经过民主协商，选举产生县四届政协常务委员会委员 39 名。其中，主席 1 名，副主席 3 名，秘书长 1 名。四届届初政协委员总数为 141 名。

1967 年 3 月，因受“文化大革命”冲击，政协如皋县第四届委员会被迫停止活动。

政协如皋县第五届委员会

（1981 年 4 月—1984 年 3 月）

1979 年 11 月 27 日，县政协开始恢复活动。1981 年 4 月 11 日召开的县四届政协常委扩大会议上，协商通过县委书记刁守坦代表县委提出的 29 人的筹备委员会建议名单，具体领导并主持召开县五届政协第一次全体会议。从第五届起政协主席不再由县委书记兼任。

1981 年 4 月 24 日至 30 日，政协如皋县第五届委员会第一次会议在如城举行。会议按照政协章程的规定，经过民主协商，选举产生县五届政协常务委员会委员 43 名。其中，主席 1 名，副主席 9 名，秘书长 1 名。1981 年 4 月 10 日至 11 日，四届政协三次常委会议通过协商产生五届政协委员 197 名。

政协如皋县第六届委员会

（1984 年 3 月—1987 年 3 月）

1984 年 3 月 10 日至 16 日，政协如皋县第六届委员会第一次会议在如城举行。会议按照政协章程的规定，经过民主协商，选举产生县六届政协常务委员会委员 47 名。其中，主席 1 名，副主席 5 名，秘书长 1 名。1984 年 2 月 24 日，五届政协十七次常委会议通过协商产生六届政协委员 219 名。

政协如皋县第七届委员会

（1987 年 3 月—1990 年 3 月）

1987 年 3 月 22 日至 29 日，政协如皋县第七届委员会第一次会议在如城举行。会议按照政协章程的规定，经过民主协商，选举产生县七届政协常务委员会委员 52 名。其中，主席 1 名，副主席 4 名，秘书长 1 名。1987 年 3 月 9 日至 10 日，六届政协十四次常委会议通过协商产生七届政协委员 258 名。

政协如皋市（县）第八届委员会

（1990 年 3 月—1993 年 2 月）

1990 年 3 月 18 日至 24 日，政协如皋县第八届委员会第一次会议在如城举行。会议按照政协章程的规定，经过民主协商，选举产生县八届政协常务委员会委员 46 名。其中，主席 1 名，副主席 4 名，秘书长 1 名。1990 年 3 月 8 日，七届政协十七次常委会议通过协商产生八届政协委员 257 名。

政协如皋市第九届委员会

（1993 年 2 月—1998 年 1 月）

1993 年 2 月 18 日至 23 日，政协如皋市第九届委员会第一次会议在如城举行。会议按照政协章程的规定，经过民主协商，选举产生市九届政协常务委员会委员 52 名。其中，主席 1 名，副主席 4

名，秘书长1名。1993年2月5日，八届政协十七次常委会议通过协商产生九届政协委员260名。

政协如皋市第十届委员会

（1998年1月—2003年1月）

1998年1月2日至6日，政协如皋市第十届委员会第一次会议在如城举行。会议按照政协章程的规定，经过民主协商，选举产生市十届政协常务委员会委员52名。其中，主席1名，副主席6名，秘书长1名。1997年12月19日，九届政协二十五次常委会议通过协商产生十届政协委员263名。

政协如皋市第十一届委员会

（2003年1月—2007年12月）

2003年1月4日至8日，政协如皋市第十一届委员会第一次会议在如城举行。会议按照政协章程的规定，经过民主协商，选举产生市十一届政协常务委员会委员51名。其中，主席1名，副主席5名，秘书长1名。2002年12月15日，十届政协二十四次常委会议通过协商产生十一届政协委员280名。

政协如皋市第十二届委员会

（2007年12月—2012年3月）

2007年12月26日至31日，政协如皋市第十二届委员会第一次会议在如城举行。会议按照政协章程的规定，经过民主协商，选举产生市十二届政协常务委员会委员61名。其中，主席1名，副主席4名，秘书长1名。2007年12月15日，十一届政协二十五次常委会议通过协商产生十二届政协委员384名。

政协如皋市第十三届委员会

（2012年3月—2017年1月）

2012年3月19日至23日，政协如皋市第十三届委员会第一次会议在如城举行。会议按照政协章程的规定，经过民主协商，选举产生市十三届政协常务委员会委员66名。其中，主席1名，副主席5名，秘书长1名。2012年3月9日，十二届政协十九次常委会议通过协商产生十三届政协委员383名。

政协如皋市第十四届委员会

（2017年1月—　）

2017年1月11日至14日，政协如皋市第十四届委员会第一次会议在如城举行。会议按照政协章程的规定，经过民主协商，选举产生市十四届政协常务委员会委员63名。其中，主席1名，副主席5名，秘书长1名。2017年1月3日，十三届政协十九次常委会议通过协商产生十四届政协委员378名。

政协如皋市（县）委员会
主席、副主席、秘书长、督导员名单

第一届

主　席：倪锦瑜（1956 年 3 月—1959 年 9 月）
副主席：张朝模（1956 年 3 月—1956 年 9 月）
　　　　陶肖溪（1956 年 3 月—1959 年 9 月）

第二届

主　席：倪锦瑜（1959 年 9 月—1962 年 5 月）
副主席：沈忠怀（1959 年 9 月—1962 年 5 月）
　　　　陶肖溪（1959 年 9 月—1960 年 9 月）
　　　　胡伯兰（女，1959 年 9 月—1962 年 5 月）
　　　　潘逸尘（1959 年 9 月—1962 年 5 月）
秘书长：黄克明（1959 年 9 月—1962 年 5 月）

第三届

主　席：倪锦瑜（1962 年 5 月—1965 年 1 月）
副主席：沈忠怀（1962 年 5 月—1965 年 2 月）
　　　　胡伯兰（女，1962 年 5 月—1966 年 1 月）
　　　　潘逸尘（1962 年 5 月—1966 年 1 月）
　　　　刘心灿（1962 年 5 月—1962 年 10 月）
秘书长：黄克明（1962 年 5 月—1964 年 4 月）

第四届

主　席：王飞岳（1966 年 1 月—1967 年 3 月）
副主席：魏志田（1966 年 1 月—1967 年 3 月）
　　　　胡伯兰（女，1966 年 1 月—1967 年 3 月）
　　　　潘逸尘（1966 年 1 月—1967 年 3 月）
秘书长：黄德银（1966 年 1 月—1967 年 3 月）

第五届

主　席：吴功祥（1981 年 4 月—1984 年 3 月）
副主席：吴凤琴（1981 年 4 月—1982 年 12 月）

王学源（1981 年 4 月—1984 年 3 月）
安子余（1981 年 4 月—1984 年 3 月）
沙宇清（1981 年 4 月—1981 年 12 月）
殷宗焕（1981 年 4 月—1984 年 3 月）
黄国珍（女，1981 年 4 月—1982 年 12 月）
黄道贯（1981 年 4 月—1984 年 3 月）
阙剑冲（1981 年 4 月—1984 年 3 月）
潘信征（1981 年 4 月—1984 年 3 月）
何剑芒（1983 年 3 月—1984 年 3 月）
陈汝贤（1983 年 3 月—1984 年 3 月）
袁靖东（1983 年 3 月—1984 年 3 月）
秘书长：张远猷（1981 年 4 月—1982 年 9 月）
何剑芒（兼，1983 年 3 月—1984 年 3 月）

第六届

主　席：吴功祥（1984 年 3 月—1985 年 4 月）
季秀英（女，1985 年 4 月—1987 年 3 月）
副主席：王学源（1984 年 3 月—1985 年 4 月）
潘信征（1984 年 3 月—1987 年 3 月）
殷宗焕（1984 年 3 月—1987 年 3 月）
黄道贯（1984 年 3 月—1987 年 3 月）
阙剑冲（1984 年 3 月—1987 年 3 月）
赍正祥（1985 年 4 月—1987 年 3 月）
秘书长：谢　明（1984 年 3 月—1987 年 3 月）

第七届

主　席：明道奎（1987 年 3 月—1990 年 3 月）
副主席：赍正祥（1987 年 3 月—1990 年 3 月）
潘信征（1987 年 3 月—1990 年 3 月）
黄道贯（1987 年 3 月—1990 年 3 月）
马云鹏（1987 年 3 月—1990 年 3 月）
秘书长：谢　明（1987 年 3 月—1990 年 3 月）

第八届

主　席：明道奎（1990 年 3 月—1993 年 2 月）
副主席：袁　泉（1990 年 3 月—1993 年 2 月）

马云鹏（1990 年 3 月—1993 年 2 月）
黄金红（女，1990 年 3 月—1991 年 3 月）
章　骥（1990 年 3 月—1993 年 2 月）
秘书长：张国辉（1990 年 3 月—1993 年 2 月）

第九届

主　席：石秀峰（1993 年 2 月—1996 年 3 月）
魏国平（1996 年 3 月—1998 年 1 月）
顾　问：明道奎（1993 年 2 月—1994 年 11 月）
副主席：袁　泉（1993 年 2 月—1998 年 1 月）
马云鹏（1993 年 2 月—1998 年 1 月）
章　骥（1993 年 2 月—1998 年 1 月）
王连生（1993 年 2 月—1998 年 1 月）
王光国（1994 年 2 月—1998 年 1 月）
徐建平（1996 年 3 月—1998 年 1 月）
秘书长：史有生（1993 年 2 月—1998 年 1 月）

第十届

主　席：魏国平（1998 年 1 月—2001 年 1 月）
刘桂江（2001 年 1 月—2003 年 1 月）
副主席：袁　泉（1998 年 1 月—2003 年 1 月）
于永芳（女，1998 年 1 月—2003 年 1 月）
徐建平（1998 年 1 月—2001 年 1 月）
王连生（1998 年 1 月—2003 年 1 月）
王光国（1998 年 1 月—2000 年 7 月）
陆小兵（1998 年 1 月—2003 年 1 月）
严世进（1999 年 2 月—2003 年 1 月）
杜永红（2001 年 1 月—2003 年 1 月）
秘书长：史有生（1998 年 1 月—2003 年 1 月）
督导员：徐建平（2001 年 1 月—2002 年 5 月）

第十一届

主　席：浦文海（2003 年 1 月—2006 年 2 月）
陈惠娟（女，2006 年 2 月—2007 年 1 月）
李中林（2007 年 1 月—2007 年 12 月）
副主席：袁　泉（2003 年 1 月—2006 年 2 月）

于永芳（女，2003 年 1 月—2007 年 12 月）
陆小兵（2003 年 1 月—2007 年 12 月）
杜永红（2003 年 1 月—2007 年 12 月）
魏祝明（2003 年 1 月—2007 年 12 月）
张秀良（2004 年 1 月—2007 年 12 月）
章建平（2005 年 1 月—2007 年 12 月）
刘聪泉（2007 年 1 月—2007 年 12 月）
秘书长：史有生（2003 年 1 月—2005 年 1 月）
羌汉荣（2005 年 1 月—2007 年 12 月）
督导员：刘桂江（2003 年 1 月—2003 年 12 月）
王连生（2003 年 1 月—2003 年 12 月）
严世进（2003 年 1 月—2005 年 8 月）
浦文海（2006 年 2 月—2006 年 10 月）

第十二届

主　席：李中林（2007 年 12 月—2012 年 3 月）
副主席：张元健（2007 年 12 月—2012 年 3 月）
魏祝明（2007 年 12 月—2012 年 3 月）
章建平（2007 年 12 月—2012 年 3 月）
刘聪泉（2007 年 12 月—2012 年 3 月）
黄文斌（2011 年 1 月—2012 年 3 月）
秘书长：羌汉荣（2007 年 12 月—2009 年 1 月）
殷高华（2009 年 1 月—2012 年 3 月）
督导员：于永芳（女，2008 年 1 月—2009 年 1 月）
陆小兵（2008 年 1 月—2009 年 10 月）

第十三届

主　席：李中林（2012 年 3 月—2017 年 1 月）
副主席：魏祝明（2012 年 3 月—2017 年 1 月）
刘聪泉（2012 年 3 月—2014 年 1 月）
黄文斌（2012 年 3 月—2017 年 1 月）
张亚莺（女，2012 年 3 月—2017 年 1 月）
郑振明（2012 年 3 月—2017 年 1 月）
钱志刚（2014 年 1 月—2017 年 1 月）
秘书长：殷高华（2012 年 3 月—2017 年 1 月）
督导员：章建平（2012 年 4 月—2013 年 10 月）

第十四届

主　席：张元健（2017 年 1 月—）
副主席：冒　平（2017 年 1 月—）
　　　　杜永红（2017 年 1 月—）
　　　　郑振明（2017 年 1 月—）
　　　　严世斌（2017 年 1 月—）
　　　　刘晓洁（女，2017 年 1 月—）
秘书长：许映亮（2017 年 1 月—）

政协如皋市（县）委员会常务委员名单

第一届

倪锦瑜	张朝模	陶肖溪	马骏一	夏美银(女)	沙宇清
安子余	潘逸尘	沈忠怀	陈文斌	陈松余	

第二届

丁忠联	王金镛	王学源	方鲤卿	叶　枫	安子余
刘心灿	朱宅安	朱谦恕(女)	沙宇清	沈成功	沈忠怀
吴世达	吴宗明(女)	吴宗俊	何锦春	范玲娣(女)	陈少兰
陈文斌	陈汝贤	陈松余	陈殿文	陈　德	胡伯兰
姚志清	倪锦瑜	马骏一	陆　飞	黄克明	黄国珍(女)
黄淑娴(女)	陶肖溪	张顺贵	董昌荣	潘信征	潘逸尘
钱锦元					

届中增补

黄星楼	金仁贵	刘孟晋

第三届

丁宗联	王学源	王金镛	方鲤卿	刘孟晋	刘惠芳(女)
安子余	朱石卿	刘心灿	朱宅安	朱谦恕(女)	陆　飞
黄克明	沙宇清	何锦春	沈成功	吴宗俊	吴宗明(女)
沈忠怀	吴世达	陈汝贤	陈　德	陈少兰	陈玉英(女)
金仁贵	胡伯兰	姚志清	倪锦瑜	祖鼎臣	马骏一
张　健	张顺贵	黄国珍(女)	黄星楼	董昌荣	黄淑娴(女)
潘信征	潘逸尘	钱锦元			

第四届

丁宗联	王飞岳	王学源	方鲤鲫	刘孟晋	刘惠芳(女)
安子余	朱石卿	朱谦恕(女)	朱宅安	陆　飞	陈殿文
陈　德	陈少兰	沙宇清	沈　坚(女)	沈成功	何锦春
吴宗俊	吴世达	吴宗明(女)	罗会均	金仁贵	胡伯兰
姚志清	茅锦坤	席桂兰(女)	祖鼎臣	马骏一	黄德银
黄国珍(女)	黄星楼	顾长山	董昌荣	韩昌银	潘信征
潘福仪	潘逸尘	魏志田			

第五届

吴功祥	吴凤琴	王学源	安子余	沙宇清	殷宗焕
黄国珍	黄道贯	阙剑冲	潘信征	张远猷	丁宗联
王一鸣	刘万方	孙　明	朱谦恕(女)	汪　浩	沈成功
何剑芒	何锦春	环　斌	环金安	范广东	陆　飞
陈汝贤	张之选	张宝蔚	易光仁	周荣美	周桂秀(女)
洪全义	贾　铭	贾文祥	顾琴和(女)	阎　廉	阎仁广
黄　仪	黄金红(女)	黄星楼	谢　明	蒋永之	缪益清
魏元菊					

届中增补

何剑芒	陈汝贤	袁靖东

第六届

吴功祥	王学源	潘信征	殷宗焕	黄道贯	阙剑冲
谢　明	万建章	石昭义	刘万方	刘同旺(女)	刘金赋
李二祥	沙乾一	沙　冰	汪铁君	沈成功	陆　飞
陈汝贤	陈驾龙	陈竟诒(女)	陈殿文	张　震	张　涌
张宝蔚	环　斌	范崇俊	罗会均	易光仁	周荣美
周桂秀(女)	贲正祥	俞坤维	洪全义	贾　铭	徐鸿正
钱秉基	钱育藩	黄星楼	黄　仪	唐宝莲(女)	郭逸飞
阎　廉	谢璞臣	薛炜清	戴崇颐	魏元菊	

届中增补

季秀英	贲正祥

第七届

明道奎	贲正祥	潘信征	黄道贯	马云鹏	谢　明

于永芳（女）	万建章	刘万方	刘志高	刘炳生	杜祝三
沙　炎	沈　督	沈成功	李玉坤	杨德祥	杨兴哉
环　斌	邹美林	张　涌	张宝蔚	陆书芳（女）	陈德萍（女）
周　进	俞坤维	洪全义	贾　铭	贾锦林	夏明忠
徐　枫	徐冬梅（女）	徐炳刚	徐鸿正	钱　飞	钱育藩
唐宝莲（女）	郭珍余（女）	郭逸飞	黄　仪	黄金红（女）	黄晓秋（女）
曹林书	曹石泉	康　健	阎　廉	蒋宝林	程纪新
蔡国柱	谭志旺	薛炜清	鞠如凡		

第八届

明道奎	袁　泉	马云鹏	黄金红（女）	章　骥	张国辉
王朋年	王祖彭	石昭义	刘万方	刘志高	刘德盛
孙家俊	李玉坤	李世楷	杨　灿	杨兴哉	吴继明
沙　炎	沈　督	沈成功	沈征贤	张慕变	邹　康
邹美林	陆万富	陈　兰（女）	陈昭宽	陈德萍（女）	季海卿
洪全义	钱祖尧	徐复林	贾　铭	贾锦林	郭锡康
唐宝莲（女）	黄晓秋（女）	曹石泉	曹林书	康　健	谢庆生
程浥禾	翟东春	谭志旺	鞠如凡		

第九届

石秀峰	袁　泉	马云鹏	章　骥	史有生	王连生
王朋年	王春元	方正华	平绍勋	石昭义	冯　植
孙家俊	孙美祥	刘万方	刘志高	刘德胜	许秀银
杨文留	杨松泉	李玉坤	李世楷	李昌煌	陈昭宽
陈福南	陆万富	张慕变	邹　康	邹美林	沈　督
沈征贤	汪祖荫	沙　炎	周铭华	夏　涛（女）	赵兰芳（女）
闾莲珍（女）	秦兴国	贾　铭	陶增俊	徐　斌	徐连生
徐复林	钱祖尧	曹石泉	康　健	郭锡康	谢美华（女）
谢庆生	翟东春	裴友珍（女）	鞠如凡		

届中增补

魏国平	王光国	徐建平	严世进	庄绳武	章建平
鲍家华	丁俊红				

第十届

魏国平	袁　泉	于永芳（女）	王连生	王光国	陆小兵
严世进	杜永红	徐建平	史有生	马武台	马湘平

王永茂　王淑次(女)　冯　植　平绍勋　刘德胜　孙美祥
孙家俊　朱守华　许秀银　陈爱玉(女)　李昌煌　李建云(女)
邵晓泉　佘鸣皋　宋　健　吴　琼(女)　吴明娟(女)　汪　梅(女)
肖云德　张　平　张秀良　张昌明　张英田　季志伟
郑汉彬　周国祥　周贵进　赵兰芳(女)　贾六一　钱祖尧
钱德平　夏雨如　徐　斌　徐连生　章　骥　谢庆生
谢常济　鲍家华　戴　毅　鞠如凡

届中增补

刘桂江　杜永红　刘建明　沈永祥　魏祝明

第十一届

浦文海　袁　泉　于永芳(女)　陆小兵　杜永红　魏祝明
史有生　万　建　马湘平　王奎礼　王淑次(女)　朱一飞
朱守华　刘晓东　刘晓洁(女)　刘德胜　许建军　许映如
孙晓霞(女)　苏　燕(女)　杨　军　佘柳涛(女)　肖云德　吴　琼(女)
沈永祥　沈孝峰　张兆民　沈丽丽(女)　张秀良　张奎宏
陈　进　陈大明　陈正言　季秀琴(女)　征大生　周　勇
周松林　周德良　冒锦华　贾六一　钱德平　钱德辉
黄文斌　曹　娟(女)　曹光华　鲍兴来　鲍家华　蔡建新
殷高华　薛冠军　戴　斌

届中增补

陈惠娟(女)　李中林　张秀良　章建平　刘聪泉　车树兵
羌汉荣

第十二届

李中林　张元建　魏祝明　章建平　刘聪泉　羌汉荣
丁佐华　万　建　马向民(女)　王志敏　车树兵　丛立新
卢　勇　朱一飞　朱宏彬　刘　平　刘晓东　刘晓洁(女)
孙晓霞(女)　许宏斌　吴　琼(女)　沈　健　沈孝峰　沈寿明
沙旭宇　张永飚　张兆民　张奎宏　张美伦　邱建明
邵绍清　陈　进　陈　皞　陈大明　陈建龙　陈新育
陈德芳(女)　陈德萍(女)　征大生　周松林　金义明　冒锦华
姚亚云(女)　洪远琪　神俊华　夏建国　徐　强　徐拥军
秦建军　袁国遐　钱长稳　钱德平　曹　娟(女)　曹光华
高利炎　曹建国　黄山峰　黄宏俊　葛云彩(女)　鲍家华
蔡建新

届中增补

黄文斌	殷高华	周荣明	李四海	周　星	卞建如
徐　梅	沈良高	周太荣	羌汉荣	阎　勇	周勇琦
佘柳涛	王　捷	郝继锋	夏茂宏		

第十三届

李中林	魏祝明	刘聪泉	黄文斌	张亚鸾（女）	郑振明
殷高华	万　建	万有富	王志敏	方　江（女）	卢海琴（女）
田茂娥（女）	邢新华	朱文静（女）	朱宏彬	朱晓玲（女）	孙德祥
杨海燕	李百忠	吴剑平（女）	邱建明	沈　健	沈　锋
沈世红	沈孝峰	张永飚	张兆民	张美伦	张爱萍（女）
陆金林	陈　明	陈　辉	陈新育	陈德芳（女）	陈德萍（女）
征大生	季　康	金海清	周　星	周太荣	周松林
郑铁江	郝继锋	赵　山	赵仁奇	冒　平	施柏林
姚亚云（女）	夏茂宏	夏建国	夏琪斌	钱小兰（女）	徐　梅（女）
徐　强	徐正洪	殷亚萍（女）	郭震寰	高利炎	黄　海
黄宏俊	葛云彩（女）	程来斌	谢晖来	勤　修	缪爱国

届中增补

钱志刚	许映亮	章士友

届中不再担任

程来斌

第十四届

张元健	杜永红	郑振明	冒　平	严世斌	刘晓洁（女）
许映亮	丁　洋	万有富	马小平	王加福	石峥嵘
卢海琴（女）	田茂娥（女）	朱文静（女）	朱宏彬	朱晓玲（女）	刘志伟
许　晔（女）	孙　梅（女）	孙德祥	纪成如	花金泉	杨海燕
苏　燕（女）	李　晋	严佩兰（女）	吴剑平（女）	沙　剑	宋在付
张　俊	张永飚	张吴麟	张建高	张英霞（女）	张美伦
张爱萍（女）	张锦贵	陆金林	陈　实	季　康	金义明
周　星	赵　山	赵仁奇	冒海清	施柏林	姜树华
姜健荣	姚亚云（女）	姚新国	顾卫国	顾季青	钱小兰（女）
徐远宏	徐宏明	郭夕俊	黄宏俊	曹建国	康晨辉（女）
谢仁宏	詹文天	蔡舒萍（女）			

届中增补

张小凤	曹　阳	孙天骄	陈晓仲	张云忠

届中不再担任

徐宏明　李　晋　姜树华

政协如皋县(市)委员会委员名单

第一届

届初政协委员 59 名。

中共界(9 名)

倪锦瑜　张朝模　沈忠怀　陈文斌　曹宏梅(女)　王金镛
张家珍(女)　徐家龙　阎仁广

工会界(3 名)

陈松余　黄荣光　吴保仁

农民界(7 名)

夏美银(女)　陆亦清　丁忠联　娄唯一　吴兰英(女)　张礼成
殷美兰(女)

共青团界(1 名)

黄奇彬

妇联界(1 名)

刘玉华(女)

荣誉军人(1 名)

陈　德

教育界(11 名)

马骏一　闾伟民　邹世南　冒谷宜　方鲤卿　姚古渔
黄淑娴(女)　蒋永之　汤惠余　丁邦敬　储心斋

医卫界(8 名)

沙宇清　黄星楼　马从贞(女)　胡伯兰　朱实卿　俞坤维
孙少山　杨德祥

工商界(11 名)

潘逸尘　安子余　潘信征　邱兆封　马同科　樊汉才
董昌荣　吴兆庆　沈鹤松　沈成功　周可法

合作总社(1 名)

陈　良

人民银行(1 名)

陈　培

技艺界(1名)

陈文彬

宗教界(1名)

僧肇庆

特邀人士(3名)

陶肖溪 陈春江 尤少卿

届中增补

王遐松 沙正祥 杨文源 黄克明 张万玉 沈良弼
陈汝贤 张顺贵 葛　坚 金鼎昇 宋汝成 祁美玉(女)
吴淑贞(女) 顾淑清(女) 王婉兰(女) 陈建岐 刘心灿 徐春雯
周元实 黄锡五 徐远藩 杜献卿 顾孝如 祝新岭
刘建芬 沈强斋 郑仲豪 冒志新 何锦春 顾　珍(女)
徐汝谦 谢希韫(女) 李慰农 陈爱棠 樊汝梅 章鹤年
许伯微 沈德明 姚志清 潘复常 施秉国 冯天济
刘光展 陈济度(女) 石明德(白蒲) 石明德(石庄) 孙　明 吴宗坪(女)
汤成忠 裘艳芳(女) 钱桂庭 僧现月 王爱棠 朱宅安
吴世达 尤廷甲 王耀庭 胡生炳 丁光甫 胡烺如

届中撤销或终止

马从贞

第二届

届初政协委员131名。

中共界(14名)

倪锦瑜 沈忠怀 王金镛 叶　枫 陆　飞 谢　明
黄克明 徐家龙 陈汝贤 沙　田 朱裕民 陈理才
陈文彬 周可法

工会界(3名)

张顺贵 陈松余 王顺夔

农民界(4名)

张礼成 陆亦清 殷美兰(女) 钱锦元

共青团界(1名)

陈殿文

妇联界(5名)

黄国珍(女) 刘玉华(女) 申碧华(女) 吴淑贞(女) 吴兰英(女)

退休荣誉军官(1名)

陈　德

文教界(31名)

方鲤鲫　姚古渔　戴师古　谢蔚东　王学源　陈建岐
徐春雯　周业明　黄淑娴(女)　朱谦恕(女)　葛　坚　冒志新
金仁贵　储心斋　刘伯良　沈强斋　蒋永之　潘绶卿
张芳德　施　铨　徐良泉　徐远藩　祝新岭　吴养和
黄锡五　邹世南　丁邦敬　顾孝如　杜献卿　裘艳芳(女)
马骏一

医卫界(20名)

沙宇清　朱石卿　胡伯兰　徐汝谦　谢希韫(女)　范玲娣(女)
顾琴和(女)　黄星楼　陈爱棠　李慰农　俞坤维　姚志清
孙少山　杨德祥　樊汝梅　沈德明　陈少兰　沙乾一
许伯微　吴慕陶

工商界(25名)

潘逸尘　安子余　吴宗明(女)　董昌荣　孙　明　马同科
潘信征　施秉国　冯天骥　陈济度(女)　金鼎生　陈玉昆
王荫宸　祝英华　张素华(女)　周荣芬(女)　朱宏达　许大年
樊汉才　吴兆庆　沈鹤松　沈成功　刘光展　赵宝发
钱太和

技艺界(4名)

陈文彬　汤成宗　钱桂庭　朱如卿

宗教界(3名)

僧肇庆　僧现月　王爱棠

特邀人士(20名)

陶肖溪　朱宅安　丁忠联　吴世达　胡烺如　刘心灿
何锦春　尤廷甲　颜邦桢　叶粹庵　熊坤强(女)　吴宗俊
周佑之　杨同芳　汤惠余　尤少卿　陈春江　丁光甫
刘建芬　徐子鹤

届中增补

刘孟晋　施　铨

第三届

届初政协委员139名。

中共界(11名)

倪锦瑜	沈忠怀	张　健	王学源	陆　飞	陈汝贤
马宏模	黄克明	王金镛	谢　明	徐家龙	

工会界(4名)

张顺贵	陈松余	王顺夑	祖鼎成

农民界(4名)

张礼成	钱锦元	陆亦清	韩昌银

共青团界(1名)

陈玉英(女)

妇联界(3名)

黄国珍(女)	陈亚芳(女)	吴兰英(女)

人武部(2名)

韩　隽	陈　德

文教界(36名)

金仁贵	叶　枫	何锦春	储心斋	姚古渔	黄淑娴(女)
方鲤卿	戴师古	谢蔚东	陈建岐	徐春雯	蒋永之
周业明	朱谦恕(女)	冒志新	刘伯良	沈强斋	潘绥卿
张芳德	徐良泉	徐远凡	祝新岭	吴养和	黄锡五
丁邦敬	顾孝如	杜献卿	裘艳芳(女)	马骏一	朱宅安
汤惠余	顾敦平	浦文礼	殷宗焕	苏君熙	颜邦桢

医卫界(23名)

胡伯兰	沙宇清	朱石卿	姚志清	徐汝谦	谢希韫(女)
顾琴和(女)	黄星楼	李慰农	俞坤维	孙少山	杨德祥
樊汝梅	沈德明	陈少兰	沙乾一	许伯微	吴慕陶
朱继善	蒋乃庆	陈振玉	刘锦平	刘惠芳(女)	

工商界(26名)

顾长山	孙　明	许大年	朱宏达	潘逸尘	安子余
潘信征	沈成功	吴兆庆	吴宗明(女)	董昌荣	马同科
施秉国	金鼎生	陈裕昆	王荫宸	祝英华	张素华(女)
周荣芬(女)	沈鹤松	刘光展	赵宝发	钱泰和	徐绥之
蔡应中	赵上进				

科技、艺术界(4名)

朱裕民	黄　仪	朱如卿	汤承宗

宗教界(3名)

僧肇庆	僧现月	王爱棠

特邀人士(22 名)

刘心灿 丁宗联 吴世达 胡焌如 尤廷甲 叶粹庵
吴宗俊 熊坤强(女) 周佑之 尤少卿 陈春江 徐子鹤
施 铨 吴淑贞(女) 刘孟晋 陶云卿 夏兰阶 苏蔬园
成家骅 袁采之 吴锦荣 宗子祥

第四届

届初政协委员 141 名。

中共界(11 名)

王飞岳 魏志田 王学源 陆 飞 沈 坚(女) 黄德银
潘福仪 袁 震 张学田 孙家祥 沙 田

工会界(3 名)

黄国珍(女) 陈松余 王顺燮

农民界(6 名)

罗会均 张礼成 茅锦坤 王长生 平凤英(女) 高文才

共青团界(1 名)

陈殿文

妇联界(2 名)

席桂兰(女) 吴兰英(女)

人武部(2 名)

吴光华 陈 德

文教界(33 名)

金仁贵 叶 枫 储心斋 姚古渔 徐春雯 冒志新
张芳德 裘艳芳(女) 顾敦平 殷宗焕 刘士标 丁邦敬
周业明 徐远凡 何锦春 朱谦恕(女) 方鲤卿 朱宅安
施云斗 蒋永之 黄锡五 潘绶卿 石泰峰 徐良泉
顾孝如 刘伯良 沈强斋 浦文礼 苏君熙 汤叔模
吴养和 王福生 祝新岭

医卫界(22 名)

刘惠芳(女) 黄星楼 沙宇清 陈少兰 孙少山 徐汝谦
张乃清 吴慕陶 陈振玉 刘进平 顾琴和(女) 俞坤维
沙乾一 樊汝梅 孙如群 朱继善 谢希韫(女) 胡伯兰
朱石卿 姚志清 沈德明 谢子臣

工商界(26 名)

顾长山 孙 明 周荣美 谢 明 安子余 潘信征

董昌荣	沈成功	刘光展	赵振扬	马同科	金鼎生
陈裕昆	钱泰和	赵上进	张素华(女)	吴宗明(女)	王荫宸
蔡应中	施秉国	周荣芬(女)	潘逸尘	吴兆庆	沈鹤松
徐绥之	祝荫华				

科技界(7名)

徐邦友	黄　仪	杨德祥	汤承宗	祖鼎成	朱胪卿
韩昌银					

宗教界(4名)

僧现月	宇　慈(女)	王爱棠	僧肇庆

特邀人士(24名)

丁宗联	杜献卿	陶云卿	苏蔬园	周佑之	袁采之
成家骅	吴淑贞(女)	熊坤强(女)	宗子祥	施　铨	刘孟晋
吴世达	吴宗俊	尤廷甲	叶粹庵	谢蔚东	戴师古
吴锦蓉	颜邦桢	夏兰阶	马骏一	汤慧余	胡煨如

第五届

届初政协委员197名。

中共界(15名)

吴功祥	吴凤琴	王学源	贾文祥	阎仁广	陆　飞
环金安	张远猷	葛志锦	何剑芒	陈汝贤	缪益清
谢　明	明正高	薛云高			

工会界(2名)

黄国珍(女)	钱秉基

妇联界(2名)

任吉兰(女)	姜美芳(女)

团县委(2名)

李昌荣	夏春兰(女)

人武部(2名)

张乃健	陈　德

工业交通界(15名)

丁实进	葛长珍(女)	谢同兰(女)	朱其梁	沈　侃	王顺燮
沈　督	郭逸飞	贾　燕(女)	张素华(女)	肖承生	刘光展
安子余	潘信征	马同科			

农林界(6名)

汪　浩	茅锦坤	王长生	田明友	纪国良	杨娴春(女)

工商界(27 名)

范广东	周荣美	孙　明	张学田	陈南山	张有德
张瑞本	胡祥美(女)	张之选	陆家祜	冯龙生	陈光生
陈裕昆	纪庚尧	张　震	金鼎生	朱济民	于继道
吴其仁	钱泰和	赵上进	王荫宸	蔡应中	施秉国
沈成功	赵振扬	吴宗明(女)			

文化、体育、新闻界(7 名)

吴世勤	夏铭骝	张宝蔚	吴继明	刘炳生	汪志伟(女)
朱宅安					

教育界(44 名)

阎　廉	沙　冰	陈光汉	殷宗焕	朱轩臣	刘士标
严潜九	刘桂西	刘建义	范崇俊	易光仁	邵静萍(女)
王　笃	顾永恂(女)	冒志新	蔡可明	周步云	孙福基
沈竹余	周桂秀(女)	张秀英(女)	仲兆秀(女)	王邦惠(女)	张　铎
丁邦敬	刘建华(女)	纪振华(女)	徐远凡	纪　静(女)	陈锦林
何季良	顾敦平	房汉成	蒋永之	何锦春	朱谦恕(女)
姚古渔	方鲤鲫	施云斗	苏君熙	苏蔬园	汤叔模
徐良泉	沈婉洁(女)				

医卫界(31 名)

黄道贯	李庭芳	孙宗智	徐汝谦	顾琴和(女)	曹学兰(女)
邓纯华(女)	沙宇清	黄星楼	张乃清	樊汝梅	张元浩
王世襄	陈种枝(女)	余汉兴	奚年敏	顾海如	俞坤维
朱柔叶(女)	马玉婉(女)	陈振玉	沙乾一	吴慕陶	孙如群
陈源泗	汪铁君	孙道盛	沈宗璜	黄佩珊	朱济善
谢希韫(女)					

科技界(17 名)

环　斌	阙剑冲	倪绍卿	刘万方	王雨萍(女)	王一鸣
蔡锦生	曹德彭	吴展文	何学虎	黄　仪	汪锡清(女)
徐鸿正	张宝新	崔耀章	张迪银	杨德祥	

侨眷、归侨、台胞界(10 名)

熊坤强(女)	夏　涛(女)	黄金红(女)	姜　俊(女)	贾　铭	黄扶正
顾少轩	吴自强	陈振之	洪全义		

宗教界(2 名)

僧现月	宇　慈(女)

特邀人士(15名)

季子峰	王连明	夏立荣	曾发新	魏元菊	丛永余
丁宗联	周湘荪	耿文奎	伊藤郁子(女)	吴淑贞(女)	周荣芬(女)
陶云卿	周佑之	袁采之			

届中增补

袁靖东	张少屏	丁忠联	缪一清

第六届

届初政协委员219名。

中共界(16名)

吴功祥	王学源	谢　明	陈汝贤	陆　飞	罗会均
王志和	陈驾龙	石昭义	贲正祥	徐复林	卢德龙
戴崇颐	苏人杰	李国成	张有德		

工会界(5名)

刘学成	钱秉基	缪　恕	王顺燮	谢同兰(女)

农民界(6名)

田明友	纪国良	葛克有	纪同银	李二祥	赵明德

共青团界(4名)

谢新民	夏维松	杨进进	吴李芳(女)

妇联界(4名)

陈德萍(女)	胡其凤(女)	姜美芳(女)	纪忠梅(女)

教育界(42名)

阎　廉	沙　冰	陈　建	殷宗焕	朱轩臣	唐宝莲(女)
周楚玉	王　笃	吴小平	吴功倬	周桂秀(女)	顾敦平
仲兆秀(女)	王承源	何季良	宗　泉	丁邦敬	吴宗泉
程郁美(女)	陈竟诒(女)	顾永恂(女)	方　弢	沈从文	朱从发
薛兰英(女)	邹美林	朱鹤鸣(女)	陈振东	汤　展(女)	何广银
纪　静(女)	孙福基	易光仁	鞠九源	孙占智	范崇俊
左宗昌	徐家琪	陈　亮	陈东波	姚烺强	刘金赋

文化艺术界(6名)

黄　瑞	刘炳生	范崇明	张宝蔚	汪志伟(女)	吴继明

医卫界(29名)

薛炜清	黄道贯	曹学兰(女)	李庭芳	邓纯华(女)	戴曼丽(女)
朱柔叶(女)	马烇青(女)	黄星楼	吴迪祥	陈治平	陈种枝(女)
姚克成	钱先庆	马宏裕	沈征贤	朱汉仁	储祥珊(女)

顾海如	奚年敏	余汉兴	沙乾一	尤乃儒	陈振玉
俞坤维	尤守伯	万建章	陈源泗	茅衍祥	

体育界（1名）

夏铭骝

科技界（36名）

环　斌	崔耀章	徐建平	郭天伦	薛全芳（女）	王连生
杨娴春（女）	张迪银	张　涌	王崇德	杨德祥	石　民
郭必祥	严文生	黄　仪	赵正如	阙剑冲	谢素兰（女）
陈昭元	钱育藩	冒桂馨	何学虎	吴勋元	徐冬梅（女）
刘万方	沈　侃	曹德彭	朱其梁	陈业武	王一呼
刘学海	仲辅汉	奚定九	季　新	刘同旺（女）	倪绍卿

工商界（34名）

潘信征	安子余	沈　督	谢璞臣	刘光展	赵振扬
周成林	陈裕昆	金鼎生	张学田	沈成功	陈光生
冯龙生	纪庚尧	于继道	吴其仁	钱泰和	胡祥美（女）
朱济民	郭逸飞	葛长珍（女）	陆桂萍（女）	陆家祜	韩　林
王宝鹤	陈殿文	曹林书	周荣美	陈德华	刘永桃
潘余庆	薛　灿	张　震	张之选		

民族、宗教界（3名）

孙希珍（蒙古族）　宇　慈（女）　僧常华

港台侨界（16名）

洪全义	傅明珍（女）	洪　霞（女）	马鹏图	郭载余	沙　森
雷经舫（女）	夏　瞳	陈绍国	黄扶正	贾　铭	杨厚智
夏　涛（女）	董洪晨	石建国	陆卜智		

人武部（2名）

谭志旺　陈跃生

特邀人士（15名）

吴凤琴	黄国珍（女）	何剑芒	张乃健	伊藤郁子（女）	吴宗明（女）
王荫宸	张素华（女）	姚古渔	蒋永之	朱谦恕（女）	汪铁君
魏元菊	徐鸿正	肖承生			

届中增补

季秀英　姚古渔　陆家龙

第七届

届初政协委员258名。

中共界(13 名)

明道奎	贲正祥	谢　明	冒保民	张国辉	郭珍余(女)
蔡国柱	杜祝三	章晓林	邹　康	何宝传	黄道和
邱训琪					

工会界(5 名)

裴友珍(女)	鞠如凡	孙宝庆	吴迪华	王连贵

农民界(10 名)

李二祥	纪同银	李　萍(女)	郭锡康	周永华	朱玉圣
谢庆生	冒伯堂	张英田	赵明德		

共青团界(4 名)

吴　旭	汤建平	吴李芳(女)	陈　彬

妇联界(5 名)

陈德萍(女)	沈　云(女)	黄淑芳(女)	陆书芳(女)	高兰美(女)

教育界(45 名)

阎　廉	田元德	俞树谟	马云鹏	唐宝莲(女)	王　坚
翟有德	杨兴哉	仲兆秀(女)	周楚玉	王　笃	刘万方
吴小平	居淑和(女)	曹石泉	范钦文	间莲珍(女)	郭世龙
顾敦平	何季良	宗　泉	程郁美(女)	丁邦敬	程纪新
吴宗泉	丁善之	方　弢	沈文光(女)	夏　进	薛自新
王　东	邹美林	朱鹤鸣(女)	孙福基	杨孔吾	阎祯祥
吉稳广	孙占智	纪　静(女)	沙　炎	邓孚忠	唐楚江
左宗昌	吴　鼎	袁民岗			

文化艺术界(8 名)

孙永明	谢同安	张宝蔚	范崇明	曹　剑	刘炤松
吴继明	刘炳生				

医卫界(32 名)

薛炜清	黄道贯	金来英(女)	徐国光	周国祥	丁忠信
邓纯华(女)	戴曼丽(女)	朱柔叶(女)	马烇青(女)	黄晓秋(女)	陈种枝(女)
张　平	吴迪祥	钱先庆	董治玲(女)	方正华	沈征贤
储祥珊(女)	马宏裕	奚年敏	于家和	余汉兴	钱　飞
沙乾一	万里贝	刘德盛	何永武	尤守伯	万建章
俞坤维	刘昌启				

体育界(1 名)

刘学成

科技界(39名)

环　斌　秦龙甫　徐　枫　崔耀章　郭天伦　薛全芳(女)
王连生　张迪银　张　涌　王崇德　严　瑜　石　民
郭必祥　严文生　黄　仪　赵正如　谢素兰(女)　钱育藩
冒桂馨　何学虎　吴勋元　徐冬梅(女)　曹德彭　王一呼
尹恭茂　杨瑞清　翟东春　夏明忠　张自强　缪小华
刘学海　程浥禾　张玉水　蒋宝林　赵达时　刘同旺(女)
倪绍卿　徐炳刚　杨德祥

工商界(44名)

潘信征　沈　督　于永芳(女)　曹林书　康　伯　贾锦林
周荣美　陈德华　刘永桃　潘余庆　薛　灿　王学桂
洪自强　冯龙生　解志明　郭逸飞　李玉坤　葛长珍(女)
范崇魁　周成林　贾本坚　陈裕昆　金鼎生　冒玉成
陆家祐　季雪夫　朱济民　王顺夔　韩　林　纪庚尧
赵　益　章正忠　沈成功　冯迪昕　冯迪曜　佘有林
吴敬民　钱泰和　沐美云(女)　丁正国　黄安昌　程剑明
陆贵萍(女)　于继道

民族、宗教界(4名)

孙希珍(蒙古族)　僧常华　僧恒岳　兰　庭(女)

港台侨界(29名)

周　进　黄金红(女)　洪全义　傅明珍(女)　马鹏图　洪　霞(女)
郭载余　雷经舫(女)　沙　森　夏　瞳　芮　健　康　健
吴　琼(女)　韶秋薇(女)　许世安　陈福如　黄扶正　贾　铭
夏　涛(女)　杨厚智　董洪晨　陆卜智　王宏渠　季宁喜
徐廉城　王春元　周荣锦　徐树堂　石建国

人武部(2名)

谭志旺　刘明校

特邀人士(17名)

刘志高　蒋家高　徐相成　苏人杰　薛宝新　李国成
陆金胜　杨宝芝　赵成章　蒋裕和　钱秉基　石　进
石　岗　徐鸿正　伊藤郁子(女)　魏元菊　苏新民

届中增补

赵剑平　姚福泉

第八届

届初政协委员257名。

中共界(17名)

明道奎	袁　泉	张国辉	冒保民	史有生	王朋年
王永茂	徐复林	陈昭宽	谭志旺	章晓林	倪志高
张大延	赵成章	曹林书	贾锦林	何宝传	

工会界(10名)

陈建中	杨　灿	王连贵	吴迪华	汪祖荫	汪志农
张崇义	王顺燮	戴玉琴(女)	钱再荣		

农民界(12名)

李二祥	纪同银	李　萍(女)	郭锡康	缪　琪	黄安昌
朱玉圣	谢庆生	张英田	冒伯堂	赵明德	左德元

共青团界(6名)

缪小华	王晓建	吴旭东	沈小玲(女)	夏维松	季海卿

妇联界(8名)

陈德萍(女)	朱广妹(女)	黄淑芳(女)	季永凤(女)	侯国秀(女)	陆书芳(女)
朱从兰(女)	陈　兰(女)				

教育界(40名)

钱祖尧	田元德	俞树谟	马云鹏	唐宝莲(女)	王　坚
翟有德	杨兴哉	李克灵	刘万方	王　东	曹石泉
范钦文	闾莲珍(女)	郭世龙	马　沄	朱云程	宗　泉
何季良	程纪新	程郁美(女)	陈恒山	吴宗泉	张　杰
夏　进	李昌煌	沈文光(女)	邹美林	杨孔吾	孙福基
阎祯祥	孙殿鹏	何　进	袁民岗	纪　静(女)	唐楚江
邓孚忠	蔡宏祥	左宗昌	吴小平		

医卫界(28名)

石昭义	徐国光	金来英(女)	周国祥	邓纯华(女)	戴曼丽(女)
朱柔叶(女)	李世楷	马烇青(女)	黄晓秋(女)	丁忠信	张　平
钱先庆	方正华	沈征贤	董治玲(女)	储祥珊(女)	马宏裕
陆万富	于家和	余汉兴	林铁雄	钱　飞	刘德盛
何永武	尤守伯	过凤英(女)	万建章		

体育界(1名)

夏铭骝					

科技界(40名)

孙家俊	秦龙甫	黄光祖	王连生	石　民	崔耀章
郭必祥	程佩璜(女)	严文生	张　涌	薛全芳(女)	程　松
张慕变	马家忍	刘玉华	杨德祥	王崇德	刘培泽

薛　灿　倪绍卿　王一呼　蔡明芬(女)　程浥禾　王亦斌
封秋萍(女)　刘学海　尹恭茂　曹德彭　冒桂馨　何学虎
马能宽　郑汉彬　翟东春　杨瑞清　汪祖贻　朱济民
孙旭东　季雪夫　徐炳刚　刘同旺(女)

工商界(31名)

章　骥　黄　琳　沈　督　王祖彭　李志生　陈德华
汤　迪　张世和　冯龙生　钱育藩　陈　时　贾宝生
李留福　王　勇　李玉坤　范崇魁　冒玉成　贾本坚
金鼎生　邱永祥　尹　平　冒传林　赵　益　章正忠
沈成功　冯迪曜　吴迪源　冯迪昕　沐美云(女)　吴敬民
钱泰和

文化艺术界(8名)

孙永明　谢同安　张宝蔚　鞠如凡　冒　正　周远宏
刘炤松　吴继明

民族、宗教界(4名)

戴维元　孙希珍(蒙古族)　僧恒岳　僧常华

港台侨界(27名)

姚福泉　周思璜　黄金红(女)　黄扶正　王宏渠　董洪晨
夏　涛(女)　杨厚智　解志明　贾　铭　季宁喜　石建国
王春元　周荣锦　洪全义　洪　霞(女)　夏　瞳　刘昌启
马鹏图　陈福如　康　健　韶秋薇(女)　吴　琼(女)　徐树堂
沙　炎　赵达时　马学贤

特邀人士(25名)

曹国斌　邹　康　陈禹峰　刘永桃　浦文海　胡明元
刘明校　刘志高　徐传香　徐相成　苏人杰　丁邦魁
薛宝新　张耀仁　陆金胜　李　耘　赵剑平　赵如林
石　岗　康　伯　徐鸿正　伊藤郁子(女)　魏元菊　纪庚尧
江　富

届中增补

许秀银　黄克武　严　伟　黄国柱

届中不再担任

黄金红(女)　石昭义

届中撤销或终止

黄安昌

第九届

届初政协委员260名。

中共界(19名)

石秀峰	明道奎	袁　泉	王光国	史有生	严　伟
马武台	王朋年	石昭义	徐复林	陈昭宽	杨文留
章晓林	倪志高	庄绳武	杨海林	徐连生	赵兰芳(女)
陶增俊					

工会界(8名)

洪美兰(女)	戴玉琴(女)	钱再荣	何松山	朱　武	冯　植
张跃钧	芮国华				

农林界(26名)

李二祥	李　萍(女)	郭锡康	朱玉圣	刘玉华	张慕变
仲跻凯	马家忍	赵俊龙	周翠萍(女)	张　涌	王崇德
刘元伦	陈建国	崔耀章	郭必祥	程佩璜(女)	谢庆生
赵明德	左德元	赵　益	张相驰	王敬东	徐　斌
石　民	蒋邦彦				

共青团界(6名)

缪小华	王晓建	秦兴国	丁先骏	倪　兵	沈小玲(女)

妇联界(8名)

裴友珍(女)	李秀兰(女)	印翠芳(女)	季永凤(女)	季秀琴(女)	郭建清(女)
谢美华(女)	谢亚萍(女)				

教育界(38名)

俞树谟	马云鹏	李克灵	朱云程	程纪新	吴宗泉
陈恒山	张　杰	李昌煌	沈文光(女)	杨孔吾	孙福基
阎祯祥	何　进	袁民岗	唐楚江	蔡宏祥	左宗昌
丁亚林	许逢达	江　蕖(女)	任储尧	石光汉	曹石泉
邹美林	帅树忠	钱德平	丁正祥	刘天华	于厥皋
陆新元	左福生	马　沄	闾莲珍(女)	钱祖尧	郭进荣
孙建五	石兴仁				

医卫界(26名)

许秀银	金来英(女)	周国祥	邓纯华(女)	李世楷	沈爱萍(女)
袁美玲(女)	丁忠信	张　平	钱先庆	方正华	吴迪祥
沈征贤	马宏裕	马淑芳(女)	徐　琴(女)	安新林	葛莉莉(女)
陆万富	顾晓华	余汉兴	林铁雄	钱　飞	刘德盛

何永武　过凤英（女）

文化、体育、新闻界（9名）

杨松泉　夏铭骝　宗学广　张宝蔚　鞠如凡　陆汉光
冒　正　刘炤松　葛增琳（女）

科技界（25名）

秦龙甫　黄光祖　刘培泽　倪绍卿　王亦斌　封秋萍（女）
刘学海　冒桂馨　何学虎　马能宽　翟东春　杨瑞清
刘万方　洪炎秀（女）　平绍勋　孙家俊　曹德彭　刘同旺（女）
王连贵　李玉坤　王连生　郑汉彬　程浥禾　胡良才
钱育藩

经济界（23名）

章　骥　张世和　汤　迪　朱济民　孙旭东　徐炳刚
吴敬民　程正元　汪祖贻　陈　时　王　勇　尹　平
戴佐庭　周铭华　张德昌　孙美祥　陈福南　冯　璐（女）
纪国华　汪祖荫　冒保民　朱张林　沐美云（女）

工商联界（15名）

黄　琳　顾春林　陈德华　黄克武　沈　督　冒玉成
章正忠　范崇魁　冯龙生　冯迪曜　张英田　王春元
魏晓琴（女）　蒋建生　张台和

民族、宗教界（4名）

戴维元　僧常华　僧性观　马玉兰（女）

侨台界（27名）

黄国柱　姚福泉　解志明　张如太　王宏渠　毛建忠
石建国　杨厚智　季宁喜　周荣锦　夏　涛（女）　董洪晨
贾　铭　黄扶正　曾秀良　韶秋薇（女）　吴　琼（女）　徐树堂
沙　炎　赵达时　洪　霞（女）　夏　瞳　刘昌启　马鹏图
陈福如　康　健　钟利林

特邀人士（26名）

邹　康　俞云猛　钱学义　陈禹峰　许映光　胡明元
刘志高　徐传香　陈朝宽　苏人杰　薛宝新　袁正义
陆金胜　李　耘　赵剑平　赵如林　沈国祥　徐建松
魏元菊　纪庚尧　李　鸣　伊藤郁子（女）　田向阳　江　富
冒鸿福　崔金余

届中增补

明道奎　张秀良　赵建华　周久桂　花汉民　申必林

吴希林	宋　健	江锦华	魏祝明	张　如	张如芳(女)
魏国平	徐建平	严世进	章建平	鲍家华	丁俊红
陈建秋	朱守华	邵晓泉	杜永红		

届中不再担任

石昭义	陈昭宽	裴友珍	俞云猛

届中撤销或终止

崔金余	沈国祥

第十届

届初政协委员263名。

中共界(18名)

魏国平	袁　泉	于永芳(女)	王光国	史有生	马武台
李四海	张秀良	王永茂	严世进	鲍家华	赵　明
佘鸣皋	赵兰芳(女)	徐连生	马湘平	周庆如	骆春林

工会界(8名)

环俊仁	冯　植	朱　武	张耀钧	苏　燕(女)	范　斌
周立新	洪秀芬(女)				

共青团界(6名)

康　莉(女)	曹金林	施国建	刘　洪	张昌明	居惠祥

妇联界(8名)

姚红春(女)	李秀琴(女)	谢亚萍(女)	李秀兰(女)	朱小燕(女)	陈慧兰(女)
李建云(女)	朱红云(女)				

农业界(24名)

金义明	王敬东	肖云德	徐长荣	邵晓泉	周翠萍(女)
赵俊龙	崔耀章	刘玉华	邹国良	赵海军	徐　斌
张湘池	朱玉圣	陈建国	赵明德	蒋邦彦	仲济凯
李二祥	秦兴涛	沈志高	杜永红	石　民	鲍学林

教育界(33名)

钱祖尧	郭进荣	王奎礼	陈恒建	丁亚林	严　阳
孙晓冬	马德凤(女)	陆新元	钱德平	戴　毅	石兴仁
石光汉	曹树泉	崔桂根	阎桢祥	刘天华	蔡宏祥
方景涵	王爱凤(女)	江　蕖(女)	马　沄	冯　海	程纪新
冯　军	姜学勤	顾　伟	陈铁炎	李昌煌	陆小兵
杨淑仪(女)	孙建五	周贵进			

医卫界(22 名)

许秀银	沈爱萍(女)	金来英(女)	周国祥	张　平	钱先庆
马宏裕	葛莉莉(女)	徐　琴(女)	马淑芳(女)	陆万富	顾晓华
刘德胜	钱　飞	安新林	许　涛	金　璞	柳美芳(女)
尤玉明	汤道荃	朱林生	吴迪祥		

文化、体育、新闻界(9 名)

邱明镒	孙永明	刘晓洁(女)	倪　健	赵建明	严道宏
鞠如凡	刘炤松	张　进			

科技科协界(24 名)

孙家俊	徐东建	钱　进	王　辉(女)	刘　斌	吴金龙
张维嘉(女)	蔡日建	封秋萍(女)	朱守华	平绍勋	洪炎秀(女)
何学虎	秦龙甫	黄光祖	徐建平	王连生	程浥禾
郑汉彬	陈爱玉(女)	张周吉	薛瑞华	姜　鹄	陈文俊

经济界(34 名)

朱张林	冒保民	陈　时	张德昌	孙美祥	夏雨如
蒋宜合	贾六一	杨恒喜	陈耀东	徐　虎	瞿　泽
石仁志	包　剑	顾筱华	吴书芳(女)	张世和	邹　康
高申贵	程宏因	孙旭东	汪祖荫	程正元	陈华栋
吴明娟(女)	杨玲俐(女)	李克凤(女)	朱　彤	卢红梅(女)	钱兰芳(女)
徐　斌	张新才	殷春祥	宋元进		

工商联界(17 名)

徐复林	魏祝明	汪　梅(女)	张　如	冯迪耀	张如芳(女)
魏晓琴(女)	蒋建生	张台和	张英田	朱传生	冯龙牛
吴炳成	章　骥	王贵荣	朱新建	周国平	

少数民族宗教界(6 名)

冒家琪	王淑次(女)	马玉兰(女)	性　观	雪　峰	葛存富

台联、侨联界(20 名)

黄扶正	季志伟	王宏渠	周荣锦	毛建中	曹光华
谢常济	汪　植	朱一飞	曾秀良	黄国柱	吴　琼(女)
钟利林	金海建	张爱玲(女)	刘昌启	徐树堂	顾志成
蓝建虹(女)	吴宗庆				

特邀界(34 名)

陈璋炎	陈国俊	蒋明华	吉文刚	蒋本立	张美泽
陈　皞	陈　霞(女)	纪庚尧	沈　督	魏元菊	谢庆生
伊藤郁子(女)	陈宝华	江　富	刘志高	吴希林	宗学广

黄裕龙 李 耘 沈寿有 陶增俊 宋 健 刘建明
李万春 周太荣 江锦华 沈良旭 孙 林 陈 剑
夏春兰(女) 秦 林 乔永海 沙云川

届中增补

司祝建 董云如 王圣柏 蔡成德 范存全 孙益新
戴 楠 刘桂江 沈永祥 沈 兵 王俊国 沈 健

届中撤销或终止

冯 军

第十一届

届初政协委员280名。

中共界(20名)

浦文海 袁 泉 于永芳(女) 刘桂江 严世进 魏国平
张秀良 史有生 范存全 卞建如 李四海 沈永祥
周德良 徐 敏 王 斌 薛冠军 王永茂 马湘平
鲍家华 周松林

工会界(8名)

夏正国 朱 武 苏 燕(女) 缪 鸽 邢向阳(女) 张淑萍(女)
翟文跃 葛云彩(女)

共青团界(6名)

张兴国 沈丽丽(女) 周亚琴(女) 孙德兵 马 红(女) 章 彬

妇联界(7名)

张启芳(女) 季秀琴(女) 冒海燕(女) 徐爱红(女) 朱小燕(女) 王海霞(女)
唐晓梅(女)

文化、体育、新闻界(10名)

孙永明 陈汝春 张 权 夏洪硕 刘晓洁(女) 赵建明
包国平 高 如 陈志清 洪宝瑚(女)

教育界(32名)

陆小兵 殷高华 万国全 江健华 郑浩明 孙建五
王奎礼 钱德平 曹树泉 方景涵 陈铁炎 冒锦华
戴 毅 王全胜 金 杰 黄文恺 王 辉 杨忠泽
王新祥 马德凤(女) 施建林 王爱凤(女) 江蕖(女) 孙慧明(女)
杨淑仪(女) 崔桂根 蔡宏祥 许波元 尤四新 王春瑜(女)
黄富春 李建明

医卫界(20 名)

许建军	曹　娟	许　俊	陈正言	沈爱萍	刘德胜
黄山峰	蔡建新	顾晓华	朱林生	刘伯梅	蔡余英
汤道荃	洪德军	李思余	曹锦明	严宏生	范旻昊
卢卫国	沈　健				

农业界(29 名)

杜永红	许映如	严金华	金义明	肖云德	赵俊龙
邹国良	徐拥军	朱玉圣	陈建国	沈志高	朱新建
王学平	徐培华	周建荣	李　季	王爱萍(女)	钱广军
蒋　丽(女)	陈洪生	鲍兴来	顾宏兵	胡　燕(女)	何　建
陈应华	赵贵源	吴春华	吴训华	陈　剑	

经济界(34 名)

高申贵	葛振中	冒保民	罗振东	王跃进	张一兵
陈大明	徐　斌	程正元	温俊彦	杨　军	卢红梅(女)
孙旭东	周建共(女)	顾玉莲(女)	陈治文	马向民(女)	贾六一
杨恒喜	徐　虎	戴　斌	卢坤林	刘晓东	孙晓冬
王中维	张　彬	姜冯泉	卢宗仁	张　斌	邱国祥
石小康	孙道宽	滕万圣	刘平祥		

科技、科协界(23 名)

王连生	徐建平	钱德辉	严世元	朱守华	张兆民
徐　强	徐东建	钱　进	姜　鹄	汤建华	洪远琪
佘柳涛(女)	肖小林	蔡培林	陈宝国	张晓容(女)	吉亚兵
张友联	周　勇	张　建	王　莉(女)	阎生辉	

工商联界(26 名)

魏祝明	姜步源	顾建华	吴亚彬	王有进	张奎宏
征大生	陈　正	吴德群	汪　梅(女)	陆　翔	刘　平
陆金林	陈建建	颜国华	张贤国	吴道元	陈刘祥
张如芳(女)	孙晓霞(女)	陈　进	丁正美(女)	张国俊	张小禹
张少元	陈汉生				

台联、侨联界(17 名)

钱长稳	朱一飞	季志伟	王宏渠	毛建中	曹光华
谢常济	汪　植	顾志成	范钦坤	吴　琼(女)	蓝建虹(女)
钟利林	金海建	徐树堂	高利炎	康爱华(女)	

少数民族、宗教界(7 名)

冒家琪	王淑次(女)	姚冬梅(女)	宋艳春(女)	勤　修	宏　悟

陆友才

社会保障界(8 名)

赵宏祥 沈孝峰 赵伦钧 陈华栋 朱　彤 蒋小兰(女)
廖鹏程 陈　霞(女)

特邀界(33 名)

张永松 黄文斌 陈慧宇 张　勇 谢跃进 顾留忠
朱为民 严世斌 朱霁云 袁国遐 陈昭志 张义林
李　耘 杭　俊 殷春泉 蒋晓荣 陈　皞 张美泽
储呈红(女) 张世秋 谷正芬(女) 周晓凤(女) 谢坤建 万　健
马宏裕 冒志明 王志刚 黄天铨 张德煌 王　华
丁佐宏 沈伯华 周昌桂

届中增补

喻耀辉 姚呈明 周庆如 周荣明 徐　梅 周　星
王云娟 陈德芳 吴伯平 章允刚 王志敏 许春龙
沈　新 蒋邦峻 李永林 朱贵宏 章建平 羌汉荣
刘金诚 杨国强 马玉明 王尤赛 刘向阳 许建国
陈新生 黄鸿鸣 李中林 刘聪泉 车树兵 秦艳秋
李向东 胡拥军 张光龙 徐建林 石　健 陈建龙
陈惠娟

届中不再担任

王奎礼 汤建华 周德良 许建军 吴亚彬 张一兵

届中撤销或终止

王　辉 腾万圣 张光龙 王　斌 冒保民

第十二届

届初政协委员 384 名。

各镇(区)委员(147 名):

如城镇(14 名)

崔建村 薛　涛 郭震寰 孟玉芳(女) 宋健山 张小禹
刘　平 孙晓霞(女) 张晓容(女) 彭理英(女) 钱爱华(女) 陈兆祥
缪祥才 李志龙

经济开发区(9 名)

缪永辉 印　霞(女) 陈忠明 张奎宏 朱桂珍(女) 黄仁明
征大生 陈　进 王尤赛

袁桥镇(5名)

陶学林　张瑞忠　季秀琴(女)　刘炜建　王淑次(女)

柴湾镇(6名)

沙卫东　王帮华　张美玲(女)　程　飞　王志敏　韩忠平

雪岸镇(5名)

李小军　刘培新　许波元　何　建　沈寿明

东陈镇(7名)

胡晓勇　韩冬庆　蒋宝林　宗爱琴(女)　张少元　鲍兴来

曹建国

丁堰镇(10名)

卢志敏　张佩华(女)　陈　炎　贲国才　王光进　徐拥军

何　东　张亚明　许春龙　勤　修

林梓镇(8名)

徐　海　袁春静(女)　蔡薛培(女)　肖云德　沈　新　李　季

方玉超(女)　张德煌

白蒲镇(8名)

朱元军　徐永宏　金　杰　缪世春　李思余　许红兵

王芸芸　宏　悟

桃园镇(6名)

郝如良　翟建忠　陈　剑　王爱萍(女)　范从和　江祖林

磨头镇(5名)

刘锡贵　谢美华(女)　钱德平　朱林生　肖海涛

下原镇(6名)

姜石泉　马　红(女)　夏建国　汪慧君(女)　金仁坤　丁　卫

吴窑镇(6名)

胡成华　沈亚萍(女)　沈　锋　宋艳春(女)　王　华　蔡　剑

九华镇(5名)

薛美银(女)　李世芬(女)　陈德芳(女)　薛锦东　陆建进

郭园镇(6名)

庄国华　许　忠　朱晓娟(女)　陈铁炎　许和林　朱宏彬

石庄镇(8名)

郭夕林　顾鸿军　陆亚红(女)　汤道荃　朱新建　宋在付

闵　明　徐远宏

长江镇(含港区)(11名)

孙福才　钱福良　胡海云　蔡舒萍(女)　张春红(女)　李建明

沈志高	刘　军	杨海燕	杨效仙	丁国娟(女)	

江安镇(6 名)

卢昆军	林炳文	崔桂根	陆海燕	朱玉圣	姚冬梅(女)

高明镇(4 名)

周光华	卢小冬	黄向阳	申传银

常青镇(5 名)

佘德才	王建梅(女)	范宝银	陈建华	薛春虎

搬经镇(7 名)

陈晓华	章　强	王全胜	陈应华	杨恒喜	马赞留
谢坤建					

在城委员(237 名):

农业组(14 名)

徐映如	鲍家华	谢跃进	陈新育	金义明	王学平
徐培华	顾宏兵	张中强	贲爱民	席日峰	石峥嵘
陈凝华(女)	徐海峰				

文体新组(16 名)

丛立新	黄建龙	蔡可如	周光银	洪宝瑚(女)	刘晓洁(女)
赵建明	高　如	陈志清	张　进	陈　飞	黄宏俊
袁小琴(女)	浦文海	李四海	张元健		

工商组(22 名)

范钦坤	秦艳秋(女)	王有进	喻耀辉	李　平	王　捷
张国俊	吴德群	陆　翔	蒋莹芳(女)	张建华	张　健
马亚梅(女)	陈　兵	施　莱	储开圣	陈刘祥	顾　晏(女)
韩　涛	严世进	魏祝明	刘聪泉		

人资环组(11 名)

李　耘	严　翔	曹　娟(女)	陈冶文	尤小勤(女)	钱　进
戴　斌	高利炎	吴道元	羌汉荣	张义林	

经济组(一)(18 名)

周松林	张百璘	夏正国	费秀平	钱张滨	薛海骏
贾六一	张耀先	张英霞(女)	王中维	温俊彦	周建共(女)
顾玉莲(女)	朱晓东	丁佐宏	卞建如	周晓凤(女)	袁　泉

经济组(二)(16 名)

高申贵	张杰俊	孙定一	吴　淞	陈大明	万　建
马向民(女)	秦　林	张建忠	闵　和(女)	薛娟娟(女)	李　晖(女)
黄鹏程	王云飞	周荣明	于永芳(女)		

教育组(21 名)

邵绍清	杭　斌	杨忠泽	丁兆雄	殷宗玉	周永进
陈　军	洪　军	司建妹(女)	张冰峰	施建林	尤四新
陈建龙	王爱凤(女)	姚亚云(女)	邱建明	唐晓梅(女)	邓传法
冒锦华	陆小兵	吴　琼			

医卫组(19 名)

李向东	周庆如	许　俊	沈　健	冒志明	马宏裕
黄山峰	蔡建新	洪德军	严宏生	郭再萍(女)	薛瑞华
陈银忠	朱晓玲(女)	张爱萍(女)	张美伦	狄晓葵(女)	徐　梅(女)
刘桂江					

民宗侨台组(20 名)

顾建华	徐爱军	朱一飞	钱长稳	王宏渠	金海建
曹光华	汪　植	蓝建虹(女)	钟利林	许建国	康爱华(女)
李跃进	万建华	许宏斌	刘德华	王义斌	彻　悟(女)
陈德萍(女)	罗晓春				

法制组(15 名)

袁国遐	神俊华	张永松	陈　皞	钱广胜	刑新华
耿银文	王舜慧(女)	谷正芬(女)	蒋晓荣	吴　迁	吴燕芳(女)
李　林	范存全	章建平			

城建组(18 名)

周太荣	张　勇	朱贵宏	车树兵	冯　昕	薛国城
张　彬	黄鸿鸣	陆　彦	宋小忠	秦兴国	张兆民
陈钦模	江炳雄	吴伯平	沙　进	周　星	李中林

科技科协组(14 名)

陈照平	丁佐华	石　建	王　莉(女)	刘晓东	洪远琪
肖小林	蔡培林	张友联	李斌斌	周高建	钱小兰(女)
平绍勋	徐　强				

工青妇组(17 名)

马小燕(女)	秦建军	沙旭宇	葛云彩(女)	王海霞(女)	邢向阳(女)
冒友江	杨晓春	冯永赵	丁忠学	卢　勇	罗晓丹(女)
孙　凤(女)	徐晓丽(女)	郭建芳(女)	储呈红(女)	吴剑平(女)	

社会保障组(16 名)

强汉林	周忠良	卢建斌	沈孝峰	郑浩明	赵伦钧
蒋小兰(女)	朱　彤	葛媛媛(女)	俞爱福	张永飚	徐伟伟
韩文捷(女)	缪　虹(女)	张惠玲(女)	陈伏虎		

届中增补

顾留忠	王云娟	佘柳涛	陆　彪	陆少波	沈良高
殷高华	夏茂宏	施　勇	王子伟	马京武	丁　飞
严循龙	赵美兰	季美华	吴宏彬	蔡振荣	石卫国
薛建兵	周荣平	韦玉华	佘远军	沈明慧	沙　枫
陈晓善	施　勇	周勇琦	段昊翔	阎　勇	黄宏佰
田晶晶	殷桂平	黄文斌	郝继锋	印　露	缪建平
管　峰	王正华	黄　海	花金泉		

届中不再担任

秦艳秋	阎　勇	薛海骏	钱张滨	李　林	石　建
韩冬庆	马　红	田晶晶	顾　晏		

届中撤销或终止

张义林	严　翔	陈　军	江祖林	郭夕林	江炳雄

第十三届

届初政协委员 383 名。

各镇（区）委员（156 名）：

如城镇（12 名）

郭震寰	马京武	宋健山	侯亚平	陈海建	陈　彬
马亚梅（女）	钱爱华（女）	戴维薇（女）	张小军	孙晓霞（女）	段昊翔

经济开发区（含柴湾镇）（14 名）

曹汉清	赵仁奇	张明亮	王志敏	陆　彪	陈邦良
马志宏	李　晋	陈　进	陈忠明	征大生	孙　兵
张奎宏	陆华飞				

袁桥镇（5 名）

明圣平	张本荣	张世国	钱利军	王爱斌

雪岸镇（6 名）

刘培新	李春梅（女）	张兰燕（女）	居惠祥	顾　华	周平发

东城镇（6 名）

丁　飞	曹建国	薛金余	张吴麟	施柏林	蒋宝林

丁堰镇（8 名）

徐永宏	陈　炎	勤　修	许春龙	王光进	孙爱明（女）
沈　峰	朱文静（女）				

林梓镇（7 名）

陈玉峰	曹武元	刘洪林	李　季	张　军	陈洪生

钱德圣

白蒲镇(9名)

赵美兰(女)　王新华　王华强　朱金全　李学林　宏　悟
丁　洋　田茂娥(女)　陆冰华

桃园镇(软件园)(11名)

张　婧(女)　刘春和　范丛和　刘　全　刘国宝　程学勇
许　鹏　陆仲玉　秦红芳(女)　费　苹　陈　明

磨头镇(6名)

袁　健　姚红梅(女)　程庭亮　许海涛　邱迎九　肖海涛

下原镇(6名)

张善良　金仁坤　丁　卫　汪慧君(女)　朱　杰　沈　波

吴窑镇(8名)

张　俊　钱康梅(女)　朱晓一　贾小芳(女)　陈　辉　赵亚安
王金凤(女)　陈　健

九华镇(5名)

周志翔　陈德芳(女)　朱明娟(女)　孙建军　夏　燕(女)

郭园镇(6名)

蔡娟(女)　沈　丽(女)　沙　枫　许和林　沈　峰　礼　旭

石庄镇(6名)

吴林林(女)　宋在付　印文明　杨　冬　陆亚红(女)　朱志强

长江镇(含港区)(13名)

杨海燕　赵　山　陈志祥　金国华　刘　军　闻　江
杨效仙　陈永祥　蔡舒萍(女)　郑铁江　蒋楠隽　曹爱卿
周国健

江安镇(10名)

吴宏兵　黄海波　周荣林　孙宁军　朱晓辉　陆炳锋
黄美兰(女)　徐远宏　潘华兵　周学良

高明镇(7名)

吴　为　缪世益　陈海清　杨双全　卢建军　朱一杰
缪鹏程

常青镇(5名)

王正华　任国红　徐光兵　沙　剑　王君梅(女)

搬经镇(6名)

章　强　姚建明　陈应华　李留建　孙增福　周晓兵

在城委员(226 名):

农业组(18 名)

夏文彬	丁　峰	陈凝华(女)	张兆民	石峥嵘	吴子明
王志斌	李百忠	王学平	徐培华	顾宏兵	康晨晖(女)
夏　彤(女)	黄安宏	贲爱民	姚广圣	王志刚	郑振明

文体新组(17 名)

姚呈明	程来斌	蔡可如	周光银	沈孝峰	夏建国
缪新华	张　进	黄宏俊	袁小琴(女)	李宝华	郁稳建
黄晓琴(女)	浦文海	殷高华	万有富	刘聪泉	

工商组(17 名)

印　露(女)	张建华	缪爱国	冒　平	储开圣	孙　梅(女)
陶　建	吴德群	陈　兵	陆　翔	余国平	施　莱
刘爱和(女)	陆金林	魏祝明	陈德萍	李　平	

人资环组(13 名)

谢跃进	钱志刚	王云娟(女)	吴道元	阚德龙	徐　强
佘柳涛(女)	陈新育	张　勇	范存国	郭晓莉(女)	孙宏琛
郝继锋					

经济组(一)(14 名)

施　勇	韦玉华	孙德祥	王奕辉	曹金林	张英霞(女)
李晓红(女)	王　克	季　康	王中维	丁佐勇	高利炎
周松林	章建平				

经济组(二)(14 名)

吴　淞	秦　林	孙天骄	王飞云	黄鹏程	朱宏彬
薛娟娟(女)	章建国	汪农生	万　建	闵　和(女)	苏　燕(女)
张锦贵	于永芳				

教育组(26 名)

金海清	杭　斌	缪世春	姜健荣	丁　非	邱建明
姚亚云(女)	沈世红	李百胜	顾长正	司建姝(女)	张冰峰
冒谨红(女)	汤卫红	徐哲明	王春瑜(女)	陈爱民	焦朝勤(女)
陈学琴(女)	何　艳(女)	周永进	邓传法	唐晓梅(女)	陈青云
王志刚	陆小兵				

医卫组(21 名)

许　俊	冒　伟(女)	郭再萍(女)	沈　健	蔡薛培(女)	张爱萍(女)
陆少波	朱东兵	薛瑞华	朱晓玲(女)	吴元祥	陆　平(女)
施学娟(女)	刘继平	张建高	宋海峰	马　驰	张美伦

刘桂江	冒志明	徐　梅(女)			

民宗侨台组(15名)

夏茂宏	马广源	韦　华(女)	宏　修	彻　悟(女)	照　空(女)
花金泉	关国梅(女)	李跃进	许建国	顾柔坚	陈卫华
万建华	钟　宗	钱美华(女)			

法制组(12名)

谢晖来	邢新华	吴　迁	吴剑平(女)	谷正芬(女)	蒋晓荣
卢海琴(女)	韩会杰	张永海	钱广胜	郭峻青	黄文斌

城建组(16名)

周太荣	冯　昕	夏琪斌	徐正洪	薛国城	陆　彦
沈明慧	杨宜林	陈　建	许建华	沈　锋	沙　进
李中林	周　星	黄　海	徐伟伟		

科技科协组(15名)

颜建国	蒋莹芳(女)	王　莉(女)	肖小林	蔡培林	李斌斌
周高建	吴春江	钱小兰(女)	戴和彩(女)	金小兵	倪建成
周祥国	徐　明	张亚鸾(女)			

工青妇组(18名)

康　岚(女)	曹　蓉(女)	陈　洁(女)	葛云彩(女)	丁佐明	冯永赵
方　江(女)	田凤洪	陶建生	洪　霞(女)	丁忠学	陶　进
孙　凤(女)	章　衡	殷亚萍(女)	吴　浩	周光兰(女)	储呈红(女)

社会保障组(10名)

谢万健	葛媛媛(女)	张永飚	吴建华	赵晓建	卞露露(女)
缪　虹(女)	李　军(女)	蒋小兰(女)	狄晓葵(女)		

届中增补

曹汉清	严金宏	刘志伟	袁权民	王友进	张秀祥
陈海涛	陈仲兴	曹明凯	黄友谊	许映亮	姚大平
章士友	李向东	薛　煜	王常林	薛建兵	管　峰
马　彬	蔡爱忠	卢建斌	邵海建	孙晓冬	谢仁宏
邹静静	洪　俊	王舜慧	何福平	王贵成	狄邦建
杨　扬	朱岳兵	沙海军	贾宏斌	张　健	席兰兰
季　健	高建秋	朱贵宏	严明泉	张德进	石小峰
倪新福	陆爱斌	朱志聪	张　建	陈钦炀	张云忠
王建宏	刘伟芳	沈　彬	张　勇	谢小丽	段月祥
王　鹏	丁　建	陈　飞	章　军	丁　毅	宗　晓
章爱平	徐宏明	陈广建	朱　莉	徐　华	徐正曦

沈　飞	宗美凌	沙　兵	朱益红	王亚明	赵红飞
申　燃	章裕阳	林炳文	王正权	陈　娜	周志翔
于　俊	王加福	严佩兰			

届中不再担任

颜建国	韩会杰	吴爱华	沈世红	陈　明	黄仁明
陈青云	丁　飞	张善良	徐永宏	钱康梅	王正华
蔡　娟	吴宏兵	章　强	张明亮	金海清	夏　燕
章　衡	孙　凤	印　露	吴　淞	倪建成	刘国宝
周志翔	刘聪泉	黄　海	陈　洁	曹爱卿	韦玉华
刘爱和	马广源	戴和彩	程学勇	汤卫红	郭俊青
王奕辉	薛　煜	管　峰	曹武元	陶建生	王常林
曹汉清	严金宏	王贵成	施　勇	黄鹏程	王志刚
吴春江	段月祥	王　鹏	章　军	刘培新	朱志聪
吴　为	张　建	马　彬	张　婧	陈新育	

届中撤销或终止

杨双全	朱金余	程来斌	秦　林	张秀祥	周国建
蔡可如	陆少波	夏文斌	周高建	杨宜林	刘　军
李向东	沈　健				

第十四届

届初政协委员 378 名。

各镇(区、街道)委员(151 名):

如城街道(9 名)

张长健	马京武	施勇如	姚建生	姚　彬	严　霁(女)
张　娟(女)	雍伟兵	罗晶晶(女)			

城北街道(16 名)

倪新福	曹汉清	明圣平	赵仁奇	邵海建	沈　宇
李　晋	陈忠明	钱利军	唐晓星(女)	宗　鑫	徐相民
潘华兰(女)	张英霞(女)	孙兴红(女)	吴春燕(女)		

城南街道(9 名)

李小军	谢书平	费　苹	袁　潇	杨喜进	郭小兵(女)
朱　云(女)	何　丽(女)	鲍　媛(女)			

东陈镇(10 名)

谢小丽(女)	冒　华	汪树林	居惠祥	张吴麟	季本华
仲小军	沈达旭	施柏林	顾　华		

白蒲镇(15 名)

王亚明	袁春静(女)	汤小燕(女)	陈洪生	丁　洋	金秀云(女)
刘洪林	宗玉华	冯小兵	王华强	蒋　飞	杨镇华
林维维(女)	金鑫华	沈拥军			

丁堰镇(7 名)

杨　海	章盛国	孙爱明(女)	丁小洪	朱文静(女)	朱威威
杨　锐					

磨头镇(8 名)

李丽萍(女)	王正权	许海涛	谢小红(女)	王荣涛	陈福全
王　源(女)	邱德祥				

下原镇(8 名)

赵红飞	印丽梅(女)	陶周嵩	金仁坤	王　芳(女)	朱　杰
沙　锋	冯晨晖				

吴窑镇(7 名)

周　勇	谢仁兵	陈　健	钱建平	周荣荣(女)	朱玉润
尤亚敏(女)					

九华镇(7 名)

丁　建	吴新荣	孙建军	张　颖(女)	吕锦泉	曹利玲(女)
秦新建					

石庄镇(10 名)

徐　建	吴林林(女)	陆亚红(女)	李　虎	董　峻	宋在付
沙　剑	鲍明路	李高明	石建丽(女)		

长江镇(18 名)

薛建兵	赵　山	赵银山	王建华	许晓锋(女)	郑赛荣
沈渭章	杨达桥	冯小兵	朱岳兵	王加福	王建宏
蔡舒萍(女)	沈　丽(女)	徐　莉(女)	范丽华(女)	杜志云(女)	顾晓晖(女)

江安镇(13 名)

申　燃	陈晓冬	高　涛	王银波	朱晓辉	吴小波
孙　军	陆炳峰	章国华	江立宏	许　媛(女)	陈雪强
刘志霞(女)					

搬经镇(14 名)

丁　毅	王东方	丁爱红(女)	谢仁宏	唐照荣	丁邦国
沈志贤	姚恒昌	夏跃雄	钱治铭	陈应华	陈璋峰
闫　宁	明志忠				

在城委员(227 名):

农业组(17 名)

王舜慧	丁　峰	陈凝华(女)	张兆民	陈　鹏	张　勇
石峥嵘	康晨辉(女)	夏　彤(女)	黄安宏	肖　莉(女)	朱鲜平
姚广圣	刘俊华	陈　实	冯胜南(女)	郑振明	

文体新组(16 名)

孙天骄	王建云(女)	陈　实	陈仁高	佘记南(女)	浦文海
黄宏俊	黄友谊	袁小琴(女)	郁稳建	黄晓琴(女)	张建业(女)
冒　立	陈怀宇	殷再宏	李　胜		

工商组(18 名)

吴　鹏	范晓强	顾卫国	孙　梅(女)	魏祝明	张　琴(女)
宗美凌(女)	陈钦炀	曹明凯(女)	张云忠	徐远宏	丁佐勇
张　锋	王长忠	陈健生	陆华飞	段昊翔	杜永红

人资环委员组组(13 名)

张书强	何福平	陈晓仲	张　俊	苏　燕(女)	刘志伟
石　剑	吴久兰(女)	陈　瑶(女)	郑淑一(女)	张　琴(女)	王　震
詹文天					

经济组(一)(15 名)

冒海清	高建秋	沙　兵	徐春建	曹金林	孙福才
季　康	王　克	金爱芳(女)	张奎宏	程明江	征乐乐
陆金林	章建平	孙德祥			

经济组(二)(18 名)

张红娟(女)	张　健	孙小飞	张锦贵	朱宏彬	杨海燕
徐　强	闵　和(女)	关海欧(女)	胡晓红(女)	钱海标	曹　霞(女)
张　璇	许　晔(女)	万　建	于永芳(女)	冒　平	许映亮

教育组(16 名)

张　俊	姜健荣	姜树华	王春瑜(女)	姚亚云(女)	姚红梅(女)
焦朝勤(女)	何　艳(女)	张松祥	孙兴波	姚新国	金锦云(女)
黄亚军	陈欣凡宜(女)	陆小兵	严世斌		

医卫组(24 名)

郭夕俊	朱银圣	贾　运	李春梅(女)	张智娟(女)	陆兴华
陆冰华	施学娟(女)	朱志强	王　洁(女)	刘亚梅(女)	张爱萍(女)
朱东兵	朱晓玲(女)	姜　燕(女)	魏海清	张建高	宋海峰
马　驰	周　俊	陈　祥	何玉军	张美伦	严佩兰(女)

民宗侨台组(20 名)

陆爱斌　韦　华(女)　花金泉　陈卫华　照　空(女)　彻　悟(女)
礼　旭　韩宝安　关国梅(女)　钟　宗　田茂娥(女)　马志宏
钱美华(女)　蓝建琴(女)　陈　祥　邹静静(女)　曹建国　顾柔坚
王美芹(女)　刘晓洁(女)

法制组(15 名)

马小平　吴剑平(女)　黄晓勤　谷正芬(女)　章春建　刘立胜
周体毅　唐铁军　章艾华(女)　卢海琴(女)　李春香(女)　张　峰
徐征曦　刘海涛(女)　万有富

城建组(19 名)

朱贵宏　苏　强　杨大勇　冯　斌　徐宏明　刘　娟(女)
丁海波　王玉华　刘宇德　沈　锋　陆　彦　陈　建
吴　浩　沈　飞　崔　伟　唐小健　李中林　张元健
周　星

科技科协组(12 名)

马军华　顾季青　金义明　周祥国　陈海涛　钱小兰(女)
许　胜　何小锋　黄海琴(女)　吴　健　王晓娟(女)　张建华

工青妇组(13 名)

陶　进　曹　蓉(女)　张　峰(女)　葛云彩(女)　张大峰　田凤洪
秦晶晶(女)　徐小燕(女)　顾　潍(女)　吴宏伟　崔木子(女)　马亚梅(女)
季　晔(女)

社会保障组(11 名)

纪成如　狄邦建　张永飚　缪　虹(女)　葛媛媛(女)　吴建华
赵晓建　李　军(女)　狄晓葵(女)　蒋　琴(女)　陈山勇

届中增补

黄建华　顾艳枫　朱志伟　吴小蓉　邱贵平　沈德君
刘亚丽　梅志祥　张小凤　张小兵　邹　波　陈　娜
顾　琴　朱志聪　谢　洁　石光富　陈　然　蔡海建
陈志坤　丁陆一　陈　磊　张德进　张孝俤　吴　进
吴　清　张　勇　曹　阳　倪　伟　刘金城　陈志祥
冒爱群　陈　平　储　凯　吴红云　朱生全　刘　霞
马铁军　顾承龙　钱康梅　贲晶晶　谢继东　蔡立华
吴　彬　顾鹏飞　王　曙　丁　炜　徐东建　宗迅怀
李　兵　曹永辉　石高涛　黄存华

届中不再担任

丁　毅	谢书平	赵银山	冒　华	章盛国	袁春静
印丽梅	谢仁兵	王正权	吴新荣	吴林林	陈晓冬
王　克	周体毅	丁　建	许　胜	朱玉润	赵　山
许　晔	孙小飞	崔木子	袁　潇	邹　波	马京武
陈　娜	蔡海建	陈志坤	钱建平	吴　清	张红娟
张　健	朱威威	唐照荣	夏跃雄	郑赛荣	程明江
张　璇	朱志聪	谢　洁	陈　然	李　晋	姜树华
徐宏明	高建秋	蔡立华	朱　云	张　勇	沈渭章
王荣涛	张建业	林维维	江立宏		

第二节　中共如皋市（县）政协党组

1982 年 10 月 8 日，中共如皋县委文件皋委发〔1982〕47 号《关于建立如皋县政协党组的通知》明确：由吴功祥、王学源、黄国珍三同志组成如皋县政协党组，吴功祥同志兼任党组书记，王学源同志任党组副书记。由此，如皋市（县）政协党组正式建立。

第五届

书　记：吴功祥（1982 年 10 月—1984 年 3 月）
副书记：王学源（1982 年 10 月—1984 年 3 月）
成　员：黄国珍（1982 年 10 月—1983 年 5 月）
　　　　何剑芒（1983 年 1 月—1984 年 3 月）
　　　　陈汝贤（1983 年 1 月—1984 年 3 月）

第六届

书　记：吴功祥（1984 年 3 月—1985 年 8 月）
　　　　季秀英（女）（1985 年 8 月—1987 年 5 月）
副书记：王学源（1984 年 3 月—1984 年 11 月）
成　员：王学源（1984 年 11 月—1986 年 12 月）
　　　　贲正祥（1984 年 11 月—1987 年 5 月）
　　　　吴功祥（1985 年 8 月—1986 年 12 月）

第七届

书　记：明道奎（1987 年 5 月—1990 年 3 月）
成　员：贲正祥（1987 年 5 月—1990 年 3 月）
　　　　谢　明（1987 年 5 月—1990 年 3 月）

第八届

书　记：明道奎（1990 年 3 月—1993 年 3 月）
成　员：袁　泉（1990 年 3 月—1993 年 3 月）
王光国（1990 年 3 月—1993 年 3 月）
张国辉（1990 年 3 月—1993 年 3 月）

第九届

书　记：石秀峰（1993 年 3 月—1996 年 3 月）
魏国平（1996 年 3 月—1998 年 1 月）
成　员：袁　泉（1993 年 3 月—1998 年 1 月）
明道奎（1993 年 3 月—1995 年 1 月）
王光国（1993 年 3 月—1998 年 1 月）
严世进（1996 年 3 月—1998 年 1 月）

第十届

书　记：魏国平（1998 年 1 月—2001 年 1 月）
刘桂江（2001 年 1 月—2003 年 1 月）
副书记：袁　泉（2001 年 1 月—2003 年 1 月）
成　员：袁　泉（1998 年 1 月—2001 年 1 月）
于永芳（女）（1998 年 1 月—2003 年 1 月）
王光国（1998 年 1 月—2000 年 7 月）
严世进（1998 年 1 月—2003 年 1 月）
史有生（2000 年 12 月—2003 年 1 月）
张秀良（2002 年 11 月—2003 年 1 月）

第十一届

书　记：浦文海（2003 年 1 月—2006 年 6 月）
李中林（2006 年 6 月—2007 年 12 月）
副书记：袁　泉（2003 年 1 月—2006 年 2 月）
于永芳（女）（2006 年 2 月—2008 年 3 月）
成　员：于永芳（女）（2003 年 1 月—2006 年 2 月）
张秀良（2003 年 1 月—2007 年 12 月）
章建平（2005 年 1 月—2007 年 12 月）
刘聪泉（2006 年 1 月—2007 年 12 月）
史有生（2003 年 1 月—2004 年 12 月）

羌汉荣（2004 年 12 月—2007 年 12 月）

第十二届

书　记：李中林（2007 年 12 月—2012 年 3 月）
副书记：于永芳（女）（2007 年 12 月—2008 年 3 月）
成　员：章建平（2007 年 12 月—2012 年 3 月）
刘聪泉（2007 年 12 月—2012 年 3 月）
羌汉荣（2007 年 12 月—2008 年 12 月）
陈德萍（女）（2008 年 1 月—2012 年 3 月）
殷高华（2008 年 12 月—2012 年 3 月）

第十三届

书　记：李中林（2012 年 3 月—2017 年 1 月）
成　员：章建平（2012 年 3 月—2013 年 11 月）
刘聪泉（2012 年 3 月—2014 年 3 月）
张亚鸾（女）（2012 年 3 月—2017 年 1 月）
钱志刚（2014 年 1 月—2017 年 1 月）
陈德萍（女）（2012 年 3 月—2012 年 10 月）
殷高华（2012 年 3 月—2016 年 12 月）

第十四届

书　记：张元健（2017 年 1 月—）
副书记：冒　平（2019 年 1 月—）
成　员：冒　平（2017 年 1 月—2019 年 1 月）
严世斌（2017 年 1 月—）
许映亮（2016 年 12 月—）

第三节　政协工作机构

政协专门委员会、秘书处、办公室、委组工作室、专委会办公室、委组办公室是为政协联系委员和各界人士，履行政协职能，完成政协工作任务服务的具体组织形式和办事机构。

1956 年 3 月，第一届政协始设学习工作委员会，第二届政协始设秘书处，第三届政协增设文史资料研究委员会，第五届政协增设提案工作委员会，第六届政协增设工作组委员会，第七届政协增设经济工作委员会，第八届政协增设“三胞”（台湾同胞、港澳同胞、海外侨胞）工作委员会，始设委组工作室。

1997 年 12 月，根据市委皋委发〔1997〕36 号《关于印发政协如皋市委员会机关机构改革方案的通知》精神，政协机关内设六个委员会，秘书处改设为办公室，委组工作室改设为专委会办公室、委组办公室。第十届政协将学习工作委员会与文史资料研究委员会合并为学习文史委员会，“三胞”工作委员会改为海外联络委员会，其余5个委员会分别为提案委员会、经济委员会、科教文卫委员会、城乡建设委员会、社会法制委员会。

2002年11月内设机构调整为“一办三委”：办公室、提案（社会法制、城乡建设）工作委员会、经济科技（民族宗教侨台、人口资源环境）工作委员会、文教卫体（学习文史）工作委员会。

2005年1月内设机构调整为“一办五委”：办公室、经济科技工作委员会、社会法制城乡建设（人口资源环境）工作委员会、学习文史（民族宗教侨台）工作委员会、提案工作委员会、文教卫体工作委员会。

2019年2月内设机构调整为“一办六委”：办公室、提案委员会、经济科技和农业农村委员会、教文卫体和文史委员会、环境资源和城乡建设委员会、社法民宗和港澳台侨委员会、委员工作委员会。

关于专门委员会等机构设置及其负责人，由于相关资料有限，仅能根据有关资料列出。2002年11月以后，政协内设机关调整频繁，按实录入。

秘　书　处

第二届

秘 书 长：黄克明（1959年9月—1962年5月）
副秘书长：何锦春（1959年9月—1962年5月）
潘信征（1959年9月—1962年5月）

第三届

秘 书 长：黄克明（1962年5月—1964年4月）
副秘书长：何锦春（1962年5月—1966年1月）
潘信征（1962年5月—1966年1月）

第四届

秘 书 长：黄德银（1966年1月—1967年3月）
副秘书长：潘信征（1966年1月—1967年3月）
何锦春（1966年1月—1967年3月）

第五届

秘 书 长：张远猷（1981年4月—1982年9月）
何剑芒（兼，1983年3月—1984年3月）

第六届

秘 书 长：谢　明（1984 年 3 月—1987 年 3 月）
副秘书长：钱秉基（1984 年 3 月—1987 年 3 月）
沙　冰（1984 年 3 月—1987 年 3 月）
张国辉（1985 年 6 月—1987 年 3 月）
冒保民（1985 年 4 月—1987 年 3 月）

第七届

秘 书 长：谢　明（1987 年 3 月—1990 年 3 月）
副秘书长：张国辉（1987 年 3 月—1990 年 3 月）
冒保民（1987 年 3 月—1990 年 3 月）
杨兴哉（1987 年 3 月—1990 年 3 月）

第八届

秘 书 长：张国辉（1990 年 3 月—1993 年 2 月）
副秘书长：冒保民（1990 年 3 月—1990 年 10 月）
史有生（1990 年 3 月—1993 年 2 月）
程浥禾（1990 年 3 月—1993 年 2 月）
严　伟（1990 年 7 月—1993 年 3 月）

第九届

秘 书 长：史有生（1993 年 2 月—1998 年 1 月）
副秘书长：严　伟（1993 年 3 月—1995 年 6 月）
赵建华（1993 年 7 月—1995 年 11 月）

第十届

秘 书 长：史有生（1998 年 1 月—2003 年 1 月）

第十一届

秘 书 长：史有生（2003 年 1 月—2005 年 1 月）
羌汉荣（2005 年 1 月—2007 年 12 月）

第十二届

秘 书 长：羌汉荣（2007 年 12 月—2009 年 1 月）
殷高华（2009 年 1 月—2012 年 3 月）

副秘书长：周荣明（2008 年 3 月—2012 年 3 月）

第十三届

秘 书 长：殷高华（2012 年 3 月—2017 年 1 月）

第十四届

秘 书 长：许映亮（2017 年 1 月—）

专门委员会　政协办公室　委组工作室
委组办公室　专委会办公室

第一届

学习工作委员会

主 任 委 员：陶肖溪（兼）

副主任委员：沈忠怀　　沙正祥　　黄克明

第二届

学习工作委员会

主 任 委 员：沈忠怀（兼）

副主任委员：叶　枫　　刘心灿　　黄克明

第三届

学习工作委员会

主 任 委 员：沈忠怀（兼）

副主任委员：王学源　　黄克明　　潘逸尘　　刘心灿

文史资料研究委员会（名单缺失）

第四届

学习工作委员会

主 任 委 员：沈忠怀（兼）

副主任委员：王学源　　黄克明　　潘逸尘　　刘心灿

文史资料研究委员会（名单缺失）

第五届

学习工作委员会

主 任 委 员：王学源（兼）

副主任委员：潘信征　阎仁广

提案工作委员会

主 任 委 员：环　斌

副主任委员：安子余

文史资料研究委员会（名单缺失）

第六届

学习工作委员会

主 任 委 员：王学源（兼）

副主任委员：石昭义　罗会均　朱轩臣

提案工作委员会

主 任 委 员：潘信征（兼）

副主任委员：薛良汉　沙　冰

文史资料研究委员会

主 任 委 员：殷宗焕（兼）

副主任委员：石昭义　钱秉基　冒保民

文史资料研究委员会办公室

主　　任：钱秉基

副 主 任：陈玉琳

工作组委员会

主 任 委 员：贲正祥（兼）

副主任委员：黄道贯　陈汝贤　陆　飞　环　斌　张国辉

第七届

学习工作委员会

主 任 委 员：马云鹏（兼）

副主任委员：谢　明　冒保民

顾　　问：王学源

提案工作委员会

主 任 委 员：潘信征（兼）

副主任委员：张国辉　邹　康

文史资料研究委员会

主 任 委 员：赉正祥（兼）　　黄道贯（兼）

副主任委员：钱秉基

顾　　问：殷宗焕　　张远猷

文史资料研究委员会办公室

主　　任：钱秉基

副 主 任：陈玉琳

经济工作委员会

主 任 委 员：赉正祥（兼）

副主任委员：环　斌　　于永芳

第八届

学习工作委员会

主 任 委 员：马云鹏（兼）

副主任委员：程浥禾

提案工作委员会

主 任 委 员：黄金红（兼）　　袁　泉（兼）

副主任委员：冒保民　　倪志高　　严　伟

文史资料研究委员会

主 任 委 员：袁　泉（兼）

副主任委员：史有生

顾　　问：赉正祥　　王学源

“三胞”工作委员会

主 任 委 员：章　骥（兼）

副主任委员：张国辉　　邹　康　　黄国柱

文史资料研究委员会办公室

主　　任：陈玉琳

委组工作室

主　　任：张国辉

副 主 任：马武台

第九届

学习工作委员会

主 任 委 员：马云鹏（兼）

副主任委员：石昭义　　徐复林

提案工作委员会

主任委员：王连生（兼）

副主任委员：马武台　倪志高

文史资料研究委员会

主任委员：史有生（兼）

副主任委员：徐　琛

顾　　问：王学源　贲正祥

文史资料研究委员会办公室

主　　任：陈玉琳

副主任：丁邦敬

经济工作委员会

主任委员：袁　泉（兼）

副主任委员：严　伟　赵兰芳　陶增俊　徐连生

“三胞”工作委员会

主任委员：章　骥（兼）　王光国（兼）

副主任委员：邹　康　黄国柱

委组工作室

主　　任：史有生（兼，1993 年 2 月—1996 年 1 月）

马武台（1996 年 1 月—1997 年 12 月）

副主任：马武台（1992 年 9 月—1996 年 1 月）

李四海（1996 年 1 月—1997 年 12 月）

政协办公室

主　　任：史有生（兼，1997 年 12 月—1998 年 1 月）

专委会办公室

主　　任：马武台（1997 年 12 月—1998 年 1 月）

委组办公室

主　　任：李四海（1997 年 12 月—1998 年 1 月）

第十届

2002 年 11 月机构调整前

学习文史委员会

主　　任：徐建平（兼）

副主任：范存全　徐　琛

提案委员会

主　　任：王连生（兼）

副　主　任：孙益新　　　　骆春林

经济委员会

主　　　任：袁　泉（兼）

副　主　任：马武台　　　　赵兰芳　　　徐连生　　　鲍家华　　　徐复林

科教文卫委员会

主　　　任：陆小兵（兼）

副　主　任：史有生　　　　孙家俊　　　钱祖尧　　　许秀银　　　王永茂

城乡建设、社会法制委员会

主　　　任：王光国（兼）

副　主　任：吴希林　　　　马湘平

海外联络委员会

主　　　任：于永芳（兼）

副　主　任：黄国柱　　　　冒家琪　　　李四海

政协办公室

主　　　任：史有生（兼，1998 年 1 月—2002 年 11 月）

副　主　任：范存全（1998 年 1 月—2002 年 8 月）

徐　梅（2002 年 1 月—2002 年 11 月）

周荣明（2002 年 8 月—2002 年 11 月）

专委会办公室

主　　　任：马武台（1998 年 1 月—2002 年 8 月）

范存全（2002 年 8 月—2002 年 11 月）

副　主　任：孙益新（1998 年 1 月—2002 年 8 月）

刘式俊（2001 年 6 月—2002 年 11 月）

周　星（2001 年 11 月—2002 年 8 月）

委组办公室

主　　　任：李四海（1998 年 1 月—2002 年 11 月）

副　主　任：周荣明（2001 年 11 月—2002 年 8 月）

周　星（2002 年 8 月—2002 年 11 月）

2002 年 11 月机构调整后

政协办公室

主　　　任：史有生（兼，2002 年 11 月—2003 年 1 月）

副　主　任：徐　梅（女）（2002 年 11 月—2003 年 1 月）

周荣明（2002 年 11 月—2003 年 1 月）

提案（社会法制、城乡建设）工作委员会

主　　　任：范存全（2002 年 11 月—2003 年 1 月）

副　主　任：周　星（2002年11月—2003年1月）

经济科技（民族宗教侨台、人口资源环境）工作委员会

主　　　任：卞建如（2002年11月—2003年1月）

副　主　任：刘式俊（2002年11月—2003年1月）

文教卫体（学习文史）工作委员会

主　　　任：李四海（2002年11月—2003年1月）

第十一届

2005年1月机构调整前

政协办公室

主　　　任：史有生（兼2003年1月—2004年12月）

副　主　任：周荣明（2003年1月—2004年12月）

徐　梅（女）（2003年1月—2004年12月）

提案（社会法制、城乡建设）工作委员会

主　　　任：范存全（2003年1月—2004年12月）

副　主　任：周　星（2003年1月—2004年12月）

经济科技（民族宗教侨台、人口资源环境）工作委员会

主　　　任：卞建如（2003年1月—2004年12月）

副　主　任：刘式俊（2003年1月—2003年9月）

文教卫体（学习、文史）工作委员会

主　　　任：李四海（2003年1月—2004年12月）

2005年1月机构调整后

政协办公室

主　　　任：周荣明（2005年1月—2007年12月）

副　主　任：黄建华（2005年1月—2007年12月）

经济科技工作委员会

主　　　任：卞建如（2005年1月—2007年12月）

副　主　任：丁建明（2007年1月—2007年12月）

社会法制城乡建设（人口资源环境）工作委员会

主　　　任：周　星（2005年1月—2007年12月）

学习文史（民族宗教侨台）工作委员会

主　　　任：李四海（2005年1月—2007年12月）

提案工作委员会

主　　　任：范存全（2005年1月—2007年12月）

文教卫体工作委员会

主　　任：徐　梅（女）（2005年1月—2007年12月）

副 主 任：严佩兰（女）（2007年1月—2007年12月）

第十二届

政协办公室

主　　任：周荣明（2007年12月—2012年3月）

副 主 任：黄建华（2007年12月—2008年12月）

顾艳枫（女）（2010年1月—2012年3月）

社会法制城乡建设工作委员会［2008年更名为社会法制（城乡建设、人口资源环境）委员会］

主　　任：周　星（2007年12月—2008年12月）

郝继锋（2011年1月—2012年3月）

副 主 任：黄建华（2009年1月—2012年3月）

学习文史工作委员会［2008年更名为学习文史（民宗侨台）委员会］

主　　任：李四海（2007年12月—2012年3月）

提案工作委员会（2008年更名为政协提案委员会）

主　　任：范存全（2007年12月—2008年7月）

周　星（2009年1月—2012年3月）

副 主 任：谢　健（2010年1月—2012年3月）

经济科技工作委员会（民宗侨台、人口资源环境）工委（2008年更名为政协经济科技委员会）

主　　任：卞建如（2007年12月—2012年3月）

副 主 任：丁建明（2007年12月—2012年3月）

文教卫体工作委员会（2008年更名为政协文教卫体委员会）

主　　任：徐　梅（女）（2007年12月—2012年3月）

副 主 任：严佩兰（女）（2007年12月—2012年3月）

第十三届

政协办公室

主　　任：殷高华（2012年3月—2013年3月）

许映亮（2013年5月—2017年1月）

副 主 任：顾艳枫（女）（2012年3月—2017年1月）

社会法制（城市建设、人口资源环境）委员会

主　　任：郝继锋（2012年3月—2017年1月）

副　主　任：黄建华（2012年3月—2017年1月）

学习文史（民宗侨台）委员会

主　　　任：万有富（2012年3月—2017年1月）

副　主　任：吴小蓉（女）（2012年3月—2013年12月）

邱贵平（2014年1月—2017年1月）

提案委员会

主　　　任：周　星（2012年3月—2017年1月）

副　主　任：谢　健（2012年3月—2014年1月）

吴小蓉（女）（2014年1月—2017年1月）

经济科技委员会

主　　　任：周松林（2012年3月—2017年1月）

副　主　任：丁建明（2012年3月—2017年1月）

朱志伟（2012年3月—2017年1月）

文教卫体委员会

主　　　任：徐　梅（女）（2012年3月—2015年12月）

严佩兰（女）（2016年3月—2017年1月）

副　主　任：严佩兰（女）（2012年3月—2016年3月）

刘亚丽（女）（2016年12月—2017年1月）

第十四届

2019年2月机构改革前

政协办公室

主　　　任：许映亮（2017年1月—2017年7月）

张小凤（女）（2017年7月—2019年2月）

副　主　任：顾艳枫（女）（2017年1月—2019年2月）

社会法制与城乡建设（人口资源环境）委员会

主　　　任：詹文天（2017年1月—2019年2月）

副　主　任：黄建华（2017年1月—2017年7月）

朱生全（2018年2月—2019年2月）

学习文史（民宗侨台委员会）

主　　　任：周　星（2017年1月—2019年2月）

副　主　任：邱贵平（2017年1月—2019年2月）

提案委员会

主　　　任：万有富（2017年1月—2019年2月）

副　主　任：吴小蓉（女）（2017年1月—2019年2月）

经济科技委员会

主　　任：孙德祥（2017 年 1 月—2019 年 2 月）

副 主 任：朱志伟（2017 年 1 月—2018 年 1 月）

沈德君（2017 年 1 月—2019 年 2 月）

文教卫体委员会

主　　任：严佩兰（女）（2017 年 1 月—2019 年 2 月）

副 主 任：刘亚丽（女）（2017 年 1 月—2019 年 2 月）

刘　霞（女）（2018 年 1 月—2019 年 2 月）

2019 年 2 月机构改革后

办公室

主　　任：严佩兰（女）（2019 年 2 月—）

副 主 任：顾艳枫（女）（2019 年 2 月—）（主持委员工作委员会工作）

提案委员会

主　　任：万有富（2019 年 2 月—）

副 主 任：吴小蓉（女）（2019 年 2 月—）

经济科技和农业农村委员会

主　　任：孙德祥（2019 年 2 月—）

副 主 任：沈德君（2019 年 2 月—）

教文卫体和文史委员会

主　　任：孙天骄（2019 年 2 月—）

副 主 任：邱贵平（2019 年 2 月—）

环境资源和城乡建设委员会

主　　任：陈晓仲（2019 年 2 月—）

副 主 任：朱生全（2019 年 2 月—）

社法民宗和港澳台侨委员会

主　　任：詹文天（2019 年 2 月—）

副 主 任：刘　霞（女）（2019 年 2 月—）

委员工作委员会

副 主 任：刘亚丽（女）（2019 年 2 月—）

附一：如皋县（市）的江苏省政协委员名单

第一届（1955—1960 年）　潘逸尘

第二届（1960—1963 年）　潘逸尘

第三届（1963—1978 年）　潘逸尘

第四届（1978—1983 年）　黄星楼

第五届（1983—1988 年） 李浩然

第六届（1988—1993 年） 李浩然

第七届（1993—1998 年） 李浩然

第十二届（2018 年—） 马 斌

附二：如皋县（市）的南通市政协委员名单

第五届（1983 年 3 月—1988 年 1 月）

王学源	汤秀凤(女)	葛云霞(女)	薛如林	鲍学林	杨 龙
任吉兰(女)	娄家如	徐明义	崔名标	杨兴哉	王邦惠(女)
于 格	孙道圣	张振声	僧树德	沈 督	谢璞臣
洪全义	张正藩				

第六届（1988 年 1 月—1993 年 2 月）

明道奎	贲正祥	沈 督	张振声	徐 琛	任吉兰(女)
鲍学林	过凤英(女)	赵 益	王邦惠(女)	崔名标	席进生
杨 龙	石秀琴(女)	洪美兰(女)	周 容	洪全义	杨兴哉
于 格	僧树德				

第七届（1993 年 3 月—1998 年 1 月）

石秀峰	王光国	洪全义	芮国华	陈德萍(女)	沈 督
张振声	徐 琛	席进生	崔名标	周 容	鲍学林
赵 益	王邦惠(女)	陆小兵	于 格	过凤英(女)	僧法如
司祝建	洪美兰(女)				

届中增补

张英田 严世进 魏国平

第八届（1998 年 1 月—2003 年 1 月）

魏国平	黄金红(女)	丁俊红(女)	张如芳(女)	严世进	恒 岳
蒋家瑞	李浩然	过凤英(女)	程 然	丁正祥	徐 琛
姚长清	周 容	朱传生	唐家吉	席进生	施锡平
张英田	洪美兰(女)	芮国华	司祝建		

届中增补

沈俊峰 刘桂江 朱 阳 吴 鹏

第九届（2003 年 1 月—2008 年 1 月）

吴 鹏	张淑萍(女)	朱 阳	陈德萍(女)	张英田	施锡平

姜　鹄	刘晓东	陈大明	姚长清	佘柳涛(女)	徐　琛
丁正祥	程　然	黄艳华	沈安明	恒　岳	张如芳(女)
黄金红(女)	张秀良	浦文海			

届中增补

张兴国	孙晓冬	刘聪泉	姚寓韶

第十届（2008年1月—2013年1月）

李中林	刘聪泉	张如芳(女)	朱　阳	张淑萍(女)	陈德萍(女)
张英田	孙晓冬	姚寓韶	程　然	沈安明	张兴国
施锡平	姜　鹄	刘晓东	陈大明	姚长清	佘柳涛
徐　琛	丁正祥	黄艳华	恒　岳		

届中增补

居小刚	刘保平	徐东建	李淑云(女)	刘德华	黄文斌
朱守华	马汝明	许　梅(女)	李百忠	马德凤(女)	

第十一届（2013年1月—2017年1月）

李中林	朱一飞	张英田	陈　明	陈　皞	朱守华
李百忠	郑铁江	朱　勇	宏　修	李家康	黄　勇
戴　峰	姚寓韶	陈德萍(女)	沈安明	沈世红	高迎旭(女)
杨　敏(女)	李淑云(女)	马德凤(女)	沙爱华(女)		

届中增补

王海青	颜建军	钱志刚	郭震寰

第十二届（2017年1月—）

张元健	郭震寰	陈　皞	姚寓韶	崔　金	沙爱华(女)
马德凤(女)	吴晓红(女)	储呈红(女)	沈寿明	朱一飞	王海青
吴华锋	夏建国	韩光明	李百忠	陈玉峰	章小英(女)
沈安明	李小学(女)	沙　进	姚大平		

第四章

主要会议

政协履行政治协商、民主监督、参政议政职能，一般是通过会议形式进行的，主要有政协委员会全体会议、常务委员会会议、主席会议（主席办公会议）。如皋政协在发展进程中，立足政治协商，拓展民主监督，积极参政议政，会议职能不断完善、内容不断丰富、作用不断加强。

政协委员会全体会议是如皋政协最高层次的协商形式，主要对全市（县）大政方针以及地方政治、经济、社会、生态、文化和人民群众生活中的重要事务进行协商，一般每年举行一次。从 1956 年 3 月如皋县政协成立至 2019 年 12 月十四届政协，共召开 47 次全体会议。根据“五四宪法”，县级政协每届任期 2 年，第一届、第二届、第三届分别召开 2 次全体会议，第四届因“文化大革命”，政协工作被迫停止，仅召开一次；根据“八二宪法”，县级政协每届任期 3 年，第五届、第七届、第八届分别召开 3 次全体会议，第六届召开 4 次全体会议（因学习贯彻《中共中央关于社会主义精神文明建设指导方针的决议》需要，1986 年增加一次全体会议）；根据“九三宪法”修正案，第九届、第十届、第十一届、第十三届分别召开 5 次全体会议，第十二届召开 4 次全体会议（根据上级统一要求提前一年换届），第十四届至 2019 年 12 月召开 3 次全体会议。正常情况下，政协委员会全体会议通常先于人大全体会议一天开幕并同步举行，仅第八届第二次、第三次政协委员会全体会议，为体现协商在决策之前原则，先于人代会而单独举行。

政协常务委员会会议是全体会议闭会期间履行政协职能的主要协商形式，改革开放后，全会闭会期间一般一季度举行一次。1956 年 3 月至 2019 年 12 月，如皋政协共召开 235 次政协常务委员会议。会议主要内容是落实委员会全体会议确定的履职事项；协商、监督全市经济社会发展中的重大事项；协商确定委员全体会议和政协机构建设、人事任免等。

政协主席会议是政协常务委员会会议闭会期间开展协商的重要形式。政协成立之初，主席会议或主席办公会议职能通常由政协常委会承担，或通过各种形式的座谈会代替。1981 年五届政协以来，如皋政协严格落实《中国人民政治协商会议章程》规定，主席会议制度日趋规范化、制度化，1997 年九届政协主席会议开始增加“专题协商”议题。1956 年 3 月至 2019 年 12 月，如皋政协先后召开 1 900 余次主席会议或主席办公会议。会议主要内容是对有关如皋地方事业发展的重大决策以及社会生活中的重要问题进行协商讨论；审查完善以政协如皋市（县）委员会或政协常委会的名义向中共如皋市（县）委、政府提出的重要建议案；拟定常委会的会议议程、日程，审议提交常务委员会的文件；审议完善政协如皋市（县）及其常务委员会的工作计划、工作报告和重要活动方案；听取各专门委员会完成工作任务的情况，适时安排政协具体工作；处理常务委员会的其他工作。

如皋政协成立以来，中共如皋市（县）委始终坚持对政协工作的领导，特别是改革开放之后，中共如皋市委对政协工作的领导不断加强，从 1994 年起，中共如皋市委一般每届召开一次全市政协工作会议，对政协工作进行总结部署，至 2019 年 12 月共组织召开 6 次。

第一节 全市政协工作会议

【第一次全市政协工作会议】 1994年2月28日—3月1日，中共如皋市委召开全市政协、统战工作会议，贯彻落实全国、全省统战工作会议和南通市政协工作会议精神。市委主要领导、分管领导，市政协全体领导，各区工委、各乡镇分管副书记和统战（宣传）委员，市级机关各部门分管负责人和人事科长，有关企业分管负责人，各完中负责人和市政协常委参加会议。市委书记柯文到会讲话；市委副书记管贵方、市政协主席石秀峰分别主持会议并讲话；市政协副主席、统战部部长王光国传达了全国、全省统战工作会议精神。会议要求各级党委和政府充分认识新时期政协、统战工作的重要性和迫切性，不断增强经济观念和统战观念，重视和支持政协统战工作，坚持以邓小平同志建设有中国特色社会主义理论为指导，认真研究和明确新时期统一战线面临的新形势、新任务，进一步解放思想、实事求是、统一认识、坚定信心，努力做好政协、统战工作，不断开创政协、统战工作新局面。

【第二次全市政协工作会议】 2001年10月27日，中共如皋市委在市政府招待所餐厅二楼召开全市政协工作会议。市委、市人大、市政府部分领导，市政协全体领导，各镇党委书记、统战委员或宣传委员，市级机关各部门主要负责人出席。市委副书记石耀主持。南通市委常委、如皋市委书记蓝绍敏做《围绕中心　服务大局　发挥优势　为实现“追赶式奋进，跨越式发展”而努力奋斗》的讲话。他充分肯定了1994年以来市委加强对政协工作领导，市政府加大对政协工作支持力度，市政协主动围绕中心，服务大局，积极履行职能，为全市政治、经济、文化和各项社会事业的发展做出了积极贡献。他对新世纪全市政协工作进行部署，提出四点要求：充分认识在新的历史条件下做好全市政协工作的重大意义；围绕中心，服务大局，进一步发挥人民政协在推进全市现代化建设中的独特优势和作用；进一步加强和改善党对政协工作的领导，为做好新世纪政协工作提供根本保证；切实加强人民政协的自身建设，扎实改进工作方法，不断增强政协工作的生机和活力。市政协主席刘桂江做《坚持党的领导　认真履行职能　不断开拓政协工作新局面》的讲话，就进一步做好政协工作提出五点意见：提高认识，振奋精神，进一步增强做好政协工作的责任感和使命感；自觉接受市委领导，始终坚持政协工作与市委、市政府的工作中心合力合拍；围绕中心，履行职能，更好地为全市的两个文明建设服务；发挥政治优势，促进大团结、大联合，努力维护社会政治稳定；进一步加强政协自身建设，建立一支高素质的工作队伍。市委副书记、市长陈惠娟就市、镇政府及政府各部门贯彻落实全市政协工作会议精神，密切与政协的联系，自觉接受政协的民主监督，支持政协开展工作，为政协参政议政创造条件等方面提出具体要求。会议下发《中共如皋市委关于进一步加强人民政协工作的决定》。

【第三次全市政协工作会议】 2006年11月25日，中共如皋市委在市广电中心召开全市政协工作会议，贯彻落实《中共中央关于加强人民政协工作的意见》（中发〔2005〕5号）和江苏省委、南通市委政协工作会议精神。市委、市人大、市政府、市政协领导，各镇（开发区）党（工）委书记，市级机关各部门主要负责人，全体政协常委、各委员组负责人、在如皋的南通市政协委员、在城的全体政协委员等应邀参加。市委副书记杨曹明主持。市委书记陈惠娟和代市长姜永华分别代表市委、市政府做了讲话。东陈镇党委、搬经镇党委、市教育局、市建设局交流支持、做好政协工作的经验体会。陈惠娟在讲话中充分肯定2001年全市政协工作会议以来市政协的工作，对贯彻《中共中央关于加强人民政协工作的意见》和江苏省委、南通市委政协工作会议精神提出四点要求：充分认识人民政协的地位和作用，进一步增强做好政协工作的使命感和责任感；以制度化、规范化、程序化为重点，确保和支持政协更好地履行各项职能；着力提高工作质量和水平，发挥政协组织在全市持续跨越发展中的积极作用；加强和改善党的领导，为政协开展工作提供坚强的政治保障。代市长姜永华就落实会议精神和会议上颁发的《中共如皋市委关于做好新形势下人民政协工作的意见》精神进行具体部署。

【第四次全市政协工作会议】　2012年1月13日，市政协在市民服务中心三楼报告厅召开全市政协工作会议暨举行政协委员论坛活动。市委、市人大、市政府领导参加会议，在如皋的南通市政协委员、市级机关各部门负责人及市政协离退休老同志列席会议，全体政协委员出席会议。副主席张元健主持。南通市副市长、如皋市委书记陈惠娟书记首先讲话，充分肯定市政协2011年工作所取得的成绩，对进一步做好今后的政协工作提出三点要求和希望：一是立足发展，融入大局，为决战决胜更高水平小康社会献计出力；二是关注民生，体察民情，为决战决胜更高水平小康社会营造和谐环境；三是加强自身建设，提升履职能力，为决战决胜更高水平小康社会提供坚强保障。主席李中林做2011年度政协常委会工作报告。会议书面报告2011年度提案工作情况。政协委员周松林、佘德才、张冰峰围绕“建设美好新如皋”的委员论坛主题进行大会口头发言。

【第五次全市政协工作会议】　2013年1月16日，中共如皋市委在市文化馆一楼多功能厅召开全市政协工作会议，深入贯彻落实江苏省、南通市政协工作会议精神，研究部署推进政协工作制度化、规范化、程序化建设的各项任务。市四套班子全体领导，市法院院长、市检察院检察长，各镇（区）党委书记、镇长，市级机关各部门（含垂直管理部门）负责同志，全体市政协委员出席。市委副书记司祝建主持。市委书记姜永华代表市委讲话，充分肯定近年来市政协围绕中心服务大局开展的工作、取得的成绩，并对加强和改进新形势下的人民政协工作提出四点要求：深刻认识加强和改进政协工作的重要意义；着力提升政协工作科学化水平；充分发挥政协在推动又好又快发展中的重要作用；切实加强政协工作的组织领导。市委副书记、代市长陈晓东结合政府工作，着重就进一步加强联系合作、积极支持政协组织履行职能和进一步夯实工作举措、切实为政协履职创造良好条件明确了具体要求。政协主席李中林讲话，希望政协机关和全体政协委员进一步强化政治意识、大局意识、担当意识和服务意识，凝心聚力，奋发作为，为如皋勇当江苏基本实现现代化先行军多做贡献，并提出三点具体要求：坚持党的领导，进一步明确人民政协的方向和使命；发挥政协优势，进一步突显议政建言质量和成效；加强自身建设，进一步提高政协履职的能力和水平。

【第六次全市政协工作会议】　2019年9月21日，中共如皋市委在市行政中心礼堂召开庆祝人民政协成立70周年大会暨全市政协工作会议。会议主要任务是：全面贯彻习近平新时代中国特色社会主义思想和党的十九大精神，认真落实习近平总书记关于加强和改进人民政协工作的重要思想，迅速学习贯彻习近平总书记在中央政协工作会议暨庆祝中国人民政治协商会议成立 70 周年大会上的重要讲话精神，研究加强和改进政协工作，把人民政协制度坚持好，把如皋政协事业发展好，为奋力构建长江经济带战略支点重要支撑、接续开辟如皋高质量发展新境界做出贡献。市委副书记丁兴华主持。市委书记张建华代表市委讲话，回顾人民政协历程，充分肯定 63 年来如皋政协所取得的成就和所发挥的作用，并就贯彻习近平关于人民政协事业发展的新思想新要求、发挥人民政协独特优势和重要作用进行了全面部署。他指出，当前如皋正处在改革发展的关键阶段，特别需要群策群力、集思广益，使各项决策经得起历史、人民和实践的检验，市政协要始终围绕大局，坚持团结和民主两大主题，提高政治协商、民主监督、参政议政水平，更好地凝聚共识，当好“强富美高”新如皋的建设者、推动者和促进者。他要求，市政协要围绕中心，服务大局，在助推改革发展稳定中勇担当；发扬民主，增进团结，在推进协商民主建设中显优势；坚守初心，情牵百姓，在履职为民中善作为；与时俱进，砥砺奋进，在高效履职中树形象；强化保障，进一步加强和改进党对政协的领导，积极支持政协依章履行职能，努力为政协开展工作创造良好条件。李中林、何福平、顾卫国、葛云彩等委员分别从不同的角度交流了做好政协工作的经验与体会。市政协主席张元健在会议结束前讲话，对政协机关和全体政协委员提出四点要求：要不断提高政治站位，始终坚持党对政协工作的领导，保持正确的政治方向；要紧扣建言资政与凝聚共识双向发力，把服务党和政府中心工作作为履职的首要任务，更加主动地融入如皋改革发展大局；要发挥好政协自身优势，全力写好“党政所需、政协所能、群众所盼”这篇大文章；要提升理论学习、视察调研、联系群众和服务与管理委员的能力，不断加强政协自身建设，使人民政协工作常做常新、永葆活力。

第二节　委员会全体会议

一、县一届政协全体会议

政协如皋县第一届委员会举行全体会议二次。

【一届一次全会】　按照中共中央《关于成立地方政治协商会议的决定》，1956 年 3 月 1—2 日，中国人民政治协商会议如皋县第一届委员会第一次全体会议（简称“一届一次全会”，以下类推）在如城举行。会议听取如皋县第四届各界人民代表会议常务委员会副主席陶肖溪所做的《关于撤销前各界人民代表会议常务委员会和成立地方政治协商委员会及政协性质任务》报告和副县长张朝模所做的《政协组织章程及政协意义》报告。协商讨论参加政协人选，提出意见和建议。会议宣布中国人民政治协商会议如皋县委员会成立，撤销前各界人民代表会议常务委员会。会议听取并讨论副县长沈忠怀所做的《过去三个月的几项主要工作及当前的主要工作》报告。会议选举常务委员 11 名、委员 59 名、机关驻会工作人员 1 名（兼职），选举倪锦瑜为县一届政协主席，张朝模、陶肖溪为副主席。

【一届二次全会】　1957 年 9 月 30 日—10 月 8 日在如城举行（其中 10 月 1 日全体委员参加了如城万人国庆大会），出席委员 90 人，因事因病请假 23 人，应邀列席 19 人。会议听取并讨论县委书记王遐松所做的《如何学习毛泽东主席关于“正确处理人民内部矛盾”问题的指示和如何帮助党整风》报告、主席倪锦瑜所致的开幕词，听取并审议副主席陶肖溪所做的《关于县政协成立一年半来的工作和第四季度工作意见》报告，听取政协委员何锦春所做的《关于学习问题》报告、政协委员蒋永之所做的《关于开展工作组活动》报告、政协常委潘逸尘传达学习的江苏省政协一届三次全会决议、三个视察组关于农业生产合作社情况的视察报告。审议通过提案审查报告和全会决议。

二、县二届政协全体会议

政协如皋县第二届委员会举行全体会议二次。

【二届一次全会】　根据当时政协章程规定，县第一届政协于1958年3月届满，由于一届二次全会后，如皋县与全国同步开展整风反“右派”斗争、全民投入“大跃进”和人民公社化运动，因此第二届全会被推迟。

政协如皋县二届一次全会于1959年9月11—16日在如城举行，出席委员111人，因事因病请假20人，应邀列席12人。会议听取并讨论县委书记处书记、县政协主席倪锦瑜所做的《关于学习党的八届八中全会文件精神和当前形势与任务》报告，听取并审议副主席陶肖溪代表县一届政协所做的《两年来政协工作和今后工作的初步意见》报告。会议期间，与会人员参观了纺织厂、针织厂、毛纺厂、杂纤维厂和机械修配厂，44名政协委员和列席人员在大会上做口头发言或书面发言。会议选举倪锦瑜为县二届政协主席，沈忠怀、陶肖溪、胡伯兰、潘逸尘为副主席，黄克明为秘书长，何锦春、潘信征为副秘书长，其他常务委员29人。会议审议通过提案审查报告和全会决议。全会在副主席沈忠怀总结发言后闭幕。

【二届二次全会】　1960年1月10—14日在如城举行，出席委员98人。会议听取并讨论县委书记处书记、县政协主席倪锦瑜在开幕式上的讲话，听取并审议副主席陶肖溪所做的《三个多月来县政协工作》报告，听取副主席沈忠怀所做的《1960年第一季度政协工作计划》报告、副主席潘逸尘传达的江苏省政协二届一次全会精神。与会委员列席如皋县三届二次人民代表大会，听取并讨论县政府工作报告、财政预决算报告和法院工作报告。政协常委应邀列席县人民委员会会议。会议协商补选县长、副县长候选人，并提请县人民代表大会正式选举。全会在副主席胡伯兰总结发言，县委书记处书记、政协主席倪锦瑜讲话后闭幕。

三、县三届政协全体会议

政协如皋县第三届委员会举行全体会议二次。

【三届一次全会】　1962年5月5—9日在如城举行，出席委员117人，因事因病请假22人。会议听取并讨论县委书记处书记、县政协主席倪锦瑜所做的形势与任务报告；听取并审议副主席胡伯兰代表县二届政协所做的常委会工作报告；听取副主席潘逸尘传达江苏省政协召开的各市、县政协工作座谈会精神。会议选举倪锦瑜为县三届政协主席，沈忠怀、胡伯兰、潘逸尘、刘心灿为副主席，黄克明为秘书长，何锦春、潘信征为副秘书长，其他常务委员31人。审议通过提案审查报告和全会决议。全会在副主席沈忠怀会议总结后闭幕。

【三届二次全会】 1964 年 1 月 21—29 日举行，出席委员 129 人，应邀列席县人民代表 45 人。会前，1 月 20 日与会人员学习了《中共中央关于目前农村工作中若干问题的决定（草案）》和《中共中央关于农村社会主义教育运动中一些具体政策的规定（草案）》两个文件。会议期间，与会人员听取并讨论县委副书记、县政协主席倪锦瑜所做的《本县形势与任务》报告；听取并审议副主席潘逸尘所做的常委会工作报告；听取秘书长黄克明传达的江苏省政协二届三次全会精神；学习江苏省委书记彭冲关于国际国内形势的报告。与会委员列席如皋县第五届人民代表大会第一次会议，听取并讨论有关报告。县政协常委列席县人代会主席团成员会议，参与协商提出县长、副县长候选人和新一届县人民委员会委员名单；协商提出出席省人民代表大会 9 名代表的候选人。会上有 29 人做口头发言、13 人做书面发言，进行自我教育和相互教育。会议通过全会决议后闭幕。

四、县四届政协全体会议

政协如皋县第四届委员会举行全体会议一次。

1966 年 2 月，中共南通地委社会主义教育总团从海安县移驻如皋县，随即在各行各业开展社会主义教育运动（又称“四清”运动，即清政治、清经济、清思想、清组织），县政协中止正常活动。1966 年 5 月“文化大革命”开始，县政协领导成员陆续受到冲击，工作机构陷于瘫痪，到 1967 年 3 月，县政协被迫停止活动。

【四届一次全会】 1966 年 1 月 3—6 日举行，出席委员 131 人，因事因病请假 10 人。会议听取并讨论县委副书记、县长魏志田所做的形势与任务报告；听取并审议副主席潘逸尘代表县三届政协所做的常委会工作报告。与会委员列席如皋县第六届人民代表大会第一次会议，听取并讨论县委书记王飞岳所做的形势报告和县委副书记、县长魏志田所做的县人民委员会工作报告。会议选举王飞岳为县四届政协主席，魏志田、胡伯兰、潘逸尘为副主席，黄德银为秘书长，潘信征、何锦春为副秘书长，其他常务委员 32 人。

五、县五届政协全体会议

政协如皋县第五届委员会举行全体会议三次。

1979 年 11 月 29 日，根据中央批准的中央统战部《关于恢复省辖大城市的区和县政协问题的意见》和省委、地委有关通知精神，中共如皋县委员会发文决定恢复政协如皋县委员会（皋委发〔1979〕184 号）。县政协恢复后，经过一年多的准备，在 1981 年 4 月 11 日召开的四届常委扩大会议上，协商通过县委书记刁守坦代表县委提出的由 29 人组成的筹备委员会建议名单。筹备委员会具体领导并主持召开五届一次全会。

【五届一次全会】 1981 年 4 月 24—30 日在县委党校礼堂举行，出席委员 189 人，因事因病请假 8 人。会议听取并讨论县委书记刁守坦在开幕时的讲话；听取并审议会议筹备委员会副主任吴凤琴所做的县四届政协常委会工作报告、会议筹备委员会委员环斌关于提案审查的报告；听取会议筹备委员会委员陆飞传达省政协四届四次会议精神。与会委员列席如皋县第八届人民代表大会第一次全体会议，听取并讨论县革委会工作报告和其他报告。会议以无记名投票方式选举吴功祥为县五届政协主席，吴凤琴、王学源、安子余、沙宇清、殷宗焕、黄国珍（女）、黄道贯、阙剑冲、潘信征为副主席，张远猷为秘书长，其他常务委员 32 人。会议审议通过全会决议后闭幕。

【五届二次全会】 1982 年 4 月 24—28 日举行，出席委员 172 人，因事因病请假 24 人，35 名属于统战对象的县人民代表列席会议。主席吴功祥致开幕词。会议听取并审议副主席吴凤琴所做的常委会工作报告、副主席潘信征所做的提案工作报告；会议听取副主席王学源传达全国、全省统战工作会议精神和副主席黄国珍传达省政协四届五次会议精神。与会委员列席如皋县人民代表大会八届二次全会，听取并讨论协商县长陆明钰所做的政府工作报告和其他各项报告。会议审议通过提案审查报告和全会决议后闭幕。

【五届三次全会】 1983 年 3 月 16—20 日在县招待所河南会议室举行，出席委员 170 人，因事因病请假 27 人，43 名属于统战对象的县人民代表、10 名县政协各工作组非委员成员列席会议。会议听取并讨论县委副书记、县长陆明钰在开幕时的讲话；听取并审议副主席王学源所做的常委会工作报告。会议按照《中国人民政治协商会议章程》的有关规定，经民主协商，补选何剑芒、陈汝贤、袁靖东为副主席，何剑芒兼任秘书长。与会委员列席如皋县第八届人民代表大会第三次会议，听取并讨论县长陆明钰所做的政府工作报告和其他各项报告。会议审议通过提案审查报告和全会决议，主席吴功祥致闭幕词。

六、县六届政协全体会议

政协如皋县第六届委员会举行全体会议四次。

【六届一次全会】 1984 年 3 月 10—16 日在县委党校礼堂召开，出席委员 207 人，因事因病缺席 12 人，应邀列席县人民代表 54 人。主席吴功祥致开幕词。会议听取并审议副主席王学源代表县五届政协所做的常委会工作报告。会议按照《中国人民政治协商会议章程》的有关规定，经过民主协商，选举吴功祥为主席，王学源、潘信征、殷宗焕、黄道贯、阙剑冲为副主席，谢明为秘书长，其他常务委员 40 人。会议期间，与会委员列席如皋县第九届人民代表大会第一次会议，听取并讨论副县长冯邦才所做的政府工作报告和其他工作报告。会议审议通过提案审查报告和全会决议，主席吴功祥致闭幕词。

【六届二次全会】 1985 年 4 月 25—28 日在县委党校礼堂召开，出席委员 191 人，因事因病缺席 28 人，县委、县人大、县政府领导列席会议。主席吴功祥主持开幕式。会议听取并审议副主席王学源所做的常委会工作报告；通过主席吴功祥、副主席王学源的辞职报告；补选季秀英为县第六届政协主席，贲正祥为副主席。与会委员列席如皋县第九届人民代表大会第二次会议，听取并讨论县长张炳贤所做的政府工作报告和其他报告。会议审议通过提案审查报告和全会决议，副主席黄道贯致闭幕词。

【六届三次全会】 1986 年 5 月 4—9 日在县政府招待所召开，出席委员 202 人，县委、县人大、县政府领导等 44 人应邀列席。会议听取并审议副主席贲正祥所做的常委会工作报告。与会委员列席如皋县第九届人民代表大会第三次会议，听取并讨论代县长潘宝才所做的政府工作报告及其他报告；讨论协商、酝酿县长候选人。11 名委员进行大会发言。会议审议通过提案审查报告和大会决议，主席季秀英致闭幕词。

【六届四次全会】 1986年12月17—20日在县政府招待所召开，出席委员162人，县委、县人大、县政府领导等42人应邀列席。南通市政协副主席濮九康在开幕式上做了讲话。会议听取并讨论县委常委、宣传部部长蒋家瑞所做的学习《中共中央关于社会主义精神文明建设指导方针的决议》的报告；听取并协商县委副书记、县长潘宝才通报县1986年两个文明建设的情况和1987年两个文明建设的目标与措施。部分委员做大会发言。主席季秀英致闭幕词。

七、县七届政协全体会议

政协如皋县第七届委员会举行全体会议三次。

【七届一次全会】 1987年3月22—29日在县委党校会堂召开，出席委员251人，因事因病请假7人。县委、县人大、县政府领导，在如皋的江苏省政协委员和南通市政协委员应邀列席。副主席黄道贯致开幕词。会议听取并审议副主席贲正祥代表县六届政协所做的常委会工作报告和副主席潘信征所做的提案工作报告。与会委员列席如皋县第十届人民代表大会第一次会议，听取并讨论县人民政府工作报告和其他报告。会议通过酝酿协商，选举明道奎为县七届政协主席，贲正祥、潘信征、黄道贯、马云鹏为副主席，谢明为秘书长，其他常务委员46人。会议审议通过提案审查报告和全会决议。县委书记程亚民在全会闭幕前讲话。主席明道奎致闭幕词。

【七届二次全会】 1988年3月24—28日在县政府招待所召开，出席委员240人，因事因病请假18人。县委、县人大和县政府领导，在如皋的江苏省政协委员和南通市政协委员，非委员的委组负责人、县政协离休老同志应邀列席会议。主席明道奎致开幕词。会议听取并审议副主席贲正祥所做的常委会工作报告和副主席潘信征所做的提案工作报告。与会委员列席如皋县第十届人民代表大会第三次会议，听取并讨论县长潘宝才所做的政府工作报告和其他报告。会议审议通过提案审查报告和全会决议。会议期间还举行“长江杯”自我教育颁奖仪式。县委副书记石秀峰代表县委在闭幕前讲话。主席明道奎致闭幕词。

【七届三次全会】 1989年3月29日—4月2日在县政府招待所召开，出席委员245人，县委、县人大和县政府领导，在如皋的江苏省政协委员和南通市政协委员，县政协离退休老同志列席会议。主席明道奎致开幕词。会议听取并审议副主席贲正祥所做的常委会工作报告和副主席潘信征所做的提案工作报告。与会委员列席如皋县第十届人民代表大会第四次会议，听取并讨论县长潘宝才所做的政府工作报告和其他有关报告。10位委员代表在全会上做大会发言。会议审议通过提案审查报告和全会决议。副主席黄道贯致闭幕词。

八、县（市）八届政协全体会议

政协如皋县（市）第八届委员会举行全体会议三次。

【八届一次全会】 1990年3月18—22日在县政府招待所召开，出席委员247人，因事因病请假10人。县委、县人大、县政府领导，在如皋的江苏省政协委员和南通市政协委员，有关部门的负责人，政协机关离退休干部列席会议。主席明道奎致开幕词。会议学习了《中共中央关于坚持和完善中国共产党领导的多党合作和政治协商制度的意见》和全国政协《关于政治协商民主监督的暂行规定》《政协章程》，听取并审议副主席贲正祥代表县七届政协所做的常委会工作报告和副主席潘信征所做的提案工作报告。与会委员列席如皋县第十届人民代表大会第一次会议，听取并讨论县长石秀峰所做的政府工作报告和其他报告，并协商人大、政府、两院人选。会议经过民主协商，选举明道奎为县八届政协主席，袁泉、马云鹏、黄金红（女）、章骥为副主席，张国辉为秘书长，其他常务委员40人。会议审议通过提案审查报告和全会决议。县委书记潘宝才在闭幕前讲话。主席明道奎致闭幕词。

【八届二次全会】　1991年3月10—14日在县政府招待所召开，出席委员249人，因事因病请假10人。县委、县人大、县政府领导，在如皋的江苏省政协委员和南通市政协委员，县政协老领导，有关部门负责人列席会议。主席明道奎致开幕词和闭幕词。县委书记柯文、副书记管贵方到会并讲话。为体现协商在决策之前的原则，这次会议第一次先于县人代会单独举行，单独听取并协商讨论县长石秀峰所做的政府工作报告、副县长汤建华所做的关于制订如皋县国民经济和社会发展第八个五年计划（草案）的说明、县计划委员会主任所做的关于如皋县1990年国民经济和社会发展计划执行情况及1991年计划（草案）的报告、县财政局局长所做的关于如皋县1990年财政决算和1991年财政预算（草案）的报告。12名委员代表在大会上发言。会议听取并审议副主席袁泉所做的常委会工作报告和副主席马云鹏所做的提案工作报告，审议通过提案审查报告和全会决议。

【八届三次全会】　1992年3月5—8日在市政府招待所召开。市委、市人大、市政府领导，在如皋的江苏省政协委员和南通市政协委员，市政协老领导，有关部门负责人列席会议。主席明道奎致开幕词。市委书记柯文、副书记管贵方到会并讲话。这次全会继续先于人代会单独举行、尝试“协商在前”的原则，委员们单独听取并协商讨论市长石秀峰所做的政府工作报告、计划委员会主任所做的关于1991年国民经济和社会发展计划执行情况及1992年计划（草案）的报告、财政局局长所做的关于1991年财政决算和1992年财政预算（草案）的报告。7名委员代表在大会上发言。会议听取并审议副主席袁泉所做的常委会工作报告。会议首次表彰政协工作先进集体和先进个人。会议审议通过提案审查报告和全会决议。主席明道奎致闭幕词。

九、市九届政协全体会议

政协如皋市第九届委员会举行全体会议五次。

【九届一次全会】　1993年2月18—23日在市政府招待所召开，出席委员246人，因事因病请假14人。市委、市人大和市政府领导，在如皋的江苏省政协委员和南通市政协委员，市政协老领导，有关部门负责人列席会议。市八届政协主席明道奎致开幕词。会议听取并审议副主席袁泉代表市八届政协所做的常委会工作报告和副主席马云鹏所做的提案工作报告。与会委员列席如皋市第十二届人民代表大会第一次会议，听取并协商讨论政府工作报告和其他报告，协商人大、一府两院领导人选。会议经过酝酿协商，选举石秀峰为市九届政协主席，袁泉、马云鹏、章骥、王连生为副主席，史有生为秘书长，其他常务委员46人。会议审议通过全会决议和提案审查报告。市委副书记管贵方在闭幕前讲话。主席石秀峰致闭幕词。

【九届二次全会】 1994年2月18—21日在市政府招待所召开，出席委员242人。市委、市人大和市政府领导，在如皋的江苏省政协委员和南通市政协委员，历届政协老领导，有关部门负责人列席会议。主席石秀峰致开幕词。会议听取并审议副主席袁泉所做的常委会工作报告和副主席王连生所做的提案工作报告。与会委员列席如皋市第十二届人民代表大会第二次会议，听取并协商讨论市长王耀光所做的政府工作报告和其他各项报告。会议经过民主协商，增选王光国为政协副主席。会议表彰政协工作先进集体和先进个人、优秀提案和先进承办单位，审议通过全会决议和提案审查报告。市委副书记管贵方在闭幕前讲话。主席石秀峰致闭幕词。

【九届三次全会】 1995年3月1—4日在市政府招待所召开，出席委员249人，因事因病请假13人。市委、市人大和市政府领导，在如皋的江苏省政协委员和南通市政协委员，历届政协老领导，有关部门负责人列席会议。主席石秀峰致开幕词。会议听取并审议副主席袁泉所做的常委会工作报告和副主席王连生所做的提案工作报告。与会委员列席如皋市第十二届人民代表大会第三次会议，听取并协商讨论市长王耀光所做的政府工作报告和其他报告。12名委员做大会发言。会议表彰1994年度政协工作先进集体、先进个人、优秀提案和先进承办单位，审议通过全会决议和提案审查报告。市委副书记刘桂江在闭幕前讲话。主席石秀峰致闭幕词。

【九届四次全会】 1996年3月5—8日在市政府招待所召开，出席委员254人，因事因病请假21人。市委、市人大和市政府领导，在如皋的江苏省政协委员和南通市政协委员，历届政协老领导，有关部门负责人列席会议。主席石秀峰致开幕词。会议听取并审议副主席袁泉所做的常委会工作报告、副主席王连生所做的提案工作报告。与会委员列席如皋市第十二届人民代表大会第四次会议，听取并协商讨论政府工作报告、如皋市国民经济和社会发展“九五”计划与2010年远景目标规划以及其他报告。10名委员做大会发言。会议通过石秀峰辞去市九届政协主席职务的报告，补选魏国平为市九届政协主席，增选徐建平为副主席，增选庄绳武、章建平、鲍家华、丁俊红为常务委员。会议表彰1995年度政协工作先进集体、先进个人、优秀提案和先进承办单位，审议通过全会决议和提案审查情况报告。市委书记郁政在闭幕前讲话。主席魏国平致闭幕词。

【九届五次全会】 1997年1月24—27日在市政府招待所召开，出席委员251人，因事因病请假25人。市委、市人大和市政府领导，在如皋的江苏省政协委员和南通市政协委员，历届政协老领导，有关部门负责人列席会议。主席魏国平致开幕词。会议听取并审议副主席袁泉所做的常委会工作报告和副主席王连生所做的提案工作报告。与会委员列席如皋市第十二届人民代表大会第五次会议，听取并协商讨论市长刘井石所做的政府工作报告和其他报告。部分委员做大会发言。会议表彰政协工作先进集体、先进个人和优秀提案，审议通过全会决议和提案审查情况报告。市委书记郁政到会并讲话。主席魏国平致闭幕词。

十、市十届政协全体会议

政协如皋市第十届委员会举行全体会议五次。

【十届一次全会】 1998年1月2—6日在市政府招待所召开，出席委员252人，因事因病请假 11 人。市委、市人大和市政府领导，市政协离退休老领导，有关部门负责人列席会议。主席魏国平致开幕词。市委书记郁政到会并讲话。会议听取和审议副主席袁泉代表市九届政协所做的常委会工作报告和副主席王连生所做的提案工作报告。与会委员列席如皋市第十三届人民代表大会第一次会议，听取并协商讨论市长刘井石所做的政府工作报告和其他报告。会议根据《中国人民政治协商会议章程》的规定，经过充分酝酿协商，选举魏国平为市十届政协主席，袁泉、于永芳、徐建平、王连生、王光国、陆小兵为副主席，史有生为秘书长，其他常务委员 46 人。会议表彰 1997 年度政协工作先进集体、先进个人和优秀提案，审议通过全会决议和提案审查情况报告。主席魏国平致闭幕词。

【十届二次全会】　1999 年 2 月 24—27 日在市政府招待所召开，出席委员 242 人，因事因病请假 23 人。市委、市人大和市政府领导，市政协离退休老同志，在如皋的南通市政协委员，有关部门负责人列席会议。主席魏国平致开幕词。市委书记、市长刘井石到会并讲话。会议听取并审议副主席袁泉所做的常委会工作报告和副主席王连生所做的提案工作报告。与会委员列席如皋市第十三届人民代表大会第二次会议，听取并协商讨论市长刘井石所做的政府工作报告和其他报告。会议根据《中国人民政治协商会议章程》的规定，经过充分酝酿协商，增选严世进为副主席。会议表彰 1998 年度政协工作先进集体、先进个人和优秀提案，审议通过全会决议和提案审查情况报告。主席魏国平致闭幕词。

【十届三次全会】　2000 年 1 月 14—18 日在市法院会堂召开，出席委员 245 人，因事因病请假 23 人。市委、市人大、市政府领导，市政协离退休老领导，在如皋的南通市政协委员，有关部门负责人列席会议。主席魏国平致开幕词。市委书记刘井石到会并讲话。会议听取并审议副主席袁泉所做的常委会工作报告和副主席王连生所做的提案工作报告。与会委员列席如皋市第十三届人民代表大会第三次会议，听取并协商讨论市长（代）蓝绍敏所做的政府工作报告和其他报告。会议表彰 1999 年度政协工作先进集体、先进个人和优秀提案，审议通过提案审查情况报告和全会决议。主席魏国平致闭幕词。

【十届四次全会】　2001 年 1 月 13—18 日在市政府招待所召开，出席委员 241 人，因事因病请假 24 人。市委、市人大、市政府领导，市政协离退休老领导，在如皋的南通市政协委员，有关部门负责人列席会议。主席魏国平致开幕词。市委书记蓝绍敏到会并讲话。会议听取并审议副主席袁泉所做的常委会工作报告和副主席王连生所做的提案工作报告。与会委员列席如皋市第十三届人民代表大会第四次会议，听取并协商讨论市长（代）陈惠娟所做的政府工作报告和其他有关报告。10 名委员围绕农业技术推广、深化企业改革、稳定教师队伍、个体私营经济发展、依法治市、内外城河治理、医卫事业发展做大会发言。会议通过主席魏国平、副主席徐建平因年龄原因不再担任市十届政协主席、副主席职务的辞职请求。会议根据《中国人民政治协商会议章程》的规定，补选刘桂江为市十届政协主席，杜永红为副主席。会议表彰 2000 年度政协工作先进集体、先进个人、优秀提案和提案承办先进单位，审议通过提案审查情况报告和全会决议。主席刘桂江致闭幕词。

【十届五次全会】　2002 年 1 月 23—26 日在市政府招待所召开，出席委员 232 人，因事因病请假 33 人。市委、市人大、市政府领导，市政协离退休老领导，在如皋的南通市政协委员，有关部门负责人列席会议。主席刘桂江致开幕词。市委书记蓝绍敏在开幕式上讲话。会议听取并审议副主席袁泉所做的常委会工作报告和副主席王连生所做的提案工作报告。与会委员列席如皋市第十三届人民代表大会第五次会议，听取并协商讨论市长陈惠娟所做的政府工作报告及其他有关报告。会议根据《中国人民政治协商会议章程》规定，增选刘建明、沈永祥、魏祝明为常务委员。会议审议通过提案审查情况报告和全会决议，形成了《关于加速解决市自来水厂水源水质问题》的建议案。主席刘桂江致闭幕词。

十一、市十一届政协全体会议

政协如皋市第十一届委员会举行全体会议五次。

【十一届一次全会】 2003 年 1 月 4—8 日在市政府招待所召开，出席委员 275 人，因事因病请假 5 人。市委、市人大、市政府领导，市政协离退休老领导，有关部门负责人列席会议。市十届政协主席刘桂江致开幕词。市委书记陈惠娟在开幕式上讲话。会议听取并审议副主席袁泉代表市十届政协所做的常委会工作报告和副主席王连生所做的提案工作报告。与会委员列席如皋市第十四届人民代表大会第一次会议，听取并协商讨论政府工作报告和其他有关报告。会议根据《中国人民政治协商会议章程》的规定，经过充分酝酿协商，选举浦文海为市十一届政协主席，袁泉、于永芳、陆小兵、杜永红、魏祝明为副主席，史有生为秘书长，其他常务委员 44 人。会议表彰 2002 年度政协工作先进集体、先进个人、优秀提案和提案承办先进单位。会议审议通过提案审查情况报告和全会决议。主席浦文海致闭幕词。

【十一届二次全会】 2004 年 1 月 8—11 日在市广电中心召开，出席委员 252 人，因事因病请假 27 人。市委、市人大、市政府领导，在如皋的南通市政协委员，市政协离退休老领导列席会议。主席浦文海致开幕词。市委书记陈惠娟在开幕式上讲话。会议听取并审议副主席袁泉所做的常委会工作报告和副主席于永芳所做的提案工作报告。与会委员列席如皋市第十四届人民代表大会第二次会议，听取并协商讨论政府工作报告和其他有关报告。会议经酝酿协商，增选张秀良为副主席。会议表彰 2003 年度政协工作先进集体、先进个人及优秀提案。会议审议通过提案审查情况报告和全会决议。主席浦文海致闭幕词。

【十一届三次全会】 2005 年 1 月 7—11 日在市广电中心召开，出席委员 242 人。市委、市人大、市政府领导，在如皋的南通市政协委员，市政协离退休老领导，有关部门负责人列席会议。主席浦文海致开幕词。市委书记陈惠娟在开幕式上讲话。会议听取并审议副主席袁泉所做的常委会工作报告和副主席于永芳所做的提案工作报告。与会委员列席如皋市第十四届人民代表大会第三次会议，听取并协商讨论政府工作报告和其他有关报告。会议经酝酿协商，增选章建平为副主席，补选羌汉荣为秘书长。会议表彰 2004 年度政协工作先进集体、先进个人及优秀提案。会议审议通过提案审查情况报告和全会决议。主席浦文海致闭幕词。

【十一届四次全会】 2006 年 2 月 6—11 日在市广电中心召开，出席委员 306 人，因事因病请假 20 人。市委、市人大、市政府领导，在如皋的南通市政协委员，市政协离退休老领导志，有关部门负责人列席会议。主席浦文海致开幕词。市委书记陈惠娟在开幕式上讲话。会议听取并审议副主席袁泉所做的常委会工作报告和副主席于永芳所做的提案工作报告。与会委员列席如皋市第十四届人民代表大会第四次会议，听取并协商讨论政府工作报告和其他有关报告。会议根据《中国人民政治协商会议章程》规定，补选陈惠娟为市十一届政协主席，增补车树兵、刘聪泉为常务委员。会议组织大会发言，21 名委员代表进行口头或书面交流。会议表彰 2005 年度政协工作先进集体、先进个人及优秀提案。会议审议通过提案审查情况报告和全会决议。市委书记、政协主席陈惠娟致闭幕词。

【十一届五次全会】　2007 年 1 月 14—18 日在市广电中心召开，出席委员 297 人，因事因病请假 7 人。市委、市人大、市政府领导，在如皋的南通市政协委员，市政协离退休老领导，有关部门的负责人列席会议。市政协党组书记李中林致开幕词。市委书记、市政协主席陈惠娟在开幕式上讲话。会议听取并审议副主席于永芳所做的常委会工作报告和副主席张秀良所做的提案工作报告。与会委员列席如皋市第十四届人民代表大会第五次会议，听取并协商讨论市长（代）姜永华所做的政府工作报告和其他有关报告。会议根据《中国人民政治协商会议章程》规定，选举李中林为市十一届政协主席、刘聪泉为副主席。会议表彰 2006 年度政协工作先进集体、先进个人及优秀提案。会议审议通过提案审查情况报告和全会决议。主席李中林致闭幕词。

十二、市十二届政协全体会议

政协如皋市第十二届委员会举行全体会议四次。

【十二届一次全会】　2007 年 12 月 26—31 日在江陵大酒店三楼会议室召开，出席委员 368 人，因事因病请假 16 人。市委、市人大、市政府领导，在如皋的南通市政协委员，市政协离退休老领导列席会议。主席李中林致开幕词。市委书记陈惠娟在开幕式上讲话。会议听取并审议副主席于永芳代表市十一届政协所做的常委会工作报告和副主席张秀良所做的提案工作报告。与会委员列席如皋市第十五届人民代表大会第一次会议，听取并协商讨论市长姜永华所做的政府工作报告和其他有关报告。全会预备会上，举办以“关注弱势群体、构建和谐社会”为主题的委员论坛。会议根据《中国人民政治协商会议章程》规定，经过充分酝酿协商，选举李中林为十二届市政协主席，张元健、魏祝明、章建平、刘聪泉为副主席，羌汉荣为秘书长，其他常务委员 55 人。会议表彰 2007 年度政协工作先进集体和先进个人、优秀提案和提案承办先进单位。会议审议通过提案审查情况报告和全会决议。主席李中林致闭幕词。

【十二届二次全会】　2009 年 1 月 7—11 日在江陵大酒店三楼会议室召开，出席委员 380 人，因事因病请假 14 人。市委、市人大、市政府领导，在如皋的南通市政协委员，市政协离退休老领导列席会议。主席李中林致开幕词。南通市副市长、如皋市委书记陈惠娟在开幕式上讲话。会议听取并审议主席李中林所做的常委会工作报告和副主席刘聪泉所做的提案工作报告。与会委员列席如皋市十五届人民代表大会第二次会议，听取并协商讨论市长姜永华所做的政府工作报告和其他有关报告。会议期间，举办以“深入学习实践科学发展观”为主题的委员论坛活动。会议经酝酿，补选殷高华为秘书长，周太荣、沈良高、羌汉荣、周荣明、周星、卞建如、徐梅、李四海为常务委员。会议表彰 2008 年度政协工作先进集体和先进个人、优秀提案和提案承办先进单位。会议审议通过提案审查情况报告和全会决议。主席李中林致闭幕词。

【十二届三次全会】 2010年1月12—16日在江陵大酒店三楼会议室召开，出席委员364人，因事因病请假36人。市委、市人大、市政府领导，在如皋的南通市政协委员，市政协离退休老领导列席会议。主席李中林致开幕词。南通市副市长、如皋市委书记陈惠娟在开幕式上讲话。会议听取并审议主席李中林所做的常委会工作报告和副主席刘聪泉所做的提案工作报告。与会委员列席如皋市第十五届人民代表大会第三次会议，听取并协商讨论市长姜永华所做的政府工作报告和其他有关报告。会议期间举办以“推进城乡一体化”建设为主题的委员论坛。会议经酝酿协商，补选阎勇、周勇骑、佘柳涛为常务委员。会议表彰2009年度政协工作先进集体和先进个人、优秀提案和提案承办先进单位。会议审议通过提案审查情况报告和全会决议。主席李中林致闭幕词。

【十二届四次全会】 2011年1月10—14日在市民服务中心三楼报告厅召开，出席委员331人，因事因病请假67人。市委、市人大、市政府全体领导，市政协各组成单位负责人，在如皋的南通市政协委员，市政协离退休老同志列席会议。主席李中林致开幕词。南通市副市长、如皋市委书记陈惠娟在开幕式上讲话。会议听取并审议主席李中林所做的常委会工作报告和副主席刘聪泉所做的提案工作报告。与会委员列席如皋市第十五届人民代表大会第四次会议，听取并协商讨论市长姜永华所做的政府工作报告和其他有关报告。会议期间，举办以“构建诚信社会，打造诚信如皋”为主题的委员论坛。会议经酝酿协商，补选黄文斌为副主席，王捷、郝继锋、夏茂宏为常务委员。会议表彰2010年度政协工作先进集体和先进个人、优秀提案、优秀社情民意信息员及委员组、委员论坛优秀论文、提案承办先进单位。会议审议通过提案审查情况报告和全会决议。主席李中林致闭幕词。

十三、市十三届政协全体会议

政协如皋市第十三届委员会举行全体会议五次。

【十三届一次全会】 2012年3月18—24日在市民服务中心三楼报告厅召开，出席委员345人。市委、市人大、市政府领导，市法院、检察院主要负责人，在如皋的南通市政协委员，市政协离退休老领导列席会议。主席李中林致开幕词。南通市副市长、如皋市委书记陈惠娟在开幕式上讲话。会议听取并审议主席李中林代表市十二届政协所做的常委会工作报告和副主席刘聪泉所做的提案工作报告。与会委员列席如皋市第十六届人民代表大会第一次全体会议，听取并协商讨论市长姜永华所做的政府工作报告和其他有关报告。会议根据《中国人民政治协商会议章程》规定，经过充分酝酿协商，选举李中林为市十三届政协主席，魏祝明、刘聪泉、黄文斌、张亚鸾、郑振明为副主席，殷高华为秘书长，其他常务委员59人。会议表彰2011年度政协工作先进集体和先进个人、优秀提案、提案承办先进单位和先进个人。会议审议通过提案审查情况报告和全会决议。主席李中林致闭幕词。

【十三届二次全会】 2013年1月13—16日在市民服务中心三楼报告厅召开。市委、市人大、市政府全体领导，市法院、检察院主要负责人，在如皋的南通市政协委员，市政协离退休老领导列席会议。主席李中林致开幕词。市委书记姜永华在开幕式上讲话。会议听取并审议主席李中林所做的常委会工作报告和副主席刘聪泉所做的提案工作报告。与会委员列席如皋市第十六届人民代表大会第二次会议，听取并协商讨论市长（代）陈晓东所做的政府工作报告和其他有关报告。会议期间，举办以“打造文化强市”为主题的委员论坛。会议表彰2012年度政协工作先进集体和先进个人、优秀提案、提案工作先进集体和先进个人。会议审议通过提案审查情况报告和全会决议。主席李中林致闭幕词。

【十三届三次全会】　2014年1月7—12日在市行政中心礼堂召开。市委、市人大、市政府全体领导，市法院、检察院主要负责人，在如皋的南通市政协委员，市政协离退休老领导列席会议。主席李中林致开幕词。市委书记姜永华在开幕式上讲话。会议听取并审议主席李中林所做的常委会工作报告和副主席刘聪泉所做的提案工作报告。与会委员列席如皋市第十六届人民代表大会第三次会议，听取并协商讨论市长陈晓东所做的政府工作报告和其他有关报告。会议期间，举办以“全面小康的如皋之路”为主题的委员论坛。会议经酝酿协商，补选钱志刚为副主席，许映亮、章士友为常务委员。会议表彰2013年度政协活动先进集体和优秀政协委员、优秀提案、提案工作先进集体和先进个人。会议审议通过提案审查情况报告和全会决议。主席李中林致闭幕词。

【十三届四次全会】　2015年1月12—15日在市行政中心礼堂召开。市委、市人大、市政府全体领导，市法院、检察院主要负责人，在如皋的南通市政协委员，市政协离退休老领导应邀列席会议。主席李中林致开幕词。市委书记姜永华在开幕式上讲话。会议听取并审议主席李中林所做的常委会工作报告和副主席黄文斌所做的提案工作报告。与会委员列席如皋市第十六届人民代表大会第四次会议，听取并协商讨论市长陈晓东所做的政府工作报告和其他有关报告。会议期间，组织以“建设美丽如皋”为主题的委员论坛活动。会议表彰2014年度政协活动先进集体和优秀政协委员、优秀提案、提案工作先进集体和先进个人。会议审议通过提案审查情况报告和全会决议。主席李中林致闭幕词。

【十三届五次全会】　2016年1月9—11日在市行政中心礼堂召开。市委、市人大、市政府全体领导，市法院、检察院主要负责人，在如皋的南通市政协委员，市政协离退休老领导列席会议。主席李中林致开幕词。市委书记姜永华在开幕式上讲话。会议听取并审议主席李中林所做的常委会工作报告和副主席黄文斌所做的提案工作报告。与会委员列席如皋市第十六届人民代表大会第五次会议，听取并协商讨论市长陈晓东所做的政府工作报告和其他有关报告。会议期间，组织以“建设法治如皋”为主题的委员论坛活动。会议表彰2015年度政协活动先进集体和优秀政协委员、优秀提案、提案工作先进集体和先进个人。会议审议通过提案审查情况报告和全会决议。主席李中林致闭幕词。

十四、市十四届政协全体会议

截至2019年12月，政协如皋市第十四届委员会举行全体会议三次。

【十四届一次全会】　2017年1月10—14日在市行政中心礼堂召开，出席委员361人。市委、市人大、市政府领导，市法院、检察院主要负责人，在如皋的南通市政协委员，市政协离退休老领导列席会议。市十三届政协主席李中林致开幕词。市委书记陈晓东在开幕式上讲话。

会议听取并审议主席李中林代表市十三届政协所做的常委会工作报告和副主席黄文斌所做的提案工作报告。与会委员列席如皋市第十七届人民代表大会第一次全体会议，听取并协商讨论市长（代）何益军所做的政府工作报告和其他有关报告。会议根据《中国人民政治协商会议章程》规定，经过充分酝酿协商，选举张元健为市十四届政协主席，杜永红、郑振明、冒平、严世斌、刘晓洁为副主席，许映亮为秘书长，其他常务委员 56 人。会议表彰 2016 年度政协活动先进集体和优秀政协委员、优秀提案、提案工作先进集体和先进个人。会议审议通过提案审查情况报告和全会决议。主席张元健致闭幕词。

【十四届二次全会】　2018 年 1 月 11—15 日在市行政中心礼堂召开，出席委员 353 人，因事因病请假 30 人。市委、市人大、市政府全体领导，市法院、检察院主要负责人，在如皋的南通市政协委员，市政协离退休老领导列席会议。主席张元健致开幕词。市委书记陈晓东在开幕式上讲话。会议听取并审议主席张元健所做的常委会工作报告和副主席严世斌所做的提案工作报告。与会委员列席如皋市第十七届人民代表大会第二次会议，听取并协商讨论市长何益军所做的政府工作报告和其他有关报告。会议期间，举办以“聚焦大旅游、打造新引擎”为主题的委员论坛。会议补选张小凤、曹阳为常务委员。会议表彰 2017 年度政协工作先进委员组和优秀政协委员、优秀提案、提案工作先进委员组和先进委员、“政协委员慈善爱心基金”捐赠先进集体和先进个人。会议审议通过提案审查情况报告和全会决议。主席张元健致闭幕词。

【十四届三次全会】　2019 年 1 月 21—24 日在市行政中心礼堂召开，出席委员 363 人，因事因病请假 25 人。市委、市人大、市政府全体领导，市法院、检察院主要负责人，在如皋的南通市政协委员，市政协离退休老领导列席会议。主席张元健致开幕词。市委书记张建华在开幕式上讲话。会议听取并审议主席张元健所做的常委会工作报告和副主席严世斌所做的提案工作报告。与会委员列席如皋市第十七届人民代表大会第三次会议，听取并协商讨论市长何益军所做的政府工作报告和其他有关报告，并围绕做实产业、做优城市、做好民生、建强队伍进行协商讨论。会议期间，举办以“振兴乡村，建设‘强富美高’新如皋”为主题的委员论坛。会议补选马铁军为常务委员。会议表彰 2018 年度政协工作先进委员组和优秀政协委员、优秀提案、提案工作先进委员组和先进委员、政协工作先进单位、“助推全面小康，彰显委员风采”主题活动先进委员、捐赠先进集体和先进个人、优秀社情民意。会议审议通过提案审查情况报告和全会决议。主席张元健致闭幕词。

第三节　常务委员会会议

一、县一届政协常务委员会会议

县一届政协常委会议召开 21 次。

【第一次会议】　1956 年 3 月 2 日召开，全体常委参加，主席倪锦瑜主持。会议协商决定副主席陶肖溪列席江苏省政协一届二次全会。

【第二次会议】　1956 年 5 月 20 日，在人民委员会会议室召开一届二次常委（扩大）会议，24人参加，副主席张朝模主持。会议主要内容：（1）传达省政协一届二次全会精神；（2）学习讨论罗瑞卿关于战争罪犯问题的报告；（3）研究各工作组和政协委员学习问题；（4）协商研究建立工作组，决定建立文化教育、工商、医卫3个工作组；（5）明确会议制度，主席会议每月一次，工作组会议每月两次。

【第三次会议】 1956年8月24日在县政协会议室召开，副主席张朝模主持，出席常委10人，各工作组组长列席。会议主要内容：（1）听取常委会和各工作组的工作小结；（2）讨论通过下半年工作计划；（3）讨论决定扩大委员名额20个，由59人增至79人；（4）协商需要改进的问题；（5）对群众反映的意见进行研究处理。

【第四次会议】 1956年12月17日在政协会议室召开，出席常委5人，列席3人。会议主要内容：（1）审查通报第三次常委会议以后的工作情况；（2）协商决定驻会副主席陶肖溪列席江苏省政协会议；（3）讨论决定扩大常委会人数，常委因调出1人，再增加7人，总计17人；（4）讨论决定建立学习委员会和区乡工作小组。

【第五次会议】 1957年1月15日召开，会议主要内容：（1）传达江苏省政协第二次市县政协工作会议精神；（2）讨论上半年工作计划；（3）预备协商县第二届人民代表大会代表候选人。

【第六次会议】 1957年1月24日，召开一届六次常委会议和各人民团体代表参加的联席会议，协商如皋县第二届人民代表大会代表候选人初步名单。

【第七次会议】 1957年3月25—27日，召开一届七次常委会议和各人民团体代表参加的联席会议，协商第二届县人民委员会的组成人选，提出29人（包括县长1人、副县长4人）的委员候选人名单。

【第八次会议】 1957年6月1日在政协会议室召开，出席常委12人，副主席陶肖溪主持。会议主要内容：（1）协商通过增加政协委员35人，总数至114人；（2）研究部署学习《人民日报》编辑部文章《再论无产阶级专政的历史经验》和有关开展增产节约运动的文件；（3）讨论出席中共南通地委各县政协常委会议人员；（4）明确工作组活动汇报制度等。

【第九次会议】 1957年8月3日在政协会议室召开，出席常委14人，副主席陶肖溪主持。会议主要内容：（1）回顾第八次常委会议以来的工作；（2）协商研究一届二次全会的筹备工作；（3）讨论视察农业社方案。

【第十次会议】 1957年8月26—27日在县人民大会堂后台召开，出席常委8人，列席5人。会议主要内容：（1）讨论一届二次全会上的常委会工作报告（初稿），研究今后工作；（2）协商一届二次全会的日期、议程和列席人员；（3）听取3个组视察农业社工作的情况汇报。

【第十一次会议】 1957年9月3日召开，会议主要内容：协商通过何锦春委员驻会工作；协商通过县委副书记陈文斌因经常在乡区工作辞去政协常委的请求。

【第十二次会议】 1957年9月29日在政协会议室召开，出席常委6人，列席5人。会议主要内容：（1）报告一届二次全会的筹备工作情况；（2）协商确定一届二次全会的议程、日程、主席团成员和全会期间人员分工；（3）研究确定近期学习内容。

【第十三次会议】 1957 年 10 月 28 日在政协会议室召开，出席常委 6 人，列席 6 人。会议主要内容：(1) 协商讨论一届二次全会审查组提交常委会办理的事项；(2) 协商决定设立由 15 人组成的学习委员会［主任委员陶肖溪，副主任委员沙正祥、黄克明（兼）］，增设妇女工作组；(3) 讨论十月革命四十周年庆祝活动安排；(4) 讨论参加工商界整风工作。

【第十四次会议】 1957 年 12 月 22 日在政协会议室召开，出席常委 7 人，列席 2 人。会议主要内容：(1) 协商并赞同县长李普凡辞去县长职务；(2) 协商建议政协主席倪锦瑜为县长候选人，提请县人民代表大会主席团审议。

【第十五次会议】 1958 年 3 月 13 日在政协会议室召开，出席常委 8 人，列席 1 人。会议主要内容：(1) 协商确定政协开展整风学习的工作安排，建立组织，明确目标、对象和方法；(2) 讨论如何支持《全国农业发展纲要四十条》，促进农业生产大跃进。

【第十六次会议】 1958 年 4 月 6 日，在政协会议室召开一届十六次常委（扩大）会议，出席 13 人。会议专题协商县第三届人民代表大会代表候选人初步名单。

【第十七次会议】 1958 年 5 月 22 日，在政协会议室召开一届十七次常委（扩大）会议，出席常委 15 人，列席 3 人。会议主要内容：(1) 协商县第三届人民委员会委员、县长、副县长、县法院院长以及出席江苏省人民代表大会的代表候选人名单；(2) 决定驻会委员何锦春去江苏省政治学校学习。

【第十八次会议】 1958 年 9 月 21 日召开，出席常委 6 人，列席 4 人。会议主要内容：(1) 传达江苏省政协第二次各市、县政协工作会议精神；(2) 讨论第四季度工作计划；(3) 协商通过刘心灿委员驻会工作。

【第十九次会议】 1959 年 8 月 20 日召开，会议主要内容：(1) 协商第二届政协增加委员名额；(2) 与各人民团体协商确定第二届政协委员人选。

【第二十次会议】 1959 年 9 月 1 日召开，邀请各有关部门和人民团体负责人列席。会议协商确定第二届政协委员人数增加到 131 名，较上一届增加 41 名。

【第二十一次会议】 1959 年 9 月 10 日召开，专题协商第二届政协主席、副主席、秘书长、副秘书长和常务委员人选。

二、县二届政协常务委员会会议

县二届政协常委会议召开 6 次。

【第一次会议】 1959 年 9 月 18 日召开，专题协商学习委员会 17 人的组成人选。

【第二次会议】 1960 年 8 月，召开二届二次常委（扩大）会议，专题协商开办各界人士政治学习班、开展大规模政治学习活动事宜。

【第三次会议】 1961 年 3 月 25 日在政协会议室召开，出席常委 23 人。会议协商第四届县人民代表选举名额及有关事项，协商政协副主席提名人选（因副主席陶肖溪逝世）。

【第四次会议】 1961 年 12 月 27 日在政协会议室召开，全体常委出席。会议协商讨论县四届一次人代会议程、日程和政府工作报告（草案）。

【第五次会议】 1961 年 12 月 29 日在政协会议室召开，出席常委 31 人，列席 1 人，主席倪锦瑜主持。会议议题是协商正、副县长和县人民委员会委员人选。

【第六次会议】 1962 年 4 月召开，全体常委出席，各人民团体负责人列席。会议主要内容：（1）协商第三届政协委员名单；（2）研究三届一次全会的准备工作。

三、县三届政协常务委员会会议

县三届政协常委会议召开 10 次。

【第一次会议】 1962 年 5 月 9 日召开，协商通过学习委员会委员和设立的 5 个工作组的人选。

【第二次会议】 1962 年 7 月召开，传达江苏省二届三次人代会精神，学习江苏省政协二届三次全会决议。

【第三次会议】 1962 年 12 月召开，会议主要内容：（1）组织学习中共八届十中全会公报；（2）听取赴雪岸、新姚等 5 个公社参观情况的汇报。

【第四次会议】 1963 年 6 月 19 日—7 月 7 日，召开三届四次常委（扩大）会议，出席 94 人。会议主题是学习贯彻江苏省和南通市政协会议精神，分四个阶段进行：第一阶段学习动员，统一认识，端正态度；第二阶段进行形势教育；第三阶段领导做报告，进行正面教育；第四阶段谈心得，落实行动。

【第五次会议】 1964 年 1 月 11 日在政协民主堂召开，出席常委 24 人，副主席胡伯兰主持。会议主要内容：（1）传达江苏省政协会议精神；（2）讨论三届二次全会的准备工作；（3）协商通过常委会工作报告。

【第六次会议】 1964 年 1 月 20 日召开。会议主要内容：（1）听取三届二次全会筹备工作汇报；（2）协商通过三届二次全会日程、编组、提案审查委员会和文件起草委员会组成人员。

【第七次会议】 1964 年 1 月 26 日召开，出席常委 38 人。会议专题协商县长（1 人）、副县长（4 人）、人民委员会委员（31 人）、法院院长（1 人）、江苏省人大代表（9 人）候选人名单。

【第八次会议】 1964 年 1 月 29 日在教堂一角（全会间隙）召开，出席常委 23 人。会议协商通过三届二次全会提案审查报告、大会决议和 1964 年政协工作要点。

【第九次会议】 1964 年 5 月 18 日在政协会议室召开，出席常委 28 人，列席 4 人，副主席胡伯兰主持。会议主要议题：（1）听取政协上半年工作情况和下半年工作计划的报告；（2）讨论三季度“三个主义”的学习方案；（3）听取《关于“三个主义”教育等问题》报告。

【第十次会议】 1964 年 10 月 12 日在干部招待所会议室召开，出席常委 25 人。会议主要内容：（1）听取县委领导所做的报告；（2）传达江苏省人代会精神；（3）传达江苏省政协会议精神；（4）围绕当前形势进行讨论；（5）对我国打破美苏核垄断、成功研制核武器表示庆贺。

四、县四届政协常务委员会会议

县四届政协常委会议召开3次。

【第一次会议】 1980年1月18—20日，召开四届一次常委（扩大）会。在城政协常委和委员，县工商联执委，归侨、台胞、侨眷和科技界代表，共57人出席。会议邀请江苏省政协常委陆文尉传达江苏省政协四届三次会议精神，并组织讨论。县委书记刁守坦到会并讲话，副书记吴功祥主持并讲话。

【第二次会议】 1981年1月13—14日召开，出席常委16人，因病因事请假7人，应邀列席7人，政协常委王学源主持。会议主要内容：（1）组织学习邓小平在全国政协五届三次全会上的开幕词和会议决议；（2）报告政协恢复活动后的工作情况；（3）协商讨论第五届政协委员扩大比例和名额分配问题。县委书记刁守坦在会议开始和结束时讲话。

【第三次会议】 1981年4月10—12日，在县招待所114会议室召开四届三次常委（扩大）会议，出席30人。会议主要内容：（1）协商通过第五届政协委员197人名单；（2）协商通过县委书记刁守坦代表县委提出的县政协五届一次全会筹备委员会29人建议名单（主任吴功祥，副主任吴凤琴、王学源、黄国珍、安子余，秘书长张远猷，副秘书长潘信征，委员22人），明确筹备委员会具体领导并主持召开五届一次全会。

五、县五届政协常务委员会会议

县五届政协常委会议召开17次。

【第一次会议】 1981年4月30日在县招待所114会议室召开，出席常委33人。会议主要内容：（1）副主席王学源组织学习全国政协五届三次全会开幕词和全会决议；（2）常委陆飞传达江苏省政协副主席管文尉讲话精神；（3）研究开展新一届政协工作。

【第二次会议】 1981年9月2日在县招待所114会议室召开，出席常委34人，列席7人。会议听取并讨论主席吴功祥关于五届一次全会以来工作情况和今后4个月工作打算的报告。

【第三次会议】 1981年12月10—11日，在县招待所河南114会议室召开五届三次常委（扩大）会，出席常委32人，因公因病缺席11人，应邀列席14人。会议主要内容：（1）副主席王学源传达江苏省委书记韩培信、江苏省委统战部部长蒋宗鲁在江苏省各民主党派和工商联为“四化”服务经验交流会上的讲话精神；（2）出席江苏省经验交流会议代表谢璞臣报告参加会议的收获和感想；（3）副主席潘信征传达南通地委统战部有关会议精神；（4）宣讲对台形势、方针和任务。

【第四次会议】 1982年4月13日在县招待所河南215室召开，出席常委27人。会议主要内容：（1）协商通过五届二次全会议程、主席团人员名单；（2）协商通过五届二次全会上的常委会工作报告（初稿）和提案办理情况报告（初稿）。

【第五次会议】 1982年5月17—19日在县招待所河南114室召开，出席常委27人。会议主要内容：（1）分组讨论《中华人民共和国宪法（修改草案）》；（2）听取县委副书记、政协主席吴功祥《关于本县打击经济领域中严重犯罪情况的通报》；（3）讨论开展“五讲”“四美”活动；（4）协商决定9月份召开知识界（教育、医卫、文化、科技）为“四化”服务经验交流会，并部署筹备工作。

【第六次会议】　1982年8月17—18日，在县招待所河南114会议室召开五届六次常委（扩大）会议，出席45人。会议主要内容：（1）学习讨论《中国人民政治协商会议章程（草案）》，副主席吴凤琴做学习讨论意义的说明；（2）主席吴功祥报告《县政协五届二次全体会议以来工作情况和本年内主要工作打算》；（3）协商建立政协学习委员会和各个工作组。

【第七次会议】　1982年10月11日在县政府二楼会议室召开，出席常委28人。会议主要内容：（1）学习中共中央〔1982〕38号文件，讨论通过如皋政协《关于学习十二大文件、宣传贯彻十二大精神的计划》；（2）协商通过建立学习委员会和教育、医卫、科技、妇女、对台等工作组（原已建立工商、侨务、宗教工作组）人员名单；（3）副主席潘信征传达江苏省两会经济咨询服务工作会议精神。

【第八次会议】　1982年12月21—23日，在如城镇人民政府三楼会议室召开五届八次常委（扩大）会议，出席70人。会议主要内容：（1）学习《中华人民共和国宪法》和《中国人民政治协商会议章程》；（2）协商通过如皋政协《关于学习、宣传和贯彻执行新宪法决议》；（3）学习李维汉在全国政协会议上的讲话；（4）宣布常委何剑芒（县财贸办公室原主任）和陈汝贤（县经济委员会原副主任）驻会工作。

【第九次会议】　1983年1月24—25日召开，出席常委24人。会议主要内容：（1）传达全国政协五届五次会议精神；（2）讨论县政协五届三次全会上的常委会工作报告。

【第十次会议】　1983年3月15日在县招待所114会议室召开，出席常委28人。会议主要内容：（1）协商通过增补2名政协委员；（2）协商通过县委书记谢翼飞代表县委提名补选何剑芒、陈汝贤、袁靖东为政协副主席，何剑芒兼秘书长；（3）协商通过五届三次全会日程和议程。

【第十一次会议】　1983年3月21日在县招待所河南215会议室召开，出席常委33人。会议主要内容：（1）协商确定工商、文史工作组正、副组长；（2）协商讨论落实知识分子政策、如城中小学教育、精神文明建设等问题；（3）副主席王学源传达中央统战部部长杨静仁讲话精神。

【第十二次会议】　1983年5月12—14日，在如城镇政府三楼会议室召开五届十二次常委（扩大）会议，出席常委45人，在城委员41人应邀列席。会议主要内容：（1）县委书记谢翼飞通报全县农村实行政社分设的进展情况；（2）江苏省政协委员李浩然传达江苏省政协五届一次会议精神，南通市政协委员王学源、杨兴哉传达南通市政协五届一次会议精神；（3）学习南京市原副市长陈遂衡事迹；（4）县政协常委缪益清通报实行包干分配责任制情况。

【第十三次会议】　1983年8月25—27日，在如皋高等师范学校大教室召开五届十二次常委（扩大）会议，在如城的江苏省政协委员、南通市政协委员和如皋县政协委员列席。会议主要内容：（1）副主席何剑芒传达全国政协六届一次会议精神；（2）副主席潘信征报告1983年以来政协工作情况和之后5个月的打算；（3）协商通过《关于学习〈邓小平文选〉决议》；（4）县委书记谢翼飞通报全县工农业生产形势、社会治安综合治理、落实统战政策等情况。

【第十四次会议】 1983 年 10 月 6—8 日，在县招待所河南 215 会议室召开五届十四次常委（扩大）会议，出席常委 21 人，学习委员会委员 6 人列席，会议第四项内容扩大到在城的市、县政协委员。会议主要内容：（1）交流《邓小平文选》学习心得；（2）学习全国政协六届二次常委会《关于支持严厉打击严重刑事犯罪的决议》和全国人大常委会的有关决定；（3）讨论召开各界人士为“四化”服务经验交流会筹备工作；（4）协商通过对部分工农副业生产单位最新科技成果的考察报告。

【第十五次会议】 1983 年 12 月 7 日召开，出席常委 28 人，江苏省政协委员、南通市政协委员 5 人列席，主席吴功祥主持。会议听取并协商县委书记谢翼飞通报的县级机关机构改革初步方案。

【第十六次会议】 1984 年 1 月 6—7 日在县招待所河南 215 会议室召开，出席常委 30 人。会议主要内容：（1）传达上级关于县级政协换届的政策，协商第六届县政协委员名额和各界别分配的原则、比例；（2）听取如皋县 1983 年国民经济和社会发展的情况报告；（3）听取副主席潘信征关于对非党政协委员落实政策情况的汇报。

【第十七次会议】 1984 年 2 月 24 日在县招待所河南 114 会议室召开，出席常委 30 人，列席 8 人，主席吴功祥主持。会议主要内容：（1）传达学习中共中央 1984 年 1 号文件《关于 1984 年农村工作的通知》、中共中央办公厅《万里同志在全国农村工作会议上的讲话》《关于建立精神文明村的通知》和国务院《关于城市建设规划》等文件；（2）审议并通过六届一次全会上的常委会工作报告（初稿）和第六届政协委员名单；（3）3 月 7 日续会，协商通过县委书记谢翼飞代表县委提出的关于增补姚古渔、陆加龙两名委员的提议。

六、县六届政协常务委员会会议

县六届政协常委会议召开 14 次。

【第一次会议】 1984 年 3 月 17 日在县招待所新二楼东会议室召开，出席常委 39 人，因病因事请假 6 人，主席吴功祥主持。会议主要内容：（1）协商确定副秘书长；（2）协商建立政协工作组机构，确定筹备组负责人；（3）研究常委会二季度工作。

【第二次会议】 1984 年 5 月 29—31 日，在县招待所河北二楼会议室召开六届二次常委（扩大）会议，政协离休老干部、非常务委员的工作组正副组长、统战部相关人员列席。会议主要内容：（1）主席吴功祥报告六届一次全会以来的工作；（2）传达全省市、县政协工作经验交流会精神和有关文件精神；（3）讨论通过财贸、工交、教育、侨台、宗教 5 个工作组正、副组长的名单（工交组陈汝贤、陈殿文，农业组卢德龙，财贸组何剑芒、王宝鹤，教育组阎廉，医卫组薛炜清，文史组贲正祥、钱秉基、张远猷，侨台组陆飞、周进，宗教组谢明）。

【第三次会议】 1984 年 12 月 11 日在县招待所河南 114 会议室召开，出席常委 25 人，主席吴功祥主持。会议主要内容：（1）副主席王学源传达江苏省政协表彰先进大会的主要精神；（2）讨论各界人士为“四化”服务经验交流会日程；（3）传达学习中央、江苏省委关于干部制度改革和科技发明奖励等的文件。

【第四次会议】　1985年4月4日在县招待所河南114会议室召开，出席常委39人，主席吴功祥主持。会议主要内容：（1）讨论六届二次全会上的常委会工作报告（草稿）；（2）协商通过六届二次全会议程和日程；（3）协商确定出席南通市政协表彰先进大会的16名代表名单；（4）协商确定有关人事任命事项，同意冒保民为政协副秘书长。

【第五次会议】　1985年4月24日在县招待所新二楼会议室召开，出席常委35人，主席吴功祥主持。会议主要内容：（1）协商通过县委书记谢翼飞代表县委提名季秀英为县政协委员；（2）通过六届二次全会议程、日程、提案截止日期，通过大会提案委员会和文件起草委员会人员名单。

1985年4月27日，六届二次全会期间，在县招待所中楼二楼会议室召开常委碰头会，出席常委36人，主席吴功祥主持。会议主要内容：（1）协商通过吴功祥辞去政协主席职务的请求和王学源辞去政协副主席职务的请求；（2）协商通过县委书记谢翼飞代表县委提名季秀英为政协主席人选和贲正祥为政协副主席人选；（3）通过大会决议（草案）和选举办法。

1985年4月28日，六届二次全会期间，在县招待所中楼二楼会议室召开常委碰头会，副主席潘信征主持，协商通过六届二次全会闭幕议程。

【第六次会议】　1985年6月17—20日，在县招待所新二楼会议室召开六届六次常委（扩大）会议，出席常委33人，列席15人。会议主要内容：（1）传达全国政协六届三次会议精神；（2）听取并讨论参观沙洲县、常熟市政协工作情况和下半年政协工作意见的报告；（3）传达学习胡耀邦视察江苏的讲话和江苏省政府76号、77号文件精神；（4）听取并协商如城城建规划报告。县委书记谢翼飞、县长张炳贤到会并讲话。

【第七次会议】　1985年10月28—31日在县招待所新二楼会议室召开，出席常委37人，副主席贲正祥主持。会议主要内容：（1）传达学习中共中央〔1985〕19号文件和全国政协关于贯彻全国党代会的决议精神；（2）听取县委书记谢翼飞关于全县工农业生产等方面的情况通报；（3）听取并讨论主席季秀英所做前一阶段工作和往后主要工作意见的报告。

【第八次会议】　1986年1月13—16日，在县招待所中二楼会议室召开六届八次常委（扩大）会议，出席常委41人，副主席潘信征主持。会议主要内容：（1）传达学习中共中央〔1986〕1号文件、中共中央办公厅〔1986〕1号文件和中央领导人对加强农业生产问题的讲话；（2）听取并协商副县长冯邦才关于如皋县“七五”期间经济和社会发展计划（修改稿）的说明，以及1986年经济和社会发展计划意见的报告。

【第九次会议】　1986年4月2—3日在县招待所中二楼会议室召开，出席常委41人，副主席潘信征主持。会议主要内容：（1）副主席贲正祥传达江苏省政协五届十四次常委（扩大）会议精神；（2）讨论修改六届三次全会上的常委会工作报告（文稿），通报全会日程安排。

【第十次会议】　1986年5月3日在县招待所中二楼会议室召开，出席常委39人，副主席潘信征主持。会议主要协商通过六届三次全会的日程、议程、大会主席团分工、列席会议人员名额，以及文件起草委员会和提案审查委员会人员名单。

【第十一次会议】　1986年9月11—13日在县招待所二楼会议室召开，出席常委33人。

会议主要内容：（1）传达学习中办发文件《关于做好海外统战工作》《关于实行多党合作，进一步发挥民主党派的作用》；（2）听取县委副书记、县长潘宝才关于县经济工作会议情况和经济形势及往后工作任务的通报；（3）参观绢纺厂、纺织厂气流纺车间和丝织厂；（4）主席季秀英做《关于六届三次全会以来工作和部署第四季度工作的报告》。

【第十二次会议】　1986年12月16日在县招待所中二楼会议室召开，出席常委33人。会议研究确定六届四次全会的议程、日程和为两个文明建设服务经验交流会的出席对象。

【第十三次会议】　1987年1月17日在县招待所中二楼会议室召开，出席常委32人，主席季秀英主持。会议主要内容：（1）副主席贲正祥传达江苏省委组织部、统战部转发的《中央组织部、统战部关于做好政协换届工作的通知》和南通市委《关于政协人大人事安排的意见》；（2）协商县政协换届的委员名额分配问题。

【第十四次会议】　1987年3月9—10日在县招待所中二楼会议室召开，出席常委35人，主席季秀英主持。会议主要内容：（1）审查修改七届一次全会的常委会工作报告和提案工作报告；（2）协商决定七届政协委员的安排。

七、县七届政协常务委员会会议

县七届政协常委会议召开17次。

【第一次会议】　1987年3月29日在县招待所中二楼会议室召开，出席常委45人，列席2人，副主席明道奎主持。会议主要内容：（1）协商通过有关人事任命事项，同意张国辉、冒保民、杨兴哉为政协副秘书长；（2）协商通过新一届政协工作机构设置，决定设学习、提案和文史资料研究3个委员会，设工交、财贸计划、农业、科技、教育、文化、医卫、妇幼、祖国统一、法制和民族宗教11个工作组，设城东、丁堰、白蒲、薛窑、石庄、江安、搬经、城西、磨头和如城10个政协委员联系小组。

【第二次会议】　1987年8月12—13日在县招待所中二楼会议室召开，出席常委36人，因事因病请假16人，主席明道奎主持。会议主要内容：（1）传达学习全国政协和江苏省政协统战工作会议、全国地方政协工作组（委）工作会议精神；（2）副县长袁泉通报上半年“双增双节”的情况；（3）听取讨论七届一次全会以来的工作和下半年工作意见的报告；（4）协商确定各委组负责人。

【第三次会议】　1987年12月31日在县招待所中二楼会议室召开，出席常委33人，政协原主席、副主席、秘书长等列席。会议听取主席明道奎传达中国共产党第十三次代表大会精神，总结县政协七届一次全会以来工作，讨论通过《关于学习和贯彻中共十三大精神的决定》。

【第四次会议】　1988年2月29日在县招待所中二楼会议室召开，出席常委37人，主席明道奎主持。会议主要内容：（1）讨论修改七届二次全会上的常委会工作报告和提案办理情况报告；（2）协商如城海阳路、跃进路街面改造规划；（3）协商七届二次全会筹备工作。

【第五次会议】　1988年3月24日在县招待所餐厅三楼迎春厅召开，出席常委40人，主席明道奎主持。会议主要内容：（1）听取并审议七届二次全会上的常委会工作报告和提案工作报告（征求意见稿）；（2）研究举行“长江杯”自我教育竞赛颁奖仪式；（3）讨论通过七届二次全会日程和议程（草案）；（4）讨论通过七届二次全会执行主席分工名单和提案审查委员会名单（草案）、大会提案截止时间（草案）。

【第六次会议】 1988年3月27日在县招待所河南114会议室召开，出席常委35人，主席明道奎主持。会议协商通过七届二次全会决议。

【第七次会议】 1988年6月30日在县招待所二楼会议室召开，出席常委34人，列席14人。会议主要内容：（1）传达全国人大七届一次会议和全国政协七届一次会议精神；（2）主席明道奎报告七届二次全会以来的工作，并对下半年的工作提出意见；（3）听取县长潘宝才关于上半年全县工农业生产情况和财政、物价形势的通报；（4）决定成立经济工作委员会，贲正祥为主任委员，环斌、于永芳为副主任委员。

【第八次会议】 1988年9月10日，在县招待所中二楼会议室召开七届八次常委（扩大）会议，在如城的江苏省政协委员和南通市政协委员、县政协联系小组和工作组组长及政协离休老同志列席。主席明道奎主持。会议主要内容：（1）传达学习南通市委召开的人大、政协工作会议精神；（2）协商《如城总体规划调整意见》。县委副书记石秀峰到会并讲话。

【第九次会议】 1988年12月19—20日在县招待所河北中二楼会议室召开，出席常委54人。会议主要内容：（1）县委副书记石秀峰传达中共十三届三中全会精神，通报如皋贯彻三中全会精神的具体措施和意见；（2）部分常委围绕学习中共十三届二中全会精神以及治理经济环境、整顿经济秩序和全面深化改革的问题进行会议发言；（3）审议通过《政协如皋县委员会常务委员会工作规则》。

【第十次会议】 1989年3月15日在县招待所中二楼会议室召开，出席常委33人，列席4人，主席明道奎主持。会议主要内容：（1）讨论协商如皋县人民政府工作报告（讨论稿）；（2）讨论修改县七届三次全会政协常委会工作报告和提案办理情况报告；（3）讨论决定七届三次全会的议程；（4）讨论通过1989年政协工作要点。

【第十一次会议】 1989年3月29日召开，主席明道奎主持。会议主要内容：（1）通过七届三次全会的日程、议程；（2）通过七届三次全会大会执行主席名单和提案审查委员会人员名单，通过提案截止日期；（3）通过大会秘书处工作机构。

【第十二次会议】 1989年4月1日在县招待所南楼114会议室召开，出席常委30人。会议主要内容：（1）听取各组汇报七届三次全会讨论情况；（2）审议通过七届三次全会决议（草案）和提案审查报告（草案）。

【第十三次会议】 1989年6月23日在县招待所中二楼会议室召开，出席常委49人，主席明道奎主持。会议主要内容：（1）副主席贲正祥传达邓小平在接见首都戒严部队军以上干部时的重要讲话和李鹏、姚依林在中共中央、国务院召开的各部门负责同志会议上的讲话；（2）常务副县长刘桂江通报上半年全县经济工作情况和下半年的打算；（3）讨论通过《关于加强和完善政治协商、民主监督制度的意见》。

【第十四次会议】 1989年10月9日在县招待所中二楼会议室召开，出席常委49人，主席明道奎主持。会议主要内容：（1）听取并讨论县委书记潘宝才关于廉政建设、副县长石耀关于惩治腐败、副县长汤建华关于治理整顿等方面的情况通报；（2）主席明道奎传达南通市政协各县（市、区）政协工作经验交流会精神。

【第十五次会议】　1989年12月14日召开，会议主要内容：（1）主席明道奎传达学习江苏省委批转的江苏省政协党组《关于1990年县（市、区）政协换届几个问题的意见和通知》；（2）听取县委统战部关于县政协换届若干问题的说明；（3）协商八届政协委员的名额、界别设置、党内外委员比例。

【第十六次会议】　1990年2月24日召开，出席常委36人，列席15人，主席明道奎主持。会议主要内容：（1）学习《中共中央关于坚持和完善中国共产党领导的多党合作和政治协商制度的意见》；（2）讨论协商县人民政府工作报告（征求意见稿）；（3）讨论修改八届一次全会上的常委会工作报告和提案工作报告。

【第十七次会议】　1990年3月8日在县招待所中二楼会议室召开，出席常委35人，列席7人，主席明道奎主持。会议主要内容：（1）协商通过八届政协委员名单；（2）讨论通过八届一次全会主席团成员名单、提案审查委员会成员名单以及会议议程和日程。县委副书记管贵方到会并讲话。

八、市（县）八届政协常务委员会会议

市（县）八届政协常委会议召开18次。

【第一次会议】　1990年3月23日在县招待所河南会议室召开，出席常委44人，主席明道奎主持。会议主要内容：（1）协商通过有关人事事项，同意冒保民、史有生、程浥禾为八届政协副秘书长；（2）讨论八届政协工作机构设置，明确3个委员会、10个工作组和10个联系小组的负责人；（3）审议通过1990年政协工作要点；（4）协商酝酿县委提出的县人大、县政府、县法院、县检察院领导人选。

【第二次会议】　1990年7月24—25日，在县招待所中二楼会议室召开八届二次常委（扩大）会议，出席常委33人，因公因病请假13人，政协离退休老领导和部分上届政协常委列席。会议主要内容：（1）传达学习江泽民在全国统战工作会议上的重要讲话；（2）听取并协商讨论副县长汤建华关于《我县上半年工农业生产情况》和县城建委关于贯彻《城市规划法》情况的通报；（3）协商通过有关人事事项，同意增补严伟为政协副秘书长；（4）主席明道奎报告上半年工作情况和下半年工作意见。

【第三次会议】　1990年9月27—28日，在县政府招待所中二楼会议室召开八届三次常委（扩大）会议，出席常委51人，主席明道奎主持。会议主要内容：（1）学习《中共中央关于加强统战工作的通知》；（2）传达学习江苏省委统战工作会议精神；（3）听取冒保民、徐复林、李玉坤委员有关学习全国、全省统战工作会议文件的发言；（4）听取县城建委通报如皋工业新区规划情况；（5）听取审计局通报清理整顿公司、纠正行业不正之风的情况；（6）协商通过委员调整名单，同意增补许秀银、黄克武为政协委员。

【第四次会议】　1990年12月26—27日，召开八届四次常委（扩大）会议，出席常委34人，在如皋的江苏省政协委员和南通市政协委员、政协老主席列席，主席明道奎主持。会议主要内容：（1）副主席袁泉传达南通市政协工作经验交流会精神；（2）听取财政局通报如皋县

1990年财政收支情况；（3）主席明道奎总结1990年工作，提出1991年工作打算；（4）审议通过《如皋县政协提案委员会工作简则》；（5）通过黄金红辞去八届政协副主席职务的请求。县委副书记管贵方到会并讲话。

【第五次会议】　1991年1月26日，召开八届五次常委（扩大）会议，出席常委38人，列席22人，主席明道奎主持。会议主要内容：（1）讨论确定八届二次全会的日程、议程；（2）审议修改八届二次全会上的常委会工作报告（讨论稿）和提案工作报告（讨论稿）；（3）协商推荐政协1名党外副主席和政府委、办、局的党外负责人。

【第六次会议】　1991年3月9日召开，出席常委38人，主席明道奎主持。会议主要内容：（1）审议通过八届二次全会的议程、日程、常委分工和提案受理截止时间；（2）协商通过委员调整名单，同意增补严伟、黄国柱为政协委员；（3）协商调整提案工作委员会、医卫工作组负责人，决定成立政协“三胞”工作委员会并确定组成人员。

【第七次会议】　1991年3月13日在政府招待所中二楼会议室召开议，出席常委30人，列席7人。会议审议通过八届二次全会决议（草案）；各组召集人汇报讨论常委会工作报告和提案工作报告的情况。

【第八次会议】　1991年7月26—27日，在市政府招待所中二楼会议室召开八届八次常委（扩大）会，出席99人，副主席袁泉、章骥分别主持。会议主要内容：（1）听取15份关于工业产品结构的调查汇报；（2）主席明道奎报告上半年工作小结和下半年工作计划。市委书记柯文、副书记管贵方、副市长于永芳到会并讲话。

【第九次会议】　1991年10月4—5日，在市政府招待所中二楼会议室召开八届九次常委（扩大）会议，出席71人，副主席袁泉、马云鹏、章骥分别主持。会议主要内容：（1）听取并讨论副市长于永芳《关于全市工业生产情况》的通报和副市长汤建华《关于治理“三乱”情况》的通报；（2）听取市政协《关于视察知识分子工作情况》的报告，审议通过《关于进一步加强和改进知识分子工作》的建议案；（3）主席明道奎进行会议小结；（4）通过取消黄安昌政协委员资格的决定。市委副书记管贵方到会并讲话。

【第十次会议】　1991年12月27—28日召开，出席常委56人，主席明道奎，副主席袁泉、马云鹏分别主持。会议主要内容：（1）市委书记柯文、副书记管贵方分别传达中共十三届八中全会精神和江苏省委八届四次会议精神；（2）副市长石耀通报全市社会治安综合治理情况；（3）听取并讨论1991年政协工作情况和1992年政协工作思路。

【第十一次会议】　1992年1月18日在政府招待所中三楼召开，出席常委51人，主席明道奎主持。会议讨论修改八届三次全会上的常委会工作报告（提案工作不另做报告），通过八届三次全会议程。

【第十二次会议】　1992年3月4日在政府招待所中二楼会议室召开，出席常委49人，主席明道奎主持。会议主要内容：（1）审议通过八届三次全会的议程、日程、常委分工、提案受理的截止时间；（2）通过表彰先进集体和先进个人的决定；（3）审议通过《政协如皋市委员会提案工作条例》。

【第十三次会议】　1992年6月12—13日在政府招待所中二楼会议室召开，出席常委60

人，主席明道奎主持。会议主要内容：（1）听取并协商讨论常务副市长石耀通报贯彻中共中央〔1992〕2号文件、加快发展如皋经济的基本情况，以及关于加快发展如皋经济的五个政策性意见（征求意见稿）的说明；（2）听取市土地管理局关于土地使用制度改革情况的通报；（3）通过设立市政协委组工作室（正科级建制）的决定，任命张国辉兼委组工作室主任。市委书记柯文、副书记管贵方到会并讲话。

【第十四次会议】　1992年9月10—11日在政府招待所中二楼会议室召开，出席常委63人，主席明道奎主持。会议主要内容：（1）听取副市长石耀关于如皋市1—8月份工业生产情况和如皋港经济开发区规划情况的通报；（2）听取市财政局通报1—8月份财政收支情况；（3）协商通过有关人事任命事项，同意马武台任委组工作室副主任。

【第十五次会议】　1992年11月5日在政府招待所中二楼会议室召开，出席常委32人，副主席袁泉主持。会议主要内容：（1）听取并审议市委统战部关于政协第九届委员会的界别设置和委员名额分配的情况说明；（2）主席明道奎就换届工作的指导思想和安排原则等问题讲话。

【第十六次会议】　1993年1月11日在政府招待所中二楼会议室召开，出席常委41人，副主席袁泉主持。会议主要内容：（1）听取并原则通过九届一次全会上的常委会工作报告和提案工作报告；（2）通过表彰1992年度政协工作先进名单。

【第十七次会议】　1993年2月5日在政府招待所中二楼会议室召开，出席常委40人，主席明道奎主持。会议主要内容：（1）协商通过九届政协委员人选；（2）协商通过九届一次全会主席团建议名单；（3）协商通过九届一次全会的议程、日程；（4）协商通过九届一次全会提案工作委员会成员名单。

【第十八次会议】　1993年2月17日召开，主席明道奎主持。会议协商通过市委副书记管贵方通报的九届政协两项人事安排：明道奎不再担任九届政协主席，改任政协顾问；张国辉因年龄问题不再担任政协委员。

九、市九届政协常务委员会会议

市九届政协常委会议召开26次。

【第一次会议】　1993年3月24—25日召开，出席常委48人，主席石秀峰主持。会议主要内容：（1）协商讨论并通过1993年政协工作要点；（2）提议并通过九届政协工作机构设置，明确文史资料研究会、学习工作委员会、提案工作委员会、经济工作委员会、“三胞”委员会以及10个工作组和10个联系小组的负责人；（3）协商通过有关人事任命事项，同意严伟任副秘书长、史有生兼任委组工作室主任、马武台任委组工作室副主任，明确明道奎为政协顾问；（4）主席石秀峰对新一届常委提出希望和要求。

【第二次会议】　1993年4月16—17日在政府招待所中三楼会议室召开，出席常委63人，副主席袁泉主持。会议主要内容：（1）听取如皋港经济技术开发区和如皋经济技术开发区的工作汇报，协商“一港两区”开发规划；（2）听取全国人大代表李玉坤传达全国人大八届一次会议和全国政协八届一次会议精神；（3）围绕《关于调整如皋城区交通规划，根本改善交通环境》提案协商讨论。副市长徐天明到会并讲话。

【第三次会议】　1993 年 7 月 28—29 日在政府招待所中二楼会议室召开，出席常委 66 人，主席石秀峰主持。会议主要内容：（1）听取市委书记柯文关于中共如皋市七届六次全委（扩大）会议精神的通报；（2）听取副市长石耀关于当前经济工作情况的通报；（3）听取副主席袁泉关于上半年工作小结和下半年工作计划的报告；（4）协商通过有关人事任命事项，同意赵建华为市政协副秘书长。

【第四次会议】　1993 年 10 月 19—20 日在政府招待所中二楼会议室召开，在如皋的江苏省政协委员和南通市政协委员以及政协机关离退休老领导列席，主席石秀峰主持。会议主要内容：（1）副主席袁泉组织学习江泽民在中纪委二次全会上的讲话；（2）市委副书记管贵方通报全市开展反腐败斗争的情况；（3）围绕如何加强廉政建设、深入开展反腐败斗争问题进行协商讨论。

【第五次会议】　1994 年 1 月 11 日在政府一楼会议室召开，出席常委 47 人，主席石秀峰主持。会议主要内容：（1）主席石秀峰传达南通市政协工作会议精神；（2）讨论决定九届二次全会的日期和议程，原则通过九届二次全会上的常委会工作报告和提案工作报告（讨论稿）。

【第六次会议】　1994 年 2 月 17 日在政府招待所中二楼会议室召开，出席常委 45 人，主席石秀峰主持。会议主要内容：（1）酝酿通过市委副书记管贵方代表市委提名增补王光国为市政协副主席人选；（2）报告九届二次全会筹备工作，通过全会议程、日程和大会执行主席轮值名单。

【第七次会议】　1994 年 2 月 20 日在政府招待所河南 114 会议室召开，主席石秀峰主持。会议主要内容：（1）听取各组召集人汇报委员协商讨论情况，确定大会发言对象；（2）听取并协商确定王光国为政协副主席正式候选人，通过选举工作人员名单；（3）听取并通过九届二次全会决议（草案）。

【第八次会议】　1994 年 5 月 19—20 日在政府招待所中二楼会议室召开，出席常委 51 人，列席 25 人，主席石秀峰、副主席袁泉分别主持。会议主要内容：（1）听取市税务局和财政局关于 1994 年一季度新的财税体制运行情况及往后工作打算的通报；（2）听取政协经济工作委员会和工交、工商财贸、计划工作组的调查汇报；（3）围绕如何适应并加快财税体制改革、促进如皋经济持续快速健康发展问题进行协商讨论。市领导柯文、王耀光、刘桂江、管贵方听取发言并讲话。

【第九次会议】　1994 年 9 月 13—14 日，在政府招待所中二楼会议室召开九届九次常委（扩大）会议，出席 75 人，副主席章骥、袁泉分别主持。会议主要内容：（1）听取并协商讨论市工商局关于全市个体私营经济发展情况的通报；（2）听取并协商讨论白蒲、城西、石庄 3 个联系小组和工商联、政协秘书处关于个体私营经济的调研报告；（3）协商通过委员调整名单，同意增补张秀良、赵建华、周久桂、花汉民为政协委员。市委副书记刘桂江、副市长徐建平参加会议并讲话。

【第十次会议】　1995 年 1 月 10 日在政府招待所中二楼会议室召开，主席石秀峰主持。

会议主要内容：（1）讨论通过九届三次全会上的常委会工作报告和提案工作报告（讨论稿）；（2）讨论通过九届三次全会议程。

【第十一次会议】　1995 年 2 月 28 日召开，主席石秀峰主持。会议主要内容：（1）报告九届三次全会的准备工作情况和秘书处工作机构；（2）通过九届三次全会的议程、日程（草案）；（3）通过九届三次全会执行主席轮值名单和大会提案截止时间。

【第十二次会议】　1995 年 3 月 3 日召开，主席石秀峰主持。会议主要内容：（1）听取各组讨论政协常委会工作报告和政府工作报告情况；（2）通过全会决议（草案）；（3）确定大会发言的 13 名委员名单。

【第十三次会议】　1995 年 5 月 23 日，在政府招待所中二楼会议室召开九届十三次常委（扩大）会议，出席 80 人，主席石秀峰主持。会议主要内容：（1）听取并协商讨论白蒲、石庄、城东、磨头、搬经、城西 6 个政协联系小组和政协秘书处关于多种经营百项致富工程实施情况的调研报告；（2）通过《关于加快实施百项致富工程、促进多种经营发展的建议案》；（3）主席石秀峰就政协系统贯彻市委提出的“团结拼搏，真抓实干，实现如皋面貌三年大变样”提要求。市委书记郁政、副书记周宝生到会并讲话。

【第十四次会议】　1995 年 8 月 31 日—9 月 1 日在政府招待所中二楼会议室召开，政协常委、在如皋的江苏省政协委员和南通市政协委员、如皋市政协离退休老同志列席，副主席袁泉主持。会议主要内容：（1）主席石秀峰传达学习中共中央〔1995〕13 号文件和南通市政协工作会议精神；（2）市委副书记、市长王耀光通报全市上半年工业经济运行情况；（3）听取并协商讨论副市长徐天明关于海阳北路工程实施情况的通报；（4）听取并协商讨论副主席袁泉关于市属企业经济效益的调研报告；（5）通过《关于贯彻〈政协全国委员会关于政治协商、民主监督、参政议政的规定〉的实施意见》《如皋市政协常委会工作规则》《如皋市政协提案工作条例》。

【第十五次会议】　1995 年 11 月 24 日在政府招待所中二楼会议室召开，出席常委 71 人，在如皋的江苏省政协委员和南通市政协委员、政协离退休老领导列席，副主席袁泉主持。会议主要内容：（1）听取并协商讨论副市长徐天明关于 1996 年如城旧城改造设想和打算的通报；（2）听取并协商讨论政协关于全市中小学生思想状况的调研报告；（3）协商通过委员调整名单，同意增补申必林、江锦华、宋健、张如、张如芳、吴希林、魏祝明为政协委员。市长王耀光、市委副书记刘桂江到会并讲话。

【第十六次会议】　1996 年 1 月 19 日在政府招待所中二楼会议室召开，出席常委 46 人，副主席袁泉主持。会议主要内容：（1）讨论并通过九届四次全会上的常委会工作报告和提案工作报告（讨论稿）；（2）讨论并通过召开九届四次全会的决定；（3）通过九届四次全会秘书长、副秘书长人员名单；（4）协商并通过有关人事任命事项，同意马武台任委组工作室主任、李四海任副主任。

【第十七次会议】　1996 年 3 月 4 日在政府招待所中二楼会议室召开，出席常委 43 人，主席石秀峰主持。会议主要内容：（1）协商通过市委常委、组织部部长殷春和提出的市政协主席、副主席、常务委员候选人建议名单，同意增补魏国平、徐建平、严世进、章建平、鲍家华、丁俊红为政协委员；（2）通过九届四次全会议程、日程（草案）和提案受理截止时间；（3）通报九届四次全会准备情况。

【第十八次会议】　1996年3月7日召开，副主席王连生主持。会议主要内容：（1）听取各组讨论九届四次全会两个报告的情况，通过全会决议（草案）和选举办法（草案）；（2）确定九届四次全会大会发言人员；（3）协商通过市委常委、组织部部长殷春和代表市委提名的市人大、市政府、市人民法院和市人民检察院相关人事安排。

【第十九次会议】　1996年6月27—28日在政府招待所中二楼会议室召开，出席常委65人，在如皋的江苏省政协委员和南通市政协委员、如皋市政协离退休老领导列席，副主席袁泉、马云鹏分别主持。会议主要内容：（1）听取并协商副市长秦玉林关于沿江开发规划及实施情况的通报；（2）听取并协商副主席王连生关于沿江开发战略实施情况的调查汇报；（3）听取政协关于农技队伍建设情况的调查汇报；（4）协商通过关于“三胞”工作委员会和财贸、工商、工青妇、农业、工交工作组的人事任免事项。

【第二十次会议】　1996年9月24—25日在政府招待所中二楼会议室召开，出席常委57人，在如皋的江苏省政协委员和南通市政协委员、如皋市政协离退休老同志列席，主席魏国平、副主席袁泉分别主持。会议主要内容：（1）听取并协商讨论市委常委、副市长朱春关于全市第三产业发展情况的通报；（2）听取并协商讨论6个视察小组关于城镇第三产业发展情况的调查汇报。市委副书记刘桂江、周宝生参加会议。

【第二十一次会议】　1996年12月25—26日在政府招待所中二楼会议室召开，出席常委63人，在如皋的江苏省政协委员和南通市政协委员、如皋市政协离退休老领导列席，副主席袁泉主持。会议主要内容：（1）讨论并通过九届五次全会上的常委会工作报告和提案工作报告（征求意见稿）；（2）讨论《如皋市社会主义精神文明建设“九五”规划纲要（讨论稿）》；（3）通过召开九届五次全会的决定；（4）协商通过委员调整名单，同意增补陈建秋、朱守华、邵晓泉、杜永红为政协委员，撤销崔金余的政协委员资格。市委副书记刘桂江到会并讲话。

【第二十二次会议】　1997年1月23日在政府招待所中二楼会议室召开，出席常委39人，主席魏国平主持。会议主要内容：（1）通过九届五次全会的议程、日程、提案截止时间和执行主席名单；（2）报告大会准备情况。

【第二十三次会议】　1997年5月27日在政府招待所中二楼会议室召开，出席常委58人，主席魏国平主持。会议主要内容：（1）听取并协商讨论市委常委、副市长石耀关于全市民营经济发展情况的通报；（2）听取并协商讨论市政协秘书处关于民营经济发展情况的调查汇报和部分私营经济代表关于发展民营经济的发言。市委副书记刘桂江到会并讲话。

【第二十四次会议】　1997年9月23日在政府招待所中二楼会议室召开，出席常委63人，在如皋的江苏省政协委员和南通市政协委员、如皋市政协离退休老领导列席，主席魏国平主持。会议主要内容：（1）传达学习中共十五大精神；（2）听取并协商讨论副市长章树山关于1997年政府为民办实事的情况通报；（3）听取并协商讨论4个视察小组关于政府为民办实事视察情况的调研报告；（4）原则通过《市政协十届委员会的界别设置和委员名额分配方案》。

【第二十五次会议】　1997年11月25日在政府招待所中二楼会议室召开，出席常委55人，主席魏国平主持。会议主要内容：（1）讨论修改十届一次全会上的常委会工作报告和提案委员会工作报告（讨论稿）；（2）通过关于召开十届一次全会的决定。

【第二十六次会议】　1997年12月19日在政府招待所中二楼会议室召开，出席常委56人，政协离退休老领导列席，主席魏国平主持。会议主要内容：（1）协商通过十届政协委员人选；（2）协商讨论十届一次全会主席团建议名单；（3）协商讨论十届一次全会日程（草案）；（4）协商讨论十届一次全会提案审查委员会建议名单。市委副书记刘桂江参加会议。

十、市十届政协常务委员会会议

市十届政协常委会议召开25次。

【第一次会议】　1998年1月5日在政府招待所中二楼会议室召开，出席常委50人，主席魏国平主持。会议主要内容：（1）通报政协机构设置和中层干部任职情况；（2）协商通过各专门委员会、工作组、委员联系小组负责人名单；（3）通过1998年政协工作要点。

【第二次会议】　1998年4月28—29日在市委党校求是礼堂召开，出席常委64人，在如皋的江苏省政协委员和南通市政协委员、政协离退休老领导列席，主席魏国平主持。会议主要内容：（1）听取并协商讨论市政府关于再就业工程情况的通报；（2）听取并协商讨论4个视察调查组关于再就业政策措施、途径渠道、教育管理和观念转变等方面的调研报告。市长刘井石到会并讲话。

【第三次会议】　1998年9月24—25日在市委党校求是礼堂召开，出席常委70人。在如皋的江苏省政协委员和南通市政协委员、政协离退休老领导以及市政协各委员联系小组负责人列席，主席魏国平、副主席袁泉分别主持。会议主要内容：（1）听取并协商副市长陈惠娟关于乡镇企业改制的情况通报；（2）听取并协商5个视察调查小组关于乡镇企业改制后运行情况的调研报告；（3）同意增补司祝建为政协委员并担任城东委员联系小组组长。市委副书记刘桂江、石耀到会并讲话。

【第四次会议】　1999年1月7日在政府招待所中二楼会议室召开，出席常委43人，政协离退休老领导列席，主席魏国平主持。会议主要内容：（1）讨论修改十届二次全会上的常委会工作报告和提案工作报告（讨论稿）；（2）通过关于召开十届二次全会的决定；（3）同意增补董云如为政协委员并担任如城委员联系小组组长。市委副书记刘桂江参加会议。

【第五次会议】　1999年2月23日在政府招待所中三楼会议室召开，出席常委47人，主席魏国平主持。会议主要内容：（1）听取并通过市委副书记刘桂江代表市委提名增补严世进为政协副主席人选；（2）通过十届二次全会的议程、日程、大会执行主席分工名单和提案受理截止时间；（3）听取十届二次全会的准备情况。

【第六次会议】　1999年2月26日在政府招待所中三楼会议室召开，全体常委和各讨论组召集人出席，副主席徐建平主持。会议主要内容：（1）听取各组讨论十届二次全会两个报告的情况；（2）通过十届二次全会决议（草案）；（3）协商确定严世进为政协副主席候选人；（4）通过1999年政协工作要点。

【第七次会议】 1999年5月27—28日在政府招待所新中二楼会议室召开，出席常委53人，在如皋的南通市政协委员和政协离退休老领导列席，主席魏国平主持。会议主要内容：(1)听取并协商讨论市政府办公室关于全市农业产业化经营情况的通报；(2)听取并协商讨论政协两个视察调查小组关于全市农业产业化经营和农业资源开发利用的调研报告；(3)协商通过委员调整名单，同意增补范存全、孙益新、蔡成德、戴楠、王圣柏为政协委员；(4)通过《如皋市政协委组工作通则》。市委副书记蓝绍敏到会并讲话。

【第八次会议】 1999年9月23—24日在政府招待所新中二楼会议室召开，出席常委52人，在如皋的南通市政协委员和政协离退休老领导列席，主席魏国平主持。会议主要内容：(1)听取并协商讨论市委常委、副市长陈惠娟关于全市个体私营经济小区建设情况的通报；(2)听取并协商讨论政协5个视察调查小组关于个体私营经济小区建设的调研报告；(3)学习中共十五届四中全会公报和江泽民在庆祝人民政协成立50周年大会上的讲话。

【第九次会议】 1999年12月22—23日在政府招待所新中二楼会议室召开，出席常委54人，市政协离退休老领导列席，主席魏国平主持。会议主要内容：(1)讨论修改十届三次全会上的常委会工作报告和提案工作报告（讨论稿）；(2)听取并协商讨论政协两个视察调查组关于高中阶段教育情况的调研报告；(3)通过关于召开十届三次全会的决定；(4)通过撤销冯军政协委员资格的决定。

【第十次会议】 2000年1月14日在丽都假日酒店召开，出席常委45人，主席魏国平主持。会议主要内容：(1)通过十届三次全会议程、日程；(2)通过大会执行主席分工名单；(3)通过提案审查委员会名单以及提案受理截止时间；(4)听取十届三次全会准备情况的报告；(5)听取市财政局通报全市财政情况。

【第十一次会议】 2000年1月17日召开，副主席徐建平主持。会议主要内容：(1)听取并协商市委书记刘井石代表市委通报的市政府市长人选建议名单和有关情况说明；(2)听取各组讨论情况汇报；(3)通过大会决议（草案）；(4)通过市政协2000年工作要点。

【第十二次会议】 2000年4月20—21日在市政府二楼会议室召开，出席常委67人，在如皋的南通市政协委员、政协离退休老领导列席，主席魏国平、副主席袁泉分别主持。会议主要内容：(1)听取并协商讨论副市长徐天明关于市粮食系统改革与发展情况的通报；(2)听取并协商讨论政协4个视察调查组关于视察调查粮食系统改革与发展情况的汇报。市委副书记、市长蓝绍敏参加会议。

【第十三次会议】 2000年11月23—24日在市政府二楼会议室召开，出席常委67人，在如皋的南通市政协委员、政协离退休老领导列席，主席魏国平、副主席袁泉分别主持。会议主要内容：(1)听取并协商讨论政协4个考察小组关于考察外县（市）城市建设与管理情况的汇报；(2)主席魏国平传达全省政协工作会议精神。市委副书记、市长蓝绍敏，市委副书记刘桂江、章树山，副市长张元健参加会议。市委副书记刘桂江到会并讲话。

【第十四次会议】 2001年1月2日召开，副主席袁泉主持。会议主要内容：(1)讨论修改十届四次全会上的常委会工作报告和提案工作报告（讨论稿）；(2)通过召开十届四次全会的决定；(3)通报市政协十届四次全会准备及大会发言情况。

【第十五次会议】　2001年1月13日在市政府招待所中二楼会议室召开，出席常委48人，主席魏国平主持。会议主要内容：（1）听取并酝酿市委书记蓝绍敏通报人事安排情况（因年龄因素，魏国平不再担任市政协主席职务，徐建平任如皋市政协副处级督导员，提名刘桂江为政协主席候选人、杜永红为副主席候选人）；（2）同意增补刘桂江为市十届政协委员；（3）通过市政协十届四次全会日程、议程（草案）、执行主席分工名单和大会提案截止时间；（4）通报大会准备和秘书处工作机构建立情况。

【第十六次会议】　2001年1月16日在市政府招待所中二楼会议室召开，出席常委43人，副主席王连生主持。会议主要内容：（1）听取各组审议十届四次全会报告情况；（2）听取酝酿政协主席、副主席候选人情况，通过候选人名单和大会选举办法；（3）通过十届四次全会决议（草案）；（4）通过市政协2001年工作要点。

【第十七次会议】　2001年4月25—26日在市政府二楼会议室召开，出席常委49人，列席9人，主席刘桂江、副主席袁泉分别主持。会议主要内容：（1）副主席于永芳组织学习李瑞环在全国政协九届四次会议闭幕会上的讲话；（2）听取并协商讨论政协5个视察调查组关于农村危桥改造情况的汇报和市农业局关于农业科技园区建设情况的汇报。市委书记蓝绍敏、副书记石耀到会并讲话，副市长沈品辉参加会议。

【第十八次会议】　2001年7月13日在市政府二楼会议室召开，出席常委40人，在如皋的南通市政协委员、政协离退休老领导和有关部门负责人列席，主席刘桂江主持。会议主要内容：（1）主席刘桂江传达南通市政协工作会议精神；（2）听取并协商讨论政协3个调研组关于如城社区建设和管理的调研情况汇报。市委副书记石耀和市委常委、副市长陈照东参加会议，陈照东在会议结束前讲话。

【第十九次会议】　2001年11月22—23日在市政府二楼会议室召开，出席常委39人，在如皋的南通市政协委员、政协离退休老领导和有关部门负责人列席，主席刘桂江、副主席袁泉分别主持。会议主要内容：（1）听取并协商讨论政协4个视察小组关于企事业单位改革情况的调研报告；（2）听取并协商讨论副市长程德兴关于市属工业企业改革推进情况的通报。市委副书记石耀、周铁根参加会议。

【第二十次会议】　2001年12月31日在市政府二楼会议室召开，出席常委33人，主席刘桂江、副主席袁泉分别主持。会议主要内容：（1）讨论修改十届五次全会上的常委会工作报告和提案工作报告（讨论稿）；（2）通过召开十届五次全会的决定；（3）协商通过委员调整名单，同意增补沈永祥、沈健、王俊国为市十届政协委员；（4）讨论通过市政协2002年工作要点。

【第二十一次会议】　2002年1月22日召开，主席刘桂江主持。会议主要内容：（1）听取并通过市委副书记石耀代表市委提出的政协常委候选人的建议名单；（2）通过十届五次全会日程、议程、大会执行主席分工名单和提案截止时间；（3）听取十届五次全会准备情况汇报。

【第二十二次会议】　2002年1月25日召开，副主席王连生主持。会议主要内容：（1）听取各组讨论十届五次全会相关报告情况；（2）听取并协商通过增补政协常委候选人，通过选举办法（草案）和选举工作人员名单，通过十届五次全会决议（草案）；（3）听取市计经贸委关于自来水水源水质情况的说明和市水务局关于内外城河驳坡用石质量情况的说明，形成关于解决自来水水质问题的建议案。

【第二十三次会议】　2002 年 5 月 22—23 日在市政府二楼会议室召开，出席常委 72 人，在如皋的南通市政协委员、政协离退休老领导和参加视察调研的政协委员列席，主席刘桂江、副主席袁泉分别主持。会议主要内容：（1）听取并协商讨论政协 4 个视察调查组关于视察规模私营企业情况的汇报；（2）听取并协商讨论市委常委、副市长李中林关于 2002 年 1—4 月份招商引资和项目开发情况的通报。

【第二十四次会议】　2002 年 9 月 24—25 日在市政府二楼会议室召开，出席常委 76 人，在如皋的南通市政协委员、政协离退休老领导、参加视察调研的政协委员和相关部门负责人列席，主席刘桂江、副主席于永芳分别主持。会议听取并协商讨论政协 4 个视察调查组关于人才工作的调研情况汇报。副市长张元健参加会议。

【第二十五次会议】　2002 年 12 月 15 日在市政府二楼会议室召开，出席常委 49 人，主席刘桂江、副主席袁泉分别主持。会议主要内容：（1）修改并通过十届政协常委会工作报告和提案工作报告（讨论稿）；（2）协商通过市十一届政协委员建议名单；（3）通过召开十一届一次全会的决定。市委副书记石耀到会并讲话。

十一、市十一届政协常务委员会会议

市十一届政协常委会议召开 25 次。

【第一次会议】　2003 年 1 月 8 日召开，主席浦文海、副主席袁泉分别主持。会议主要内容：（1）讨论通过市政协 2003 年工作要点；（2）通过市政协机关“一办三委”［办公室，提案工作委员会（增挂社会法制、城乡建设工作委员会牌子）、经济科技工作委员会（增挂民宗侨台工作委员会、人口资源环境工作委员会牌子）、文教卫体工作委员会（增挂学习文史工作委员会牌子）］和在城 12 个界别委员活动组、农村 6 个委员活动组负责人名单。

【第二次会议】　2003 年 5 月 26—27 日在市政府二楼会议室召开，出席常委 69 人，在如皋的南通市政协委员、政协离退休老领导列席，主席浦文海、副主席袁泉分别主持。会议主要内容：（1）听取并协商讨论副市长张元健关于全市防治“非典”工作情况的通报；（2）听取并协商讨论政协 3 个小组关于视察调查全市花木盆景特色产业情况的汇报；（3）协商通过政协内设工作机构人事任免的决定和增补、撤销政协委员的决定。

【第三次会议】　2003 年 9 月 23—24 日在市政府二楼会议室召开，出席常委 65 人，在如皋的南通市政协委员、政协离退休老领导列席，副主席袁泉、于永芳分别主持。会议主要内容：（1）听取并协商讨论政协 4 个视察小组关于“三农”问题的视察调研情况汇报；（2）协商通过刘式俊的职务调整。市委副书记姜永华到会并讲话。

【第四次会议】　2003 年 12 月 17—18 日在市政府二楼会议室召开，出席常委 68 人，在如皋的南通市政协委员、政协离退休老领导列席，主席浦文海、副主席袁泉分别主持。会议主要内容：（1）听取市委常委、副市长李中林通报提案办理工作情况；（2）协商修改十一届二次全会上的常委会工作报告和提案工作报告（讨论稿）；（3）通过召开十一届二次全会的决定；（4）原则通过2004年市政协工作要点。

【第五次会议】 2004年1月7日在丽都假日酒店召开，主席浦文海主持。会议主要内容：（1）听取市委副书记、市纪委书记姜永华代表市委通报张秀良为市政协副主席候选人情况；（2）同意王奎礼因工作调动不再担任政协委员。

【第六次会议】 2004年1月9日召开，主席浦文海主持。会议主要内容：（1）听取各组讨论十一届二次全会相关报告情况；（2）听取通过全会决议（草案）；（3）听取酝酿市政协副主席候选人情况，确定张秀良为副主席正式候选人；（4）通过选举办法（草案）。

【第七次会议】 2004年5月25—26日召开，主席浦文海，副主席陆小兵、张秀良分别主持。会议主要内容：（1）听取郭继荣做政协新章程辅导报告；（2）听取并协商讨论3个视察组关于创建中国优秀旅游城市的视察调查汇报；（3）讨论通过《政协如皋市委员会关于加强常委会自身建设意见》；（4）协商通过委员调整名单，同意增补喻耀辉、姚呈明、周庆如、周荣明、徐梅、周星、王云娟、吴伯平、王志敏、许春龙、沈新、陈德芳、蒋邦峻、李永林、章允刚为市十一届政协委员，撤销王辉政协委员资格。市委副书记杨曹明到会并讲话。

【第八次会议】 2004年9月14—15日在市政府二楼会议室召开，出席常委65人，主席浦文海、副主席袁泉分别主持。会议主要内容：（1）学习胡锦涛在纪念邓小平100周年诞辰大会上的讲话；（2）听取并协商讨论4个调研小组关于全市千万元以上项目投入情况的汇报；（3）审议通过《政协如皋市委员会常务委员会议事规则》和《政协委员管理暂行规定》。市委副书记杨曹明、市政府副市长黄成到会并讲话。

【第九次会议】 2004年12月17日在市政府二楼会议室召开，主席浦文海主持。会议主要内容：（1）听取市委常委、常务副市长潘建华通报2004年度政协委员提案办理情况；（2）讨论修改十一届三次全会上的常委会工作报告和提案工作报告（讨论稿）；（3）通过市政协2005年工作要点；（4）通过召开十一届三次全会的决定。

【第十次会议】 2005年1月7日在丽都假日酒店国际会议厅召开，主席浦文海主持。会议主要内容：（1）市委副书记姜永华代表市委通报章建平提名为市政协副主席候选人、羌汉荣为秘书长候选人；（2）协商通过委员调整名单，同意增补章建平、羌汉荣、杨国祥、刘金诚为市十一届政协委员；（3）通过市政协机构调整和人事变动方案，政协机构由“一办三委”调整为“一办五委”。

【第十一次会议】 2005年1月9日在丽都假日酒店召开，主席浦文海主持。会议主要内容：（1）听取并讨论十一届三次全会相关报告情况；（2）听取酝酿候选人情况，决定章建平为市政协副主席正式候选人、羌汉荣为秘书长正式候选人；（3）通过选举办法（草案）、选举工作人员和大会决议（草案）。

【第十二次会议】 2005年5月12日在市政府二楼会议室召开，主席浦文海主持。会议主要内容：（1）副主席章建平组织学习《中共中央关于进一步加强中国共产党领导的多党合作和政治协商制度建设的意见》；（2）协商通过委员调整名单，同意增补马玉明、刘向阳、许建国、陈新生、黄鸿鸣、王尤赛为市十一届政协委员。

【第十三次会议】 2005 年 6 月 21—22 日在市政府二楼会议室召开，出席常委 45 人，在如皋的南通市政协委员、政协离退休老领导列席，主席浦文海主持。会议听取并协商讨论政协 3 个调研小组关于失地农民权益维护和社会保障问题的调研情况汇报。市委副书记姜永华参加会议。

【第十四次会议】 2005 年 9 月 22—23 日在市政府二楼会议室召开，出席常委 60 人，在如皋的南通市政协委员、政协机关离退休老领导列席，主席浦文海、副主席袁泉分别主持。会议主要内容：（1）听取并协商讨论政协 3 个视察调研小组关于社会综合治税情况的调研汇报；（2）原则通过《政协如皋市委员会关于组织开展民主评议工作的意见》。市委常委、常务副市长潘建华参加会议。

【第十五次会议】 2006 年 1 月 10—11 日在市政府二楼会议室召开，主席浦文海、副主席袁泉分别主持。会议主要内容：（1）听取副市长葛夕芳通报 2005 年政协委员提案办理情况；（2）协商修改十一届四次全会上的常委会工作报告和提案工作报告（讨论稿）；（3）讨论通过市政协 2006 年工作要点；（4）讨论通过召开十一届四次全会的决定；（5）协商通过委员调整名单，同意增补刘聪泉、车树兵、秦艳秋、李向东、胡拥军、徐建林、石健、陈建龙为市十一届政协委员；（6）讨论通过政协如皋市委员会《委员遴选办法（试行）》《提案工作条例》《全体会议工作规则》《常务委员会工作规则》《专门委员会工作规则》。

【第十六次会议】 2006 年 2 月 6 日在丽都假日酒店国际会议厅召开，主席浦文海主持。会议主要内容：（1）听取市委副书记杨曹明通报陈惠娟为市十一届政协主席候选人，车树兵、刘聪泉为政协常委候选人；（2）同意增补陈惠娟为市十一届政协委员；（3）通过十一届四次全会议程、日程，执行主席、秘书长和副秘书长名单，提案受理截止时间。

【第十七次会议】 2006 年 2 月 9 日在丽都假日酒店国际会议厅召开，主席浦文海主持。会议主要内容：（1）听取各组讨论十一届四次全会相关报告情况；（2）听取酝酿候选人情况汇报，通过陈惠娟为市十一届政协主席正式候选人，车树兵、刘聪泉为政协常委候选人；（3）通过十一届四次全会选举办法（草案）、选举工作人员和大会决议（草案）。

【第十八次会议】 2006 年 6 月 27—28 日在市政府二楼会议室召开，出席常委 62 人，在如皋的南通市政协委员、政协离退休老领导和相关部门负责人列席，副主席于永芳、张秀良分别主持。会议主要内容：（1）听取市委副书记杨曹明代表市委通报浦文海不再任市政协党组书记、袁泉不再任市政协党组副书记；（2）同意增补李中林为市十一届政协委员；（3）听取并协商政协 3 个调研组关于农村劳动力培训的视察调研情况报告。副市长陈冬梅到会并讲话。市政协原主席、党组书记浦文海和新任党组书记李中林分别讲话。

【第十九次会议】 2006 年 9 月 29 日在市政府二楼会议室召开，出席常委 48 人，在如皋的南通市政协委员、政协离退休老领导和相关部门负责人列席，副主席于永芳主持。会议主要内容：（1）听取并协商政协 3 个调研组关于现代物流业发展情况的视察调研汇报；（2）通过《关于加快我市现代物流业发展的建议案》；（3）决定撤销张光龙、王斌政协委员资格。副市长丁兴华到会并讲话。

【第二十次会议】 2006 年 12 月 22 日在市政府二楼会议室召开，党组书记李中林主持。

会议主要内容：（1）听取市委常委、常务副市长潘建华通报2006年度政协委员提案办理情况；（2）讨论修改十一届五次全会上的常委会工作报告和提案工作报告（征求意见稿）；（3）讨论通过召开十一届五次全会的决定；（4）讨论通过市政协2007年工作要点。

【第二十一次会议】　2007年1月14日在勘测院六楼会议室召开，副主席于永芳主持。会议主要内容：（1）听取市委副书记杨曹明代表市委通报李中林为市十一届政协主席候选人，刘聪泉为政协副主席候选人；（2）协商通过丁建明任经济科技委员会副主任、严佩兰任教文卫体委员会副主任；（3）通过市政协十一届五次全会议程、日程，执行主席、秘书长和副秘书长名单，大会提案受理截止时间。

【第二十二次会议】　2007年1月17日在勘测院六楼会议室召开，副主席张秀良主持。会议主要内容：（1）听取各组讨论十一届五次全会相关报告情况；（2）听取酝酿候选人情况汇报，通过李中林为政协主席正式候选人、刘聪泉为政协副主席正式候选人；（3）听取通过十一届五次全会决议（草案）；（4）通过全会选举办法（草案）、选举工作人员。

【第二十三次会议】　2007年6月24日在市政府二楼会议室召开，出席常委52人，在如皋的南通市政协委员、政协离退休老领导列席，主席李中林主持。会议听取并协商讨论政协两个调研组关于农业龙头企业在农业产业化中带动作用的调研情况汇报。

【第二十四次会议】　2007年9月27日在市政府二楼会议室召开，主席李中林主持。会议主要内容：（1）听取并协商通过《关于抓住苏通大桥通车契机，促进经济发展方式转变建议案》；（2）听取政协4个调研小组关于苏通大桥开通后对如皋市的影响和对策专题发言。市委常委、常务副市长沈品辉参加会议。

【第二十五次会议】　2007年12月15日在江陵大酒店召开，出席常委50人，主席李中林主持。会议主要内容：（1）听取市长助理万维庆通报2007年度政协委员提案办理情况；（2）讨论并原则通过市十一届政协常委会工作报告和提案工作报告（讨论稿）；（3）协商并原则通过市十二届政协委员名单；（4）通过召开十二届一次全会的决定；（5）通过市政协2008年工作要点。

十二、市十二届政协常务委员会会议

市十二届政协常委会议召开19次。

【第一次会议】　2007年12月30日在江陵大酒店召开，全体常委出席，主席李中林主持。会议主要内容：（1）通过市政协2008年工作要点；（2）协商通过政协各委组负责人名单。

【第二次会议】　2008年3月22日在市行政中心第五会议室召开，出席常委53人，列席8人，主席李中林主持。会议主要内容：（1）协商通过政协内设机构及组成人员名单；（2）协商通过委员调整名单，同意增补顾留忠、王云娟、佘柳涛为市十二届政协委员；（3）协商通过《全委会工作规则》《常委会工作规则》《提案工作条例（补充和修订）》《委员管理暂行规定》；（4）主席李中林对常委会自身建设及专委会工作提出要求。

【第三次会议】　2008年7月24日在市行政中心第五会议室召开，出席常委60人，在如皋的南通市政协委员、政协离退休老领导和相关部门负责人列席，主席李中林、副主席张元健分别主持。会议主要内容：（1）听取并协商讨论政协两个调研小组关于“工业集中，产业集聚”的调研情况汇报；（2）通过撤销张义林、严翔政协委员资格的决定。副市长张军到会并讲话。

【第四次会议】 2008年10月31日在市行政中心第五会议室召开，主席李中林主持。会议主要内容：（1）听取并协商讨论政协两个调研组关于旅游产业发展情况的调研报告；（2）通过加快发展旅游产业建议案；（3）协商通过委员调整名单，同意增补陆彪、陆少波为市十二届政协委员，撤销陈军政协委员资格。副市长孙杰到会并讲话。

【第五次会议】 2008年12月23日在市行政中心第五会议室召开，出席常委53人，主席李中林主持。会议主要内容：（1）听取副市长张军通报2008年度政协委员提案办理情况；（2）讨论并原则通过十二届二次全会上的常委会工作报告和提案工作报告（讨论稿）；（3）同意增补沈良高为十二届政协委员；（4）通过召开十二届二次全会的决定；（5）通过市政协2009年工作要点。

【第六次会议】 2009年1月7日在江陵大酒店召开，主席李中林主持。会议主要内容：（1）听取市委统战部通报殷高华为市十二届政协秘书长候选人、周太荣等8人为十二届政协常委候选人；（2）协商通过委员调整名单，同意增补殷高华等11人为十二届政协委员；（3）通过有关人事任命事项，同意周星任政协提案委员会主任、黄建华任城建和社会法制委员会副主任；（4）通过十二届二次全会议程、日程、执行主席分工名单以及大会秘书长和副秘书长名单（草案）；（4）通过全会提案审查委员会名单和提案受理截止日期。

【第七次会议】 2009年1月10日在江陵大酒店召开，主席李中林主持。会议主要内容：（1）听取各组讨论十二届二次全会相关报告的情况；（2）听取各组酝酿候选人的情况介绍，通过殷高华为政协秘书长正式候选人、周太荣等8人为政协常委正式候选人；（3）讨论通过全会决议（草案）；（4）通过全会选举办法（草案）；（5）通过市政协2009年工作要点。

【第八次会议】 2009年5月9日在行政中心第五会议室召开，出席常委69人，主席李中林主持。会议主要内容：（1）听取并协商市委常委、副市长马建明通报生态市建设情况；（2）听取并协商两个调研组关于生态市建设的调研报告；（3）通过撤销江祖林政协委员资格的决定。

【第九次会议】 2009年10月24日在行政中心第五会议室召开，出席常委59人，市发改委、三大主功能区负责人以及部分政协委员列席，主席李中林主持。会议主要内容：（1）听取并协商3个调研组关于三大主功能区建设的调研报告；（2）听取并协商政协关于生态市建设的调研报告；（3）协商通过委员调整名单，同意增补石卫国、薛建兵、周荣平为十二届政协委员。市委常委、常务副市长黄成到会并讲话。

【第十次会议】 2010年1月6日在行政中心第五会议室召开，出席常委67人，主席李中林主持。会议主要内容：（1）听取市委常委、副市长马建明通报2009年提案办理情况；（2）听取并通过十二届三次全会上的常委会工作报告和提案工作报告（讨论稿）；（3）协商通过委员调整名单，同意增补韦玉华、佘远军、沈明慧、沙枫、陈晓善、周勇骑、段昊翔、阎勇、黄宏俊为十二届政协委员；（4）讨论通过召开十二届三次全会的决定；（5）讨论通过市政协2010年工作要点。

【第十一次会议】 2010年1月12日在光华大酒店集贤厅召开，主席李中林主持。会议主要内容：（1）听取市委组织部通报阎勇、周勇骑、佘柳涛为市十二届政协常委候选人情况；（2）审议通过有关人事任命事项，同意顾艳枫为政协办公室副主任、谢健为提案委员会副主任；（3）讨论通过十二届三次全会议程、日程、执行主席分工名单，大会秘书长、副秘书长名单，大会提案审查委员会名单和提案截止日期（草案）。

【第十二次会议】 2010年1月15日在行政中心第五会议室召开，主席李中林主持。会议主要内容：（1）听取十二届三次全会期间各组讨论情况的汇报；（2）审议通过全会决议（草案）；（3）通过阎勇、周勇骑、佘柳涛为政协常委正式候选人；（4）审议通过选举办法（草案）；（5）通过市政协2010年工作要点。

【第十三次会议】 2010年6月25日在行政中心第五会议室召开，现任委员的政协老领导、相关部门和镇区主要负责同志及调研组相关同志列席，主席李中林主持。会议主要内容：（1）听取并协商讨论市委常委、常务副市长黄成关于“万顷良田建设工程”情况的通报；（2）听取并协商讨论政协3个调研小组关于万顷良田建设的视察调研汇报；（3）协商通过委员调整名单，同意增补田晶晶、段桂平为十二届政协委员，撤销郭夕林政协委员资格。

【第十四次会议】 2010年12月24日在行政中心第一会议室召开，主席李中林主持。会议主要内容：（1）听取副市长陈万圣关于十二届三次全会以来提案办理情况的通报；（2）听取并通过十二届四次全会上的常委会工作报告和提案工作报告（讨论稿）；（3）通过召开十二届四次全会日程、议程（草案）；（4）讨论通过市政协2011年工作要点。

【第十五次会议】 2011年1月10日在市民服务中心三楼报告厅召开，主席李中林主持。会议主要内容：（1）协商通过委员调整名单，同意增补黄文斌、郝继峰为十二届政协委员；（2）通过十二届四次全会日程、议程（草案）；（3）协商通过十二届四次全会秘书长、副秘书长、提案审查委员会名单和提案截止时间（草案）。

【第十六次会议】 2011年1月13日在市民服务中心三楼报告厅召开，主席李中林主持。会议主要内容：（1）听取市委副书记杨曹明提名黄文斌为十二届政协副主席候选人、郝继峰为政协常委候选人；（2）审议通过有关人事任命，同意郝继峰任市政协社会法制（城乡建设、人口和资源环境）委员会主任；（3）讨论通过十二届四次全会选举办法（草案）；（4）讨论通过全会决议（草案）。

【第十七次会议】 2011年1月13日在市民服务中心三楼报告厅召开，主席李中林主持。会议主要内容：（1）听取十二届四次全会期间各组讨论情况的汇报；（2）审议通过全会决议和选举办法（草案）；（3）通过黄文斌为十二届政协副主席正式候选人，郝继峰、夏茂富、王捷为政协常委正式候选人；（4）通过市政协2011年工作要点。

【第十八次会议】 2011年7月7日在行政中心第五会议室召开，出席常委71人，现任委员的政协老领导、发改委和科技局主要负责人以及调研组相关同志列席，主席李中林、副主席章建平分别主持。会议主要内容：（1）听取并讨论协商副市长缪小华所做关于“信息化带动工业化”的情况通报；（2）听取并讨论协商政协两个调研组关于“信息化带动工业化”的视察调研报告；（3）审议通过《如皋市政协委员管理办法（试行）》；（4）协商通过委员调整名单，同意增补印露、管峰、黄海、王正华、花金泉、缪建平为十二届政协委员，秦艳秋、阎勇、石建、韩冬庆、马红、田晶晶、顾晏不再担任十二届政协委员。

【第十九次会议】　2012 年 3 月 9 日在行政中心第五会议室召开，出席常委 73 人，主席李中林主持。会议主要内容：（1）协商通过市政协十三届委员建议名单；（2）协商通过有关人事任命，同意殷高华兼任办公室主任、万有富任学习文史（民宗侨台）委员会主任、周松林任经济科技委员会主任、朱志伟任经济科技委员会副主任、吴小蓉任学习文史（民宗侨台）委员会副主任；（3）讨论并原则通过市十二届政协常委会工作报告和提案工作报告（讨论稿）；（4）通过召开十三届一次全会的决定（草案）。

十三、市十三届政协常务委员会会议

市十三届政协常委会议召开 19 次。

【第一次会议】　2012 年 3 月 23 日在行政中心第一会议室召开，主席李中林主持。会议主要内容：（1）审议通过政协 2012 年工作要点；（2）讨论确定在城 14 个委员组和农村 20 个委员组负责人；（3）主席李中林对新一届政协常委提出履职要求。

【第二次会议】　2012 年 11 月 5 日在行政中心第五会议室召开，出席常委 66 人，现任委员的政协老领导、市政法委（创新办）等部门主要负责人以及相关调研组同志列席，主席李中林主持。会议主要内容：（1）听取并协商讨论政协两个调研组关于社会管理基层基础建设工作的调研报告；（2）市委常委、政法委书记缪小华围绕深入持久推进社会管理基层基础工作讲话；（3）主席李中林部署工作。

【第三次会议】　2013 年 1 月 13 日在市民服务中心三楼报告厅召开，主席李中林主持。会议主要内容：（1）讨论并通过十三届二次全会上的常委会工作报告和提案工作报告（征求意见稿）；（2）通过十三届二次全会日程、议程，大会秘书长、副秘书长名单，提案受理截止时间（草案）；（3）讨论通过部分委员调整名单。

【第四次会议】　2013 年 1 月 16 日在市民服务中心三楼报告厅召开，主席李中林主持，会议讨论通过 2013 年政协工作要点。

【第五次会议】　2013 年 5 月 17 日在行政中心二楼报告厅召开，主席李中林主持。会议主要内容：（1）听取并通过市委组织部和统战部关于调整十三届部分政协委员的建议，同意增补孙晓冬、邹静静、谢仁宏、许映亮、姚大平、章士友、李向东、薛建兵、薛煜、王常林、管峰、马彬、蔡爱忠、邵海建、洪俊为十三届政协委员，金海清、徐永宏、钱康梅、张善良、章强、张明亮、王正华、丁飞、蔡娟、吴宏兵不再担任十三届政协委员，撤销张秀祥、李向东委员资格；（2）听取市委组织部关于增补政协办公室主任人选建议，协商通过许映亮任政协办公室主任；（3）协商通过镇级区划调整后政协委员组组长调整方案；（4）主席李中林就推进全年政协工作提出要求。

【第六次会议】　2013 年 10 月 14 日在行政中心二楼报告厅召开，出席常委 61 人，政协退休老领导、市发改委和科技局班子成员、住建局等 5 个部门分管负责人列席，主席李中林主持。会议主要内容：(1) 听取并协商讨论政协两个调研组关于高新技术产业发展情况的调研报告；(2) 听取市委组织部和市委统战部关于调整市政协十三届部分委员的情况说明，协商通过委员调整名单，同意增补何福平、狄邦建、王贵成为政协委员，夏燕不再担任政协委员，撤销周建国政协委员资格；(3) 副市长陆雪松讲话。

【第七次会议】 2014 年 1 月 7 日在行政中心贵宾厅召开，主席李中林主持。会议主要内容：(1) 听取并通过市委常委、组织部部长蒋建代表市委关于提名钱志刚为政协副主席候选人，许映亮、章士友为政协常委候选人，增补沙海军、贾宏彬、席兰兰、张建、季建为政协委员的说明；(2) 听取并通过统战部关于调整部分政协委员的说明，同意印露、吴淞、倪建成、周志祥、刘国宝因工作变动不再担任政协委员，撤销蔡可如政协委员资格；(3) 副市长陈万圣通报十三届二次全会提案办理情况；(3) 听取并通过十三届三次全会上的常委会工作报告和提案工作报告（征求意见稿）；(4) 听取并通过全会日程、议程，大会秘书长和副秘书长、提案审查委员会建议名单及大会提案截止时间（草案）；(5) 通过 2014 年政协工作要点。

【第八次会议】 2014 年 1 月 11 日在行政中心第一会议室召开，主席李中林主持。会议主要内容：(1) 听取十三届三次全会期间各组讨论情况汇报；(2) 审议并通过全会决议（草案）、选举办法（草案）和选举工作人员名单；(3) 通过钱志刚为政协副主席正式候选人，许映亮、章士友为政协常委正式候选人；(4) 通过市政协 2014 年工作要点；(5) 听取并通过相关人事任免事项，同意吴小蓉任政协提案委员会副主任，邱贵平任学习文史（民宗侨台）委员会副主任，谢建因另有任用，不再担任提案委员会副主任。

【第九次会议】 2014 年 7 月 4 日在行政中心第一会议室召开，出席常委 52 人，主席李中林主持。会议主要内容：(1) 听取并协商讨论市长助理万维庆关于城镇化建设情况的通报；(2) 听取并协商讨论两个调研组关于推进城镇化建设工作的调研报告；(3) 协商通过委员调整名单，同意增补朱贵宏、高建秋、严明泉、张德进、石小峰为十三届政协委员，刘聪泉、黄海、陈洁、曹爱卿、韦玉华、刘爱和、马广源因工作变动不再担任政协委员，撤销陆少波政协委员资格。市委常委、组织部部长蒋建到会并讲话。

【第十次会议】 2014 年 11 月 24 日在行政中心二楼报告厅召开，主席李中林主持，环保局机关干部和各镇（区、街道）环保助理列席。会议主要内容：(1) 听取副主席黄文斌通报民主评议环保局工作评议结果；(2) 听取副市长陈万圣关于扎实推进全市环保工作的报告；(3) 主席李中林点评评议工作，提出整改建议。

【第十一次会议】 2015 年 1 月 7 日在行政中心第二会议室召开，主席李中林主持。会议主要内容：(1) 听取市委常委、常务副市长吴道健关于市政协十三届三次全会以来提案办理情况的通报；(2) 听取通过十三届四次全会上的常委会工作报告和提案工作报告（征求意见稿）；(3) 通过十三届四次全会日程、议程、大会秘书长和副秘书长名单、提案审查委员会建议名单（草案）；(4) 通过 2015 年政协工作要点；(5) 协商通过委员调整名单，同意增补倪新福、陆爱斌、朱志聪、张建、陈钦炀、张云忠、王建宏、刘伟芳为十三届政协委员，戴和彩、程学勇、汤卫红、郭俊青、王奕辉、薛煜、曹武元、夏文彬、管峰因工作变动不再担任政协委员。

【第十二次会议】 2015 年 3 月 27 日在行政中心第二会议室召开，出席常委 54 人，各镇（区、街道）政协工委主任和各界别委员组组长列席，主席李中林主持。会议主要内容：(1) 听取市委组织部关于在各镇（区、街道）建立政协工作委员会情况和政协工作委员会主任由镇（区、街道）党（工）委副书记兼任情况的通报；(2) 听取市委组织部关于政协委员变动情况的说明，协商通过委员调整名单，同意增补沈彬、张勇、谢小丽、段月祥、王鹏、丁建、王建宏、陈飞、章军、丁毅、宗晓、章爱平、徐宏明、陈广建、朱莉为政协委员，陶建生、曹汉清、严金宏、王常林因工作变动不再担任政协委员，撤销周高建、李向东政协委员资格；(3) 主席李中林围绕做好政协工作、树立委员形象提出要求。

【第十三次会议】 2015 年 7 月 16 日在行政中心第三会议室召开，出席常委 62 人，政协退休老领导、卫计委领导班子成员列席，主席李中林主持。会议主要内容：(1) 听取并协商讨论副市长缪爱诚关于医疗卫生服务体系建设情况的通报；(2) 听取并协商讨论政协两个调研组关于医疗卫生服务体系建设的调研报告。市委常委、宣传部部长胡拥军到会并讲话。

【第十四次会议】 2015 年 11 月 18 日在行政中心第三会议室召开，主席李中林主持。会议主要内容：(1) 听取副主席、统战部部长钱志刚对政协委员变动情况的说明；(2) 协商通过委员调整名单，同意增补沈飞、宗美凌、徐华、徐征曦为市十三届政协委员，王贵成不再担任政协委员，撤销杨宜林、刘军政协委员资格。

【第十五次会议】 2015 年 12 月 30 日在行政中心第三会议室召开，主席李中林主持。会议主要内容：(1) 听取副市长杜永红关于市政协十三届四次全会以来提案办理情况的通报；(2) 听取并协商讨论两个调研组关于构建农业产业化体系的视察调研报告，提出意见和建议；(3) 通过十三届五次全会日程、议程（草案）。

【第十六次会议】 2016 年 3 月 24 日在行政中心第三会议室召开，各镇（区、街道）政协工委主任、各界别组组长列席，主席李中林主持。会议主要内容：(1) 听取副主席、统战部部长钱志刚对政协委员变动情况的说明；(2) 协商通过委员调整名单，同意增补沙兵、朱益红、王亚明、赵红飞、申燃、章裕阳、林炳文、王正权、陈娜、周志翔、于俊、王加福、严佩兰为政协委员，施勇、黄鹏程、王志刚、吴春江、段月祥、王鹏、章军、刘培新、朱志聪、吴为、张建、马彬、张婧不再担任政协委员；(3) 通过政协机关相关人事任免，严佩兰任文教卫体委员会主任。

【第十七次会议】 2016 年 8 月 5 日在行政中心第三会议室召开，各镇（区、街道）政协工委主任、各界别组组长以及市发改委、农委、旅游局等 7 个部门主要负责人列席，副主席张亚鸾主持。会议听取并协商讨论政协 3 个调研小组关于“放大长寿品牌，发展长寿产业”的视察调研报告。市委副书记司祝建、副市长杜永红到会并讲话。

【第十八次会议】 2016 年 11 月 15 日在行政中心第一会议室召开，商务局班子成员列席，副主席张亚鸾主持。会议听取并协商讨论政协 2 个调研小组关于外向型经济工作的视察调研报告。副市长高峰到会并讲话。

【第十九次会议】 2017 年 1 月 3 日在行政中心第三会议室召开，主席李中林主持。会议主要内容：（1）听取并通过市委组织部关于政协专委会负责人的调整名单，同意詹文天任城建法制委员会主任、万有富任提案委员会主任、周星任学习文史（民宗侨台）委员会主任、孙德祥任经济科技委员会主任、沈德君任经济科技委员会副主任，免去郝继锋城建法制委员会主任、周松林经济科技委员会主任职务；（2）听取并通过统战部关于市政协十四届政协委员的推荐名单；（3）修改通过十四届一次全会上的常委会工作报告和提案工作报告（征求意见稿）；（4）通过召开十四届一次全会的决定。

十四、市十四届政协常务委员会会议

截至 2019 年 12 月底，市十四届政协常委会议召开 15 次。

【第一次会议】　2017 年 1 月 14 日在行政中心礼堂召开，主席张元健主持。会议主要内容：（1）听取并通过市委组织部通报的政协机关人事调整，同意刘亚丽任政协教文卫体委员会副主任；（2）通过市政协 2017 年工作要点；（3）主席张元健部署工作。

【第二次会议】　2017 年 4 月 11 日在市民服务中心三楼会议室召开，出席常委 54 人，主席张元健主持。会议主要内容：（1）听取市委组织部关于增补政协委员的情况说明，协商通过委员调整名单，同意增补黄建华、顾艳枫、朱志伟、吴小蓉、邱贵平、沈德君、刘亚丽为市十四届政协委员；（2）协商通过政协各专委会不驻会副主任名单，同意朱贵宏、苏强、张书强、石剑、陈晓仲、马小平、章春建为城建法制委员会不驻会副主任，张俊、郭夕俊、孙天骄、王建云、陈仁高为教文卫体委员会不驻会副主任，王舜慧、吴鹏、冒海清、顾卫国、马军华、曹金林、孙福才、张红娟为经济科技委员会不驻会副主任，顾季青、刘志伟、纪成如、何福平、狄邦建为提案委员会不驻会副主任，陈实、陆爱斌、陈卫华为学习文史（民宗侨台）委员会不驻会副主任；（3）协商通过《政协如皋市委员会委员履职服务与管理办法》。

【第三次会议】　2017 年 7 月 4 日在市行政中心第三会议室召开，出席常委 50 人，各镇（区、街道）政协工委主任、各界别组组长和新能源汽车产业指挥部负责同志列席，副主席杜永红主持。会议主要内容：（1）听取市委组织部关于调整部分政协委员的情况说明和增补市政协办公室主任人选提名，协商通过相关委员调整和人事任免事项，同意增补张小凤、梅志祥为第十四政协委员，丁毅同志不再担任政协委员，张小凤任政协办公室主任；（2）倡议建立“政协委员慈善助学基金”；（3）实地参观，听取并协商讨论政协 3 个调研组关于新能源汽车产业发展的调研报告。市委常委、如皋经济开发区主任马金华和副市长高峰到会并讲话。

【第四次会议】　2017 年 9 月 19 日在市行政中心第三会议室召开，副主席冒平主持。会议主要内容：（1）听取市委组织部、市委统战部通报调整政协委员情况，协商通过委员调整名单，同意增补张小兵、邹波、陈娜、顾琴、朱志聪、谢洁、石光富、陈然、蔡海建、陈志坤为十四届政协委员，谢书平、赵银山、冒华、章盛国、袁春静、印丽梅、谢仁兵、王正权、吴新荣、吴林村、陈晓冬、王克、周体毅、丁建不再担任政协委员；（2）听取市规划局、水务局、住建局关于城市水系畅通工程建设规划和实施情况的汇报，组织实地视察；（3）协商通过关于加速推进城市水系畅通工程的建议案。副市长黄文斌到会并讲话。

【第五次会议】　2018 年 1 月 6 日在市行政中心第一会议室召开，主席张元健主持。会议主要内容：（1）听取市委组织部和市委统战部通报调整政协委员情况，协商通过委员调整名单，同意增补曹阳、陈磊、张孝俤、张德进、吴进、丁陆一、吴清、张勇为十四届政协委员，赵山、许月华、孙小飞、崔木子、袁潇不再担任政协委员；（2）听取常务副市长丁峰通报市政协十四届一次全会以来提案办理工作情况；（3）听取并通过十四届二次全会上的常委会工作报告和提案工作报告（征求意见稿）；（4）听取并通过十四届二次全会日程、议程，大会秘书长和副秘书长名单，提案审查委员会建议名单及大会提案受理截止时间（草案）；（5）通过2018年政协工作要点。

【第六次会议】　2018年1月13日在市行政中心第三会议室召开，主席张元健主持。会议主要内容：（1）协商通过十四届二次全会选举办法（草案）和选举工作人员名单；（2）协商通过张小凤、曹阳为政协常委正式候选人；（3）协商通过十四届二次全会决议（草案）。

【第七次会议】　2018年3月29日在市行政中心第三会议室召开，副主席杜永红主持。会议主要内容：（1）听取并通过相关人事任命，同意朱生全任城乡法制委员会副主任、刘霞任教文卫体委员会副主任；（2）听取市委组织部和市委统战部关于调整部分政协委员的说明，协商通过委员调整名单，同意增补刘金城、陈志祥、倪伟、冒爱群、陈平、吴红云、储凯、朱生全、刘霞为第十四届政协委员，邹波、马京武、陈娜、蔡海建、陈志坤、张红娟、张健、吴清、钱建平不再担任政协委员；（3）协商通过《如皋市政协委员履职积分考核制管理考评办法》；（4）通报委员组组长调整情况；（5）主席张元健传达全国“两会”精神，部署当前工作。

【第八次会议】　2018年6月29日在市行政中心第一会议室召开，副主席冒平主持。会议现场观摩新城建设，听取规划局、住建局、交通局、教育局和城南街道关于新城建设规划、项目推进情况的汇报，并开展专题协商。副市长黄文斌到会并讲话。

【第九次会议】　2018年11月9日在市行政中心第一会议室召开，主席张元健主持。会议主要内容：（1）听取市委组织部和统战部关于调整部分政协委员的情况说明，协商通过委员调整名单，同意增补马铁军、顾承龙、贲晶晶、钱康梅、谢继东为十四届政协委员，朱威威、唐照荣、夏跃雄、郑赛荣、程明江、张璇、朱志聪、谢洁、陈然不再担任政协委员；（2）实地观摩，听取并专题协商创建国家全域旅游示范区工作汇报。副市长程瑞琴到会并讲话。

【第十次会议】　2019年1月11日在市行政中心第一会议室召开，出席常委52人，主席张元健主持。会议主要内容：（1）听取市委组织部和统战部通报部分政协委员调整情况，协商通过委员调整名单，同意增补蔡立华、吴彬、顾鹏飞、王曙、丁炜、徐东建、宗迅怀、黄存华、李兵、曹永辉、石高涛为十四届政协委员；（2）副市长黄文斌通报市政协十四届二次全会以来提案办理工作情况；（3）审议并原则通过十四届三次全会上的常委会工作报告和提案工作报告（征求意见稿）；（4）审议通过十四届三次全会日程和议程，大会秘书长和副秘书长建议名单，提案审查委员会建议名单及大会提案受理截止建议时间（草案）；（5）通过2019年政协工作要点。

【第十一次会议】　2019年1月22日在市行政中心第三会议室召开，主席张元健主持。

会议主要内容：（1）听取并通过李晋、姜树华辞去市政协十四届委员、常委的请求；（2）协商通过马铁军为十四届政协常委建议候选人；（2）协商通过十四届三次全会选举办法（草案）；（3）协商通过全会决议（草案）。

【第十二次会议】　2019 年 1 月 23 日在市行政中心第三会议室召开，主席张元健主持。会议主要内容：（1）听取各组讨论审议大会报告情况；（2）听取酝酿协商十四届三次全会选举办法（草案）、增选政协常委候选人建议名单情况汇报；（3）听取讨论全会决议（草案）情况汇报。

【第十三次会议】　2019 年 3 月 1 日在市行政中心第三会议室召开，出席常委 49 人，主席张元健主持。会议主要内容：（1）副主席严世斌组织学习《如皋市政协委员履职积分考核制管理考评办法》；（2）听取市委组织部通报政协机关机构改革相关人事安排情况说明，协商通过相关人事任免，同意严佩兰任市政协办公室主任；孙德祥任市政协经济科技和农业农村委员会主任，沈德君任该委副主任；孙天骄任市政协教文卫体和文史委员会主任，邱贵平任该委副主任；陈晓仲任市政协环境资源和城乡建设委员会主任，朱生全任该委副主任；詹文天任市政协社法民宗和港澳台侨委员会主任，刘霞任该委副主任；刘亚丽任市政协委员工作委员会副主任；免去周星市政协学习文史（民宗侨台）委员会主任、张小凤市政协办公室主任职务；（3）协商通过张建业、林维维、江立宏辞去十四届政协委员的请求。

【第十四次会议】　2019 年 6 月 28 日在市行政中心第三会议室召开，出席常委 45 人，主席张元健主持。会议主要内容：（1）听取市委组织部、统战部通报部分政协委员调整情况，协商通过委员调整名单，同意徐宏明不再担任十四届政协委员、常委，蔡立华、高建秋、朱云不再担任十四届政协委员；（2）协商通过政协各专委会不驻会副主任名单，通报部分委员组组长、副组长调整情况；（3）围绕创新驱动发展进行专题协商，原则通过副主席郑振明所做的《关于推进创新驱动发展战略实施的建议案》。副市长程瑞琴到会并讲话。

【第十五次会议】　2019 年 11 月 21 日在市行政中心第三会议室召开，出席常委 47 人，主席张元健主持。会议主要内容：（1）参观如城街道新民社区、白蒲镇文著社区、长江镇田王村、城南街道夏庄社区，协商并通过《关于推进乡村振兴发展战略实施的建议案》；（2）协商通过委员调整名单，同意王荣涛、沈渭章、张勇不再担任十四届政协委员；（3）市委常委、宣传部部长高峰上“时刻保持清醒，做好意识形态工作”的专题党课。副市长黄文斌到会并讲话。

第四节　主席会议、主席办公会议

一、县一届至四届政协主席会议、主席办公会议

政协如皋县委员会于 1956 年 3 月至 1966 年 1 月分别选举产生了第一届至第四届的主席、副主席、秘书长、副秘书长（第一届无秘书长）。这期间，主席会议、主席办公会议并未单独召开，主要是以与政协常委会议或常委（扩大）会议一并举行的方式进行。

政协如皋县委员会四届一次全会闭幕后的 1966 年 2 月，全县开展大规模的社会主义教育运动，县政协中止正常活动。1966 年 5 月，“文化大革命”开始，县政协工作机构陷于瘫痪。1967 年 3 月，四届政协被迫停止活动，主席会议或主席办公会议履职暂停。

二、县五届政协主席会议、主席办公会议

1979 年 11 月 29 日，中共如皋县委研究决定，恢复政协如皋县委员会活动。1981 年 4 月，县政协五届一次全会选举产生第五届政协主席、副主席和秘书长，政协主席会议、主席办公会议职能恢复履行。

县五届政协主席会议、主席办公会议召开 27 次。

1981 年 6 月 8 日，主席办公会议讨论确定主席、副主席日常办公制度和学习制度；明确政协机关驻会人员与各组联系规定（每季联系一次），部署编史修志工作和编印《政协工作情况》；讨论确定提案审查、分批处理、汇编印发工作；讨论委员组建立问题，确定镇（公社）编组的原则、方法和界别组恢复建立事宜，明确委员组活动规定（每季 1—2 次）。副主席王学源主持。

1981 年 6 月 15 日，主席办公会议学习国家计委关于国民经济调整问题的报告。

1981 年 6 月 22 日，主席办公会议学习讨论县委关于生产责任制问题的报告（初稿），听取并审查部分提案办理情况。

1981 年 7 月 13 日，主席办公会议学习并明确政协工作任务；明确主席和副主席职责分工与下半年学习任务；规定主席办公会议时限（每两个月第一周下午）；协商建立工商、侨务和宗教三个工作组，确定各工作组组长、副组长名单；通报政协委员（村镇）编组情况，部署走访听取意见工作。主席吴功祥主持。

1981 年 11 月 5 日，主席办公会议小结 9、10 月份工作，讨论安排 11、12 月份工作。副主席吴凤琴主持。

1981 年 12 月 7 日，主席办公会议传达学习江苏省各民主党派和工商联为“四化”服务经验交流会精神和南通工商联会议精神，决定 1981 年 12 月 14 日召开县政协五届三次常委（扩大）会议。副主席吴凤琴主持。

1981 年 12 月 24 日，主席办公会议专题研究五届政协副主席沙宇清治丧事宜。主席吴功祥主持。

1982 年 1 月 6 日，主席会议征求对县委或常委个人的批评意见；讨论决定召开春节茶话会的工作事宜；讨论确定春节走访慰问对象和慰问分工。副主席王学源主持。

1982 年 2 月 13 日，主席会议学习江苏省委〔1982〕8 号文件精神，讨论在经济领域开展反对违法乱纪活动；讨论确定与县人大常委会一起前往海门、启东政协学习的活动安排；讨论确定 1982 年政协调研专题，决定视察调研如城水产销售市场情况；报告召开工商界人士为“四化”服务经验交流会准备工作情况。副主席吴凤琴主持。

1982 年 3 月 4 日，主席会议听取副主席王学源传达《中共中央批转全国统战工作会议纪要》（中发〔1982〕12 号）精神以及胡耀邦、习仲勋、李维汉、廖承志、乌兰夫等领导的讲

话，并讨论发言。副主席吴凤琴主持。

1982 年 4 月 12 日，主席会议讨论修改五届二次全会上的常委会工作报告和提案处理情况报告；讨论五届二次全会日程、议程、主席团名单、委员编组等事项；讨论确定邀请县人大代表中的统战对象列席五届二次全会的人员名单（43 名）。副主席王学源主持。

1982 年 7 月 5 日，主席会议讨论提请常委会协商的问题：关于建立学习委员会及其人选事宜；关于建立科技、教育、医卫、对台、妇女 5 个工作组及其成员事宜。同时还讨论安排三季度重点工作：组织委员讨论宪法修改草案和政协章程草案；准备为“四化”服务经验交流会的材料。主席吴功祥主持。

1982 年 7 月 15 日，主席会议听取五届二次全会以来工作情况的汇报，讨论并同意第三季度工作安排；讨论确定召开一次常委（扩大）会议，主要学习和讨论政协章程修改草案；讨论确定 9 月 25 日召开知识界人士为“四化”服务经验交流会。主席吴功祥主持。

1982 年 8 月 10 日，主席会议讨论确定五届六次常委会议程、日程安排及扩大列席的对象。副主席王学源主持。

1982 年 9 月 14 日，主席会议听取副主席潘信征传达全省“两会”精神；讨论与县人大常委会联合视察中小学教育工作的相关事宜；部署组织政协委员学习中共十二大精神。副主席王学源主持。

1982 年 10 月 9 日，主席会议组织学习中共中央〔1982〕38 号文件《批转中央宣传部关于学习十二大文件的计划安排》和全国政协五届二十次常委会议《关于学习十二大文件的决议》；初步通过县政协《关于学习贯彻十二大文件精神计划》；讨论各工作组组长人选。副主席吴凤琴主持。

1982 年 12 月 13 日，主席会议专题讨论五届三次全会上的常委会工作报告（提纲）。主席吴功祥主持。

1983 年 1 月 13 日，主席会议专题讨论五届三次全会上的常委会工作报告（初稿）。副主席吴凤琴主持。

1983 年 2 月 23 日，主席会议审查通过五届三次全会上的常委会工作报告（征求意见稿）；通报补选政协副主席袁靖东和政协委员张少平；协商 1983 年政协工作。主席吴功祥主持。

1983 年 3 月 4 日，召开主席（扩大）会议。全体主席会议成员出席，在城政协常委、县人大代表共 27 人列席。会议专题协商南通地、市合并后，如皋县出席南通市人大、市政协会议的代表及委员名额（人大代表 60 人、政协委员 20 人）问题。

1983 年 3 月 10 日，主席会议协商关于五届三次全会的常委分工、会议日程及议程安排；讨论确定关于提案审查、决议起草的人选；酝酿协商补选 3 名县政协副主席和增补 2 名委员。

1983 年 5 月 9 日，主席会议讨论并通过召开五届十二次常委会议议程和日程，确定常委会议围绕县委书记谢翼飞关于农村政社分设问题的报告进行协商；听取关于政协委员落实政策情况的调查汇报。主席吴功祥主持，五届原副主席吴凤琴、黄国珍和秘书长张远猷列席。

1983 年 8 月 22 日，主席会议听取副主席何剑芒传达全国政协六届一次会议精神；听取并通过副主席潘信征关于上半年工作回顾和下半年工作安排的报告；协商并原则通过关于县政协学习《邓小平文选》的决议；确定召开各委员组组长会议，拟建立中药材咨询服务小组。副主席陈汝贤、王学源分别主持，五届原副主席吴凤琴、黄国珍列席。

1983 年 10 月 19 日，主席会议听取副主席王学源传达上级关于落实统战政策的讲话精神，副主席何剑芒报告落实统战政策的情况，决定联合召开推进会；研究部署近期学习《邓小平文选》、与人大联合视察内城河污染治理、围绕机构改革组织民主协商、深入农村召开政协委员座谈会等工作。主席吴功祥主持，五届原副主席黄国珍列席。

1983 年 11 月 29 日，主席会议听取副主席何剑芒关于 1983 年落实统战政策的情况汇报；讨论部署元旦前攻克落实统战政策的难点、加强联络农村委员、协商政协机关体制改革、纪念反“清乡”斗争 40 周年等工作。主席吴功祥主持。

1984 年 1 月 3 日，主席会议讨论政协换届各界别委员分配名额的原则和比例；听取副主席潘信征传达南通市“两会”精神，副主席王学源传达南通市政协常委会精神，政协委员钱秉基传达江苏省政协文史资料工作会议精神；讨论春节走访慰问工作。

1984 年 2 月 21—22 日，主席会议讨论通过六届一次全会上的常委会工作报告，协商六届政协委员人选。主席吴功祥主持。

三、县六届政协主席会议、主席办公会议

县六届政协主席会议、主席办公会议召开 43 次，会议通常由主席吴功祥（1984 年 3 月—1985 年 4 月）和主席季秀英（1985 年 4 月—1987 年 3 月）主持。

1984 年 5 月 4—5 日，主席办公会议听取主席吴功祥传达江苏省、南通市和如皋县政协工作经验交流会精神，并进行讨论；讨论建立政协工作组和六届一次全会提案、建议案处理问题。

1984 年 7 月 6 日，主席办公会议传达南通市政协会议精神；协商出席江苏省政协表彰大会人员名单；研究参加全省政协委员先进事迹展览和字画展览等工作。副主席黄道贯主持。

1984 年 8 月 30 日，主席办公会议传达上级有关文件，通报对越自卫反击战情况，并就对外开放问题进行讨论；研究部署委员知情学习、工作组联席会议、提案和议案处理、调研协商等工作。副主席王学源主持。

1984 年 11 月 3 日，主席办公会议研究近期工作：学习中共十二届三次全会公报和《中共中央关于经济体制改革的决定》，筹备召开各界人士为“四化”服务经验交流会，提高提案和议案办理质量，落实统战政策，召开六届三次常委会议等。政协原副主席吴凤琴、黄国珍列席。

1984 年 12 月 4 日，主席办公会议讨论修改为“四化”服务经验交流会材料，研究会议日程安排；听取副主席王学源传达江苏省政协表彰先进大会的精神，学习主要先进人物的事迹。

1985 年 1 月 4 日，主席会议学习讨论县委关于评选 1984 年度先进单位和先进个人的决定，研究当前工作和秘书处人员的分工。

1985 年 3 月 30 日，主席办公会议协商通过出席南通市政协表彰大会人员名单（共 16 人），讨论修改六届二次全会上的常委会工作报告（讨论稿）。

1985年4月6日，主席办公会议通过六届二次全会上的常委会工作报告（审议稿）；研究六届二次全会的准备工作；通报政协机关人事任命，马武台任政协秘书处秘书，张凤英任政协秘书处行政秘书，冒保民任政协副秘书长，史有生任政协秘书处秘书。

1985年4月24日，主席会议接受吴功祥辞去主席、王学源辞去副主席的请求；听取县委书记谢翼飞关于主席吴功祥、副主席王学源请辞情况的说明和县委关于提名季秀英为县政协六届主席、贲正祥为政协副主席候选人的情况通报。

1985年5月4日，召开主席会议，政协领导班子调整后的新老领导对政协机构的情况和工作进行交流对接，研究政治学习、视察调研、提升提案办理质效、文史等工作。

1985年5月15日，主席会议根据县委安排，明确政协新老领导工作分工；讨论研究六届二次全会各类提案具体处理的方式方法；传达南通市文史工作会议精神，研究决定增设文史资料工作组；研究工作组的建设与活动问题，决定增设农业工作组；讨论并通过工交组提交的关于修通通城桥路的报告，转城乡建设局落实。

1985年6月6日，主席会议听取副主席贲正祥传达南通市政协考察学习沙州、常熟的情况，讨论近期政协工作。

1985年7月24日，主席会议听取副主席贲正祥回顾小结上月工作情况；听取副主席潘信征传达南通市政协常委（扩大）会议精神；研究下半年工作。

1985年9月25日，主席会议研究国庆前后文史征编、书画展览和中秋国庆茶话会等工作，提议召开政协六届七次常委会议。

1985年10月11日，主席会议就政协整党及政协工作提出意见和建议，研究六届七次常委会议的筹备工作。

1985年10月16日，主席会议研究六届七次常委会议的日程、议程、出席对象；学习中共中央有关文件和全国政协会议有关精神；听取县委领导有关情况的通报；部署下一阶段工作。

1985年11月3日，主席会议研究恢复工商联的具体问题；听取文史征编情况的汇报，并重点审查有关稿件。副主席贲正祥主持。

1985年11月7日，主席会议讨论今冬明春工作，研究安排提案办理、开办高中补习班、视察动力机厂和丝织厂、走访各区委员联系小组等工作。

1985年11月23日，主席会议听取副主席贲正祥传达南通市政协常委会议精神，研究贯彻落实工作。

1985年12月26日，主席会议听取向在南京工作的老领导核实有关文史资料的情况汇报，部署召开文史研究委员会会议，研究出版发行第一辑《如皋文史资料》工作，谋划出版第二辑《如皋文史资料》。

1985年12月31日，主席会议传达学习南通市政协经验交流会精神；研究确定六届八次常委会议主题、日程、议程和出席对象；贯彻中共中央有关文件精神，决定不召开新春茶话会；听取副主席潘信征关于工商联恢复工作的情况汇报，部署召开工商联代表大会。副主席贲正祥主持。

1986年1月8日，主席会议研究确定六届八次常委会议期间的具体工作；研究六届三次全会政协委员的增补原则，部署全会材料起草等工作；听取副主席潘信征关于召开工商联代表会议的情况通报；讨论确定春节慰问老干部的工作；讨论确定政协机关评比先进的原则和方法。

1986 年 1 月 20 日，主席会议回顾 1985 年度工作，全面谋划 1986 年度工作；研究确定春节走访慰问政协机关离退休干部和城乡政协委员的活动，以及评选先进的工作。

1986 年 3 月 1 日，主席会议讨论六届三次全会上的常委会工作报告、开幕词、闭幕词及全会的其他准备工作。

1986 年 3 月 10 日，主席会议讨论六届三次全会上的常委会工作报告（初稿），听取县委书记谢翼飞关于县委常委会建议副主席殷宗焕驻会工作的情况通报。

1986 年 3 月 24 日，主席会议讨论完善六届三次全会上的常委会工作报告（三稿），研究确定召开六届九次常委会议的有关事项；听取副主席贲正祥通报江苏省政协基层工作会议情况和石庄镇政协联系小组在大会上做经验介绍的情况。

1986 年 3 月 31 日，主席会议研究确定六届九次常委会议的有关事项和六届三次全会的具体准备工作。

1986 年 4 月 10 日，主席会议研究通过六届三次全会上的常委会工作报告（征求意见稿），讨论确定《如皋文史资料》第一辑的赠送范围、对象。

1986 年 4 月 28 日，主席会议讨论通过六届三次全会开幕、闭幕讲话稿，确定六届三次全会提案受理截止时间。

1986 年 5 月 15 日，主席办公会议研究向县委报告政协六届三次全会的情况，梳理对政府工作报告和县“七五”计划（草案）的意见和建议；部署对大会提案进行初步分类和处理；梳理各工作组和联系小组工作计划，安排研究学习等工作。

1986 年 6 月 23 日，主席会议听取副主席贲正祥传达南通市政协常委会精神，小结六届三次全会以来的工作，研究部署下半年工作。市委书记潘宝才参加会议。

1986 年 7 月 22 日，主席会议听取提案工作委员会关于前一阶段提案办理情况的汇报，研究召开六届十次常委会议的议题、日程方案。

1986 年 9 月 4 日，主席会议研究召开六届十一次常委会议的有关事宜，研究筹划政协工作经验交流会的方案。

1986 年 9 月 9 日，主席会议专题讨论参加南通市政协召开的县、区政协座谈会准备工作中的具体问题。

1986 年 9 月 22 日和 27 日，主席会议传达南通市政协主席座谈会精神，研究召开县政协经验交流会的准备工作，研究参加南通市政协工作会议的发言材料。

1986 年 11 月 6 日，主席会议专题研究完善参加南通市政协工作会议的发言材料。

1986 年 12 月 6 日，主席办公会议专题研究六届四次全会的日程、议程及会议材料。

1986 年 12 月 14 日，主席会议专题讨论通过六届四次全会的有关事项，并提交常委会讨论。

1987 年 1 月 6 日，主席会议传达学习上级有关县级政协换届工作的通知精神，听取并讨论政协换届初步方案的报告；讨论七届一次全会上的常委会工作报告（提纲），研究召开六届十三次常委会议的筹备工作；安排春节期间的活动。

1987 年 2 月 23 日，主席会议专题讨论修改七届一次全会上的常委会工作报告（初稿）和提案工作报告（初稿）。副主席贲正祥主持。

1987 年 3 月 3—4 日，主席会议讨论协商关于七届政协委员的名额、分配、比例和人选方案，听取主席季秀英传达江苏省统战工作会议和江苏省政协工作会议精神。

1987 年 3 月 12 日，主席会议审定七届一次全会上的常委会工作报告和提案工作报告（征求意见稿），研究确定七届一次全会的日程、议程等方案，研究七届一次全会的开幕词、闭幕词和决议起草等事宜。

1987 年 3 月 16—17 日，主席会议讨论确定七届一次全会主席团名单（草案）、大会提案受理截止时间（草案）等事宜；听取县委书记程亚明关于七届政协主席、副主席建议候选人的情况通报；协商七届政协有关人员的安排方案（草案）。

四、县七届政协主席会议

县七届政协主席会议召开 34 次，会议通常由主席明道奎主持。

1987 年 4 月 1 日，主席会议协商并明确七届政协主席、副主席的分工，安排七届委员会的工作，研究外出参观学习事宜。

1987 年 4 月 21 日，主席会议听取副主席贲正祥关于赴东台、江都、丹阳、宜兴和江阴等地参观学习的情况汇报，讨论研究强化今后政协工作的思路和措施。

1987 年 6 月 11 日，主席会议传达学习南通市政协常委会议精神，传达南通市政协文史工作海安会议精神，议定开展调查考察的初步打算。

1987 年 7 月 9 日，主席会议听取讨论常委会关于三个月来的工作小结及下半年工作计划的报告；讨论确定七届二次常委会议议程；研究通过学习委员会、提案委员会、文史委员会顾问和人员名单。

1987 年 9 月 12 日，主席会议研究学习委员会关于举行“长江杯”自我教育有奖征答竞赛工作和直属学习组恢复活动等事宜；讨论国庆、中秋节委员活动安排和政协联谊会的筹备工作；部署开展几项调查考察活动。

1987 年 9 月 22 日，主席会议传达南通市人大、南通市政协换届准备工作会议精神，讨论安排国庆节前活动。

1987 年 12 月 7 日，主席会议研究当前工作，初步确定七届三次常委会议日程、议程。

1988 年 1 月 16 日，主席会议讨论七届二次全会上的常委会工作报告和提案工作报告的起草工作，明确责任分工；研究部署迎春茶话会的筹备工作和慰问走访工作。

1988 年 2 月 22 日，主席会议讨论修改七届二次全会上的常委会工作报告（初稿）和提案工作报告（初稿），研究确定七届四次常委会议日程、议程等具体事项。

1988 年 3 月 23 日，主席会议讨论七届二次全会的日程安排和主席、执行主席分工等具体问题。

1988 年 3 月 26 日，主席会议讨论并原则通过七届二次全会的闭幕词和大会决议（草案），研究“长江杯”自我教育有奖征答竞赛颁奖问题。

1988 年 3 月 29 日，主席会议听取并讨论 1988 年工作要点。

1988 年 5 月 26 日，主席会议传达全国政协七届一次会议精神；听取副主席潘信征传达十三城市政协横向联谊南通会议精神；研究当前工作和召开七届七次常委会议的有关问题。

1988 年 6 月 28 日，主席会议听取七届七次常委会议筹备工作情况的汇报，讨论确定政协常委会议和政协机关日常工作的有关具体问题。

1988 年 8 月 9 日，主席会议传达学习南通市委召开的人大、政协工作会议精神，并结合实际进行讨论；研究确定下半年调查研究、海外联谊、“三胞”眷属座谈会、开办高中补习班等具体工作。

1988 年 8 月 15 日，主席会议初定七届八次常委会议日程、议程；研究国庆、中秋茶话会有关准备工作；讨论修改上报南通市政协经验交流会的材料。

1988 年 11 月 4—5 日，主席会议听取副主席潘信征传达南通市政协工作交流会精神；听取主席明道奎传达南通市政协六届四次会议精神，通报去深圳、上海考察项目的情况；研究如何贯彻中共十三届三中全会精神；部署七届九次常委会议的筹备工作。

1988 年 12 月 5 日，主席会议研究七届九次常委会议的议程，讨论通过常委会工作规则和秘书长、副秘书长工作规则。

1988 年 12 月 17 日，主席会议专题研究七届九次常委会议的具体日程、议程和工作安排。

1988 年 12 月 24 日，主席会议研究部署七届三次全会上常委会工作报告的起草工作。

1989 年 1 月 16 日，主席会议传达南通市政协常委会精神，讨论修改七届三次全会上的常委会工作报告和提案工作报告，研究春节联欢会和走访慰问等工作。

1989 年 2 月 13 日，主席会议研究召开七届十次常委会议的筹备工作，讨论研究 1989 年政协工作要点。

1989 年 3 月 10 日，主席会议讨论修改 1989 年政协工作要点，研究七届十次常委会议议程等事宜，研究七届三次全会的具体事宜。

1998 年 3 月 31 日，主席会议讨论完善七届三次全会决议（讨论稿），讨论确定 11 名大会发言人员。

1989 年 4 月 5 日，主席会议讨论安排对环境污染、农业科技和县蚕种场的考察工作，研究外出参观学习的问题，部署提案办理工作。

1989 年 5 月 5 日，主席会议专题研究政协委员提交的关于政协机关自身建设的提案以及其他一些办理难度较大、需要政协牵头的提案办理等问题。

1989 年 6 月 14 日，主席会议讨论通过县委批转的《关于加强和完善政治协商、民主监督制度的意见（协商稿）》；讨论研究提案办理工作；研究确定七届十一次常委会议的具体议程；讨论如皋文史工作。

1989 年 8 月 7 日，主席会议专题研究下半年工作。

1989 年 9 月 2 日，主席会议讨论完善县、区政协交流会的材料，安排召开七届十四次常委会议，研究中秋、国庆茶话会工作。

1989 年 9 月 27 日，主席会议专题研究确定七届十四次常委会议的议题。

1989 年 12 月 8 日，主席会议传达学习江苏省委关于县（市、区）政协换届选举工作的文件精神；安排召开七届十五次常委会议；研究组织政协委员开展视察；部署八届一次全会常委会工作报告的起草工作。

1990 年 1 月 3 日，主席会议专题研究春节前后的工作：举办迎春茶话会，进行春节慰问，起草八届一次全会上的常委会工作报告。

1990 年 2 月 28 日，主席会议讨论通过八届一次全会上的常委会工作报告（讨论稿）和提案工作报告（讨论稿）；听取王光国关于政协换届工作的情况通报；研究八届一次全会的有关准备工作。

1990 年 3 月 7 日，主席会议讨论通过县政协第八届委员的界别、名额、比例的初步方案；讨论通过八届一次全会日程、议程（草案）；讨论通过八届一次全会主席团成员和提案审查委员会成员的建议名单。

五、市（县）八届政协主席会议

市（县）八届政协主席会议召开 27 次，会议通常由主席明道奎主持。

1990 年 3 月 28 日，主席会议讨论县委书记潘宝才在 3 月 26 日常委扩大会议上的讲话精神，研究贯彻措施；讨论完善 1990 年政协工作要点。

1990 年 4 月 12 日，主席会议研究关于政协机关下基层联系群众的规定、关于政协主席会议的有关规定、关于成立老委员联谊会的有关事项、关于提案交办会议和南通市政协文史资料工作如皋会议的有关事项。

1990 年 6 月 8 日，主席会议听取副主席黄金红传达南通市政协常委会议和主席座谈会精神；讨论完善上半年政协工作情况和下半年工作打算的报告；讨论确定报送《江苏名人选录》的初选名单；研究确定八届二次常委会议的内容及有关事项。

1990 年 8 月 6 日，主席会议专题研究 1990 年下半年的工作安排。

1990 年 8 月 29 日，主席会议听取主席明道奎传达江苏省委统战工作会议精神；讨论修改如皋县政协参加南通市政协经验交流会的材料；研究确定八届三次常委会议的内容；研究建立如皋县政协联谊会的相关事宜。

1990 年 9 月 20 日，主席会议讨论确定八届三次常委会议日程、议程；研究确定国庆、中秋茶话会方案；听取副主席袁泉通报政协联谊会组建暂停的情况。

1990 年 10 月 31 日，主席会议传达南通市政协、南通市人大献策会议，南通市政协学习工作交流会和南通市政协“三胞”工作座谈会等会议精神，研究部署 11 月份的主要工作：视察自来水厂的管道铺设、评比先进、外出考察学习、交流委组工作经验等。

1990 年 12 月 4 日，主席会议传达南通市政协经验交流会精神；总结回顾 1990 年特色工作，谋划 1991 年重点工作；研究参加县四套班子党政联席会的汇报准备；研究八届四次常委会议的内容。

1991 年 1 月 19 日，主席会议研究八届二次全会的议程，讨论修改全会上的常委会工作报告（讨论稿）和提案工作报告（讨论稿）；讨论确定八届五次常委会议有关事宜；研究确定县政协在县委民主生活会上提出的书面意见；研究安排迎春茶话会和春节慰问工作。

1991 年 3 月 2 日，主席会议讨论通过八届二次全会的日程、议程（草案）和会议保障工作；讨论通过八届二次全会决议（草案），讨论修改大会闭幕词；研究安排召开八届六次常委会议的工作。

1991 年 3 月 27 日，主席会议研究确定 1991 年政协工作要点（征求意见稿）；研究确定县政协评选先进的条件、名额、比例和方法。

1991 年 4 月 16 日，主席会议听取县供销合作总社和农资公司负责人关于农用物资供应情况的汇报；听取副主席袁泉传达南通市政协经济科技委员会主任座谈会和南通市文史工作会议的精神；研究外出参观学习，推动外商、台商优惠投资政策的出台；商讨市、县联合征编发行南通集镇史的工作。

1991 年 5 月 8 日，主席会议讨论确定提案分类办理的三种方式：县政协牵头办理、委组牵头县政协参加办理和县政协自身办理；研究安排 5 月份的工作：调查产品结构、组织考察学习、委组联络活动和征集《南通名镇风情录》资料等。

1991 年 7 月 13 日，主席会议传达江苏省抗灾防洪电话会议精神，讨论确定八届八次常委会议的主题、出席对象、会议开法、发言对象等事项。

1991 年 8 月 17 日，主席会议小结 8 月份主要工作，研究安排 9 月份主要工作：筹备深圳“三胞”联谊会、组织委员视察生猪管理和农田水利建设、召开提案工作经验交流会和常委会议、举行中秋国庆茶话会等。

1991 年 11 月 22 日，主席会议听取副主席袁泉传达南通市政协召开的县（市、区）政协工作经验交流会精神，讨论安排年底前的政协工作：学习中共十三届八中全会精神、召开八届十次常委会议、召开“三胞”座谈会、组织视察“三资”企业和乡镇企业等。

1992 年 1 月 4 日，主席会议听取主席明道奎传达市委书记柯文在听取政协工作汇报后的讲话精神；研究春节前的政协主要工作；举办讨论部署八届六次常委会议和八届三次全会的筹备工作。

1992 年 2 月 15 日，主席会议专题研究确定八届三次全会日程、出席对象、表彰先进、主席分工、会议保障等事项。

1992 年 3 月 13 日，主席会议讨论修改 1992 年政协工作要点（征求意见稿），研究在如皋举行的长江口北部七县（市）政协联谊会的准备工作。

1992 年 4 月 9 日，主席会议听取主席明道奎传达南通市委会议精神，学习邓小平的重要讲话，研究如何贯彻中共中央二号文件精神；听取副主席袁泉通报提案立案情况；研究安排 4 月份工作：提案交办、调查视察、理论学习和推进“三资”落实等。

1992 年 6 月 3 日，主席会议听取提案工作交办情况的汇报，讨论重点提案的办理；研究确定八届十三次常委会议的主题、议程；部署安排 6 月份的主要工作：统战知识竞赛、视察食品卫生和供销社“四放开”等。

1992 年 7 月 25 日，主席会议研究安排 8 月份工作：视察扭亏增盈企业、回访委员提案、在党校开办中补班和寻找实体项目等。

1992 年 8 月 31 日，主席会议研究确定 9 月份召开的八届十四次常委会议以及国庆茶话会暨统战知识竞赛抽颁奖仪式的相关事宜，部署参观如皋港及提案评选表彰等工作。

1992 年 10 月 23 日，主席会议学习中共中央总书记江泽民在中国共产党第十四次全国代表大会上的报告。

1992 年 10 月 28 日，主席会议通报换届选举工作情况；研究春节前的政协工作；研究确定表彰提案先进集体和先进个人、提案承办先进单位名单。

1992 年 12 月 16 日，主席会议讨论通过九届一次全会上的常委会工作报告（征求意见稿）和提案工作报告（征求意见稿）；研究通过九届一次全会议程（草案）和有关事宜。

1993 年 1 月 7 日，主席会议研究确定八届十六次常委会议的召开时间和内容；确定召开在如皋的南通市政协委员座谈会的时间；确定迎春茶话会的时间和内容；讨论确定春节慰问工作。

六、市九届政协主席会议

市九届政协主席会议召开 57 次，会议通常由主席石秀峰（1993 年 2 月—1996 年 3 月）、魏国平（1996 年 3 月—1998 年 1 月）主持。

1993 年 2 月 23 日，主席会议研究确定九届一次常委会议的议程，讨论修改 1993 年政协工作要点（征求意见稿），明确委组设置及其负责人。

1993 年 3 月 12 日，主席会议研究安排 3 月份和第二季度工作；通报市委决定副主席王连生驻会工作；明确主席、副主席和全体机关工作人员的分工；听取提案审理情况的汇报。

1993 年 4 月 6 日，主席会议讨论安排政协系统学习全国“两会”精神；部署 4 月份视察调查 204 国道及宁通一级公路沿线土地复垦情况、组织“爱我如皋，美化城河”活动等工作；研究确定九届二次常委会议的日程和议程；研究重点提案的办理。

1993 年 5 月 6 日，主席会议研究确定有关集体提案答复事宜和控减办公经费问题，讨论 5 月份工作：组织委员视察市场建设、协和实业有限公司开业及外出考察学习等。

1993 年 6 月 7 日，主席会议研究有关重点提案办理的情况；讨论政协如何做好联系经济开发区的工作；研究 6 月份的工作：视察乡镇企业项目开发、“三胞”委员会考察“三资”企业等。

1993 年 7 月 2 日，主席会议研究确定第三季度主要工作：召开九届三次常委会议和提案办理经验交流会，视察农村庭院经济、大中型企业转换经营机制情况、民营经济和股份制企业等。

1993 年 7 月 22 日，主席会议专题研究九届三次常委会议日程、议程。

1993 年 8 月 3 日，主席会议研究确定 8 月份的工作：视察股份合作制的运行、调查庭院经济、参观民营经济等。

1993 年 8 月 30 日，主席会议研究安排 9 月份工作。重点研究全面走访委员的方式方法，国庆中秋茶话会的主题、方式和内容。

1993 年 10 月 4 日，主席会议小结 9 月份工作，研究确定 10 月份工作；研究确定九届四次常委会议的议题和议程；组织学习中央廉政建设 5 条规定、江苏省委 3 条规定和如皋市委的 10 条规定，进行对照检查，召开民主生活会。

1993 年 11 月 8 日，主席会议听取副主席袁泉传达南通市政协工作会议精神和如皋市委统战部部长王光国传达全国统战工作会议精神；小结 10 月份工作，研究 11 月份工作。

1993 年 12 月 2 日，主席会议回顾 11 月份工作，研究安排 12 月份筹备九届三次全会、评选先进、考察学习等工作，讨论 1993 年政协工作总结和 1994 年政协工作思路。

1993 年 12 月 30 日，主席会议传达学习南通市政协常委会议精神，讨论九届二次全会的准备工作，研究确定九届五次常委会议的议程和迎春茶话会的具体事宜。

1994 年 3 月 1 日，主席会议听取九届二次全会工作情况的汇报并进行小结，研究安排 3 月份工作。

1994 年 3 月 22 日，主席会议研究 1994 年政协工作要点，部署 4 月份工作：调查研讨财税体制改革、在各委组中开展“五个一”活动和编写政协史等。

1994 年 5 月 4 日，主席会议听取 4 月份工作小结；研究确定九届八次常委会议的主题、日程和议程；讨论部署 5 月份的工作：参加长江口北部七县（市）政协联谊会、组织外出考察学习“三胞”工作、调查视察小城镇卫生事业等。

1994 年 6 月 4 日，主席会议研究部署 6 月份工作：召开学习《邓小平文选》辅导报告会、参观长江镇和如皋港经济开发区、视察调查 204 国道的管理及沿线开发、调查人才的培训管理使用等。

1994 年 7 月 2 日，主席会议听取副主席章骥传达南通市“三胞”工作会议精神、秘书长史有生传达南通市政协市县秘书长海安联席会议精神，讨论安排 7 月份主要工作：调查视察非公有制经济和银杏工程、召开提案办理情况交流会。

1994 年 7 月 31 日，主席会议组织学习《中国人民政治协商会议章程（修正案）》，研究关于增补政协委员的事宜，研究确定 8 月份的主要工作：为开发区建设献计献策、开展学习《邓小平文选》百题竞赛等。

1994 年 8 月 29 日，主席会议小结 8 月份工作，研究安排 9 月份筹备召开九届九次常委会议、走访委员与提案回访等工作，讨论确定国庆中秋茶话会的具体事宜。

1994 年 9 月 26 日，主席会议回顾 9 月份工作，研究 10 月份主要工作：视察市政建设和自来水厂、筹备南通市政协市、县秘书长如皋联席会等。

1994 年 11 月 7 日，主席会议组织学习中共中央十四届四中全会精神；研究确定 11 月份视察广播电视事业、配合江苏省政协视察乡镇企业股份合作等工作；讨论 1995 年工作思路；通报七县（市）政协联谊会议精神［确定联谊会范围扩大到 10 至 12 个县（市）］；讨论文化工作组提出的开发董小宛墓园的建议。

1994 年 11 月 28 日，主席会议进一步讨论完善 1995 年工作思路，研究安排南通市政协在如皋召开经验交流会的后勤保障、全年工作总结、筹备九届三次全会等工作。

1994 年 12 月 26 日，主席会议讨论九届三次全会上的常委会工作报告（讨论稿）和提案工作报告（讨论稿）；讨论确定九届三次全会的日程和议程（草案）；研究安排春节前的工作。

1995 年 1 月 13 日，主席会议听取主席、副主席述职；进一步讨论修改九届三次全会上的常委会工作报告和提案工作报告（征求意见稿）。

1995 年 2 月 23 日，主席会议听取九届三次全会筹备情况的汇报，原则通过会议日程安排（草案）；研究确定 3 月份工作安排。

1995 年 4 月 3 日，主席会议传达南通市政协常委会议精神、南通市政协文史工作会议精神，讨论 4 月份工作，研究 1995 年政协工作要点。

1995 年 5 月 2 日，主席会议组织学习中央关于政协机构改革的有关文件；听取赴张家港政协学习情况的汇报；小结 4 月份工作，研究 5 月份工作。

1995 年 6 月 2 日，主席会议学习中共中央〔1995〕13 号文件、全国政协《关于政治协商、民主监督、参政议政的规定》；传达南通市政协工作会议精神，研究制定市政协工作意见、规划和条例；小结 5 月份工作，讨论研究 6 月份工作。

1995 年 6 月 24 日，主席会议听取 6 月份工作完成情况的汇报，研究安排 7 月份工作。

1995 年 8 月 4 日，主席会议讨论通过《关于进一步加强和改进政协工作的意见》《关于贯彻〈政协全国委员会关于政治协商、民主监督、参政议政的规定〉的实施意见》；小结 7 月份工作，研究安排 8 月份工作。

1995 年 9 月 5 日，主席会议听取市财政局通报如皋市预算外资金的管理情况并进行协商，研究部署 9 月份工作。

1995 年 9 月 28 日，主席会议听取市长助理、城建委主任章树山关于城市建设管理、旧城改造情况的通报，讨论确定 10 月份主要工作。

1995 年 11 月 7 日，主席会议听取南通市政协秘书长联席会议精神，研究确定 11 月份工作。

1995 年 11 月 29 日，主席会议专题研究确定 12 月份工作。

1996 年 1 月 6 日，主席会议讨论修改九届四次全会上的常委会工作报告和提案工作报告（讨论稿）；讨论通过表彰政协先进委组和先进个人、优秀提案和提案承办先进单位的名单；传达南通市政协经验交流会议情况；研究部署 1 月份的主要工作：做好纪念市政协成立 40 周年的准备工作、筹备九届十六次常委会议和迎春茶话会等。

1996 年 3 月 21 日，主席会议讨论确定政协领导、秘书处和委组工作室负责人的分工；讨论完善 1996 年政协工作要点；讨论市政协委组变更及其负责人建议名单；研究安排 4 月份工作：为海阳路工程献计献策、视察农技队伍建设等。

1996 年 5 月 2 日，主席会议听取副主席王光国传达南通市政协“三胞”工作会议精神；研究确定十二县市政协如皋研讨会的筹备工作；讨论安排 5 月份工作：举行台海形势报告会、外出学习“三胞”工作经验和考察“三资”企业等。

1996 年 6 月 16 日，主席会议小结 5 月份工作，研究安排 6 月份组织视察调查沿江综合开发战略、招商引资等工作；研究确定九届十九次常委会议的时间、主题和议程。

1996 年 7 月 3 日，主席会议专题研究安排 7 月份的主要工作：视察柴湾拉丝厂、调查市场建设、召开提案办理交流会。

1996 年 8 月 1 日，主席会议传达南通市政协文史工作会议精神，研究讨论如皋文史工作；讨论安排 8 月份主要工作：视察第三产业、走访民营大户和提案回访等。

1996 年 8 月 26 日，主席会议研究确定 9 月份工作重点：分 6 个组全面调查如城第三产业情况和九届二十次常委会议主题、议程。

1996 年 9 月 27 日，主席会议专题讨论安排 10 月份主要工作：视察计划生育工作、总结提案工作经验等。

1996 年 11 月 5 日，主席会议组织学习中共十四届六中全会精神；传达南通市政协组团外出考察民营经济、私营经济的情况，南通市政协提案工作座谈会精神和十二县市政协工作研讨会精神；讨论安排 11 月份工作：召开学习中共十四届六中全会精神辅导报告会、视察“三资”企业等。

1996 年 12 月 2 日，主席会议听取副主席袁泉传达南通市政协工作经验交流会精神和上级关于政协体制改革机构设置的精神，研究部署近期的一些主要工作：九届五次全会的筹备、召开九届二十一次常委会议和提案委员会会议、总结评比、起草 1997 年度政协工作要点等。

1996 年 12 月 19 日，主席会议讨论九届五次全会上的常委会工作报告（初稿），研究九届五次全会的日程和议程。

1997 年 1 月 3 日，主席会议听取副主席徐建平传达南通市政协常委会议精神，报告参观学习东台市政协的情况，议定学习借鉴南通市政协民主监督的做法和东台市开展政协沙龙的做法；研究确定表彰政协先进委组和先进个人、优秀提案和提案承办先进单位的名单；研究安排 1 月份组织召开九届五次全会和迎春茶话会等工作。

1997 年 3 月 7 日，主席会议首次实施“对口协商”。专题听取市劳动局关于劳动保险工作的情况汇报，并进行协商，提出意见和建议；讨论确定 1997 年政协工作要点；研究安排庆祝香港回归的系列活动；讨论安排 3 月份工作；研究调查中小学收费和民主评议等有关事项。

1997 年 3 月 28 日，主席会议专题协商科技工作。听取市科委关于科技工作的情况汇报，就深入实施科教兴市战略进行协商讨论；研究安排 4 月份工作：调查自来水水质、视察民营经济和举行香港回归报告会等。

1997 年 5 月 4 日，主席会议讨论确定 5 月份工作安排，讨论政协办理的提案，研究对自来水水质的调查及跟踪监督工作。

1997 年 6 月 10 日，主席会议听取主席魏国平介绍参加全国政协培训班学习的情况；听取参加南通市政协组织的外出考察学习文史工作和提案工作情况；研究安排 6 月份工作：联合举办“力星杯”《中华人民共和国香港特别行政区基本法》知识竞赛活动、举办“三胞”成果展览会和召开提案现场办理座谈会等。

1997 年 7 月 2 日，主席会议通报南通市政协换届总结工作会议精神，讨论安排 7 月份工作。

1997 年 9 月 3 日，主席会议传达考察学习通州的情况，研究确定 8 月份工作，讨论部署政协换届准备工作。

1997年9月29日，主席会议讨论市政协十届委组设置工作和10月份工作安排。

1997年11月12日，主席会议讨论市政协换届的有关工作，讨论修改十届一次全会上的常委会工作报告和提案工作报告（讨论稿），研究安排11月份主要工作。

1997年12月1日，主席会议讨论安排12月份工作；讨论通过十届一次全会上的常委会工作报告（征求意见稿）和提案工作报告（征求意见稿）；讨论政协十届委组机构设置方案；讨论通过十届一次全会日程（草案）；讨论通过1997年度政协先进名单。

1997年12月29日，主席会议讨论1998年度政协工作要点，讨论确定1998年1月份工作安排，讨论确定春节元旦期间慰问工作等有关事宜。

七、市十届政协主席会议

市十届政协主席会议召开79次，会议通常由主席魏国平（1998年1月—2001年1月）、刘桂江（2001年1月—2003年1月）主持。

1998年1月8日，主席会议专题研究并明确政协领导分工。

1998年2月4日，主席会议研究2月份主要工作：视察检察院、对提案进行审理分类、直属学习组恢复学习活动等。讨论明确高考补习班领导班子。

1998年2月26日，主席会议专题听取检察院检察长卢旭光汇报检察工作情况，并就检察工作进行协商讨论，提出加强检察工作的意见和建议。

1998年2月27日，主席会议讨论部署3月份工作：视察再就业、提案交办、纪念周恩来诞生100周年和委员培训等。

1998年3月5日，主席会议专题研究确定视察再就业工作的时间、方式、方法和内容要求。

1998年4月1日，主席会议研究确定十届二次常委会议的主题和议程；安排4月份民主评议供电等工作；研究落实提案督办、催办工作，实施政协领导督办提案。

1998年5月6日，主席会议传达南通市政协海外联络和学习文史工作会议精神，研究安排5月份主要工作：视察投资环境、民主评议公安工作、举行学习中共十五大精神辅导报告会等。

1998年6月3日，主席会议听取主席魏国平、副主席于永芳分别传达长江三角洲十二县（市、区）政协工作研讨会情况和外出参观学习情况；研究确定6月份主要工作：调查农业产业结构，视察资源开发、建筑业和邮电局互联网建设情况，协商全市司法工作等。

1998年7月1日，主席会议传达南通市政协八届二次常委会议情况；通报视察如皋建筑业情况；研究安排7月份工作：协商依法治市和科技工作、视察调查农业产业结构、召开提案办理情况经验交流会等。

1998年7月29日，主席会议传达南通市政协秘书长会议和后勤工作会议精神，研究安排8月份协商土地管理工作、视察乡镇企业改制运行情况等工作。

1998年8月21日，主席会议专题协商土地管理工作，听取国土规划局关于国土管理情况的汇报，就加强国土规划管理使用工作进行协商，提出意见和建议。

1998 年 9 月 3 日，主席会议专题研究安排 9 月份主要工作：视察乡镇企业改制情况、提案办理回访、召开十届三次常委会议和国庆中秋茶话会、筹备经贸洽谈会等。

1998 年 10 月 20 日，主席会议专题研究修订政协机关人员工作职责和有关制度，深化“三优”主题活动。

1998 年 10 月 29 日，主席会议专题研究安排 11 月份工作：协商计划生育工作、调查经贸洽谈会项目推进情况、外出参观学习工商联建设等。副主席袁泉主持。

1998 年 11 月 4 日，主席会议专题协商计划生育工作，听取计生委关于全市计划生育工作情况的汇报，就计划生育工作中的有关问题提出协商意见和建议。副主席陆小兵主持。

1998 年 11 月 30 日，主席会议专题讨论市政府提出的 1999 年全市的工作思路。

1998 年 12 月 7 日，主席会议听取经贸洽谈会项目推进情况汇报；研究确定政协个别人事调整和开办农干校中补班问题；研究安排 12 月份主要工作：筹备召开十届二次全会、起草常委会工作报告和提案工作报告。

1998 年 12 月 14 日，主席会议听取国土局关于新《中华人民共和国土地管理法》的辅导学习、如皋土地管理的情况汇报，协商贯彻落实新《中华人民共和国土地管理法》中出现的问题。

1998 年 12 月 29 日，主席会议研究安排 1999 年 1 月份工作，研究确定政协工作先进集体、先进个人和提案办理先进单位的名单。

1999 年 1 月 22 日，主席会议讨论修改十届二次全会上的常委会工作报告（讨论稿）和提案工作报告（讨论稿）；讨论修改 1999 年政协工作要点（讨论稿）；讨论确定迎春茶话会和春节慰问等有关事宜。

1999 年 3 月 3 日，主席会议研究安排 3 月份工作，部署关于农业产业化和农业资源开发利用的视察调查活动，研究文史征编工作。

1999 年 4 月 6 日，主席会议听取外出考察学习的情况汇报；讨论增补政协委员事宜；讨论安排庆祝中华人民共和国成立 50 周年、人民政协成立 50 周年和澳门回归的活动；研究安排 4 月份工作：调查农业产业化、《胡瑗》征集、协商科技工作、召开社情民意信息员会议等。

1999 年 4 月 26 日，主席会议专题协商工程建设专项治理工作，听取建委汇报全市建设工程质量大检查情况，提出协商意见。副主席王光国主持。

1999 年 4 月 30 日，主席会议传达南通市政协各县（市）区政协秘书长会议精神，讨论高中补习班有关事宜，研究安排 5 月份工作：召开十届七次常委会议、协商科技工作、筹备组建政协联谊会等。

1999 年 5 月 21 日，主席会议专题协商科技工作，听取市科委关于科技工作的情况汇报，提出建设性的意见和建议。市委副书记石耀参加。

1999 年 5 月 30 日，主席会议听取副主席袁泉传达南通市政协宣传工作会议精神；研究政协宣传工作；讨论庆祝中华人民共和国成立 50 周年、人民政协成立 50 周年和澳门回归等事项；讨论确定老委员联谊会具体事宜；研究安排 6 月份工作：民主评议工商部门、协商“三外”工作、召开老委员联谊会、走访提案委员等。

1999年6月28日，主席会议专题协商“三外”工作，听取市外经委关于“三外”工作的情况汇报，就外经、外贸、外资工作中的具体问题进行深入协商。副主席于永芳主持。

1999年7月2日，主席会议听取副主席于永芳传达南通市政协常委会议精神，研究安排7月份工作：视察调查个体私营经济、召开政协联谊会成立大会、召开政协宣传工作会议等。

1999年8月5日，主席会议听取副主席徐建平传达南通市政协文史工作会议精神，讨论文史征编工作；讨论安排8月份主要工作：做好政协成立50周年宣传工作、筹备建立老科协、规划西苑广场等。

1999年9月1日，主席会议专题研究安排9月份工作：召开庆祝人民政协成立50周年座谈会和文艺演出会、组织召开十届八次常委会议、筹备参加南通市政协理论研讨会等。会议还通报了如皋市委交办政协建设绿园广场的问题。

1999年9月30日，主席会议听取副主席袁泉关于赴灌云县参观考察个体私营经济小区建设情况的汇报；研究确定10月份工作：民主评议交通工作、调查教育事业的发展、开展“如皋今后怎么办”的大讨论等。

1999年10月12日，主席会议围绕“如皋今后怎么办”的问题开展专题讨论。

1999年11月3日，主席会议传达学习南通市政协工作理论研讨会精神和中共江苏省委办公厅、江苏省人民政府办公厅《关于党政机关工作人员公费通信工具管理规定的通知》精神；研究确定11月份工作：协商教育工作、筹备召开十届三次全会、出版《胡瑗》等。

1999年11月15日，主席会议专题协商如皋市高中阶段教育的布局及规模。听取教育局关于全市普及高中阶段教育的情况汇报，着重围绕普通高中教育存在的困难和问题进行深入协商。

2000年1月3日，主席会议研究安排1月份工作；讨论2000年市政协工作要点；研究市政协十届三次全会准备工作。副主席袁泉主持。

2000年1月31日，主席会议专题研究安排视察调研粮食流通体制改革、提案交办等工作。

2000年4月10日，主席会议研究安排召开市政协十届十二次常委会议、调研台资企业、西苑广场建设等工作；讨论联办民办中学事宜；听取副主席徐建平通报《胡瑗》出版情况，研究出版事宜。

2000年5月11日，主席会议听取政协联谊会与白蒲中学联办民办初中情况通报、政协招商引资任务及机关有关人员住房情况通报；研究安排5月份民主评议电信部门、协商环保工作、提案办理面复、举办台海局势报告会等工作。

2000年6月14日，主席会议专题协商环境保护工作，听取市环保局情况汇报，就进一步做好环保工作提出协商意见。会议还研究安排了6月份工作。

2000年7月11日，主席会议研究安排7月份协商依法治市、加入世贸组织情况报告会、重点提案回头看等工作；讨论乡镇区划调整后，委员联系小组调整方案；就开展“讲学习、讲政治、讲正气”党性教育统一思想、明确要求。

2000年9月1日，主席会议专题研究安排当月进行的“三讲”教育总结、视察调查如城地区道路建设、举办国庆中秋茶话会以及完善机关岗位责任制等工作。

2000 年 9 月 7 日，主席会议专题协商依法治市工作，听取市司法局关于全市依法治市工作情况的汇报，就扎实推进依法治市工作提出意见和建议。副主席于永芳主持。

2000 年 9 月 29 日，主席会议研究安排 10 月份工作，重点研究视察调查如城道路建设和管理工作；讨论研究参加江苏省委政协工作会议材料；传达南通市政协提案工作座谈会精神；研究修改政协各项规章制度；讨论政协机关政务公开工作。

2000 年 10 月 31 日，主席会议研究安排 11 月份启动市政协十届四次全会筹备工作，以及调研生猪管理、召开老委员联谊理事会会议等工作；研究确定市政协十届十三次常委会议题、议程；听取副主席徐建平关于《胡瑗》出版印刷问题的汇报，讨论确定印刷具体事宜。

2000 年 12 月 1 日，主席会议研究安排市政协领导班子“三讲”回头看、召开市政协十届十四次常委会、各界人士迎春茶话会等工作；传达全省政协工作会议精神，研究贯彻措施；传达南通市政协学习工作会议精神。

2001 年 1 月 3 日，主席会议研究确定 2000 年市政协优秀提案、提案承办先进单位和政协工作先进集体、先进个人名单，讨论市政协十届四次全会日程、议程（草案）以及大会秘书长和副秘书长建议名单。

2001 年 2 月 3 日，主席会议讨论通过主席、副主席分工；讨论安排 2 月份开展“三个代表”重要思想学习教育活动，视察调查农村危桥，召开提案交办会、信息宣传会议等工作；副主席徐建平传达南通市政协在启东召开的文史工作会议精神。

2001 年 2 月 26 日，主席会议专题协商审计工作，听取市审计局关于 2000 年度审计工作情况的汇报，就如何进一步做好审计工作提出意见和建议。

2001 年 4 月 4 日，主席会议讨论安排 4 月份协商医疗保障工作、召开市政协十届十七次常委会议、调研信息化带动工业化等主要工作；听取副主席王连生关于重点提案办理情况的通报；听取政协督导员徐建平关于“十五”期间文史工作规划的通报，研究文史相关问题。

2001 年 4 月 24 日，主席会议专题协商医疗保障工作，听取市劳动局关于全市医疗保险制度改革情况的汇报，提出协商意见。副市长张元健参加会议。

2001 年 5 月 9 日，主席会议传达南通市政协县（市、区）秘书长会议精神，讨论研究 5 月份和 6 月份工作：视察调查社区建设和管理、协商教育改革与发展、民主评议技术监督工作、纪念如皋撤县建市 10 周年、视察调查市属企业产权制度改革等。

2001 年 7 月 4 日，主席会议传达南通市政协工作会议精神、长江三角洲十二县（市）政协工作研讨会精神；研究安排 7 月份协商上半年市属工业经济运行情况、协助市委召开政协工作会议等主要工作；讨论确定市政协十届十八次常委会议议题和议程。

2001 年 7 月 31 日，主席会议成员听取市计经委关于上半年工业经济运行质量的汇报，围绕加快经济发展提出建设性协商意见；研究安排 8 月份民主评议质量技术监督工作、协商法院工作、调查农村税费改革等工作。

2001 年 8 月 21 日，主席会议讨论修改《中共如皋市委关于进一步加强人民政协工作的决定（初稿）》。

2001 年 8 月 22 日，主席会议专题协商法院工作，听取市法院院长蒋明华关于近年来法院工作情况的汇报，就加强法院审判执行工作提出建议和意见。

2001 年 9 月 25 日，主席会议专题协商市会计管理中心工作，听取市会计管理中心关于行政事业单位会计管理改革以及会计管理中心运行情况的汇报，实地视察会计管理中心，并进行协商讨论。

2001 年 10 月 9 日，主席会议组织学习中共十五届六中全会《关于进一步加强和改进党的作风建设的决定》；研究部署 10 月份和 11 月份视察旧城改造（含内外城河驳坡）、联合市人大视察如皋“严打”工作、召开信息化带动工业化调研会等工作。

2001 年 10 月 12 日，主席会议专题协商检察工作，听取市检察院检察长吴晓培关于近年来检察工作情况的汇报，提出协商意见和建议。副主席于永芳主持。

2001 年 10 月 18 日，主席会议讨论确定视察调研企事业单位改革情况方案，讨论确定有关重要文史稿件刊用问题。

2001 年 11 月 13 日，主席会议成员与市人大常委会联合视察协商“严打”斗争工作，听取市委政法委、公安局、法院、司法局汇报，提出意见和建议。主席刘桂江主持，市人大常委会主任石秀峰、副市长李中林参加会议并讲话。

2001 年 12 月 5 日，主席会议研究安排 12 月的工作，研究确定市政协十届五次全会筹备事项和工作分工，研究确定全会期间工作组和联系小组统编方案。

2001 年 12 月 7 日，主席会议专题协商交通工作，听取市交通局汇报 2001 年工作情况和 2002 年工作思路，主席会议成员提出协商意见。副主席袁泉主持。

2001 年 12 月 14 日，主席会议专题协商地税工作，听取市地税局工作情况汇报，主席会议成员围绕依法治税、培植税源、加强征管提出意见和建议。

2001 年 12 月 20 日，主席会议研究确定 2002 年列为常委会、主席会议视察调研内容的重点工作；通报市政协十届五次全会委员讨论分组和平时委员活动分组及各组负责人；讨论修改《政协工作文件汇编》中的相关文件；研究市政协机关机构设置问题；讨论市政协十届五次全会上的常委会工作报告框架结构和主要内容。

2001 年 12 月 20 日，主席会议专题协商土地管理工作，听取市土管局关于 2001 年土地管理工作情况、土地储备中心建立与运行情况的汇报，提出协商意见。副主席王连生主持。

2001 年 12 月 27 日，主席会议讨论修改市政协十届五次全会上的常委会工作报告（初稿）和提案工作报告（初稿）；讨论完善市政协 2002 年工作要点（初稿）；研究确定表彰 2001 年度政协工作先进集体和先进个人、优秀提案和提案承办先进单位名单。

2002 年 1 月 5 日，主席会议专题协商审计工作，听取市审计局关于 2001 年审计工作情况和 2002 年工作思路的汇报，围绕强化审计工作进行协商讨论。副主席袁泉主持。

2002 年 1 月 14 日，主席会议专题协商市供销系统工作，听取市供销社情况汇报，围绕改革供销工作、发展供销事业进行讨论协商，提出意见和建议。

2002 年 2 月 6 日，主席会议传达南通市政协有关会议精神，讨论完善如皋、海安委员联名提出的《关于水源、水质问题的建议案》。

2002 年 3 月 6 日，主席会议传达学习江苏省委书记回良玉在江苏省政协八届五次会议上的讲话；研究安排3月份视察城区绿化、调研规模以上私营企业发展情况等工作；听取市烟草局关于2001年烟草局工作情况和2002年工作思路的汇报，就烟草专卖工作进行协商讨论。

2002年4月7日，主席会议研究安排4月份工作，听取赴张家港、江阴、通州考察学习政协机关建设、工业园区建设、环境保护和解决水源、水质问题的汇报。

2002年5月15日，主席会议专题协商市行政审批中心工作，听取市行政审批中心关于中心运行和迁址准备工作的汇报，围绕新“中心”高起点建设运行进行协商座谈，提出意见和建议。副主席袁泉主持。

2002年6月19日，主席会议专题协商司法工作，听取市司法局关于近年来司法行政工作情况的汇报，就普法及依法治市、安置帮教等方面进行座谈协商，提出意见和建议。副主席于永芳主持。

2002年7月23日，主席会议专题协商《中华人民共和国工会法》（简称《工会法》）贯彻实施情况，听取市政协两个调研组关于《工会法》贯彻实施情况的汇报和市总工会关于工会工作情况的介绍，就如何贯彻实施好《工会法》提出意见和建议。

2002年7月26日，主席会议研究启动换届准备工作，着重讨论总体工作安排、委员分布原则、沟通协调职能部门等事项。

2002年9月2日，主席会议研究安排9月份工作，讨论向市委汇报的市政协换届委员比例、条件、推荐方法及组织设置建议等事项。

2002年9月30日，主席会议研究安排10月份工作，研究确定市政协换届工作中的有关事项，部署有关准备工作。

2002年11月27日，主席会议研究修改市政协十一届一次全会上的常委会工作报告和提案工作报告（讨论稿），研究确定2002年度政协工作先进集体和先进个人表彰名单。

2002年12月22日，主席会议讨论2003年政协工作要点；讨论确定市政协十一届一次全会日程、议程（草案），提案委员会建议名单、大会执行主席建议名单、大会委员分组及召集人建议名单。

八、市十一届政协主席会议

市十一届政协主席会议召开70次，会议通常由主席浦文海（2003年1月—2006年2月）、主席李中林（2007年1月—2007年12月）主持。

2003年1月10日，主席会议讨论确定主席、副主席分工，研究确定安排1月份、2月份工作。

2003年2月14日，主席会议讨论研究政协7个委员会负责人人选建议名单，讨论通过各委员会年度工作计划。

2003年3月3日，主席会议传达学习江苏省政协九届一次全会精神，讨论安排3月份工作，研究调整有关委员组负责人。

2003年5月8日，主席会议讨论安排5月份召开市政协十一届二次常委会议、建言献策抗击“非典”、联谊会换届等工作，研究个别政协委员违法处理和协和实业有限公司搬迁等问题。

2003 年 5 月 16 日，主席会议专题协商国资运行情况，听取市国资公司情况汇报，就深化政资分开、强化资本运作、注重人员管理等提出协商意见和建议。副主席袁泉主持。

2003 年 6 月 24 日，主席会议专题协商政府采购工作，听取市财政局情况汇报，进行协商座谈，提出意见和建议。

2003 年 8 月 6 日，主席会议协商科技科协工作，听取市科技局、科协的工作情况汇报，针对汇报中提出的问题进行协商讨论；讨论安排 8 月份工作。副主席袁泉主持。

2003 年 10 月 13 日，主席会议听取并协商关于整合开发区的调查补充意见，听取赴北戴河学习情况的报告，讨论安排近期工作。

2003 年 10 月 25 日，主席会议专题协商创建国家级生态示范区工作，听取市环保局关于创建工作情况的汇报，围绕创建工作提出协商意见。

2003 年 11 月 24 日，主席会议专题听取全市专业工业园区建设情况调研汇报，讨论修改向市委报送的视察调研报告。

2003 年 12 月 19 日，主席会议讨论修改市政协十一届二次全会上的常委会工作报告和提案工作报告（讨论稿），讨论完善 2004 年政协工作要点，讨论确定政协工作先进集体和先进个人、优秀提案和提案承办先进单位表彰名单。

2004 年 2 月 3 日，主席会议讨论安排 2 月份视察调查农产品质量安全体系建设、视察调查创建江苏省优秀旅游城市、协商科技园区建设等工作。

2004 年 2 月 20 日，主席会议专题协商科技创业园区建设工作，听取市科技局关于科技创业园基本情况、运行中存在的问题及下一步的工作措施的汇报，围绕发展壮大科技创业园、破解发展瓶颈问题进行座谈协商。副主席袁泉主持。

2004 年 3 月 3 日，主席会议讨论修改《关于加强政协常委会自身建设的意见》（征求意见稿），讨论通过政协机关有关工作制度，讨论安排 3 月份工作。

2004 年 3 月 29 日，主席会议专题协商“三外”工作，听取市商务局关于 2003 年外资工作情况、存在的主要问题和 2004 年工作目标措施的汇报，提出协商意见。

2004 年 5 月 8 日，主席会议讨论安排 5 月份政协工作；讨论完善民宗侨台委员组提交的《侨资捐赠与权益保障》调查报告；研究确定招商引资、政协宣传报道奖励标准。

2004 年 6 月 5 日，主席会议传达南通市政协常委会有关精神，讨论安排 6 月份工作，研究政协机关招商引资任务分解及激励工作。

2004 年 6 月 11 日，主席会议专题听取市计经贸委负责人关于 2003 年以来已批项目实施情况、2004 年 1—5 月份项目进展情况、宏观调控后影响情况的汇报，进行座谈协商。

2004 年 9 月 1 日，主席会议讨论修改《市政协常委会议事规则》和《政协委员管理暂行办法》（讨论稿），讨论安排 9 月份工作。

2004 年 9 月 13 日，主席会议通报市党政联席会议有关精神和全市经济运行情况与财政状况；传达学习市委《关于四套班子领导加强对分工工作进行调研的通知》精神；研究确定市政协部分委员编组调整方案；讨论确定市政协十一届八次常委会议日程、议程。

2004 年 9 月 20 日，主席会议专题协商农村公路建设，听取市交通局关于农村公路建设基本情况的汇报，就整体联动做好工作提出协商意见。副主席于永芳主持。

2004 年 12 月 3 日，主席会议专题协商“平安如皋”创建工作，与会人员观看“平安如皋”创建汇报片，听取市委政法委及市公安局、法院、检察院、司法局创建工作汇报，就深入推进社会治安综合治理、叫响平安如皋品牌提出协商意见。副主席于永芳主持。

2004 年 12 月 13 日，主席会议讨论修改市政协十一届三次全会上的常委会工作报告和提案工作报告（讨论稿），讨论修改 2005 年度政协工作要点。

2005 年 2 月 3 日，主席会议修改通过市政协机关“三定”方案（上报稿），讨论明确市政协领导分工和市政协机关人员分工，讨论确定部分委员活动小组调整方案，讨论研究宣传报道工作和招商引资工作奖励措施，研究安排 2 月份工作。

2005 年 4 月 4 日，主席会议通报市政协离退休老领导座谈会上对政协工作所提的意见和建议，研究安排 4 月份工作。

2005 年 4 月 7 日，主席会议专题协商国土资源管理工作，观看部分乡镇占地抛荒录像、听取市国土局工作情况汇报，围绕国土资源管理中存在的亟须解决的问题开展协商座谈。

2005 年 5 月 30 日，主席会议协商讨论幼教工作，听取副主席陆小兵关于视察全市幼教工作情况的通报、市教育局关于全市幼教工作情况的汇报，围绕幼教改革发展提出协商意见。会议还研究安排了 6 月份工作，讨论明确了机关有关人事工作。

2005 年 7 月 13 日，主席会议专题协商财税工作，听取市财政局关于 2005 年上半年财政工作情况和下半年工作思路的汇报，提出协商意见。

2005 年 7 月 26 日，主席会议专题协商计生工作，听取市计生委关于全市计划生育工作的汇报，围绕计生工作重点、难点问题提出建议。

2005 年 8 月 9 日，主席会议专题协商科技工作，听取市科技局关于上半年重点科技工作完成情况和下半年工作打算的汇报，围绕更好发挥科学技术第一生产力作用提出意见和建议。

2005 年 9 月 6 日，主席会议专题协商拆迁工作，听取市拆迁办关于中山东路拆迁改造进展情况的汇报，就拆迁中有关难点问题提出解决建议。会议还讨论确定了民主评议社保工作计划，讨论安排了 9 月份工作。

2005 年 9 月 23 日，主席会议专题协商公安工作，参观市公安局信息化工程建设、干警培训学校、室内射击场，观看公安队伍建设录像片；听取市政府副市长、市公安局局长葛夕芳对相关情况的介绍，就加强队伍建设、解决警力不足问题提出协商意见。副主席章建平主持。

2005 年 10 月 10 日，主席会议讨论安排 10 月份工作；讨论确定对同业商会视察调研方案；讨论修订机关各项规章制度；讨论有关人员住房问题。

2005 年 10 月 20 日，主席会议专题协商全民创业工作，听取市民营经济发展局关于全民创业情况的汇报，就扎实推进民营经济又好又快发展提出意见和建议。

2005 年 11 月 2 日，主席会议讨论通过市政协主席会议工作规则、社情民意工作规则、委员调研工作规则，讨论安排 11 月份工作；听取副主席张秀良传达南通市政协港澳侨台委员会工作交流会精神。

2005 年 12 月 7 日，主席会议专题协商创建环保模范城市工作，听取市环保局关于创建工作情况的汇报，围绕创建重点难点问题提出意见和建议。

2005 年 12 月 16 日，主席会议专题协商外资工作，听取市外经局关于 2005 年外资工作情况和 2006 年工作思路的汇报，就大力推进招商引资工作提出意见和建议。

2006 年 1 月 4 日，主席会议研究安排 1 月份、2 月份工作；讨论确定 2005 年度政协工作先进集体、先进个人以及提案承办先进单位、优秀提案表彰名单；讨论修改市政协十一届四次全会上的常委会工作报告和提案工作报告（征求意见稿）；讨论确定市政协十一届十五次常委会议日程及议程；听取副主席张秀良关于增补委员及撤销委员资格的说明；讨论修改 2006 年度政协工作要点。

2006 年 1 月 17 日，主席会议讨论确定市政协十一届四次全会日程（草案）、列席人员名单、大会执行主席建议名单，委员组组长人选调整及委员活动组调整方案，增补提案委员会委员建议人选、增选十一届常务委员建议人选。

2006 年 2 月 15 日，主席会议协商确定市政协领导分工。副主席于永芳主持。

2006 年 3 月 2 日，主席会议讨论安排 3 月份工作；讨论明确政协机关秘书工作任务分工；讨论纪念市政协成立 50 周年活动初步方案；研究确定视察调研科技创新工作方案。副主席于永芳主持。

2006 年 3 月 9 日，主席会议专题协商金融工作，听取市中国人民银行、中国农业发展银行、中国工商银行、中国银行、中国建设银行、中国农业银行及农村信用合作联社负责人汇报 2005 年度金融工作情况和 2006 年度工作目标措施，市发改委关于市委、市政府 2006 年度金融工作考核办法的汇报，就加强金融生态环境建设，支持“三农”、科技、中小企业，提高服务水平提出协商意见。副主席于永芳主持。

2006 年 3 月 17 日，主席会议专题协商民政工作，听取市民政局工作汇报，对双拥共建、老龄工作、社会救助等方面取得的成绩予以肯定，同时就做好退役军人稳定工作、殡葬改革、民政工作政策宣传等方面提出意见和建议。副主席章建平主持。

2006 年 3 月 31 日，主席会议讨论安排 4 月份工作，讨论确定农民集中居住区建设视察调研方案，部署委员联系和管理工作，听取副主席于永芳传达市委常委会精神。

2006 年 4 月 12 日，主席会议专题协商市行政服务中心工作，听取市行政服务中心关于行政审批制度改革的汇报、市经济环境监察中心关于行政服务监察情况的汇报，围绕完善行政服务平台运行机制、改进审批方式、完善服务措施提出协商意见。副主席于永芳主持。

2006 年 4 月 30 日，主席会议传达市党政联席会和市委常委会有关精神，研究确定开展农村劳动力培训视察调研方案；讨论安排市 5 月份工作。副主席于永芳主持。

2006 年 6 月 14 日，主席会议专题协商法院工作，听取市法院院长祝建华关于 2003 年以来法院工作情况汇报，就加大审判执行力度、推行司法建议、实施法律援助等方面提出协商意见。副主席章建平主持。

2006 年 7 月 14 日，主席会议专题协商审计工作，听取市审计局关于 2005 年以来审计工作情况的汇报，就贯彻《中华人民共和国审计法》、加大审计工作力度、服务全市改革发展提出协商意见。党组书记李中林参加会议。

2006 年 10 月 11 日，主席会议专题协商自来水生产经营管理工作，会议听取市建设局、环保局、卫生局、水务局负责人有关情况汇报，就推进区域供水、深化体制改革等方面提出意见和建议。党组书记李中林参加会议。

2006 年 10 月 18 日，主席会议专题协商供电工作，听取市供电公司情况汇报，就进一步提升服务保障经济发展能力、加大执法保护力度等提出协商意见。副主席于永芳主持。党组书记李中林参加会议。

2006 年 10 月 23 日，主席会议视察协商宗教场所管理工作，实地视察法华寺、福成庵、灵威观、定慧寺等宗教场所管理情况；听取市民族宗教事务局关于宗教工作情况的汇报，就深入学习贯彻《宗教事务条例》，提高管理水平，规范宗教活动提出协商意见。副主席张秀良主持。党组书记李中林参加会议。

2006 年 11 月 1 日，主席会议研究安排 11 月份工作，讨论通过代市委起草的《中共如皋市委关于做好新形势下人民政协工作的意见（初稿）》。

2006 年 11 月 16 日，主席会议专题协商沿江（如皋港）开发工作，实地视察如皋港开发项目，听取副市长、如皋港经济开发区管委会主任黄成关于沿江（如皋港）开发情况的介绍，围绕深度开发如皋港进行协商讨论。副主席于永芳主持。党组书记李中林参加会议。

2006 年 12 月 1 日，主席会议研究安排 12 月份工作；讨论修改市委调研政协工作汇报材料。副主席于永芳主持。党组书记李中林参加会议。

2006 年 12 月 19 日，主席会议讨论修改市政协十一届五次全会上的常委会工作报告和提案工作报告（征求意见稿）；讨论修改 2007 年度政协工作要点。副主席于永芳主持。党组书记李中林参加会会议。

2006 年 12 月 27 日，主席会议讨论通过市政协十一届五次全会日程（草案），大会秘书长、副秘书长建议名单；讨论确定提案审查委员会建议名单；讨论 2006 年度政协工作先进委员组和先进个人、优秀提案和提案承办先进单位表彰名单。

2007 年 1 月 12 日，主席会议专题研究讨论 2007 年度政协工作任务分解，部署春节前工作。

2007 年 3 月 7 日，主席会议研究确定 3 月份工作计划；讨论确定 2007 年度重点提案；听取视察调研物业管理准备情况汇报，讨论确定视察调研方案。

2007 年 4 月 5 日，主席会议研究确定 4 月份政协工作计划；听取十一届二十三次常委会议调研准备情况汇报，讨论确定主题和相关计划；讨论确定主席会议调研农村建设计划。

2007 年 4 月 20 日，主席会议专题协商农村文化建设工作，实地视察磨头、常青、搬经等镇农村文化建设情况，听取市文化局关于全市农村文化建设情况的汇报，围绕贯彻落实中办发〔2005〕27 号文件精神，实现市委、市政府提出的关于加强全市农村文化建设的目标任务，提出协商意见。副主席陆小兵主持。

2007 年 5 月 8 日，主席会议听取副主席刘聪泉通报参加全省有关学习情况，研究确定考察委员方案；研究安排 5 月份工作。

2007年6月30日，主席会议组织学习胡锦涛在中央党校省部级干部进修班上的讲话（6·25讲话）精神；听取食品安全工作汇报，提出协商意见；讨论安排7月份工作。

2007年7月20日，主席会议专题协商社会保障工作，听取市劳动和社会保障局关于全市社会保险工作情况的汇报，着重就存在的问题进行协商讨论。

2007年7月25日，主席会议专题协商财政工作，听取市财政局关于2007年上半年财政收入完成情况和下半年工作思路汇报，就发展壮大全市财力提出协商建议。副主席于永芳主持。

2007年8月2日，主席会议讨论贯彻市委全会精神，研究政协开展“学习张家港，建设新如皋”活动；讨论安排8月份工作；讨论通过委员论坛方案。

2007年8月31日，主席会议专题协商司法行政工作，听取市委政法委、市司法局关于近年来全市司法行政工作情况的介绍，提出协商建议。副主席章建平主持。

2007年9月7日，主席会议讨论安排9月份工作；部署启动市政协十二届一次全会筹备工作；讨论确定《如皋文史》（第19辑）编委会人员名单；通报2006年度政协领导班子测评情况。

2007年10月18日，主席会议专题协商体育工作，听取市体育局工作汇报，就如何进一步做好体育工作进行协商。

2007年10月22日，主席会议专题协商国税工作，听取市国税局工作情况汇报，提出协商建议。

2007年12月6日，主席会议听取副主席、统战部部长刘聪泉通报市十二届政协委员推荐及初步安排情况，进行讨论协商；确定市政协十一届二十五次常委会议议程；协商讨论市政协十二届一次全会上的常委会工作报告和提案工作报告（征求意见稿）；研究安排12月份工作。

九、市十二届政协主席会议

市十二届政协主席会议召开56次，会议通常由主席李中林主持。

2008年1月15日，主席会议协商明确市政协领导分工；协商讨论2008年政协重点工作目标任务分解；研究安排1月份和2月份工作。

2008年3月10日，主席会议讨论部署十二届政协第二次常委会议准备工作；讨论修改和原则通过提请第二次常委会议通过的有关规则；讨论安排3月份工作。

2008年3月18日，主席会议专题协商节能减排工作，观看《污染减排在行动》专题片，听取市发改委、环保局关于节能减排工作情况的汇报，就工业化、城市化加速推进期如何做好节能减排工作提出意见和建议。

2008年5月9日，主席会议讨论安排5月份工作；研究部署承办长三角十三县（市、区）政协工作研讨会准备工作。

2008年6月27日，主席会议专题协商安全生产工作，听取市安监局关于近年来全市安全生产工作情况的汇报，就进一步扎实做好安全生产工作提出协商意见和建议。副主席章建平主持。

2008年7月17日，主席会议专题视察协商市长公开电话受理中心工作，听取情况汇报，就切实维护群众利益等提出意见和建议。

2008 年 7 月 30 日，主席会议视察协商水绘园东大街景区开发建设情况，听取市建设局情况汇报，围绕城市规划建设、拆迁开发、老小区改造、景区景点建设提出协商意见。

2008 年 8 月 27 日，主席会议专题协商企业上市工作，听取市发改委关于企业上市工作情况的汇报、江苏九鼎集团有限公司关于九鼎上市后企业发展情况的介绍以及市政协调研组赴江阴、通州两市考察学习情况的汇报，就企业上市工作提出协商意见。

2008 年 10 月 7 日，主席会议讨论安排 10 月份工作；研究确定组织召开市政协十二届四次常委会议和民主评议税务工作。

2008 年 10 月 10 日，主席会议专题协商教育现代化工作，听取市教育局关于教育现代化推进情况汇报，就进一步做好工作提出意见和建议。

2008 年 10 月 30 日，主席会议专题协商有线电视数字化建设工作，听取市广电局关于全市有线电视数字化转换推进情况的汇报，提出意见和建议。

2008 年 11 月 10 日上午，主席会议研究确定市政协十二届五次常委会议时间和议程，确定委员论坛主题和举办方式，部署市政协十二届二次全会筹备工作。

2008 年 11 月 26 日，主席会议专题协商法院审判工作，视察市法院法警大队建设，听取院长吴存银关于法院审判工作情况的汇报，就强化审判工作、维护社会公平正义提出协商建议。市委常委、政法委书记陈慧宇参加会议并讲话。

2008 年 12 月 18 日，主席会议讨论修改市政协十二届二次全会上的常委会工作报告和提案工作报告（讨论稿）；讨论确定市政协十二届五次常委会议议程，2008 年度政协工作先进委员组和先进个人、优秀提案和提案承办先进单位表彰名单；研究安排市政协十二届二次全会议程（草案）。

2008 年 12 月 29 日，主席会议讨论确定市政协十二届二次全会日程、议程（草案），协商安排会议保障有关具体事项；讨论确定 2009 年度工作要点（征求意见稿）。

2009 年 2 月 23 日，主席会议小结 2 月份工作，讨论安排 3 月份组织学习中共十七届三中全会精神、专题调研全市中小企业运行等工作。

2009 年 4 月 2 日，主席会议专题讨论安排 4 月份协商体育工作、视察文物保护等工作；研究确定市政协十二届八次常委会议主题、议程。

2009 年 5 月 26 日，主席会议专题协商体育工作，听取体育局情况汇报，提出意见和建议。副主席张元健主持。

2009 年 6 月 9 日，主席会议专题协商高新技术产业发展工作。会前实地视察南通神马电力科技有限公司等 12 个企业，赴启东市参观考察江苏林洋电子有限公司和金凤凰创业园。会议听取科技局情况汇报，提出协商意见。副主席章建平主持。

2009 年 9 月 4 日，主席会议研究安排 9 月份工作；研究确定纪念人民政协成立 60 周年茶话会方案；讨论并原则通过《提案工作细则》。

2009 年 10 月 20 日，主席会议专题协商商标工作，听取工商局情况汇报，提出协商建议。副主席章建平主持。

2009 年 10 月 26 日，主席会议专题协商职业教育工作，听取教育局情况汇报，提出协商建议。副主席张元健主持。

2009 年 12 月 2 日，主席会议专题协商中小企业信用担保体系建设工作，听取市政府金融办、市发改委、各大商业银行情况汇报，就大力加强金融生态环境建设、发展信用担保机构、支持中小企业发展提出协商建议。

2009 年 12 月 15 日，主席会议研究完善 2010 年度政协工作要点（讨论稿），讨论安排当前工作。

2009 年 12 月 29 日，主席会议研究确定十届三次全会日程（草案）；讨论确定表彰 2009 年度政协工作先进委员组和先进委员、优秀社情民意、优秀委员论坛论文、提案承办先进单位名单；研究确定召开十二届十次常委会议时间、议程。

2010 年 2 月 9 日，主席会议通报 2009 年度政协机关目标责任制考核结果，对十二届三次全会组织保障工作进行点评；研究安排 2 月份工作。

2010 年 4 月 13 日，主席会议专题讨论安排 4 月份视察区域供水、红十四军纪念馆布展等工作。

2010 年 6 月 2 日，主席会议专题协商文化工作，实地视察文化广场工地、李昌钰刑侦科学博物馆、李渔纪念馆、文化馆，听取文化局情况汇报，开展协商。副主席张元健主持。

2010 年 6 月 24 日，主席会议专题协商法院工作，实地观摩法院院史陈列室，听取法院工作汇报，提出意见和建议。副主席章建平主持。市法院院长吴存银参加会议。

2010 年 8 月 17 日，主席会议听取政协机关六个调研组关于“十二五”规划调研情况的汇报，并深入部署市委、市政府委托市政协开展的有关“十二五”规划调研；研究《如皋文史》编委会有关问题；协商教师队伍建设情况。

2010 年 9 月 10 日，主席会议专题协商劳动就业工作，听取人保局情况汇报，开展协商讨论。

2010 年 10 月 10 日，主席会议专题讨论安排 10 月份民主评议卫生部门、调研工业集中区转型升级、视察部分工业企业等工作。

2010 年 10 月 12 日，主席会议专题协商人口与计生工作，听取计生委情况汇报，提出协商建议。

2010 年 12 月 18 日，主席会议讨论修改十二届四次全会上的常委会工作报告和提案工作报告（讨论稿）；讨论修改 2011 年度政协工作要点（讨论稿）；研究确定表彰 2010 年度政协工作先进委员组和先进个人、优秀提案、优秀社情民意；讨论委员组委员调整事宜。

2011 年 1 月 24 日，主席会议讨论安排 1 月份、2 月份工作；协商调整市政协主席、副主席分工；讨论政协机关有关人员调进问题。

2011 年 1 月 26 日，主席会议专题协商公安工作，听取公安局情况汇报，提出进一步融入发展大局、加强人防技防建设等协商建议。

2011 年 2 月 25 日，主席会议专题协商财税工作，听取地税、国税和财政局 2010 年财税工作情况和 2011 年财税工作思路汇报，提出协商建议。

2011年3月2日，主席会议传达学习南通市政协会议精神；讨论安排3月份视察民办幼儿园、视察调研建筑业等工作，研究确定协商民政工作主要内容。

2011年3月24日，主席会议专题协商民政工作，听取民政局情况汇报，针对“低保”“五保”等弱势群体救助、社区管理、殡葬改革等提出协商意见。副主席刘聪泉主持。

2011年4月12日，主席会议专题协商物价工作，听取物价局情况汇报，提出协商建议。副主席章建平主持。

2011年5月22日，主席会议专题协商档案工作，听取档案局情况汇报，提出意见和建议。

2011年6月16日，主席会议讨论安排6月份工作，研究确定十二届十八次常委会议相关事项。

2011年7月5日，主席会议讨论安排7月份视察健身工程、启动委员论坛论文征集等主要工作。

2011年8月16日，主席会议协商现代农业发展工作，听取市农委情况汇报，进行协商座谈。副市长杜永红参加会议。

2011年8月23日，主席会议专题协商文广传媒集团工作，听取文广传媒集团工作汇报，进行座谈协商。

2011年9月14日，主席会议专题协商软件园建设和产业发展，实地视察软件园人才市场、如皋新马信息科技有限公司、如皋锐道科技有限公司、人才公寓、建设小区、龙游湖吹填现场、美树城花木市场以及万寿路道路施工现场，听取软件园建设和产业发展情况汇报，开展协商讨论。

2011年9月21日，主席会议专题协商口岸和港口工作，实地视察沿江岸线及港口开发情况，听取口岸和港务管理局情况汇报，提出协商建议。

2011年9月24日，主席会议专题协商工会工作，听取市总工会情况汇报，提出协商建议。

2011年10月9日，主席会议讨论安排10月份民主评议金融机构、视察教育培训和文物保护、委员论坛论文征集等主要工作。

2011年11月4日，主席会议通报民主评议金融机构情况；讨论修改2012年度政协工作要点（讨论稿）；研究安排11月份政协工作。

2011年11月18日，主席会议专题协商全市“六五”普法工作，实地察看市社会矛盾纠纷调处中心和特殊人群管理服务中心，听取司法局情况汇报，提出协商意见。

2012年1月4日，主席会议讨论安排1月份委员论坛、市委政协工作会议、十三届一次全会筹备工作；研究确定2011年度政协工作表彰名单。

2012年2月10日，主席会议专题协商质量技术监督工作，听取质量技术监督局情况汇报，围绕质量强市提出协商建议。

2012年2月27日，主席会议专题协商镇（区）污水处理工作，实地察看吴窑镇、白蒲镇、丁堰镇的污水处理设施，听取环保部门汇报，进行协商讨论。

2012年3月6日，主席会议专题协商历史文化保护利用工作，实地视察如城镇范家大院、孙家大院、集贤里、海月寺钟鼓楼和白蒲镇民居、古戏台，听取住建局、统战部、白蒲镇情况汇报，提出意见和建议。副主席刘聪泉主持。

2012 年 3 月 13 日，主席会议听取十三届一次全会筹备情况汇报，讨论确定具体保障工作。

十、市十三届政协主席会议

市十三届政协主席会议召开 101 次，会议通常由主席李中林主持。

2012 年 4 月 5 日，主席会议讨论明确主席、各位副主席的职责分工；讨论安排 4 月份工作；决定建议常委会议取消个别委员资格，审议通过提案审查报告。

2012 年 4 月 18 日，主席会议专题协商餐饮服务食品安全监管工作，实地察看餐饮服务单位，听取食品药品监督管理局情况汇报，提出协商意见。副主席刘聪泉主持。

2012 年 4 月 27 日，主席会议专题协商水利工作，视察水利工程项目建设情况和沿江防洪情况，实地察看丁埝镇陈草泵站、赵明变频恒压供水站、焦港闸改建工程、四号港闸迁建工程、如皋港枢纽工程、碾砣港闸下游港道整治工程，调研河道整治及管护、水利项目、防汛、水资源管理等情况，听取水务局情况汇报，提出协商建议。副主席郑振明主持。

2012 年 5 月 7 日，主席会议讨论安排 5 月份工作：走访委员组和新委员、督办重点提案、视察科技创新平台建设、协商法院执行等。

2012 年 5 月 24 日，主席会议专题协商法院执行工作，听取市法院院长吴存银情况汇报，提出协商建议。副主席黄文斌主持。市委常委、政法委书记缪小华参加会议。

2012 年 5 月 29 日，主席会议专题协商工商联工作，听取工商联情况汇报，提出协商建议。副主席张亚鸾主持。

2012 年 6 月 6 日，主席会议研究安排 6 月份工作：开展苏南产业转移对接活动，视察“文化强市”“三解三促”项目等。

2012 年 7 月 17 日，主席会议专题协商市级机关事务管理工作，实地察看机关食堂运行情况，听取机关事务局工作汇报，提出协商建议。

2012 年 7 月 21 日，主席会议专题协商教育工作，听取教育局情况汇报，进行协商讨论。副主席章建平主持。

2012 年 7 月 25 日，主席会议专题协商科技创新平台建设工作，实地视察昌昇集团、泰慕士、大生器材 3 家企业科技创新平台，听取科技局情况汇报，提出协商建议。副主席郑振明主持。副市长陆雪松参加会议。

2012 年 7 月 27 日，主席会议专题协商集约节约用地工作，实地察看土地整理利用和“万顷良田”建设现场，听取国土局情况汇报，进行协商讨论。副主席黄文斌主持。

2012 年 8 月 29 日，主席会议专题协商财政工作，听取市财政局情况汇报，就做强做优财政提出协商建议。副主席张亚鸾主持。

2012 年 8 月 31 日，主席会议专题协商新农合工作，听取市卫生局情况汇报，进行座谈协商。副主席刘聪泉主持。副市长缪爱诚参加会议。

2012 年 9 月 6 日，主席会议讨论安排 9 月份工作：召开十三届二次常委会议、民主评议农委、文化强市委员论坛征文筹备等。

2012 年 9 月 25 日，主席会议专题协商农业资源开发工作，实地视察常青镇、开发区（柴湾镇）农业资源开发项目，听取农业资源开发局情况汇报，提出协商建议。副主席郑振明主持。

2012 年 9 月 27 日，主席会议专题协商法治如皋建设工作，听取市委政法委情况汇报，提出协商建议。

2012 年 10 月 8 日，主席会议专题研究安排 11 月份工作；部署编纂《如皋长寿三字经》，讨论确定民主评议农委实施方案。

2012 年 11 月 7 日，主席会议专题协商均衡教育工作，听取教育局情况汇报，提出协商建议。副主席刘聪泉主持。副市长缪爱诚参加会议。

2012 年 11 月 23 日，主席会议专题协商社会保障工作，听取人社局情况汇报，围绕失地农民保障问题进行协商。

2012 年 12 月 24 日，主席会议专题研究十三届二次全会准备工作，讨论谋划 2013 年度政协重点工作安排。

2013 年 1 月 12 日，主席会议专题听取十三届二次全会筹备工作情况汇报，确定从本次全会开始，不编简报，形成会议综述在《如皋日报》上专版刊载。

2013 年 1 月 12 日，主席会议专题协商土地管理利用工作，听取国土局工作汇报，提出协商建议。

2013 年 3 月 5 日，主席会议讨论安排 3 月份视察安居房建设等工作，听取并通过十三届二次全会提案审查立案情况报告；学习中共中央政治局《关于改进工作作风、密切联系群众的八项规定》（简称“八项规定”）。

2013 年 3 月 22 日，主席会议专题协商《如皋市志》修编工作，听取党史办（地方志办）关于《如皋市志》二轮修编情况的汇报，提出协商意见。副主席刘聪泉主持。

2013 年 4 月 8 日，主席会议研究安排 4 月份视察民营医院、部署委员论坛和民主评议等工作；研究确定十三届九次常委会议议程。

2013 年 5 月 16 日，主席会议专题协商镇级债务偿还机制建设情况，听取财政局情况汇报，就镇级债务管理与偿还工作提出协商建议。副主席章建平主持。

2013 年 5 月 22 日，主席会议专题协商公交工作，实地察看市运政信息中心、公交电子站牌，体验公交出行，听取交通局情况汇报，进行座谈协商。副主席章建平主持。

2013 年 5 月 31 日，主席会议专题协商社会养老服务体系建设，听取民政局情况汇报，提出协商意见。副主席郑振明主持。

2013 年 6 月 14 日，主席会议讨论安排 6 月份工作：筹备长三角十三县（市、区）政协工作联席会、走访重点提案承办单位、编著《寿比南山：为什么如皋有那么多百岁以上老人》等。

2013 年 6 月 28 日，主席会议专题协商开放型经济工作，实地查看高新区（城南街道）南通新马信息技术有限公司、江苏先锋信息技术有限公司、江苏如云信息科技股份有限公司等企业和如皋市 QST 青软实训长三角基地，听取商务局情况汇报，提出协商建议。副主席张亚鸾主持。

2013年7月8日，主席会议讨论安排7月份工作，讨论并原则通过《关于建立如皋市青少年创业担保基金》建议案。

2013年7月10日，主席会议专题协商计生工作，实地察看并听取计生委情况汇报，进行座谈协商。

2013年7月26日，主席会议专题调研全市职务犯罪查办和预防工作。

2013年7月28日，主席会议专题协商工业项目投入，实地察看部分工业项目投入情况，听取发改委情况汇报，进行协商讨论。副市长陆雪松参加。

2013年7月30日，主席会议专题协商少数民族工作，听取统战部工作汇报，提出协商意见。

2013年8月16日，主席会议专题协商教育工作，听取市教育局工作汇报，进行协商讨论。

2013年8月19日，主席会议专题协商依法治市工作，听取市依法治市领导小组办公室关于“法治示范县市”“法治如皋”建设工作情况的汇报，提出协商意见。副主席黄文斌主持。

2013年9月9日，主席会议讨论安排9月份政协工作；讨论确定十三届六次常委会议视察调研方案；研究确定视察电信有关事项。

2013年9月23日，主席会议专题协商“六五”普法工作，听取司法局情况汇报，进行协商座谈。副主席黄文斌主持。

2013年10月9日，主席会议讨论安排10月份工作，研究确定民主评议工商部门工作方案。

2013年11月1日，主席会议专题协商农机工作，实地视察吴窑镇秋播、秸秆机械化还田、秸秆粉碎制粒，以及雪岸镇华日稻米种植专业合作社、市农机服务中心等现场，听取农机局情况汇报，提出协商建议。副主席郑振明主持。副市长杜永红参加会议。

2013年11月12日，主席会议总结10月份工作完成情况，讨论安排11月份工作；研究承办长三角十三县（市、区）政协工作研讨会保障工作。

2013年12月23日，主席会议听取十三届三次全会筹备工作情况汇报；讨论确定十三届三次全会日程、议程（草案）；讨论修改2014年度政协工作要点；传达学习中央、江苏省委关于办公用房清理的文件精神。

2013年12月31日，主席会议讨论十三届三次全会上的常委会工作报告和提案工作报告（征求意见稿）；研究确定表彰2013年度政协工作先进委员组和先进委员名单；研究确定调整部分政协委员和委员组组长建议名单及增补政协常委建议名单。

2014年2月11日，主席会议讨论安排2月份工作；讨论通过十三届三次全会提案审查情况报告；确定2014年度重点督办提案。

2014年3月5日，主席会议讨论安排3月份工作；研究部署政协机关党的群众路线教育实践活动，确定建立常委会成员联系委员和委员联系群众制度；研究确定年度新任委员、委员组长培训方案。

2014年3月7日，主席会议专题协商残联工作，实地察看残疾人康复、就业、保障项目，听取市残联情况汇报，提出协商建议。副主席郑振明主持。

2014 年 4 月 10 日，主席会议点评 3 月份政协机关开展党的群众路线教育工作；讨论安排 4 月份工作；明确日后视察调研活动将邀请相关提案人参加会议。

2014 年 4 月 15 日，主席会议专题协商食品药品监管工作，实地视察和听取药监局的汇报，进行座谈协商。会议首次邀请涉及协商内容的部分提案委员参加。

2014 年 5 月 30 日，主席会议专题协商金融支持实体经济发展工作，听取市金融办、发改委及各金融部门汇报，提出协商意见。副主席张亚鸾主持。

2014 年 7 月 1 日，主席会议讨论安排 7 月份工作，研究确定市政协十三届九次常委会议日程和议程。

2014 年 7 月 16 日，主席会议专题协商公安工作，实地视察基层派出所基础设施建设、“三网”科技建设和指挥中心信息化建设，听取公安工作情况通报，就擦亮如皋公安品牌提出协商建议。副主席黄文斌主持。副市长、公安局局长成明参加会议。

2014 年 7 月 21 日，主席会议专题协商粮食工作，实地察看丁堰粮库、花园粮站、长庄粮站和如皋粮食储备库，听取粮食局情况汇报，提出协商建议。

2014 年 8 月 7 日，主席会议专题协商科技创新工作，听取科技局关于科技创新工程实施和科技创业园建设汇报，提出协商意见。副主席张亚鸾主持。

2014 年 8 月 12 日，主席会议专题协商社会养老保险工作，听取人社局情况汇报和相关提案办理说明，与会政协委员代表就相关提案及办理情况进行协商，主席会议成员发表协商建议。副主席张亚鸾主持。

2014 年 8 月 27 日，主席会议专题协商依法治市和“六五”普法工作，听取市委政法委关于 2014 年法治如皋建设情况和司法局关于 2014 年“六五”普法工作情况的汇报，与会提案委员就相关提案办理情况进行协商，主席会议成员发表协商建议。

2014 年 8 月 28 日，主席会议专题协商东大街开发工作，实地视察东大街区域开发利用情况，听取住建局关于东大街规划编制和开发利用工作情况的汇报，与会提案人就相关提案办理情况进行协商，主席会议成员提出协商建议。副主席钱志刚主持。市委常委、宣传部部长胡拥军和副市长缪爱诚参加会议。

2014 年 10 月 16 日，主席会议专题协商职业教育工作，实地观摩职业教育成果，听取教育局情况汇报，提出协商建议。

2014 年 12 月 11 日，主席会议讨论安排 12 月份工作；讨论确定十三届四次全会期间委员论坛相关事宜；讨论确定 2015 年度民主评议部门、常委会协商议题、委员论坛主题等事项。

2014 年 12 月 11 日，主席会议专题协商传统特色产业，听取政协两个小组分赴山东、浙江考察学习的情况汇报，听取市发改委与纺织、服装和食品商会情况汇报，就全市特色产业在新常态下转方式、调结构、促发展以及“十三五”产业规划问题，发表协商意见。副主席张亚鸾主持。

2015 年 1 月 4 日，主席会议听取十三届四次全会筹备工作情况汇报，讨论修改全会上的常委会工作报告和提案工作报告（讨论稿）；讨论确定 2014 年度政协工作表彰名单、2015 年度政协工作要点（征求意见稿）、委员论坛汇编稿件和口头交流论文。

2015 年 2 月 6 日，主席会议讨论安排推进委员联系群众等工作；研究推荐 2014 年度优秀提案和提案办理先进集体；讨论通过十三届四次全会提案审查立案报告。

2015 年 3 月 2 日，主席会议协商通过主席、副主席分工；讨论确定 2015 年度市政协重点提案。

2015 年 3 月 7 日，主席会议专题协商残联工作。

2015 年 3 月 19 日，主席会议专题协商市政务中心工作。听取市政务中心情况汇报，主席会议成员和提案委员提出协商意见。副主席郑振明主持。

2015 年 3 月 25 日，主席会议讨论通过《2015 年度先进委员组评比办法》《镇（区、街道）政协工作委员会工作规则（试行）》（讨论稿）；讨论确定十三届十二次常委会议召开时间和议程。

2015 年 4 月 13 日，主席会议讨论安排 4 月份视察河道整治和水环境治理、督查房地产税收和现代农业等工作；研究确定启动《如皋文史》“雉水英才”栏目采写事宜。

2015 年 4 月 17 日，主席会议专题协商公共文化服务体系建设工作，实地参观丁堰镇文化中心、城北街道鹿门社区公共服务中心、市少儿图书馆等现场，听取文化局情况汇报，进行座谈协商。副主席钱志刚主持。

2015 年 6 月 11 日，主席会议专题协商法院民商事审判及执行工作，会前进行网络问卷调查，征求委员意见，走访相关部门和法律工作者、案件当事人，会议听取市法院情况汇报，主席会议成员和相关提案委员提出协商意见。副主席黄文斌主持。市法院院长吴存银参加会议。

2015 年 7 月 17 日，主席会议专题协商安全生产工作，听取市安全生产监督管理局情况汇报，主席会议成员和部分政协委员提出协商意见。副主席张亚鸾主持。副市长陆雪松参加会议。

2015 年 8 月 2 日，主席会议专题协商“非遗”传承人队伍建设工作，实地视察市文化馆“非遗”展示厅、市丝毯艺术博物馆、南通华皋食品有限公司、南通华星木业有限公司、南通三香斋食品有限公司，听取文广新局情况汇报，提出协商意见。副主席钱志刚主持。

2015 年 8 月 7 日，主席会议传达学习全国政协主席俞正声有关讲话精神，视察协商城市管理工作，讨论安排当前政协工作。

2015 年 9 月 1 日，主席会议讨论安排 9 月份工作；研究部署政协机关“三严三实”专题教育活动；讨论安排历史文化研究会改选工作。

2015 年 9 月 30 日，主席会议专题协商政府法制办工作，听取法制办情况汇报，就强化依法行政、有效压降行政诉讼和行政复议案件提出协商意见。副主席黄文斌主持。

2015 年 10 月 14 日，主席会议专题协商科技服务工作，听取政协两个调研组外出考察学习情况汇报，结合如皋实际提出协商意见。

2015 年 10 月 21 日，主席会议专题协商集约节约用地和产出效益“双提升”工作，实地察看如城“万顷良田”建设工程等八个项目，听取国土局情况汇报，提出协商建议。

2015 年 11 月 6 日，主席会议讨论安排当前工作，研究确定召开“委员之家”现场会事项和委员论坛、社情民意有关事宜。

2015 年 11 月 14 日，主席会议专题协商“六五”普法工作，实地察看搬经镇初级中学、湖刘社区、南通华冠电器有限公司和市法治宣传教育体验中心，听取司法局情况汇报，提出协商意见。副主席黄文斌主持。

2015 年 11 月 20 日，主席会议专题协商市场监督管理工作，实地视察综合检验检测中心，观看“三合一”改革专题片，听取市场监管局情况汇报，提出协商建议。

2015 年 12 月 31 日，主席会议讨论通过 2016 年度政协工作要点（讨论稿）；研究确定 2015 年度政协工作先进委员组和先进委员名单；讨论安排当前工作。

2016 年 2 月 17 日，主席会议讨论安排 2 月份视察供电工作、筹划召开十三届十六次常委会议等工作；审议通过十三届五次全会提案审查立案报告。

2016 年 2 月 29 日，主席会议专题协商调研供电工作，实地察看江苏南天集团电力生产车间及项目建设现场，听取国网如皋供电公司情况汇报，进行协商讨论。

2016 年 3 月 8 日，主席会议讨论安排 3 月份工作；讨论通过《关于 2016 年市政协评比表彰工作实施意见》《关于对“委员之家”建设工作进行考核奖励的通知》。

2016 年 3 月 30 日，主席会议专题协商公交工作，实地察看南通皋能充电服务公司和如皋星星公交公司，提出协商建议。

2016 年 4 月 12 日，主席会议讨论安排 4 月份政协工作，听取并讨论通过政协委员培训方案。

2016 年 4 月 20 日，主席会议专题协商工商联工作，听取工商联情况汇报，提出协商建议。

2016 年 4 月 28 日，主席会议专题协商港口建设管理工作，实地视察如皋港港口建设现场，听取港口管理局汇报，对加快港口行业转型升级提出协商意见。副主席郑振明主持。

2016 年 5 月 12 日，主席会议讨论安排视察旅游业、“两学一做”学习教育、启动市政协十四届委员遴选准备等工作。

2016 年 5 月 27 日，主席会议专题协商侨联工作，实地察看市博物馆明清外销瓷展、如皋博爱康复养老中心、江苏新空间装饰集团有限公司，听取市侨联工作汇报，提出协商建议。

2016 年 5 月 31 日，主席会议专题协商 120 急救体系建设工作，实地参观市 120 急救指挥中心、人民医院分站、博爱医院分站、白蒲分站等急救站点，听取市卫计委情况汇报，提出协商意见。

2016 年 6 月 1 日，主席会议讨论安排 6 月份第二批委员培训、视察调研长寿产业等工作。

2016 年 6 月 11 日，主席会议专题协商律师工作，实地察看部分律师事务所，听取司法局汇报，提出协商意见。副主席黄文斌主持。

2016 年 7 月 8 日，主席会议专题协商农村土地流转工作，视察部分家庭农场、种植大户、专业合作社，听取农委汇报，提出协商意见。副主席郑振明主持。

2016 年 7 月 27 日，主席会议专题协商金融支持地方经济发展工作，听取发改委、金融办、人行和在如皋的 9 家商业银行情况汇报，提出协商意见。副主席张亚鸾主持。

2016 年 8 月 5 日，主席会议讨论安排“两学一做”、召开十三届十七次常委会议、考察学习外向型经济等工作。

2016 年 9 月 2 日，主席会议传达学习各级关于公务用车、接待等的规定；讨论安排 9 月份民主评议人社局、“雉水英才”采写组外出采写、扶助挂钩居委会（下原镇花园居）服务中心建设等工作。

2016 年 9 月 13 日，主席会议专题协商公安经侦工作，听取公安局和经侦大队汇报，提出协商意见。副主席黄文斌主持。

2016 年 9 月 29 日，主席会议专题协商党史工作，实地察看有关革命斗争史馆和遗址，听取党史办汇报，围绕如何充分挖掘和利用红色资源进行协商。副主席钱志刚主持。

2016 年 11 月 25 日，主席会议研究部署十四届一次全会筹备工作；听取“委员论坛”论文征集情况汇报；讨论安排民主评议总结工作；协商确定政协机关新进人员有关事宜。

2016 年 11 月 28 日，主席会议专题协商规划和房地产管理工作，实地视察新城吾悦广场商业综合体、江中世纪城住宅小区建设情况，听取市规划局情况汇报，围绕强化房地产开发规划、管理问题提出协商建议。副主席黄文斌主持。

2016 年 12 月 22 日，主席会议专题讨论修改十四届一次全会上的常委会工作报告和提案工作报告（初稿）。

十一、市十四届政协主席会议、主席办公会议

截至 2019 年年底，市十四届政协主席会议、主席办公会议召开 69 次，会议通常由主席张元健主持。

2017 年 1 月 20 日，主席办公会议听取并确定各委室 2017 年度重点工作；讨论安排 1 月份工作：召开十四届一次全会、十四届一次常委会议，筹备政协联谊会换届等。

2017 年 2 月 10 日，主席办公会议协商确定 2017 年度政协重点工作及任务分解；讨论安排 2 月份工作：筹备视察调研高标准农田建设、遴选确定重点提案、政协机关支部和工会换届选举等；讨论确定启动《如皋政协志》编纂，本届内完成。

2017 年 3 月 9 日，主席会议专题协商高标准农田建设工作，实地察看已建和在建项目，听取农发局、发改委、国土局、财政局、审计局情况汇报，提出协商意见。副主席郑振明主持。

2017 年 3 月 10 日，主席办公会议讨论安排 3 月份部署委员论坛、新任委员延安班培训、提案办前协商试点等工作，协商通过政协机关各项制度，讨论修改《委员履职服务与管理办法（草案）》。

2017 年 4 月 5 日，主席办公会议讨论安排 4 月份工作：召开十四届二次常委会议、政协联谊会换届、新任委员井冈山培训、总支与支部换届等。

2017 年 5 月 2 日，主席办公会议讨论安排 5 月份工作：围绕委员论坛主题开展考察调研、协商社会治安综合治理、委员巡回培训、新任委员古田班培训、启动“雉水英才”采写等。

2017 年 5 月 19 日，主席会议专题协商社会治安综合治理工作，实地视察如城街道城东社区公共服务中心、城南街道综治中心、公安局交通管理服务中心、公安局合成研判作战中心、敏政律师事务所，听取综治办、公安局、司法局、民政局情况汇报，围绕打牢基层基础、推动

社会治安综合治理更富有成效提出协商建议。副主席冒平主持。

2017 年 5 月 22 日，主席办公会议讨论确定“提案办前协商”改革创新申报立项方案、十四届三次常委会议关于协商新能源汽车产业的方案。

2017 年 5 月 31 日，主席办公会议讨论安排 6 月份工作：传达学习南通政协工作会议精神、推进“六大指挥部”分工工作、制订并实施“两学一做”常态化方案、新任政协委员大别山培训、提案工作系统提档升级建设、《如皋文史》第 29 辑征编等。

2017 年 7 月 7 日，主席办公会议讨论安排 7 月份主要工作：落实《全面推行河长制意见》、召开十四届三次常委会议、开展“政协委员慈善助学基金”捐赠活动、调研供水运行管理工作、视察如皋港投资集团工作、推进提案办复工作、挖掘总结如皋“治沙精神”。

2017 年 7 月 26 日，主席会议专题协商群众体育工作，实地视察搬经镇文体中心、鞠桥社区、皇家体育健身俱乐部、奥体中心，听取市体育局情况汇报，就推动全民健身提出协商意见。副主席严世斌主持。

2017 年 8 月 8 日，主席办公会议传达学习“走帮服”活动推进会精神；通报“政协委员慈善助学基金”筹款情况；讨论安排 8 月份成立如皋市政协委员慈善助学基金会、调研水系畅通工程建设、协商农民增收等工作。

2017 年 8 月 30 日，主席办公会议研究确定十四届四次常委会议方案；讨论确定首批“慈善助学”名单；讨论安排 9 月份视察在外建筑业市场、调查“五道医疗保障线”实施情况、重点提案办理情况公开、协商少数民族工作、参与全国文明城市创建等工作。

2017 年 8 月 31 日，主席会议专题协商落实富民举措、促进农民增收工作，现场视察和听取市农工办、市农委汇报，就如何加快落实富民举措、促进农民增收提出协商意见。副主席郑振明主持。

2017 年 9 月 28 日，主席会议专题协商少数民族工作，实地视察并听取民宗局关于民族宗教工作情况的汇报，就加强少数民族工作管理、做好精准扶贫工作提出协商意见和建议。副主席刘晓洁主持。

2017 年 9 月 30 日，主席办公会议听取 9 月份工作情况汇报，讨论安排 10 月份工作；讨论确定民主评议水务局工作方案；传达学习市纪委党风廉政建设文件精神。

2017 年 11 月 6 日，主席办公会议听取 10 月份工作情况汇报，讨论安排 11 月份工作：民主评议水务局工作、督查“一河两行业”整治、视察民营表演团体生存与发展、调研委员履职评价机制落实、部署十四届二次全会提案征集、汇编治沙改土资料等。

2017 年 11 月 27 日，主席会议专题协商“七五”普法工作，实地察看基层普法工作，听取司法局关于全面提升法治宣传教育工作整体水平情况的汇报，就创新普法形式、提高普法成效提出建议。副主席冒平主持。

2017 年 11 月 28 日，主席会议专题协商市财政工作，听取市财政情况汇报，并提出意见和建议。

2017 年 12 月 1 日，主席办公会议听取 11 月份工作完成情况汇报，讨论安排 12 月份筹备十四届二次全会、民主评议水务局工作总结、改革创新项目接受验收、督查“263”和“一河两行业”整治等工作。

2017 年 12 月 29 日，主席办公会议讨论修改十四届二次全会上的常委会工作报告和提案工作报告（讨论稿）；协商十四届二次全会日程、议程（草案），秘书长建议名单以及提案审查委员会主任、副主任、成员建议名单；讨论确定委员论坛汇编、发言论文；讨论修改 2018 年度政协工作要点。

2018 年 1 月 2 日，主席办公会议讨论十四届二次全会请示报告，协商确定市委表彰的先进委员和委员组、政协工作先进集体、优秀提案名单及奖励标准。

2018 年 1 月 23 日，主席办公会议讨论安排近期工作：视察重点工程项目和政府为民办实事工程、完成十四届二次全会情况报告、视察吉的堡双语幼儿园等。

2018 年 2 月 7 日，主席办公会议听取 1 月份工作完成情况汇报；讨论安排 2 月份主要工作：视察电信基础设施建设、形成领导批办提案、启动《如皋政协志》编撰等。

2018 年 3 月 5 日，主席办公会议听取 2 月份工作完成情况汇报；讨论安排 3 月份主要工作：完善委员履职管理及积分考核办法、调研肠衣产业、启动农村建房管理调研、启动污染防治攻坚督查、督查重点镇（街道）环境信访、遴选确定重点提案、启动委员培训工作。

2018 年 3 月 7 日，主席会议视察电信基础设施建设情况，实地参观公安局指挥中心、经济开发区城市数字管理中心和市电信公司。

2018 年 4 月 2 日，主席办公会议听取 3 月份工作完成情况汇报；讨论安排 4 月份部署“不忘初心、牢记使命”主题教育活动、全面推进提案办前协商、视察食品安全和基层文化队伍建设等主要工作。

2018 年 4 月 25 日，主席会议专题协商基层文化队伍建设工作，实地参观基层文化阵地建设，听取文广新局情况汇报。副主席刘晓洁主持。

2018 年 5 月 2 日，主席办公会议听取 4 月份工作完成情况汇报；讨论安排 5 月份工作：开展“解放思想，追赶超越，推动高质量发展”大讨论、视察居家智慧养老服务工作、视察特色农产品对接上海工作、协商农村建房规划建设管理工作。

2018 年 5 月 4 日，主席会议专题协商农村规划建设管理工作，会前组织委员对近 5 年各镇区建房情况全面摸底统计、开展多层面座谈交流、听取相关部门和镇区村居意见和建议，组织相关部门到宜兴和溧水等地学习考察，会议就乡村振兴和农村规划建设管理问题提出建议。副主席冒平主持。

2018 年 6 月 1 日，主席办公会议听取副主席冒平传达全省关于加强和改进人民政协工作的电视电话会议精神；听取 5 月份工作完成情况汇报；讨论安排 6 月份主要工作：常委会协商新城规划建设、协同江苏省政协调研“科技体制机制创新”、视察调研商会建设、视察医疗卫生信息化建设、督查“助推全面小康，彰显委员风采”活动、“雉水英才”栏目采写、委员培训。

2018 年 7 月 3 日，主席办公会议听取 6 月份工作完成情况汇报；讨论安排 5 月份主要工作：督办重点提案、民主监督“放管服”、视察公安工作、视察金融业支持实体经济工作、调研医疗卫生信息化建设、开展“慈善爱心基金”第二批捐助活动。

2018 年 7 月 4 日，主席会议专题调研协商商会建设工作，听取市工商联、民政局、建筑商会、百货商会等单位情况介绍，探讨商会发展趋势与方向，就改善营商环境提出意见和建议。副主席杜永红主持。

2018 年 7 月 26 日，主席会议专题调研协商金融业支持实体经济工作，听取市金融办负责人关于 1—7 月份金融业支持实体经济发展情况的汇报、各银行机构相关负责人关于创新金融产品和服务中小企业实体经济发展情况的汇报，就金融业支持实体经济发展提出意见和建议。副主席冒平主持。

2018 年 8 月 1 日，主席办公会议听取 7 月份工作完成情况汇报；讨论 8 月份主要工作：调研高质量发展指标体系、视察国土工作、协商行政审批制度改革工作、调研“创建国家全域旅游示范区”工作。

2018 年 8 月 31 日，主席办公会议传达市纪委监委关于开展党风廉政建设“一岗双责”履职情况回头看活动的文件；讨论十四届九次常委会议方案；通报上半年委员履职考核结果；讨论下半年委员培训方案。

2018 年 9 月 3 日，主席办公会议听取 8 月份工作完成情况汇报；讨论 9 月份主要工作：走访企业家委员、组织遵义委员培训、协商项目建设、视察人社工作、民主监督“长三角区域污染防治协作机制落实情况”、协商城区教育资源和教师流动工作、视察宗教场所建设工作。

2018 年 9 月 21 日，主席会议专题协商项目建设工作，听取发改委、国土局、住建局、统计局、行政审批局、税务局情况汇报，围绕项目招引、项目建设、项目服务、项目产出等开展协商讨论，提出意见和建议。副主席郑振明主持。

2018 年 9 月 26 日，主席会议专题协商教育人才流失情况，听取市教育局情况汇报，教育条线政协委员发言，主席会议成员提出意见和建议。副主席严世斌主持。

2018 年 9 月 28 日，主席会议专题协商行政审批制度改革工作，听取市发改委（重大项目办公室）、国土局、行政审批局、税务局等部门情况汇报，就进一步提升行政审批工作水平，提出意见和建议。副主席严世斌主持。

2018 年 10 月 8 日，主席办公会议听取 9 月份工作完成情况汇报，讨论 10 月份主要工作：民主评议民政局和农委、视察法院工作、观摩“打造最美公路、带动全域旅游”提案办理成果等。

2018 年 10 月 11 日，主席会议视察调研市法院重点工作，听取市法院关于解决执行难、环境资源巡回审判庭以及矛盾化解等重点工作的汇报，提出意见和建议。

2018 年 11 月 1 日，主席办公会议听取 10 月份工作完成情况汇报，讨论 11 月份主要工作：视察农村公路建养一体化推进情况、视察检察院体制改革工作、常委会专题协商“加快推动国家全域旅游示范区创建工作”、视察长江镇体育休闲小镇建设。

2018 年 12 月 3 日，主席办公会议听取 11 月份工作完成情况汇报，讨论 12 月份主要工作：筹备十四届三次全会、征集全会提案、做好年度考核工作和委员履职考核工作、讨论 2019 年重点工作。

2018 年 12 月 17 日，主席办公会议讨论 2019 年政协工作要点，包括重点协商议题、委员论坛主题、民主评议对象等。

2018 年 12 月 18 日，主席会议视察调研检察院工作，参观检察院检察文化中心、政治生活区、院史陈列室，观看专题片《遇见更好的自己》，听取市检察院检察长孙亚关于如皋市检察院争创全国模范检察院的情况汇报，提出意见和建议。

2019 年 1 月 2 日，主席办公会议讨论修改十四届三次全会上的常委会工作报告和提案工作报告（初稿）；研究 1 月份十四届三次全会筹备工作。

2019 年 1 月 10 日，主席会议协商确定十四届三次全会日程、议程（草案）；确定全会表彰相关事项；学习《领导干部廉政规定》，并对照检查。

2019 年 2 月 2 日，主席办公会听取 1 月份工作完成情况汇报，讨论安排 2 月份主要工作：制订年度工作计划、完善机关人员考核细则、调研协商领导批办提案、编纂《如皋政协志》等。

2019 年 3 月 5 日，主席办公会议听取 2 月份工作完成情况汇报，讨论安排 3 月份主要工作：学习贯彻全国两会精神、视察调研税收体制改革情况、视察调研“三大攻坚战”、制订《政协委员履职积分管理考核办法》等。

2019 年 4 月 2 日，主席办公会议听取 3 月份工作完成情况汇报，讨论安排 4 月份主要工作：南通市政协系统“提高联系群众能力”专题研讨会准备工作、视察调研“三大攻坚战”、开展“沿江地区坚持生态优先、加快绿色发展”专题调研活动、专题调研高中教育工作、开展食品安全监管专题民主监督、开展提案办前协商、启动委员履职信息化平台建设、“雉水英才”栏目采写等。

2019 年 5 月 5 日，主席办公会议听取 4 月份工作完成情况汇报，讨论安排 5 月份主要工作：常委会协商创新驱动战略实施情况的前期调研考察、高质量办理提案典型宣传、举办第一期政协委员能力提升培训班、民主监督无固定收入残疾人政策落实等。

2019 年 5 月 30 日，主席会议专题协商“三大攻坚战”重点工作推进情况，会前政协牵头相关部门进行了专题调研，会议听取发改委、自然资源局、农业农村局、生态环境局情况汇报，就加快新旧动能转换、落实脱贫攻坚政策措施、建立污染防治执法联动协作机制、督查推进重点工程等进行协商讨论。副主席冒平主持。

2019 年 6 月 4 日，主席办公会议听取 5 月份工作完成情况汇报，讨论安排 6 月份工作：启动政协系统“不忘初心、牢记使命”主题教育、南通市政协系统“提高联系群众能力”学习研讨会筹备工作、常委会协商实施创新驱动战略、督办重点提案、召开“委员之家”建设现场会、“智慧政协”平台软件试运行、第 1—14 辑《如皋文史》重印本校对审核等。

2019 年 6 月 14 日，主席会议讨论确定十四届十四次常委会议方案；讨论确定各委室不驻会副主任、部分政协委员、部分委员组副组长调整方案。

2019 年 6 月 25 日，主席会议听取并讨论完善关于实施创新驱动发展战略的协商调查研究报告（初稿）。

2019 年 7 月 4 日，主席办公会议听取 6 月份工作完成情况汇报，讨论安排 7 月份工作：开展庆祝人民政协成立 70 周年“我和人民政协”专题活动、“长三角区域污染防治协作机制落实情况联动民主监督”调研、主席会议协商信访维稳工作、调研医疗体制改革等。

2019 年 8 月 1 日，主席会议协商信访维稳工作，听取信访局、公安局情况汇报和政协调研组赴海安的考察报告，开展协商讨论。副主席冒平主持。

2019 年 8 月 6 日下午，主席办公会议民主推荐政协机关中层干部；听取 7 月份工作完成情况汇报，讨论安排 8 月份工作：承办南通市政协系统“提高联系群众能力”学习研讨会、民主监督区域供水工作、主席会议协商高质量发展指标完成情况、召开重点提案办理事项落实推进会等。

2019 年 8 月 26 日，主席会议讨论承办南通市政协系统“提高联系群众能力”学习研讨会后勤保障工作；讨论确定“纪念人民政协成立 70 周年暨全市政协工作会议”方案（初稿）；讨论确定民主评议城管局、交通局方案；讨论通过政协机关中层干部人事任命。

2019 年 9 月 2 日，主席办公会议听取 8 月份工作完成情况汇报，讨论安排 9 月份工作：开展庆祝人民政协成立 70 周年系列活动、组织对交通局和城管局民主评议、启动常委会协商乡村振兴战略推进落实情况、试点建设村级“有事好商量”协商议事室、主席会议视察融媒体建设、开展“不忘初心、牢记使命”专题教育等。

2019 年 10 月 9 日，主席办公会议听取 9 月份工作完成情况汇报，讨论安排 10 月份工作：开展“不忘初心　牢记使命”专题教育、主席会议视察法院重点工作、主席会议协商融媒体建设、《如皋政协志》编纂等。

2019 年 10 月 23 日，主席会议专题协商融媒体中心建设工作，会前市政协组织赴合江、邳州参观，会议实地观摩传媒集团融媒体中心，听取传媒集团情况汇报，政协教文卫体和文史委员会通报外地考察情况，就坚持党媒立场、事业产业双强、创新用人机制、理顺管理关系等提出协商建议。副主席刘晓洁主持，市委常委、宣传部部长高峰参加会议。

2019 年 10 月 24 日，主席会议专题协商检察院检察建议工作，现场观摩 5 个检察建议典型案例，听取市检察院检察长孙亚关于检察建议情况的汇报和市生态环境局、长江镇检察建议办理落实情况的汇报，就服务地方经济社会发展、关注社会热点难点痛点、加大法律监督力度等方面提出建议。副主席冒平主持。

2019 年 11 月 4 日，主席办公会议听取 10 月份工作完成情况汇报，讨论安排 11 月份工作：召开“有事好商量”协商议事室建设现场观摩推进会、主席会议视察调研扫黑除恶工作、主席会议协商新材料产业园区发展情况、开展“水环境整治”重点提案办理“回头看”视察活动、部署征集委员提案工作等。

2019 年 11 月 7 日，主席会议专题协商如皋港化工新材料产业园区发展，会前政协组织外出考察学习如东县、邳州市推进化工园区发展经验做法，会议现场参观如皋港化工新材料产业园区及园区部分企业，听取发改委（化治办）、生态环境局、应急管理局、如皋港新材料产业园区等相关部门的情况汇报，通报外出考察成果，就抢抓全省化工园区整治提升契机、促进园区转型升级、推动园区规范化建设和高质量发展建言献策。副主席郑振明主持，副市长孙恒参加会议。

2019 年 11 月 22 日，主席会议专题协商长江流域环境资源第二法庭工作，现场视察长江如皋段生态保护情况，观摩长江流域环境资源第二法庭，听取市法院院长章智敏关于环境资源审判工作及无讼社区创建的情况汇报，提出协商建议。副主席冒平主持。

2019 年 11 月 28 日，主席会议专题协商高质量监测指标完成工作，听取市统计局总体情况汇报和宣传部、政法委、发改委等部门相关具体指标推进情况交流发言，围绕加快发展、加强部门协作等提出协商建议。

2019 年 12 月 5 日，主席办公会议听取 11 月份工作完成情况汇报，讨论安排 12 月份主要工作：十四届四次全会筹备工作、全面推进“有事好商量”协商议事室建设、主席会议协商财政和农业龙头企业培育工作、创新实施“虚拟委员”网络提案议政建言、完成《如皋文史》第 1—14 辑重印和《如皋政协志》三稿等。

第五章

重要履职活动

第一节 提案工作

提案工作是人民政协开展政治协商、民主监督、参政议政的重要方式，是促进党委政府实现决策民主化、科学化的重要渠道，是政协委员建言献策的重要载体。如皋政协成立以来一直把提案工作放在全局工作重中之重的位置，从一届二次全会开始设立提案审查（工作）委员会，作为全会期间的组织机构，从五届政协开始设立提案工作委员会，作为政协工作机构，从十届政协开始设立提案工作委员会，作为政协机关常设机构，负责提案的征集、审查、立案、交办、督办工作。多年来，广大政协委员围绕中心、认真调研、提交提案，提出了许多有价值的建议、意见，得到党委政府的高度重视，推动了经济社会的发展。

一、提案受理情况

历届政协受理提案情况如下（部分年度因为档案资料缺失，未能统计）：

第一届 1957 年政协一届二次全会受理委员提案 62 件。

第二届 1959 年政协二届一次全会受理委员提案 37 件。

第三届 1962 年政协三届一次全会受理委员提案 129 件，经审查合并为 95 件，其中 85 件交有关部门研究处理。

第四届 政协因“文化大革命”停止活动，未受理提案。

第五届 1981 年政协五届一次全会受理委员提案 409 件。1983 年政协五届三次全会收到提案 88 件，其中工交财贸方面 19 件，农业方面 8 件，文教医卫方面 31 件，科技方面 4 件，城镇建设方面 5 件，环境保护方面 12 件，体制改革方面 6 件，其他方面 3 件。

第六届 1984 年政协六届一次全会受理提案 153 件。1985 年政协六届二次全会受理提案 212 件。1986 年政协六届三次全会受理提案 265 件，提案委员 119 人，占委员人数的 55%。

第七届 七届政协收到委员提案 829 件，同比第六届增加了 12.2%。1987 年七届二次全会受理提案 340 件，其中经济建设和经济体制改革方面 186 件，教育、科学、文化、卫生等方面 88 件，统一战线、民族宗教、侨台方面 19 件，劳动人事方面 22 件，法制方面 13 件，其他方面 12 件。

第八届 八届政协收到委员提案 856 件，其中 1990 年 336 件，1991 年 265 件，1992 年 255 件。八届政协提案工作有两个特点：一是提案的委员增多，提案数量增加；二是提案质量有较大提高。从提案内容上看，着眼于全市重大问题的提案增多；从提案方式上看，联名提案和集体提案增多；从提案质量上看，大多数提案建立在调查研究的基础上，有情况、有分析、有措施，具有较强的科学性和可行性。

第九届 九届政协共收到委员提案 1 235 件，提案委员平均每年达 183 人，占委员总人数的 69.4%。提案数量较多、质量较高，总数比八届政协增加了 44.3%，提案更加突出市委、市政府的中心工作和人民群众关注的热点、难点问题。

第十届 十届政协共收到委员提案 1 063 件，经提案委员会审查立案 1 041 件，立案率

97.9%，其余22件作为建议意见送有关部门妥善处理。1 041件提案中，工业经济建设方面155件，占15%；农业农村方面142件，占13.6%；城乡建设和管理方面319件，占30.6%；交通建设方面62件，占6%；科教文卫方面140件，占13.5%；党风廉政建设、政协、统战方面157件，占15.1%；社会保障、下岗职工再就业方面66件，占6.2%。十届政协委组集体提案和委员联名提案占有较大比重，比九届政协增长了24.8%，质量相对较高。

第十一届 十一届政协共收到委员提案1 288件，审查立案1 251件，立案率为97.1%。其中经济建设、“三农”方面224件，占17.9%；城乡建设、交通、环境保护方面538件，占43%；科教文卫体方面258件，占20.6%；社会保障和稳定方面159件，占12.7%；党风廉政建设、统一战线、民主政治方面72件，占5.8%。

第十二届 十二届政协共收到委员提案1 447，审查立案1 377件，立案率95.2%。其中经济发展、新农村建设方面334件，占24.3%；城乡建设、环境保护方面466件，占33.8%；社会事业、民生保障方面432件，占31.4%；社会管理、民主政治建设方面145件，占10.5%。

第十三届 十三届政协共收到委员提案2 062件，审查立案1 949件，立案率95.2%，其余139件作为委员来信交相关部门处理。在1 949件提案中，经济发展、农业农村方面379件，占19.45%；城市与小城镇建设方面594件，占30.48%；社会事业、民生保障方面539件，占27.65%；社会管理、民主政治建设方面437件，占22.42%。

第十四届 十四届一次全会共收到提案427件，经审查立案411件，立案率96.3%。十四届二次全会共收到提案431件，并案处理69件，转作参考30件。十四届二次全会起，各委员组加强选题协商、深入调研，撰写高质量的集体提案。十四届二次全会、三次全会分别收到集体提案和联名提案67件、73件，占提案总数的20.2%、20.3%。2018年起，对委员普遍关注的经济社会重大问题和民生热点问题，由提案委员会组织调研，形成集体提案，提请主席会议审议通过后，以建议案形式由市委、市政府主要领导批办。2018年形成建议案2件：《关于引导制造业转型升级，促进实体经济高质量发展的建议》《关于推进“乡村振兴”八大基础工程的建议》。2019年形成建议案2件：《关于理顺自来水供水体制，尽快提高运营管理能力的建议案》《关于优化金融生态环境，全面加强金融支持实体经济高质量发展的建议案》。

二、提案办理情况

六届政协三次会议受理提案265件，内容涉及经济建设和经济体制改革以及宣传、教育、科技、文化、卫生，政法、组织、劳动人事、落实政策等方面，意见当年得到实施的98件，被采纳列入规划的145件，合计243件，占提案总数的91.7%。

七届政协通过开展调查、考察，推动提案落实。为了办理县精神病防治医院关于硬件建设的提案，1989年5月15日组织有关委员和部门负责人进行实地考察，将考察情况报告县委、县政府。6月，县政府办公会议研究决定安排财政资金5万元，购置救护车1辆，并对医院业务用房不足问题做了安排。为了办理马云鹏委员《救救如城卫生院》的提案，1989年5月17日，实地考察如城卫生院，将考察情况报告县委、县政府，其后县政府办公会议研究同意如城卫生院新建一幢五层病房楼，并落实了经费来源。七届政协还注重加强与承办单位的联系，及时总结和推广办理工作经验，通过召开经验交流会、利用《如皋政协》内刊等形式，推广县供销社“跟踪回访办理提案”、城建委“运用座谈形式办理委员提案”、卫生局“跟提案人面对面办理委员提案”的经验做法。

八届政协收到的 856 件提案全部办复。其中，得到落实和基本落实的 384 件，占 44.9%；(答复时）已列入规划的 357 件，41.7%；由于条件限制暂时不能落实的 115 件，占 13.4%。八届政协高度重视重要提案的视察、调查和实地办理，每年选择几件关系大局的重要提案重点推进，有的还形成建议案报市（县）委、市（县）政府。为办理委员提案开展调整产品结构调查，历时三个月，组织 170 多位委员，调查 79 个单位，形成调查报告 74 篇，对全市产品结构调整发挥了积极作用，市委、市政府给予高度评价。八届政协还对情况比较复杂、涉及面广、办理难度大的提案，如《通扬河白蒲段的驳坡问题》《原城西区工办所属标准件厂的债权债务问题》《如海河袁桥镇段河堤退耕还林》等提案，加大督办力度，特别是《原城西区工办所属标准件厂的债权债务问题》，政协主动参与，牵头协商会办，圆满解决了拖延五年零七个月的问题。

九届政协收到的 1 235 件提案中，当年落实的 408 件，占总数的 33.04%，该比例比八届政协提高了 2.1 个百分点；列入规划逐步实施的 617 件，占总数的 50%；因受诸多因素制约，一时不能采纳或落实的 210 件，占总数的 16.9%。委员满意率也由八届政协的 91.5% 提高到 97.04%。九届政协要求承办单位建立由分管领导挂帅和相关科室负责同志参加的工作班子，专人负责提案的牵头办理和落实工作。九届政协还开始推动承办单位开门办案，当面办理，向提案委员当面征询意见、了解情况，制定拟办意见，征得提案委员的同意后，再做出认真的书面答复。

十届政协期间，提案采纳落实 800 余件，约占总数的 77.5%，当年采纳实施率达 25% 左右。十届政协办理提案有三个特点。一是普遍开展“开门办案”、联合办案。提案承办部门改变了“文来文往”的简单做法，对重点、难点提案均能采用邀请委员座谈协商、登门走访等多种方式，加强与委员的沟通联系。对涉及多个部门的提案，主办单位主动协调，协办单位密切配合，共同办理和落实。二是聚焦难点，合力攻坚。2002 年，市政府召开三次提案办理推进协调会，围绕涉及部门多、难度大的提案，先后召集 19 个部门主要负责人开会，进行研究协调，共协调办理提案 89 件，占年度提案总数的 47.6%。1999 年十届二次全会后，多名委员连续三年提出提案，建议尽快拆除亿元大厦门前新生路中间两个临时建筑物。分管副主席与分管副市长多次召集城管局、教育局、邮政局等相关单位负责人开会，研究确定解决方案，明确任务，两个临时建筑物终被拆除。三是对重大问题形成决议案，推动问题的解决。2002 年全会期间，100 多位委员提出提案，要求尽快解决如城地区自来水水源水质问题，全会将这一提案列为大会议题进行协商，形成《关于加速解决市自来水厂水源水质问题的建议案》，市委、市政府高度重视并迅速解决该问题。

十一届政协提案中，答复时所提问题已经解决或建议已被采纳的 627 件，占 50.1%；列入工作计划逐步解决的 551 件，占 44.1%；其他留作参考的 73 件，占 5.8%。委员满意率和基本满意率达 99.16%。十一届政协提案办理工作的主要亮点是完善了从市委、市政府到承办部门的责任制。一是市委、市政府领导建立了领办制。从十一届一次全会开始，将审查立案的提案在整理分类的基础上，筛选出重点提案报市委、市政府主要领导和分管领导审阅。市委、市政府领导不仅对确定的重点提案做出交办批示，而且认真参与研究与办理，使一批重点提案得到有效落实。二是承办部门建立主要领导负责制。各承办单位按照市委、市政府要求，普遍建立“主要领导负总责、分管领导具体抓”的提案办理分工负责制，不少部门通过把委员请进来听取意见、走出去了解情况，提高办理质量和实效。

十二届政协提案中，答复时所提问题已经解决或建议已被采纳的737件，占53.5%，列入工作计划逐步解决的555件，占40.3%，其他留作参考的85件，占6.2%。委员满意率和基本满意率达98.6%。十二届政协注重发挥政协各专委会的专业优势，筛选重点提案，作为政协常委会、主席会议协商以及相关专委会视察调研的内容，形成调研报告报市委、市政府，引起市领导的重视，从而提升了办理的层次与水平，有效地推动了相关问题的解决与落实。十二届政协为进一步推进政协提案工作制度化、规范化建设，提高提案质量和办理质效，充分发挥好委员提案在全市经济社会发展中的重要作用，在市政协各委员组以及市属各部门、各单位建立起委员提案办理工作联络员制度，聘请了104名提案工作联络员，充分发挥他们在提案撰写、办理、宣传、协调、交流中的重要作用。

十三届政协受理的1 949件提案中，所提问题已经解决或所提建议已被采纳的1 434件，占73.58%；列入工作计划逐步解决的421件，占21.6%；留作研究参考的81件，占3.75%。委员们对办理结果满意的1 709件，占87.69%；基本满意的233件，占11.95%；不满意的7件，占0.36%。十三届政协提案办理的主要亮点是抓好一批有影响、有分量的重点提案，集中人力和财力办好、办细、办实。针对陈洁委员代表共青团界别提出的《关于支持青年创业就业的建议》提案，主席会议以建议案的形式呈报市委，此后市财政局、团委、农商行联合制定实施《如皋市青年创业小额贷款贴息管理办法》，市财政每年拨款60万元专项资金用于贴息。到2016年年底，农商行已发放2 985万元贴息贷款、7 767万元低息贷款，为全市青年创业就业提供了有力的资金保障。

十四届一次全会提案由77个承办单位在规定的时间内全部办复，承办件在5件以上的部门和单位集中见面汇报率达95%，办理答复率达100%；试行提案办前协商72件，占17.5%。从办理情况看，所提问题已经解决或所提建议已被采纳的383件，占93.2%；列入计划予以解决的16件，占3.9%；留作研究参考的8件，占1.9%；因客观条件限制暂不能解决的4件；占1%。从办理的过程和结果看，对办理结果满意的383件，占93.2%；基本满意的28件，占6.8%。十四届政协二次全会立案交办的提案，分别由65个单位办理，到2018年10月底全部办结。其中，提案所提问题已基本解决的284件，占85.6%；当时组织实施或纳入计划的36件，占10.8%；留作参考的12件，占3.6%。委员对提案办理结果表示满意的324件，占97.6%；基本满意的9件，占2.4%。十四届政协三次全会立案交办的提案，到2019年11月底全部办复。其中，已经解决或列入计划解决的326件，占90.56%；列入2020年或后期办理计划的26件，占7.22%；因客观因素限制等不能解决的8件，占2.22%。委员满意或基本满意率为100%。十四届政协期间提案办理工作突出提质增效、创新平台载体，推动提案由数量型向质量型转变，大力实施巡回面授培训、提案征集“五协商”、“并联预审”前置完善、并案集智整合提升等创新举措，《人民政协报》《江苏政协》予以刊载，并被收入《中国政协理论与实践汇编》。主要亮点如下。2017 年，在全省率先创新实施“提案办前协商”，搭建提案办前协商平台，选择 63 件提案进行试点，将协商前移，充分听取提案人的初衷。承办方提出办理的具体思路，各方进行有碰撞的深度协商。该项目获得如皋市创新工作一等奖，在全省市县主席座谈会上进行经验交流，被收入省政协“提案工作创新”丛书。2018 年，全面推行提案办前协商工作，主办件 5 件以上的 22 个部门普遍组织集中办前协商活动，17 个部门主要领导亲自组织办前协商工作，87%的提案人参与面对面协商；主办件 5 件以下的 25 家单位普遍采取了一对一办前协商；所有交办提案在办理前均形成了“一案一策”的办理方案。2019 年，提案办前协商形成常态化，成为如皋政协特色化工作。市政协构建“虚拟委员履职”平台，开设“假如我是政协委员”栏目，让市民虚拟委员提供提案线索，同时通过平台参与重大问题议政、重要事项献计、重点提案问效，让群众参与到提案工作之中。2019 年，还将委员提交提案和委员参与提案协商办理列入对委员年度履职积分考核，将政协专委会提交集体提案、督办重点提案列入部门年度责任制考核。

三、提案督办情况

近年来，市政协提案委员会不断加大对提案的督办力度，在办理过程中，通过协商、视察、座谈等活动，推动承办单位办理和落实。承办单位办理答复后，组织提案人对办理情况做出评价，对办理结果不满意的，要求承办单位重新研究，做进一步的答复；对当年不能解决、承办单位承诺列入计划解决的提案，在下一年度跟踪督办。同时将提案中事关全市经济和社会发展的重大问题，委员提案议题比较集中、群众反应比较强烈、迫切需要解决的热点和难点问题，选作重点提案，由市领导重点督办、各专门委员会协助督办。

八届政协实行对提案办理常态化回访制度，通过回访了解提案办理的效果，推动委员与承办单位的共同会商，促进委员与承办单位的相互理解。1992 年回访 163 件提案的委员，其中满意的 90 件，占 55. 2%；较满意的 62 件，占 38%；不满意的 11 件，占 6. 8%。

九届政协督办工作有三个特色。一是领导直接参与督办。1997 年度，市政协主席、副主席分别到各承办单位检查、了解提案办理进度和具体落实情况。二是提案委员会指定专人跟踪督办。提案交办后，指定专人电话联系、上门走访，进行跟踪督办。三是约请市人大办和市政府办工作人员，联合对承办建议和提案较多的单位进行督办检查活动。

十届政协在最后一年对前四次会议的 855 件提案办理落实情况进行了全面“回头看”，将准备列入计划逐步解决或当年因条件限制解决不了的提案全部筛选出来，从未落实的提案中选出 19 件重要提案，分别由各位主席进行催办督办；对承办单位已答复落实、委员表示满意但易出现反复的提案，进行重点检查和再落实工作。2001 年全会期间委员们提出的加强网吧、游戏机房管理的提案，有关部门已认真办理，对全市网吧、游戏机进行了彻底清查，但后来又出现了违法经营活动死灰复燃的现象，群众反响较大。市政协组织部分提案委员进行明察暗访，开展调研。市委、市政府落实公安、工商、文化等相关部门多次采取联合行动，开展专项调查和清理整顿，取缔违规经营的商家10多家，取得了较好的成效。

十一届政协不断创新督办方式方法，加大办理落实力度，办理落实率由一次会议的26%提高到五次会议的54.7%。一是难点提案联合督办。涉及食品安全、看病难看病贵、弱势群体救助、拆迁等办理难度较大的提案，市政协牵头协调各专委会、市政府办公室及有关部门联合督办。例如，针对徐斌委员提出的《构建城乡食品安全检查网络，保障食品安全》提案，组织委员、相关部门联合视察，还将提案内容与部门办理意见刊登在《如皋动态》上，接受社会监督，扩大市民的民主参与度，推动了提案内容的落实。二是热点问题现场督办。对群众关注的热点提案，市政府领导、承办单位、提案人共同协商办理。例如，针对羌汉荣等委员提出的《关于解决城镇弱势群体医疗保险问题的建议》提案，主席会议在劳动和社会保障局进行专题协商，提出建议和意见，引起市委、市政府的高度重视，推进了《如皋市城镇居民基本医疗保险试行办法》的出台，解决了近10万非农无业、无收入城镇居民看病难看病贵的问题。三是遗留问题跟踪办理。对于一些历史性、积淀性、跨年度的提案，每年进行梳理，要求各承办单位认真组织“回头看”，跟踪办理，继续加以解决落实。例如，针对委员们连续三年提出的《关于建议农村中小学教职工实行住房公积金制度》提案，在市政协的连续跟踪督办下，市政府办公室、教育局、财政局、房改办等部门进行专题研究，提出方案，经市政府同意，解决了全市8 000多名农村中小学教师的住房公积金问题。四是不满意提案坚持复办。对委员反馈为不满意的部分提案，市政协直接参与二次交办活动，由分管主席牵头，将承办单位与提案人召集到一起，进行面对面的协商再办理，一些多次提出、悬而未决的难点提案，得到不同程度的解决。

十二届政协联合市委、市人大、市政府开展“人大代表建议、政协委员提案交流督办”活动，对经济财政、城建环保、社会事业、农村农业、法制建设等部门进行交流督查，市人大、市政府、市政协主要领导出席交流督办会议，听取办理部门的汇报以及代表、委员的建议和意见，并就办理工作的“回头看”提出具体要求。十二届政协还组织网络民主评议活动，对提案办理工作开展“回头问效”跟踪检查。通过政协提案工作网络系统，组织委员对十二届期间政府部门办理提案工作进行民主评议，提案委员参与率达65%；其后对评议结果进行汇总分析，通报给政府及其相关部门和全体委员，列入承办单位年度综合考核依据；被评议部门针对评议反映的问题，制订并反馈整改措施与打算。通过评议，委员拓宽了监督提案办理工作的途径，使提案办理真正成为反映群众意见、集中群众智慧、维护群众利益，协助市委、市政府实现决策民主化、科学化，服务于加强和创新社会管理的重要渠道。

十三届政协共筛选出42件提案作为主席会议重点督办提案，70件提案作为政协专委会督办提案。主席会议专题听取办理情况汇报，持续传递办理压力，督促办理进度，跟踪办理过程，问效办理结果，发挥重点提案的示范带动作用，推动一般提案的办理与落实。十三届政协还开创了提案委员参与调研协商的督办新机制，邀请相关提案委员参与主席会议协商、调研、视察活动54次，与办理单位面对面交流，现场察看办理进展，有效促进问题解决和协商成果转化。

十四届政协在坚持传统有效的督办措施的同时，还实施提案办理网上全面公开，并在《如皋日报》开辟“提案监督”专栏，将重点提案内容、领办督办人员、主办协办部门、办理成效面向社会全面公示，并跟踪采访报道和集中公示部分重点提案及提案办理量大的部门办理及落实情况，有效扩大社会监督面，倒逼承办部门提高办理质量。为推进重点问题重点办理、重点落实，十四届政协探索提案办理协商新方式，2019 年实施重点建议案主要领导批办制度，选取《支持中小微企业发展》和《解决农村自来水供水问题》两件提案进行二次调研，整合形成《优化金融生态环境，全面加强金融支持实体经济高质量发展》和《理顺自来水供水体制，尽快提高运营管理能力》两份建议案，由市委主要领导批办，市政府分管领导领办，加大推进和落实力度。十四届政协坚持把督办提案与专题视察调研相对接，2019 年安排 150 余名提案人观摩了民营经济发展、农业龙头企业培育、污染防治、四好农村路、绿色建筑、区域供水、学前教育市场整治、市融媒体中心建设、人才工作等专题协商活动，推动相关提案办理事项落实，拓展委员建言资政的渠道。同时，组织提案人和市民代表对持续办理的重点提案进行“回头看”活动，让提案人和群众检视提案办理成效。2019 年，对“水环境整治”相关提案进行“回头看”，通过实地视察、现场协商，增强督办实效。

四、提案工作制度化建设情况

1990 年以来，为进一步提高提案工作的质量，实现提案工作的经常化、制度化、规范化，如皋政协陆续出台了一系列文件，规范提案工作的各个环节。主要有：

《政协如皋县委员会提案工作简则》　1990 年 12 月 27 日，县政协八届四次常委会议通过《政协如皋县委员会提案工作简则》，分总则、提案工作委员会、委员提案、审查提案、提案的办理等五个章节，对提案机构职责以及提案提出、审查、办理中的具体要求做出规定。

《政协如皋市委员会提案工作条例》　1992 年 3 月 4 日，根据《中国人民政治协商会议章程》和全国提案工作条例，结合如皋实际情况，八届十二次常委会议通过《政协如皋市委员会提案工作条例》（以下简称《条例》），对提案工作的重要性以及提案提交、审查、办复、落实、评先评优、文书归档等工作进行明确规定。此后，1995 年 9 月九届十四次常委会议、2006 年 1 月十一届十五次常委会议、2008 年 3 月十二届二次常委会议根据提案工作新形势、新要求对《条例》进行 3 次补充和修订，对提案质量、办理质量和服务质量等方面的要求进行细化和完善，对重点提案的遴选程序、督办主体、督办方式等做出具体规定，要求在立案审查、办理等环节加强全过程协商，改进和完善了评选、表彰的办法，提案工作的制度化、规范化得到加强。

《政协如皋市委员会提案审查办法》　2000 年，十届政协主席会议讨论通过《政协如皋市委员会提案审查办法》，对提案的提出和审查做出更明确的要求，从制度上保障和促进提案质量的提高。

《关于建立人大代表建议、政协委员提案长效办理机制的意见》　2007 年 3 月 26 日，市政协办与市委办、政府办联合下发《关于建立人大代表建议、政协委员提案长效办理机制的意见》，要求对当年未落实事项实行滚动办理，并规范办理程序和督查考核，推行办理目标、责任、结果公开，明确组织领导、答复举措、督办查办、考核奖惩等要求，推动提案办理结果的落实。

《如皋市政协提案工作细则》　2009 年 9 月 4 日，根据全国政协《关于加强和改进提案工作的意见》和《如皋市政协提案工作条例》的有关规定，十二届政协主席会议审议通过《如皋市政协提案工作细则》（以下简称《细则》），从提案工作的职责、提案征集、提案审查与立案、承办单位的确定与交办、提案的办理、提案督办、重点提案的产生与办理、提案办理工作的评议、优秀提案表彰、提案工作联络员制度、提案工作联席会议、提案委员会议事规则等方面对提案工作做出规范。2011 年 8 月，十二届政协主席会议对《细则》进行修订，增加中共十七大确立的有关重大理论观点和重大方针政策的表述；增加信息化建设、提案征集、提案督办的有关内容，完善提案委员会相关职责，细化提案审查标准。2019 年 12 月，十四届政协主席会议对《细则》进行再次修订，对总则、机构设置、提案的提出、提案的审查和处理、提案的办理、提案的督办、提案工作的表彰、附则等八个部分进行完善：一是指导思想与党章、宪法、政协章程表述对标；二是明晰提案和提案者的概念，规范提案者的定义；三是体现协商民主对提案工作的新要求，依据中央、省、市有关人民政协协商民主建设的规定进行修改；四是突出体现新时代提高提案质量的要求；五是突出提高办理质量，依据中央、省、市关于提案办理的文件规定进行修改；六是发挥重点提案的示范引领作用；七是完善评选、表彰的类别和条件。

《关于开展优秀提案、先进承办单位评选活动的意见》《关于评选优秀人大代表议案、建议和优秀政协委员提案及评选办理工作先进集体、先进个人的通知》　1993 年起，市政协开展优秀提案、先进承办单位评选活动，3 月 12 日，政协秘书处印发《关于开展优秀提案、先进承办单位评选活动的意见》，对评选先进的条件、程序进行了规定。2003 年 5 月，市政协办与市人大办、市政府办联合下发《关于评选优秀人大代表议案、建议和优秀政协委员提案及评选办理工作先进集体、先进个人的通知》，决定每年由市政府、市政协共同表彰一批优秀提案及办理工作先进集体和先进个人，调动提案人和办理单位的积极性。

《关于进一步加大人大代表建议、政协委员提案办理工作考核力度的意见》　2010 年 3 月 15 日，市政协办与市委办、政府办联合下发《关于进一步加大人大代表建议、政协委员提案办理工作考核力度的意见》，完善了领导督办制度，修订了提案办理工作考核细则。

《中国人民政治协商会议如皋市委员会提案办理协商办法》《关于做好提案办前协商工作的通知》　2018 年 1 月 8 日，市委办、市政协办联合下发《中国人民政治协商会议如皋市委员会提案办理协商办法》《关于做好提案办前协商工作的通知》，提出将协商贯穿于提案撰写、提交、审查、办理、答复、落实的全过程，要求承办单位办前充分沟通协商，先协商后办理，全面规范提案办前协商的程序和方法，以解决提案办理协商不及时、不充分，办理过程流于形式，办理成果不明显的问题。

《政协如皋市委员会提案审查工作细则》《政协如皋市委员会提高提案质量实施办法》《政协如皋市委员会优秀提案评选办法》　2019 年 12 月，十四届主席会议审议通过《政协如皋市委员会提案审查工作细则》《政协如皋市委员会提高提案质量实施办法》《政协如皋市委员会优秀提案评选办法》，对严格标准审查提案、注重质量提出提案、优秀提案评比条件和表彰程序等方面做出更具体、可操作的规范。

2011 年起，市政协建立政协提案工作网上办理系统，设置提案选登、答复选登、线索征集、办理交流、知情明政（政府信息公开、各部门网站）、提案知识、友情链接等栏目，对委员提案进行外网提交、查询、反馈，内网立案、批示、交办、答复，及时通过系统对各承办部门的办理工作进行动态督办，推动提案工作信息化、办理网络化、分析自动化、内容透明化，使提案工作进一步规范、快捷、透明。2019 年，将提案网上办理系统纳入“智慧政协”平台，设置“政协提案”栏目，全面优化提案征集、办理、管理、统计体系，构建起“清单式”提案办理网上平台和提案人、办理方双向网上评议平台，同时，适应移动互联网发展形势，在“智慧政协”手机平台——“如皋市政协”App 中纳入部分功能，供委员随时随地查询提案信息和办理情况。

第二节　视察调研工作

一、关于综合课题的视察调研

协商“七五”规划　1985 年 10 月 28—31 日，六届七次常委会议听取县委书记谢翼飞关于 1985 年工农业生产情况和 1986 年的初步打算以及“七五”规划的初步设想的通报。11 月 10 日，向县委提交《县政协六届七次常委会就我县制定“七五”规划提出的建议意见》，提出建议：要建立专门班子，事先调查研究，将规划制订建立在积极可靠的基础上；农业生产不能放松，特别要抓紧粮食生产；经济发展速度不宜过高；要进一步发展科学、教育和文化事业；两个文明建设要一齐抓。县政协六届三次全会期间，与会委员认真协商讨论《关于我县“七五”计划（草案）的报告》。1986 年 5 月 21 日，向县委、县政府呈报《政协如皋县六届三次会议对政府工作报告和“七五”计划（草案）报告的意见和建议》，提出建议：要坚持两个文明建设一起抓的战略方针；组织力量对如皋县“七五”计划”（草案）进行论证；突出重点，带动全局；重视农业发展，研究和解决面临的问题；重视普及九年制义务教育，端正教育目的；城镇建设要做到重点突出、兼顾一般；转变机关工作作风，提高行政工作效率。

协商“八五”规划　1990 年 11 月 7 日，受县人民政府委托，约请部分委员审议《如皋县“八五”经济和社会发展规划（送审稿）》；11 月 14 日召开座谈会，提出修改意见。11 月 15 日，向县政府呈送《关于对〈如皋县“八五”经济和社会发展规划（送审稿）〉修改意见的报告》，提出四个方面的修改意见。

协商“九五”规划　1996 年 3 月，九届四次全会协商讨论《如皋市国民经济和社会发展“九五“计划和 2010 年远景目标规划（草案）》，就加快经济结构调整、加强农业基础地位、大力发展多种经营、加快城镇建设和大交通建设、着力推进外向型经济、放手发展民营经济、促进经济总量快速增长等提出建议。党的十四届六中全会召开后，围绕制定《如皋市社会主义精神文明建设“九五”规划纲要》开展调查研究。11 月 11 日，召开各界人士座谈会，围绕指导思想、总体目标、党风廉政建设和思想道德建设等重要问题进行协商讨论，就加强爱国主义教育、加强青少年思想道德教育、加强对精神文明建设典型的宣传、加大反腐败斗争力度、加大专项治理力度、加大精神文明建设投入等提出建议。

视察调研沿江开发 1996年6月17—19日，组织部分委员对营防、江防、长江、石庄、长青沙五个乡镇和如皋港经济开发区及四个场圃进行调研。6月27—28日，九届十九次常委会议协商沿江开发工作，副市长秦玉林参加会议。会后向市委呈报调研报告，提出建议：迅速建立工作班子，尽快拿出远景规划，研究制定激励政策，着力办好港区硬环境建设、江堤道路建设、建成长青沙大桥、尽快开发四号港等实事。市委书记郁政批示：市政协的建议很好，请市委农工部、市计委牵头，编制一个沿江大农业发展项目的计划，分步实施。

视察调研开发区投资环境 1998年5月14—15日，根据南通市政协办公室《关于我市投资环境专题视察调研的实施计划》要求，主席魏国平、副主席于永芳带领在如皋的南通市政协委员，听取如皋港经济开发区、如皋经济技术开发区情况介绍，实地视察部分企业。5月25日，向南通市政协呈报《关于视察如皋投资环境的情况报告》，指出开发区投资环境存在着基础设施建设进展缓慢、自然环境缺乏有效保护、政策不够宽松等亟待解决的问题，提出建议：层层统一认识，努力形成支持开发区建设的强烈氛围；明确投入重点，以有限的投入发挥较大的投资效益；完善优惠政策，努力创造开发区建设的宽松环境。

视察调研如皋经济开发区 从2001年2月16日，主席刘桂江带队视察如皋经济技术开发区，听取有关情况汇报并协商讨论。3月15日，向市委呈报《关于视察如皋经济技术开发区的情况汇报》，提出建议：加大宣传力度，发挥开发区在全市经济中的拉动作用；加大招商引资力度，激发开发区活力；调整规划，为开发区留出发展空间；加强队伍建设，强化内部管理。

协商企事业单位改革工作 从2001年10月下旬开始，组织50名政协委员分成4个小组，对全市农业场圃和各类企业以及教育、卫生、文化系统涉及的13个方面改革情况进行全面调研，视察企事业单位50家，召开座谈会20次，赴市外7个县（市）考察学习，形成视察调研报告6份。11月22—23日，十届十九次常委会议专题协商讨论企事业单位改革，市委副书记石耀、周铁根和副市长程德兴参加会议。11月28日，向市委呈报《关于协商讨论企事业单位改革的情况报告》，提出加强组织领导、营造舆论氛围、坚持规范运作、攻克改革难点、形成改革合力等建议。

视察调研如皋经济技术开发区和如城镇 按照市委要求，2003年7月下旬至8月上旬，组织3个小组，对如皋经济技术开发区和如城镇经济社会发展情况开展视察调研，并赴海门、启东、海安经济开发区参观考察。8月16日，向市委呈报《关于加快如皋经济技术开发区和如城镇发展的调查报告》，提出了“小整合”和“大整合”的建议方案。9月7日，市委书记陈惠娟批示：请政协将两个方案进行比较分析，可进一步听取开发区的意见，形成优选方案后报市委、市政府研究。

协商沿江开发工作 2006年11月16日，主席会议专题协商沿江（如皋港）开发工作，市委常委、副市长黄成参加会议。11月24日，向市委呈送《市政协主席会议协商沿江（如皋港）开发工作的报告》，提出建议：营造沿江开发的浓烈氛围；理顺沿江开发的体制关系；促进工业化与城市化互动并进；搞好环境保护和生态建设；发挥沿江产业的带动作用。12 月 3 日，市委书记陈惠娟批示：政协关于沿江开发的报告很有针对性，提出的协商意见可结合市委明年工作调研认真吸收研究，为市委、市政府 2007 年制订沿江开发总体方案提供决策依据。

调研协商“大桥经济” 2007 年 8 月下旬至 9 月中旬，围绕常委会调研课题“苏通大桥开通后的机遇与挑战”，组织 4 个调研小组到如城、白蒲、柴湾、搬经等 9 个镇（区）以及 14 个企业开展调研，听取市发改委、经贸委、农林局、科技局、国土局等 8 个部门情况汇报，并分赴浙江慈溪和江苏常熟、靖江、邗江考察学习打好“大桥牌”的经验。9 月 27 日，十一届二十四次常委会议协商讨论 4 份调研报告。10 月 12 日，向市委呈报《抓住苏通大桥通车契机，促进经济发展方式转变的建议案》，提出建议：切实转变经济发展理念；着力打造四大经济板块；以产业招商来推进挑商选资；构建城市消费型的农业产业体系和现代农业支撑体系；努力提高现代服务业在三次产业中的比重；推进土地集约利用；加强科技人才队伍建设；优化发展环境，助推转变经济发展方式。10 月 21 日，市委书记陈惠娟批示：政协此报告具有前瞻性、先导性和实践性、可操作性相统一的特点，可作为研究 2008 年工作思路时的专题报告，并可供决策 2008 年工作时参考。

柴湾镇与如皋经济技术开发区行政区划合并前期调研 为做大做强如皋经济技术开发区，最大限度地整合各种资源，2008 年年底，根据市委主要领导指示，围绕“以区管镇”体制这一主题，督导员于永芳带队专程考察学习张家港市、海安县和长江镇（如皋港区）区域经济发展与行政体制改革的成功经验，调研柴湾镇、如皋经济技术开发区经济社会发展情况。2008 年 12 月 15 日，向市委呈报《关于如皋经济技术开发区与柴湾镇合并、实行以区管镇体制的方案》。12 月 30 日，市委常委会决定调整行政区划，将柴湾镇并入如皋经济技术开发区，实行党工委领导下的区镇合一、以区带镇体制。

“十二五”规划前期调研 2010 年年初，市委、市政府开展“十二五”规划调研活动，共分为 14 个子课题。市政协承担了其中 6 个课题的调研任务。调研从 6 月 9 日开始，到 8 月 30 日结束，围绕“沿海沿江开发思路研究”“城镇化发展思路研究”“人力资源开发研究”“教育改革和发展研究”“文化建设发展与对策研究”“生态建设和环境保护思路研究”形成 6 份调研报告，其后向市委提交《市政协关于先期开展“十二五”规划建议调研活动的情况报告》。

视察调研“放大长寿品牌，发展长寿产业” 2016 年 6—7 月，组织 3 个调研组，分赴福建柘荣、广东蕉岭、安徽亳州、浙江永嘉、江苏溧阳，考察学习发展长寿文化及旅游产业、开发长寿生态农产品和做大健康养老产业的经验，并召开多个专题座谈会，听取相关部门、企业的建议。8 月 5 日，十三届十七次常委会议听取 3 个调研组的调研报告，市委副书记司祝建、副市长杜永红参加会议。8 月 20 日，向市委呈报《叫响长寿品牌，壮大特色产业》协商报告，提出建议：树立五大发展理念，强化战略产业意识；制订长寿产业规划，切实加强组织领导；打造长寿特色品牌，培植产业发展优势；开发生态农副产品，延伸长寿产业链条；挖掘文化旅游资源，推进产业融合发展；健全养老服务体系，夯实“医养结合”举措；加大宣传推广力度，拓展市场营销空间。9 月 2 日，市委书记陈晓东批示：政协对长寿之乡品牌产业化发展的思考非常有价值，下一步可在培育涵养产业上结合分工深入研究，按“领导—产业—政策—基金—队伍—园区”推进。

视察调研三大攻坚战重点工作推进落实情况　2019 年 2—5 月，围绕三大攻坚战重点工作推进落实情况，组织系列视察调研活动，主要内容包括：（1）围绕防范风险，如何通过加强项目建设、提高运行质量切实提升土地产出效益；（2）围绕精准扶贫，贫困户、经济薄弱村、建档立卡户如何脱贫解困；（3）围绕污染防治，重点解决如何化解环境攻坚战中的疑难问题。5 月 30 日，主席会议专题协商三大攻坚战重点工作推进落实情况。主席张元健对下一阶段三大攻坚战工作的组织推进提出了五点建议：一要高度统一思想，认识三大攻坚战的重要意义；二要以推动高质量发展为重点，打好防范化解重大风险攻坚战；三要以造血输血并举为重点，打好精准脱贫攻坚战；四要以解决突出问题为重点，打好污染防治攻坚战；五要以完善体制机制为重点，切实加强三大攻坚战的组织领导。会后，向市委、市政府提交《关于视察调研三大攻坚战重点工作情况的报告》。7 月 24 日，市委书记张建华批示：市政协关于三大攻坚战的协商报告涉及面广，分析比较到位，希望市委、市政府在相关工作的部署和推进中认真汲取其中的对策、建议，推动全市三大攻坚战取得更大成效。

二、关于经济科技的视察调研

与县人大联合视察丁堰供销社推行经营责任制情况　1983 年 6 月中旬，会同县人大视察丁堰供销社推行经营责任制的情况。6 月 22 日，副县长明道奎召集相关部门听取视察意见。6 月 28 日，县人大、县政协联合向县委呈报《关于视察丁堰供销社推行经营责任制情况的报告》，提出建议：加强政治思想领导；行管人员的劳动报酬要同经济效益挂钩；充分发挥理事会监事会的作用；重视农村集镇合作商店的生存。

与县人大联合视察饮服行业推行经营承包责任制情况　1983 年 6 月 16—20 日，会同县人大视察如城镇如皋饭店、工农饭店、龙凤园饭店、大众饭店和健康旅社推行经营承包责任制的情况。6 月 28 日，县人大、县政协联合向县委呈报《关于视察饮服行业推行经营承包责任制情况的报告》，提出提高饮服行业的社会地位、积极培养人才、帮助解决具体困难等建议。

与县政府联合调查如城、白蒲集体商业发展情况　为了贯彻中央一号文件精神，推动集体商业发展，1984 年 4 月，与县政府财贸领导组联合调查如城、白蒲集体商业的发展情况。4 月 29 日，向县委呈报《关于如城、白蒲集体商业的调查报告》，提出建议：解放思想，加强领导；搞活经营，提高效益；整顿企业，提高素质；通力协作，支持扶植。

与人大代表联合视察乡（镇）工业　1984 年 5 月上旬，会同县人大，组织部分在如皋的省人大代表和县人大代表、县政协委员，联合视察 9 个区的 26 个乡办及村办工业企业生产情况。5 月 12 日，向县委、县政府呈报《关于视察我县乡（镇）工业的情况汇报》。

与县人大联合视察五乡产业结构情况　1984 年 10 月 16—18 日，会同县人大，组织 5 个小组，视察长江、东陈、磨头、夏堡和高井五个乡的产业结构情况。11 月 8 日，县人大、县政协联合向县委呈报《关于联合视察五乡产业结构情况的汇报》，指出需要解决副业用房用地受限、贷款指标偏紧、交通制约、困难户无房居住等问题。

研究协商解决集体商业发展难题　1984 年 11 月上旬，对白蒲镇集体商业运行情况进行专题调查，与县政府财贸领导组、商业局、供销社进行会商。11月22日，向县委呈报《关于对白蒲镇集体商业的调查和我县集体商业当前困难的情况汇报》，提出按社会需求发放个体户经营商业的许可证、制止“权势经商”、限制集体商业招工等建议。

视察冷饮生产　1988年6月6—7日，组织视察丁堰镇商业总店、丁堰镇供销社、磨头糖厂、如皋食品厂和如皋饭店等单位的冷饮生产情况。6月15日，向县委、县政府呈报《关于对冷饮生产情况的考察报告》，提出建议：各级领导要重视冷饮生产；广泛深入地宣传《食品卫生法》；加强冷饮企业生产管理；实施严格的食品卫生监管。

会同县人大视察调研农村水泥预制承重构件质量管理情况　1988年6月15—18日，副主席潘信征会同县人大常委会副主任陈殿文，组织委员和代表视察调研郭园、江防、葛市3个乡的集体和个体经营的水泥预制品厂（场）水泥预制承重构件质量管理情况。县人大主任孙德明、政协主席明道奎、副县长袁泉听取调查组情况汇报。6月21日，县人大、县政协联合向县委呈报《关于水泥预制承重构件质量管理情况的视察报告》，提出建议：切实加强领导；进行全面整顿补课；提高机关服务质量；充分发挥政府各职能部门的监督作用；认真总结推广全面质量管理的经验。

会同县人大联合视察物价工作　1988年10月10—13日，会同县人大听取县物价委员会情况汇报，县委常委、常务副县长刘桂江参加汇报会。会后组织5个小组视察如城镇流通领域179个单位和个体工商户执行物价政策的情况，并召开视察工作汇报会，县人大主任孙德明到会并讲话。10月20日，县人大、县政协联合向县委呈报《关于联合视察物价情况的汇报》，提出建议：大力宣传，敢于碰硬；健全物价管理队伍，严密物价管理制度；充分发挥群众监督的威力；职能部门要各司其职、密切配合。

视察调研乡村企业　1989年6月5—6日，主席明道奎带领县财办、乡镇企业局、财政局、建工局以及金融单位负责人，视察调研胜利缫丝厂、石北化工厂、九华苎麻纺厂和丁西碳素厂等企业，调查了解资金落实使用、工程进展情况以及面临的困难和问题。6月13日，向县委呈报《关于考察六个乡村企业的情况报告》，提出抓好资金落实、搞好科学论证等建议。

视察夏季冷饮生产情况　1989年6月16日，副主席贲正祥带领县财办、工商局、卫生局和卫生防疫站等单位负责人，对老松林饭店、如皋第二制药厂、如皋糖厂和丁堰镇饮料厂的冷饮生产情况开展视察。6月19日，向县委、县政府呈报《关于冷饮生产情况的考察报告》，提出建议：进一步加强《食品卫生法》的宣传教育，职能部门要加强监督，生产单位要严格申报制度。

视察乡镇企业　1989年12月19—21日，主席明道奎带领在如皋的南通市政协委员对黄市毛纺厂、桃园纺织厂和如皋化工二厂开展视察。12月29日，向县委、县政府和南通市政协呈报《关于视察乡镇企业的情况报告》，提出建议：立足本厂，自我消化；采取措施，帮扶发展；减轻负担，加强服务。

视察农贸市场　1990年6月4—5日，根据26位政协委员所提的关于农贸市场的22件提案，组织在城部分委员并邀请县财办、城建委、公安局和如城镇等单位负责人，听取工商局如城农贸市场布局和管理情况的介绍，视察农贸市场，对如何利用益人桥市场进行协商。6月7

日，向县委呈报《关于视察如城农贸市场的情况报告》，提出建议：统一对农贸市场的认识，尽快专题研究农贸市场的建设原则和规划，加强马路市场管理。

会同县人大联合视察纺织企业　1990 年 8 月 8 日，县委书记潘宝才、县人大主任刘桂江、县政协副主席袁泉带领部分政协委员和在如皋的部分省人大代表，联合视察丁堰纺织厂和如皋纺织厂，采取看、听、议的方法，帮助两厂分析产供销形势，对发展生产、加强管理、摆脱困境、渡过难关提出了意见和建议。8 月 15 日，县人大、县政协联合向县委呈报《关于联合视察丁纺、如纺的情况报告》，提出建议：统一思想，坚定信心；千方百计组织原料，确保正常生产；强化企业内部管理，努力提高经济效益；狠抓产品质量，增强市场竞争力。

视察企业负担情况　1990 年 12 月 10—12 日，组织在如城的省、市政协委员分成两个组，分别由主席明道奎、副主席袁泉带队，视察石庄纬编厂、县商业公司、如皋染织厂、丁堰纺织厂、如皋手套厂、鞠桥砖瓦厂、食品机械厂、南通电站阀门厂和如皋绢纺厂等企业负担情况。12 月 13 日，召开视察情况汇报会，县委常委、常务副县长石耀参加会议。12 月 19 日，向县委、县政府和南通市政协呈报《关于企业负担情况的视察报告》，提出建议：增强做好治理“三乱”的自觉性，治理“三乱”要抓出成效，全面清理现有收费、罚款、集资和各种摊派，贯彻边整边改原则。

视察调研工业产品结构调整情况　从 1991 年 4 月下旬开始，组织政协委员、市科协会员和企业家协会会员，历时 3 个多月，对全市工业产品结构及其调整情况进行调查。参加人员 177 人，调查企业 79 个，召开座谈会、研讨会 100 多次，形成调查报告 74 份。7 月 6 日，八届八次常委会议进行专题协商，听取 15 份调研报告，市领导柯文、管贵方、于永芳参加会议。8 月 12 日，向市委呈报《关于工业产品结构调整的汇报》，提出建议：进一步深化各级对产品结构调整的认识，树立强烈的自我调整意识；加强领导，完善运行机制，不断充实各个层次产品结构调整的力量；研究政策措施，创造有利于产品结构调整的内外部环境；明确产品结构调整的重点项目，大打产品结构调整的总体战。

视察液化气站　1991 年 5 月，组织视察如皋液化气供应站。6 月 11 日，向市委、市政府呈报《关于转报政协计划工作组〈关于视察液化气供应站的情况报告〉的报告》，提出建议：液化气站要加强经营管理，尽可能减少采购的中间环节；就近开辟新的气源，缩短运距，减少费用，降低成本；对液化气站免征营业税、城建税和教育费附加；液化气站对用户要一视同仁、热情服务，不许自行处理残液。6 月 20 日，市长石秀峰做出批示：所提建议很好，请计委研究落实到液化气站，关于免税问题请有关部门（税务、财政、城建）研究，提出处理意见。

视察调研生猪管理工作　1991 年 9 月 25—27 日，主席明道奎、副主席袁泉带领部分委员听取市生猪管理领导小组工作汇报，前往袁桥、高明、场南和车马湖等乡镇调查考察生猪购销管理情况。9 月 30 日和 10 月 7 日，赴泰兴县及泰兴县古溪镇参观学习。10 月 10 日，向市委、市政府呈报《关于生猪管理情况的考察报告》，提出建议：认真总结经验教训，进一步巩固和完善生猪管理工作；坚持“两个任务”一齐下，上缴税收与财政包干相挂钩；加强基础工作，建立健全各项生猪管理制度；坚持定点屠宰；生猪收购合理定价，调动农民养猪积极性；认真研究食品集团的管理体制，充分发挥两个积极性。

组织在如皋的省和南通市政协委员视察“三资”企业　1991 年 12 月 20—21 日，主席明道奎、原副主席贲正祥带领在如皋的江苏省政协委员和南通市政协委员，视察南通皋鸣绣品有限公司、南通健美时服装有限公司等 8 家外资企业。12 月 25 日，向市委、市政府呈报《关于组织南通市政协委员视察“三资”企业情况的汇报》，提出建议：更新观念，进一步增强发展外向型经济的意识；认真研究有关政策并兑现落实；改善投资环境，更好地适应外向型经济发展需要；加强领导，特别是加强对已办“三资”企业的指导。1995 年 5 月 4—5 日，组织在城的南通市政协委员开展关于对外开放、发展外向型经济的视察调查，听取了市长助理、如皋经济开发区管委会副主任李慧宏和外经委的情况汇报，其后分两个组，一组由副主席章骥带队视察皋鸣服装绣品有限公司、如皋米久食品有限公司等“三资”企业，一组由副主席王连生带队视察如皋经济开发区，形成两份调查报告，呈报市委和南通市政协。

考察学习徐州市“破三铁”经验　为了配合全市深化改革、扭亏增盈总体战的开展，1992 年 3 月 23—27 日，副主席袁泉带领部分政协委员和市体改委、经委负责同志以及部分厂长赴徐州考察学习、对口交流，参观徐州工程机械厂。4 月 10 日，向市委呈报《关于徐州考察学习的情况汇报》，提出建议：调整充实专门工作班子；理顺关系，明确责任；统一思想，形成合力；学习徐州“基数分档、自选承包”的办法，进行下一轮企业承包。

赴深圳、海南考察　1992 年 4 月 12—28 日，主席明道奎、市委常委谭志旺带领相关人员赴深圳、海南考察，听取驻深圳、海南两个办事处情况汇报，参加宝安皋平砖厂、宝安江苏砖厂两家砖厂董事会会议，考察宝安江苏砖厂发展情况，洽谈有关联营项目，并接待香港地区和吉林省客人。考察组目睹深圳特区改革开放、突飞猛进的发展势头，加深了对邓小平南方谈话精神的理解。5 月 6 日，考察组向市委呈报《关于赴深圳海南考察情况的报告》。

视察企业扭亏增盈情况　1992 年 8 月 14—15 日，主席明道奎带领在如皋的江苏省政协委员和南通市政协委员以及有关方面负责人共 20 人，视察如皋减速机厂、如皋制药厂、如皋粮油味精厂和二案砖瓦厂，了解企业扭亏增盈情况。8 月 25 日，向市委、市政府呈报《关于视察企业扭亏增盈情况的报告》，提出建议：加强领导，再造舆论，使企业内外形成扭亏增盈的强烈气氛；解放思想，深化改革，使企业不断增强扭亏增盈的动力；雪中送炭，增加投入，使企业不断增强发展后劲；开发新品，调整结构，使企业不断加快发展速度；因势利导，拓展市场，使企业不断提高发展外向型经济的能力。

视察“三资”企业　1993 年 6 月 12 日，主席石秀峰、副主席章骥带队视察南通高美皮件有限公司、南通阿尔本时装有限公司、南通建美时服装有限公司和南通泰慕士服装有限公司等合资企业，听取市外经委和企业负责人的情况介绍，开展座谈讨论。6 月 16 日，向市委呈报《关于视察“三资”企业的情况报告》，提出建议：加强宣传力度，鼓励兴办“三资”企业；加强“三资”企业的管理，及时总结交流管理经验；加强人才培养，调剂好急需的专业人才；要与外商真诚合作。1996 年 11 月 25—27 日，主席魏国平和副主席王连生、徐建平带领部分委员对全市“三资”企业进行视察调查，听取副市长于永芳和外经委汇报，分组视察南通皋鸣服装绣品有限公司、南通龙野皮革制品有限公司、南通永扬食品有限公司、如皋费罗泰克针织服装有限公司、如皋山海山食品有限公司、南通来来食品有限公司、南通建美时宝美时装有限公司、如皋花园食品有限公司、江苏力星钢球有限公司、南通龙泉服饰有限公司、南通家山时装有限公司和南通泰慕士服装有限公司等 13 家“三资”企业。27 日，召开视察情况汇报会，主席魏国平主持会议，副市长于永芳参加会议并讲话。

调查市属企业推行股份合作制试点工作 1993 年 8 月 10—11 日，主席石秀峰、副主席袁泉率领部分委员，分两个组视察了市属企业推行股份合作制的试点情况，听取市体改委、市委农工部以及如皋印刷厂、如皋高压电器厂情况介绍，分别召开了企业中层干部座谈会、工人座谈会以及 10 家拟推行股份合作制企业的座谈会。8 月 24 日，向市委呈报《关于市属企业股份合作制试点情况的调查报告》，提出建议：进一步深化认识，统一思想；根据不断出现的新情况新问题，及时研究、制定和完善各项政策措施；在推行股份合作制的同时，必须抓紧企业内部的配套改革；推行股份合作制要从企业实际情况出发，不唯进度和不搞“一刀切”。

视察调研民营经济发展情况 1993 年 10 月 22—23 日，副主席袁泉带领部分委员听取市工商局、工商联和邓园乡情况汇报，参加邓园乡发展民营经济动员大会，实地视察邓园乡陆桥村私营企业，召开部分个体工商户、私营企业主座谈会。11 月 1 日，向市委呈报《关于视察民营经济的报告》，提出建议：切实加强领导；加快市场建设步伐；加强综合管理和执法监督；加强服务，研究政策，优化发展环境。

专题调研新税制运行 从 1994 年 4 月 14 日开始，组织 5 个小组，用一个月左右时间，调研如皋纺织厂、如皋酒厂、如皋金属材料总公司等 19 家工商企业，召集如皋动力机厂、如皋染织厂等 6 家企业负责人进行座谈，了解税制改革对企业的影响。5 月 19—20 日，九届八次常委会议协商讨论《关于财税体制改革对我市经济影响的调查报告》，调查报告提出建议：进一步加强对财税体制改革的学习和研究；丢掉幻想，着力调整产业结构和产品结构；高度重视特困企业面临的新难题；大力发展外向型经济和民营经济；积极寻求适应新税制的办法和路径。

赴厦门、石狮等市（区）政协考察学习 1994 年 5 月 21—28 日，顾问明道奎、副主席章骥带队赴厦门市思明区政协和石狮市政协考察，参观开发区、“三资”企业和服装市场等。6 月 6 日，向市委呈报《关于赴厦门、石狮等市（区）政协考察学习情况的汇报》，提出加强对“三资”企业的管理、加速发展民营经济、大力开展“三胞”工作等建议。

对全市个体私营经济发展情况开展调查 1994 年 7 月中旬至 8 月下旬，组织各区政协联系小组和工商局、工商联等部门，采取点面结合、个别了解与座谈相结合的方法，对全市个体私营经济发展情况开展专题调查。9 月 13—14 日，九届九次常委会议协商讨论《关于我市个体私营经济发展情况的调查报告》，报告提出领导要加强、政策要到位、服务要配套、市场要培育、管理要跟上等建议。

调研市属企业经济效益情况 1995 年 7 月上旬至 8 月上旬，组织 9 个小组，对 30 家市属企业经济效益状况进行专题调查。8 月，向市委、市政府呈报《关于市属企业经济效益情况的调查报告》，提出建议：抓领导，加力度，提高扭亏增盈工作的组织能力；抓大户，活小户，促进经济效益整体水平的提高；抓调整，上水平，依靠科技进步改变企业面貌；抓管理，挖潜力，大力开展增收节支活动。

专题协商预算外资金管理工作 1995 年 9 月 5 日，主席石秀峰主持召开主席会议，专题协商预算外资金管理工作。9 月 19 日，向市委呈报《关于加强我市预算外资金管理协商情况的报告》，提出建议：采取多种形式广泛宣传，进一步统一认识；强化基础管理，坚持管好源头；加强民主监督，让群众参与管理；管好用活资金，在用活上多做文章；制定政策，明确纪律，奖惩并举；积极推进乡镇预算外资金管理工作；为预算外资金管理机构创造工作条件。

视察调研市场建设情况　1996 年 7 月 18—22 日，主席魏国平和副主席袁泉、章骥、王连生、徐建平带领部分政协委员，对如城、丁堰、白蒲、磨头、吴窑、搬经和雪岸等乡镇市场建设情况开展视察调研。8 月 1 日，向市委、市政府呈报《关于市场建设情况的调查报告》，提出建议：从经济发展战略高度，重视市场建设；从当地实际情况出发，规划市场建设；从发动群众投入入手，加快市场建设；从培育专业特色着眼，推进市场建设。

视察农村食盐市场　1996 年 8 月 7—9 日，副主席袁泉、王连生、徐建平带领部分委员，对场北、长庄、桃园、马塘、车马湖和下原等 6 个乡镇食盐市场开展视察，听取乡镇、乡供销社情况介绍。8 月 19 日，向市委、市政府呈报《关于视察检查食盐市场的情况报告》，提出建议：进一步加大组织力度、宣传力度、执法力度、实施力度。

协商第三产业发展　1996 年 8 月，组织 6 个小组对全市城镇发展第三产业的情况进行调研。9 月 24—25 日，九届二十次常委会议协商讨论进一步加快第三产业发展问题，市委常委、副市长朱春参加会议。10 月 10 日，向市委、市政府呈报《关于我市城镇第三产业发展情况的调查报告》，提出建议：明确战略要求，加大领导力度；发挥地区优势，实施重点突破；制定激励政策，创造宽松环境；加强协调服务，依法实施管理。此外，还列出了加速完善社会保障体系、加快建立科技信息服务中心、加强文化旅游资源的保护开发等 7 条具体建议。

协商科技工作　1997 年 3 月 28 日，主席会议就深入实施“科教兴市”战略进行协商讨论。4 月 6 日，向市委、市政府呈报《关于科技工作协商讨论的情况报告》，提出建议：加大宣传力度，努力使全社会都能充分认识到科技工作的战略地位和作用；切实加强领导，确保科技发展的各项战略措施真正落到实处；实施重点突破，大力推进全市经济增长方式的根本性转变；创造优良条件，充分发挥职能部门在科教兴市中的积极作用。

视察调研民营经济发展情况　1997 年 4 月 23—24 日，组织 4 个小组视察龙舌、林梓、石北、江安、马塘、夏堡、何庄和柴湾等 8 个乡镇的民营经济。主席魏国平和副主席袁泉、章骥、王连生、徐建平参加视察。4 月 30 日，向市委呈送《关于我市民营经济发展情况的调查报告》，提出建议：解放思想，提高认识，促进民营经济大发展；加强领导，重点突破，开创民营经济新局面；强化服务，规范管理，推动民营经济上水平。

视察调研供电工作　1998 年 4 月 13 日、14 日、20 日，副主席袁泉、王连生、王光国带领部分委员前往白蒲镇、丁堰镇、柴湾乡、胜利乡和场北乡视察调研供电工作，并召开用电户代表座谈会，详细了解基层情况。随后向市委、市政府呈报《关于视察调研供电工作的情况报告》，提出建议：依靠乡镇领导支持，做好乡镇电管站工作；加强班子建设，选配好乡镇电管站长；引入竞争机制，强化农村电工队伍建设；制订规划，逐步改造老化过时、电耗大的高低压线路及设备；进一步加强行业管理，促进供售电工作规范化；加强正面典型宣传，树立良好形象。

视察地税工作 1998年5月19—20日，副主席袁泉带领政协财贸工作组委员视察如皋地税直属分局、开发区直属分局、丁堰分局和江安分局的税收征收情况。6月2日，向市委、市政府呈报《市政协财贸工作组视察地税工作情况的报告》，提出建议：加强税法观念教育，增强纳税意识；清理政策性文件，讲究时效性；结合企业改制新情况，强化个体私营户税收和税种征管；加强对重点税、费、金征管问题的研究。

调研协商乡镇企业改制工作 1998年9月上中旬，组织100名委员分成14个小组，视察调研14个乡镇企业改制后的运行情况，并召开金融、税务座谈会听取意见。9月24—25日，十届三次常委会议进行专题协商。10月28日，向市委、市政府呈报《市政协十届三次常委会协商讨论乡镇企业改制后运行情况的报告》，提出建议：加快政府职能转换，稳定乡镇企管队伍，强化一部一室运作，优化税务金融工作，深化内部配套改革，妥善处理遗留问题。

视察'98如皋经贸洽谈会项目推进情况 1998年11月中下旬，组织相关人员专题视察'98如皋经贸洽谈会项目推进情况，并召集部分重点项目单位负责人座谈，听取意见和建议。12月10日，向市委、市政府呈报《关于视察'98如皋经贸洽谈会项目推进情况的报告》，提出建议：加大跟踪力度，突出重点，大力推进；加强宏观指导和微观服务，注重项目推进的实际效果；加强部门整体联动，优化投资环境；调动一切积极因素，多渠道、多形式开展招商引资；强化项目推进责任制年终考核。

协商讨论科技工作 1999年5月21日，主席会议专题协商科技工作。6月3日，向市委、市政府呈报《市政协主席会议协商讨论科技工作情况的报告》，提出建议：加大宣传力度，提高思想认识；加强组织领导，落实措施责任；依靠科技进步，促进工业结构调整；加强科技服务，推进农业产业化；完善政策，充分调动科技人员积极性；千方百计增加科技投入。

协商讨论"三外"工作 1999年6月28日，主席会议协商讨论"三外"工作。7月14日，向市委、市政府呈报《市政协主席会议协商讨论"三外"工作情况的报告》，提出建议：强化组织领导，明确目标责任；"以软补硬"，切实提高利用外资水平；千方百计用好外经劳务签约权；理顺关系，促进招商工作正常开展。

与市人大联合视察供电局行风建设情况 1999年7月19日，会同市人大对供电部门的优质服务和行风建设情况开展联合视察。副主席袁泉、于永芳、徐建平、王光国、严世进和秘书长史有生参加视察。8月5日，联合向市委呈报《关于联合视察我市供电局优质服务及行风建设情况的报告》，提出建议：进一步倡导识大体、顾大局的精神；摆正上下级关系、政府与部门关系、条管与块管关系；在工作中多讲"怎么办"、少讲"不好办"；扎扎实实地为人民办实事、谋利益；提高工作效率，改善服务质量，树立良好形象。

视察调研、协商讨论个体私营经济小区建设 1999年8月中下旬，组织5个调研小组分赴10个个体私营经济小区视察，并赴灌云县考察学习。9月23—24日，十届八次常委会议开展协商讨论，市委常委、副市长陈惠娟参加会议。会后向市委呈报《关于市政协十届八次常委会的情况报告》，提出建议：解放思想，转变观念；强化领导，转变职能；因地制宜，科学规划；完善政策，狠抓落实；招商引资，快速发展；形成合力，强化服务。

协商讨论粮食系统的改革与发展 2000年3月中下旬，组织委员分成4个小组视察部分粮管所和企业，并分赴如东、海安、高邮、淮阴等县（市）考察学习。4 月 20 日，十届十二次常委会议进行协商讨论。4 月 28 日，向市委、市政府呈报《关于协商讨论粮食系统改革与发展的情况报告》，提出建议：统一思想认识，切实加强领导；深化内部改革，努力减员增效；处理陈化粮食，减轻财政负担；发挥自身优势，拓展生产经营；各方支持配合，形成攻坚合力。5 月 1 日，市委副书记章树山批示：请粮食局党组按照政协提出的要着重抓好的五项工作，拿出粮改、扭亏的具体措施，提交市委、市政府讨论。5 月 15 日，市委书记刘井石批示：一定要大胆改革、扭亏，结合如皋实际，走出自己的路子。

调研台资企业运行情况　2000 年 6 月下旬，根据南通市政协办公室通知要求，对全市正常运转的 10 家台资企业逐一进行走访调查，向南通市政协呈报《关于如皋市台资企业情况的简要报告》，提出建议：进一步兑现和完善吸引台资的优惠政策；政府职能部门要积极为台资企业搞好服务；坚决制止“三乱”，切实减轻企业负担；进一步加快硬环境和软环境建设。

视察生猪管理工作　2000 年年底，围绕《国务院生猪屠宰管理条例》《江苏省屠宰管理条例》贯彻落实情况，组织部分委员分成 3 个小组，视察大明、搬经、磨头、吴窑、江安、石庄、黄市等乡镇，并赴海安、海门、通州考察学习。2001 年 2 月 28 日，视察组向市委、市政府主要领导专题汇报视察情况。3 月 8 日，向市委、市政府呈报《关于视察生猪管理工作的情况报告》，提出建议：统一认识，加强领导；制定标准，细致宣传；明确任务，完善政策；强化管理，规范操作；建设屠宰场，确保检疫到位；加大执法力度，敢于动真碰硬。

协商讨论审计工作　2001 年 2 月 26 日，主席会议专题协商审计工作。3 月 9 日，向市委、市政府呈报《关于协商审计工作的情况报告》，提出建议：充分认识审计工作的重要性；进一步加强队伍建设；加大审计执法力度；切实搞好内审工作；加强部门配合。

协商讨论做大做强规模私营企业　从 2002 年 4 月上旬开始，组织部分委员分成 4 个视察调研组，对全市 99 家规模私营企业展开调查，并赴浙江德清等地参观学习。5 月 22—23 日，十届二十三次常委会议进行协商讨论，市委常委、副市长李中林参加会议。5 月 28 日，向市委、市政府呈报《关于协商规模私营企业情况的汇报》，提出建议：加强组织领导，注重政策引导和落实，切实改善经济发展环境，抓好企业家队伍建设。6 月 14 日，市委书记蓝绍敏批示：政协对规模私营企业发展提出的建议很好，请在起草市委扩大会报告时参考。

协商讨论“构建人才优势、实现富民强市”议题　2002 年 8 月开始，组织 4 个视察调研组，围绕培养和引进“经营管理人才”“科技人才”“外向型经济人才”“技能型人才”，深入 30 多个单位召开座谈会，并赴江阴、东台等地参观学习。9 月 24—25 日，十届二十四次常委会议进行协商讨论，副市长张元健参加会议。10 月 15 日，向市委、市政府呈报《关于协商“构建人才优势、实现富民强市”的情况汇报》，提出建议：积极营造良好环境，加大整体推进力度，处理好引才与引智内外并重关系，强化知识更新和职业培训，完善政策措施。

协商讨论科技工作　2003 年 8 月 6 日，主席会议专题协商讨论科技工作。8 月 12 日，向市委、市政府呈报《关于市政协主席会议协商科技工作的情况报告》，提出建议：加强科技工作领导，建立和完善激励机制，大力培植科技型企业，壮大科技人才队伍，重视科技创业园配套建设，加大财政投入。

视察调研专业工业园区建设情况　2003年10月下旬至11月上旬，组织部分委员对全市专业工业园区建设情况进行专题调研，并赴武进、邗江、建湖等地参观考察。11月28日，向市委呈报《关于全市专业工业园区的视察调研报告》，提出建议：把加快专业工业园区建设作为重要战略，合理规划专业工业园区布局，加大园区基础设施建设，实施外向带动、龙头带动战略，完善政策优化服务创新机制。

协商科技创业园工作　2004年2月20日，主席会议专题协商如皋科技创业园工作。3月12日，向市委呈报《关于主席会议协商科技创业园工作的情况报告》，提出建议：进一步统一思想认识，确定科技创业园发展的目标定位；调整充实领导班子，切实加强对科技创业园的领导；举全市之力，加大对科技创业园的投入；迅速制订园区二期建设规划，扩大规模，提升档次，以吸引更多的科技项目进园孵化；修订相关的配套优惠政策；建立配套的投、融资体系，解决担保和风险投资的资金问题；建设高新技术产业基地，促进科技创业园科技成果的转化和产业的放大；整体联动，形成科技创业园建设的社会氛围。

协商"三外"工作　2004年3月29日，主席会议专题协商"三外"工作。4月9日，向市委呈报《关于主席会议协商"三外"工作的情况报告》，提出建议：统一思想认识，进一步凸显"三外"工作的重要位置；调整完善工作思路，进一步转变招商引资理念；抓住影响全局的重点问题，进一步加大力度强势推进；继续着力突破影响外资工作的瓶颈约束，进一步优化投资环境；加强对外宣传与推介的统一性、协调性，进一步塑造如皋的整体形象；加大"三外"工作的资金投入，进一步增强"三外"工作的财政保障。

调研人才问题　2004年6月，对人才问题开展专题调研。7月12日，向市委呈报《关于我市人才问题的调研报告》，提出建议：统一思想认识，牢固树立人才强市的观念；突破发展瓶颈，着力解决好第二产业人才少、层次低的突出问题；进一步优化人才开发的政策环境，营造人才集聚的强磁效应；重视如皋工业企业专业技术人才的职称评定工作；凸显企业在人才建设上的主体作用。

就全市投资千万元以上项目开展专题视察调研和协商讨论　2004年7月下旬至8月中旬，组织4个小组，对全市23个镇、2个开发区及市政府有关部门2003—2004年上半年投资千万元以上的项目，开展为期一个多月的视察调研。9月14—15日，十一届八次常委会议进行专题协商讨论。9月28日，向市委呈报《关于全市千万元以上项目投入的视察报告》，提出建议：转变发展理念和发展模式，用科学发展观统领项目投入，走可持续发展之路；提升招商引资水平，将项目投入纳入规范发展的轨道；破解发展难题，以超常举措力促项目投入难中求进；狠抓项目投入责任制落实，着力提高项目投入的推进效率；全面推进依法行政，打造优良的投资软环境；完善项目投入考核体系，坚持科学的政绩导向。

协商全市财政工作　2005年7月13日，主席会议专题协商财政工作。7月20日，向市委呈报《关于主席会议协商全市财政工作的情况报告》，提出建议：强化收入征管；规范支出管理；控减债务规模；构建公共财政体系；完善市镇财政体制；深化部门预算改革；广辟资金来源渠道。8月17日，市委书记陈惠娟批示：报告对财政情况的分析比较实在，提出的对策建议有较强的针对性和指导性，请财政部门很好地研究落实。

协商科技工作　2005年8月9日，主席会议专题协商科技工作。8月29日，向市委呈报《关于主席会议协商科技工作的情况报告》，提出建议：牢固确立科技是第一生产力的观念；完善科技工作考核、评价和政策体系；加大科技投入；构建公共服务平台；创新科技工作组织方式。8月30日，市委书记陈惠娟批示：政协关于科技工作的报告总结取得的成绩恰如其分，用横向比较分析的方法指出了科技工作存在的问题，说服力较强，值得我们高度重视；提出的对策具有较强的指导性和针对性，对正在制订的科技发展"十一五"规划具有较强的现实意义，应充分采纳吸收到"十一五"规划中去，推动当前工作。

协商讨论全市社会综合治税工作　2005年8月，组织3个调研组，对全市社会综合治税情况进行调研，并赴山东省有关县（市、区）考察学习。9月22—23日，十一届十四次常委会议进行专题协商。10月17日，向市委呈报《市政协常委会协商全市社会综合治税工作的情况报告》，提出建议：增强社会综合治税责任感；营造浓烈的舆论氛围；强化信息化建设；完善征管防控体系；提高依法治税能力；加强领导与考核。10月18日，市委书记陈惠娟批示：报告具有很强的针对性和可操作性，请相关部门研究、采纳，改进完善我们的工作。

调研全市同业商会工作　2005年10月中旬至11月上旬，专题视察调研工商联工作，赴海安县学习。12月20日，向市委呈报《关于全市同业商会工作的调研报告》，提出建议：增强同业商会发展的原动力；营造有利于同业商会发展的社会氛围；提升同业商会发展的组织程度；改善同业商会发展的外部环境；构建充满活力的运行机制；提高同业商会自身建设水平。12月29日，市委书记陈惠娟批示：政协对同业商会的调研报告写得很好，对商会运作的评价恰如其分，指出的三个不足完全符合实际，提出的对策建议较系统、全面，并有较高的层次要求，请认真研究、消化吸收，努力将商会办得更好。

协商全民创业工作　2005年10月20日，主席会议协商全民创业工作。10月27日，向市委呈报《市政协主席会议关于全民创业的协商意见》，提出建议：既要重视量的扩张，更要追求质的提高；既要重视行政推动，更要重视环境打造；既要重视压力传递，更要激发内在动力；既要重视工作督查，更要注重借鉴经验。11月3日，市委书记陈惠娟批示：政协协商全民创业的四点意见富有哲理，有较高的工作层次要求。在组织推进实践中要予以采纳、研究、落实，不断提升民营经济组织水平。

协商金融工作　2006年3月9日，主席会议协商金融工作。3月16日，向市委呈报《关于政协主席会议协商金融工作的情况报告》，提出建议：强化银政、银企合作，改善信贷结构，加强金融生态建设，防范金融风险，提高服务发展水平。3月30日，市委书记陈惠娟批示：此报告实事求是总结了金融工作取得的成绩，并指出了存在的问题，应引起我们高度重视，提出的六个方面意见具有很强的针对性和指导性，请予以很好的采纳，并加大金融对经济社会发展的支持力度。

协商科技创新工作　2006年3月中旬至4月底，开展科技工作专题调研，并赴江阴、海门、靖江、丹阳、东台、建湖等地考察学习。5月20日，向市委呈报《关于企业科技创新工作的视察调研报告》，提出建议：着力营造科技创新的社会氛围；确立企业科技创新的主体地位；建立健全科技创新服务体系；加大财政投入力度；强化科技人才队伍建设；完善领导工作体系。

协商审计工作 2006年7月14日，主席会议专题协商审计工作。7月29日，向市委呈报《关于市政协主席会议协商审计工作的报告》，提出建议：统一思想认识，营造全社会支持审计工作的氛围；突出工作重点，提高审计监督工作水平；强化审计结果运用，提高审计监督的权威性；加强自身建设，不断增强审计监督能力；增加财政投入，为审计监督的高效化提供有力保障。

协商供电工作 2006年10月18日，主席会议专题协商供电工作。10月23日，向市委呈报《政协主席会议协商供电工作的报告》，提出建议：将节能降耗摆上政府工作的重要位置，加大电力设施投入建设力度，衔接好城乡建设规划和电网发展规划，加强电力设施保护，强化电力部门自身建设。

视察调研科普示范市创建工作 2006年11月21日，组织视察调研科普示范市创建工作。12月1日，向市委呈报《市政协关于我市创建省和国家科普示范市工作的视察调研报告》，提出建议：提高组织程度，加强整体联动；加大投入力度，突破硬件建设；加强责任考核，激发创建热情；强化资源整合，扩大社会参与。

开展中小企业融资问题对口协商 2007年3月6日，召开中小企业融资问题对口协商会议，听取市人民银行、担保公司、典当公司、浦发投资公司等单位介绍。3月28日，向市委呈送《关于中小企业融资问题对口协商的报告》，提出建议：把化解中小企业融资难问题摆上十分重要的位置；加快金融改革创新步伐；加强担保体系建设；规范中介机构管理；提高政府的公共服务水平。

协商社会保险工作 2007年7月20日，主席会议专题协商社会保险工作。8月25日，向市委呈报《市政协主席会议协商社会保险工作的报告》，提出建议：广泛宣传，强化考核，有效推进社保工作；慎重稳妥地推进社会保险改革，建立优质高效的社会保障体系；加大社保基金筹集力度，建立透明高效的社保基金运作模式；加强内部建设，提升劳动保障部门服务质量。

协商全市财政工作 2007年7月25日，主席会议专题协商财政工作。8月9日，向市委呈报《市政协主席会议协商全市财政工作的报告》，提出建议：加大税收征管力度，确保收入快速稳定增长；严格预算管理，控减财政支出，建设节约型政府；完善公共财政体系，财政支出更多地向关注民生倾斜；加强对市、镇（区）、村三级债务规模、资金投向、投资项目成本的控制和管理，积极化解债务，防范财政风险；强化财政队伍建设，提高人员整体素质。

开展专利工作对口协商 2008年3月4日，召开专利工作对口协商会议，听取市科技局（知识产权局）和江苏九鼎集团有限公司、南通大生器材有限公司、南通红星数控有限公司等企业情况介绍，主席李中林、副主席章建平、督导员于永芳参加会议。3月20日，向市委呈报《关于协商专利工作的报告》，提出建议：进一步提高全社会的知识产权意识；促进专利申请量和质的协调发展；加大执法力度，确保专利保护到位；鼓励发明创造，确保奖励政策到位；加快企业核心专利技术的开发、转化及其产业化。

开展“构建沪苏通小金三角”课题研究 为更快地接轨上海、融入苏南，加速推进“江海联通”战略实施，2008 年 5 月，南通市政协下达如皋政协“构建沪苏通小金三角”课题研究任务。6 月，向南通市政协呈报《如皋在构建沪苏通“小金三角”中应谋求大作为》的研究报告，提出构建沪苏通“小金三角”的目标定位与做大、做优、做强南通市“一角”的八条对策措施。

协商企业安全生产工作　2008 年 6 月 27 日，主席会议专题协商安全生产工作。7 月 11 日，向市委呈报《市政协主席会议协商全市安全生产工作的报告》，提出建议：加强组织领导，深化宣传教育；加快体系建设，完善监管网络；加大安全投入，落实安全措施；从严执法，常抓不懈。

调研协商“工业集中、产业集聚”议题　2008 年 6 月至 7 月上旬，围绕“工业集中、产业集聚”，对 12 个镇（区）、2 个部门、5 个商会、8 个企业、9 个经济板块和民营小区进行调研。7 月 24 日，十二届三次常委会议开展专题协商。8 月 11 日，向市委呈报《市政协常委会协商全市工业集中、产业集聚的报告》，提出建议：坚持科学规划，优化空间布局；调优产业结构，做强主导产业；突破要素约束，创造发展条件；发挥龙头作用，带动产业集聚；强化商会建设，助推产业发展；改善公共服务，提高行政效能。

协商企业上市工作　2008 年 8 月 27 日，主席会议专题协商企业上市工作。9 月 5 日，向市委呈报《市政协主席会议协商企业上市工作的报告》，提出建议：强化宣传发动；加强领导，政策驱动；为企业上市提供优质服务；建设一支适应现代资本市场发展要求的准企业家队伍。9 月 15 日，市委书记陈惠娟批示：此报告有较强的针对性，请认真研究对策，确保今年上市目标实现。

开展县域经济问题研究　受市委主要领导的委托，2008 年 12 月，组织开展破解县域经济难题专题研究。12 月 11—12 日，主席李中林分别主持召开相关部门、镇（区）关于促进县域经济发展座谈会，重点就完善分税制改革、深化财政体制改革、优化市场主体准入、开发企业人力资源、化解国土资源矛盾、探索筹融资新体制、落实各项优惠政策等方面进行深入探讨，献计献策。其后，向市委呈报《县域经济发展的困惑与建议》，深刻分析县域经济发展中存在的主要矛盾，提出了放开、搞活县域经济发展的五大对策措施，供市委主要领导赴北京参加全国县域经济发展座谈会交流。

调研中小企业运行情况　2009 年 3 月中旬，围绕全市中小企业运行情况，副主席章建平带队对如皋经济技术开发区（柴湾镇），如城、桃园、东陈、搬经、石庄镇，以及相关部门、企业开展专题调研。3 月 31 日，向市委呈报《坚定信心保增长，应对危机促发展——我市中小企业运行情况调研报告》，提出建议：提振发展信心；奋力开拓市场；苦练企业内功；突破瓶颈约束；加强协调服务。4 月 7 日，市委书记陈惠娟批示：中小企业运行情况调研报告全面、具体、翔实，具有极强的针对性，分析面临的六大挑战和提出的五条建议均符合实际，具有较强的可操作性，请市委、市政府分管领导认真研究制订中小企业保护发展的意见，提交党政会议研究贯彻。随后市政府制定下发了《关于保护中小企业发展的意见》。

高新技术产业发展　2009 年 6 月 9 日，主席会议专题协商讨论高新技术产业发展。会后，向市委呈报了皋协发〔2009〕10 号《关于培育和壮大我市高新技术产业的协商报告》。7 月 17

日，市委书记陈惠娟批示：此报告很有针对性，请市委分管领导研究落实。

协商三大主体功能区开发建设议题 2009年9月中旬至10月中旬，专题调研三大主体功能区开发建设。10月24日，十二届九次常委会议进行协商讨论。10月29日，向市委呈报《聚力主体功能区开发建设战略性突破，促进如皋经济社会发展持续腾飞》的协商报告，提出建议：统一思想认识；完善发展规划；调整产业结构；狠抓项目投入；推进科技创新；破解要素瓶颈；注重环境保护；保障农民权益。11月15日，市委书记陈惠娟批示：政协报告调查资料翔实，总结的特点经验实事求是，提出的问题完全符合实际，意见很有针对性和实践性，请市委、市政府分管领导认真吸收采纳，形成新一年主体功能区发展报告，予以落实。

调研人才公寓建设 2009年10月上旬，市委指示市政协、市委组织部等4个单位独立调研人才公寓建设。市政协起草的《关于建设如皋市人才公寓的建议》在市党政联席会上受到市委主要领导肯定。其后受市委办、政府办委托，市政协经科委起草了皋办〔2009〕102号《关于企业高层次人才公寓建设和管理的实施意见》和皋办〔2009〕103号《如皋市企业高层次人才公寓建设和管理的暂行办法》两个文件，经市委常委会审议通过后下发。11月，长江镇（如皋港区）高层次人才公寓破土动工，如皋市区200套人才公寓建设完成选址等前期工作。

协商全市商标工作 2009年10月20日，主席会议专题协商商标工作。10月26日，向市委呈送《大力实施商标战略，促进经济持续跨越发展》的协商报告，提出建议：进一步统一思想认识，增强各级实施商标战略的责任感；拓展宣传教育的广度和深度，营造商标工作浓厚的社会氛围；加强重点培育，坚持量质并举；严厉打击侵权行为，建设创牌的生态环境；完善考核激励，提高服务质量。

协商中小企业信用担保体系建设工作 2009年12月2日，主席会议专题协商企业信用担保体系建设工作。12月28日，向市委呈报《做大做强做优信用担保体系，切实化解中小企业融资难问题》的协商报告，提出建议：强化对信用担保体系重要地位和作用的认识；积极发展信用担保机构；加强担保企业与金融部门协作；严厉打击地下钱庄、高利贷等违法行为；努力改善信用担保体系建设的内外部环境。2010年1月5日，市委书记陈惠娟批示：此报告写得很好，请市委、市政府分管领导认真研究中小企业信贷环境的改善措施，多措并举解决中小企业信贷难问题，努力为"争八强"多做贡献。

视察调研药品安全监管工作 2010年4月9日，市政协向市委呈报《关于我市药品监管工作的视察报告》。此前，主席李中林、副主席张元健带队视察，听取市食品药品监管部门汇报，实地察看3家制药企业、1家医院、1家药房。报告建议：加强领导，明确责任，健全药品监管的协调和保障机制；合理规划，加大投入，健全监管网络体系；大力宣传，营造氛围，增强群众用药安全意识；严格执法，创新手段，加大打击力度；强化培训，加强队伍建设。

视察调研工业集中区（特色园区）转型升级情况 2010年9月27日，主席李中林带领部分政协委员视察调研工业集中区（特色园区）转型升级情况。实地察看如皋港物流园、九华工业园、郭园工业园、科技城（软件园），并召开专题座谈会，听取市发改委等部门的情况汇报。10月21日，向市委呈报《加快园区转型升级步伐，引领全市经济又好又快发展》的视察报告，提出建议：转变发展理念；修编园区规划；完善功能配套；推动产业集聚；破解制约瓶颈；创新体制机制。11月3日，市委书记陈惠娟批示：政协特色园区建设报告很好，请市委、市政府分管领导在研究下年工作时很好地吸收、消化、转化。

专题视察工业企业运行情况　2010年10月13日，主席李中林、副主席张元健带领政协常委分组视察南通超达机械科技有限公司、江苏宝众宝达药业有限公司、江苏熔盛重工有限公司、双钱集团（江苏）轮胎有限公司、南通美能得太阳能电力科技有限公司、南通泰慕士服装有限公司、江苏九鼎集团有限公司等企业，听取市发改委情况汇报。10月20日，向市委呈报《市政协常委会视察工业企业运行情况的报告》，提出建议：进一步提高组织程度；培育千百亿元企业；扎实开展"千人联千企"活动；大力破解要素瓶颈；落实节能减排措施。11月1日，市委书记陈惠娟批示：请市委、市政府分管领导认真落实政协报告提出的对策建议。

协商全市财税工作　2011年2月25日，主席会议协商财税工作。3月5日，向市委呈报《强化税收征管，坚持科学理财》的协商报告，提出建议：紧扣目标任务，坚持难中求进；大力发展经济，积极培育税源；坚持科学征管，确保经济与税收协调增长；强化政府投资管理，积极防范债务风险；调整优化支出结构，不断提升理财水平。3月16日，市委书记陈惠娟做出批示：此报告针对性强，提出的建议可操作性强，请市委、市政府分管领导认真研究落实。

协商全市物价工作　2011年4月12日，主席会议协商物价工作。4月15日，向市委呈报《稳定物价，保障民生，维护稳定，促进发展，开创和谐社会建设新局面》的协商报告，提出建议：增强稳定物价的责任感；统筹兼顾物价管理；坚持改革创新；加强物价工作宣传；注重队伍建设。

调研协商"信息化带动工业化"　2011年5—6月，市政协组织两个调研组分别视察调研如皋经济技术开发区（柴湾镇）、长江镇（如皋港区）、如城镇、石庄镇、江安镇、东陈镇、丁堰镇及所属的16家企业信息化建设情况，召开镇（区）、部门负责人座谈会，听取意见、建议，并赴上海嘉定、浙江萧山以及江苏常熟等地考察学习先进经验。7月7日，十二届十八次常委会议专题协商讨论"信息化带动工业化"工作。7月12日，向市委呈报《推进"两化"深度融合，加速工业转型升级》的协商报告，提出建议：提升认识层次，重视"两化融合"；鼓励多元化投入，夯实带动工业化基础；发展新兴信息产业，发挥引领带动作用；改造提升传统产业，推动产业优化升级；开展企业示范工程建设，提升行业信息化发展水平；强化科技人才支撑，加大政策的激励力度。7月20日，市委书记陈惠娟批示：请市委、市政府分管领导对政协协商报告提出的"两化融合"的建议、意见研究落实。

协商软件园建设和产业发展　2011年9月14日，主席会议专题协商软件园建设和产业发展。9月18日，向市委呈报《着力做优园区经济，科学统筹城乡发展》的协商报告，提出建议：以"三高"为目标，强力推进园区建设；以"三化融合"为抓手，着力统筹城乡发展；以体制机制科技创新为突破口，努力打造园区新形象；坚持有序、可持续、可控制发展，全力实现良性循环；把改善民生放在突出位置，让发展成果惠及百姓。9月28日，市委书记陈惠娟批示：报告很好，体现时代要求，提出的"如皋科技城（桃园镇）"名称体现了个性化特点，待后做大再对上争取。

协商质量技术监督工作 2012年2月10日，主席会议专题协商质量技术监督工作。2月17日，向市委呈报《大力实施质量强市战略，促进经济又好又快发展》的协商报告，提出建议：营造氛围，提高思想认识；大力实施品牌、技术标准战略，提升工作水平；强化监督，惠企利民；理顺职能，加强质监队伍建设。3月6日，市委书记陈惠娟做出批示：政协质量强市报告有较强针对性，提出的四条建议有可实践性，请市委、市政府分管领导认真采纳吸收，并贯彻在转型升级的实践中。

协商工商联工作 2012年5月29日，主席会议协商工商联工作。6月8日，向市委呈报《强化商会自身建设，助推全市经济发展》的协商报告，提出建议：打造商会群体；坚持正确引导；擦亮商会品牌；加强自身建设。

视察调研台资企业运行情况 2012年6月中旬，市政协组织部分政协委员、台资企业负责人赴昆山市考察学习服务台资企业经验，并视察了如皋3家台资企业，组织相关职能部门与企业对话协商，听取意见。7月7日，向市委呈报《市政协视察调研台资企业运行情况的报告》，提出建议：突出产业招商，创新招商方式；扶持台资企业科技创新、转型升级；优化服务，打造优良投资环境。8月2日，市委书记姜永华批示：此报告分析准确，对策建议很好，请市委、市政府分管领导学习借鉴，推动台商企业发展。

视察协商科技创新平台建设 2012年7月25日，主席会议专题协商科技创新平台建设。7月30日，向市委呈报《加强创新平台建设，提升自主创新能力》的协商报告，提出建议：努力营造企业建设创新平台的浓烈氛围；完善科技人才的引进、培养和使用机制；打造各类创新平台建设；多渠道增加资金投入；大力推进产学研合作。8月18日，市委书记姜永华做出批示：科技创新是核心竞争力，政协视察报告内容翔实。

协商财政工作 2012年8月29日，主席会议协商财政工作。9月19日，向市委呈报《大力培植税源经济，强化财政运行管理》的协商报告，提出建议：坚定信心，确保税源经济稳定增长；精打细算，确保财政收支总体平衡；科学理财，确保经济社会可持续发展。

协商镇级债务偿还机制 2013年5月16日，主席会议协商镇级债务偿还机制。6月14日，向市委呈报《关于市政协主席会议协商镇级债务偿还机制建设情况的报告》，提出建议：正确认识发展与负债的关系；积极有效地控制债务规模；建立偿债准备金制度；严格执行招商优惠政策；增加融资能力，实现良性举债。

协商全市开放型经济 2013年6月28日，主席会议协商开放型经济。7月8日，向市委呈报《提振信心，迎接挑战，坚定不移地推进开放型经济转型发展》的协商报告，提出建议：出口与进口并重，外资与内资并招，“走出去”与“引进来”并进；充分调动企业家参与招商的积极性，突出以企引企、以外引外、以商引商；大力招引实体经济，推动战略转型和产品升级；强化“保姆式”的协调服务；全面优化政策、法制、市场、人文等软环境，促进开放型经济在调整结构、转型发展中不断提升质量和水平。8月1日，市委常委马金华、副市长茅红宇到市政协听取协商意见，商讨落实对策。

协商工业项目投入 2013年7月28日，主席会议专题协商工业项目投入工作。9月12日，向市委呈报《关于市政协主席会议协商工业项目投入情况的报告》，提出建议：进一步加大招商选资力度；坚定项目投入第一抓手地位；强化项目服务推进体系建设；优化园区集聚功能；提升要素保障能力。9月26日，市委书记姜永华做出批示：要看到存在的问题，抓实工作举措，推动全市经济又好又快发展。

视察供销合作总社服务“三农”工作　2013年8月29日，主席李中林带领部分政协委员专题视察供销合作总社服务“三农”工作，现场察看市高效农业综合服务中心、南通农产品物流中心中国·如皋长寿农产品展示展销馆、东陈镇南东陈为农服务社和南通欣晨冷冻食品公司农产品物流中心。9月3日，向市委呈报《擦亮服务“三农”名片，建设更高水平小康》的视察报告，提出建议：深刻认识新形势下服务“三农”的重要性，充分发挥供销社服务“三农”的主体作用，切实加强对服务“三农”工作的组织引导，努力提升服务“三农”的工作水平。

专题协商讨论高新技术产业发展　2013年9月16—26日，市政协组织两个调研组分赴浙江兰溪市、绍兴县和江苏苏州市吴江科技创业园、吴中区考察学习，并专题调研如皋经济技术开发区（城北街道）、如城街道、九华镇、高新区（城南街道）、东陈镇、长江镇（如皋港区）等8个镇（区）的高新技术产业发展情况。10月14日，十三届六次常委会议开展协商讨论。11月8日，向市委呈报《市政协常委会关于协商高新技术产业发展情况的报告》，提出建议：加强统筹协调，建立经常化的推进机制；坚持项目带动，推动集群化的产业发展；建强载体平台，提供一体化的服务支撑；加大研发投入，建立多元化的投资体系；加强人才培养，壮大专业化的人才队伍。

视察物价管理工作　2014年3月25日，主席李中林带领部分政协委员视察物价管理工作，听取市物价局工作汇报。4月1日，向市委呈报《稳物价　惠民生　促发展》的视察报告，提出建议：充分认识物价管理工作在“民生工程”中的重要地位和作用，进一步提高物价管理工作水平；加大对物价的引导协调，规范市场价格秩序，使重要民生价格总水平稳定在合理区间；强化价格监管，依法打击哄抬物价、价格欺诈等违法行为；努力营造和谐的价格环境。

协商金融业支持实体经济发展议题　2014年5月30日，主席会议协商金融业支持实体经济发展。6月25日，向市委呈报《市政协主席会议关于协商金融业支持实体经济发展工作情况的报告》，提出建议：加大投放力度；优化信贷结构；创新金融服务；强化风险防控。7月21日，市委书记姜永华批示：此报告内容翔实，对存在问题的表述客观准确，提出的对策建议切合实际，请加以采纳，运用到工作实践中。

协商粮食工作　2014年7月21日，主席会议协商粮食工作。7月28日，向市委呈报《关于市政协主席会议协商粮食工作的报告》，提出建议：充分认识粮食工作的特殊重要性；用改革的思路开拓创新粮食工作；以便民惠民为中心做好粮食工作；努力化解历史遗留问题；重视和加强粮食队伍建设。8月14日，市委书记姜永华批示：要进一步强化粮食系统资产、债务的管理，不断提高效益和压降债务总量。

协商传统特色产业发展　2014年12月11日，主席会议专题协商讨论特色产业发展。会前两个考察小组分赴浙江海宁、桐乡和山东青岛、潍坊、济南等地考察参观。12月19日，向市委呈报《学习借鉴浙鲁经验，做优做强特色产业》的协商报告，提出建议：提振三大传统特色产业崛起的信心；推动三大特色产业转型升级；千方百计做优做强传统特色产业；着力解决发展中的瓶颈问题。12 月 26 日，市委书记姜永华批示：报告很好，请市政府分管领导借鉴吸收，抓好特色产业发展。

视察市政务中心工作 2015 年 3 月 19 日，主席会议专题协商政务中心工作。4 月 2 日，向市委呈报《关于市政协主席会议协商市政务中心工作的情况汇报》，提出建议：进一步优化政务服务环境；提高政务服务水平；提升政务服务效能。

参与调研市“十三五”电子信息制造业发展规划 根据市委办公室关于开展“十三五”规划建议调研的通知，2015 年 5 月至 6 月，副主席张亚鸾牵头市政协经科委、市科技局成立专题调研组，共同承担了“十三五”电子信息产业发展规划研究工作，组织召开 13 家电子信息制造业企业座谈会，赴南通经济技术开发区考察电子信息制造业，调研如皋高新区电子信息产业园发展规划，研究《国家中长期科学和技术发展规划纲要》（2006—2020 年）相关内容。6 月 8 日向市委“十三五”规划建议调研会提交《关于我市“十三五”电子信息产业发展的研究报告》，报告分析了如皋市电子信息产业“十二五”发展现状和“十三五”发展环境，提出了“十三五”战略构想（指导思想、战略定位、空间布局、发展目标、发展重点）和六条保障措施。

协商讨论科技服务业 2015 年 8 月中旬至 9 月，组织部分委员和相关部门负责人分成两个考察组，分赴四川成都、绵阳和江苏苏州、姜堰，考察学习众创空间建设与创新创业经验。10 月 14 日，主席会议专题协商讨论科技服务业工作。10 月 30 日，向市委呈报《完善科技服务体系，推进大众创新创业》的协商报告，提出建议：提高思想认识，增强发展意识；坚持规划先行，加强组织引导；建设众创空间，完善服务体系；优化政策环境，依托典型带动；坚持以人为本，营造创业氛围。11 月 10 日，市委书记姜永华批示：请市委、市政府分管领导学习、借鉴、采纳。

视察气象服务工作 2015 年 10 月 16 日，组织部分政协委员视察丁堰镇和白蒲镇自动气象站、观测站等站点，听取市气象局情况汇报。11 月 4 日，向市委呈报《关于市政协视察气象服务工作的情况汇报》，提出建议：切实增强气象防灾减灾意识；提高气象防灾减灾服务能力；加大气象事业的投入力度。

协商市场监督管理工作 2015 年 11 月 20 日，主席会议专题协商市场监督管理工作。12 月 3 日，向市委呈报《市政协主席会议协商市场监督管理工作的情况报告》，提出建议：进一步提升服务发展的贡献力、履职风险的控制力、执法维权的执行力、监管队伍的战斗力。

视察供电工作 2016 年 2 月 29 日，主席会议协商讨论供电工作。3 月 18 日，向市委呈报《关于视察供电工作的情况汇报》，提出建议：主动服务地方经济建设，呼应人民群众需求，夯实员工队伍建设基础，增强全社会电力安全意识。

协商工商联工作 2016 年 4 月 20 日，主席会议协商工商联工作。5 月 23 日，向市委呈报《政协主席会议关于协商市工商联工作的情况报告》，提出建议：积极引导非公经济稳增长促转型，切实推动同业商会健康发展，稳步推进非公经济党组织建设，不断加强工商联自身建设。

协商金融业支持地方经济发展　2016 年 7 月 27 日，主席会议专题协商金融业支持地方经济发展议题。8 月 26 日，向市委呈报《市政协主席会议关于协商金融业支持地方经济发展的情况汇报》，提出建议：扩大信贷投放总量；加大金融创新力度；力推诚信体系建设；完善政策激励机制。9 月 13 日，市委书记陈晓东批示：新形势下金融对区域发展的影响越来越重要，政协的调研很好。

调研协商讨论开放型经济发展议题　2016 年 11 月 15 日，十三届十八次常委会议专题协商开放型经济工作。会前，市政协听取了市商务局、发改委等部门工作汇报，组成两个考察调研组，于 2016 年 10 月中下旬，分赴山东日照市岚山区、青岛市黄岛区，江苏连云港市赣榆区、常熟市以及浙江临安市考察学习。11 月 21 日，向市委呈报《市政协常委会关于协商开放型经济运行情况的报告》，提出建议：进一步引导开放型经济持续健康发展，提高招商引资工作的整体效能，拓展外经外贸发展空间，提升国家一类口岸开放功能，优化开放型经济发展的政务环境。

视察调研东升国际石材产业城项目　2017 年 4 月 25 日，主席张元健、副主席郑振明带队视察调研东升国际石材产业城规划建设和第二届（2017 年）中国如皋国际石材与装备展前期准备工作。5 月 4 日，向市委呈报《关于加强石材城建设的建议》，提出意见：围绕“集”与“散”，提升石材产业园的辐射能力；围绕资源供给和提高效率，提升石材产业园的投资建设管理水平；围绕招商和服务，打造石材产业最佳投资地；围绕快速高效和务实节俭，做好第二届中国如皋国际石材与装备展各项准备工作；围绕产业升级和龙头带动，加快规划建设石头特色小镇。

协商讨论新能源汽车产业发展　2017 年 6 月，组织部分政协委员和企业负责人分成三个调研组，分赴山东省寿光市、德州市陵城区、高唐县，浙江省永康市、宁波市鄞州区、杭州市萧山区以及广东省佛山市、云浮市等新能源汽车发展先进地区考察学习。7 月 4 日，十四届三次常委会议开展专题协商。7 月 28 日，向市委呈报《市政协常委会协商新能源汽车产业发展的情况报告》，提出建议：完善扶持政策，做强龙头企业，打造重点项目，发展氢能产业，推进智能技术，强化协调服务，争取上级支持。

调研金融支持实体经济发展情况　2018 年 7 月 26 日，主席会议调研金融支持实体经济情况。8 月 8 日，向市委、市政府呈报《市政协调研金融支持实体经济发展情况的报告》，提出建议：加强政策引导，推动银企对接，壮大担保队伍，优化金融环境。8 月 17 日，市长何益军批示：市政协调研报告很好，金融办要加大工作统筹和创新的力度，搭建金融供给侧和需求侧有效对接的工作平台。

调研协商行政审批改革工作　2018 年 7—9 月，根据省市县政协“三级联动”要求，市政协围绕“深化行政审批制度改革、建设一流营商环境”主题开展调研协商。7 月 9 日听取市编办、发改委、审批局、国土局、规划局、住建局、环保局、地税局、商务局、消防大队等部门情况汇报。8 月 21—23 日，组织赴浙江省慈溪市、杭州市下城区和广东省广州市白云区、南沙区考察学习，召开部分如皋企业座谈会。9 月 28 日，主席会议进行专题协商。10 月 9 日，向市委呈报《市政协协商深化行政审批制度改革、建设一流营商环境的情况报告》，提出建议：

推动“多规合一”融合发展，加强中介服务诚信建设，强化行政审批队伍建设，加快实现“一扇门”“一窗受理”“一网通办”，建立批后协同服务机制，营造亲民安全的审批执法环境。

协商项目建设工作　2018年9月20日，主席会议成员考察学习泰兴市、海安市项目建设经验。9月21日，主席会议开展专题协商讨论。11月19日，向市委呈报《市政协主席会议协商项目建设的情况报告》，提出建议：强化组织推进力度，强化项目招引力度，强化项目产出实效，强化项目承载能力，强化项目服务能力。11月29日，市委书记陈晓东批示：政协调研的项目建设情况分析研判很到位，在谋划新一年招商及项目推动工作中，可在创新加强组织推进体系方面再做些深入思考。

协商调研税务工作　2019年3月29日，主席张元健率队调研全市税务工作，副主席冒平、郑振明、严世斌、刘晓洁和秘书长许映亮参加调研。调研人员观看税务改革专题片，市税务局汇报国税地税机构改革相关情况、税收优惠相关政策及对企业生产经营的影响等有关情况。

协商调研人才工作　2019年4月25日，副主席刘晓洁带领部分政协委员和人才代表，对人才引进、培育和使用情况进行视察调研。现场视察南通中铁华宇电气有限公司、江苏卓远晶体科技有限公司，并召开座谈会，市委组织部、团市委、人社局分别介绍高层次人才引进（含柔性引进）、培育和使用以及如皋学子返乡创业情况。会议提出建议：处理好人才引进、培养、使用的关系；把握好人才考核、评价、奖励之间的关系；把握好高层次人才和人才团队的关系；多途径开发就业岗位，多举措扶持创业，多方面完善创业就业服务保障机制，推动人才引进、培养、使用工作有序进行。

协商讨论“推进创新驱动发展战略”议题　从2019年5月起，组织部分政协常委分成3个调研组，分赴深圳市龙岗区、佛山市南海区、武汉市东湖区、青岛市黄岛区和合肥市肥西县等地考察学习，召开各类座谈会，广泛听取意见、建议。6月28日，十四届十四次常委会专题协商创新驱动发展战略实施情况。7月22日，向市委呈报《市政协常委会关于推进创新驱动发展战略实施的建议案》，提出建议：建设功能强大的公共服务体系，培育引领经济高质量发展的创新龙头，加快建设活力迸发的创新型社会，加速建设结构合理、素质优良的创新人才队伍，优化投入机制，破除约束瓶颈，改善创新生态，构建优良营商环境。

视察调研审计工作　2019年7月12日，主席张元健、副主席冒平组织部分政协委员对审计工作开展视察调研。7月31日，向市政府呈报《关于进一步加强审计监督工作的建议意见》，提出建议：加强审计队伍建设，创新审计工作方法，强化整改建议落实，提高审计工作保障水平，加强基层审计工作指导。

协商如皋港新材料产业园区建设　为进一步推动如皋港新材料产业园区规范化建设和高质量发展，2019年组织考察如东县、邳州市化工园区建设，调研如皋港化工新材料产业园区及部分企业后，2019年11月7日主席会议专题协商如皋化工新材料产业园区发展情况。12月2日，向市委呈报《市政协主席会议协商如皋港新材料产业园区发展情况的报告》，提出建议：统一思想认识，坚持一手抓整治、一手抓发展；切实加强园区建设管理，提升安全环保水平；契合化工企业整治实际，加快推进园区空间规划布局；积极稳妥推进化工整治，确保企业关停顺利推进。市长何益军批示：政协的建议很好，望长江镇结合此次区镇分设（园区拟独立）

原则，在产业上认真给予谋划，致力于高质量发展。

三、关于农业农村和自然资源的视察调研

调查如城鱼货供销问题 针对如城市场鱼货量少价高、干部群众意见大的情况，1982 年 2 月 19 日，县政协邀请县计委、多管局、工商局、水产公司和如城镇等单位负责人座谈，调查了解鲜鱼生产、经营、销售情况。3 月 9 日，向县委呈报《关于如城镇鱼货供销情况的调查报告》，分析鲜鱼产供销情况及存在的五个方面的问题，提出建议：大力发展渔业生产；执行政策，履行合同，完成派购、议购任务，保证有鱼可供正常销售；积极收购，加速销售，充分发挥水产贸易货栈的作用；工商部门要加强鲜鱼市场管理，打击哄抬物价的鱼贩子。

视察四镇蔬菜产销和环境卫生工作 1981 年 11 月 6 日，县人大、县政协联合视察石庄、白蒲、如城、丁堰四个镇的环境卫生和蔬菜产销情况。视察组建议：要充实镇环卫所力量，配置必要的设施设备；要下决心解决如城、白蒲企业污染问题；要综合治理环境卫生问题；要重视蔬菜生产中的薄弱环节。

与县人大联合视察兴办沼气情况 1982 年 11 月 24—26 日，会同县人大视察丁堰、城西、新民、常青、大明和磨头等公社的八个生产队以及县食品公司畜牧场兴办沼气的情况。视察结束后，副县长沈霞及有关部门负责人听取汇报。12 月 7 日，县人大、县政协联合向县委呈报《关于视察八个生产队和县畜禽场兴办沼气的情况汇报》，提出建议：县党政领导要把发展沼气列入议事日程；统一归口，明确专人，加强领导；坚持“社员自办为主、国家集体扶持为辅”的原则；优先、优质、优价供应沼气池材料。同时，并上报省人大、省政协和南通地区行署、地委统战部。

协商讨论《如皋县农业区划》 1984 年 7 月 16 日，主席吴功祥召集 12 名农业战线的政协委员听取县农业区划办公室工作汇报，协商讨论农业区划议题。7 月 20 日，向县委呈报《关于对〈如皋县农业区划〉进行协商讨论的情况报告》，提出建议：从宏观上促进高沙土地区的经济发展，要休现区划的严肃性，大力培养农业科技人才。

对“芦鱼合养”的提案开展调研 为办理《关于加强芦滩管理，提高经济效益》提案，副主席贲正祥、潘信征专程前往长江边调查。1985 年 10 月 11 日，向县委、县政府党组呈报《关于推广芦鱼合养、提高经济效益的调查报告》，提出建议：将中心沙 1 700 亩、东风沙 2 000 亩、又来沙 2 000 亩逐步开发利用，创造出更多的物质财富，振兴如皋经济。

调研农村宅基地管理情况 1985 年 11 月，会同县城建委就农村宅基地问题对邓园乡东风村开展典型调查。11 月 21 日，向县委、县政府党组呈报《关于加强农村宅基地管理情况的调查》，提出建议：乡、村两级要加强农村宅基地管理，果断刹住通过不正当手段侵占和征用耕地建房的歪风，鼓励农民盖楼房，严格履行审批手续，加强组织领导。

视察四乡镇水利工作 1986 年 8 月 11—12 日，专题视察长江、磨头、林梓、何庄四个乡镇的水利建设和综合利用情况。8 月 17 日，向县委、县政府党组呈报《政协农业工作组关于水利工作的考察报告》，提出建议：对广大干群进行一次水利与国民经济关系再认识的教育；着眼长远，迅速掀起兴修水利高潮；健全管理组织，加强工程管理；开展综合利用，逐步做到

以水养水。

视察中心沙水产养殖场 1986年10月21日，组织视察江滩资源和中心沙水产养殖场，副主席贲正祥、原主席吴功祥参加视察。11月5日，向县委、县政府呈报《关于视察中心沙水产养殖场的情况报告》，提出建议：深度加工，增加现有产品的产量、产值；兴办轮窑烧砖制瓦，挖掘土地资源潜力；规划建设以疗养游乐为主的特种服务行业；开发跃进沙，建立特种水产品繁育生产基地；召开论证会，科学开发江滩资源。

视察调研丁西乡、高明乡的棉花生产 1987年5月14—15日，会同县农业局、县棉麻公司对丁西乡、高明乡棉花生产情况进行视察调研。5月16日，向县委、县政府呈报《关于丁西乡、高明乡棉花生产情况的考察报告》，提出建议：继续抓好宣传发动，层层做好思想工作；进一步加强领导；加强苗床管理，提高棉苗品质；保证农用物资及时供应。

视察调研场南乡的庭院经济 1987年6月27日，会同农工部、区划办、多管局视察场南乡发展庭院经济情况。7月2日，向县委、县政府呈报《关于场南乡庭院经济的考察报告》，总结了“发展葡萄生产、开拓韭黄生产、加速银杏栽培”等经验。

视察林梓镇、吴窑乡的机电排灌工作 1988年5月下旬，主席明道奎带队调研林梓镇、吴窑乡机电排灌管理工作。6月8日，向县委、县政府呈报《关于机电排灌情况的考察报告》，提出建议：要高度重视和加强机电排灌工作；严格控制新建车口；有计划地搞好机电排灌技术改造；按标准修复灌溉渠道；妥善解决收取排灌水费问题；坚持以乡管为主的车口管理体制；积极发展农机站办企业。

视察东陈镇利用三、四级河蓄水的效益情况 1989年1月14日，主席明道奎带队视察东陈镇利用三、四级河蓄水的效益情况。2月14日，向县委、县政府呈报《关于东陈镇利用三、四级河蓄水效益的考察报告》，提出建议：要提高对三、四级河蓄水的认识；注意研究节制闸的建造问题；浚深四级河；开发河道资源，搞好综合利用。

视察农资供应和农业生产情况 1991年4月22—24日，主席明道奎、副主席袁泉带队视察县供销合作总社、县农业生产资料公司、搬经和江安中心供销社、南凌乡和新姚乡供销社。4月28日，向县委、县政府呈报《关于农资供应和当前农业生产有关情况的视察报告》，分析农业生产和农村政策必须引起重视的问题，提出相关具体建议。

视察农村庭院经济 1992年5月18—19日，主席明道奎、副主席袁泉带队视察南凌、新姚、长庄和九华四个乡的庭院经济发展情况。5月23日，向市委、市政府呈报《关于视察农村庭院经济的情况报告》，提出建议：加强领导，统一认识，形成共识，把发展庭院经济作为农民奔小康的重要工作来抓；有关部门要研究制定鼓励农民开发庭院经济、疏导结合的开放政策；积极提供咨询、技术、信息、物资、资金和购销等服务，帮助农民解决实际问题。

视察土地复垦情况 1993年4月8日、4月20日、5月15日，主席石秀峰、副主席袁泉带队视察宁通一级公路、204国道和如皋港引河段的土地复垦情况，听取“两路一港”沿线乡镇关于土地复垦工作的情况汇报，实地察看张黄港乡、花园乡的土地复垦工作，向市政府提出建议：抓紧规划，尽快落实到位各项所需资金，高度重视引河护坡，尽快抓紧复垦压废土地。

视察庭院果树生产情况 1993年8月25—26日，副主席王连生带队视察场北、九华、邓园三乡和县蚕种场的果树生产情况。9 月 24 日，向市委呈报《关于视察农村庭院果树生产情况的报告》，提出建议：要进一步加强领导；庭院果树开发要以银杏为重点；增加投入，建立相适应的母本园和采穗圃，使之成为良种苗木的繁殖基地；建立健全技术服务网络，培养一支适应庭院经济发展的技术队伍；一手抓生产，一手抓流通。

考察如皋港闸　1994 年 1 月 20 日，副主席王连生带队调研如皋港闸建闸以来工作情况。1 月 28 日，向市委、市政府呈报《政协农业工作组关于考察如皋港闸的情况报告》，提出建议：高起点搞好闸管区规划；因地制宜进行开发；珍惜每一寸土地；提高为农服务质量。

视察调研银杏工程实施情况　1994 年 7 月 17—19 日，副主席王连生带队调研银杏工程实施情况，实地视察花园乡陈曹村、车马湖乡大王村、奚斜乡冯桥村的银杏生产，以及县蚕种场银杏母本园基地建设和戴庄乡银杏扦插育苗情况。8 月 3 日，向市委、市政府呈报《关于视察银杏工程实施情况的报告》，提出建议：进一步加强对银杏工程的领导；加强林果技术队伍建设；加强银杏母本园建设；打击偷盗银杏苗木行为。

视察如皋港引河护坡情况　1995 年 4 月 14 日，副主席王连生带队视察如皋港引河提水站至立新河段 10 千米的护坡情况。4 月 20 日，向市委、市政府呈报《关于视察如皋港引河护坡情况的报告》，提出建议：认识要到位；领导要到位；政策要到位；要加大执法力度；抓好植树栽草工作；杜绝夏收后的垦坡种植；疏浚全市水系。

调查农村多种经营百项致富工程实施情况　1995 年 4 月 12—18 日，组织全市农村政协委员和乡镇多种经营指导站技术人员，调查农村多种经营百项致富工程的实施情况。5 月中旬，形成《关于农村多种经营百项致富工程实施情况的调查报告》，提出建议：加大舆论宣传；加强组织领导；加大政策激励；加大资金筹措；加快市场建设；加强人文关怀；加大执法力度。

协商讨论农村多种经营百项致富工程实施情况　1995 年 5 月 23—24 日，九届十三次常委会协商讨论《关于农村多种经营百项致富工程实施情况的调查报告》。市委书记郁政、副书记周宝生参加会议。5 月 25 日，向市委、市政府呈报《关于加快实施百项致富工程促进多种经营发展的建议案》，提出建议：进一步统一思想；强化组织领导；制定激励政策；确保资金到位；推进市场建设；建好服务体系；加大执法力度。

视察农作物种子体系建设情况　1995 年 9 月 27 日，副主席王连生带队视察吴窑、长庄、戴庄三个乡镇的种子基地。10 月 6 日，向市委、市政府呈报《关于视察农作物种子体系建设情况的报告》，提出建议：要进一步加强领导；努力增加投入；实行优惠扶持；坚持依法治种；加强农技队伍建设。

视察调研农技队伍建设情况　1996 年 4 月 29—30 日，副主席王连生带队视察调研常青、吴窑、长庄和马塘等乡镇的农技队伍建设情况。6 月，向市委呈送《关于对农技队伍建设情况进行视察调查的情况汇报》，提出建议：要充分认清科技对农业稳定和发展的重要性；加大对农业科技的投入；建立上下贯通的服务体系；职能部门要确保服务到位；提高农技人员的业务素质。

视察调研农业产业化　1998 年 7 月 10 日，副主席徐建平、王连生带队视察搬经镇、龙舌乡、花园乡和市农科所农业高新技术园区。7 月 22—24 日，考察学习东台市、大丰市的农业产业化情况。其后，调研组撰写了《关于农业产业化视察情况的汇报》，提出建议：加强领导，提高组织化程度；把握实质，因地制宜搞调整；主攻加工，延长产业链；搞活流通，转化产品优势；增加投入，发挥科技支撑作用。

考察学习山东平度市海峡两岸农业合作试验区　1999年7月上旬，副主席于永芳带队到山东省平度市海峡两岸农业合作试验区参观学习。7月29日，向市委呈送《参观考察山东省平度市海峡两岸农业合作试验区情况汇报》。

视察调研农业科技园区建设　2001年3月6—9日，组织两个视察调研组分赴句容、溧水、淮安、江都等地考察学习。3月14日，对搬经镇农业科技园、吴窑镇银杏园、如城镇华东花木市场进行调研。5月14日，向市委呈报《关于对农业科技园区建设视察调研的情况报告》，提出建议：统一思想，强化组织；尽快完善体制机制；准确定位，明确方向；提高科技含量和知名度；大力发展加工业；培育规范市场。

视察花木生产　2001年4月14—19日，组织部分政协委员视察大明乡花木生产情况，走访部分栽植大户和经纪人，召开花木生产重点乡镇座谈会，并赴沭阳县考察学习。4月23日，向市委、市政府呈报《关于视察花木生产情况的报告》，提出建议：抢抓机遇，加速发展；高起点规划，出台优惠政策；注重规模扩张，依靠科技进步；立足市场需求，开拓销售渠道；加强组织领导，优化服务环境。2003年3月至4月，组织部分委员对如城、皋南、袁桥、磨头、东陈等镇花木盆景产业发展进行视察调研，并赴江苏沭阳和武进、山东青州、浙江奉化、湖南长沙、江西宜春等地考察学习。5月26—27日，十一届二次常委会开展专题协商讨论。5月30日，向市委、市政府呈报《关于我市花木盆景特色产业的视察调查报告》，提出建议：牢固确立花木盆景产业在建设全面小康社会中的战略地位；进一步强化领导；制订与完善规划；激发主导产业发展动力；健全服务体系；完善相应的政策体系。6月10日，市委书记陈惠娟批示：政协调查报告很有质量，针对性、指导性很强，请认真研究一个近期发展规划，能否在“十五”期间种植突破20万亩，并制订出一系列可行的措施，待今年农村经济工作会议上作为一个重要任务予以落实，以此为突破口推动如皋产业结构全面优化，推动农村加快小康建设步伐。

协商讨论农民增收议题　2003年8月中旬至9月上旬，组织部分委员分成4个小组，开展农民增收专题调研。9月23—24日，十一届三次常委会进行协商讨论。9月27日，向市委、市政府呈报《关于农民增收问题的调研报告》，提出建议：充分认识农民增收的重要性；为农民非农化提供就业岗位；积极扶持龙头企业和市场经济组织发展；优化农业资源配置；进一步加快农业科技进步；建立和完善劳动力转移的服务体系；继续加大对农业的投入；重视对农村弱势群体的帮扶。10月7日，市委书记陈惠娟批示：政协的调研报告有深度，材料收集广，分析对比实，提出的问题准，对策建议可操作性强，在贯彻落实市委关于农村全面建设小康动员会议精神时，将本报告提出的建议一起加以落实，必须在狠抓落实上下功夫，努力实现农民增收目标，近期须将面上落实情况做一次全面检查，并将结果于10月底书面汇报一次。

视察调研农产品质量安全体系建设　2004年3月中下旬，组织开展农产品质量安全体系建设专题视察调研，并赴省内外有关地区考察。4月26日，向市委呈报《关于我市农产品质量安全体系建设的调研报告》，提出建议：层层统一思想，强化对农产品质量安全体系建设重要性和紧迫性的认识；加强组织领导，坚持整体联动，合力打造农产品质量安全体系建设的新优势；明确建设重点，突破关键环节，促进农产品质量安全体系建设整体水平的提高；创新运行机制，提高农产品质量安全体系建设的市场组织化程度；制定并完善政策，为农产品质量安全体系建设注入新的发展动力。

视察调研农民专业合作组织 2005 年 3 月，组织部分委员专题视察调研全市农民专业合作组织建设情况。4 月 5 日，向市委呈报《关于全市农民专业合作组织建设的视察调查报告》，提出建议：强化发展共识；明晰发展思路；加大扶持力度；理顺管理体系；加强工作指导；营造发展氛围。

视察调研“百村万户”帮扶工程实施情况 2005 年 6 月，组织部分委员视察调研“百村万户”帮扶工程实施情况。7 月 20 日，向市委呈报《关于“百村万户”帮扶工程实施情况的视察调查报告》，提出建议：进一步增强搞好帮扶工作的历史使命感；健全社会参与帮扶的工作体系；建立长效帮扶机制；努力提高帮扶工作的质量和效果；完善帮扶工作的组织推进机制。8 月 17 日，市委书记陈惠娟批示：政协报告收集的信息资料非常翔实，总结比较客观全面，提出的对策建议可操作性强，请组织部牵头与农办等相关部门认真研究落实。

视察调研现代农业建设 2006 年 7 月，组织部分委员视察如城镇城东村苏中观赏鱼大世界、种鸽繁殖基地和东陈镇徐湾村果蔬设施栽培基地，听取市农林局、农机局、财政局等部门的情况介绍，并赴外省市参观考察。8 月 10 日，向市委呈报《关于我市现代农业建设的视察调研报告》，提出建议：强化现代农业的发展意识，把握现代农业发展方向，加强现代农业体系建设。8 月 17 日，市委书记陈惠娟批示：报告具有前瞻性与可操作性相统一的特点，提出的现代农业建设重要性及发展方向、13 个现代农业体系建设的实践性很强，请在小康推进会议之前认真研究，提出现代农业建设意见。

视察调研、协商农业龙头企业带动产业化 2007 年 4 月底至 5 月中旬，组织部分常委和相关部门负责同志到如城镇、江安镇的相关企业以及江苏长寿集团有限公司开展专题视察调研，并赴山东省诸城市、寿光市考察学习。6 月 24 日，十一届二十三次常委会开展协商讨论。7 月 12 日，向市委呈报《市政协常委会协商农业龙头企业在产业化中带动作用的报告》，提出建议：牢固确立支持农业龙头企业发展的历史责任感；着力破解土地、资金、技术等要素瓶颈；推进科技创新；提高产业化程度；完善政策配套。

调研推广暗渠管道工作 根据市委书记陈惠娟对老科协工业分会上报材料的批示，2007 年 5 月，副主席杜永红、张秀良组织部分政协委员和老科协科技人员，邀请市政府办公室、水务局、农机局、农发局等相关部门人员，就推广暗渠管道工程进行协商座谈，对实施的可行性进行论证。6 月 8 日，向市委呈报《政协如皋市委员会关于推广暗渠管道工程的建议》，提出建议：长远规划，抓好示范，逐步推开；依靠科技支撑，实施市场化运作；建立符合实际、行之有效的资金投入体系；健全组织领导体系和考核激励机制。

开展土地承包经营权流转专题调研 2007 年 7 月，组织开展“创新流转机制，实行土地规模经营”专题调研。8 月 9 日，向市委呈报《关于我市土地流转和规模经营的视察调研报告》，提出以下建议：进一步提高对土地流转和规模经营的思想认识；确保土地流转和规模经营的政策得以贯彻落实；提高土地流转和规模经营的管理水平；努力营造土地流转和规模经营的良好环境；促进土地流转和规模经营再上新台阶。

开展村级负债调研　2008年4月下旬至5月下旬，督导员于永芳带队深入白蒲、搬经、高明、九华、郭园、柴湾等镇，开展为期一个月的专题视察调研，并赴东台、通州、扬中、海门等地考察学习化解村级债务经验。6月16日，向市委呈报《关于增加村级收入、控减村级债务的视察调研报告》，提出建议：充分认识控减村级债务的极端重要性；有效刹住债务上升的源头；增强村级自身造血功能；加大对村一级的政策支持力度；组织开展债权的清收工作；严控新增债务；保护与调动村干部化债的积极性。6月16日，市委书记陈惠娟批示：政协调研资料翔实，揭示出来的村级债务问题以及带来的影响不可小视，请认真分析研究，形成报告提交市委常委会议、政府常务会议讨论研究对策意见并加以落实。

视察高效设施农业　2010年3月16日，主席李中林带队视察调研市农科所和搬经镇、常青镇、石庄镇、九华镇、吴窑镇、桃园镇的设施农业园区，召开部分镇和涉农部门座谈会，听取市农委情况汇报。3月29日，向市委呈报《大力发展高效设施农业，为建设更高水平小康社会做出贡献》的调研报告，提出建议：进一步统一思想；合理定位区域空间布局；大力开展农业招商；规范土地流转；强化科技服务和市场流通体系建设；完善政策激励机制。4月2日，市委书记陈惠娟批示：此报告围绕三年倍增计划，提出的大力发展高效设施农业的八条建议很好，很有针对性和可操作性，请认真研究落实，扎实推进三年倍增计划的实现。

专题协商讨论万顷良田建设工程　2010年5月中下旬，组织部分政协常委分成3个调研组，分别对长江镇（如皋港区）、柴湾镇（如皋经济技术开发区）、如城镇-东陈镇“万顷良田建设工程”推进实施情况开展视察调研。6月25日，十二届十三次常委会议专题协商讨论万顷良田建设工程。7月1日，向市委呈报《市政协常委会关于“万顷良田建设工程”协商的报告》，提出建议：进一步加大宣传力度；坚持科学开发；多渠道筹措资金；加强农民就业技能培训；统筹拆迁安置工作。7月20日，市委书记陈惠娟批示：政协报告很有针对性、指导性，请认真研究落实。

视察调研地方特色农产品资源的保护与开发　2011年3月中旬，组织部分委员围绕抢救、保护、开发、利用具有如皋地方特色的农产品资源，开展了为期半个月的专题视察调研。4月6日，向市委呈报《关于我市地方特色农产品资源保护和开发利用情况的视察调研报告》，提出建议：加强宣传发动；完善政策体系；强化科技支撑；加大资金投入；加强产业化经营。

协商现代农业发展　2011年8月16日，主席会议专题协商现代农业发展议题。8月18日，向市委呈报《大力发展现代农业，为“十二五”迈进基本现代化做贡献》的协商报告，提出建议：坚持因地制宜；建设万顷良田示范工程；大力推进产业化经营；提高农业标准化、信息化水平；加强社会化服务体系建设。9月12日，市委书记陈惠娟批示：政协报告很有针对性和指导性，请认真研究落实。

调研农民增收问题　2011年8月中下旬，围绕农民增收问题开展专题调研，召开相关部门座谈会，到长江镇（如皋港区）、柴湾镇（如皋经济技术开发区）、白蒲镇、搬经镇了解情况，听取意见，共商对策。8 月 29 日，向市委呈报《多措并举，顽强拼搏，奋力实现“十二五”基本现代化的农民增收目标》的调研报告，提出建议：拓宽农民就业渠道；鼓励农民自主创业；加快现代农业和城乡一体化进程；强化扶持农业的政策体系建设；提高农民就业创业增收能力。9 月 29 日，市委书记陈惠娟批示：政协关于农民增收的报告很好，思路很宽，请认真研究落实。

视察协商水利工作　2012 年 4 月 27 日，主席会议专题协商水利工作。5 月 5 日，向市委呈报《加大水利设施投入，保障经济社会发展》的协商报告，提出建议：增强忧患意识；继续增加投入；抓好防洪排涝和农田水利建设；重视和加强水资源管理与保护；持续推进“四位一体”长效管理；筑牢服务现代农业和新农村建设的根基。5 月 18 日，市委书记陈惠娟批示：政协水利工作报告很有针对性，请认真研究落实。

协商节约集约利用土地工作　2012 年 7 月 27 日，主席会议专题协商节约集约利用土地工作。会后向市委提交《市政协主席会议协商集约节约利用土地工作情况的报告》，提出建议：加大宣传力度，以规划为引导，推进土地节约集约利用，加大闲置土地盘活力度，规范企业用地行为，强化联动执法。

协商农业综合开发工作　2012 年 9 月 25 日，主席会议协商农业综合开发工作。10 月 8 日，向市委呈报《高标准推进综合开发，高质量发展现代农业》的协商报告，提出建议：充分认清农业综合开发的特殊地位和作用；从统筹城乡发展的高度，稳步推进农业综合开发；提高工作定位，切实解决难点问题。10 月 19 日，市委书记姜永华批示：此报告内容翔实，建议有针对性，请运用到工作中。

协商农业机械化工作　2013 年 11 月 1 日，主席会议专题协商农业机械化工作。11 月 22 日，向市委呈报《市政协主席会议关于协商农业机械化工作的报告》，提出建议：加大农机化发展的行政推动力度、新机具新技术的推广力度、排灌基础设施改造力度、农机安全生产和质量监管力度、农机服务体系建设力度。

视察花木盆景产业发展情况　2014 年 10 月 14 日，主席李中林带领部分政协委员视察江苏美树城、华森花木专业合作社、华夏花卉有限公司等处，听取市农委工作汇报，就推进花木盆景产业转型升级开展讨论。11 月 3 日，向市委呈报《市政协委员视察我市花木盆景产业发展情况的报告》，提出建议：优化产业规划；注重科技创新；加强资源整合；完善生产经营；拓展产业服务；丰富文化内涵；强化组织保障。

视察协商节地水平和产出效益“双提升”工作　2015 年 10 月 21 日，主席会议专题协商国土部门节地水平和产出效益“双提升”工作。会后向市委呈报《市政协主席会议协商国土部门节地水平和产出效益“双提升”工作的报告》，提出建议：要加强舆论引导，突出规划引领，统筹国土空间布局；严把项目准入条件，提高新供地块利用效率；加速整理开发，充分发挥万顷良田规模效益；健全执法长效机制，积极盘活存量用地。

协商构建农业产业化体系　2015 年 12 月上旬，围绕“构建农业产业化体系”协商课题，组织部分委员分成两个调研考察组，分赴江苏省兴化市和丰县、浙江省湖州市吴兴区、山东省兰陵县考察学习。12 月 30 日，十三届十五次常委会议进行协商讨论。2016 年 1 月 12 日，向市委呈报《市政协关于构建农业产业化体系的协商报告》，提出建议：坚持规划引领；大力培育新型经营主体；壮大农业龙头企业；发展农产品深加工；繁荣发展农村流通业；着力解决制约农业产业化发展的瓶颈问题。

视察政策性农业保险 2016年3月17日，主席李中林带队视察如皋经济技术开发区（城北街道）德明家庭农场、畜禽无害化采集点和搬经镇设施农业园，并召开座谈会，听取市农险办、市人保财险公司关于农业保险工作的情况汇报。3月25日，向市委呈报《市政协关于视察政策性农业保险工作的报告》，提出建议：挖掘扩面潜力；完善机制；加大本级财政扶持力度；强化优质服务。

协商农村土地流转工作 2016年7月8日，主席会议协商农村土地流转工作。7月17日，向市委呈报《市政协主席会议关于协商农村土地流转工作的报告》，提出建议：加大政策宣传力度；强化服务体系建设；突出政策导向作用；完善监督管理机制。8月2日，市委书记陈晓东做出批示：政协关于农村土地流转工作的报告调研充分，分析透彻，建议很好。

协商高标准农田建设工作 2017年3月9日，主席会议成员视察丁堰镇、下原镇高标准农田项目建设现场。3月27日，向市委呈报《关于市政协主席会议协商高标准农田建设工作的情况汇报》，提出建议：进一步提高规划设计的科学性；加大行政推动力度；加大资金有效投入；加快现代农业发展。

协商“强化富民举措，促进农民增收”议题 2017年8月31日，主席会议成员视察范氏生态水产专业合作社、平园池村、金旺家庭农场。9月30日，向市委呈报《关于市政协主席会议协商强化富民举措促进农民增收的情况汇报》，提出建议：拓展农民增收渠道，提升农民经营性收入；增强农民增收动力，提升农民财产性收入；激发农民增收活力，提升农民工资性收入；筑牢农民增收底线，提升农民保障性收入；加强组织领导，构建农民增收推进机制。

民主监督食品安全工作 2019年4月24日，副主席郑振明带队对学校食堂、餐饮企业和食品摊贩的食品安全管理工作开展民主监督，视察如皋吉得堡双语幼儿园、如城实验小学、江苏和府餐饮管理有限公司中央厨房、正翔广场小吃一条街等处，听取市场监管局关于全市食品安全工作情况的介绍，对进一步做好食品安全工作建言献策。

调研花木产业 2019年8月19日，副主席杜永红带队视察调研花木产业，现场察看国际园艺城、花名堂、平园池花海经济，听取了市农业农村局的专题汇报，对如何壮大花木产业提出建议。

专题协商乡村振兴战略实施情况 2019年10—11月，围绕乡村振兴战略实施情况进行专题调研，先后组织召开各镇（区）、市级相关部门分管负责人以及部分典型村（社区）和经济相对薄弱村党组织书记代表座谈会。11月21日，十四届十五次常委会议开展协商讨论。会后向市委呈报《市政协常委会关于推进乡村振兴战略实施的建议案》，提出建议：加强组织领导，坚持农业农村优先发展；强化规划引领作用，确保乡村振兴有序推进；加大发展惠民力度，不断提高农民获得感；促进农村产业融合，补齐补足产业发展短板；加大政策扶持力度，扎实推动发展要素下沉；坚持以人为本，打造生态宜居美丽乡村；加强乡风文明建设，促进农民整体素质提升；加强基层自治管理，充分发挥农民主体作用。12月17日，市委书记张建华批示：市政协的建议案对乡村振兴工作分析全面客观，指出的存在问题具有一定的普遍性，相关工作措施建议有很强的指导性和操作性，请组织相关部门进一步深化乡村振兴工作的研究谋划，采取更切实有效的举措，推动整体工作再上新台阶。

四、关于文教卫体的视察调研

视察调研学校思想政治工作和师生生活情况 1982 年 9 月 26—30 日，会同县人大组织 4 个视察组，对如皋中学、丰乐小学、石庄中学、石庄小学、磨头中学、磨头小学进行视察。通过听取汇报、召开师生座谈会、个别交谈、实地察看、登门访问等途径，了解各校组织师生学习中共十二大文件、贯彻执行党的教育方针、思想政治工作和师生生活等方面的情况。

考察集镇夏季食品卫生状况 1987 年 6 月 15—16 日，组织部分在城委员实地考察白蒲、勇敢、林梓、石庄、张黄港、吴窑、西来桥和鬼头街等集镇的夏季食品卫生状况。副县长郭载荣听取考察汇报。

视察中小学开展食用碘盐知识教育情况 1987 年 10 月 29—30 日，副主席马云鹏带队到黄市初中、东燕初中、高明小学、搬经小学、九华小学、林梓小学、丁堰小学和东陈小学，视察贯彻落实《关于在全市中小学开展食用碘盐知识教育的通知》精神情况。

考察精神病防治医院 1989 年 5 月 15 日，主席明道奎带队考察县精神病防治医院，副县长郭载荣参加考察。其后向县政府呈报《关于考察精神病防治医院的报告》，提出建议：新建病房楼，购置救护车，将精神病防治医院更名为“如皋县第二人民医院”。6 月 19 日，县政府召开办公会议，采纳建议，拨款 5 万元作为社会调查和购置救护车的费用，并将该院更名为“如皋县第二人民医院”。

视察文化市场 1989 年 8 月 22—24 日，主席明道奎带队视察如城、丁堰、磨头、石庄和白蒲 5 个镇的文化市场。8 月 26 日，向市委呈报《关于视察文化市场的情况报告》，提出建议：广泛宣传，充分发挥舆论工具的作用；抓住重点，集中整顿；掌握政策，依法办事。

视察血防工作 1990 年 4 月 19—20 日，组织视察新姚、勇敢、大明和城西 4 个乡血吸虫病防治工作。4 月 26 日，向市委呈报《关于视察血防工作的报告》，提出建议：加强对灭螺工作的领导，继续深入搞好宣传发动工作；切实保证血防经费到位；明确重点，大打灭螺总体战；制定必要的补偿规定。

视察农村学校建设情况 1990 年 10 月 11—12 日，副主席马云鹏带队到搬经镇群岸小学、常青乡土山小学、胜利乡东燕小学视察，了解集资办学、校舍和操场情况。

视察知识分子工作 1991 年 9 月 17—18 日，组织在如皋的江苏省政协委员和南通市政协委员共 19 人，到如皋中学、市人民医院、如皋纺织厂和如皋动力机厂，视察知识分子工作。

视察如城办学问题 1993 年 4 月 22 日，政协主席石秀峰、副市长石耀、政协副主席马云鹏带队视察如城办学问题，听取了如城镇汇报，实地察看拟建的西皋中学（如城六中）规划现场，对西皋中学的办学规模、用地、实施方案、经费来源，以及当年 280 名小学毕业生上学的应急方案提出建议意见。

视察成人教育工作 1995 年 3 月 15—17 日，副主席马云鹏带队视察葛市、柴湾、蒲西、邓园、下原、长青沙和城西等7个乡镇的成人教育工作，为迎接江苏省和南通市对如皋的“双基”验收献计献策。

视察计生工作 1996年10月23—25日，副主席马云鹏、王连生带队对白蒲、袁桥、新姚、邓元、大明和长庄等6个乡镇的计生工作进行视察。11月10日，向市委呈报《关于视察计划生育工作情况的报告》，提出建议：加强对计生工作的领导，加大宣传教育的力度，部门齐抓共管，加大投入，加强对流动人口的管理，健全服务网络，加强基础设施建设。

协商讨论计划生育工作 1998年11月4日，主席会议专题协商讨论全市计划生育工作。11月10日，向市委呈报《市政协主席会议协商讨论计划生育工作的情况报告》，提出建议：加大组织领导力度，加强专业队伍建设，积极开展宣传教育活动，齐抓共管，增加经费投入。

视察调查如城地区纯净水情况 1999年8月3日，视察调查如城地区纯净水质量和价格情况，先后察看如城6家纯净水生产企业和3家销售单位，并与有关职能部门进行对口协商。主席魏国平、副主席王连生、秘书长史有生，以及卫生、工商、物价、技术监督、防疫等部门负责人参加视察调查。

视察全面推进素质教育情况 1999年11月7—11日，围绕落实第三次全国教育工作会议精神、全面推进素质教育，视察搬经中学和磨头小学。主席魏国平，副主席于永芳、徐建平、陆小兵参加视察。

视察高中阶段教育的规模和布局 1999年11月26—28日，调研普通高中和职业学校的规模、布局情况，实地视察丁堰、东陈、白雁、薛窑、二案和城西等中学，以及职教中心、新民成教、一职高、大明成教、总工会职工学校、供销学校和技校等职业学校。主席魏国平，副主席袁泉、于永芳、王连生、陆小兵参加视察调研。

视察调研民营医院运行情况 2003年7月，对部分民营医院进行调研。8月15日，向市委提交《关于我市民营医院运行情况的调查报告》，提出建议：加强对民营医院管理工作的领导；适应民营医院发展的需要，不断调整完善各项配套政策；明确职责，加大对民营医院的行政监管力度；建立健全行业协会组织；推进民营医院内部管理；加快公立医院改革步伐。

视察调研职业教育工作 2003年10月，对全市职业教育进行专题调研，并分赴张家港、海门、启东、盐都、沭阳等地学习考察。11月11日，向市委提交《关于我市职业教育的调研报告》，提出建议：进一步统一思想，推动职业教育持续健康发展；理顺关系，整合教育资源；深化改革，促进职业教育更好地为社会发展服务；严格实施就业准入制度，加强职业教育与劳动就业的对接融合；多渠道筹集资金，增加职业教育投入。

视察调研人口与计生工作 2003年11月，副主席陆小兵、督导员王连生带队调研人口与计划生育工作，实地调查丁堰、林梓、长江、石庄、吴窑、袁桥等镇相关情况。12月11日，向市委提交《关于我市人口与计划生育工作的视察调查报告》，提出建议：继续坚持“两种生产”一起抓，依法预算和监管人口与计生经费，强化基层网络建设。

召开历史文化研究成果汇报会 2004年7月5日，召开历史文化研究成果汇报会。此前，市政协牵头成立如皋历史文化研究工作委员会，将4项物质文化遗产和2项非物质文化遗产研究作为首批研究课题，分设6个小组开展研究工作。汇报会围绕“关于如城内外城河风光带建设及景点文化包装的建议”“关于如皋东大街景区建设的策划”“中国第一名贤大院——如皋集贤里之构想”“关于石合泰店宅景区建设的策划”“关于如皋名人录的编辑设想”“关于如皋特色文化的研究情况”分别汇报。市长周铁根参加汇报会。

研讨如城地名命名更名　2004 年 7 月 18 日，与如皋历史文化研究会组织研究如城地名命名更名工作，提出命名更名的基本原则应当是体现如皋的“三张名片”，特别是如皋的古城特色。为把“江苏历史文化名城”的文章做足，内外城河地带内的命名要充分体现古城人文底蕴；为把“世界长寿养生福地”的气氛搞浓，环城东、南、西、北 4 条路应体现长寿风情；为把“中国花木盆景之都”的名声叫响，应将三环路地带的多条主次干道、支路以花木相关的名称命名。在此次命名更名研究中，市政协共召开会议 14 次，参加人员 157 人次，发放征求意见稿 161 份，收集反馈意见 595 条；共对如城地区 9 座桥梁、30 条主干道、15 条次干道、59 条支路、14 条街巷进行了命名更名研讨，提出的建议意见被市政府采纳。

专题协商幼儿教育工作　2005 年 5 月 30 日，主席会议专题协商幼儿教育工作。此前，现场视察郭园、石庄、丁堰、吴窑、如城等 5 个镇，并赴大丰、宜兴两市考察学习。7 月 1 日，向市委呈报《关于幼儿教育的调研报告》，提出建议：进一步完善幼儿教育管理体制；积极稳妥推进幼儿教育改革；全面实施素质教育；切实加强对幼儿教育改革和发展的领导。

协商人口与计划生育工作　2005 年 7 月 26 日，会议专题协商计划生育工作。8 月 18 日，向市委提交《关于主席会议协商人口与计划生育工作情况的报告》，提出建议：统一思想，提高认识；提高干部群众对计生工作的知晓率和参与度；切实解决薄弱环节和突出问题；强化保障措施，建立人口与计生工作利益导向机制；加强组织领导。市委书记陈惠娟做出批示，要求市委、市政府分管领导认真加以落实。

协商农村文化建设工作　2007 年 4 月 20 日，会议专题协商农村文化建设工作。5 月 23 日，向市委呈报《如皋市政协主席会议协商农村文化建设工作的报告》，提出建议：加强对农村文化建设的领导；加大经费投入，建立多渠道的投资体制；建设高素质的农村文化人才队伍；构建三级联动的农村文化网络；培育如皋地方特色文化。

协商教育负债问题　2007 年 11 月 28 日，副主席陆小兵牵头组织对全市教育负债问题开展对口协商。会后向市委呈报《要关注教育负债问题》对口协商报告，提出建议：强化对各级党委政府发展教育的考核，切实加大对教育经费的投入，规范城市教育费附加和地方教育附加征管。

调研史志工作　2008 年 8 月 18 日，专题调研史志工作。8 月 22 日，向市委呈报《关于史志工作的调研报告》，提出建议：加强史志工作组织领导，搞好队伍建设，保障业务经费，力求编撰精品。8 月 29 日，市委书记陈惠娟批示，要求市委分管领导与党史办研究拿出具体建议和意见报市委。

视察区域教育现代化创建推进情况　2008 年 10 月 10 日，主席会议专题协商教育现代化工作。10 月 14 日，向市委呈报《关于视察区域教育现代化创建推进情况的报告》，提出建议：加大宣传力度，进一步使全社会充分认识创建教育现代化县市的战略意义；加大推进力度，进一步增强创建工作的紧迫性；加大指导力度，进一步突出重点、突破难题；加大保障力度，进一步形成创建合力。

协商有线电视数字化建设情况 2008年10月30日，主席会议专题协商有线电视数字化建设工作。11月7日，向市委呈报《如皋市政协主席会议协商有线电视数字化建设情况报告》，提出建议：强化宣传发动；加强组织领导，明确有线电视数字化建设的实施责任；明确步骤，有序推进工作进程。

视察社区卫生服务体系建设 2009年3月，主席李中林、副主席张元健带队视察如城、长江、雪岸等镇的社区卫生服务体系建设情况，听取市卫生局情况汇报，召开部分社区服务站负责人座谈会。3月31日，向市委提交《关于我市社区卫生服务体系建设情况的视察报告》，提出建议：强化政府职责，保障社区卫生服务公益性质，落实配套政策，注重人才培训，等等。4月11日，市委书记陈惠娟批示：报告具有较强的针对性，请市委、市政府分管领导认真研究落实意见。

视察白蒲古镇历史文化保护工作 2009年4月30日，组织视察白蒲古镇的历史文化保护工作情况，提出建议：完善市镇两级联动保护机制，把白蒲古镇保护列入如皋旅游业发展重点，进一步推动白蒲历史文化资源保护和利用，申报江苏历史文化名镇。

视察协商体育工作 2009年5月26日，主席会议专题协商体育工作。7月1日，向市委呈报《坚持以人为本理念 大力发展体育事业——市政协主席会议关于我市体育工作的协商报告》，提出建议：提高认识，加强领导；加强基础设施建设，加大对体育事业的投入，提高健身工程的保障水平；坚持行政推动与社团推动并重，促进群众体育工作广泛开展；更加重视业余训练和竞技体育工作，推动体育后备人才队伍发展壮大；积极培育体育市场，不断繁荣体育事业。

协商职业教育工作 2009年10月26日，主席会议专题协商职业教育工作。11月9日，向市委呈报《大力发展职业教育，促进经济社会持续腾飞——市政协主席会议关于协商我市职业教育工作的报告》，提出建议：解放思想，更新观念，进一步营造职业教育发展的良好氛围；完善政策，强势引导，进一步加大职业教育的财政投入；突出重点，铸造品牌，进一步面向地方经济打造特色专业；搭建平台，整合资源，进一步加大职业教育的统筹力度。

视察调研文化工作 2010年6月2日，主席会议专题协商全市文化工作。6月10日，向市委呈报《市政协主席会议关于协商我市文化工作的报告》，提出建议：提高认识；加大挖掘力度，打造本土文化特色和品牌；优化用人机制，大力引进人才；兴办文化园区，加大文化产业的招商引资和项目投入力度。

协商教师队伍建设工作 2010年8月17日，主席会议专题协商全市教师队伍建设工作。8月25日，向市委呈报《加强教师队伍建设，推动教育改革和发展——市政协主席会议关于我市教师队伍建设的协商报告》，针对中小学教师队伍不够稳定、城乡学校师资配置不够均衡等问题提出建议：提高认识，加强领导，形成共同推动师资队伍建设的合力；加大投入，强化培训，建设一支稳定的、专业化的教师队伍；崇尚师德，加强宣传，营造尊师重教的良好风气；创新举措，完善机制，壮大教师队伍。

协商全市人口与计生工作 2010年10月12日，主席会议专题协商全市人口与计生工作。

10月19日，向市委呈报《市政协主席会议协商全市人口与计生工作的情况报告》，提出建议：强化宣传，为计生工作营造良好的社会氛围；加强队伍建设，完善基层计生工作网络。

视察学前教育工作　2011年3月29日，主席李中林带队视察袁桥镇黄蒲幼儿园、何庄幼儿园，常青镇叶庄幼儿园，江安镇中心园，港城实验园以及城区的东皋、附小、安定等幼儿园，听取市教育局情况汇报，开展座谈讨论。会后向市委呈报《关于我市学前教育的视察调研报告》，提出建议：提高思想认识，优先发展幼教事业；规范幼教管理，提升办园层次；重视队伍建设，提高保教质量；加大政府投入，提高保障水平；拓展幼教领域，启动婴幼儿早教工作。

专题协商档案工作　2011年5月22日，主席会议专题协商档案工作。会后向市委呈报《市政协主席会议协商档案工作的报告》，提出建议：提高对档案工作重要性的认识；加强档案馆功能建设；加快档案信息化建设；加大《档案法》的执法力度。

协商文广传媒集团工作　2011年8月23日，主席会议专题协商文广传媒集团工作。10月8日，向市委提交《市政协主席会议专题协商文广传媒集团工作的报告》，提出建议：考虑文广传媒产业的特殊性，努力为其营造宽松的发展环境；将有线电视网络纳入住宅小区配套建设体系，为普通老百姓提供基础数字电视服务；将有线电视工程建设配套费征收列为商品房销售的前置条件，保证有线电视工程建设配套费足额上缴入库；加强管理，完善机制，切实推进广电事业、产业快速发展。

视察教育培训集团　2011年12月13日，向市委提交《市政协视察教育培训集团的报告》。此前，副主席张元健带队对教育培训集团进行视察。该《报告》建议：要统一思想，进一步明确加快发展教育培训产业的重要意义；要创新体制、机制，完善集团法人治理结构；要自我求变，激发事业发展潜力；要强化保障，助推集团发展壮大。

视察协商历史文化保护利用工作　2012年3月6日，主席会议协商历史文化保护利用工作。3月10日，向市委呈报《关于视察历史文化保护利用情况的报告》，提出建议：强化教育引导，增强依法保护利用意识；实施行政推动，确保重点文物修建到位；积极开发利用，促进文化产业不断发展；开展全面整治，切实提高文物管理水平；竭力予以保障，积极解决文保实际问题。

视察文化强市建设工作　2012年7月4日，主席李中林带队对文化强市建设工作情况进行专题视察，听取市文化广电新闻出版局工作汇报，实地察看九华镇郑甸社区文化大舞台、长江镇（如皋港区）红星社区文化活动室、长江镇（如皋港区）百米文化长廊、长江青少年素质教育实践基地。7月31日，向市委呈报《关于视察我市文化强市建设工作的情况报告》，提出建议：坚持“文化强市”与“经济强市”并重、政府搭台与群众参与并举、文化硬件建设与软件建设并列、群众性文化与高端文化并进、文化事业与文化产业并驱、政府投入与社会投资并行。

专题协商新型农村合作医疗工作　2012年8月31日，主席会议专题协商新农合工作。会后向市委呈报《关于专题协商新型农村合作医疗工作的报告》，提出建议：要进一步提高对新农合工作的认识，进一步规范和完善新农合制度，进一步加大对新农合工作的监管力度。

专题协商《如皋市志》修编工作 2013年3月22日，主席会议专题协商《如皋市志》修编工作。4月3日，向市委呈报《专题协商〈如皋市志〉修编工作情况的报告》，提出建议：进一步提高对修志工作推动经济社会发展的认识，健全、完善修志领导体制和工作机制，重视修志工作的队伍建设，健全修志工作的经费投入机制，提升修志质量。

视察民营医疗机构运行发展情况 2013年5月9日，副主席刘聪泉带队对部分民营医疗机构进行视察。其后向市委呈报了《市政协视察民营医疗机构运行发展情况的报告》，提出建议：进一步深化对民营医疗机构的性质和定位的认识，进一步加大对民营医疗机构的扶持力度，进一步加强对民营医疗机构的指导和执业监管。

协商人口与计划生育工作 2013年7月10日，主席会议专题协商全市人口与计划生育工作。7月25日，向市委提交《协商全市人口与计划生育工作情况的报告》，提出建议：继续加大对人口与计生工作的领导和支持力度；继续加大宣传教育和执法处罚等力度；加强人口与计生工作队伍建设；坚持人口与计划生育服务硬软件建设并重。

视察文化体育设施投入使用情况 2013年10月30日，主席李中林带队专题视察文化体育设施投入使用情况，实地察看市文化广场、奥林匹克公园、全民健身中心等处，了解项目建设和使用情况。

视察调研广播电视事业 2014年8月18日，副主席钱志刚带队视察调研如皋广播电视工作。8月20日，向市委呈报《关于加快推进广播电视事业发展的建议案》，提出建议：高度重视广电事业发展，加大对广播建设的保障力度，加大对剧院、剧团等文化事业团体的扶持力度。

协商职业教育工作 2014年10月16日，主席会议专题协商全市职业教育工作。11月6日，向市委提交《市政协主席会议协商全市职业教育工作情况的报告》，提出建议：不断提高全社会对职业教育的认识，加大对职业教育的支持和投入力度，提高职业教育办学水平和质量。11月7日，市委书记姜永华批示：请在工作中采纳，推动职教向更高水平发展。

协商公共文化服务体系建设工作 2015年4月17日，主席会议专题协商全市公共文化服务体系建设工作。5月5日，向市委提交《市政协主席会议协商全市公共文化服务体系建设工作的报告》，提出建议：进一步完善公共文化服务体系建设考核评价机制；进一步加大对公共文化服务体系建设的投入力度；进一步加强机构和人才队伍建设；不断提高公共文化产品供给能力与服务水平。

协商医疗卫生服务体系建设情况 2015年6月，组织部分政协常委及相关部门负责人赴启东市及上海闵行区、镇江句容市及浙江德清县考察学习医疗卫生服务体系建设情况。7月16日，十三届十三次常委会议进行专题协商。会后向市委呈报《市政协常委会关于协商医疗卫生服务体系建设情况的报告》，提出建议：突出政府统领作用，进一步完善医疗卫生服务体系；突出政府主导作用，进一步加大财政保障力度；加强统筹协调，进一步优化医疗卫生队伍建设；加强行业监管，进一步提升医疗卫生行业社会公信度。

视察调研非遗传承人队伍建设工作 2015年8月2日，主席会议专题协商“非遗”传承人队伍建设工作。会后向市委呈报《非物质文化遗产传承人队伍建设情况视察报告》，建议进一步完善工作机构、完善传承机制、完善培育机制、完善监管机制、完善发展机制。

视察奥体中心运营情况　2015 年 8 月 27 日，副主席钱志刚带队视察如皋市奥体中心。其后向市委呈报《市政协视察奥体中心运营情况的报告》，提出建议：坚持奥体中心的公益性定位，加大免费开放力度；加强奥体中心资产的经营管理，提高经济效益；强化政策支持，提供优质服务。

协商全市院前急救体系建设工作　2016 年 5 月 31 日，主席会议专题协商 120 急救体系建设工作。6 月 24 日，向市委呈报《市政协主席会议协商全市院前急救体系建设工作的报告》，提出建议：要加大投入，提高急救体系建设和维护整体水平；加强急救站点建设，扩增基层急救资源；加强院前急救队伍建设，提升应急救治能力和水平；加强相关部门通力协作，为急救事业保驾护航。

协商党史工作　2016 年 9 月 29 日，主席会议专题协商党史工作。10 月 31 日，向市委呈报《关于市政协主席会议协商党史工作情况的报告》，提出建议：突出重点，加强党史征编、研究工作；创新方法，进一步推动党史宣传教育工作；认真履职，提升新时期党史工作的能力。

视察校园安全工作　2016 年 11 月 3 日，副主席钱志刚带队视察校园安全工作，实地察看如皋市外国语学校附属幼儿园、实验初中、第一中学、安定小学、高新区实验小学等校园，听取教育局汇报。11 月 30 日，向市委呈报《市政协视察校园安全工作情况的报告》。

视察江苏有线如皋分公司运营工作　2017 年 6 月 9 日，向市委呈报《关于视察江苏有线如皋分公司运营工作情况的报告》。此前，为进一步推动广电网络运营工作，提升广电公共服务能力，副主席严世斌带队视察了全市广电网络运营情况。该报告提出建议：充分认识广电网络运营的公益属性；进一步加大对“智慧社区”建设的“统”“扶”力度；进一步巩固宣传阵地，努力提升服务能力；积极对待市场竞争，有效合作实现共赢。

协商群众体育工作　2017 年 7 月 26 日，主席会议专题协商群众体育工作。8 月 16 日，向市委呈报《关于协商全市群众体育工作的报告》，提出建议：提高认识，进一步加大财政投入力度；深入宣传，进一步营造浓厚的全民健身氛围；完善硬件设施，进一步夯实群众体育工作基础；加强队伍建设，进一步提升群众体育工作水平；强化协同推进，进一步推动体育事业全面可持续发展。

视察医疗卫生信息化建设　2018 年 8 月 13 日，向市委呈报《关于视察医疗卫生信息化建设情况的报告》。此前，副主席严世斌带队视察医疗卫生信息化建设情况，开展市外调研、市内视察、座谈协商。该报告提出建议：要强化认识，切实增强加快推进医疗卫生信息化建设工作的紧迫感；要统筹规划，加快推进医疗卫生信息化建设工作步伐；要招才引智，切实加强医疗卫生信息化队伍建设。

协商教育人才流动情况　2018 年 9 月 26 日，主席会议专题协商教育人才流失情况。此前，主席张元健牵头组织部分政协委员专题调研教师人才流动工作，开展市内外调研、座谈。11 月 27 日，向市委呈报《市政协主席会议关于协商教育人才流动情况的报告》，提出建议：要进一步营造尊师重教的良好风尚；要完善政策机制，创造留住教师的发展空间；要提高广大教师的生活待遇；要打造校园微环境，构建教师发展的良好生态。2019 年 1 月 4 日，市委书记张建华批示：请人社局、编办就报告中提出的相关问题和建议做一次专题调研，形成落实意见报市委、市政府研究。

专题视察调研高中阶段教育情况　按照市委主要领导要求，2019 年 4 月 11 — 25 日，主席张元健牵头、副主席严世斌具体负责召开座谈会，专题调研组走访全市所有普高和中职学校，并赴海门和海安考察。6 月 3 日，向市委、市政府呈报《关于我市高中阶段教育情况的调研报告》，提出建议：推动形成高质量发展的“头雁”效应；强化高中校长队伍建设；加强教师队伍建设；优化学校外部发展环境；完善职业教育发展机制。6 月 10 日，市委书记张建华批示：市政协专题调研组关于高中阶段教育情况的调研报告内容全面，问题找得准，原因分析得透彻，所提建议和意见很具操作性，要结合全市教育工作会议的召开，认真制定好相关政策，努力推动高中阶段教育及全市教育工作的高质量发展。12 月 18 日，市长何益军批示：如皋市有较好的教育基础，近年竞相发展氛围更为浓厚，“有高原无高峰”是最大的问题；政协调研报告详实有据，所提建议切中要害；要瞄准把教育打造为如皋县域竞争力的高点定位，着重在强机制、补短板上下功夫。

视察调研镇级医疗卫生服务体系建设情况　2019 年 6 月下旬起，副主席严世斌带队调研如皋镇级医疗卫生服务体系建设现状以及 2018 年年底以来镇公立卫生院改革试点运行情况，先后召开市卫健委负责人、部分镇（区）党委书记、民营医院负责人、试点镇公立卫生院负责人、民营医院医护人员代表、人民医院等公立医院负责人座谈会，走访部分新建镇公立卫生院。其后向市委、市政府呈报调研报告，提出建议：科学规划，推动镇级医疗卫生服务体系高质量布局；积极稳妥地推进镇卫生院（社区卫生服务中心）高质量建设；强化管理，推动新建镇卫生院（社区卫生服务中心）高质量运转；高点定位，推动全市镇（区、街道）各类医疗机构高质量发展；动真碰硬，强化对镇（区、街道）各类医疗机构的高质量监管；筑牢网底，促进基层医疗卫生服务体系的高质量强基。

专题协商融媒体中心建设情况　2019 年 10 月，副主席刘晓洁带队外出考察学习四川省合江县、江苏省邳州市融媒体中心建设经验。10 月 23 日，主席会议进行专题协商。12 月 14 日，向市委呈报《市政协主席会议协商我市融媒体中心建设情况的报告》，提出建议：坚持党媒立场；事业产业双强；创新用人机制；完善投入机制；理顺管理关系。12 月 26 日，市委书记张建华批示：市政协的报告很有参考和借鉴价值，请认真研究分析，找出问题和症结，推动融媒体中心高质量建设，真正做到有政治力、有凝聚力、有创新力，有大局意识、有专业素养、有完善机制。市长何益军批示：融媒体中心建设还是要从人员机制上下功夫，理顺机制，强化考核激励。

五、关于城乡建设和生态环境的视察调研

视察如皋县城建设规划修编情况　1981 年 9 月 10 日，组织部分在城委员召开专题讨论会，邀请县基建局介绍《如皋县城建设规划》制订的经过及其主要内容，对该规划涉及的环境保护、居民住房、文化设施和文物古迹保护等方面的问题提出意见和建议。

协商环境保护工作　1981 年 11 月 24 日，组织部分常委、委员和社会人士 27 人召开专题座谈会，邀请县环境保护局介绍环保工作情况，委员们建议环保部门要根据有关法律法规，对环境污染问题采取有针对性的治理行动。

视察调研人民医院排污情况　1982 年 5 月，组织对县人民医院粪便和污水未经处理直接排入城河的情况进行调查。5 月 28 日，向县委呈报《关于县人民医院排污情况的报告》，提出治理建议。

视察调研企业环境污染情况　1982 年 7 月 8 日，会同县人大联合视察环保工作，听取如皋织造厂、如皋染织厂、如皋酒厂、如皋饮服公司、白蒲酒厂和如皋化肥厂等企业负责人的汇报，提出治理意见和建议。

视察调研内城河疏浚工作　1983 年 10 月 19—21 日，会同县人大联合组织视察，从如城北水关开始分地段对内城河的污染、淤塞现状进行实地视察。12 月 2 日，召开视察汇报会，建议疏浚河床、改建北水关、新建公园出水口排水涵洞和排灌两用站，县长陆明钰、副县长冯邦才参加会议。

调查如城自来水水源污染事故　1985 年 4 月 16—17 日，组织到如城自来水厂、碾砣港闸管所和张黄港闸管所等地，调查 4 月 14 日如城自来水污染事故原因，发现污染源是如城地区的工业废水、部分生活污水排放所致。4 月 18 日，向县委呈报《关于如城自来水水源被污染情况的调查和治理的建议》，提出建议：广泛、经常、深入地宣传和贯彻执行《水污染防治法》；各级领导要深刻认识保护环境的重大意义，把它纳入国民经济计划；积极采取辅助和补救措施，确保居民用水和工厂用水的安全；自来水厂要积极开辟第二水源，以备应急之用。

视察白蚁防治工作　1987 年 10 月 26—27 日，实地考察防治白蚁的情况。11 月 3 日，向县委呈报《关于白蚁防治工作的考察报告》，提出建议：对白蚁的危害性要加强宣传，认真做好木材检疫工作，建立白蚁普查普治网络，做好基础处理工作，各部门要通力配合。

协商如城总体规划调整意见　1988 年 9 月 10 日，七届八次常委（扩大）会协商《如城总体规划调整意见》。会后，向县政府呈报《关于〈如城总体规划调整意见〉的建议》。

视察调研县蚕种场环境污染　1989 年 4 月 13 日，组织部分委员，并约请县计委、农工部、多管局、乡镇企业局、环保局和工商局等部门的负责人，前往县蚕种场，就环境被污染的现状进行视察。视察组认为，如皋蚕种场生产在全省名列前茅，而营防化工厂的污染威胁到蚕种场的正常生产。4 月 20 日，向县委呈报《关于蚕种场环境的考察报告》，提出治理建议。

视察汽车站服务质量　1989 年 8 月 25 日，组织部分委员对如皋汽车站的服务质量进行暗访。8 月 26 日，副县长袁泉听取视察情况汇报。8 月 27 日，汽车站根据委员视察情况召开会议，进行整顿。8 月 30 日，向县委呈报《关于如皋汽车站服务质量的考察报告》。通过这次整顿，社会普遍反映如皋汽车站的服务质量大有改观。

协商调研通扬运河白蒲段驳坡问题　1990 年 9 月 13 日，主席明道奎约请县交通局、城建委和航道管理站等部门的负责人前往白蒲镇，就该地区通扬运河段的驳坡问题进行协商，在驳坡经费、立项、沿线拆迁、征用土地等有关问题上达成一致意见。

视察宁海东路建设情况　1992 年 11 月 11 日，副主席袁泉、原主席季秀英组织在城的部分南通市政协委员和部分如皋政协委员视察如城宁海东路，听取城建委关于宁海西路二期工程的建设情况以及拓宽宁海东路初步设想的汇报，实地察看施工现场。11 月 13 日，向市委呈报《关于视察宁海东路的情况报告》，从实施步骤、时间安排、道路两侧规划控制和经费来源等方面提出意见、建议。

视察 204 国道 1994 年 6 月 17 日，主席石秀峰带队视察 204 国道如皋段全线，市农工部、城建委、公安局、交通局、土管局、工商局、法院等部门的负责人以及 204 国道沿线各乡镇负责人参加视察。6 月 22 日，向市委呈报《关于视察 204 国道如皋段的情况报告》，提出建议：统一思想，提高认识；理顺关系，明确责任；各司其职，强化管理；加强领导，制订和完善开发规划；制定优惠政策，加大投入。

协商海阳北路建设 1995 年 5 月 9 日，与市委统战部联合召开座谈会，协商讨论打通海阳北路工程。副主席王连生主持会议。市委常委、副市长陈照煌，市长助理、城建委主任章树山分别通报了整治环境、打通海阳北路的情况。各界人士代表 40 多人参加会议，并提出了若干建议和意见。主席石秀峰做了讲话。

视察小城镇建设 按照南通市政协要求，1995 年 10 月 9—16 日，政协副主席袁泉，人大常委会副主任奚定九，市长助理、城建委主任章树山等 10 人，赴江苏溧阳、丹阳和山东荣成等地参观考察城镇建设。12 月 7—8 日，组织在如皋的部分南通市政协委员视察如皋小城镇建设，实地察看如城、丁堰、长江和郭园“三镇一乡”的市政建设。12 月 12 日，向南通市政协呈报《关于组织在如的南通市政协委员视察小城镇建设情况的汇报》，提出建议：以规划为龙头，加强对小城镇建设的领导；要多渠道筹集资金；要抓好农村集居的试点工作；要理顺体制，加强城镇管理人员的队伍建设。

召开城市改造建设座谈会 1997 年 3 月 14 日，召开城市改造建设座谈会。副主席王光国主持会议。副主席王连生、秘书长史有生、部分政协委员和被拆迁企业的负责人参加座谈会。副市长章树山到会通报跃进西路和海阳南路的改造建设情况。3 月 18 日，向市委、市政府呈报《关于今年城市改造建设座谈会的情况报告》，提出建议：认真总结经验教训，搞好整体规划设计；深入进行动员教育，搞好舆论宣传和监督；建立严格的监督制约机制，保证工程质量；妥善安置好特困户、特困企业和商业网点，确保社会稳定。市政府高度重视，并进行部署落实。

视察环境保护工作 1997 年 5 月 16—17 日，组织全市环境保护工作专题视察。听取市环保局工作汇报。副主席王连生、王光国带队，赴吴窑、大明、场北、城西、葛市和胜利等 6 个乡镇和 9 个企业，视察国务院关于环保问题的决定及市政府关停 32 家污染企业决定的执行情况。6 月 2 日，向市委、市政府呈报《关于视察环境保护工作的情况报告》，提出建议：进一步提高认识，实行环保质量行政领导负责制；加强宣传教育，增强全民的环保意识；加强环保队伍建设；严格把关，控制新的污染源的产生；积极引导，协调好关停企业的善后工作。

视察跃进西路改造工程 1997 年 7 月 4 日，主席魏国平带队视察跃进西路改造工程。听取副市长章树山的情况通报，实地视察了施工现场。7 月 6 日，向市委、市政府呈报《关于视察跃进西路改造建设工程情况的报告》，提出建议：加大宣传教育力度，对尚未拆迁的“钉子户”加大工作力度，严把工程质量关，注重施工安全，做好资金调度。

视察调研建筑企业市场开拓情况　1998年6月6—28日，主席魏国平、副主席王光国带队视察如皋建筑企业在新疆、黑龙江、吉林、山东、北京和上海等地的市场开拓情况，市委常委、副市长章树山参加视察。8月11日，向市委、市政府呈报《市政协视察建筑业的情况报告》，建议强化市场开拓力度，强化内部管理，加强结构调整。市委书记郁政对考察报告做了批示，要求相关部门认真落实。

调研挖掘古文化资源　1998年6月24日，向市委、市政府呈报《关于挖掘古文化资源，发展地方特色旅游的建议》，提出建议：对一批有价值的人文史料，可采取刻石记事的办法加以开发利用；对一些有价值的文物古迹加以抢救、保护，如冒家巷集贤里、石合泰民居、法华庵。

视察调研海阳路环卫绿化工作　1998年7月29日，副主席王光国带队对海阳路两侧的环卫、绿化管理情况进行视察调研，实地察看绘园新村二区和三区、闸桥苑、锦绣苑等小区，邀请如城镇相关领导以及环卫、园林、物业管理等部门负责人进行座谈，听取部分群众的反映。针对存在的问题，提出以下建议：理顺关系，形成小区管理网络；适应市场经济的要求，多渠道筹集经费；加强物业管理，使新村管理跃上新台阶。

协商建筑工程质量管理　1999年4月26日，主席会议对建筑工程质量管理工作进行对口协商。会后，向市委、市政府呈报《市政协会议协商讨论建筑质量管理工作的情况报告》，提出建议：加大宣传力度，提高思想认识；理顺关系，明确职责；严格按程序办事，加大执法力度；想方设法解决隐患问题，特别是人民群众反映强烈、问题比较集中的住宅楼、医院门诊楼、中小学教学楼、公共娱乐设施等；强化考核，落实责任制；提高工作效率，增强服务意识。市委书记、市长刘井石，市委副书记刘桂江、章树山分别做出批示，要求认真吸收政协建议，高度重视建筑质量。

视察部分交通重点工程　1999年10月19—20日，主席魏国平，副主席袁泉、于永芳、徐建平、王连生、王光国带领部分委员，视察204国道西移改线、葛市和九华立交桥、苏317线改造、长青沙大桥以及新长铁路如皋站和白蒲站等交通重点工程，听取交通局和铁路办汇报，副书记章树山、副市长张元健参加视察。11月1日，向市委、市政府呈报《关于我市交通重点工程建设情况的视察报告》，提出建议：加大组织力度，解决突出问题，特别是要多渠道筹集资金，确保工程进度。

协商调研环保工作　2000年6月14日，主席会议专题协商环境保护工作。6月23日，向市委、市政府呈报《主席会议协商环保工作情况的报告》，提出建议：加强环保执法力度；大力开展环保宣传教育；拓宽资金渠道，增加投入；加大污染治理力度；大力推广生态农业；下决心整治内外城河。

协商调研城市建设管理　2000年10月，市政协组织4个考察小组赴丹阳、武进、吴江等12个县市，就城市建设和管理进行专题考察。11月23—24日，十届十三次常委会进行专题协商讨论。12月11日，向市委呈报《关于协商讨论城市建设和管理工作的情况报告》，提出建议：加强领导，高起点修订城市建设总体规划，用经营城市的理念筹集资金；理顺城管体制，严格实施长效管理，下决心治理内外城河。

协商农桥维修工作　从2001年3月7日开始，组织4个小组，视察丁堰、桃园、搬经、九华等乡镇危桥改造情况，并赴海门、武进等6县市进行专题考察。4月25—26日，十届十七次常委会开展专题协商，市委书记蓝绍敏、副书记石耀参加会议。5月7日，向市委呈报《关于协商讨论农村危桥维修改造工作的情况报告》，提出建议：要把农桥维修改造列入各级党委政府的重要议事日程，明确事权，把消灭危桥的责任落到实处；要拓宽思路，多渠道筹集资金。

协商社区建设和管理工作　从2001年5月开始，组织3个小组分赴南京等7个城市考察学习社区建设和管理。7月13日，十届十八次常委会进行专题协商。7月22日，向市委、市政府呈报《关于协商讨论城市社区建设和管理情况的报告》，提出建议：提高对社区建设重要意义的认识，增强紧迫感；科学合理地划分社区，建立健全组织体系；创新社区管理体制和运行机制，构筑社区建设社会化格局；拓展社区服务功能，把社区服务作为启动社区建设的切入点；加强对社区建设的组织领导，确保建设工作的健康发展。8月14日，市委副书记石耀做出批示，要求分管副市长、相关部门认真吸收政协建议。

调研内外城河整治　按照市委要求，2001年8月对内外城河治理开展调研。8月11日，市委书记蓝绍敏，市委常委、副市长陈照东听取市政协关于内外城河治理两个专题调研活动的汇报：一是关于内外城河治理过程中旅游风光带建设的文化思考；二是关于内外城河治理工程建设中的几个问题的建议。

协商内外城河整治工程有关问题　2001年9月26日，主席刘桂江召集部分政协委员、工程技术人员，就内外城河清淤、驳坡、截污管道、配套建筑物等问题，听取市水务局负责人的情况介绍，进行座谈论证。会后，向市委、市政府呈报《关于内外城河整治工程中有关问题的紧急建议》，提出建议：建立强有力的现场指挥系统和工作班子；强化宣传力度，争取全社会支持；运用科学态度施工，不能蛮干；高度重视工程质量。

视察跃进中路南侧商品房建设工程　2001年10月底至11月中旬，组织部分委员视察跃进中路南侧由城建、鑫厦、凌云、广厦4家房产公司开发建设的商品房工程。11月27日，向市委、市政府呈报《关于视察跃进中路南侧商品房建设工程质量的情况报告》，建议在房地产开发中要强化监督、落实规划、完善手续、注重特色，始终把工程质量放在首位。

协商交通基础设施建设　2001年12月7日，主席会议专题协商交通工作。12月12日，向市委提交《关于协商全市路桥建设情况的汇报》，提出建议：进一步更新观念，确立适当超前的经营交通理念；正确处理好建、管、养三者之间的关系；认真抓好农村危桥改造；多渠道吸引、储备专业技术人才；整体联动，努力形成改善交通环境的强大合力。

关于改善自来水水质问题的系列视察调研　2002年，就市民普遍关注的自来水水质问题开展系列视察、调研、协商活动。1月23—26日，十五届五次会议期间，委员们就自来水水质水源问题进行充分协商讨论。2月8日，向市委、市政府呈报《关于加速解决自来水厂水质水源问题的建议案》，提出建议：将长江引水一期工程列入2002年政府工作要点；成立长江引水工程指挥机构；科学规划，加快资金筹集，确保工程顺利实施；加强对自来水污染的监控力度。4月3日，主席刘桂江等赴通州市考察区域供水工作。4月7日，主席会议专题协商自来水水质问题。4 月 15 日，向市委、市政府呈报《关于赴通州考察区域供水情况及解决我市自来水厂水源水质问题的建议》，提出建议：坚持区域供水，实施长江引水工程；在实施该项工程时，要加强成本核算，大力筹措资金，严格控制如海河沿线污染问题。市政协的系列活动推动了自来水水质问题的解决，至 2002 年年底，污水处理厂、拦污闸工程开工建设，长江引水工程规划方案通过论证。

视察如城地区绿化工作　2002 年 4 月 30 日，主席刘桂江带队视察如城地区的绿化工作，听取市建设局工作汇报，实地视察环西路、开发区、海阳路、闸桥景区、文定苑等地绿化建设和管护情况，提出精心创造城市绿化特色、重塑如皋花木之乡新形象等建议。

视察调研如城地区大气环境污染和废旧电池污染问题　2002 年 5 月 29 日，主席刘桂江带队调研如城地区大气环境污染和废旧电池污染防治问题，听取市环保局、缫丝厂、油厂情况介绍，视察热电厂、第二制药厂。6 月 28 日，向市委、市政府呈报《关于视察如城地区大气环境和控制废旧电池污染的报告》，提出建议：采取果断措施，坚决拆除分散燃煤小锅炉，实行集中供热；热电厂要转换经营机制，努力承担好集中供热任务；大力宣传随意丢弃废旧电池的危害性，在机关、学校、商场、宾馆等重要场所设立废旧电池回收点。

视察调研北京哈尔滨建筑市场　2002 年 9 月 5—20 日，主席刘桂江、副主席于永芳带队考察北京、哈尔滨等地建筑市场。11 月 6 日，向市委呈报《关于增强我市建筑业市场竞争力的几点建议意见》，提出建议：加强协调，发挥龙头企业优势；深化改革，建立现代企业制度；努力构筑人才高地；提高建筑业资本积聚能力；推进优质品牌战略。

视察调研城市管理工作　2003 年一季度，组织视察调研城市管理工作，对城管、环卫、市政、园林绿化、市场、社区建设等方面开展座谈调研、明察暗访，提出建议：科学编制和完善城市规划，注重城市景点、公共卫生设施和停车场建设，大力提高城市品位。

视察调研“一厕两场”建设情况　2003 年 7 月，组织对如城地区“一厕两场”（公共厕所和停车场、农贸市场）建设情况开展视察调研，向市委、市政府呈报《关于在如城主次干道附近增设“一厕两场”的建议》。根据委员建议，市创建领导组、建设局及相关部门在主要景区增设 3 所流动公厕，将新建小区的公共厕所及配套停车场、农贸市场列入规划审批的前置条件，市政府还将城区停车场、公厕建设作为为民办的 10 件实事之一，计划新建停车场 10 个、公厕 15 座。

专题协商创建中国优秀旅游城市　2004 年 3—5 月，赴周边县市以及河南、山西、云南等地学习考察。5 月 25—26 日，十一届七次常委会议围绕创建中国优秀旅游城市进行专题协商。6 月 6 日，向市委呈报《关于创建中国优秀旅游城市的调研汇报》，提出建议：进一步提高对创建中国优秀旅游城市的认识，加强组织领导，强化政府主导地位；大力加强环境整治，增加绿地面积，加快城市基础设施和配套设施建设；提高长寿品牌知名度，规划发展好各旅游景点。

协商农村公路建设情况　2004 年 9 月 20 日，主席会议专题协商农村公路建设。10 月 9 日，向市委呈报《关于主席会议协商农村公路建设的情况汇报》，针对农村公路建设存在的各镇工程进度不平衡、监管力量不足、存在质量隐患、资金缺口大等问题，提出加强宣传、强化监控、建管并举等建议和意见。市委书记陈惠娟批转市委、市政府分管领导予以落实。

协商重建中山钟楼 2005年10月24日，主席浦文海召集重修中山钟楼座谈会。10月29日，向市委呈报《关于重修中山钟楼的座谈会纪要》，认为重修中山钟楼乃人心所向、意义重大，在中山路与海阳路交会点重修中山钟楼合乎民意；重修中山钟楼应保持原貌，又要有所创新。

视察调研农民集中居住工作 2006年4月上旬至5月上旬，组织开展农民集中居住区建设情况调查，听取市级机关相关职能部门的汇报，对柴湾、白蒲、下原、九华、搬经等12个镇进行实地调研，召开各镇分管负责人、土管所长、建管所长及相关村负责人和部分农民代表的座谈会，并赴江宁、邗江、常熟、涟水等地学习考察。6月26日，向市委呈报《关于我市农民集中居住建设情况的调研报告》，提出建议：加强领导，完善政策，坚定不移推进农村集居工程；以人为本，实事求是规划布局；多元筹措，想方设法破解基础设施投入难题；加快发展，千方百计促进农民脱离土地；强化服务，严把工程建设关；以点带面，循序渐进推进集居建设。7月8日，市委书记陈惠娟做出批示，要求市委分管领导予以吸取、指导实践。

协商《如皋市城市总体规划修编（2005—2020）》 2006年9月2日，专题协商《如皋市城市总体规划修编（2005—2020）》，听取市委常委、副市长单定方和市建设局情况通报。会后向市委、市政府呈报《关于〈如皋市城市总体规划修编（2005—2020）〉协商会议意见综合》，从规划的宣传与实施、城市定位、城市化水平、市域道路的规划及配套等方面对规划修编提出若干建议。

视察调研发展现代物流业 2006年8月下旬至9月中旬，组织开展现代物流业的视察调研，听取市发改委、经贸委等部门介绍，深入交通等5个部门、11个镇（区）、3个市场、6个运输企业、1个中介机构开展调研，并赴山东日照、胶州以及江苏无锡、太仓参观考察。9月29日，十一届十九次常委会议进行协商讨论。会后，向市委呈报《关于加快我市现代物流业发展的建议案》，提出建议：确立发展现代物流业的紧迫意识；认真制定和完善规划；加大招商引资力度，形成规模优势；构建公共信息平台，提升信息化水平；加强人才队伍建设；制定和完善配套政策；强化组织领导。10月31日，市委书记陈惠娟批示：政协对现代物流业发展进行了深入调研，提出了建议案，其针对性、时代性、可操作性很强，在调研确定2007年服务业及港口发展思路时要很好采纳，并加以研究。

协商自来水安全与经营管理 2006年10月11日，主席会议专题协商自来水生产经营管理工作。11月6日，向市委呈报《关于主席会议协商自来水工作的报告》，提出建议：建立和完善职能部门协作机制、水质定期监测监管机制、企业经营管理体制、突发事件应急机制，加快推进区域供水进程。

视察调研物业管理情况 从2007年3月21日开始，组织开展全市物业管理情况专题视察调研，听取市城管局、建设局、民政局、如城镇等4个单位的汇报，分批与8个物业公司、6个房产公司、12个居委会进行座谈，并于4月1—3日赴启东、海门及淮安市清江区、淮阴区考察学习物业管理工作。此后，向市委、市政府呈报《我市城区物业管理情况的调研报告》，提出建议：明晰职责，加强源头管理和过程控制，建立竞争机制，加强业委会建设，依法征收房屋维修基金，加快推进老小区改造。市委书记陈惠娟批示，要求相关部门认真研究并落实政协的建议。

视察调研集贤里、东大街和水绘园东大门景区保护性改造　2008年3月17日，根据市委主要领导意见，副主席刘聪泉带队视察正在进行保护性改造的集贤里、东大街和水绘园东大门景区。3月21日，向市委呈报《关于集贤里、东大街和水绘园东大门景区保护性改造的若干意见》，对改造提出若干具体建议。

协商节能减排工作　2008年3月18日，主席会议专题协商节能减排工作。3月26日，向市委呈报《市政协主席会议关于协商我市节能减排工作的报告》，提出建议：加强部门统筹协调，加强考核与监管，加快产业结构调整和优化升级，加快重点行业治理，加大节能减排资金投入力度。

视察调研城镇化建设情况　2008年5月，组织视察调研全市城镇建设情况，听取建设部门的汇报，视察白蒲、磨头、搬经、桃园、江安等10个镇的城镇化建设情况，召开一系列座谈会。6月10日，向市委呈报《关于我市城镇化建设情况的调研报告》，提出建议：高要求考核、高起点规划、高效能管理城镇化建设，强化二、三产建设，突破城镇化瓶颈问题。

视察调研住房保障工作　2008年8月，先后召开相关职能部门、房产开发企业、街道社区负责人座谈会，实地视察城东社区经济适用房、廉租房建设。8月8日，向市委呈报《关于我市住房保障工作的调研报告》，提出建议：科学合理规划经济适用房和廉租房，逐步扩大受益面；稳步推进住房公积金制度，拓展住房保障资金来源；完善配套政策，提升管理水平。

协商旅游业发展　2008年10月31日，十二届四次常委会议协商讨论旅游业发展问题。11月3日，向市委呈报《关于加强我市旅游业发展的建议案》。提出建议：强化政府主导，建立强有力的推进机制；整合旅游资源，改善旅游环境，做大做强旅游商品产业。

视察生态示范市工作　从2009年3月下旬开始，组织部分委员赴8个镇区专题调研生态市建设工作。5月9日，十二届八次常委会议协商如皋生态市建设工作，市委常委、副市长马建明参加会议。6月2日，向市委呈报《市政协常委会协商我市生态市建设情况的报告》，提出建议：提高污水集中处理能力，健全创建工作财力保障机制，进一步发展生态经济产业。市委书记陈惠娟对市政协提出的意见给予高度评价，要求相关部门研究采纳。

开展农村环境工程视察调研　2009年7月13—17日，主席李中林带队视察如皋经济技术开发区（柴湾镇）、如城镇、白蒲镇、搬经镇、磨头镇、郭园镇农村环境工程，召开机关部门和镇、村（居）干部座谈会，了解清理垃圾、改厕工程、一池三改、清理秸秆、清理水源、清理污染源、清理乱搭乱建、绿化造林情况。其后，向市委呈报《市政协关于农村环境工程视察调研的报告》，提出建议：加大宣传力度；加强组织领导；加大设施投入；严格实施管护；突出标本兼治；完善政策扶持。8月16日，市委书记陈惠娟批示：此报告写得很好，请市委、市政府分管领导认真研究农村环境综合整治长效管理的意见。9月25日，市委办公室、市政府办公室联合下发了皋办〔2009〕88号《关于建立农村环境综合整治长效管理机制的意见》。

视察交通工作　2009年7月24日，主席会议专题协商交通工作。其后向市委呈报主席会议协商情况报告，提出建议：突出发展主题，加快交通发展；坚持适度举债，有效化解交通债务；坚持统筹协调，提高行业管理水平。市委书记陈惠娟做出批示，要求市委、市政府分管领导认真研究落实。

视察调研区域供水工作推进情况　2010年4月16日，专题视察调研区域供水工作情况，实地察看区域供水配套管网东线工程丁平线段管道铺设现场，听取市住建局情况汇报。5月6日，向市委提交《科学实施区域供水，努力保障用水安全——关于我市区域供水工作的视察报告》，提出建议：强势推进配套管网建设，建立健全区域供水安全保障体系，提高供水质量，强化供水监督管理。

视察调研小区物业管理　2011年5月27日，对如城地区小区物业管理工作进行调研，实地察看并听取市行政执法局汇报。会后，向市委、市政府呈报《关于视察全市物业管理工作情况的报告》，提出建议：理顺关系，创新模式；注重源头管理，加强过程控制；完善制度，强化监管；加大投入，配足力量，促进物业管理水平提升。

视察调研农村危桥改造工作　2011年8月12日，主席李中林带队专题视察政府为民办实事工程的农村危桥改造工作。副主席张元健、章建平、刘聪泉、黄文斌和秘书长羌汉荣参加视察，实地察看部分桥梁改造的实施情况，并在全市20个镇（区、园）发放了问卷调查表，征求社会各界对农村危桥改造工作的建议和意见。会后，向市委呈报《关于协商视察农村危桥改造工作的报告》，提出建议：进一步统一思想，形成推进合力，确保工程进度、工程质量和施工安全。

协商口岸和港口工作　2011年9月21日，主席会议协商口岸和港口工作。10月2日，向市委呈报《依法管理港口，服务沿江开发》的协商报告，提出建议：履行职责，不辱使命；加强港口规划和依法建设管理；服务经济建设和沿江开发；加强干部、人才队伍建设。

视察建筑企业市场开发情况　2011年12月2—7日，主席李中林和副主席魏祝明、刘聪泉带队对东北建筑市场进行视察，重点了解江苏南通六建建设集团有限公司在哈尔滨、大庆、长春等地的生产形势和项目管理情况。其后，向市委呈报《关于对我市东北建筑市场的视察报告》，提出建议：加大建筑业扶持力度；大力发挥建筑商会、联谊会的作用，引导企业抱团竞争、合作共赢；引导企业创新经营模式、提升核心竞争力；大力扶持民营建筑业。

视察镇级污水处理工程建设和运行情况　2012年2月27日，主席会议专题视察镇级污水处理工程建设和运行情况。会后，向市委呈报《关于视察镇级污水处理工程建设与运行状况的报告》，提出建议：要强化监督和规划引领，扩大资金筹集渠道，创新管理模式，推进镇级污水处理设施又好又快发展。

视察调研人防工程建设　2012年12月13日，主席李中林带队视察调研人防工程建设情况，实地察看龙游御境和汇景名豪小区地下人防工程及人防设备，了解工程内部结构和具体功能，提出建议和意见。市长助理万维庆参加视察调研。

视察保障性住房和搬迁安置工作　2013年3月12日，组织视察保障性住房和搬迁安置工作，实地察看宏坝安置区、绿杨新村、城东安置区、中央商务区建设情况，听取市住建局汇报。会后，向市委呈报《关于视察保障房和安置房建设工作的报告》，提出建议：保障性住房和安置房建设工作要进一步强化规划控制、监督检查、制度建设和设施配套，确保保障房和安置房质量及设施配套符合标准，确保保障房入住家庭符合政策规定。

视察调研交通运输工作　2013 年 5 月 22 日，主席会议专题协商交通运输工作。会后，向市委呈报《市政协主席会议视察交通运输工作的报告》，提出建议：完善公交基础设施布局，提高公交服务水平，健全政府投入和考核机制，做好出租车“油改气”工程。

视察管道燃气建设工作　2013 年 12 月 12 日，主席李中林带队视察管道燃气建设工作，实地察看“西气东输”如皋支线工程郭园接收站、如皋港区区域燃气公用工程 LNG 接收站，要求项目建设单位确保工程质量、确保安全供气。

视察房地产市场发展情况　2014 年 3 月 31 日，组织视察房地产市场发展情况，实地察看御龙湾、江中世纪城等项目建设情况，听取市住建局和国土局汇报。此后，向市委呈报《市政协关于视察房地产市场的报告》，提出建议：严格规划控制，实现房地产有序发展；强化调控监督，确保房地产业用地供需平衡；严控“小产权房”入市，加强安置房交易管理；加强对房地产企业的管理，有效规范房地产市场秩序。

视察物流业发展情况　2014 年 5 月 13 日，主席李中林带队视察物流业发展情况，参观凯诺物流有限公司、顾里物流园、苏中国际集装箱物流园等企业，听取市发改委工作汇报。5 月 22 日，向市委呈报《市政协委员视察我市物流业发展情况的报告》，提出建议：坚定现代物流业发展信心；构筑现代物流业发展载体；激发现代物流业发展活力；优化现代物流业发展环境。4 月 20 日，市委书记姜永华批示：此报告内容客观翔实，有针对性、指导性，请学习借鉴并推动物流产业的发展。

视察调研建筑业　2014 年 5 月 9 日，组织对全市建筑业发展情况开展视察调研，先后视察了南通六建、弘霖建设等企业，并赴内蒙古、河北等地实地调研如皋企业市外开拓情况。此后，向市委呈报《市政协关于视察调研建筑业转型升级情况的报告》，提出建议：进一步增强建筑业转型升级的紧迫感，引导企业在经营结构转型上下功夫，在体制机制转型上求突破，努力建设建筑业“人才、科技、资金”支撑服务体系。市委书记姜永华批示，要求市委、市政府分管领导抓好落实。

协商小城镇建设工作　2014 年 6 月，组织两个调研小组先后到九华、江安、搬经、白蒲 4 个镇专题调研，并分赴山东省沂南县和浙江省余姚市考察学习。7 月 4 日，十三届九次常委会议开展专题协商。此后，向市委提交《关于协商城镇化建设情况的报告》，提出建议：着力优化城镇空间布局，“三化”并进，盘活存量，倾力为城镇建设提供资金保障，切实加强城镇环境管理。

视察调研东大街历史文化街区开发与利用情况　2014 年 8 月 28 日，主席会议专题协商东大街开发工作。市委常委、宣传部部长胡拥军和副市长缪爱诚参加会议。会后，向市委呈报《关于东大街历史文化街区开发利用情况的视察报告》，提出建议：要统一思想，充分认识开发东大街的重要性，并将其列入政府为民办实事工程；要树立精品意识，努力建成全国一流历史文化街区；要整体联动，为东大街开发做好保障工作；要大力推介，放大集聚效应。

视察公共资源交易管理工作　2015 年 5 月 15 日，组织视察公共资源交易管理工作。此后，向市委呈报《市政协视察公共资源交易管理工作情况的报告》，提出建议：要加强制度建设，规范交易操作；努力创新工作，进一步提升服务效能；加强协调配合，加大综合监管力度；强化管理教育，提升干部队伍素质。

视察城市管理工作　2015 年 8 月 7 日，主席会议协商城市管理工作。会后，向市委呈报《关于视察我市城市管理工作的情况报告》，提出建议：理顺关系，明确职责；突出重点，综合整治；加强宣传，营造氛围；加大投入，提高服务效能。

视察调研公交运营工作　2016 年 3 月中旬，主席李中林带队赴江苏省常熟市和浙江省诸暨市考察。3 月 30 日，主席会议专题协商公交运营情况。4 月 18 日，向市委呈报《关于视察我市城乡公交运营情况的报告》，提出建议：牢固树立公交优先理念，倡导绿色低碳出行方式；发挥规划引领作用，推进城乡客运统筹发展；加强基础设施建设，提升公交发展保障水平；强化部门协作配合，营造健康有序公交环境；创新公交运营管理，不断拓展多元服务方式。

协商港口建设管理工作　2016 年 4 月 28 日，主席会议视察沿江港口建设情况。5 月 30 日，向市委呈报《市政协主席会议关于协商港口建设管理工作的情况报告》，提出建议：优化布局；提质增效；完善功能；激活机制。6 月 21 日，市委书记姜永华做出批示，肯定政协建议，要求市政府予以采纳。

协商全市规划和房地产工作　2016 年 11 月 28 日，主席会议专题协商规划和房地产工作。会后，向市委呈报《市政协主席会议关于协商规划和房地产工作的报告》，提出建议：增强规划的前瞻性、统一性、连续性、权威性；注重产业升级，推动房地产业持续健康发展；加大宣传力度，争取全社会对规划工作的理解和支持。

视察“263 专项行动”　2017 年 3 月 28 日，副主席冒平带队调研“两减六治三提升”专项行动推进情况，先后实地察看市政府六楼大气监测站、丁西砖瓦窑整治项目、丁堰水质自动监测站、东陈镇万富社区等地，听取市“263”办公室工作情况汇报。其后，向市委呈报《市政协调研市“263 专项行动”推进情况的报告》，提出建议：将提升生态保护水平作为重中之重；对建筑扬尘予以治理；对如泰运河水质成因进行分析并采取措施；引导镇村订立村规民约；建立分级责任制度。

视察调研区域供水运行情况　2017 年 7 月 21 日，对区域供水运行情况开展专题视察调研，先后现场察看十里墩供水站、搬经镇两个供水公司，听取相关部门情况汇报。其后，向市委提交建议：调整供水体制，成立供水集团公司；整合乡镇水厂资源，合理调整全市供水布局；尽快规划启动区域供水三期工程；进一步理顺供水服务费收缴体制。

协商城市水系畅通工程规划建设　2017 年 9 月 19 日，十四届四次常委会议对城市水系畅通工程规划建设情况进行专题协商。9 月 26 日，向市委、市政府呈报《关于推进城市水系畅通工程规划建设的建议案》，提出建议：对城市水系要着眼长远发展，强化规划引领；加快城区水系连通，重建良性水生态系统；加强水岸共治，维护水生态安全；高点定位，实现水系贯通及生态景观建设与相关产业深度融合。市长何益军就如何落实有关建议做了详尽的批示和布置。

视察调研交通重点工程　2017 年 10 月 31 日，组织对交通重点工程建设情况进行专题视察。建议全面加强交通工程施工质量安全监管，提升火车站站前广场整体形象，科学规划交通站点间的换乘方式，综合统筹解决资金缺口问题。

视察调研农村建房规划建设管理　从 2018 年 2 月开始，组织开展农村建房规划建设管理视察调研活动。各镇（区、街道）通过召开村居书记座谈会、对 2013—2017 年度建房情况统计等形式进行摸底调研，并形成书面调研材料；农工办、规划局、国土局、住建局结合本部门工作实际，对农村建房规划建设管理工作认真进行调查研究，形成对策建议材料。4 月 18 日，召开各镇（区、街道）、各相关部门分管负责人参加的农村规划建设管理工作座谈会。4 月下旬，主席张元健、副主席冒平带队，分别听取如城工业园区、长江镇、丁堰镇、江安镇党（工）委书记对农村建房规划建设管理的建议和意见。5 月 4 日，主席会议进行专题协商。会后，向市委、市政府呈报《市政协主席会议协商全市农村建房规划建设管理工作的情况报告》，提出 9 个方面的建议。市委、市政府主要领导多次听取进展情况报告，了解视察调研进展，并分别对调研报告做出批示，要求相关部门认真研究政协调研报告，尽快研究制定农村建房管理新规。

环境污染防治专项视察督查行动　2018 年，组织开展系列环境污染防治专项督查行动。从 3 月到 12 月底，组织分项视察调研 7 项、各类专题活动 13 次。主要有：（1）巡河行动。该行动从 3 月 1 日持续到年底，参加对象为主席和所有副主席、沿河镇区有关负责人、部分政协委员，初期一个月一巡查，下半年两个月一巡查。累计参与人数达到 168 人次。（2）镇区委员组督查环保工作。3 月，组织所有镇区委员组进行督查，累计参与人数达到 146 人。（3）环境信访重点镇督查。3 月，主席张元健牵头组织部分委员对 6 个信访重点镇进行督查。（4）三河三行业督查。3 月，主席张元健召集环保局、水务局、发改委负责人以及部分政协委员进行督查。（5）环保基础设施督查。6 月份，主席张元健、副主席冒平召集住建局、环保局负责人以及部分委员进行督查。7 月，南通市政协来如调研环保基础设施建设，视察调研 5 个环保基础设施建设现场。11 月 27 日，主席张元健参加南通市政协十二届八次常委会议，就环境基础设施提出 8 点建议。（6）环境问题整治督查。6 月，主席、副主席、部分政协委员参加督察。（7）长三角区域污染防治协作机制落实情况现场督查。8 月，副主席冒平牵头组织政协相关委室、部分委员，以及环保局、住建局等 6 个部门的负责人参加。系列督查行动的特点：一是持续时间长。从 2018 年 3 月开始，持续到年底，长达 9 个月。二是参与人数多、规格高。参与的政协机关领导和镇（街道）政协委员累计达到 455 人次，市政协主席、副主席全部参与。三是监督面广。围绕污染防治督查这个大课题，在环境污染的各个细分层面，分阶段推进 7 项专项活动，活动共督查 125 个点，现场和书面提出建议、意见 219 条。四是落实率高。根据事后跟踪，政协机关和政协委员在民主监督、工作督查中提出的问题和建议都得到落实。主席张元健在巡查如海河时发现，沿河私设渔网捕鱼现象比较严重，阻碍航道通行，公安、交通、环保、水务、农委等部门随即联合组织 28 条渔船、3 艘执法艇，历时三天半，突击清除了沿线非法张设的渔网 180 多张。五是调研成果多。先后形成《全市污染防治督查报告》《关于 2018 年突出环境问题整治督查情况的报告》《加强环保基础设施建设，提升生态治理能力》《长三角区域污染防治协作机制落实情况联动民主监督情况报告》等 5 篇调研报告，提交给市委、市政府以及南通市政协。

协商新城规划建设 2018年6月29日，十四届八次常委会议对新城规划建设开展专题协商，实地视察五星级曙光宾馆施工现场、通皋大道建设工地、南通高铁西站、沪通铁路大桥、如皋高铁站规划地点、北外附属龙游湖外国语学校、高新区时尚文化街区、龙游湖一号房产项目、龙游河宝塔河整治工程、软件园二期工程等10个项目现场。副市长黄文斌参加会议。会后，向市委、市政府呈报《市政协常委会协商新城规划建设工作情况的报告》，提出建议：高起点编制、完善专项规划；进一步加大项目招商和项目建设力度；统筹协调解决制约项目实施的瓶颈因素；坚持以人为本，加快功能配套；加强部门协调，形成严管合力。

协商“国家全域旅游示范区”创建工作 2018年8月15—30日，组织3个小组，分赴浙江桐庐、长兴，安徽青阳，山东台儿庄和江苏吴中、江宁、溧阳、贾汪、金湖等地实地考察。11月9日，十四届九次常委会议专题协商“国家全域旅游示范区”创建工作。2019年1月11日，向市委、市政府呈报《关于加快推进“国家全域旅游示范区”创建工作的建议案》，提出建议：以高起点全域旅游规划统领全域旅游示范区创建；以历史文化资源深度挖掘打造全域旅游鲜明特色；以重点规模旅游项目打造推动全域旅游迈向纵深；以乡村旅游内涵外延拓展增强全域旅游发展后劲；以体制机制创新推动全域旅游共建共享。2019年1月21日，市委书记张建华批示：此建议案内容翔实、分析到位、建议明确，如皋市全域旅游示范区创建基础好，应积极推进，尤其需要注意对历史文化的挖掘利用。

调研“沿江地区坚持生态优先、加快绿色发展” 根据政协南通市委员会的统一部署，从2019年3月开始，开展以“沿江地区坚持生态优先、加快绿色发展”为主题的系列调研活动，市发改委、自然资源局、生态环境局、交通局、水务局、农业农村局等部门负责人和长江镇、石庄镇相关领导参加调研。此后，向南通市政协呈报《如皋市“沿江地区坚持生态优先、加快绿色发展”调研情况汇报》，重点汇报如皋沿江镇区国土空间规划工作、沿江镇区产业规划、产业结构和布局情况、沿江岸线资源开发利用和入江排污口、排污达标等突出问题的整改情况以及沿江地区生态保护联动协作机制建立运行情况。6月5日，南通市政协副主席金元带队赴如皋实地调研“沿江地区坚持生态优先、加快绿色发展”情况，实地视察部分现场，与如皋发改委、自然资源局、生态环境局、水务局、农业农村局等部门座谈交流。

视察调研污染防治工作 2019年，聚焦污染防治攻坚行动，组织系列视察调研和督查活动。一是围绕全市一季度污染防治攻坚战中的薄弱环节，在6月组织市生态环境局、住建局、水务局、东陈镇、搬经镇分管领导及部分政协委员对南通市考断面水质、农村生活污水集中收集处理、城市水质改善和大气质量改善等进行现场视察调研。二是开展“长三角区域污染防治协作机制落实情况”联动民主监督调研工作。从6月开始，组织生态环境局、水务局、交通局、农业农村局、城管局、长江镇等单位，落实区域污染防治协作的要求，结合污染防治攻坚开展联动治理，形成综合性调研报告，呈报南通市政协。三是调研农村污水处理工作推进情况。11月7日，副主席冒平带队专题调研农村污水处理工作，先后现场察看白蒲镇勇敢桥水质省考监测点、白蒲镇污水处理厂、文著社区集中居住小区和居住线污水处理点、城南街道明池村河道管护现场。

调研交通重点工程、绿色建筑和建筑节能工作 2019年7月16日，副主席冒平带队视察调研如城街道光华路“建养一体化”工程、朗诗金鼎熙华府开发项目（绿色建筑）、龙游河大桥、如皋农商行综合楼（建筑节能）、通皋大道建设项目等现场，听取相关部门贯彻交通重点工程和绿色节能建筑工作情况的汇报，对加快交通重点工程建设和持续推进建筑节能工作提出建议、意见。

视察调研区域供水工作　2019 年 8 月 13 日，副主席冒平带队视察调研区域供水工作，现场调研备用水源、磨头水厂、应急水源、水务集团指挥中心，对住建局和水务集团积极稳步推进区域供水三期工程、乡镇自来水厂资源整合工作和饮用水安全功能提升工程提出建议、意见。

视察“四好农村路”　2019 年 10 月 17 日，副主席冒平带队视察调研“四好农村路”建设情况，现场察看吴窑镇、下原镇和城北街道新建的部分农村路，并进行座谈。会议提出，建设“四好农村路”，是一项顺民意、得民心的致富工程，全社会都应该理解、支持、配合，特别在杆线迁移、房屋拆迁等方面给予配合；项目实施单位要珍惜群众的支持，采取得力措施，确保质量、工期、安全方面让人民群众放心。

六、关于社会法制与民宗港澳台侨工作的视察调研

会同县人大联合视察劳动服务社　1982 年 9 月 27—28 日，会同县人大视察县粮食局、针织内衣厂、服装厂、肉联厂、矿机厂和大治街道的服务社，与商业局、医药公司讨论研究建立劳动服务社的问题。10 月 6 日，县人大、县政协联合向县委呈报《关于视察劳动服务社情况的汇报》，分析建立劳动服务社的好处、取得的经验和存在的问题，提出加强就业工作的领导、大力表彰先进、部门通力支持等建议。

会同县人大联合视察安全生产、劳动保护工作情况　1985 年 5 月 28 日—6 月 3 日，会同县人大，组织视察如皋高压电器厂、如皋动力机厂、如皋糖厂、丁堰纺织厂、如城玻纤厂、丁堰洗涤剂厂和邓园毛纺厂等 16 家企业。6 月 5 日，县人大、县政协联合向县委和南通市人大、市政协以及省人大、省政协呈报《关于联合视察安全生产、劳动保护工作情况的汇报》，提出建议：各级领导要提高思想认识，劳动部门、工业主管部门、工会组织要加强检查监督，要重视对职业病的防治，乡镇、村、组要抓好安全生产和劳动保护。

视察女职工劳动保护情况　1987 年 10 月 12 日，副主席贲正祥带队视察如皋纺织厂、染织厂和丁纺厂的女职工劳动保护情况。10 月 21 日，向县委、县政府呈报《关于对女职工劳动保护考察的情况报告》，提出建议：把女职工劳动保护工作列入议事日程，进一步落实女职工保健的各项措施，创造条件解决女职工的后顾之忧。

视察城镇就业情况　从 1990 年 4 月 12 日开始，专题视察城镇就业工作，听取劳动部门情况介绍。5 月 3—5 日，分成 4 个小组视察如皋化肥厂等 13 个单位的就业情况。5 月 15 日，向县委、县政府呈报《关于城镇就业视察情况的报告》，提出建议：加强领导，统一思想；配套政策，过细工作；加强劳动力管理，部门协同作战。

考察学习“三胞”工作经验　1991 年 5 月 14—17 日，主席明道奎和副主席袁泉、章骥带队赴海门、崇明两县考察学习，副县长徐建平参加。5 月 23 日，向县委呈报《赴海门、崇明

两县考察学习的情况报告》，总结了崇明县的政协工作特色和海门县的“三胞”工作经验。

视察科技进步法条的落实情况　1993年10月7—9日，市人大、市政协联合视察《中华人民共和国科学技术进步法》和江苏省《科学技术进步条例》的学习、宣传与贯彻执行情况，实地视察如皋化工二厂、如皋毛巾厂、如皋食品机械厂、如皋玻璃纤维厂和如皋绢纺厂等5家企业以及丁西乡。副主席袁泉参加视察。

视察《中华人民共和国劳动法》（以下简称《劳动法》）贯彻实施情况　1995年7月19—20日，主席石秀峰、副主席马云鹏带队视察《劳动法》贯彻实施情况，听取市劳动局情况汇报，实地视察丁堰纺织厂、如皋纬编厂等企业，并进行座谈。7月25日，向市委、市政府呈报《关于视察我市贯彻实施〈劳动法〉情况的报告》，提出建议：进一步加大《劳动法》的宣传力度，增强各级领导的法制意识；加大执法力度，强化劳动监察；加快劳动合同和社会保险制度改革步伐；加速培养和发展劳动力市场；健全约束机制，强化保险基金征缴；加强劳动争议处理和预防工作；加快发展生产，提高企业经济效益。

协商社会劳动保险工作　1997年3月7日，主席会议专题协商社会劳动保险工作。3月18日，向市委、市政府呈报《关于对社会劳动保险工作协商讨论的情况报告》，提出建议：要将社会劳动保险基金的收缴列入“一把手工程”，实行一票否决；切实贯彻执行江苏省政府〔1996〕69号令，加大宣传力度；从实际出发，研究制定政策，确保社会劳动保险基金及时足额征缴。

视察检察工作　1998年2月26日，主席会议成员视察市人民检察院。3月13日，向市委呈报《关于视察检察工作的情况报告》，建议市检察院要进一步提高思想认识，从严治警，从优待警。

视察调研再就业工程　1998年3月23日，副主席袁泉、于永芳、徐建平、王连生、王光国带队对招商城、北郊肠衣厂、如皋绢纺厂、如皋轴承厂和交通局等单位进行再就业工作专题视察，听取市再就业工程领导组汇报，召开计经委、财贸委、城建、工商、卫生等有关部门座谈会。4月28—29日，十届二次常委会开展协商讨论，市长刘井石讲话，市委常委、常务副市长章树山参加会议。5月20日，向市委、市政府呈报《市政协十届二次常委会对再就业工程专题协商情况的报告》《关于进一步完善我市再就业政策的建议》。其中，《报告》提出建议：进一步强化再就业工作的组织领导；努力拓宽就业渠道，鼓励职工自谋职业；加强劳动力宏观管理，规范劳动用工行为；开展转业转岗培训，实现培训就业一体化；建立健全社会保障体系；不断完善政策扶持体系。

协商依法治市三年规划落实工作　2000年9月6—7日，主席会议对依法治市三年规划落实情况进行专题协商。此前分别召开交通、水利等8个单位负责人和如城等5个乡镇分管负责人及司法助理座谈会，并赴锡山市（今无锡锡山区）考察学习。会后，向市委呈报《主席会议协商依法治市工作的建议》，提出建议：深入开展法制宣传教育；努力创造良好的执法环境；加快依法治理乡镇的进程；建立乡镇司法所；制订依法治市五年规划。

协商讨论医保工作　2001年4月24日，主席会议专题协商讨论医疗保险制度改革工作。4月24日，向市委、市政府呈报《关于主席会议协商医保工作的情况报告》，提出建议：提高对医改工作的认识，完善医保政策体系，扩大医保覆盖面，加快医疗卫生体制和药品流通体制改革，加强队伍建设。

协商法院工作　2001 年 8 月 22 日，会议专题协商法院工作。8 月 28 日，向市委呈送《关于市政协主席会议协商法院工作的报告》，建议市法院要进一步加大宣传力度，加强法院自身建设，完善内部改革和监督机制，牢固树立大局意识，围绕市委中心工作做好服务保障。

协商检察工作　2001 年 10 月 12 日，主席会议专题协商检察工作。10 月 23 日，向市委呈报《关于市政协主席会议协商检察工作的情况报告》，提出建议：要不断提高检察队伍整体素质；加大法律监督力度，维护司法公正；打防并举，为经济建设保驾护航；加大宣传力度，营造良好氛围。

协商“严打”整治斗争工作　2001 年 11 月 13 日，市人大、市政协在深入视察、调查、了解的基础上，联合召开会议，听取市“严打”整治领导小组负责人关于全市开展“严打”整治斗争情况的汇报。此后，市人大主任会议、市政协主席会议分别进行审议和协商活动。11 月 20 日，市政协向市委呈报《关于协商讨论“严打”整治斗争情况的报告》，提出建议：突出工作重点，加大严打力度；坚持以防为主，实行打防结合；切实做好经费保证；加强队伍建设。

协商司法行政工作　2002 年 6 月 19 日，主席会议专题协商司法行政工作。6 月 28 日，向市委呈报《关于协商司法工作的报告》，提出建议：从贯彻依法治国的高度，深化普法教育；加强司法队伍建设；努力探索安置帮教工作新路子。

协商《工会法》贯彻实施情况　2002 年 7 月 9—10 日，副主席于永芳、王连生带队对《工会法》贯彻实施情况进行调研，实地视察如城镇工会、丁堰镇工会、开发区工会，以及如皋无线电厂、南通龙泉服饰有限公司、南通台霖制衣有限公司、如皋糖厂、南通电子材料厂等单位的工会。7 月 23 日，主席会议专题协商《工会法》贯彻实施情况。

视察调研青少年犯罪预防工作　2004 年 3 月，视察调研青少年犯罪预防工作，听取公安、检察、法院、司法等部门工作介绍，提出意见和建议。

视察港澳台侨胞捐赠项目　2004 年 3 月中旬，副主席杜永红带队视察如皋改革开放以来港澳台同胞和海外侨胞捐赠项目，实地察看如皋中学、如师附小、市图书馆和尘洁医院，调查捐款及捐赠设施管理和使用情况。5 月 12 日，向市委呈报《关于港澳台同胞和海外侨胞捐赠项目运行情况的调查报告》，提出建议：以更加开明开放的思想理念统领港澳台侨工作；进一步办好港澳台侨捐资项目；发挥以文会友的传统，更好地服务于经济社会事业发展。5 月 14 日，市委书记陈惠娟批示，要求市委、市政府分管领导高度重视并积极采纳政协的建议。

视察调研“平安如皋”创建工作　2004 年 12 月 3 日，主席会议专题协商“平安如皋”创建工作。12 月 24 日，向市委呈报《关于主席会议协商“平安如皋”创建工作的情况汇报》，提出建议：进一步提高对创建工作重要性的认识，进一步提高依法办事的水平，进一步加强“三基”工作，进一步提高社会的法制意识。

专题协商讨论被征地农民社会保障工作　2005 年 5 月中旬至 6 月中旬，组织 3 个小组，对如城、丁堰、常青、九华、石庄等镇和开发区的被征地农民状况进行视察调研，并赴江苏靖江、灌南，山东平度，浙江绍兴、德清、余杭等地考察学习。6月21日，十一届十三次常委会开展专题协商讨论。7月20日，向市委呈报《关于全市被征地农民社会保障情况的调研报告》，提出建议：高度统一思想，建立合理的征地补偿和利益分配机制，健全社会保障机制、培训就业机制，规范征地补偿资金监管。

视察协商全市公安工作 2005年9月23日，主席会议专题协商公安工作。10月18日，向市委呈报《关于主席会议协商公安工作情况的报告》，提出建议：增强维稳工作的紧迫感和责任感；做强平安品牌；完善相关措施，筑牢维稳第一道防线；严格监督管理，加强队伍建设。市委书记陈惠娟做出批示，要求公安部门认真加以落实。

协商法院工作 2006年6月14日，主席会议专题协商法院工作。8月7日，向市委呈报《关于主席会议协商法院工作情况的报告》，提出建议：开展普法教育，加强对依法行政工作的指导；坚持司法为民，保障人民群众的合法权益；加强调查研究，确保司法审判与经济社会相互促进；加强自身建设，营造良好环境。

协商讨论农村劳动力培训工作 2006年6月，专题调研农村劳动力培训工作，视察5个镇，听取9个培训基地（学校）情况汇报，并赴外地考察学习。6月27—28日，十一届十八次常委会进行专题协商。7月18日，向市委呈报《市政协常委会协商我市劳动力培训工作的情况报告》，提出建议：进一步确立时代责任感，提高组织领导程度；加强培训基地建设，主攻各类技能培训；建立合理的经费补助机制，推动培训就业一体化建设；提升信息化管理水平。7月21日，市委书记陈惠娟批示：政协的报告抓住了新农村建设的核心问题，即通过劳动力的就业、创业培训，加快转移劳动力，提高农民收入；报告分析的问题具有很强的针对性，提出的对策、建议具有很强的可操作性，在下半年新农村建设的组织实践中要认真研究、采纳。

视察协商宗教场所管理工作 2006年10月23日，主席会议专题协商宗教场所管理工作。10月27日，向市委提交《关于视察宗教场所管理工作的报告》，提出建议：深刻理解和认真执行党的宗教工作方针政策；合理设置宗教活动场所；加强宗教教职人员队伍建设，不断提升宗教活动场所管理水平；建立健全宗教工作网络，坚决制止非法宗教活动的蔓延。

协商司法行政工作 2007年8月31日，主席会议专题协商司法行政工作。10月30日，向市委提交《市政协主席会议协商司法行政工作的报告》，提出统一认识、加强领导、为司法行政事业发展提供坚强支撑等建议。

协商法院审判工作 2008年11月26日，主席会议专题协商法院审判工作。12月8日，向市委提交《关于主席会议协商法院审判工作情况的报告》，提出建议：增强服务大局意识，坚持公平正义原则，努力服务经济建设；加大人、财保障力度，强化法官队伍建设，加大宣传力度。

视察矛盾调处工作 2009年10月，组织视察矛盾调处工作，听取市矛盾调处中心等8个部门的汇报，视察东陈、搬经、石庄、常青等镇。10月10日，向市委提交《关于我市矛盾调处工作的视察报告》，提出建议：强化矛盾调处的领导，加大保障体系建设，健全工作网络，完善预警体系，从源头上预防减少矛盾、纠纷的发生。市委书记陈惠娟做出批示，要求市委、市政府分管领导认真研究采纳。

协商法院工作　2010年6月24日，主席会议专题协商法院工作。6月30日，向市委提交《市政协主席会议协商市法院工作情况的报告》，提出建议：法院要苦练内功，加强法官队伍建设；筑牢防线，坚持廉洁公正司法；多措并举，缓解案多人少的压力；以人为本，提高法官待遇；审调结合，确保案结事了；加大投入，保障正常运转经费。

协商全市劳动就业工作　2010年9月10日，主席会议专题协商劳动就业工作。9月13日，向市委呈报《市政协主席会议协商全市劳动就业工作的报告》，提出建议：加强组织领导；狠抓就业培训；以创业带动就业；创建"充分就业村"；落实就业扶助政策。

视察宗教场所管理工作　2010年12月9日，组织视察郭园观音净院、九华地藏寺、白蒲法宝寺、丁堰观音山寺、如城定慧寺等宗教场所管理工作。12月15日，向市委呈报《政协如皋市委员会关于视察宗教场所管理工作的报告》，提出建议：切实加强对宗教工作的组织领导，建立健全宗教活动管理工作网络；认真贯彻执行党的宗教方针政策；切实加强宗教教职人员队伍建设；大力加强宗教场所硬软环境建设，不断提升如皋宗教场所整体对外形象；加大对非法宗教活动的打击力度。

协商公安工作　2011年1月26日，主席会议专题协商全市公安工作。会后向市委呈报《市政协主席会议协商公安工作报告》，提出进一步融入发展大局、加强人防技防建设、改进工作作风、强化教育管理等建议。

协商民政工作　2011年3月24日，主席会议专题协商民政工作。4月15日，向市委呈报《市政协主席会议协商民政工作的情况报告》，提出建议：统一思想认识，不断增强做好民政工作的责任感；完善城乡社会救助体系，切实落实民生工程；完善社区管理服务体系，促进社会和谐稳定；完善资金保障机制，确保发挥资金效益；强化组织领导，营造民政事业发展的良好氛围；加强民政干部队伍建设，夯实民政工作基础。

协商法院执行工作　2012年5月24日，主席会议专题协商市法院执行工作。市委常委、政法委书记缪小华和市法院院长吴存银参加。会前，主席李中林于5月中旬带队赴浙江省宁波市鄞州区法院和台州市椒江区法院考察学习。会后，向市委呈报《市政协主席会议协商法院执行工作的报告》，建议进一步依靠各方支持、加强制度建设、强化科学司法、加强队伍建设。

协商机关事务管理工作　2012年7月17日，主席会议专题协商机关事务管理工作。会后，向市委呈报《市政协主席会议专题视察协商机关事务管理工作的报告》，提出建议：服务保障能力要进一步增强；服务质量和水平要进一步提升；管理的科学化水平要进一步提高；办公成本节约的力度要进一步加大；队伍素质要进一步优化。

协商法治建设工作　2012年9月27日，主席会议专题协商法治如皋建设工作。会后，向市委呈报《关于协商我市法治建设工作情况的报告》，提出进一步强化组织领导、健全基层工作机构、把握关键环节、选树培育典型等建议。

调研协商加强与创新社会管理基层基础建设工作　2012年10月，听取市创新办（政法委）等8个相关部门情况介绍，分两个组实地视察如城、江安、长江、下原4个镇部分村（社区）管理建设情况，并赴湖北省宜昌市学习先进经验。11月5日，十三届二次常委会专题协商讨论。会后，向市委呈报《关于市政协常委会协商加强与创新社会管理基层基础建设工作的报告》，提出建议：建立健全网格化社会管理模式，强化基层基础平台功能，规范完善基层运作及管理考核工作机制，积极打造专业化信息平台，大力加强基层社会管理专职队伍建设。

协商社会保险工作　2012 年 11 月 23 日，主席会议专题协商全市社会保险工作。12 月 10 日，向市委呈报《强化社保基金征管，促进社会和谐稳定》的报告，提出建议：提升全体劳动者的参保意识；稳定提高社保统筹层次和保障水平；强化社保基金征缴措施的落实；加强对社保基金的监管；不断提升服务能力。2013 年 1 月 4 日，市委书记姜永华批示：此报告内容翔实，请政府专题研究，进一步提高社保工作水平。

协商社会养老服务体系建设工作　2013 年 5 月 31 日，主席会议专题协商社会养老服务体系建设情况。7 月 11 日，向市委呈报《关于我市社会养老服务体系建设情况的协商报告》，提出建议：统一思想，提高认识，切实增强社会养老服务体系建设的紧迫感和责任感；真抓实干，多措并举，切实提高社会养老服务体系建设的执行力和创新力；强化领导，整体联动，切实保障社会养老服务体系建设的整体性和连续性。7 月 16 日，市委书记姜永华批示：此报告很好，请在工作中加以采纳。

专题调研全市职务犯罪查办和预防工作　2013 年 7 月 26 日，主席会议专题调研全市职务犯罪查办和预防工作。8 月 2 日，向市委呈报《市政协主席会议专题调研全市职务犯罪查办和预防工作的报告》，提出建议：以服务发展大局为主线，在促进经济社会和谐发展上再创新业绩；以保证办案质量为前提，在加大惩治职务犯罪力度上寻求新突破；以标本兼治为目标，在提高预防职务犯罪的效果上探索新举措；以打造过硬队伍为重点，在提高干警执法能力和执法水平上再上新台阶。

协商少数民族工作　2013 年 7 月 30 日，主席会议协商少数民族工作。8 月 8 日，向市委呈送《市政协主席会议协商少数民族工作的报告》，提出建议：更加重视民族工作，致力强化宣传教育引导；开展扶贫帮困活动，促进共同进步和谐发展；建立健全工作网络，形成整体联动工作格局。

协商法治建设工作　2013 年 8 月 19 日，主席会议专题协商全市法治建设工作。会后，向市委呈报《市政协主席会议协商如皋法治建设工作的报告》，提出加强组织领导、大力提升依法行政能力和水平、进一步强化考核监督、做优做强法治建设工作品牌等建议。

协商残疾人工作　2014 年 3 月 7 日，市政协主席会议专题协商残疾人工作。会后，向市委呈报《关于市政协主席会议协商市残疾人工作情况的报告》，提出建议：统一思想，形成共识，切实增强“两个体系”建设的紧迫感和责任感；政府主导，社会参与，切实提高“两个体系”建设的执行力和创新力；强化领导，整体联动，切实保障“两个体系”建设的系统性和连续性。

协商社会养老保险工作　2014 年 8 月 12 日，主席会议协商全市社会养老保险工作。8 月 24 日，向市委呈报《市政协主席会议关于协商全市社会养老保险工作情况的报告》，提出建议：进一步重视社保基金工作；进一步规范基金征收行为；进一步提高社保服务水平；进一步增强人员综合素质。

协商法治如皋建设和“六五”普法工作　2014年8月27日，主席会议专题协商全市“六五”普法工作。会后，向市委呈报《市政协主席会议协商法治如皋建设工作的报告》，提出建议：加强组织领导，提高依法行政能力和水平，畅通诉求渠道，创建法治建设品牌。同时，向市委呈报《市政协主席会议协商全市“六五”普法工作的报告》，提出建议：全社会要进一步统一思想，提高认识；加强领导，齐抓共管；突出重点，抓住关键；开拓创新，务求实效。

调研协商民事审判和执行工作　2015年6月11日，主席会议专题协商市人民法院民事审判和执行工作。会前，通过网络发布问卷调查表，广泛征求政协委员的意见和建议，组织人员走访相关部门、法律工作者和案件当事人。会后，向市委呈报《市政协主席会议协商法院民事审判和执行工作的报告》，建议法院要加强队伍建设，推进司法改革，强化整体联动，强化科学司法，改进司法作风，完善便民措施。

协商安全生产工作　2015年7月17日，主席会议专题协商安全生产工作。8月5日，向市委呈报《政协主席会议协商全市安全生产工作的情况报告》，提出建议：进一步营造安全生产的浓烈氛围；加大安全生产的监管力度；推进安全生产的健康发展；完善安全生产的保障体系。8月15日，市委书记姜永华做出批示：请积极采纳，进一步抓实工作举措。

视察调研市长公开电话　2015年9月11日，对市长公开电话受理中心进行视察调研，参观受理中心办公现场，了解电话受理、处置、办理流程，查阅相关台账资料，听取受理中心汇报，进行协商讨论。10月12日，向市委呈报《市政协视察调研市长公开电话受理中心的情况报告》，提出建议：进一步加强队伍建设，科学整合机构职能，全力打造“市长热线”品牌，注重社情民意动态收集。

协商政府法制工作　2015年9月30日，主席会议对政府法制办工作进行专题协商。10月13日，向市委呈报《市政协主席会议协商政府法制办工作的报告》，充分肯定政府法制工作成效，针对部分领导干部依法行政意识有待加强、行政执法行为欠规范、考核力度偏小、基层和部门法制机构力量相对薄弱等问题，提出建议意见：提高认识，强化组织，进一步加大依法行政宣传和推进力度；策应改革，完善制度，进一步提高工作效率和服务水平；积极履职，规范行为，进一步发挥和强化部门职能作用；大胆创新，求真务实，进一步提高和增强法制队伍整体素质。

协商“六五”普法工作　2015年11月14日，主席会议专题协商“六五”普法工作。会后，向市委呈报《市政协主席会议协商“六五”普法工作的报告》，提出建议：进一步统一思想，形成共识；深入调研，谋划思路；加强领导，形成合力；突出重点，抓住关键；加大投入，强化保障；开拓创新，务求实效。

视察调研律师工作　2016年6月11日，主席会议专题协商律师工作。会后，向市委呈报《市政协主席会议协商律师工作的报告》，提出建议：进一步提高认识，营造氛围；科学监管，加强协调，优化律师执业环境；加大扶持力度，开拓创新；加强律师队伍建设，提升能力。

视察调研公安经侦工作　2016年9月13日，主席会议协商公安经侦工作。会后，向市委呈报《市政协关于视察调研公安经侦工作的报告》，提出建议：加大宣传力度，强化协作配合，坚持多措并举，加强队伍建设，提高打击经济犯罪的能力和水平。

调研“五道医疗保障线”推进情况 2017年8月9日，市委书记陈晓东在《如皋市“五道医疗保障线”实施办法》上批示：请人大、政协就基层落实情况开展一些调研，推动惠民举措落地生效。根据要求，市政协广泛发动全体政协委员，尤其是农村政协委员，在全市组织开展了“五道医疗保障线”调查。调查采用问卷调查、实地走访的方式，共收回调查问卷877份，走访调查年内住过院的困难群众344人。此后，向市委呈报《关于〈如皋市“五道医疗保障线”实施办法〉推进情况的调查报告》，提出建议：加强宣传，确保医疗保障政策宣传全覆盖；完善机制，保障“五道医疗保障线”工作高效推进；主动研究，努力提升如皋医疗保障水平；积极探索，努力解决低收入边缘家庭医疗救助问题；强化服务，充分发挥村“最后一公里”服务作用；加强考核，建立健全工作考核和督查机制。

协商“七五”普法工作 2017年11月27日，主席会议专题协商“七五”普法工作。会后，向市委呈报《关于市政协主席会议协商全市“七五”普法工作的情况报告》，提出建议：要加大力度推动“七五”普法工作，深入落实“谁执法谁普法”责任制；要继续创新普法形式，转变普法思路，切实做到司法为民、普法为民，不断提高人民群众的法治意识；要建立健全序时推进机制、监督考核机制、部门联动机制，在全社会各方面形成普法合力。

调研残疾人工作 2019年5月底至6月初，副主席刘晓洁带队对全市残疾人工作推进落实情况开展专题民主监督调研，走访吴窑镇润馨残疾人之家、南通华冠电器有限公司、市残疾人康复中心、残疾人电商产业园，了解残疾人就业、政策落实、康复训练等情况，并召开座谈会。7月30日，向市委呈报《市政协关于我市残疾人工作推进落实情况的调研报告》，提出建议：统一思想，充分认识残疾人工作的重要性；充分彰显部门职能，全面提升残疾人服务管理质效；加强协作沟通，构建部门合作长效机制。

协商信访维稳工作 2019年7月中下旬，与政法委、信访、公安等部门组成调研组，对信访维稳工作进行专题调研。实地视察白蒲镇前进、钱园社区，江安镇合作村、黄市新社区，组织31个村（社区）党组织书记赴海安开发区葛家桥村、大公镇进行实地参观学习。8月1日，主席会议进行专题协商。8月28日，向市委呈报《市政协关于我市信访维稳工作推进情况的协商报告》，提出建议：实施两个“下沉”，群众矛盾纠纷必须化解在村组；推行“三步工作法”，综合施策化解矛盾纠纷；落实四项工作机制，夯实矛盾纠纷排查化解基础。9月5日，市委书记张建华批示：市政协的协商报告分析实事求是，难点问题找得准，建议富有针对性，请各板块、乡镇和市有关部门认真对照，抓好落实，一定要扭转信访工作被动、落后的局面。9月6日，市长何益军批示：政协所提的专题协商报告非常切中要害，并具有较强的可操作性，请信访局认真阅研并在体制机制层面和考核层面给予充分采纳。

第三节 民主评议工作

民主评议工作是拓宽政协民主监督途径和提升民主监督实效的有效方法之一。1997年，市政协选择中小学收费、自来水水质和医德医风进行民主评议尝试，取得良好的效果。此后，每年开展民主评议活动，活动的范围、时间、形式逐步成熟。2005年，市委办印发《市委办公室转发〈政协如皋市委员会办公室关于组织开展民主评议工作的意见〉的通知》（皋委办〔2005〕30号文），对政协民主评议的形式、内容、步骤进行了规范。文件提出，民主评议的基本内容为国家机关及其工作人员履行职能的情况，民主评议对象是政府组成部门及其工作人员，评议工作一般由市政协组织，也可以与市人大、市纪委等联合组织，原则上每年进行1—2次，时间相对集中，一般2—3周。具体分六个阶段进行：准备阶段、调研阶段、评议阶段、汇总阶段、整改阶段、复查阶段。

历届政协民主评议工作情况如下：

第九届政协

1997年3月24日，举行对口协商、民主评议中小学收费活动。听取市教育局情况通报和政协教育工作组、各联系小祖视察调查情况汇报，对中小学收费情况进行评议发言。4月22日，对自来水水质情况进行民主评议。会前，组织委员对如皋自来水厂进行视察，向如城居民发放问卷调查表近200份，走访了20多个部门和单位，收集了近300个数据，踏勘了水源情况。在此基础上，市政协与如皋自来水厂及其主管部门开展对口协商、民主评议自来水水质的活动。委员们指出了自来水厂硬件建设和制水过程中存在的问题，提出加大资金投入、改善净水设施、保护水源水质等建议。市人大副主任谭志旺、副市长章树山参加评议。评议后，在有关部门的共同努力下，如皋自来水厂制水管理有了明显改善，二期扩建工程顺利通过验收并投入试运行，自来水水质较年初有了显著提高，广大市民表示满意。1997年，市政协还开展了医疗行业医德医风情况民主评议，针对医疗行业中存在的问题，提出了完善医院基础设施、严格内部管理等建议。

第十届政协

1998年4月24日，开展民主评议供电工作活动，副主席袁泉主持。从4月中旬开始开展视察、问卷调查、座谈等一系列活动。会上，委员们听取供电局情况汇报和视察小组的视察情况汇报，对供电工作进行评议，既充分肯定成绩、总结经验，也提出了4条意见和建议：整顿农村用电秩序，完善管理制度；加大技改投入，完善监督机制；对城镇居民用电实行计划定量，计划外差价收费；加强宣传，树立形象。

1998年5月26日，对公安工作进行民主评议。会前于5月20—22日，分两个组，视察如城交警中队、公安局治安科和户政科、迎春派出所等基层单位，于21日晚抽查了搬经、马塘等5个基层派出所，召开了7次共有近100人参加的座谈会，下发征求意见函100多份。评议活动由副主席王光国主持，主席魏国平和市委常委、常务副市长章树山参加并讲话。活动中听取公安局情况介绍和两个视察小组的发言，对公安工作进行了评议，提出6条建议：进一步加强队伍建设；巩固和发展集中教育整顿成果；规范行为，依法办事；夯实基础，打防并举；政府协调，齐抓共管，突破难点；党委、政府要关心和支持公安工作。

1999年6月22日，举行民主评议工商工作活动。活动前，广泛征求社会各界的意见，发放问卷调查表100份，收回94份，并组织3个调查组分别对天平市场、招商城、城北市场、石庄工商所、薛窑工商所、磨头工商所进行了视察调查。会议通报视察工商所和市场、明察暗访工商文明执法情况及民意测评表的统计情况，在此基础上，委员们进行评议，提出建议：进一步加强教育，增强“免疫力”；强化约束机制，注重长效管理；主动服务经济建设，处理好条块关系；不断研究新情况，解决新问题。此外，市政协还对供电、交通、邮政、电信等部门行风建设情况进行专题民主评议。评议结果以正式文件送达市委、市政府和有关部门，收到较好的监督效果。市政协还先后参加了人事、法院、检察院、国税、地税、供电、交通等部门的特约评议和行风监督活动，促进了相关部门的行风、政风建设。

2000 年 5 月下旬到 6 月 20 日，对电信部门的行风建设进行专题民主评议。活动前，向各委组发出通知及民主评议问卷调查表，广泛征求政协委员和社会各界的意见，组织委员对电信服务窗口明察暗访，走访用户。在民主评议中，委员们肯定成绩、提出建议：进一步加强领导，加大整治行风的力度；强化规范服务，提高服务质量；扩大服务领域，增强竞争能力；处理好条块关系，兼顾各方利益。通过对电信部门行风建设的民主评议，促进了电信部门的行风建设。市政协还组织委员参加市纠风办对公安、教育、交通等部门的民主评议。

2001 年 5 月中旬到 8 月 17 日，会同市纠风办开展民主评议质量技术监督局行风建设活动。听取质量技术监督局情况汇报；组织委员到企业明察暗访、了解实情；召开生产领域、流通领域座谈会，听取意见；向社会各界发放行风测评表，收集各方反映；实地查看档案和服务窗口建设。在民主评议中，委员们肯定成绩、指出问题、提出建议：一是以“三个代表”重要思想总揽全局，提高全系统人员素质；二是围绕人民群众关心的重点、难点问题，加大打假力度；三是强化内部管理，严格执法程序；四是规范收费行为，改善服务。

2002 年 6 月下旬开始，会同市纠风办组织部分委员，分成 4 个评议组，对物价局行风建设情况进行评议。听取市物价局情况汇报，走访调查部分镇、市级机关及 30 多家企事业单位，召开各层次座谈会 16 次，向社会发放行风测评表 145 份，从依法行政、服务态度、办事效率、价格管理、规范收费、廉政建设等方面开展问卷调查。从走访、调查的情况看，对物价局行风建设表示满意的占 91.2%，不满意的占 1.3%，不了解的占 7.5%。7 月 9 日，召开民主评议大会，主席刘桂江对物价局行风建设提出五点希望和要求：一是要进一步提高对民主评议重要性的认识；二是行风建设要注意实效，切忌走过场；三是要围绕人民群众关心的重点、难点问题加大宣传力度；四是积极探索，不断完善行风建设的长效运行机制；五是与时俱进，认真履行职能，严格依法行政，提高服务水平。

第十一届政协

从 2003 年 3 月初开始，组织开展评议城管工作。3 月 13 日，听取 7 个单位（建设局、工商局、公安局、交通局、民政局、如皋经济开发区、如城镇）情况汇报；此后，向社会各界发放调查表，共收集 128 条建议和意见；分 3 个组分别召开有关部门、市民群众、街道、居委会及建设、交通企事业单位参加的座谈会，并到昆山、张家港、通州、海门等地参观学习。3 月 27 日，召开民主评议会议。活动结束后，向市委呈报民主评议报告，提出建议：高起点规划，严格实施科学管理；突出重点和难点，切实加大城市管理力度；坚持多元化投入，积极实施市场化运作；强化宣传力度，形成社会共识；创新管理机制，有效实施长效管理。

从2004年10月中旬开始，组织在城的部分委员和农村全体委员对水务部门工作进行评议。听取市水务局工作汇报，组织3个专题调研组及6个农村委员组深入基层，广泛发动政协委员、农村干群、社会各界人士开展民意调查，召开社会各界代表参加的座谈会，听取意见。民意调查显示，对水务工作综合满意率为47.42%，较满意率为42.45%，不满意率为3.30%，不了解率为6.83%，提出各种建议61条。11月18日，召开民主评议大会。活动结束后，向市委呈报民主评议报告，提出建议：一是增强各级干部振兴与发展水务事业的历史责任感和时代紧迫感；二是研究制定资金投入的政策体系，为振兴与发展水务事业提供有力支撑；三是制订与完善规划，牢牢把握水务工作的主动权；四是加强水利服务体系建设，为农村水利事业发展构建人才和技术保障；五是加大资源和水利设施管理力度，提高依法行政水平；六是增强水务部门工作职能，提高组织管理水平。

2005年9月中旬，对市劳动与社会保障工作进行民主评议活动。3个专题调研组、19个政协委员组深入基层，专题调研，听取意见。评议活动发放调查表350份，收回334份，其中，对劳动与社会保障部门工作满意率为65.3%，较满意率为29%，不满意率为3.3%，不了解率为2.4%。委员提出意见、建议268条，归类整理合并后为108条。10月17日，召开民主评议专题会议。会后，向市委呈报评议报告，提出建议：一是提高认识，加强宣传，强化社会劳动保障法制意识；二是狠抓重点，因地制宜，切实有效推进社保扩面工作；三是通力合作，完善机制，努力形成扩面合力；四是疏通引导，拓宽空间，促进就业再就业工作健康发展；五是强化执法，搞好监察，打造规范有序的社保法制环境；六是转变作风，提高效率，促进内部管理再上新台阶。

2006年11月初至12月中旬，开展对交通部门的民主评议。组织2个专题调研组、19个委员组深入群众调查研究，召开座谈会听取各方面的意见。全市250名委员参加这次评议，发放征求意见调查表250份，收回238份，其中，对交通工作总体满意率为76.1%，基本满意率为23.5%，不了解率为0.4%，提出建议、意见263条。12月14日，召开民主评议会议。会后，向市委呈报评议报告，提出建议：一是科学规划，合理布局，构建和谐高效的交通网络；二是创新思路，拓宽渠道，千方百计筹足用好资金；三是加强管理，严格把关，确保交通工程质量；四是明确主体，落实责任，不断完善公路环境长效管理机制；五是依法行政，严格管理，加大交通行业管理力度；六是转变职能，改进作风，继续提升交通行业服务水平。

第十二届政协

2008年10月，对国税和地税部门工作开展民主评议，351名委员参与评议，参评率达91.4%，不同界别的政协委员与基层税务分局和基层单位、基层群众零距离接触，面对面座谈。测评中，委员们对国税部门的满意率为70.79%，基本满意率为28.49%，不满意率为0.72%，提出建议66条；对地税部门的满意率72.26%，基本满意率为26.98%，不满意率为0.76%，提出建议77条。会后，向市委呈报评议报告，提出建议：一是要坚持以服务地方经济建设为部门的首要职责，努力促进全市税收收入的持续快速增长；二是加强预防和惩治腐败体系建设；三是加大税法知识的宣传力度，在全社会营造依法纳税的环境氛围；四是提高税收执法水平，坚持公正执法和公平税负；五是进一步改进工作作风，提高服务质量和办事效率。

2009 年 9 月下旬到 10 月下旬，对公安部门开展民主评议，359 名委员参加了评议活动。委员们围绕打击防范犯罪、公正公平执法、服务经济建设、队伍建设等方面对公安部门进行了民主测评，平均满意率（满意率和基本满意率）为 98.99%，不满意率为 1.01%。不满意率主要集中在公正公平执法、队伍建设两个方面。评议收集到 117 条建议、意见，经分类汇总为 28 条并反馈给市公安局。会后，向市委呈报评议报告，提出建议：一是要深化学习科学发展观，在服务大局上要有新作为；二是加强人防技防建设，在打防能力上要有新提升；三是坚持依法办事，在执法水平上要有新提高；四是进一步强化教育管理，在队伍建设上要有新气象。市委书记陈惠娟在评议报告上批示，肯定评议结果，要求市公安局认真研究落实。

2010 年 10 月上旬至 11 月中旬，对卫生部门开展民主评议。这次评议共发放征求意见调查表 399 份，收回 369 份，其中，对卫生工作总体满意率为 85.6%，基本满意率为 14.4%，不了解率为 0.4%。共收集、整理关于卫生体系建设、卫生监督执法、公共卫生服务均等化、新型农村合作医疗、卫生队伍建设等方面的意见、建议 49 条。意见和建议在 11 月中旬召开的评议大会上向卫生部门转交，并形成评议工作报告呈报市委。

2011 年 9 月下旬至 11 月下旬，对落户如皋一年以上的 9 家银行业金融机构工作和行风建设实施民主评议。通过问卷调查，对金融机构支持和促进发展、落实行业服务规范、公开接受监督、党风廉政建设和群众反映问题的整改等 5 项指标进行测评，各项指标平均满意率（满意率和基本满意率）达 99%以上。354 名政协委员参与了此次评议，参评率达 90%，共收集到委员提出的意见、建议 118 条，其中共性意见、建议 97 条，个性意见、建议 21 条。2011 年第三季度，通过提案网络系统，对第十二届政协提案办理工作开展“回头问效”跟踪检查，对政府部门提案办理工作情况实行网上民主评议，评议结果分别通报给市政府办公室及相关部门和全体政协委员，并作为承办部门年度综合考核内容之一。

第十三届政协

2012 年，开展民主评议市农委工作。评议工作从 10 月 12 日起至 11 月 22 日止，351 名委员参与，参评率达 93.6%。总体评价满意率和基本满意率分别为 96.9%、3.1%，收集到 156 条建议、意见。委员们提出了加快农业产业结构转型升级、大力培育现代高效农业典型、全力打造现代农业高地、促进现代农业可持续发展等意见和建议。

2013 年，开展民主评议工商管理工作。10 月 14 日，召开评议工作动员会，组织 6 个小组，规范有序开展评议工作。重点评议工商履行职能和队伍作风建设情况。评议活动坚持“正确评议、实事求是、献计献策、促进发展”的原则，366 名委员参加评议，参评率达 94.8%。评议总体评价满意率为 95.6%，基本满意率为 4.4%，收集到意见、建议 118 条，涉及 6 大类 20 个方面。委员们向工商部门提出建议：增强大局意识；坚持依法行政，不断完善法治工商建设；强化市场监管，切实维护消费者权益；提升工作效能，加强队伍建设，建立部门协调联动机制。

2014 年，开展民主评议环保工作。10 月 8 日召开评议动员会，共有 364 名委员参与评议，参评率达 95.3%，评议的重点是环保工作服务经济发展、生态文明建设、环境执法监管、环境宣传教育、队伍作风建设、提案办理落实等六个方面。委员对环保部门的工作总体满意率和基本满意率分别为 94.2%、5.8%，提出 6 大类 28 个方面的意见、建议 127 条。11 月 24 日，市政协召开民主评议环保工作总结大会。

2015 年，开展民主评议教育工作。10 月 12 日，召开评议工作动员大会，界别委员组与各镇（区、街道）工委一对一组合共同开展评议，共 370 名委员参与评议，参评率达 96.8%。委员们通过深入基层、学校、群众走访调研，听民声、察民情、汇民智，对教育工作进行测评，评价满意率和基本满意率分别为 93.2%、6.8%。委员提出建议、意见 111 条，集中在四个方面：进一步改善学校办学条件，促进教育公平；加强队伍建设，促进师资素质全面提升；深化教学改革，不断提升教育质量；加强体制创新，推进依法治教进程。

2016 年，开展民主评议人社局工作。10 月 10 日动员，11 月 30 日召开总结大会。经过前期调研，确定社会保障、就业服务、人事人才、依法行政、队伍和效能建设等五个方面的评议内容，六个评议小组分头开展评议。376 名委员参加，参评率达 96.7%。对人社部门总评评价满意率为 92.6%，基本满意率为 7.4%。委员提出建议 204 条，经过筛选归类，提炼出 25 条意见。

第十四届政协

2017 年，开展民主评议水务工作。10 月 26 日召开评议动员会，12 月 4 日召开总结大会。评议工作围绕农村河道综合治理、农村环境长效管护、小型农田水利工程建设、水费水资源管理、防汛抗旱、沿江闸站管理、队伍和效能建设七个方面展开，参加委员 368 人，参评率达 96.8%。对水务部门工作总体评价的满意率为 95.4%，基本满意率为 4.6%。收集到意见和建议 210 条，经过分类梳理，合并同类项，最终归纳为 7 大类 27 条意见和建议。

2018 年，开展民主评议民政局、农委工作。10 月 22 日，召开评议工作动员会，24 个委员组分别开展。6 个评议工作小组到各个委员组参加评议活动，听取委员意见，对评议活动进行督促指导。参加委员 381 人，实际参评委员 370 人，参评率达 97.1%。评议中共收集、整理委员建议意见 226 条。其中，对民政局的意见、建议 122 条，经分类梳理，同类合并，最终归纳为 6 大类 23 条意见、建议；对农委的意见、建议 104 条，最终归纳为 8 大类 26 条意见、建议。

2019 年 9 月上旬至 10 月底，对交通局、城管局工作开展民主评议。9 月 3 日，市政协召开民主评议工作动员会。会后，广大政协委员深入走访群众，广泛征集社会各界意见。在此基础上，市政协组织 14 个镇（区、街道）委员组和 14 个在城委员组对交通局、城管局工作进行民主评议。市政协主席、副主席带领政协机关各委室负责人及相关工作人员，分成 6 个评议工作小组，到各个委员组参加评议活动，听取委员意见，对评议活动进行督促指导。参加委员 370 人，参评率达 97.1%。对交通部门工作总体评价满意率为 97.3%，基本满意率为 2.7%；对城管部门工作总体评价满意率为 97.1%，基本满意率为 2.9%。委员对交通局提出意见、建议 122 条，经分类梳理，同类合并，最终归纳为 6 大类 23 条意见、建议；对城管局提出意见、建议 104 条，最终归纳为 8 大类 26 条意见、建议。10 月 31 日，市政协召开评议总结大会。

第四节 征集与编发社情民意工作

第九届政协

1994年，全国政协提出加强反映社情民意工作。此后，市政协按照全国政协的要求，把了解和反映社情民意作为政协履行职能的重要基础和关键环节，列入工作的重要议事日程，积极开展各项活动，为市委、市政府及时听取和吸纳广大人民群众的意见和建议，及时改进工作发挥了积极作用。为了推动这项工作，市政协从四个方面加大工作力度。一是加强组织领导，制定了《关于加强和反映社情民意工作的意见》，对反映社情民意的内容、对象、形式和工作程序提出了明确要求；建立了反映社情民意的工作网络，由一名副主席挂帅，各委组负责人收集各自工作范围内的意见和建议，利用《如皋政协》开辟的反映社情民意的专栏，及时报送市党政领导。二是明确职责，确保社情民意渠道的畅通。要求政协委员增强反映社情民意的意识，政协机关要保持与委员联系的渠道畅通，及时反馈落实情况。三是发挥政协优势，不断提高反映社情民意的质量。政协机关要围绕中心工作，深入调查研究；对重要议题，提交会议讨论，努力做到集思广益，加强综合分析，形成高质量建议案。四是认真抓好办理，努力增强反映社情民意的实效。1995年12月，在南通市县市区政协工作经验交流会上，如皋市政协就社情民意工作做了经验交流。1996年5月，“长江三角洲十二县市区政协工作研讨会”在如皋召开，这次研讨会的主题是“政协如何做好反映社情民意工作”，会上如皋市政协做了经验交流。

第十届政协

1999年1月4日，《如皋政协》1999年第一期刊登社情民意专辑（一），这是现存最早的社情民意专栏。这一期内容有：闸桥口景点管理混乱，委员呼吁加强管理；东皋桥路段乱设摊点，堵塞交通；“肠梗阻”何时被拆除。1999年4月27日，市政协召开社情民意信息员会议。1999年5月28日，《如皋政协》1999年第四期刊登社情民意专辑（二），内容有：水稻品种亟待优化更新；疏浚旧城河，美化城市环境；尽快修建连接育贤路与跃进路的南北通道。1999年7月13日，市政协召开“市政协社情民意信息员暨政协工作宣传报道员会议”。1999年8月6日，《如皋政协》1999年第六期刊登社情民意专辑（三），内容有：少数地区迷信活动猖獗，请有关部门予以坚决打击；必须制止侵占道路的违法行为；必须重视乡镇农技站站办实体面临的问题；要认真总结“7·14”群体上访的教训。1999年全年收到社情民意28条，其中许多是领导关注和群众关心的难点、热点问题。例如：关于加强闸桥口景点管理的呼吁，关于打击少数地区迷信活动猖獗的建议，关于优化更新水稻品种的建议，等等。这些都得到了党政部门领导的关注，推动了有关工作的开展。

2000年，市政协加强社情民意工作，成立社情民意领导小组，确定社情民意联络员，形成工作网络，通过各种途径大力倡导全体委员反映社情民意。全年共收到社情民意32条，对其中的重要信息，运用社情民意专辑及时向市委、市政府如实反映。6 月 2 日《如皋政协》2000 年第四期社情民意专辑上刊登的《关于新皋桥至迎春桥路段坑洼多》的社情民意受到市委领导的重视。为跟踪了解委员意见和建议的落实情况，7 月 18 日，市政协领导带领有关委员，视察如城西皋路、跃进路、海阳路、仙鹤路等路段的建设和管理情况，副市长张元健以及市建委、市交通局的负责人参加视察。9 月 27 日《如皋政协》2000 年第六期刊登社情民意专辑，反映“教师外流，一个不容忽视的问题”。

2001 年 3 月 26 日，《如皋政协》2001 年第二期编发社情民意专版，内容为：必须切实做好编外清理对象的思想政治工作；在行政村合并中不可忽视计生问题。2001 年 8 月 14 日，《如皋政协》2001 年第六期编发社情民意专版，内容为：稳定农村社会治安必须正视的问题。2001 年 12 月 4 日，《如皋政协》2001 年第八期编发社情民意专版，内容为：医保工作“五不”现象应予重视。

2002 年 3 月 26 日，市政协办公室印发《关于聘请李万春等委员为社情民意信息员的通知》，进一步充实完善社情民意信息员队伍。2002 年全年编发社情民意专版 15 期，其中《警惕封建迷信活动死灰复燃》《搞好如皋长寿之乡的宣传》《清理整顿网吧市场》《加强机动三轮车管理》《加速实施管道燃气工程》等建议得到市领导批示，被有关部门采纳办理。

第十一届政协

2003 年，编发《如皋政协》（社情民意专版）11 期。其中，部分委员提出的“西皋路损坏严重，行路人叫苦不迭”于 4 月 29 日经副市长沈品辉批示后交由市建设局承办。5 月 8 日，市建设局回复将该路列入近期维修计划。部分委员提出的《要严惩捕杀青蛙的不法行为》，市委常委、副市长李中林于 5 月 23 日批示：“公安部门应在法律规定的范围内全力支持执法部门依法执法，坚决打击暴力抗法、扰乱治安的行为。”5 月 28 日，市公安局回复，该局已经将批示精神通过公安网络进行传达，并查获一起贩售青蛙 2 800 余斤的违法行为。部分委员提出的《建议在如城步行街跃进路至益人桥路段修建公共厕所及设置公用垃圾箱》，副市长沈品辉于 10 月 13 日批示交市建设局落实。10 月 30 日，市环卫处提出办理方案并予以回复。

2004 年，编发《如皋政协》（社情民意专版）12 期。2 月 5 日，刊登《手扶拖拉机驾驶员呼吁：要求政府立即停止对其征收下岗再就业基金》。市委常委、常务副市长李中林批示，要求农机局拿出方案提交政府常务会议讨论。6 月 18 日，刊登《建议市委、市政府加强对沿江岸线科学使用、开发和整治的研究》。市委书记陈惠娟批示：“请水务局与如皋港开发区负责落实，将方案确定后报沿江指挥部决定后开始治理方案的实施。”7 月 16 日，刊登《五年费用一次收取，退休工人反映强烈》。副市长陈冬梅批示，要求劳动部门认真研究并答复。劳动局予以落实并回复。

2005 年，编发《如皋政协》（社情民意专版）16 期。3 月 24 日，刊登《农村危桥维修改造亟待加速》。3 月 28 日，市委副书记姜永华批示：“请交通局认真调查研究，制定切实可行的维修方案，提请市委、市政府研究落实。”6 月 9 日，市长周铁根批示肯定这个建议，表示政府正在考虑加快危桥改造，争取三年内全部解决。3 月 28 日，刊登《建议加强法律援助工作》。3 月 31 日，市委副书记姜永华批示："请司法局认真研究制定新的举措，进一步做好法律援助工作，财政部门也要尽力创造必要的条件。"4 月 5 日，刊登《建议尽快建立商品房质量监管机制》。市长周铁根批示，请市政府分管副市长牵头研究，形成意见后提交讨论。4 月 12 日，刊登《应尽快对丁柴路雪岸镇西侧路段实施改造维修》。市委书记陈惠娟、市长周铁根分别予以批示，该工程得到落实。4 月 25 日，刊登《高度重视并采取有力措施，积极应对镇级债务高速增长的态势》。市委书记陈惠娟批示，请财政局对镇级债务做一次全面调查，并研究对策，供领导决策。7 月 11 日，刊登《市财政应根据有关规定对担保公司提供足额风险补偿》。常务副市长潘建华批示，请财政局提供决策方案。10 月 8 日，刊登《建议在 204 国道与中山西路交叉口增设红绿灯标志》。市委常委、副市长李中林批示，请公安、交通部门商量解决。10 月 13 日，刊登《启用规划地下停车场，解决汽车停车困难》。市委常委、副市长李中林批示，要求今后在如城规划中充分考虑。10 月 27 日，刊登《采取得力措施，切实保护小区环境》。市委副书记姜永华，市委常委、副市长李中林分别批示，要求建设、公安、消防等部门认真落实。12 月 13 日，刊登《全力突破"创卫"，确保通过"创模"》。市委书记陈惠娟批示，要求市委分管副书记、分管副市长认真研究制定方案。

2006 年，共收到政协委员和基层群众反映的社情民意近 40 条，编发《如皋政协》（社情民意专版）12 期，其中 18 条社情民意得到了相应落实。7 月 3 日，刊登《农村文化建设亟待提速》。市委书记陈惠娟批示，要求市委、市政府对公共文化建设进行研究，吸收其中相关建议。8 月 31 日，刊登《整治朱衣街，还居民一个洁净安定的社区居住环境》。代市长姜永华、副市长张元健批示，由相关部门整治。

2006 年 11 月 2 日，十一届政协主席会议通过《中国人民政治协商会议江苏省如皋市委员会反映社情民意信息工作规则》（以下简称《规则》），规定：反映社情民意信息工作是政协委员履行职责的重要方式，做好反映社情民意信息工作是各参加单位和政协委员的重要任务；建立反映社情民意信息网络和工作制度，聘请若干政协委员及社会各界人士为反映社情民意信息员，依法维护政协委员及有关人士反映社情民意的民主权利。《规则》对社情民意的内容，反映社情民意的方式，社情民意的办理程序、督办与反馈等做了详细的规定。

2007 年 1 月 28 日，市政协办公室印发《关于表彰社情民意信息员的决定》，对 2006 年度社情民意工作成绩突出的李建明、张启芳、陈新生等 3 名信息员予以表彰。

2007 年，共编印社情民意专版 9 期。主要包括《关于重修中山钟楼的建议》《建议在重要道口设置"红绿灯"等安全警示标识》《沿江地区环境污染问题不容忽视》等。《一些村镇农民群众听不到广播》经副市长张元健批示，市广播电视局在技术和人力、财力上加大工作力度，推进调频广播普及。《建议采取综合措施，对农作物秸秆变"一烧了之"为"一举多得"》经副市长陈冬梅批示，市农林、农机、环保、财政等部门负责同志进行研究，提出对策。

第十二届政协

2008 年 3 月 7 日，市政协办公室印发《关于聘请薛涛等同志为市十二届政协社情民意信息员的通知》，共聘请35名信息员。4月12日，印发《关于印发〈中国人民政治协商会议江苏省如皋市委员会反映社情民意信息工作规则〉等相关制度的通知》，对2006年印发的《规则》进行进一步完善。

2008年，编发《如皋政协》（社情民意专版）14期，推动了一批社会热点、难点问题的解决。其中《水绘园风景区存在问题亟待妥处》《建议加强对暑期班的监督和管理》《农田“内外三沟”毁损严重，清理恢复刻不容缓》《沿江地区社会治安形势应引起高度关注》等得到市委、市政府相关领导高度重视，推动了一些社会热点、难点问题的解决。《沿江地区社会治安形势应引起高度关注》刊发后，市政府高度重视，市公安局迅速行动，成立沿江地区社会治安秩序专项整治办公室，并抽调干警进驻沿江地区，经过两个月的连续作战，共梳理、查证各类案件线索8起，抓获刑事作案嫌疑人7人，破获各类现行案件14起，沿江地区的治安形势明显好转。

2009年，编发《如皋政协》（社情民意专版）14期，收集反映社情民意信息50余条，其中多篇文章关注城乡建设中的若干问题，得到市政府及相关部门的重视。2月23日，刊文《建议抢救保护宰相府、顺天府尹府》，认为市建设局《如皋师范学校附属小学扩建用地红线》将部分古建列为拆迁范围不妥，应予尽力抢救保护。2月25日，刊文《呼吁打击公交车辆上的扒窃行为》，26日，市公安局刑侦、交警共同参与，排查公交车辆上的治安隐患，开展专项打击行动，市公安局于4月13日将专项打击情况向市政协做了书面报告。5月12日，刊文《城乡路灯开启时间要根据季节变化及时调整》，随后，市交通局、建设局分别书面报告：已经根据建议调整了如皋港路灯开启时间。5月14日，刊文《客运市场“黑车”数量猛增亟须治理》，市交通局随后组织专项治理，并书面报告治理情况。6月9日，刊文《我市一些路口急需增设交通配套设施》，7月24日，十二届三次常委会对全市交通工作进行专题协商，视察新204国道、白雪线等交通工程建设情况，听取市交通局关于交通工作情况的汇报，并就推进交通事业更好更快发展提出建议、意见。

2010年，编发《如皋政协》（社情民意专版）13期，报送后市领导均做出批示并责成有关方面认真办理。其中，《加快城市雕塑建设，提升城市文化品位》《长江镇自来水质量低劣危及居民健康》等社情民意及时、真实反映群众愿望和要求，取得良好社会反响。

2011年内，编发《如皋政协》（社情民意专版）10期，市领导均做出批示并责成有关方面认真办理。《管管城乡宠物犬》等社情民意被新闻部门作为市民关注热点给予深度追踪报道，引起社会广泛关注。

第十三届政协

2012年，编发《如皋政协》（社情民意专版）12期，市领导均做出批示并责成有关方面认真办理。其中，《关于排除住宅小区电梯安全隐患的建议》《关于解决我市停车难问题的几点建议》等社情民意得到相关部门重视，并逐步落实解决。

2013年，编发《如皋政协》（社情民意专版）12期。市委、市政府领导均做出批示，并转送有关部门办理。其中，《建议梅雨前突击整治排水体系》《加强对随意焚烧垃圾现象治理》

《建议尽快消除北门大桥安全隐患》等社情民意，市政府主要领导和分管领导及时批转相关部门处理落实。

2014 年，编发《如皋政协》（社情民意专版）10 期。市委、市政府领导均做出批示，并转达有关部门办理，对进一步改善民生问题起到促进作用。其中，《建议与原古道相结合修建 355 省道》获市委主要领导批示并交办市交通运输局办理落实。

2015 年，编发《如皋政协》（社情民意专版）10 期。市委、市政府领导均做出批示，并转达有关部门办理。其中，《建议清理整顿停车线内人为设障问题》《对抗战时期相关遗址遗迹加以保护的建议》等社情民意被市政府采纳并予以落实。

2016 年，编发《如皋政协》（社情民意专版）10 期，每期均获市委、市政府领导批示，并转达相关部门办理。其中，《关于将门诊医疗急救费用纳入医保报销范畴的建议》等社情民意年内得到相关职能部门落实。

第十四届政协

2017 年，编印《如皋政协》（社情民意专版）12 期，全部直接涉及民生热点问题。其中，《关于进一步优化城区公交运行的建议》《农业“三项保险”理赔简单化导致种植户不满，应引起高度重视》《关于加强健康步道规划建设的建议》等，市政府主要领导均批示并批转相关部门研究落实。此外，《关于加强种植业面源污染防控的建议》《关于提升税务大厅服务效能的建议》《关于加强我市严重精神障碍患者救治管理工作的建议》《关于加强全市治安技防体系建设的建议》《关于加强我市职业技能对口培训的建议》《关于共建校园周边食品和文具安全“防火墙”的建议》《关于加强我市少数民族工作的建议》等社情民意均得到有关部门的重视和有效解决。

2018 年，编发《如皋政协》（社情民意专版）12 期。其中，《关于推进如皋籍学子回乡就业创业的建议》被纳入市科技人才联席会议工作机制重点推进的内容；《关于进一步理顺社区与小区物管公司关系的建议》被市政府领导批转，要求结合城市建设管养体制确立加以落实，并建立有效的考核机制。此外，《关于完善 226 省道设施确保通行安全的建议》《关于对磨头镇境内雷达营北侧界河进行治理的建议》《关于加强食品快检追溯、强化食品安全监管的建议》《关于做好宁启铁路绿色通道建设工程管护的建议》《关于加强搬迁安置小区管理的建议》《关于做好茅稚河、龙游河、宝塔河等河道管护的建议》等社情民意均得到市政府领导和相关部门高度重视，有效推动了相关问题的解决。

2019 年，编发《如皋政协》（社情民意专版）10 期，其中 8 期获得市领导批示。《关于引导广大市民文明敬燃斗香的建议》，市长何益军批示：“请市场监管局按年前批示要求拿出可供操作的办法。”《关于加强我市培训机构外籍教师监管的意见》，市长何益军批示：“请教育部门会同公安部门对我市从事兼职教育培训的外籍人员做一次调查，提出规范管理意见。”《关于加强我市非法集资犯罪预防的建议》，常务副市长茅红宇批示：“请金融监管局认真阅研并加以落实，以强有力的举措打击非法集资，保护广大市民群众的利益不受损失。”《关于积极应对建设用地新政带来的机遇与挑战的建议》，市长何益军批示：“政协建议很有针对性，对我市抓紧在新法出台前有序处置历史问题的窗口期很重要。请自然资源局认真研究，列入我下周调研的重要课题。将此件发各园区主要负责同志，要抓紧报征一批项目用地。”《关于加强居民小区生活垃圾集中清运时渗漏液收集处理的建议》，市委书记张建华批示：“请认真研究，有效整改。”《关于在大润发超市南侧建设临时停车场的建议》，市长何益军批示：“在128#地开发时一并考虑。请自然资源局注意在规划上落实好。”《行政机关使用劳务派遣员工应进一步规范》，市长何益军、常务副市长茅红宇分别批示，由人社局拿出方案报市政府。

附录：社情民意目录（部分）

年份	期数	内　　容
2003年	1	人民公园应对晨练老人免费开放
	2	新生儿性别比例失调令人担忧
	3	西皋路损坏严重行路人叫苦不迭
	4	要严惩捕杀青蛙的不法行为
	5	建议建设银杏树交易市场
	6	往日清水河，今日臭水沟，市民盼望早治理
	7	建议政府早日兑付地方建设资金
	8	建议在如城步行街跃进路至益人桥路段修建公共厕所及设置公用垃圾箱
	9	独生子女父母奖励金不兑现现象须解决
	10	野蛮施工危及人民生命安全，责任部门督办查处刻不容缓
	11	建议将开发集贤里列入明年政府办实事工程
2004年	1	手扶拖拉机驾驶员强烈呼吁：要求政府立即停止对其征收下岗再就业基金
	2	城市道路问题多多，维护管理亟待加强
	3	闲置报亭亟待利用
	4	建议重建中山钟楼
	5	市政府不应拖欠防非款
	6	仙鹤路没有路灯，老百姓期盼光明
	7	建议市委市政府加强对沿江岸线科学使用、开发和整治的研究
	8	“群众文化先进市”复查日益临近：能否保牌令人担忧
	9	五年费用一次收取，退休工人反应强烈
	10	白蒲三香斋茶干生产亟须关心
	11	关于在安定广场树立安定先生雕像的建议
	12	机场安全隐患须研究解决
2005年	1	农村危桥维修改造亟待加速
	2	建议加强法律援助工作
	3	建议尽快建立商品房质量监管机制
	4	应尽快对丁柴路雪岸镇西侧路段实施改造维修
	5	高度重视并采取措施，积极应对镇级债务高速增长的态势

续表

年份	期数	内　　容
2005年	6	建议减免对三轮车的有关收费
	7	建议加快实施育贤东路改造工程
	8	建议加强对国旗悬挂的监督管理
	9	饮用水安全管理亟待加强
	10	市财政应根据有关规定对担保公司提供足额风险补偿
	11	交通协管员的待遇要及时足额落实到位
	12	建议在204国道与中山路交叉口增设红绿灯标示
	13	启用规划地下停车场，解决汽车停车困难
	14	采取得力措施，切实保护小区环境
	15	全力突破“创卫”，确保通过“创模”
	16	不能在定慧寺周边批建小高层商住楼
2006年	1	救救传销组织受害者
	2	建议在安定广场建设市民文娱活动舞台
	3	吁请有关部门加强执法，保证国家休渔政策的执行
	4	建议市政府设法解决拆迁困难户住房安置问题
	5	农村文化建设亟待提速
	6	相关部门应高度重视规范住宅小区物业管理
	7	建议整顿交通协管员队伍
	8	新建小区要重视“五小”行业的规划建设
	9	整治朱衣街，还居民一个洁净安定的社区居住环境
	10	关于尽早装修开发文昌阁的建议
	11	腾些场地，变“禁”为“疏”，给农民一个卖菜场地
	12	农村“通达工程”道路重要路口应设置安全标示
2007年	1	关于重修中山钟楼的建议
	2	建议在重要道口设置“红绿灯”等安全警示标示
	3	春节期间要加强燃放烟花爆竹安全知识的宣传教育
	4	给元宵节花灯留下重要安全隐患，百花苑数百户居民强烈要求市行政执法部门迁移灯摊点和烧烤排档
	5	建议成立农技“110”
	6	更新如城道路两旁绿化带应增加路口通道，以方便群众生产和生活
	7	建议采取综合措施，对农作物秸秆变“一烧了之”为“一举多得”
	8	救救戴氏家藏博物馆
	9	沿江地区环境污染问题不容忽视
	10	一些村镇农民听不到广播
	11	尽快消除农村道路十字和丁字路口两旁的障碍物

续表

年份	期数	内　　容
2008年	1	对如城东大街保护性开发的三点建议
	2	如皋城古迹已为数不多，状元街名宅应尽力保护
	3	白蒲地区人民期盼白蒲火车站早日开通
	4	如皋火车站客运状况亟待改变
	5	水绘园风景区存在问题亟待妥处
	6	如皋港石化园区化工厂毒气泄漏引起居民恐慌
	7	沿江地区社会治安形势应引起高度关注
	8	保安联防队伍建设亟待加强
	9	建议政府关注并协调解决企业内部设备柴油供应问题
	10	建议加强对暑期班的监督和管理
	11	建议在汽车站至交警大队路口之间增设公交车辆停靠点
	12	农田“内外三沟”毁损严重，清理恢复刻不容缓
	13	建议建立如皋电动车产业园区
	14	建议市政府妥善处理丁纺改制后的人员负担问题
2009年	1	建议对低保家庭转换数字电视给予适当优惠
	2	建议抢救保护宰相府、顺天府尹府
	3	呼吁打击公交车辆上的扒窃行为
	4	丰乐桥口交通安全问题不容忽视
	5	行政干预物业服务收费的做法有待商榷
	6	城乡路灯开启时间要根据季节变化及时调整
	7	客运市场“黑车”数量猛增亟须治理
	8	长江镇（如皋港区）安全生产工作不容忽视
	9	乡镇安监所工作亟待加强
	10	关于挖掘和利用李渔文化资源的建议
	11	沿江地区交通事故频发危及路人安全
	12	警惕部门报刊发行散滥和利用职权发行问题死灰复燃
	13	城区公交车客少人稀状况亟待改变
	14	我市一些路口急需增设交通配套设施
2010年	1	人大老领导王金镛来信呼吁：重建中山钟楼
	2	长江镇自来水质量低劣危及居民健康
	3	建议妥善处理地方建设资金挂息问题
	4	农村道路决不能重建设轻维护
	5	建议加强对市政公用设施的管理
	6	整合食品企业，打响长寿之乡食品品牌
	7	违法用地兴建瓜果市场已一年，政协委员呼吁应予立即取缔

续表

年份	期数	内　　容
2010年	8	市公安局交警大队换证窗口工作有待改进
	9	熔盛重工周边消防状况当引起有关部门高度重视
	10	小区车辆管理亟待加强
	11	停电应尽量避免给企业造成损失
	12	加快城市雕塑建设，提升城市文化品位
	13	市政协老委员高度评价市人民法院工作
2011年	1	年终评比要少看一些台账资料，多搞一些实实在在的检查
	2	燃放“孔明灯”极易造成火灾隐患
	3	如皋出租车行业形象欠佳　治理整顿亟待加强
	4	天妃公园绿地居住河南北两侧宜同步进行拆迁改造
	5	附小幼儿园异地扩建迫在眉睫
	6	市历史文化研究会呼吁：尽快重建中山钟楼
	7	社区卫生服务站存在问题应引起重视
	8	郊区“小作坊”亟待综合治理
	9	抢救保护文化遗产刻不容缓
	10	管管城乡宠物犬
2012年	1	关于排除住宅小区电梯安全隐患的建议
	2	关于解决我市停车难问题的几点建议
	3	清明祭扫活动要讲文明、破陋习
	4	新民社区十里铺发现商周时期发阳国古迹，建议加大力度充分保护
	5	吴越国王驻跸处故址上的孙、范两院应尽快复建到位
	6	强化机动车灯光使用管理，确保百姓夜间交通安全
	7	建议进一步加强中学生心理健康教育
	8	建议如皋汽车客运站增设24小时对外开放公厕
	9	建议完善部分交通路口设置以消除安全隐患
	10	建议强化如城海阳南路交通管制措施
2013年	1	建议在仁寿东路、庆余路东段、仁寿路北段安装路灯
	2	建议尽快消除北门大桥安全隐患
	3	建议加大良种市场的管理力度
	4	校外家教寄托行业亟须整顿
	5	加强对随意焚烧垃圾现象治理
	6	建议梅雨前突击整治排水体系
	7	建议出台措施缓解城区停车难
	8	建议加强小区物业管理，提高市民居住质量，美化城市环境
	9	关于绘制如皋公交线路网络图，并加大宣传力度的建议
	10	建议加快我市医疗废物集中处置设施的建设

续表

年份	期数	内　　容
2014 年	1	建议与原古道相结合修建 355 省道
	2	关于缓解医院停车难，方便群众就医的建议
	3	关于切实加强学校食堂监管的建议
	4	加强城区公共自行车使用的宣传、管理
	5	加强镇（区）安监队伍建设
	6	关于加强对九华古银杏树保护利用的建议
	7	关于城市排水系统畅通的建议
	8	建筑物防雷装置存在安全隐患应予重视
	9	如皋肠衣检验检疫陷困境，亟待政府帮助企业排忧解难化危机
	10	建议设立《凡人善举》栏目
2015 年	1	建议清理整顿停车线内人为设障问题
	2	关于提升房产交易过程服务效率，促进房产经济回暖的建议
	3	建议利用停靠如皋列车广播宣传如皋
	4	关于对白蒲镇史家巷“慰安所”旧址保存的建议
	5	关于建立上市公司研究会的建议
	6	关于加强对服刑人员未成年子女权益保护的建议
	7	委员组活动专版，报道上半年各委员组活动新闻
	8	关于构建精神疾病“防、治、控”体系的建议
	9	对抗战时期相关遗址遗迹加以保护的建议
	10	关于合理设置部分城市公交站台的建议
2016 年	1	关于充分发挥好居民小区监控设施作用的建议
	2	关于迅速推进红星河整治扫尾工作的建议
	3	关于缓解部分交通拥堵地段停车难问题的建议
	4	关于引进民营资本盘活如皋大剧院的建议
	5	2016 年第一期政协委员培训班专辑
	6	关于将门诊急救费用纳入医保报销范畴的建议
	7	关于维修城区道路时对窨井按规范标准进行维修的建议
	8	关于完善市公共卫生服务中心公共交通和安全设施的建议
2017 年	1	参政议政奏谐章——市政协十四届一次会议掠影
	2	关于提升税务大厅服务效能的建议
	3	关于加强我市严重精神障碍患者救治管理工作的建议
	4	关于加强全市治安技防体系建设的建议
	5	关于进一步优化城区公交运行的建议
	6	农业“三项保险”理赔简单化导致种植户不满，应引起高度重视
	7	关于加强健康步道规划建设的建议

续表

年份	期数	内容
2017年	8	关于共建校园周边食品和文具安全“防火墙”的建议
	9	关于居民小区生活垃圾分类加快推进的建议
	10	关于加强我市少数民族工作的建议
	11	关于加强种植业面源污染防控的建议
	12	关于加强我市职业技能对口培训的建议
2018年	1	关于完善226省道设施、确保通行安全的建议
	2	关于严厉打击“金融黄牛”的建议
	3	关于对磨头镇境内雷达营北侧界河进行治理的建议
	4	关于加强食品快检追溯、强化食品安全监管的建议
	5	关于做好宁启铁路绿色通道建设工程管护的建议
	6	关于推进我市公共交通开通移动支付的建议
	7	关于加强搬迁安置小区管理的建议
	8	关于做好茅雉河、龙游河、宝塔河等河道管护的建议
	9	关于推进如皋籍学子回乡就业创业的建议
	10	关于老旧小区增设电梯的建议
	11	关于加强未成年人心理健康教育的建议
	12	关于进一步理顺社区与小区物管公司关系的建议
2019年	1	关于引导广大市民文明敬燃斗香的建议
	2	关于加强我市培训机构外籍教师监管的建议
	3	对我市引进高层次人才及学子返乡创业工作的建议
	4	关于加强我市非法集资犯罪预防的建议
	5	关于加快我市学前教育改革发展的建议
	6	关于积极应对建设用地新政带来的机遇与挑战的建议
	7	农村居住河应建立“自己的河道，自己管护”机制
	8	关于加强居民小区生活垃圾集中清运时渗漏液收集处理的建议
	9	关于在大润发超市南侧建设临时停车场的建议
	10	行政机关使用劳务派遣员工应进一步规范

第五节 学习工作

第一届政协

认真组织委员和各界人士进行学习教育，提高他们的思想认识，坚定他们听共产党的话、跟共产党走、走社会主义道路的信念。先后举行辅导学习报告会8次，召开内容涉及国内外时事政治的座谈会、讨论会20次。学习、座谈内容主要有：拥护周恩来总理的声明，反对美帝国主义在台湾海峡进行军事挑衅；学习毛主席《关于正确处理人民内部矛盾的问题》和“帝国主义和一切反动派都是纸老虎”的论述；学习国防部部长彭德怀元帅《告台湾同胞书》；邀请老红军、老同志座谈1927年土地革命的意义；征求人民公社普遍建立后群众的反映和意见等。

第二届政协

为加强对学习工作的领导，经常委会研究，推举出常委和各界有代表性的委员17人组成学习委员会。1958年，在如城建立社会人士学习组，有组员10余人。政协二届一次全会后，随着对各界社会人士团结面的扩大，要求参加学习的人也日渐增多，学习组成员增加到30多人。

这一时期，政协通过举办短期脱产的政治学习班和经常性的学习组两种形式，组织各界人士参加学习。

1960年1—8月，县政协围绕如皋县上下开展的社会主义教育，对一部分委员和各界人士进行集中教育活动。接受教育者32人，平均年龄65岁，他们除因病请假外，坚持“以政协为家，以学习为荣”。第一季度每星期集中学习两次，第二季度每周三下午学习。教育分三个阶段：第一阶段，学习刘少奇《马克思列宁主义在中国的胜利》、李富春《迎接1960年新跃进》等7篇文章，各自阅读，分组讨论；第二阶段，对照“三面红旗”（总路线、“大跃进”、人民公社），检查揭发右倾观点，开展辩论，分清是非；第三阶段，撰写心得体会，相互交流，在认识提高的基础上制订个人今后打算。在此期间，组织文教、医卫、宗教界代表和社会人士46人去南通市参加专区举办的“社会主义教育展览会”，并召开两次座谈会，交流体会。8月中旬，本次社会主义教育结束，召开了历时6天有90余人参加的“学习心得汇报大会”。会上，大家交流学习心得体会，县委宣传部部长叶枫做形势与任务报告，县委统战部副部长黄克明做关于知识分子服务与改造的报告。

县政协按照统一部署，于1960年8月—1963年上半年举办各界人士政治学习班9期，其中二届政协期间举办了2期。学习班贯彻和风细雨的自我教育方针，强调启发自觉性，坚持摆事实讲道理，不勉强统一看法，形成既生动活泼又严肃紧张的气氛。第一期学习班于1960年8月26日—10月20日举办，参加人员131人。学习分为两个单元进行：第一单元26天，主要学习国内外形势；第二单元30天，主要听报告，在明确服务与改造关系的基础上，检查和修订改造规划，做出学习总结。第二期学习班于1960年12月10日—1961年2月5日举办，参加人员117人（其中工商界人士约占90%，其他各界人士约占10%）。学习分为三个单元进行：第一单元16天，学习各国共产党和工人党代表会议文件以及毛主席著作选篇，听取市委宣传部部长叶枫关于学习毛主席著作的报告，联系自身实际提问题，针对普遍性问题进行讨论；第二单元12天，对照党的总路线、“大跃进”、人民公社化及支援农业生产等方面提意见，组织归纳讨论，提高认识；第三单元21天，围绕接受党的领导、走社会主义道路、服务与改造等方面进行个人对照检查，制订改造措施和打算。

第三届政协

继续举办政治学习班，1961 年 2 月—1963 年上半年，分别举办为期近 2 个月、近 300 名学员参加的第三期至第八期学习班。其中第三期至第五期学习内容与第一期、第二期大体相同，第六期重点学习发展国民经济以调整为中心的八字方针和当前工农商业基本政策。第七期主要学习江苏省、如皋县人民代表大会上的政府工作报告，以掀起民主高潮为中心。第八期主要学习八届十中全会公报。从第七期起贯彻“三自”“三不”（自己提出问题，自己分析问题，自己解决问题；不打棍子，不戴帽子，不抓辫子）方针，学员思想顾虑逐渐减少，提高了学习和改造的自觉性，逐步形成认真读书、独立思考、自由辩论的风气。

不断加强对日常学习工作的领导，开展多种形式的学习活动，选送 9 人到江苏省政治学校学习，选送 50 多人到南通专区政治学习，强化对社会各界人士学习的组织工作。各学习组的成员逐渐增加，大多是老年退职退休的各界人士，多数出身于非劳动人民家庭。

第四届政协

1966 年四届政协一次全会后不久，发生了历时 10 年的“文化大革命”，政协的一切活动被迫停止。1979 年年底，县政协正式恢复活动。恢复活动之前，一部分原县人民委员会委员、县政协常委和委员就组织在一起，定期进行时政学习。恢复活动之后，以教育、医卫界的委员和社会人士为一组，以工商界人士为另一组，每周坚持学习半天。学习内容包括各个阶段的重大政治、时事、政策问题。中共中央有关重要文件下发后，按照规定，分别组织县政协常委、委员和各界人士听取县委领导人的传达报告，或集体阅读文件，进行讨论、座谈。对于某一时期的重大政治事件，县政协都及时召开小型会议，畅谈感想和体会。此外，对涉及经济和政治生活的一些重要问题，例如市场物价管理、经济体制改革、如城建设规划、编史修志等，县政协组织学习和座谈，征求意见，向有关部门提供意见和建议。这些学习和座谈活动，不仅直接配合了各个阶段党的中心工作，而且调动了部分委员和各界人士的积极性。

第五届政协

五届政协期间，国内举行了若干重大政治活动，产生了若干重要政治文献，例如，1981 年 6 月，中共十一届六中全会召开，通过《关于建国以来党的若干历史问题的决议》；1981 年 7 月 1 日，庆祝中国共产党成立六十周年大会在北京隆重举行；1982 年 9 月，中国共产党第十二次全国代表大会召开，邓小平同志致开幕词，胡耀邦同志做题为《全面开创社会主义现代化建设的新局面》的报告；1983 年 7 月 1 日，《邓小平文选》出版发行；等等。根据上级政协的部署和县委的统一要求，县政协把抓好学习列为主席会议的重要议题，先后 7 次召开常委会，学习讨论上述文件，并先后 4 次通过相应的决议，明确委员们学习的重点、步骤、时间和具体要求。组织和推动学习的主要方法是：对居住在如城而不在职的委员和各界人士，尽量组织他们同机关干部一起听传达或辅导报告；对分散在集镇或农村的委员，则采取分片集中的办法，传达文件精神。县政协三年共购发各种学习参考材料 6 500 余份，先后召开过 42 次不同规模、不同对象、不同主题的座谈会，交流学习心得。

第六届政协

学习委员会根据常委会的要求，对各个时期学习的内容和重点、须明确的目的和要求进行及时研究与部署，除派出干部分别到各个委员联系小组传达文件外，还寄发了各种学习材料5 680多份，通过编印简报，及时介绍学习动态和经验。这一时期，白蒲、石庄、城西等地区的委员联系小组学习活动搞得有声有色。另外，还举办专题报告会或召开座谈会，以辅导来推动学习，例如，约请县委农工部负责同志做关于在农村进一步完善经济承包责任制的报告，约请县经委负责同志做工厂企业推行经营管理体制改革情况的报告，请县政协领导同志做关于和平统一祖国形势的报告，请县委宣传部领导同志做关于学习社会主义精神文明建设指导方针决议的报告。这些专题报告会，受到委员们和各界人士的好评。1986年3月，遵照全国政协和中央统战部的通知，县政协在委员和各界人士中开展学习宣传潘恩良活动，9月专门召开学习潘恩良先进事迹交流会。

第七届政协

为了提高学习效果，县政协注重加强对学习的组织领导。第一，及时部署，明确要求。根据形势的发展，及时提出不同阶段的学习内容、重点、目的和要求，做到年有计划、季有安排、月有重点。第二，采取灵活多样的学习方法。坚持自学为主、适当集中，做到学习与座谈讨论、辅导交流相结合，学习与调查研究、参观考察相结合，学习与通报情况、知情出力相结合。1987年，在全体委员中开展了“长江杯”自我教育学习征答竞赛活动，针对大家在平时学习、工作中遇到的疑难问题，出了30条既联系实际、又有一定理论深度的题目，交给委员们思考、研讨和回答，受到委员们的欢迎。第三，认真总结和交流经验。及时总结推广坚持16年之久的政协直属学习组的学习经验，并通过《如皋政协》简报，经常介绍各组（委）的学习情况和经验。第四，认真做好服务和指导工作。县政协领导经常到各委员联系小组传达有关文件，参加和指导学习。

第八届政协

八届政协始终把组织和推动委员学习作为一项重要工作来抓，先后组织委员学习《中共中央关于坚持和完善中国共产党领导的多党合作和政治协商制度的意见》，江泽民同志《在庆祝中国共产党成立七十周年大会上的讲话》，邓小平同志南方谈话精神，中共十三届六中、七中、八中全会精神，中共十四大文件以及重要的国际国内时事政治。

为了帮助委员深刻理解学习内容，提高学习效果，市政协从以下几个方面抓好学习的组织工作。一是根据不同时期的学习内容，及时发出学习通知，明确内容要点，做出具体部署，提出学习要求。二是围绕学习内容组织编撰和下发各类学习资料，举行辅导报告会、座谈会，组织收听录音报告、收看电视录像。比如，中共十四大召开后，立即组织在城部分委员和各界人士座谈，畅谈大会的主要精神和伟大意义。三是认真抓好各工作组、委员联系小组和直属学习组的学习，并利用《如皋政协》及时报道各组的学习情况，介绍学习体会和经验。四是结合学习内容，组织委员开展参观、视察、调查等活动，联系实际，不断加深对学习内容的理解。五是不断改进学习方式，活跃学习气氛，提高学习效果。1992 年 7 月至 9 月，与统战部、台办、侨办和工商联等单位联合举办了“政协统战知识有奖竞赛”活动，宣传政协统战知识，扩大社会影响。

第九届政协

1993 年市九届政协换届以后，新委员占了 36.5%。为了帮助委员特别是新委员提高履职能力和综合素质，市政协加大了组织学习的力度。一是及时动员政协系统各工作组、联系组通过个人自学、小组讨论、交流心得、听录音、看录像、举行辅导报告会等形式，学习党和国家重要会议精神、重要方针政策和时事政治。比如，《邓小平文选》（第三卷）发行后，市政协发出通知，对学习《邓小平文选》（第三卷）做出具体部署，同时，召开社会各界人士参加的座谈会，畅谈学习《邓小平文选》（第三卷）的重大意义和体会；江泽民同志在中纪委二次全会上的讲话发表后，市政协领导及时深入各工作组、联系组，与委员一起学习和讨论；全国政协八届一次会议后，组织政协机关干部、直属学习组和委员认真学习李瑞环主席就政协工作发表的一系列重要讲话。二是注重举办座谈会、茶话会、报告会等，拓展学习形式，提高学习效果。中共十四届六中全会召开以后，市政协及时发出通知，对学习、宣传、贯彻六中全会精神提出了要求，同时举办在城委员学习辅导报告会，召开各界人士座谈会，交流心得体会。1997 年，为迎接和庆祝香港回归祖国，市政协先后与有关部门联合举行“香港回归祖国报告会”、座谈会、茶话会，举办“‘天龙杯’迎香港回归书画展览”和“迎香港回归‘三胞’工作成果展览”，开展“‘力星杯’《中华人民共和国香港特别行政区基本法》知识竞赛”等活动，有效地推动了学习《中华人民共和国香港特别行政区基本法》活动的深入开展。三是把组织学习与视察协商相结合。中共十四届六中全会召开前，为做好学习和贯彻六中全会精神的准备，市政协组织委员对加强青少年教育、狠刹“三风”等重要问题进行调查研究，并召开各界人士国庆中秋茶话会，就加强全市社会主义精神文明建设问题进行了研讨。六中全会召开后，市政协召开常委会，对如皋市精神文明建设“九五”规划和 1997 年精神文明建设工作思路进行了专题协商讨论。

第十届政协

1998 年，政协换届后，263 名委员中新委员达 53%。针对这一新情况，市政协持续加强对新委员的教育和培养。一是对委员进行履职能力的培训。1998 年，举办全体委员培训班，请南通市政协老领导黄冰、沈鹏千分别就人民政协的性质、地位、职能、作用和如何当好一名合格的政协委员做辅导报告；如皋市政协委员孙家俊、蒋邦彦分别介绍委组工作和委员活动经验。二是推动正常学习。1998 年，举办在城委员学习中共十五大精神和全国“两会”精神辅导报告会，并以委组为活动阵地，组织委员学习邓小平理论、中共十五大和十五届三中全会精神以及其他重要的时事政治等。市政协海外联络委员会还组织委员参加南通市政协举办的

“‘一国两制’在香港的实践与台湾形势”报告会。2000 年，通过举办两岸关系和中国加入 WTO 情况通报会、召开《一个中国的原则与台湾问题》白皮书学习座谈会、编印《如皋政协》、寄送学习资料、组织参观考察等多种形式，开展学习活动。2001 年 6 月，召开中国共产党建党 80 周年座谈会。2001 年 7 月，举办“三个代表”重要思想学习辅导报告会。江泽民总书记“七一”讲话发表后，及时发出学习通知，组织有关委员集中学习讨论。2002 年，组织委员认真学习邓小平理论、“三个代表”重要思想、中共十六大会议精神及重要时事政治。2002 年 4 月，举办 WTO 知识辅导报告会。三是通过召开主席会议、常委会议进行学习。中共十五届六中全会召开后，召开主席会议、常委会议，进行了学习和贯彻。2002 年 11 月，召开主席会议、常委会议，学习江泽民同志在中共十六大上所做的报告。

第十一届政协

十一届政协在组织学习方面的措施主要有三条。一是开展履职能力培训。2003 年 1 月，举办政协理论知识培训班，邀请南通市政协老领导做专题报告，帮助委员认识人民政协的性质、地位和作用，弄清履行政协职能的方式、方法和途径。2004 年 9 月，市政协组织新增补委员参加学习、培训、座谈活动。二是在组织自学的同时，通过辅导会、培训班、报告会等形式，集中进行政治学习。2003 年 3 月，举办辅导讲座，围绕如何进一步学习贯彻中共十六大报告精神，对委员进行辅导。2004 年 4 月，组织在城政协委员、政协联谊会会员和老年科协会员，举办树立和落实科学发展观辅导报告会。6 月，举办经济社会发展形势报告会。10 月，专门下发通知，要求各委员组认真学习中共十六届四中全会通过的《中共中央关于加强党的执政能力建设的决定》和胡锦涛总书记在人民政协成立 55 周年纪念大会上的重要讲话。2005 年，市政协共举办多种形式的培训和专题辅导报告会 10 多场。先后于 3 月下旬和 11 月下旬，邀请专家学者就构建社会主义和谐社会和贯彻党的十六届五中全会精神做专题报告 2 次，600 多人次参加学习。4 月，组织民宗侨台界委员和有关人士参加学习贯彻《反分裂国家法》座谈会，并举行联合签名仪式，增强委员们加快和谐发展、促进祖国统一的信念和决心。2006 年，市政协通过举办报告会和辅导讲座、寄送学习资料等多种形式，丰富委员学习内容，提升委员素质，增强委员履职能力。5 月份，邀请专家做“深入学习贯彻《中共中央关于加强人民政协工作的意见》精神，努力开创人民政协工作新局面”讲座。10 月，举办台海形势报告会。2007 年，市政协围绕学习贯彻党的十七大精神、胡锦涛总书记“6·25”重要讲话、中共中央 5 号文件精神等内容，通过举办辅导讲座、寄送学习资料等形式，增强委员做好新时期政协工作的责任感和使命感。三是通过主席会、常委会组织学习。2003 年 11 月，市政协通过召开主席会议、常委会和开展各委员组活动等形式，组织委员学习中共十六届三中全会通过的《中共中央关于完善社会主义市场经济体制若干问题的决定》。2004 年 5 月，组织政协常委会全体组成人员和政协各委员组负责人，举办学习新修订的政协章程专题讲座。2005 年 5 月，政协常委会组成人员认真学习《中共中央关于进一步加强中国共产党领导的多党合作和政治协商制度建设的意见》。2007 年，政协常委会例行学习、政协主席会议定期学习、政协机关每周一学习成为制度。

第十二届政协

十二届政协以常委会议学习、主席会议学习、中心组学习、机关学习等多层次学习形式，组织机关干部和委员学理论、学知识、学政策。一是规范委员教育管理。对新任委员进行任职培训，定期邀请专家学者为委员做讲座，不断增强委员责任意识，提升履职能力。二是创建富有政协特色的和谐文化，打造“和谐家园”特色品牌。以各具特色的主题实践活动为载体，增强政协文化的吸引力、辐射力和影响力。将2011年定为政协文化建设年，通过党性教育、委组活动、调研考察等途径，开展特色主题活动，让委员感受到来自政协大家庭的温暖和和谐氛围。2011年“七一”期间，组织在如皋的部分南通市政协委员赴延安重走红色路、重温革命历史，接受灵魂的再洗礼。市政协在每次重要会议召开时，制作“政协文化建设”宣传图片展，宣传政协文化建设、文明创建、专题活动开展情况，展示政协文化建设成果，营造文化氛围。三是健全学习制度，常态化开展政治理论和专业知识学习。2008年，结合周一学习日，组织大家学习十六大以来中国共产党关于科学发展观的一系列重要观点，先后按照政协领导、科级干部、一般工作人员三个层次进行大讨论。清明节、“七一”等节日，组织机关干部凭吊先烈、重温入党誓词，开展各种形式的革命传统教育，锤炼思想作风，坚定理想信念。2010年，以创先争优活动为契机，不断强化机关建设，在机关内部深入开展多种形式的学习、交流活动，机关干部共撰写心得体会和研讨文章54篇。

第十三届政协

十三届政协继承和发扬人民政协注重学习的优良传统，认真落实各项学习制度。一是领导发挥学习带头作用。5年内召开党组中心组学习会60次，先后召开5次委员专题学习会，学习政协理论、业务知识和履职相关要求，系统性加强思想政治建设、作风纪律建设、制度机制建设。二是在政协机关深入开展党的群众路线教育实践活动、“三严三实”专题教育、“两学一做”学习教育，扎实推进创新型、务实型、勤廉型、服务型机关建设。2012年，先后开展学习贯彻十八大精神大党课活动，召开“讲政治、讲党性、顾大局”为主题的民主生活会，开展以“争当人民好公仆”为主题的“道德讲堂”活动，并结合政协工作实际开展大讨论，努力将十八大报告提出的“健全社会主义协商民主制度”贯彻好、执行好。2013年，政协机关举办了党的群众路线教育实践活动专题讲座，进一步加强对机关全体党员的宗旨教育、理想信念教育和群众路线教育；开展了以“公德馨，社会兴”为主题的道德讲坛观摩活动，进一步提升机关人员的道德素养。积极参与江苏省政协“推进社会主义协商民主”理论研讨活动，论文《协商民主是推进决策科学化民主化的重要途径》入选研讨会论文汇编。2015年，市政协机关认真开展“三严三实”专题教育，扎实推进创新型、务实型、勤廉型、服务型“四型”机关建设。市政协把打造“书香机关”和提升机关人员履职能力结合起来，大力倡导爱读书、读好书、善读书的良好风气，科级领导每人带头领学一本书，经验在《江苏政协》刊出。三是通过举办专题讲座、辅导培训等多种形式，组织广大政协委员深入学习中共十八大精神和习近平总书记系列重要讲话，不断强化政治意识、大局意识、核心意识、看齐意识。2014年，邀请南通市政协十届政协委员、原学习文史委员会主任郭继荣为全体委员做了题为“推进协商民主广泛多层制度化发展”的专题讲座。为进一步提高新任委员的履职水平，还举办了新任委员培训班，帮助他们更加主动积极地为深化改革、转型发展、维护稳定发出“好声音”，聚合“正能量”。2016 年，分别在江西干部学院、青岛全国政协培训基地举办政协委员培训班，着力提升政协委员和政协机关干部的思想认识与工作能力。据统计，2011—2016 年 5 年共举办全体委员专题学习会 5 次，委员专题培训班 10 期。

第十四届政协

市十四届政协分层次、分类别、分阶段组织广大政协委员开展主题鲜明、形式多样的学习教育活动，丰富学习内容，创新活动形式。重点学习党的十九大精神、新修订的党章、宪法和政协章程以及党纪党规，进一步增强全体同志的政治敏锐性和政治鉴别力，提高政治警觉，保持在大是大非和重大政治原则问题上的鲜明立场和坚定态度。学习形式多样。一是集中学习，具体形式包括市委中心组扩大学习、“双周学习会”、专题辅导报告会、党课、党校选学等。学习会一般采用班子成员轮流导学的形式，开展专题辅导，交流学习心得。政协机关还经常组织上党课，政协党组成员带头讲党课，同时还邀请市纪委、组织部、宣传部主要领导上专题党课。2017 年，累计有 200 余人次参加各类学习研讨活动。2018 年，政协党组及机关中心组围绕相关专题开展理论学习 25 次。2019 年，结合“不忘初心、牢记使命”主题教育活动，市政协开展形式多样的学习研讨活动，邀请市委常委给政协常委和机关全体人员上专题党课，政协党组和机关班子成员赴挂钩联系村（社区）和部门上党课，建立机关党建工作室，常态化开展理论学习，全年开展中心组（扩大）理论学习 12 次，上专题党课 8 次，撰写各类学习心得 96 篇。二是开展各种形式的党性教育活动。市政协机关通过重温入党誓词、过政治生日、主题党日教育等党性教育活动，增强全体党员的党员意识。先后分批组织机关党员参观南京大屠杀遇难同胞纪念馆、瞻仰中共一大会址、参观嘉兴南湖革命纪念馆和淮安周恩来纪念馆等，开展党性专题教育。2019 年组织机关党员赴山东临沂、泰兴黄桥等革命老区进行党性教育。三是严格落实“三会一课”、谈心谈话、民主生活会、组织生活会和民主评议党员等工作制度，规范程序，创新载体。四是线下分散自学和网上在线学习相结合，网上学习平台包括“学习强国”“雉水在线”“委员之家”“江海清风”等。五是组织履职能力培训。针对换届后新委员超过三分之二的新情况，开展“弘扬老区革命精神、争做优秀政协委员”的主题教育活动。2017 年，组织新任政协委员分赴延安、井冈山、古田、大别山等全国革命传统教育基地接受培训教育。2018 年，组织新任政协委员 90 多人分赴河南林县红旗渠、贵州遵义等教育基地，接受理论知识集中培训和革命传统教育。2019 年开始，组织政协委员和机关党员干部走进高校接受理论培训，在厦门大学举办第一期提升履职能力培训班。六是组织开展提案工作系统业务培训，帮助委员快速掌握基本履职方式，实现了所有提案网上提交与网上答复反馈的无缝对接。

第六节 文史资料征编工作

1963年5月，县政协设立文史资料研究委员会，下设文史工作组，从事征稿、访核、编辑整理等工作。全年征集文稿32篇，内容大多涉及国民党统治时期，少量内容涉及清末和北洋军阀统治时期。

1985年县六届政协开始，单独征集、编辑和出版《如皋文史资料》。县六届政协共征集到文稿60多篇40余万字，选出文稿38篇21万余字，编成两辑《如皋文史资料》。第1辑于1985年9月出版，第2辑于1986年12月出版。这两辑文史资料，比较系统地反映了如皋各个时期政治、经济、社会、文化等方面的情况，记述了如皋历史上一些名人的生平、一些名胜古迹和土特产品的历史与现状，记载了如皋解放前县政府、国民党、三青团、地方武装、日伪军的活动。

县七届政协遵循文史资料为巩固和扩大爱国统一战线服务的方针，不断拓宽文史资料的征集范围，努力提高质量，先后共征集到各类文史稿件89篇66万余字，经过编审，采用稿件53篇25万余字，编辑出版了《如皋文史资料》第3辑、第4辑。

县八届政协先后共征集到文史稿件257篇86万余字。经过编审，采用稿件138篇38万余字，编辑出版了《如皋文史》第5—7辑（从第5辑起，《如皋文史资料》更名为《如皋文史》，沿用至今）。为江苏省政协编印的《江苏近现代人物选录》、南通市政协出版的《情系南通》《南通市政风情录》征集了部分稿件。同时，开展港、澳、台文史资料的征集和交流，进一步宣传如皋，扩大影响，较好地发挥了文史资料为经济建设、精神文明建设、统一战线工作服务的作用。

九届政协编印了《如皋文史》第8—10辑。1995年，由市政协文史资料委员会编写、国防部原部长张爱萍将军题写书名的《如皋政协40年》出版，作为《如皋文史》第九辑，记述时间为1956—1995年，分为政协简史、大事记、文件选编、工作研讨、委员忆昔、附录等六个部分，详细记录了如皋政协成立以来工作活动的情况和组织机构、人员构成，全书共27.4万字。

十届政协编印了《如皋文史》第11—14辑。1999年，重点编纂北宋著名学者、教育家、思想家胡安定专辑，在市内征稿的基础上，先后到湖州、苏州、上海、北京、开封等地，征集珍贵史料280多万字，拍摄大量照片。2000年，《胡瑗》正式出版，作为《如皋文史》第十二辑。2001年，为纪念中国共产党建党80周年和辛亥革命90周年，市政协编辑出版《如皋文史》第十三辑，全书约12万字。2002年10月，由南通市政协学习文史委员会组织、如皋市政协学习文史委员会承编的“南通旅游文化丛书”如皋篇《古邑如皋一片金》正式出版发行。该书作为《如皋文史》第十四辑，由黄山书社出版，着力展示“江苏历史文化名城”的风貌魅力，反映“中国花木盆景之都”的隽美秀丽，展现“世界长寿养生福地”的神韵风情，全书约11万字。

十一届政协编印了《如皋文史》第15—19辑，共115万字。2005年12月，由全国政协副主席张怀西作序，政协如皋市委员会、政协联谊会联合编撰的《如皋历史文化》一书由国际文化出版公司出版发行，该书共 38 万字，从如皋的历史变迁、古邑遗存、历代名人、教育文化、民间艺术、长寿文化、花木盆景、民俗风情、宗教文化、制盐历史、如皋方言、饮食文化以及历代名贤咏如皋等 13 个方面，系统全面深入地展示如皋独特灿烂的历史文化。2006 年，市政协出版发行了《如皋方言研究》和《如皋文史》第十八辑两书。2007 年 12 月，《如皋文史》第十九辑正式出版发行，选编文稿 42 篇，近 20 万字。

十二届政协编印了《如皋文史》第 20—23 辑，共 87 万字，记录了红十四军革命史、人民政协成立 60 周年、如皋经济开发区和如皋港区发展历程等不同历史时期的宝贵资料。为纪念辛亥革命 100 周年、中国共产党建党 90 周年、如皋撤县建市 20 周年，挖掘和保存如皋在这些重大历史事件中的珍贵史料，市政协向全社会发出征稿启事，同时向亲历这些事件的老领导、老同志，党史、革命史研究领域的专家、学者，如皋籍的在外知名专家、教授约稿，共征集各类稿件 60 多篇，收集了大量弥足珍贵的历史资料和研究成果。2010 年，市政协参与红十四军纪念馆的总体策划和规划论证工作，为红十四军纪念馆进行形象设计、撰写布展文本。2011 年，市政协配合南通市政协学习文史委员会建立了如皋籍海外人士名录，耗时半年收集了 124 名海外人士详细资料；收集整理了如皋“百年老字号”资料，出版了《东皋话旧》上下两册。2012 年，市政协完成如皋县委诞生纪念墙、鲁班祠、吴庄烈士陵园纪念馆、博物馆长寿展览厅等工程的创意设计和文案撰写；参与“万岁林”、中华长寿博物馆、江苏盆景园、顾庄生态园规划的创意设计和文案审改工作；承担并完成《如皋长寿经》编辑工作。

十三届政协完成江苏省政协、南通市政协组织的沿海开放、纺织史话、名医名家、海外名人、抗日战争等史料征编任务 9. 8 万字。深入挖掘如皋历史资源、名人文化和特色民俗，五年编印第 24—28 辑《如皋文史》。其中，2013 年，完成《如皋文史》第 25 辑 18 万字的征编出版工作；收集“东皋印派”资料并加以研究，形成研究论文 70 多篇 20 余万字；完成《如皋长寿经》内部出版工作、《南通名医》（如皋部分）征编工作；积极参与全国政协布置的关于沿海城市对外开放的史料征集工作。2014 年，与凤凰出版传媒股份有限公司合作，完成《寿比南山》一书的出版发行工作，全书 14 万余字，插图 200 余幅，揭秘如皋长寿现象，提升如皋美誉度；完成 18 万余字的《如皋文史》第 26 辑征编出版工作，以及江苏省政协纪念抗日战争胜利 70 周年“三亲”史料和全国政协改革开放成果“三亲”史料征编工作。2015 年，为纪念抗日战争胜利 70 周年，在第 27 辑《如皋文史》开辟“抗战纪事”专栏。从 2015 年开始，实施“雉水英才”采编计划，在《如皋文史》增设“雉水英才”栏目，对当代政界要员（省部级以上）、军旅人物（将军）、两院院士、艺文俊彦、体坛英才、企业精英（全国劳模）等如皋名人，分期、分批进行实地采访，一方面积累珍贵的历史资料，另一方面充分利用他们的优势资源，为如皋经济社会发展聚力汇智。2016 年，编辑出版第 28 辑《如皋文史》，全书 21. 5 万字，收录文章 54 篇。2016 年 11 月，作为县级政协唯一代表，在江苏省政协文史工作座谈会上交流文史工作经验。

十四届政协继续加强文史征集编辑工作。2017 年，征集重要史料 30 万字，编辑出版第 29 辑《如皋文史》；“雉水英才”栏目组赴广州、深圳、重庆、北京等地对如皋籍名人陈跃华、卢坤建、张小波等进行拜访和采写，联合新闻媒体进行专访报道；为传承和弘扬如皋治沙精神，组织专门力量对当年战高沙事迹进行挖掘，先后采访当年参与削平高沙土的亲历者27人，编印《勠力同心战高沙》。2018年，征集重要史料128篇，完成《如皋文史》第30辑的编印，开辟“改革开放40年”专栏，录用文稿16篇；“雉水英才”栏目组对中科院院士马瑾、严纯华等7名如皋籍名人进行专访；积极参加《名人与南通》主题采写活动，完成吕岱、胡瑗、冒辟疆、李渔、袁枚5人的资料编写；全面启动《如皋政协志》编修工作；强化文史服务功能，开展地方历史进机关、进社区活动，全年共讲授17场次；参与《如皋市老区建设发展史》《如皋改革开放40周年影像志》策划及文稿撰写。2019年，坚持文史工作传承创新，发挥史志存史资政作用，打造史籍精品，征集史料120多篇数十万字，征集重点由中华人民共和国成立前转向中华人民共和国成立后、改革开放以来，出版《如皋文史》第31辑，设置“纪念人民政协成立70周年”等专栏，收录史料42篇；修订重印《如皋文史》第1—14辑，分上、中、下3册计245万字；编纂《如皋政协志》；充分发挥政协文史智力优势，服务城市建设，在如城宏坝河、内外城河改造等规划建设中，组织文史工作者建言献策，充分展现如皋历史文化资源，得到市政府主要领导肯定；充分发挥政协文史的团结统战作用，深化“聚识聚力”活动，先后拜访、采写月星集团董事局主席丁佐宏、上海如皋商会会长崔建华、清华大学经济学家鞠建东、大连海事大学副校长刘正江等“雉水英才”；充分发挥政协文史的教化育人作用，开展文史进校园活动，2019年12月27日举办启动仪式，把《如皋文史》送到全市所有中小学，在部分学校开设如皋历史文化、红色文化、“非遗”文化课程，被人民网、人民政协网等媒体报道。

第七节 “有事好商量”协商议事工作

2019年，江苏省政协要求市县政协依托政协委员之家，加快建立“有事好商量”协商议事室，把涉及群众切身利益的协商送到农村、企业、社区，推动政协协商与基层协商的有效衔接。南通市委、市政协高度重视，将镇、村先行试点任务交由如皋市政协探索推进。为此，如皋市委专门出台相关工作意见，并成立推进领导组，结合“两代表一委员”联系群众工作机制，要求“有事好商量”协商议事室选择切口小、关注度高的议题进行协商。如皋市政协认真谋划，在城北街道委员组率先开展协商议事室建设和议事活动。通过试点，如皋市政协总结经验、设计流程、规范制度。8月，如皋市政协承办了南通市政协系统“提高联系群众能力”专题研讨暨“有事好商量”协商议事室建设观摩推进会。

随后，如皋市政协逐步扩大试点，不断完善工作制度，规范环节流程，提升协商议事质效。在试点推进阶段，遵循试点先行、逐步推开的原则，分步扩大试点类型，先后增加了城北街道平园池村、如城街道孔庙社区、南通荣威娱乐有限公司、法制委员组等4家试点单位。

2019年11月，“有事好商量”协商议事室建设进入全面推进阶段。如皋市政协从以下几个方面采取措施，推进这项工作。

一是印发指导文件，成立领导小组。为更好地在“党委领导，政府支持，政协搭台，多方参与，群众满意”的总体格局下开展工作，市政协党组就如何组织全面推进“有事好商量”协商议事室建设工作向市委做了专题汇报，并提请市委下发了《全面推进“有事好商量”协商议事室建设工作的意见》，对全面推进协商议事室建设的目标任务、工作要求、组织领导等都做出明确要求，成立了市全面推进“有事好商量”协商议事室建设领导小组，市政协主席、市委副书记共同担任领导组组长，市政协所有副主席担任领导组副组长，组织部、宣传部、统战部、政法委等部门负责同志担任领导组成员，多部门合力推进。

二是召开推进会议。11 月 18 日，市政协召开了全市全面推进“有事好商量”协商议事室建设推进工作会议。各镇（区、街道）的党委副书记、统战委员、村（社区）党组织书记代表以及各界别委员组组长、联络员等参加会议。试点单位做经验介绍，张元健主席对全面推进协商议事室建设工作进行了动员和部署。会上下发了《市政协关于全面推进“有事好商量”协商议事室建设工作方案》《关于征集协商议事议题的通知》等文件，印发了工作制度、流程等供基层参考。

三是落实推进举措。市推进工作会议召开以后，市政协机关各分工联系组、各镇（区、街道）、各界别委员组迅速贯彻落实会议精神，把全面建设“有事好商量”协商议事室工作当成当前一项重点工作来抓。各位主席带队深入分工联系镇（区、街道）、界别组督促指导，推动协商议事活动开展。各镇（区、街道）立足实际，前期试点镇内的所有村（社区）全面推开，其他镇按照“先行试点，全面推开”的原则，先选择一个村作为试点。搬经镇党委召开会议部署，明确每个党政班子成员包干 2—3 个村（社区），并在梅甸社区围绕“民河清杂、农村公路两侧清理乱种植乱树桩”试点开展了“有事好商量”协商议事会议，邀请了 8 名“两代表一委员”、5 名群众代表、3 名老干部代表进行协商活动，全镇各村党组织负责人观摩了会议。截至 12 月底，全市建成 375 个“有事好商量”协商议事室，所有镇（区、街道）、界别组和村（社区）实现全覆盖，并基本实现“六个有”（有阵地、有标识、有制度、有流程、有活动、有实效）。协商议事活动实现全覆盖，如城镇委员组和工青妇委员组结对联合开展协商活动，法制委员组围绕“加强校园保安工作”、人资环委员组围绕“如何推进垃圾分类工作”、丁堰镇皋南社区围绕“集中居住小区人居环境整治”等议题开展协商议事活动卓有成效，协商议事室正成为基层治理体系的重要平台和载体。如皋市“有事好商量”协商议事工作的做法和经验被“学习强国”平台录用推广。

第八节　宣传报道工作

一、宣传报道

1999 年 7 月 1 日，市政协办公室印发《关于加强政协宣传工作的意见》，明确由主持日常工作的副主席分管政协宣传工作，政协机关建立由 5 人组成的通讯报道小组，加强经常性新闻报道：在《如皋日报》、市电视台开辟《政协论坛》，每月一期；在《如皋日报》开辟不定期栏目“委员风采”，在市电视台“东皋纵横”栏目增加反映委员风采的人物报道，原则上每月一次；在《如皋日报》、电视台、电台有关栏目和节目中，做好政协全委会议、常委会议新闻报道，对政协的专题协商和民主监督活动做深度报道；办好《如皋政协》内部刊物，充分发挥固定舆论阵地的作用；集中力量搞好纪念人民政协成立50周年的宣传报道，在《如皋日报》开展"我与政协"有奖征文活动，在市电视台举办"我与政协"征文演讲，召开新老委员纪念人民政协成立50周年座谈会，在《如皋日报》开辟书画专版庆祝人民政协50周年华诞，由宣传部牵头组织庆祝人民政协成立50周年乘凉歌舞晚会。同时，建立与新闻部门联系制度，坚持每季度与新闻单位召开一次联系会，进行双向交流。市政协机关通讯报道小组每季度活动一次，全市政协通讯报道员会议每年举行1—2次，对成绩突出的委员给予奖励，将宣传报道列入政协机关目标责任制考核内容。7月13日，市政协召开社情民意信息员暨政协工作宣传报道员会议，会议上对在深入调查研究，反映社情民意，热情宣传政协性质、地位、作用中成绩突出的黄光祖等4人予以表彰。

2000年3月17日，市政协在市政府一楼会议室召开信息宣传报道工作会议。副主席袁泉总结1999年市政协宣传报道工作，对2000年工作提出要求。主席魏国平出席会议。

2001年9月21日，市政协办印发《关于加强政协宣传工作的意见》。文件分为组织领导、重点内容、职责分工、奖惩制度4个部分，明确由一位副主席分管宣传工作，建立宣传工作组，明确宣传的主要内容：市政协召开的重要会议和开展的重要视察、民主评议等活动；委组活动、委员提案办理、委员建议和意见、社情民意信息、调查报告；对社会各界关注的热点、难点问题的建议对策和委员对全市重要工作的研究探讨。

2001年10月，市委印发《中共如皋市委关于进一步加强人民政协工作的决定》，提出加大对政协工作的宣传力度，要求各级党委宣传部门和新闻媒体采取切实措施，有计划、有重点地宣传中国共产党领导的多党合作和政治协商制度，宣传人民政协的性质、地位和作用，宣传政协开展的重大活动，宣传政协履行职能的经验、成效和委员的先进事迹，进一步提高全社会对政协工作的认识。

2006年11月25日，市委印发《关于做好新形势下人民政协工作的意见》，要求加强人民政协的理论研究、教育和宣传工作。各镇党委、政府要把人民政协理论作为中心组和党员领导干部学习的一项重要内容。党委组织部门、党校和政府行政学校要把党的统一战线和人民政协理论列入对领导干部尤其是新任领导干部培训的必修课程。宣传部门要加大对人民政协理论、政策的宣传力度，在全市营造重视和支持政协工作的良好氛围。

2017年10月24日，市委印发《关于加强和改进人民政协工作的意见》，提出把人民政协理论列入党委（党组）中心组学习内容，作为党校、行政学院（校）定期培训党政领导干部和公务员的必修课程；把政协新闻宣传纳入党委宣传工作的总体安排和年度计划，认真做好政协重要会议和重要活动的报道。市各新闻媒体要通过开辟专版、专栏、专题节目和网络交流等多种形式，有计划、有重点地宣传政协工作，展示政协委员参政议政、建功立业、示范引领的风采，形成有利于政协事业发展的良好环境。

2019年7月，中共如皋市委印发《关于加强新时代人民政协党的建设工作的实施意见》，提出要突出政协理论学习系统化，用党的创新理论武装头脑、指导实践、推动工作；把牢意识形态工作主动权，加强对意识形态的引领，严格对政协新闻宣传、社情民意信息、委员意见建议等的审核把关，强化对如皋市政协网站、“智慧政协”移动履职平台和《如皋文史》等所属意识形态阵地的建设与管理，注意区分政治原则问题、思想认识问题、学术观点问题，旗帜鲜明地反对和抵制各种错误观点。

二、内刊、出版物

《如皋政协》内刊。政协机关内刊，政协秘书处主办。1981 年 5 月创刊，开始名称为《政协工作情况》。1985 年 1 月更名为《如皋政协》，不定期编印，主要内容为活动报道、会议报道、简讯等，发送对象为市级机关各部门、各人民团体、法院、检察院、各乡镇。1999 年，《如皋政协》设立“社情民意专刊”，不定期编印。从 2000 年开始《如皋政协》不再编发日常活动，专门发行《如皋政协 · 社情民意专版》至今。

三、新媒体

1.《如皋市政协》门户网站。2012 年 3 月 1 日，为适应信息宣传需要，市政协网站开通，域名为 http：//zx. rg. gov. cn。网站服务器建在市政府信息中心，由政协办公室负责内容更新，市政府信息中心提供后台技术支持。市政协网站页面由市政府信息中心设计，分为“政协简介”“政协领导”“政协动态”等子栏目。

2.“如皋政协”微信公众号。2016 年 6 月 2 日，“如皋政协”微信公众号正式上线运行。“如皋政协”微信公众号定位于报道政协动态、传播政协信息、交流政协经验、反映社情民意、关注民生发展、服务政协委员，由市政协办公室委托如皋市文广传媒集团新媒体部负责后台编辑发布等工作。

3.《如皋市政协》App。从 2019 年 3 月开始，市政协着手打造“智慧政协”平台建设，由委工委具体组织实施。通过 4 个月的项目审核、招标、开发等流程，平台于 7 月正式上线运行。该平台是面向全体委员、机关工作人员、各承办单位的电子政务综合应用系统。政协委员可通过该系统了解党和国家的政策、部署，查询提案办理、会议通知、委员活动等内容，实现委员实时参与协商、及时参与监督。

附录：历年来出版及在刊物和网络上发表的有关政协工作理论探讨和工作研究的文章（部分）

刊物/出版社/网站	标　题	时间	作　者
《人民政协报》	如皋市政协直属学习组坚持学习活动 11 年	1986 年 6 月 13 日	马武台
《人民政协报》	江苏如皋政协——心装农民致力致富工程	1995 年 7 月	李四海
《人民政协报》	江苏如皋市政协认真履行民主监督——游戏机市场井然有序	1995 年 11 月 9 日	李四海
《人民政协报》	如皋市政协委员强烈呼吁：对打卦算命看相者要坚决取缔	1996 年 6 月 27 日	李四海

续表

刊物/出版社/网站	标　　题	时间	作　者
《人民政协报》	在政协换届中要重视调整好委员结构	1997 年 8 月 7 日	李四海
《人民政协报》	如皋市政协提高新一届委员素质	1998 年 4 月 10 日	李四海
《人民政协报》	如皋肉太贱　农民怕养猪	1998 年 5 月 11 日	李四海
《人民政协报》	农村“人情负担”不得了	2000 年 3 月 20 日	李四海
《人民政协报》	农村基层干部腐败不可小视	2000 年 7 月 24 日	李四海
《人民政协报》	为加强环保工作建言献策	2000 年 8 月 3 日	李四海
《人民政协报》	小城镇建设中不能忽略公用消火栓	2001 年 2 月 12 日	李四海
《人民政协报》	农村土地流转不畅原因探析	2002 年 1 月 4 日	李四海
《人民政协报》	县城大街白天竟有狗咬人	2002 年 9 月 30 日	李四海
《人民政协报》	关注老伤残复员军人家庭生存环境	2003 年 5 月 19 日	李四海
《人民政协报》	哪些因素制约民营医院发展——对如皋市民营医院的调查	2003 年 9 月 1 日	李四海
《人民政协报》	独生子女退休金不兑现有损政府形象	2003 年 11 月 17 日	李四海
《人民政协报》	管管野蛮施工行为	2003 年 12 月 15 日	李四海
《人民政协报》	采纳政协建议　出台激励政策——江苏如皋市强势推进花木盆景产业发展	2004 年 1 月 5 日	李四海
《人民政协报》	此种贺年品实在没必要	2004 年 2 月 16 日	李四海
《人民政协报》	农村村干部为啥后继乏人	2004 年 2 月 23 日	李四海
《人民政协报》	农村文化建设堪忧	2004 年 8 月 9 日	李四海
《人民政协报》	公务用车制度改革势在必行	2005 年 3 月 14 日	周星
《人民政协报》	江苏如皋市政协呼吁重视法律援助工作——为弱势群体的合法权益撑起“保护伞”	2005 年 4 月 20 日	李四海 黄建华 吴小蓉
《人民政协报》	救救江苏如皋的贴绒画和木偶戏	2005 年 5 月 9 日	李四海
《人民政协报》	江苏如皋古城安定先生雕塑落成	2005 年 5 月 13 日	李四海
《人民政协报》	采纳委员提案建议江苏如皋市新建大型剧院	2005 年 7 月 13 日	李四海
《人民政协报》	江苏如皋市古树名木戴上“护身符”	2005 年 8 月 4 日	李四海
《人民政协报》	民办幼儿园应“走入正轨”	2005 年 9 月 5 日	李四海
《人民政协报》	委员建议带来为民办实事项目——江苏如皋古城沙氏“颐园”呼之欲出	2005 年 11 月 28 日	李四海
《人民政协报》	管管长江违禁捕捞行为	2006 年 5 月 22 日	李四海
《人民政协报》	农村文化建设亟待提速	2006 年 7 月 17 日	李四海
《人民政协报》	如皋市斥资 4 亿改造千余座农村危桥	2006 年 9 月 25 日	李四海
《人民政协报》	请给农民一个进城卖菜场地	2006 年 10 月 23 日	李四海
《人民政协报》	想要“方便”为何不方便——对江苏如皋等城市公厕设置的调查与思考	2006 年 11 月 6 日	李四海

续表

刊物/出版社/网站	标　　题	时间	作　者
《人民政协报》	江苏如皋市湖北宜昌市为失地农民提供基本生活保障	2006年11月29日	李四海 何新华
《人民政协报》	“通达工程”岂能重建轻管——江苏如皋农村道路交通安全问题不容忽视	2006年12月11日	李四海
《人民政协报》	乡镇卫生院实现健康发展　失地农民权益得到保障——如皋市政协坚持每年促成一件实事为民解忧	2007年1月15日	李四海
《人民政协报》	请多一些为农民工维权之类的检查	2007年1月22日	李四海
《人民政协报》	农技“110”何时能在全国推广	2007年2月12日	李四海
《人民政协报》	政府为民办实事应少要求村级筹集配套资金	2007年3月5日	李四海
《人民政协报》	政协委员建议写进市政府工作报告——如皋市7 000余名农村教师有了住房公积金	2007年3月23日	李四海
《人民政协报》	种地要走两公里　庭院经济难保持　别把农民集中点建成城市小区	2007年4月30日	李四海
《人民政协报》	节庆休假日何时能惠及农民工	2007年5月21日	李四海
《人民政协报》	如皋市政府落实政协建言加强民办幼儿园管理	2007年5月30日	李四海
《人民政协报》	农作物秸秆——何时才由“一烧了之”变为“一举多得”	2007年6月11日	李四海
《人民政协报》	政协委员连续五年呼吁终有结果——江苏如皋市兴建红十四军纪念馆	2007年6月16日	李四海
《人民政协报》	不能忽视村镇拆迁中的文物古迹保护	2007年7月9日	李四海
《人民政协报》	村委会靠负债搞新农村建设不可取	2007年7月30日	李四海
《人民政协报》	江苏如皋：调频广播与有线电视“绑定”十分不妥	2007年10月22日	李四海
《人民政协报》	委员献计破解“最后一公里”如皋市开通农业信息一线通	2008年5月1日	李四海
《人民政协报》	如皋市交通局局长现场落实社情民意	2008年5月7日	李四海
《人民政协报》	新农村建设切忌片面追求“村容整洁”	2008年8月4日	李四海
《人民政协报》	新农村建设农民应有充分发言权	2008年8月14日	李四海
《人民政协报》	农田“内外三沟”毁损严重　清理恢复刻不容缓	2008年9月1日	李四海
《人民政协报》	江苏省如皋市：六成村级债务源于兴办公益事业	2008年11月24日	李四海
《人民政协报》	江苏如皋：农作物秸秆不再“一烧了之”	2008年12月1日	李四海
《人民政协报》	“惠民之举”更应减免对困难家庭的收费	2009年2月9日	李四海
《人民政协报》	哪些因素制约农业保险的发展	2009年4月27日	李四海
《人民政协报》	“以奖代补”的农村基建投入模式不宜搞一刀切	2009年6月1日	李四海
《人民政协报》	如皋市采纳政协建议——城区公交免费向70岁以上老人开放	2009年7月6日	李四海

续表

刊物/出版社/网站	标　　题	时间	作　者
《人民政协报》	建立保障机制　切实把政治协商纳入决策程序	2009 年 7 月 27 日	李四海
《人民政协报》	江苏如皋：乡镇安监工作需加强	2009 年 8 月 31 日	李四海
《人民政协报》	江苏如皋：农民期盼“农家书屋”真正充分发挥作用	2009 年 11 月 9 日	李四海
《人民政协报》	做好社情民意信息工作应把握好八个关键点	2009 年 11 月 16 日	李四海
《人民政协报》	农民期盼“永乐店模式”能推广全国	2009 年 12 月 14 日	李四海
《人民政协报》	农村“通达工程”不能重建设轻维修	2010 年 4 月 19 日	李四海
《人民政协报》	基层政协宣传工作的重点领域	2010 年 8 月 18 日	李四海
《人民政协报》	农村公益文体设施不能重建设轻管理	2010 年 9 月 20 日	李四海
《人民政协报》	期盼“涉农负担问责”在全国推广	2010 年 9 月 27 日	李四海
《人民政协报》	如皋市政协委员热议诚信社会建设	2011 年 1 月 11 日	李中林 周荣明 李四海
《人民政协报》	期盼更多城市为露宿农民工提供“避风港”	2011 年 2 月 21 日	李四海
《人民政协报》	如皋市政协委员呼吁整治净化市场环境	2011 年 3 月 26 日	李四海
《人民政协报》	期盼各地学习宁夏政府实施“鸡蛋工程”	2011 年 4 月 18 日	李四海
《人民政协报》	如皋市政协为稳定物价支招——抓好蔬菜基地建设促进商品流通顺畅	2011 年 5 月 5 日	李四海
《人民政协报》	如皋市政协与困难家庭“手拉手”效果好	2011 年 6 月 4 日	李四海
《人民政协报》	继承和创新并重　提升政协工作科学化水平	2011 年 6 月 22 日	李四海
《人民政协报》	落实政协社情民意信息——如皋市统一配发安全生产监管执法车	2011 年 7 月 30 日	李四海
《人民政协报》	如皋市政协建言以信息化带动工业化	2011 年 9 月 14 日	殷高华 周荣明 丁建明
《人民政协报》	如皋市政协民主评议金融机构	2011 年 9 月 28 日	儒正谐
《人民政协报》	如皋市政协拓宽民主监督领域收获新成果	2011 年 11 月 22 日	周荣明 石　坚 刘　霞
《人民政协报》	抢救保护农村文化遗产刻不容缓	2011 年 12 月 12 日	李四海
《人民政协报》	把人民政协打造成公民有序政治参与的重要平台	2012 年 3 月 21 日	李四海
《人民政协报》	协商议政求“深”　民主监督求“新”——如皋市政协创新工作方法	2012 年 3 月 28 日	万有富
《人民政协报》	莫让高温下的劳动保障成空文	2012 年 8 月 6 日	李四海
《人民政协报》	虎口办学记	2015 年 8 月 12 日	徐良泉口述 丁建明整理

续表

刊物/出版社/网站	标　　题	时间	作　者
《人民政协报》	做足“水绿”文章　秀美城市风景——江苏如皋市推出重点提案民主监督组合拳	2017年4月15日	万有富
《人民政协报》	唱好提案办前协商“三部曲”——江苏如皋市政协探索提案办前协商	2017年7月21日	万有富
《人民政协报》	江苏如皋市政协：创新实施提案征集协商	2018年1月23日	万有富
《人民政协报》	江苏如皋市政协组织委员督查污染防治工作	2018年5月14日	张小凤
《人民政协报》	增大办理合力　增强办理实效——江苏如皋市政协大力推进提案“提办”联合办理	2018年7月16日	万有富
《人民政协报》	抓住提案办前协商“牛鼻子”——江苏如皋市政协推动提案办理由答复型向落实型转变	2019年7月20日	孙金诚 万有富 谢仁宏
《江苏政协》	进行综合治理　减轻学生负担——来自如皋市政协委员的呼声	1997年第5期	周荣明
《江苏政协》	水利建设七条建议	1995年第8期	李四海
《江苏政协》	切实重视农村基层党支部建设	1995年第8期	李四海
《江苏政协》	不须扬鞭自奋蹄——记原如皋市政协主席季秀英	1995年第9期	李四海
《江苏政协》	江苏如皋市政协认真履行民主监督——游戏机市场井然有序	1995年第11期	李四海
《江苏政协》	不图享受，为共同富裕作贡献	1996年第3期	周荣明 陈文学
《江苏政协》	如皋市政协常委会就提高市属企业经济效益提出建议	1996年第4期	李四海 朱志伟
《江苏政协》	十二县市区政协聚会做好社情民意工作	1996年第8期	李四海
《江苏政协》	如皋市政协常委会为发展第三产业献计献策	1996年第12期	李四海 周荣明 朱志伟
《江苏政协》	如皋市政协建议发展个体私营经济	1997年第8期	周荣明
《江苏政协》	如皋市政协组织委员民主评议供电部门工作	1998年第6期	李四海
《江苏政协》	如皋市16名政协委员联名提出提案——重视解决废旧电池污染问题	2002年第8期	史有生 周荣明
《江苏政协》	采纳政协建议　出台政策措施——如皋失地农民有了基本生活保障	2007年第2期	李四海
《江苏政协》	发扬传统　与时俱进　努力开创政协工作新局面	2008年第3期	李中林
《江苏政协》	细雨无声润草绿——记如皋市政协委员金海建	2008年第10期	周荣明 刘亚丽
《江苏政协》	让委员建议得到升华	2009年第2期	李四海

续表

刊物/出版社/网站	标　　题	时间	作　者
《江苏政协》	着力构建“三型”政协机关	2009 年第 4 期	李中林
《江苏政协》	贯彻落实科学发展观　加快旅游产业发展——对如皋市旅游产业发展的调查与思考	2009 年第 7 期	李四海
《江苏政协》	岁月如歌——如皋政协认真履行职能剪影	2009 年第 10 期	李中林
《江苏政协》	建言重质量　履职求实效　如皋市政协多项建议转化为党政重大决策	2010 年第 2 期	李中林
《江苏政协》	推进文化大发展大繁荣　增强城市竞争软实力——关于如皋打造“文化强市”的思考	2010 年第 3 期	李四海
《江苏政协》	同舟共济应对挑战　围绕中心履行职能	2010 年第 4 期	李中林
《江苏政协》	彰显界别特色　增强履职实效	2010 年第 5 期	李中林
《江苏政协》	商海弄潮人——记如皋市政协委员顾晏	2010 年第 5 期	周荣明 吴小蓉
《江苏政协》	奏和谐强音　筑美好家园——如皋市政协机关倾力打造“和谐家园”服务品牌纪实	2010 年第 5 期	殷高华
《江苏政协》	党委出题目　政协做文章　如皋市政协深入调研建言“十二五”规划	2011 年第 2 期	李中林
《江苏政协》	如皋市政协举办委员论坛共谋诚信社会建设	2011 年第 2 期	周荣明 李四海
《江苏政协》	如皋市政协开展委员与困难家庭“手拉手”活动	2011 年第 5 期	李四海
《江苏政协》	在提高素质能力中永葆共产党员先进性	2011 年第 9 期	章建平
《江苏政协》	充分发挥政协委员作用　大力推进诚信社会建设	2011 年第 9 期	李四海
《江苏政协》	加快推进广电产业发展的几点建议	2011 年第 12 期	徐　梅 严佩兰 刘亚丽
《江苏政协》	协商民主是推进决策科学化民主化的重要途径	2013 年第 10 期	李中林
《江苏政协》	如皋市政协提案助推惠民政策落实	2014 年第 12 期	许映亮 周　星 刘亚丽
《江苏政协》	如皋市政协围绕民生广泛开展协商	2014 年第 12 期	邱贵平
《江苏政协》	积极推动政协协商民主规范化建设	2015 年第 8 期	李中林
《江苏政协》	积极推进供给侧结构性改革下农村产业融合发展	2016 年第 6 期	丁建明
《江苏政协》	坚持把群众路线贯穿到政协工作全过程	2016 年第 6 期	李中林
《江苏政协》	如皋市政协组织对重点提案开展民主监督	2017 年第 5 期	万有富
《江苏政协》	创新委员服务管理　激发委员履职活力	2017 年第 11 期	张小凤
《江苏政协》	聚焦质量　聚力协商　推动提案由数量型向质量型转变	2018 年第 6 期	万有富

续表

刊物/出版社/网站	标　　题	时间	作　者
《江苏政协》	发扬政协优势　反映好社情民意	2018年第6期	张小凤
《江苏政协》	瞄准提质增效　创新平台载体　推动提案办理由答复型向落实型转变	2019年第7期	严世斌 万有富
《钟山风雨》	追忆向政府进献陈毅和郭沫若墨宝的往事	2012年第1期	徐良泉口述 丁建明整理
《钟山风雨》	献身教育、一生办学的徐良泉	2017年第5期	丁建明
南京大学出版社	多维视角下的建言与献策——统计与经济发展研究	2017年11月	丁建明
《苏东论坛》	制约农业保险业发展的因素及对策探析	2009年第1期	李四海
《苏东论坛》	弘扬优秀宗教文化　促进旅游产业发展	2011年第2期	李四海
《苏东论坛》	建立落实政治协商制度检查考核机制的初浅思考	2012年第2期	李四海
《苏东论坛》	对人民政协推进社会管理创新的几点思考	2012年第3期	李四海
全国政协 研究室理论处 《工作研究》	在政协换届中要重视恢复和发扬中共党委领导兼任政协主席的优良传统	1997年第22期	李四海
凤凰传媒出版社	共商提案办理　推进转化落实（2017年11月全省市县政协主席座谈会发言）	2018年（收录于《政协提案工作创新》）	万有富
人民政协网	创新委员服务管理　激发委员履职动力	2017年8月30日	张小凤
人民论坛网	坚持实践中探索运用　增强协商式监督实效	2017年9月6日	张小凤
人民论坛网	加快健康步道规划建设的建议	2017年10月27日	张小凤
人民论坛网	如何发挥好社情民意信息的大作用	2017年11月30日	张小凤
人民论坛网	贯彻落实十九大精神　在“学得深、悟得透、做得实”上下功夫	2018年1月24日	张小凤
人民论坛网	全域旅游怎么干　委员论坛来支招	2018年1月30日	张小凤
人民政协网	如皋市政协采用“讲、看、提”方式对“污染防治攻坚”开展协商监督	2018年4月12日	张小凤
人民论坛网	如皋市政协注重调查研究　提高履职能力	2018年4月25日	张小凤
人民论坛网	来自基层的“委员作业”	2018年6月14日	张小凤
人民论坛网	如皋市政协以党建工作为引领　不断提升履职能力	2018年8月29日	张小凤

第六章

重大活动

第一节　庆祝纪念

【庆祝苏联十月革命40周年】　1957年11月1日和5日，邀请在城的委员和社会各界人士，两次召开座谈会，请县委宣传部做10月革命胜利伟大意义的报告。11月7日下午，举行如城各界代表1 000多人参加的庆祝大会。此前，安排各乡区委员参加所在地组织的庆祝活动。节日前夕，副主席陶肖溪向全县做有线广播讲话。

【庆祝中华人民共和国成立10周年】　1959年2月间，协同县卫生协会召开中医学术研究会，动员中医界人士献方献宝，采风访贤。至1959年8月，搜集民间单方183个、验方和秘方2万个，组织陈爱棠等5人驻会整理编写《如皋本草》一书，向国庆10周年献礼。1959年9月29日，组织委员和各界人士180多人参加报告会，副县长、政协副主席沈忠怀报告中华人民共和国成立十年以来的成就和如皋县工农业及各项工作的成绩，并举行200多人参加的国庆十周年联欢会。

【纪念辛亥革命50周年】　1961年10月10日，召开委员和社会各界人士座谈会，纪念辛亥革命50周年。

【庆祝中国共产党成立60周年】　1981年7月1日，组织在城部分委员及学习组成员收看中央电视台"中共中央庆祝中国共产党成立60周年大会"实况。7月2日下午，副主席王学源、殷宗焕、黄道贯组织部分常委、委员共19人座谈，畅谈对中共十一届六中全会《关于建国以来党的若干历史问题的决议》的认识和体会。

【纪念抗日战争和世界反法西战争胜利40周年】　1985年8月28日，会同县委宣传部、统战部，在县政府河北招待所二楼会议室召开纪念抗日战争和世界反法西斯战争胜利40周年座谈会。副主席贲正祥主持。县委、县人大、县政府、县政协有关领导，参加过抗日战争的老同志、老战士，政协委员代表和政协机关、宣传部、统战部、民政局、老干部局、如城镇的相关人员，共58人应邀参加。各界人士代表张朝模、丁学文、丁宗联、汪铁君、乔宝银、何锦春、管维霖、吴旭、张应元在座谈会上发言。县委副书记石秀峰，县委常委、宣传部部长蒋家瑞，副主席贲正祥分别讲话。

【庆祝中国共产党成立70周年】　1991年6月28日，会同市委统战部召开座谈会，庆祝中国共产党成立70周年。社会各界人士共17人参加座谈并发言。副主席袁泉主持。市人大副主任杨炜昌、市政协原副主席潘信征出席。

【纪念毛泽东100周年诞辰】　1993年12月20日，与市委统战部在市政府办公楼一楼西会议室联合召开各界人士纪念毛泽东同志100周年诞辰座谈会。统战部部长王光国主持。社会各界人士代表共40多人应邀出席。政协老领导吴功祥、王学源，各界人士代表邓纯华、解志明、魏元菊先后发言。政协主席石秀峰和副主席马云鹏、王连生出席。

【纪念冒襄逝世300周年】　1993年12月31日，市委宣传部、市政协秘书处、文化局、文联和江苏盐业公司如皋支公司在水绘园联合举行纪念冒襄逝世300周年书画展览开幕式。市委宣传部部长王克成主持。市委副书记管贵方在开幕式上讲话，南通师范高等专科学校副教授顾启做冒襄研究发言。政协副主席马云鹏、相关部门负责人和冒氏后裔冒辛叔等60多人参加。

【纪念如皋政协成立40周年】 1996年2月27日，在市政府招待所中二楼会议室召开纪念如皋政协成立40周年座谈会。市委、市人大、市政府、市政协领导殷雄、石耀、刘培银、谢新民、奚定九、袁泉，历届政协老领导吴功祥、季秀英、王学源、贲正祥、黄国珍、潘信征，历届新老委员代表以及社会各界代表40余人参加。恒岳、谢璞臣、陈冶平、解志明等在会上发言，主席石秀峰主持并讲话。1996年3月4日，举行纪念如皋政协成立40周年大会。市委领导郁政、刘井石、刘桂江、周宝生、殷雄、殷春和、刘培银、谢新民，市人大领导冯邦才、汤建华、奚定九，市政府领导徐建平、徐邦友、秦玉林，市人武部、统战部领导谭志旺、严世进，老领导吴功祥、孙忠权、孙德明、明道奎参加。

【庆祝香港回归祖国】 1997年4月28日，与市委统战部在市招待所餐厅二楼会议厅联合举行庆祝香港回归祖国报告会，特邀南通市委统战部副部长、市台办主任徐岳做香港回归问题专题报告。副主席马云鹏主持。主席魏国平和副主席王连生及在城政协委员、各界人士共100多人参加。

【纪念如城沦陷60周年】 1998年3月19日，召开社会各界人士参加的“不忘国耻、振兴中华”座谈会，纪念如城被日本侵略军攻陷60周年。副主席王光国主持。党史办原主任李实秋介绍了日军侵占如城的情况，当年经历者代表、受害亲属代表、青年代表先后就日军侵占如皋时的所见所闻和如皋人民浴血抗战的情况发言。副主席于永芳、徐建平、王连生，秘书长史有生参加。

【“双庆一迎”庆祝活动】 1999年，为庆祝中华人民共和国成立50周年、人民政协50华诞和澳门回归祖国，政协联合相关单位先后组织专场文艺晚会、专题座谈会、书画专版、“英田杯‘我与政协’”征文比赛、开辟“委员风采”“政协论坛”专栏（专版）等系列活动。1999年9月11日，在人民剧场举行庆祝人民政协成立50周年专场文艺演出。市木偶剧团演出《大禹治水》。市委常委、宣传部部长谢新民，政协副主席袁泉、王光国，政协秘书长史有生等观看演出。1999年9月17日，在市政府招待所召开庆祝人民政协成立50周年座谈会。主席魏国平主持，市长蓝绍敏，市人大常委会主任石秀峰，市政协副主席袁泉、于永芳、徐建平、王连生、王光国、陆小兵、严世进，政协秘书长史有生，市人大、市政协部分离退休老领导，在如皋的南通市政协委员，部分政协老委员及各界人士代表近100人参加。石秀峰、马云鹏、王学源、贲正祥、徐琛、马学贤、李浩然、朱谦恕、魏天南、鞠如凡等发言。市委副书记刘桂江出席并讲话。同年，政协及各委组组织召开迎接澳门回归座谈会，学习澳门历史和《中华人民共和国澳门特别行政区基本法》，参观澳门回归大型图片展。

【庆祝中国共产党成立80周年】 2001年6月28日，召开庆祝中国共产党成立80周年座谈会。主席刘桂江主持。市委副书记石耀，政协副主席袁泉、王连生、陆小兵、严世进，政协离退休老同志，十届政协委员代表和各界人士代表参加。

【纪念如皋政协成立50周年】 2006年3月25日，召开纪念如皋政协成立50周年座谈会。党组书记浦文海主持。市委、市人大、市政府、市政协领导，历届政协老领导，部分历届政协常委，政协参加单位负责人，政协各委组负责人和部分在城的第十一届委员100多人参加会议。副主席于永芳代表政协做主旨讲话；刘桂江、马武台、周庆如、刘聪泉、张兴国、李玉坤等12人发言。市委书记、市政协主席陈惠娟出席并讲话。

【庆祝人民政协成立60周年】 2009年9月27日，与市委统战部在光华大酒店三楼国际会议厅联合举行各界人士庆祝人民政协成立60周年茶话会。市政协党组成员、统战部部长陈德萍主持。市四套班子主要领导，市委分管领导，市人大、市政府党外领导，市政协全体领导，在城的部分政协常委，市政协各参加单位负责人，市政协离退休老同志，驻如部队、武警、消防、公、检、法负责人，以及如皋市各界社会知名人士代表共110多人参加。主席李中林致辞，魏国平、石秀峰、李玉坤、顾清波、刘建明、王舜慧、陈强、郭再萍等发言。南通市副市长、如皋市委书记陈惠娟到会并讲话。

【庆祝人民政协成立70周年】 2019年7—9月，组织广大政协委员、离退休老干部和机关人员，开展“我的政协工作实践”征文比赛、“我的政协履职纪实”座谈会、“我与政协情缘”恳谈、编纂《如皋政协志》纪念专栏等“我与人民政协”专题活动，纪念人民政协成立70周年。9月21日，如皋市委在行政中心礼堂召开庆祝人民政协成立70周年大会。副书记丁兴华主持，市四套班子全体成员和法检“两长”，市政协离退休老领导，政协第五届联谊会全体人员，各镇（区、街道）、各部门主要负责人，全体政协委员，市政协机关干部，在如皋的江苏省政协委员、南通市政协委员，共620多人参加会议。市委书记张建华回顾人民政协历程，充分肯定了63年来如皋政协所发挥的重要作用，并就贯彻习近平关于人民政协事业发展的新思想、新要求以及发挥人民政协独特优势和重要作用提出明确要求。李中林、何福平、顾卫国、葛云彩在会上发言。会议对市政协组织开展的“我的政协工作实践”“我的政协履职纪实”征文活动获奖者进行了颁奖。党组书记、主席张元健就做好新时代如皋市政协工作进行具体部署。

第二节 统战交友

1956年6月15日，召开工商界资方及手工业代表座谈会，征求公私合营与合作化后在调整企业、定产核资、人事安排、企业管理等方面的意见和建议。南通地委统战部副部长姚世群参加。

1956年7月22日，会同县委统战部召集工商界各个行业私方人员和手工业代表，并邀请县政府主管部门和县工商联的负责人，共同研究解决各企业在资金、货源和人事等方面存在的问题。

1956年9月29日，召开部分政协委员和各界人士共45人参加的座谈会，交流学习周恩来总理在一届全国人大三次会议上的政府工作报告和李维汉部长讲话精神的心得体会，统一对国内外形势、台湾问题和党的统一战线方针政策的认识和理解。

1956年10月1日，组织出席9月29日座谈会的委员和各界人士代表参加如城各界人民庆祝国庆节大会。

1956年11月20日，召开部分委员、各界代表、各人民团体和如城各学校负责人参加的座谈会，声援埃及人民收回苏伊士运河主权、反抗英法侵略的斗争。

1957 年 2 月 4 日，举行由政协常委、部分委员和各界人士参加的春节联欢茶话会，交流过去一年的工作情况，畅谈新一年的工作打算，并对政府机关提出建议、意见。

1957 年 6 月 3 日和 6 日，与县委统战部联合召开机关、企业、学校中的非党干部和社会人士参加的座谈会，坦诚帮党整风。县委书记、县政协主席倪锦瑜到会听取意见。

1957 年 6 月 25 日，召开政协常委、部分委员和各界人士参加的座谈会，学习《人民日报》评论员文章《要有积极的批评，也要有正确的反批评》，批评整风中出现的“右派分子”言论。

1957 年 11 月 13 日和 25 日，先后召集参加县工商界整风学习班的政协委员和工商工作组成员参加的座谈会，说明参加整风学习的意义，帮助消除思想顾虑，积极帮党整风。

1958 年 2 月 3 日，召开各界人士座谈会，动员投入除“四害”（苍蝇、蚊子、老鼠、臭虫）讲卫生运动。

1958 年 7 月 27 日，召开各界人士座谈会，抗议美英帝国主义侵略中东，声援中东人民的正义斗争。

1958 年 8 月 10 日，召集各界人士就毛泽东主席同苏联部长会议主席赫鲁晓夫发表的联合公报进行座谈。

1958 年 9 月 8 日，召集各界人士座谈周恩来总理关于美帝国主义在台湾海峡对我国进行威胁挑衅所发表的声明。

1958 年 9 月 12 日，召集部分委员和各界人士座谈关于城镇私房改造的政策。

1958 年 10 月 13 日，会同县委统战部组织召开宗教代表会议。全县佛教、道教、基督教和天主教共 300 多人参加，历时 4 天。会议组织学习党的社会主义建设总路线的有关文件，听取形势报告，与会人员自发倡议破除封建迷信、参加工农业生产、促进自我改造。会后在如城创办芦菲厂。

1958 年 12 月 14 日，召集部分委员和县人民代表中的非党人士，座谈毛泽东主席建议下届全国人民代表大会不要选他担任中央人民政府主席的意见；征求对实行人民公社化的意见和群众的反映。

1958 年 12 月 28 日，组织召开全体委员，县人民代表中的文教、工商、医卫、宗教界非党人士和其他社会人士参加的会议。学习中共八届六中全会通过的《关于人民公社若干问题的决议》；讨论县委提出的“今冬明春十大任务”，制订自己的规划；布置 1959 年 3 月份学习内容：党的八届六中全会文件、毛主席关于“帝国主义和一切反动派都是纸老虎”的论述。

1959 年 4 月，组织召开在城委员和各界人士代表参加的联席会议，谴责西藏上层反动分子的叛乱，拥护党和政府平定叛乱的决策。组织学习了苏联共产党第 21 次代表大会文件。

1959 年 5—8 月，组织政协委员和社会各界人士座谈学习周恩来总理《政府工作报告》和《人民日报》社论《克服右倾情绪，厉行增产节约》。

1959 年 9 月，组织各界人士座谈中印边界问题，拥护我国政府解决中印边界问题的正确立场，支持我国政府的外交政策。

1959年10月中旬，组织各界人士学习周恩来总理《关于调整1959年国民经济计划主要指标和进一步开展增产节约运动的报告》。11月，组织各界人士讨论建立城市人民公社和公共食堂问题。

1960年，先后召集各界人士10次座谈，开展反帝爱国斗争：支持苏联反对美帝国主义破坏“四国首脑会议”；支持日本、南朝鲜和土耳其人民的反帝斗争；支持亚非和南美国家的民族独立运动；支持老挝人民的反帝斗争；反对艾森豪威尔到远东旅行等活动，揭露美帝侵略阴谋。

1961年4月，组织各界人士座谈，支持古巴人民革命，反对美帝国主义侵略。

1961年9月，组织召开工商界人士座谈会，围绕搞好合作共事的关系进行协商讨论。与会人员对进一步搞好合作共事、更好地调动积极因素为社会主义建设服务提出意见和建议。

1958—1961年，组织驻会人员、工作组委员和原有学习组人员，普遍走访慰问社会民主人士，帮助解决实际问题，启发参加学习，增进与社会民主人士的联系，调动各方面积极因素为社会主义建设服务。

1958—1961年，元旦、春节、元宵节、国庆节、中秋节均举办各界人士座谈会或文娱晚会。县领导通报全县情况，团拜互贺，登台联谊，增强党内与党外的亲密度，提高听党话、跟党走的自觉性。

1962年春节期间，与工商联联合举行文娱晚会，参加人员800余人。政协委员、社会各界人士、如皋越剧团、如皋商业文工团、如皋师范师生进行文艺表演。

1962年9月29日，举办50多人参加的诗歌创作朗诵会，40多人赋诗百余首，十多人现场创作并朗诵，歌颂社会主义祖国，揭露“帝修反”罪行。县广播站进行录音播放。

1962年12月，组织召开在台军政人员亲属座谈会，宣传对台政策，消除思想疑虑，动员13人利用佳节之机给在台亲属写信，20余封书信被广播电台选用播出。

1963年国庆节、中秋节，邀请社会人士夜集人民公园水明楼，即席赋诗填词，歌颂新社会；组织社会各界人士参观“三史”展览馆、“南京路上好八连”事迹展览会、雷锋事迹展览会。

20世纪60年代初期，县政协驻会人员和工作组委员坚持走访联系社会人士，引导吸收他们参加学习。1961年，如城有30多名社会人士自愿报名参加政协组织的学习活动。1962年，社会人士学习组人数达103人，1964年增加到120人。

1980年1月18—20日，召开在城常委（扩大）会，邀请在城政协委员、县工商联执委、归侨、台湾同胞、侨眷和科技界代表共57人参加。县委书记刁守坦讲话，副书记吴功祥报告全县形势和政协任务，省政协常委陆文蔚传达省政协四届三次会议精神。与会人员对工农业生产、文教、卫生和交通等方面的工作提出建议。

1980年1月至1981年4月，县政协遵照中共中央1979年95号文件规定，贯彻落实党对原工商业者的政策，对一部分已退休的原工商界人员换发退休证件（将原另制的蓝色封面证件改为与一般退休职工同样的红色封面证件），补发了一部分定息。向有关部门反映情况，提出意见，推动落实知识分子政策、错划“右派”改正的政策、侨务政策、对台政策和原国民党起义投诚人员的政策，复查纠正他们当中的冤假错案。向回国或来内地探亲的港澳同胞、海外侨胞和外籍华人热情地宣传政策，介绍家乡的新风貌，协助做好接待工作。参与对全县港澳同胞、台湾同胞、海外侨胞、外籍华人及其亲属的情况调查工作，为协同有关部门开展侨务、对台工作创造了条件。

1980 年 4—6 月，协同县委统战部（县“三小”区别办公室），贯彻落实中共中央 1979 年 84 号文件精神，开展“三小”区别工作（把小商、小贩、小手工业者从原工商业者当中区别出来）。先后召开座谈会 8 次，学习文件，宣传政策，反映情况，供领导参考。经过区别，属于区别对象的 421 人中，确定为劳动者成分的有 347 人，占区别对象的 82. 42%。

1980 年下半年，县政协先后对 102 名第四届政协委员和有关社会人士（其中包括少数非党县人大代表）逐一登门走访，宣传新时期政协的地位、作用、性质和任务，了解掌握他们在“文革”中的经历、身体健康状况、个人实际问题和诉求等情况。对被访者提出的工资问题、返还被抄财物等个人要求，对照有关政策，逐件整理成文，报告县委，抄送有关部门处理。

1980 年 9 月 19 日，召开各界人士座谈会，学习讨论全国人大五届三次会议精神和中共中央关于改革领导体制和经济体制的决定，统一思想认识。

1980 年，组织人员参加调查如城、白蒲宗教界人士的现状，逐个了解经济收入、住房、寺庙房产等情况，并对其中一些人的户口、住房、治病、生活困难补助等问题，与有关单位协商后适当予以解决。

1981 年 10 月 15 日，召集在城部分委员、台湾同胞和有关部门人员座谈，学习讨论叶剑英委员长发表的关于台湾回归祖国的 9 条建议、阐明的对台方针政策，为台湾回归祖国贡献力量。

1981 年 10 月 27—28 日，组织召开工商工作座谈会，学习讨论全国民建、工商联为“四化”建设服务经验交流会精神和乌兰夫、李维汉等领导人的讲话精神，通报全县工商业调整情况，会议建议由县政协筹备召开工商界人士为“四化”服务经验交流会。

1981 年 12 月 22 日，县委常委、县政协副主席吴凤琴主持会议，约请县财办、经委、计委和县委统战部负责人，就落实统战政策中遗留的问题及症结所在，逐人逐事研究，分工包干，协商明确彻底落实政策的对象、措施和时间。后经几年接续不间断地大力推进，非党政协委员“文革”中遗留的各类政策性问题均得到解决。

1982 年 1 月 20 日，会同县委统战部举行迎春茶话会。县委、县人大、县政府、县政协的领导，政协常委、政协委员代表、各界人士代表 60 余人应邀参加。政协主席吴功祥致辞；县长陆明钰通报全县经济社会情况；县委书记刁守坦通报新的一年工作思路；刘万方等 12 人畅谈了新面貌、新生活和新动力。

1982 年 3 月 5 日，召开政协委员代表座谈会，副主席黄国珍主持。座谈会围绕中央决定开展打击经济领域犯罪活动的意义和政策进行讨论，形成了“支持打击活动、宣传打击政策”的共识。

1982 年 7 月 29 日，组织召开学习《廖承志致蒋经国先生信》的专题座谈会。与会人士认为此信情深意切，代表全中华民族统一祖国的迫切愿望和强烈呼声，对沟通海峡两岸联系、消除隔阂具有重大意义，表示要广泛宣传，推动有关侨台政策的落实，为促使台湾回归祖国多做工作。

1982 年 9 月 29 日，联合县委统战部在县政府招待所河南食堂举行国庆中秋茶话会。县四套班子领导、部分政协委员和各界人士代表 72 人出席。政协主席吴功祥致辞，王邦惠等 7 人发言。县委书记谢翼飞报告出席中共十二大的见闻和感想，县委原书记刁守坦讲话。

1983 年 2 月 4 日，与县委统战部在县政府招待所联合举行春节茶话会，邀请党政机关代表、各界代表、台胞台属和侨属侨眷等共 77 人参加。主席吴功祥致辞，陆明钰代表县委、县政府讲话。

1983 年 2 月 4 日，政协侨务工作组会同县政府侨务办公室汇总华侨联合调查数据。截至 1982 年年底，除下落不明者外，全县分布在 18 个国家和地区的旅外华侨、港澳同胞和外籍华人共 283 户 1 037 人，在如皋的直系亲属共 343 户 1 666 人。

1983 年 6 月 21 日，会同县委统战部召开各界人士学习全国两会精神座谈会，畅谈对全国人大六届一次会议、全国政协六届一次会议的认识和感想。

1983 年 6 月 30 日，与县委对台办联合邀请从美国回国定居的台湾大学原教授张亚潘到如皋师范和如师附小等单位参观访问。

1983 年 7 月 4 日，举行欢迎北京京剧院二团荀派剧组暨镇江市京剧团到如皋演出的茶话会。应邀出席的有北京市政协委员张伟君（京剧四大名旦之一荀慧生的夫人）、其女荀令莱等，张伟君介绍了荀派艺术成长与发展的过程。

1983 年 9 月 18 日，在县招待所举行中秋茶话会。出席茶话会的有各界人士、县党政领导和相关部门人员 90 余人。政协主席吴功祥致辞；政协常委刘万方、张之选、黄仪，政协委员沈簪、王荫宸、张乃健、朱济民，台属雷经舫，对台办刘培林交流发言；县委书记谢翼飞参加并讲话。

1983 年 11 月 8 日，召开各界人士 22 人参加的座谈会，学习讨论邓颖超主席在全国政协六届二次会议上的讲话精神和全国政协华东调查组关于落实统战政策的讲话精神。

1984 年 1 月 24 日，会同县委统战部举行迎春茶话会。县四套班子领导、社会各界人士代表 88 人出席。主席吴功祥主持，副主席、统战部部长王学源致辞。吴凤琴、王邦惠、谢璞成等 7 人发言。县委书记谢翼飞出席并讲话。

1984 年 4 月 3 日，在县政府二楼会议室召开落实统战政策领导小组会议。领导小组组长、副组长和成员共 19 人参加。主席吴功祥主持。

1984 年 9 月 8 日，会同县委统战部在县招待所举行中秋茶话会。县党政领导人、部分在城的政协委员和各界人士 100 余人参加。

1984 年 9 月 15—17 日，江西省都昌县政协医卫工作组一行 9 人到如皋，学习卫生改革方面的经验，参观县人民医院、县中医院、丁堰区医院和江防乡卫生院。副主席王学源、潘信征接待。

1984 年 9 月 29 日，会同县委统战部召集各界人士座谈中英《关于香港问题联合声明（草签）》。副主席王学源主持。座谈会上，在城部分省市县政协委员，归侨侨眷，港澳同胞眷属，台湾同胞眷属，工商、科技、知识界人士和原国民党起义人员先后发言，畅谈香港回归的意义，表示将积极投身对内搞活、对外开放，为祖国统一和经济振兴做出贡献。

1985年1月9日，会同县委统战部召开部分在城省市县政协委员和“三胞”眷属座谈会，传达中央关于沿海开放城市统战、政协工作座谈会精神。

1985年6月12—14日，丹阳县政协副主席宁林瑞一行13人到如皋考察卫生改革情况，参观县人民医院、县中医院、江防乡卫生院和丁西乡卫生院。主席季秀英、副主席潘信征接待。

1985年6月24—25日，浙江温州市政协主席刘展如一行5人到如皋考察，参观如皋肉联厂、如皋工艺丝毯总厂和水绘园。副主席贲正祥陪同。

1986年2月26日，南通市城区政协工交、侨台工作组一行10人到如皋考察，参观动力机厂、针织内衣厂和水绘园。

1986年6月13日，在县委党校礼堂举行台海形势报告会。原副主席王学源做祖国统一形势报告。在城的省市县政协委员、直属学习组成员、第五届县政协非党委员、“三胞”眷属和县直机关部分干部共400余人出席报告会。

1986年6月14日，会同县委统战部和侨台办，在县政协会议室集中学习中共中央办公厅、南通市委办公室有关文件精神，研究如何贯彻全国政协地方工作座谈会纪要精神，做好开放后的统战和工商联工作。

1986年9月16日，会同县委统战部在县政府招待所中二楼会议室举行中秋茶话会。县四套班子领导、部分在城委员和各界人士110余人出席。县委统战部副部长谢明主持，政协主席季秀英致辞，县委副书记、县长潘宝才通报全县工农业生产情况。

1986年11月20—21日，江阴县政协一行8人到如皋考察少年儿童教育情况。副主席贲正祥接待。

1987年1月13日，在县招待所新中二楼会议室举行迎春茶话会。在城部分政协常委、委员和各界人士60余人参加。县委书记程亚民，县委常委、宣传部部长蒋家瑞，县政协全体领导参加。

1987年4月9—17日，县政协副主席贲正祥、黄道贯一行9人先后赴东台、江都、丹阳、宜兴和江阴等地考察学习“三胞”工作、服务委员组委工作、服务两个文明建设等方面的做法。

1987年9月29日，在如城文化宫举行“迎国庆话中秋”政协委员活动日。县四套班子部分领导，在城的七届县政协委员，第五、六届非党县政协委员，直属学习组成员，统战部和侨台办、工商联等单位负责人，共173人参加。政协副主席贲正祥主持，政协主席明道奎致辞，县委副书记石秀峰讲话。与会人员还学习了全国政协秘书长在全国地方政协工作会议上的讲话，参加了书画、棋类、桌球、问诊、看录像等活动。

1988年2月9日，在县招待所新东楼会议厅举行各界人士迎春茶话会。县四套班子部分领导、在城委员和各界人士出席。副主席贲正祥主持，主席明道奎致辞，沙森、恒岳等发言，县木偶剧团表演了《白蛇传》选段。县委副书记石秀峰到会讲话。

1988年6月7—8日，启东县政协副主席李彭年、陆雨亭一行5人到如皋交流政协工作。

副主席贲正祥、潘信征接待。

1988 年 7 月 12—25 日，副主席贲正祥一行 6 人赴广州、深圳开展联谊活动，探乡亲、叙乡情、拉家常、谈招商，会见香港同胞 18 人，酝酿建立香港如皋同乡会。

1988 年 9 月 22 日，在招待所河北新餐厅一楼举行各界人士国庆中秋茶话会。县党政领导、在城的省市县政协委员、“三胞”眷属和部分回乡探亲的台湾同胞等 237 人出席。主席明道奎主持，县委书记潘宝才讲话。与会人员参加了棋类、书画、问诊、看录像等活动，京剧爱好者表演了文艺节目，县书画院为各界人士义务作画写字 110 多幅。

1988 年 11 月 11 日，召开各界人士代表座谈会，就贯彻中共十三届三中全会精神、搞好如皋的治理整顿和改革开放建言献策。主席明道奎、副主席贲正祥参加。县委书记潘宝才到会讲话。

1988 年 11 月 25—26 日，常熟市政协副主席董启豪一行 8 人到如皋交流政协工作。主席明道奎、副主席贲正祥接待。

1989 年 1 月 27 日，会同县委统战部、对台办、侨办、侨联和工商联，举行各界人士迎春茶话会，县四套班子部分领导、四套班子离休老同志和各界人士 147 人出席。主席明道奎主持，县委书记潘宝才到会讲话。与会人员观看了电视录像《古城如皋》和《特别行动组》。

1989 年 5 月 5 日，会同县委统战部召开“三胞”工作座谈会，有关部委办局负责人 50 余人出席会议。副主席贲正祥主持。统战部部长王光国传达南通市政协、南通市委统战部召开的“三胞”工作会议精神，并座谈讨论。主席明道奎参加会议并讲话，县委副书记储长林做总结报告。

1989 年 7 月 13 日，海安县政协副主席叶枫一行 8 人到如皋考察文化工作，举行了书法绘画活动，海安籍著名书法家仲贞子先生义务为定慧寺挥毫。副主席贲正祥、潘信征陪同。

1989 年 9 月 12 日，会同县委统战部、对台办、侨办、侨联和工商联，举行各界人士“话中秋迎国庆”茶话会。县委、县人大、县政府、县政协的新老领导和来自工业、农业、教育、科技、文化、卫生等各条战线的人士，以及“三胞”眷属代表，共 200 多人欢聚一堂，庆祝中华人民共和国成立 40 周年。主席明道奎主持。马学贤、黄金红、王邦惠、刘学成、严文生、刘万方、季雪夫等先后发言。县委常委、副县长刘桂江到会并讲话。会后，集体参观了美国纽约克明寺寿也法师赠予且刚运抵定慧寺的玉佛卧像。

1989 年 10 月 28 日，县侨台工作组（祖国统一工作组）21 名政协委员赴南通参观南通市中日合资三友时装公司、中美合资南通富豪家具公司等“三资”企业以及狼山港、纺织博物馆。

1989 年 11 月 6 日，如东县政协主席陈德璜一行 20 人到如皋交流政协工作，参观水绘园和定慧寺。副主席贲正祥、潘信征陪同。

1989 年 11 月 13 日，海安县政协副主席叶枫一行 2 人到如皋交流文史工作。

1990 年 1 月 17 日，会同县委统战部、对台办、侨办、侨联、台联和工商联，举行各界人士迎春茶话会。县四套班子领导、各界人士 200 余人出席。主席明道奎主持。县委书记潘宝才通报了全县经济社会发展情况。杜祝三、黄金红、马学贤、沈督、程浥禾、李玉坤等发言。

1990 年 9 月，县政协领导带队历时一个多月，分别到各工作组和各委员联系小组，传达学习全国统战工作会议精神、中共中央有关文件和江泽民总书记在全国统战工作会议上的讲话精神，听取苏联东欧局势录音报告，进行形势教育。

1990 年 9 月 29 日，会同县委统战部等 7 家单位举行国庆中秋茶话会。县党政领导人、在城政协委员、县政协离休干部和各界人士等 220 多人出席。副主席袁泉主持，主席明道奎致辞。县委书记潘宝才、副书记管贵方讲话。与会人士观看了电视录像，进行了书画、棋牌等文娱活动。

1990 年 10 月 11—13 日，海门县政协一行 17 人到如皋交流民族宗教工作。原副主席黄道贯、秘书长张国辉接待。

1991 年 2 月 11 日，会同县委统战部联合举行各界人士迎春茶话会。四套班子领导、老领导、各界人士代表应邀参加茶话会。主席明道奎主持，县委书记柯文、副书记管贵方到会讲话。

1991 年 5 月 14—17 日，主席明道奎和副主席袁泉、章骥带队前往海门、崇明两县，参观“三胞”投资企业、部分“三资”企业和乡镇企业。

1991 年 6 月 10 日，盐城市郊区政协主席严福庚一行 11 人到如皋考察，实地参观水稻抛秧技术。主席明道奎、副市长周宝生陪同。

1991 年 8 月 28—31 日，会同市委办公室、市政府办公室、市委统战部、经委、外经委、侨台办、外贸公司以及驻深圳办事处等部门，在深圳市云鹏大酒店举行撤县建市联谊会。如皋籍侨胞、港澳台同胞、港澳地区的经贸合作对象、深圳有关方面人士及在深圳的工作人员 150 多人应邀出席，其中港澳台同胞 84 人。主席明道奎主持。市委书记柯文致欢迎词，市长石秀峰讲话。联谊会后，与会人员参观了展览，进行了友好交流、经贸洽谈和工作商谈。

1991 年 9 月 19 日，会同市委统战部在市人民公园举行中秋国庆游园活动。主席明道奎主持。各界人士代表观看了录像《东欧形势剧变见闻》，游览了水绘园，开展了问诊、摄影等活动。市委副书记管贵方参加并讲话。

1991 年 10 月 18 日，市政协新老领导参加定慧寺建寺 1 400 周年庆典活动和恒岳住持升座仪式。

1991 年 11 月 12 日，主席明道奎接待台胞孙国光，并陪同参观绿园菊展。

1991 年 12 月 14 日，召开“三胞”眷属座谈会，“三胞”眷属 30 多人出席。副主席章骥主持。市委书记柯文、副书记管贵方和政协主席明道奎参加并讲话。

1992 年 1 月 25 日，与市委统战部联合举行各界人士迎春茶话会。市委、市人大、市政府、市政协新老领导，在城的江苏省政协委员和南通市政协委员，“三胞”眷属和各界人士代表 102 人出席。副主席袁泉主持，解志铭、鞠如凡、恒岳、徐琛、陈治平等先后发言，市委书记柯文参加并讲话。与会人士观看了市木偶剧团和市技工学校演出的文艺节目。

1992 年 4 月 10—30 日，主席明道奎和市委常委、人武部部长谭志旺赴深圳市和海南省，协调解决位于深圳市的如皋市经营的砖厂的土地使用问题，同各方面人士开展联谊交友活动。

1992 年 6 月 22—26 日，副主席袁泉率政协秘书处工作人员一行 8 人赴崇明、嘉定等县政协考察学习。

1992 年 7 月 6—7 日，如东县政协主席顾和章一行 4 人到如皋开展政协联谊活动，了解如皋市在深圳召开撤县设市联谊会的情况。

1992 年 7 月 8—9 日，上海市嘉定县政协副主席孙镇、朱鹏程一行 14 人到如皋交流政协工作，观看《如皋风光》录像，参观无线电厂、绿园、水绘园、定慧寺、工艺丝毯厂和毛巾厂。主席明道奎、政府常务副市长石耀、政协副主席袁泉陪同。

1992 年 7 月 14—15 日，泰州市政协原主席李增寿一行 8 人到如皋交流政协工作。主席明道奎接待。

1992 年 9 月 16 日，常熟市政协主席徐安得一行 12 人到如皋交流政协工作。

1992 年 9 月 19 日，南通市崇川区政协主席朱洁莲一行 8 人到如皋交流政协工作。

1992 年 7—9 月，会同统战部、台办、侨办和工商联，联合举办政协统战知识有奖竞赛活动。9 月 26 日下午，在市政府招待所餐厅二楼，联合举行各界人士“迎国庆暨政协统战知识竞赛抽颁奖大会”。市党政领导和各界人士 120 余人出席。主席明道奎主持，副主席袁泉对政协统战知识竞赛的情况进行总结，市委副书记管贵方到会并讲话。这次竞赛共发放试卷 1 100 份，收回答卷 843 份，参赛率 76%，抽奖结果：特等奖 1 名，一等奖 5 名，二等奖 10 名，三等奖 20 名，鼓励奖 50 名。

1992 年 10 月 27 日，上海市崇明县政协常务副主席徐正林一行 8 人到如皋交流政协工作，促成如皋鞋帽厂同崇明县海桥乡瀛海皮鞋厂生产技术合作协议。

1992 年 12 月 8 日，主席明道奎一行 5 人赴盐城市郊区政协交流学习，参观桑塔纳汽车维修站，为兴办经济实体做准备。

1993 年 1 月 16 日，与市委统战部联合举行如皋市各界人士迎春茶话会。市四套班子领导、各界人士代表 60 余人出席。副主席袁泉主持，市委副书记管贵方到会并讲话，李玉坤、魏元菊、丁忠信、刘万方、徐琛、陈治平等在会上发言。

1993 年 5 月 17—18 日，副主席王连生带领机关老同志等 10 人赴泰州市江都县、扬州市邗江县政协参观学习。

1993 年 5 月 28—29 日，崇明县政协副主席黄振兴一行 5 人到如皋参加政协联谊活动。主席石秀峰、顾问明道奎、副主席袁泉参加。

1993 年 8 月 17—21 日，副主席王连生代表市四套班子赴江西省乐平市进行救灾慰问，带去 40 台柴油机和 1 万件 T 恤衫。

1993 年 9 月 25 日，与市委统战部在市招待所餐厅二楼会议厅联合举行国庆中秋茶话会，市四套班子领导、市政协老领导和各界人士代表 100 多人出席。主席石秀峰主持，市长王耀光通报全市经济工作情况。各界人士代表李玉坤、周铭华、洪美兰、解志明、庄绳武等发言。市委书记柯文、副书记管贵方分别讲话。

1993 年 11 月 21—22 日，江苏省政协原副主席韦永义、原秘书长梁尚人一行 7 人到如皋考察，参观水绘园、定慧寺和绿园等。市委书记柯文，副书记刘桂江、管贵方，政协主席石秀峰、顾问明道奎、副主席王连生接待。

1994年1月29日，与市委统战部在招待所餐厅二楼会议厅联合举行迎春茶话会。市四套班子领导和社会各界人士60余人出席。主席石秀峰主持。市委书记柯文、市长王耀光、副书记管贵方到会讲话。沈督等6位委员在会上发言。

1994年5月6日，海门市政协副主席安焕林一行5人到如皋考察尘洁医院建设情况。副主席王连生、秘书长史有生接待。

1994年5月21—28日，市政协顾问明道奎、副主席章骥一行6人赴厦门思明区政协、石狮市政协考察学习“三胞”工作经验，参观部分“三资”企业。

1994年7月2—3日，兴化市政协副主席、市委统战部部长王林祥和副主席、工商联主委段志余一行9人到如皋考察交流政协工作。主席石秀峰、副主席袁泉接待。

1994年8月9—10日，分别召开私营企业主和个体经济代表人士座谈会，听取对发展个体私营经济的意见和建议。副主席袁泉主持，副主席章骥参加。

1994年8月18日，会同如皋经济开发区管委会、市委统战部，在如皋纺织厂联合召开“三胞”眷属代表座谈会，动员“三胞”眷属为加快开发区建设献计献策、牵线搭桥。主席石秀峰主持，副主席王光国参加。

1994年9月19日，与市委统战部在人民公园联合举行各界人士国庆中秋游园活动。市委、市人大、市政府的部分领导，市政协全体领导及各界人士代表100多人参加。主席石秀峰主持，市委副书记刘桂江到会并讲话。

1994年10月11—14日，副主席袁泉、王连生一行5人赴大丰、兴化交流政协工作。

1994年11月2日，常熟市政协主席曹幼南、副主席许良萍一行15人到如皋交流政协工作。主席石秀峰、顾问明道奎、副主席王连生接待。

1994年11月2—3日，江阴市政协副主席李德忠一行5人到如皋考察交流政协工作，参观水绘园和定慧寺。主席石秀峰陪同。

1995年1月5日，市政协秘书处一行7人赴海安县政协学习交流办公室工作。海安县政协主席朱知和等接待。

1995年1月17日，与市委统战部联合举行各界人士迎春茶话会。市委、市人大、市政府、市政协的领导和在城各界人士代表100多人出席。主席石秀峰主持。南通市委副书记程亚民，南通市政协副主席、南通市委统战部部长张楷祖，如皋市委书记柯文，如皋市市长王耀光分别讲话。各界人士代表解志明、沈督、马沄、孙家俊等先后发言。

1995年3月7日，海门市政协副主席忻剑青等一行4人到如皋交流政协工作。副主席王连生接待。

1995年3月31日，海安县政协办公室一行10人到如皋开展政协联谊活动。主席石秀峰、秘书长史有生接待。

1995年4月19日，举行台情、侨情形势报告会。市政协全体领导和在城委员100多人参加。副主席马云鹏主持，市台办主任黄国柱、市侨办副主任鞠久林分别做报告。

1995年6月26日，河北省丰润县政协主席陈雨和到如皋考察，主席石秀峰、副主席袁泉接待。

1995 年 8 月 10 日，定居香港的市政协原副主席黄金红回如皋参观。市委副书记刘桂江，政协主席石秀峰、副主席袁泉接待。

1995 年 9 月 29 日，会同市委统战部联合举行各界人士国庆电影招待会。副主席、市委统战部部长王光国主持，主席石秀峰讲话。市四套班子领导郁政、王耀光、刘桂江、谭志旺、徐建平及各界人士 500 余人参加。会上播放了爱国主义影片《梅花公馆》。

1995 年 11 月 26 日，通州市政协秘书长吴嘉祥一行 8 人到如皋交流政协办公室工作。副主席王连生、秘书长史有生接待。

1996 年 2 月 2 日，与市委统战部联合举行各界人士迎春茶话会。市四套班子领导和各界人士代表 100 余人出席。主席石秀峰主持。各界人士代表郑汉彬、鞠如凡、魏元菊、刘万方、孙家俊、王学源、奚定九等在会上发言。市委书记郁政、市长刘井石参加活动，市委副书记刘桂江讲话。

1996 年 5 月 14—15 日，副主席王光国带领“三胞”委员会成员一行 10 人赴海门、启东两市考察学习“三胞”工作，参观海门市城建公司、中外合资南通宝石服装有限公司、悦来镇、南通渡边手套有限公司，启东市和睦幼儿园、宝宝幼儿园、南通泰安集团有限公司。海门市政协副主席安焕林、启东市政协副主席董美英接待。

1996 年 6 月 5 日，淮阴市政协副主席葛恒生一行 13 人到如皋考察花木生产销售情况，参观邓元、宏坝、顾庄的苗木生产和如皋绿园。

1996 年 9 月 12 日，扬州市广陵区政协副主席金月兰一行 11 人到如皋交流政协文史工作，参观定慧寺、水绘园。副主席徐建平、王连生陪同。

1996 年 9 月 26 日，与市委统战部在市环保局五楼多功能厅联合举行各界人士中秋国庆茶话会。市四套班子领导郁政、刘桂江、石秀峰、魏国平、谢新民、徐天明、刁玉璋、章骥、王连生、王光国、徐建平，市政协离退休老领导和各界人士代表 70 余人出席。主席魏国平主持。市委常委、宣传部部长谢新民通报了全市精神文明建设情况。市委书记郁政、市委副书记刘桂江讲话。

1996 年 10 月 29 日，大丰市政协副主席陈秀甘一行 5 人到如皋交流政协工作，参观如皋市抽纱工艺品厂。副主席袁泉、徐建平陪同。

1997 年 1 月 30 日，与市委统战部在市政府招待所餐厅二楼举行各界人士迎春茶话会。主席魏国平主持。市委领导刘井石、刘桂江、谢新民、浦文海，市人大领导石秀峰、奚定九，市政协领导袁泉、马云鹏、章骥、史有生，市委统战部部长严世进，市四套班子老领导等 100 余人出席。市委副书记刘桂江讲话，各界人士代表刘万方、孙忠权、王学源、陈治平、魏元菊等围绕香港回归进行发言。

1997 年 2 月 28 日，安徽省怀远县政协主席郑振民一行 4 人到如皋交流政协工作，参观绿园。副主席袁泉、王连生陪同。

1997 年 4 月 2 日，南京市雨花台区政协副主席石宏宽等一行 5 人到如皋交流政协工作。主席魏国平，副主席王连生、徐建平接待。

1997 年 4 月 28 日，与市委统战部联合邀请南通市委统战部副部长、市台办主任徐岳，在市招待所餐厅二楼做关于香港回归祖国的报告。副主席马云鹏主持。主席魏国平、副主席王连生、秘书长史有生以及在城委员和各界人士共100余人参加。

1997年6月28日，市政协秘书处联合市委宣传部、市委统战部、市侨办、市台办、市侨联，在新华书店举办“三胞”工作成果展。

1997年8月27日，海安县政协副主席王金龙一行5人到如皋交流政协工作及机构改革情况。副主席袁泉接待。

1997年8月29日，副主席王连生一行10人赴通州市政协，交流政协机构改革及换届准备工作情况。通州市委副书记陈照煌、通州市政协相关副主席接待。

1997年9月15日，与市委统战部在市政府招待所餐厅二楼联合举行各界人士中秋国庆茶话会。市领导刘桂江、石秀峰、魏国平、袁泉、马云鹏、章骥、王光国、徐建平、奚定九、张元健，政协秘书长史有生，市委统战部部长严世进，市政协离休老领导以及各界人士共100多人参加。政协主席魏国平主持，市委副书记刘桂江讲话。各界人士代表恒岳、刘万方、陈治平、黄国珍、鞠如凡、张英田等先后就经济建设、精神文明建设、企业改革等方面发言。

1997年10月25日，南通市政协文史委员会主任张星凌、副主任朱进一行10人到如皋交流政协工作。副主席王连生接待。

1998年1月21日，与市委统战部在市政府招待所联合举行迎春茶话会。主席魏国平主持。市四套班子领导、市人大市政协离退休老同志、部分在城委员及各界人士代表共100多人出席。市委副书记刘桂江致辞。各界人士代表魏元菊、刘万方、马学贤、吴功祥、徐琛、徐建平、王学源、黄国珍、奚定九、冯植等围绕如皋的改革开放、现代化建设、实现跨世纪发展目标发言。

1998年3月8—9日，副主席王连生一行12人赴淮安市政协参观学习，参观周恩来纪念馆、周恩来故居；赴盐城市盐都县政协参观学习，参观新四军纪念馆；赴高邮市政协参观学习。

1998年5月19—21日，副主席于永芳率领海外联络委员会人员赴昆山市、太仓市和上海市徐汇区参观学习。

1998年5月23—24日，“冒氏家族文化研讨会”在人民公园寒碧堂举行。副市长刘培银、政协副主席徐建平、海内外冒氏族人30多人参加。

1998年5月24日，东台市政协副主席崔中景一行6人到如皋交流政协工作，参观绿园。主席魏国平、副主席徐建平陪同。

1998年6月9日，金坛市政协副主席孟济元一行8人到如皋交流政协工作。副主席徐建平接待。

1998年7月21—22日，南通市政协原副主席张克诚一行10人到如皋视察调查乡镇企业改革和发展情况，参观常青、大明、龙舌三个乡的乡镇企业。市委常委、副市长陈惠娟介绍如皋乡镇企业改革和发展情况。政协主席魏国平、市委副书记刘桂江、政协副主席于永芳、政协秘书长史有生接待。

1998年9月2日，启东市政协主席范成昌、副主席龚津生一行17人到如皋考察农业产业化发展情况，参观城北市场及蔬菜基地，游览水绘园和绿园。主席魏国平、副主席王连生、秘书长史有生陪同。

1998年9月25日下午，与市委统战部在市环保局会议室联合举行各界人士国庆中秋茶话会。政协主席魏国平主持。市人大常委会主任石秀峰、副主任奚定九，市政协副主席袁泉、于永芳、徐建平、王光国，以及社会各界人士近80人参加。市委常委、副市长陈惠娟通报经贸洽谈会筹备情况；徐建平、奚定九、解志明、陈治平等发言；市委副书记刘桂江参加并讲话。

1998年10月24日，海安县政协主席朱知和、副主席王金龙一行16人到如皋交流政协工作。主席魏国平、副主席袁泉、王连生陪同。

1998年11月3日，张家港市政协副主席顾肇成一行4人到如皋交流文史工作，参观水绘园和定慧寺。副主席袁泉陪同。

1998年11月26日，南通市政协原副主席张克诚一行3人到如皋商讨老年科技工作者协会成立事宜。副主席袁泉、秘书长史有生接待。

1998年12月5—6日，上海市崇明县政协副主席黄雄一行8人到如皋考察交流农村合作医疗工作。主席魏国平、副主席王连生、秘书长史有生接待。

1998年12月14日，南通市政协原主席黄冰一行18人到如皋交流政协工作。主席魏国平接待。

1999年2月4日，与市委统战部在市政府招待所餐厅二楼会议室联合举行各界人士迎春茶话会。市四套班子领导石秀峰、奚定九、张元健，政协副主席袁泉、于永芳、徐建平、王连生、王光国、陆小兵，历届市人大、市政协的老领导，政协秘书长史有生，各界人士代表，共100余人参加活动。主席魏国平主持。市委副书记、常务副市长蓝绍敏到会通报1998年全市经济和社会发展情况及1999年工作打算。黄国珍、佘鸣皋、骆春林、吴明娟等发言。市委副书记刘桂江讲话。

1999年3月9日，上海市松江区政协主席池洪臣和副主席陈威余、王仪一行11人，在南通市政协副主席储长林陪同下，到如皋交流政协工作，参观水绘园、定慧寺和绿园。主席魏国平、秘书长史有生陪同。

1999年4月15日，上海市崇明县政协主席黄振兴、副主席黄雄一行8人到如皋交流政协工作。主席魏国平接待。

1999年5月2日，黑龙江省政协原主席王钊一行11人在南通政协副主席储长林、秘书长冯祖祥陪同下到如皋交流政协工作，参观江苏花木城和水绘园。主席魏国平陪同。

1999年5月10日，召开社会各界人士座谈会，强烈谴责美国为首的北约集团轰炸我驻南斯拉夫使馆的暴行。主席魏国平，副主席袁泉、于永芳、徐建平、王连生、王光国以及秘书长史有生参加。

1999年6月1日，南通市政协原副主席张克诚一行13人到如皋视察调研农村市场情况。与如皋市委农工部、审计局、供销合作总社、工商局等单位进行座谈，到江安镇召开座谈会，听取镇、村、组以及农民的意见和建议。副主席袁泉、王连生及秘书长史有生参加。

1999年6月10日，涟水县政协主席徐敏武一行4人到如皋考察高效农业，参观马塘绿洲果蔬有限公司和林梓食品有限公司。副主席袁泉、王连生和秘书长史有生陪同。

1999 年 7 月 9 日，省政协原秘书长吴镕，南通市政协原主席黄冰、副主席沈鹏千一行 8 人到如皋考察，参观如城市容市貌和南通市英田柴油机厂。市委书记、市长刘井石和政协副主席袁泉接待。

1999 年 7 月 14 日，张家港市政协副主席钱根祥一行 14 人到如皋考察农业产业化建设工作，参观花园食品有限公司。主席魏国平、副主席王连生陪同。

1999 年 7 月 22 日，南通市政协原副主席张克诚到如皋调研纺织业技改问题，参观夏堡鞠桥砖瓦厂纺织项目、如皋纺织厂。副主席袁泉、于永芳接待。

1999 年 7 月 26 日，举行国防形势报告会，邀请市委常委、人武部政委吴晓培做讲座。副主席袁泉主持，市政协全体领导参加，主席魏国平讲话。

1999 年 7 月 27 日，市政协海外联络委员会召开座谈会，谴责李登辉分裂祖国的言论。副主席于永芳、秘书长史有生参加。

1999 年 9 月 14 日，武进市政协副主席程苏元一行 10 人到如皋交流文史工作。主席魏国平、副主席徐建平接待。

1999 年 10 月 13 日，上海奉贤县政协副主席张同英一行 14 人到如皋考察建筑业和房地产业，参观水绘园、绿园和江苏花木城。主席魏国平、副主席王光国陪同。

2000 年 1 月 26 日，会同市委统战部在市政府招待所联合举行各界人士迎春茶话会。部分市领导与 100 多位各界人士参加。政协副主席袁泉主持。市委副书记刘桂江讲话。各界人士代表魏元菊、沈督、吴功祥、陈治平、程然、康健、马云鹏、朱谦恕等发言。

2000 年 3 月 31 日，政协海外联络委员会在泰华大酒店召开如皋旅游资源利用和开发研讨会。副主席于永芳主持，主席魏国平讲话。

2000 年 3 月 31 日，召开“一个中国原则”白皮书座谈会。副主席于永芳参加。

2000 年 4 月 1 日，如东县政协主席顾和章、副主席陶明生一行 7 人到如皋交流政协工作，参观江苏花木城。主席魏国平，副主席王光国、严世进，秘书长史有生陪同。

2000 年 4 月 21—22 日，上海奉贤县政协主席姜金余一行 10 人到如皋考察调研花木市场和银杏市场，参观顾庄花木村、长庄银杏专业户。主席魏国平、副主席王连生、秘书长史有生陪同。

2000 年 4 月 28—30 日，江苏省政协副主席、九三学社中央副主席、中科院院士闵乃本夫妇一行 4 人回乡参观考察。参观水绘园、定慧寺、绿园、江苏花木城、南通艺都集团、江苏力星钢球有限公司和家乡石庄镇，为如皋中学、石庄中学师生讲学，为如皋科技创业园题字。市四套班子领导刘井石、蓝绍敏、刘桂江、石秀峰、魏国平、刘培银参加接待，并聘请闵乃本院士为如皋市人民政府、如皋科技创业园高级顾问。

2000 年 7 月 4 日，上海市松江区政协副主席陈盛余一行 14 人到如皋政协考察学习政协专委会工作，参观江苏花木城、绿园、定慧寺。主席魏国平、副主席于永芳、秘书长史有生陪同。

2000 年 7 月 12 日，丹阳市政协主席贡锦照、副主席童正秋一行 8 人到如皋考察学习再就业工作。主席魏国平、副主席袁泉、秘书长史有生接待。

2000 年 9 月 14 日，在党校求是礼堂举行两岸关系和我国加入国际贸易组织（WTO）情况报告会。邀请市委宣传部姚呈明做辅导报告。主席魏国平、副主席于永芳、全体在城委员参加。

2000 年 9 月 22 日，会同市委统战部举行各界人士国庆茶话会，部分市领导、部分新老委员、各界人士代表60 余人参加。政协主席魏国平主持。市委副书记刘桂江通报如皋市“三讲”教育情况。吴功祥、沙炎、张英田等 10 多人发言。

2000 年 10 月 18 日，响水县政协主席张玉宽一行 14 人到如皋考察，参观水绘园、绿园、定慧寺。副主席王连生接待。

2000 年 10 月 18 日，崇川区政协秘书长曹洋海带领该区政协离退休领导一行 8 人到如皋考察。副主席王连生接待。

2001 年 5 月 18 日，海安县政协秘书长徐从旺一行 10 人到如皋政协交流政协工作。主席刘桂江、副主席袁泉、秘书长史有生接待。

2001 年 5 月 21—23 日，原新四军老领导方杰、俞岑夫妇到如皋参观水绘园、定慧寺、烈士陵园、江苏力星钢球有限公司、江苏九鼎集团有限公司。主席刘桂江，副主席袁泉、于永芳、王连生，秘书长史有生陪同。

2001 年 5 月 26 日，浙江省湖州市政协陈荣副主席一行 4 人到如皋考察，参观水绘园、定慧寺，观看电视录像《胡瑗》。政协主席刘桂江、市委副书记石耀、政协督导员徐建平接待。

2001 年 8 月 1 日，山东省济宁市市中区政协主席张煜一行 3 人到如皋政协交流政协工作，参观绿园、水绘园和定慧寺。主席刘桂江和副主席王连生、杜永红陪同。

2001 年 8 月 10 日，海门市政协副主席沈平一行 11 人到如皋考察学习历史文化保护与利用，参观水绘园、定慧寺。副主席于永芳陪同。

2001 年 8 月 10 日，扬州市邗江区政协副主席钱德永一行 8 人到如皋考察学习农业产业化建设，参观水绘园、定慧寺、十里花市。副主席王连生陪同。

2001 年 9 月 20 日，湖南省政协副主席方毓一行 8 人到如皋学习，参观水绘园、绿园。政协主席刘桂江、市委副书记石耀、政协副主席袁泉接待。

2001 年 9 月 28 日，会同市委统战部、市侨联举行各界人士国庆中秋茶话会。部分市领导、部分政协委员、社会各界人士代表等近 100 人参加。政协主席刘桂江主持，市委副书记石耀到会并讲话。

2001 年 10 月 19 日，如东县政协副主席吴剑坤一行 8 人到如皋考察城市建设规划管理工作。主席刘桂江和副主席袁皋、王连生接待。

2001 年 11 月 26 日，海门市政协副主席朱仁平一行到如皋政协交流政协工作，参观水绘园、定慧寺。主席刘桂江、督导员徐建平接待。

2002 年 3 月 1 日，如东县政协秘书长余家驹一行 7 人到如皋政协交流工作，参观内外城河和定慧寺。副主席王连生、秘书长史有生陪同。

2002 年 3 月 7 日，海安县政协原主席朱知和一行 5 人到如皋交流政协工作，参观内外城河。主席刘桂江、副主席袁泉陪同。

2002 年 3 月 11 日，阜宁县政协副主席汤乃松一行 8 人到如皋政协考察学习经济发展、城市建设，参观水绘园和内外城河。副主席袁泉陪同。

2002 年 3 月 20 日，武进市（今常州市武进区）政协副主席赵同方一行 5 人到如皋政协考察学习乡镇卫生院改革情况。督导员徐建平、秘书长史有生接待。

2002 年 6 月 5—6 日，浙江省安吉县政协副主席陶紫正一行 5 人到如皋考察学习长寿经验，走访长寿老人。主席刘桂江和副主席王连生陪同。

2002 年 6 月 14 日，苏州吴江市政协副主席石斐一行 4 人到如皋考察木偶节目，参观水绘园、定慧寺和如皋师范。副主席陆小兵陪同。

2002 年 6 月 25 日，海安县政协主席翟厚才和副主席蔡祝平、吴惠平一行 12 人到如皋考察长江引水工程准备情况。市领导刘桂江、徐长凤、周铁根、潘建华、沈品辉、于永芳接待。

2002 年 7 月 29—30 日，上海市政协常委、上海社会科学院副院长左学金一行 6 人到如皋考察，参观如皋港经济开发区、长青沙、水绘园、定慧寺、内外城河、顾庄。南通市委常委、如皋市委书记蓝绍敏，如皋市委副书记石耀、周铁根，如皋市政协主席刘桂江接待。

2002 年 8 月 21 日，海安县政协副主席刁宝发、曹依群一行 12 人到如皋考察学习城市建设、内外城河改造、花木生产。主席刘桂江、副主席于永芳陪同。

2002 年 9 月 19 日，会同市委统战部举行中秋国庆茶话会。市领导和社会各界人士代表参加。政协主席刘桂江主持，市委副书记周铁根通报“两节一会”和招商引资情况。

2002 年 10 月 17—18 日，港闸区政协主席高庆森一行 14 人到如皋考察学习，参观内外城河、江苏花木城、顾庄花木村、如皋丝毯艺术博物馆。主席刘桂江和副主席于永芳、王连生陪同。

2002 年 11 月 5 日，镇江市润州区政协副主席李百煌一行 4 人到如皋考察。主席刘桂江接待。

2002 年 11 月 10 日，常州政协秘书长陈冬期一行 16 人在南通市政协副秘书长王松祥陪同下到如皋考察，参观水绘园、定慧寺、如皋师范学校、江苏花木城。副主席王连生陪同。

2002 年 11 月 19 日，丹阳市政协副主席杨训一行 5 人到如皋考察，参观水绘园、定慧寺、如皋丝毯艺术博物馆。副主席陆小兵陪同。

2002 年 11 月 28 日，邳州市政协副主席刘彤一行 5 人到如皋政协交流政协工作。副主席王连生接待。

2003 年 2 月 17—18 日，镇江市政协副主席张志敏一行 11 人在南通市政协副主席陈振兴陪同下到如皋考察花木市场，参观江苏花木城、华东花木销售广场、花木大世界、水绘园。市领导刘桂江、杨曹明、袁泉、于永芳、王连生接待。

2003 年 3 月 11—12 日，安徽省淮北市政协原主席李凤龙一行 4 人在南通市政协王松祥副秘书长陪同下到如皋考察，参观定慧寺、水绘园、花木大世界。主席浦文海、督导员王连生、秘书长史有生接待。

2003 年 3 月 19 日，吴江市政协副主席王斐一行 3 人到如皋商谈昆剧木偶在 5 月份世界遗产大会上演出事宜。副主席陆小兵接待。

2003 年 3 月 19—20 日，浙江省宁波市北仑区政协副主席孙昌华一行 5 人到如皋考察花木市场，参观顾庄花木村、花木大世界、水绘园、定慧寺。督导员王连生、秘书长史有生陪同。

2003 年 3 月 26 日，海门市政协副主席朱仁平一行 5 人到如皋考察学习“三资”农业开发工作，参观南通光远食品有限公司、花木大世界。督导员王连生、严世进陪同。

2003 年 4 月 3—4 日，启东市政协副主席潘国红一行 9 人到如皋学习乡镇卫生院改制后的运行管理工作，考察第四人民医院。副主席陆小兵陪同。

2003 年 4 月 6 日，全国政协原秘书长朱训、秘书黄健到如皋考察，参观内外城河、定慧寺、水绘园、花木大世界。南通市政协副主席施景钤、秘书长孙应杰，如皋市领导杨曹明、浦文海陪同。

2003 年 4 月 11—12 日，安徽省黄山市徽州区政协副主席高峰一行 4 人到如皋政协交流工作。副主席袁泉和督导员王连生接待。

2003 年 7 月 10 日，通州市政协副主席徐松康一行 4 人到如皋政协考察学习专委会工作和政协机关招商引资工作。主席浦文海和副主席袁泉接待。

2003 年 8 月 7 日，南京农业大学经贸学院教授、博导，民盟江苏省委经济工作委员会副主任褚保金一行 14 人到如皋调研农业行业协会工作，参观草莓协会。市领导陈惠娟、姜永华、浦文海接待。

2003 年 8 月 10 日，江苏省政协原副主席陈邃衡、南通市政协副主席杨伯林一行 10 人到如皋参观花木大世界，拜访 104 岁老人张田氏。市委书记陈惠娟、市政协主席浦文海接待。

2003 年 8 月 13 日，镇江市京口区政协副主席沈成钧一行 4 人到如皋政协交流提案工作。副主席于永芳接待。

2003 年 8 月 15 日，泰州市海陵区政协副主席朱永祥一行 5 人到如皋政协考察政协服务经济建设工作，参观丁堰工业园区。主席浦文海、副主席袁泉陪同。

2003 年 8 月 18 日，如东县政协副主席沈更生一行 11 人到如皋考察精神病医院建设工作。主席浦文海、督导员王连生接待。

2003 年 8 月 26 日，浙江岱山县政协副主席叶宽宏一行 8 人到如皋考察招商引资项目投入工作，考察如皋港开发区。主席浦文海、副主席袁泉接待。

2003 年 9 月 17 日，海安县政协副主席刁宝发、蔡祝平一行 9 人到如皋考察经济软环境建设工作。副主席袁泉陪同。

2003 年 9 月 29 日，会同市委统战部举行市各界人士国庆茶话会。部分市委、市人大、市政府领导，政协全体领导和各界人士代表参加。市委统战部部长张秀良主持。市委副书记、市长周铁根通报全市经济运行、沿江开发以及沿江经济洽谈会筹备情况。各界人士代表围绕沿江开发提出建议和意见。政协主席浦文海在会上讲话。

2003 年 10 月 17 日，盐城市政协副主席肖兰英一行 9 人到如皋考察调研乡镇卫生院改制运行情况。主席浦文海、副主席陆小兵陪同。

2003 年 11 月 13 日，新疆石河子市政协副主席王强一行 4 人到如皋政协交流政协工作，参观水绘园、定慧寺、花木大世界。主席浦文海、副主席袁泉、督导员刘桂江陪同。

2003 年 11 月 19 日，南京市政协常务副主席张伯兴一行 9 人在南通市政协主席程亚民、常务副主席施景钤陪同下到如皋考察，参观水绘园和定慧寺。政协主席浦文海、政协副主席袁泉、人大督导员石秀峰、政协督导员刘桂江陪同。

2003 年 12 月 4 日，海门市政协副主席施彦敏一行 18 人到如皋政协对口交流，参观水绘园、定慧寺、花木大世界。主席浦文海、副主席袁泉接待。

2003 年 12 月 5 日，江都市委副书记、市政协主席倪玉泉一行 11 人到如皋考察学习沿江开发、项目推进、园区建设、招商引资工作。市领导姜永华、黄成、徐天明、于永芳接待。

2004 年 2 月 2 日，如东县政协副主席童玉林一行 7 人到如皋政协考察民主评议工作。主席浦文海接待。

2004 年 3 月 18 日，张家港市政协原副主席钱根祥一行 8 人到如皋考察长寿养老工作。副主席于永芳、原主席刘桂江接待。

2004 年 4 月 28 日，句容市政协副主席夏阳春一行 5 人到如皋考察学习公共卫生体系建设工作。主席浦文海、副主席陆小兵接待。

2004 年 5 月 1 日，黑龙江宝清县委常委、组织部部长苏本春一行 15 人在南通市政协陪同下到如皋考察，参观水绘园和花木大世界。副主席袁泉陪同。

2004 年 5 月 5 日，南通市政协副主席施景钤陪同昆山市人大常委会主任余增荣一行 15 人到如皋考察，参观定慧寺、花木大世界、水绘园。主席浦文海陪同。

2004 年 5 月 18—25 日，组织部分委员赴我国港澳地区开展招商考察学习活动，拜会香港新亚洲文化基金会主席范止安、如皋旅港同乡会常务副总干事长黄金红等人士。

2004 年 5 月 21 日，港闸区政协副主席王开宗、朱萍一行 12 人到如皋考察学习乡镇卫生院改革工作。副主席陆小兵接待。

2004 年 5 月 27—28 日，湖北钟祥市委副书记、政协主席李友生一行 13 人到如皋考察了解长寿现象。市领导周铁根、姜永华、浦文海，政协原主席刘桂江、秘书长史有生接待。

2004 年 5 月 31 日，南京市政协副主席徐纪根一行 13 人到如皋考察卫生改革工作。市委副书记杨曹明、政协主席浦文海、政协副主席陆小兵等参加接待。

2004 年 6 月 4 日，如东县政协主席翁士豪一行 7 人到如皋考察，参观花木大世界。主席浦文海陪同。

2004 年 8 月 21 日，常熟市政协秘书长笪伟中一行 8 人到如皋交流政协工作，参观水绘园和花木大世界。主席浦文海、副主席于永芳接待。

2004 年 9 月 16 日，海门市政协副主席黄伯新一行 8 人到如皋考察学习乡镇卫生院改制工作，参观城西医院和水绘园。主席浦文海、副主席陆小兵接待。

2004 年 9 月 27 日，会同市委统战部举行各界人士国庆中秋茶话会，部分市领导和各界人士代表参加。政协主席浦文海主持。市委副书记、市长周铁根通报如皋市经济社会发展和“一会两节”筹备情况。

2004 年 10 月 22—23 日，山西省安全厅厅长李洪一行 4 人到如皋考察寻根。主席浦文海陪同。

2004 年 10 月 31 日，山西省祁县政协副主席赵怀柱一行 12 人到如皋交流政协工作，参观水绘园。副主席袁泉陪同。

2004 年 11 月 9 日，浙江湖州市政协齐德全副主席一行 18 人在南通市政协杨伯林副主席等陪同下到如皋考察，参观花木大世界、水绘园、定慧寺。主席浦文海、副主席袁泉接待。

2004 年 11 月 20 日，安徽省淮南市政协副主席李素华在南通市政协副主席储长林陪同下到如皋考察，参观水绘园、定慧寺、花木大世界。政协主席浦文海陪同。

2004 年 11 月 25 日，上海市政协常委、区县政协联络指导组组长陈士杰率上海市区（县）政协主席一行 16 人到如皋考察，参观水绘园、定慧寺、花木大世界。市委书记陈惠娟、市长周铁根、政协主席浦文海等陪同。

2004 年 12 月 15 日，浙江省新昌县政协副主席张国本一行 12 人到如皋考察提案工作和长寿现象，参观水绘园和花木大世界。主席浦文海、副主席袁泉陪同。

2005 年 3 月 7 日，启东市政协副主席袁裕丽一行 9 人到如皋交流学习文史工作，参观水绘园、定慧寺、长寿园和经济开发区。副主席章建平、原副主席徐建平陪同。

2005 年 3 月 22 日，泰州市政协主席刘军林、副主席张春山等一行 10 人到如皋考察开发区建设工作。副主席袁泉接待。

2005 年 3 月 25 日，东台市政协主席尤永祥一行 7 人到如皋考察扶助社会弱势群体工作。副主席袁泉接待。

2005 年 4 月 27 日，与市委统战部联合举行学习贯彻《反分裂国家法》座谈会。市领导浦文海、刘培银、张秀良，市台办、侨联、妇联、团委负责人，民族宗教、港澳台侨界人士及其眷属 40 余人参加学习座谈。

2005 年 4 月 27—28 日，杭州市余杭区政协主席李小花和副主席章福根、钱杭根一行 14 人到如皋考察，参观水绘园、定慧寺、寿星园和如皋港开发区。主席浦文海、副主席于永芳、督导员严世进陪同。

2005 年 4 月 28 日，海安县政协主席翟厚才、原主席朱知和一行 20 人到如皋考察，参观水绘园、定慧寺、花木大世界和长寿园。主席浦文海、副主席章建平陪同。

2005 年 4 月 28 日，常州市政协副主席李林生、常州市委原书记陈玉英、常州市政协原副主席庄桂棣一行 16 人在南通市政协副主席杨伯林等陪同下到如皋考察，参观水绘园、定慧寺、长寿园、花木大世界。主席浦文海陪同。

2005 年 6 月 1 日，灌南县政协副主席袁应峰、罗逸涛一行 7 人到如皋考察学习中小企业贷款工作。副主席袁泉接待。

2005 年 6 月 12—13 日，福建省政协原副主席高胡一行到如皋考察，参观烈士陵园、水绘园、长寿园，走访百岁老人。主席浦文海、督导员严世进陪同。

2005 年 6 月 23 日，如东县政协主席翁士豪带领在如东的南通市政协委员一行 18 人到如皋开展活动。南通市政协副主席储长林参加。如皋市领导姜永华、杨曹明、浦文海、袁泉接待。

2005 年 6 月 24 日，启东市政协主席周嘉生带领经济界 19 名政协委员到如皋考察私营企业，参观江苏英田集团有限公司、江苏长寿集团有限公司及如皋港部分企业。政协主席浦文海、副市长黄成陪同。

2005 年 7 月 11 日，启东市政协副主席袁裕丽一行 10 人到如皋考察。主席浦文海、副主席于永芳接待。

2005 年 7 月 12 日，海门市政协主席高顺昌一行 8 人到如皋调研学习工业企业发展工作。市领导陈惠娟、浦文海、沈品辉、袁泉、章建平接待。

2005 年 9 月 19 日，在政府二楼西会议室举行各界人士国庆中秋茶话会。四套班子部分领导、政协离退休老领导、部分政协委员、在如皋投资兴业的有识之士、三峡移民等各界人士代表参加。政协主席浦文海主持。市委常委、常务副市长潘建华通报重点项目推进情况；政协副主席张秀良传达中央和省有关文件精神；各界人士代表姜鹄、程然、刘晓洁、陆仁宗、黄鸿鸣发言。

2005 年 10 月 19 日，盱眙县政协副主席王福庭一行 13 人到如皋考察优质教育工作。主席浦文海和副主席陆小兵接待。

2005 年 11 月 19 日，河南省濮阳市政协副主席杨广勤一行 4 人到如皋考察，参观水绘园。

2005 年 12 月 10 日，安徽省砀山县政协主席韩爱云、副主席孙爱华一行 5 人到如皋政协交流工作。主席浦文海和在如皋市挂职的砀山县委副书记卓传计陪同。

2006 年 3 月 15 日，沭阳县政协主席丁建平带队到如皋考察花木生产经营情况。主席浦文海和副主席袁泉、张秀良接待。

2006 年 3 月 16—17 日，靖江市政协主席苏增耀、副主席孙桂芳一行 7 人到如皋考察文化建设情况，考察水绘园、定慧寺、长寿园和如皋港。主席浦文海、副主席于永芳陪同。

2006 年 4 月 22 日，山东省泰安市政协副主席张大明一行 8 人在南通市政协副主席施景钤陪同下到如皋考察，参观花木大世界、水绘园、定慧寺。市委书记、政协主席陈惠娟，政协副主席章建平，政协秘书长羌汉荣陪同。

2006 年 5 月 9—10 日，沭阳县政协副主席卢新华、张益寿一行 4 人到如皋交流政协工作，参观水绘园和江苏英田集团有限公司。主席浦文海和副主席于永芳、章建平陪同。

2006 年 6 月 2 日，高邮市政协副主席姚美学一行 8 人到如皋政协交流学习提案工作。副主席于永芳接待。

2006 年 6 月 5 日，合肥市政协原主席马学模一行 4 人到如皋调研长寿现象。主席浦文海、副主席于永芳接待。

2006 年 6 月 8 日，南通市政协原主席程亚民、原副主席储长林带领南通市政协离退休老同志一行 35 人到如皋考察，参观长寿园、花木大世界、如皋港经济开发区。市领导陈惠娟、浦文海、姜永华、黄成、于永芳接待。

2006 年 8 月 16 日，东台市政协主席王业频一行 5 人到如皋考察学习新农村建设、民营经济工作。政协原主席浦文海、副主席于永芳接待。

2006 年 8 月 29—30 日，建湖县政协副主席、工商联会长陈秀花带领商会一行 12 人到如皋考察，参观丁堰镇部分企业及商会建设。政协党组书记李中林和副主席于永芳、张秀良陪同。

2006年9月7日，江西省高安市政协副主席郑美容一行5人到如皋考察，参观长寿集团。副主席于永芳、原主席刘桂江陪同。

2006年9月28日，在政府二楼西会议室举行各界人士国庆中秋茶话会。市委、市人大、市政府部分领导，市政协全体领导，在如城的部分常委、南通市政协委员，社会各界知名人士，政协机关离退休老同志参加。政协党组书记李中林主持。副市长潘建华通报全市经济社会发展情况和“一会两节”筹备情况。各界人士代表刘聪泉、刘晓洁、朱守华、朱一飞、张英田发言。

2006年10月5日，江苏省政协原副主席、全国政协原常委戴树和，江苏省政协原秘书长吴镕，江苏省农工民主党原常务副主委、农工民主党中央原顾问、全国政协原常委管仲伟，江苏省政协原副主席沙人麟一行在南通市政协主席曹能新的陪同下到如皋考察，参观大寿星园、水绘园。市领导姜永华、石耀、李中林、浦文海接待。

2006年10月12日，新华社驻香港分社原副社长潘曾锡等一行8人到如皋参观。政协党组书记李中林、督导员浦文海接待。

2006年10月25日，常熟市政协笪伟中一行15人到如皋交流政协工作，参观水绘园、长寿园。副主席于永芳陪同。

2006年10月30日—11月2日，郭锡林将军率领武汉市老干部合唱团一行79人到如皋演出。市领导杨曹明、李中林、于永芳、杜永红接待。

2006年11月1日，在如皋市广电中心召开台海形势报告会。在城新老政协委员、老科协联谊会成员参加。政协原主席浦文海主持。南通市台办领导应邀做台海形势报告。

2006年11月18日，浙江省兰溪市政协副主席朱根富一行24人来如皋参观学习文化教育工作。副主席于永芳、秘书长羌汉荣接待。

2006年12月7日，兴化市政协副主席秀如亮一行8人到如皋考察失地农民生活保障工作。副主席张秀良接待。

2006年12月11日，浙江省德清县政协主席柴志良、副主席沈连华一行8人到如皋考察学习。政协党组书记李中林、副主席于永芳、督导员浦文海接待。

2006年12月16—21日，受市委委托和副主席张秀良一行代表市委、市人大、市政府、市政协专程赴香港，吊唁如皋乡贤范止安先生，并拜访中央人民政府驻港办事处台湾工作部部长邢魁山、新华社驻港联络办文体宣教部副部长司锦泉。

2007年2月5—6日，主席李中林和副主席于永芳、张秀良一行5人赴南京、无锡两地，走访江苏金盛置业投资集团董事长王华、无锡东恒纺织有限公司总经理沈伯华。

2007年2月13日，上海市政协研究室主任李锐、理论处处长王学乐一行14人到如皋考察，参观水绘园、长寿园、花木大世界。主席李中林主席、副主席张秀良、秘书长羌汉荣陪同。

2007年4月2日，广西壮族自治区桂林市永福县政协主席刘永祥、副主席黄泽治一行6人到如皋调研长寿文化，参观水绘园、大寿星园。副主席于永芳陪同。

2007年5月14日，贵州省黔南布依族苗族自治州政协主席胡品荣一行6人在如皋市委原书记郁政的陪同下到如皋考察，参观内外城河、水绘园、经济开发区、江苏九鼎集团有限公司、花木大世界和长寿园。主席李中林、副主席陆小兵陪同。

2007 年 5 月 17 日，海安县政协副主席孙启明、吴惠平、周厚宽一行 11 人到如皋考察学习蚕业合作社建设、农村土地承包经营权流转做法，考察高明镇，参观如皋港。副主席于永芳、章建平陪同。

2007 年 6 月 15 日，海门市政协副主席谢永康一行 16 人到如皋交流学习委员活动工作，参观水绘园、定慧寺、大寿星园、花木大世界。副主席于永芳、秘书长羌汉荣陪同。

2007 年 6 月 15 日，泰兴市政协副主席张春山、朱从云等一行 12 人到如皋考察利用外资工作。副主席张秀良接待。

2007 年 6 月 25 日，江苏省政协原主席孙颔在南通市政协主席程亚民的陪同下到如皋视察，参观如皋港和花木大世界。市委书记陈惠娟、政协副主席于永芳、政协原主席浦文海陪同。

2007 年 7 月 11 日，上海市政协副秘书长张丽一行 14 人在南通市政协副秘书长朱进的陪同下到如皋视察调研新农村建设情况，参观如城邵庄村和花木大世界。副主席于永芳陪同。

2007 年 8 月 31 日，河南省偃师市政协主席张振涛一行 6 人到如皋考察两个开发区部分重点企业，参观江苏英田集团有限公司。主席李中林、副主席章建平陪同。

2007 年 9 月 22 日，主席李中林和原主席刘桂江、浦文海一行 6 人赴广西参加巴马国际长寿研讨会。巴马瑶族自治县政协主席沈子壮陪同考察。

2007 年 9 月 30 日，会同市委统战部举行迎国庆茶话会，市四套班子部分领导、政协机关离退休老同志、部分历届政协委员、在如皋的南通市政协委员、社会各界知名人士参加。政协主席李中林主持，市长姜永华通报当年经济社会发展及经贸洽谈会筹备情况，市委书记陈惠娟参加并讲话。

2007 年 10 月 17 日，通州市政协副主席季平率领 10 名市九三学社委员到如皋考察学习。主席李中林、副主席陆小兵接待。

2007 年 10 月 25 日，南京市政协副主席徐纪根一行 5 人在南通市政协副主席李界元的陪同下到如皋考察新农村建设。副主席于永芳陪同。

2007 年 10 月 26—28 日，广西壮族自治区巴马瑶族自治县政协主席沈子壮、原主席韦高新一行 3 人，永福县政协主席刘永祥、副主席黄泽治一行 3 人，到如皋参加第八届亚洲大洋洲地区老年学和老年医学大会如皋卫星会议。主席李中林，副主席于永芳、刘聪泉，原主席刘桂江、浦文海接待。

2007 年 11 月 7—8 日，江都市政协主席倪玉泉、副主席朱永明一行 12 人到如皋交流政协工作。主席李中林、副主席于永芳、原主席浦文海接待。

2008 年 1 月 25 日，主席李中林赴我国台湾地区考察，开展统战工作和招商引资。

2008 年 3 月 25—26 日，扬中市政协副主席张万龙一行 7 人到如皋学习交流农业规模化发展工作，参观顾庄花木村、花木大世界、长寿园、肠衣城、江苏长寿集团有限公司、水绘园。副主席魏祝明陪同。

2008 年 3 月 29 日，南通市政协原主席程亚民、原副主席储长林率领南通市书画协会部分政协委员一行 17 人到如皋考察。主席李中林和原主席刘桂江接待。

2008 年 5 月 6 日，主席李中林和副主席张元健、魏祝明、章建平、刘聪泉带领政协离退休同志赴海安县参观交流。海安县委书记章树山、副书记朱春及政协主席陈友龙接待。

2008 年 5 月 8 日，溧阳市政协副主席马小其、魏继川一行 19 人到如皋考察。副主席张元健、章建平，原主席刘桂江、浦文海，原副主席袁泉接待。

2008 年 5 月 21 日，九三学社江苏省委专职副主任、江苏省政协副秘书长叶勇率领江苏九三学社中的江苏省政协委员 25 人在南通市政协副主席徐守铭陪同下到如皋考察，参观熔盛重工。主席李中林陪同。

2008 年 5 月 28 日，河南省邓州市政协主席杨德堂、秘书长尹力宏一行 8 人到如皋考察历史文化工作。主席李中林、副主席刘聪泉、秘书长羌汉荣陪同。

2008 年 6 月 4 日，灌南县政协副主席孙桂明、张文艳等一行 11 人到如皋参观考察船舶产业。副主席章建平陪同。

2008 年 6 月 10 日，昆山市政协副主席李修昌一行 7 人到如皋学习考察行业协会工作。主席李中林、副主席魏祝明接待。

2008 年 6 月 24 日，河南省平顶山市政协副主席张柳松一行 10 人到如皋考察学习土地流转工作。副主席章建平陪同。

2008 年 6 月 27 日，泗洪县政协一行 5 人来如皋交流政协机关建设工作，参观水绘园、江苏长寿集团有限公司。副主席魏祝明、秘书长羌汉荣陪同。

2008 年 6 月 29—30 日，江西省抚州市政协副主席赵恩洪一行 5 人到如皋考察，参观水绘园、定慧寺、长寿园。副主席刘聪泉陪同。

2008 年 8 月 14 日，常州市政协副主席严国强一行 7 人在南通市政协原副主席施景铃的陪同下到如皋考察规模农业发展情况，参观花木大世界、顾庄生态园、钱庄千亩草坪、如皋绿园。主席李中林、副主席刘聪泉陪同。

2008 年 9 月 4 日，如东县政协主席徐建华一行 9 人到如皋考察学习社会保障及社会救助、城乡低保工作。主席李中林、副主席章建平接待。

2008 年 9 月 12 日，会同市委统战部在市政府行政中心举行中秋各界人士茶话会。市委、市人大、市政府部分领导和市政协全体领导，市政协离退休老领导，部分政协委员和如皋市各条战线上的知名人士 70 多人参加。主席李中林主持，市委副书记、市长姜永华通报经济社会发展情况。

2008 年 9 月 24 日，启东市政协副主席施炳新一行 7 人到如皋考察学习农村专业合作组织建设工作。政协主席李中林，市委常委、副市长黄成，政协副主席陆小兵、刘聪泉接待。

2008 年 10 月 14 日，南通市政协原主席程亚民和原副主席储长林、高志兰带领南通市政协书画会 36 名成员到如皋参观采风，开展笔会交流。主席李中林接待。

2008 年 10 月 16—17 日，青海省政协原副主席蔡巨乐一行在省政协接待处处长浦立新的陪同下到如皋视察，参观江苏熔盛重工有限公司、水绘园、城市建设、内外城河。主席李中林陪同。

2008年11月11—17日，副主席刘聪泉，原主席刘桂江、魏国平一行6人赴广西巴马，出席首届巴马国际长寿文化旅游节，与来自日本、韩国、加拿大、俄罗斯等国家和地区的专家进行交流，并会晤国际自然医学会会长森下敬一博士，赠送《如皋百岁寿星纪实》画册。

2008年11月12—18日，副主席张元健一行6人赴陕西省开展教育教学挂钩回访联谊活动。

2008年11月13日，启东市政协副主席施炳新率领21名政协机关离退休人员到如皋考察，参观水绘园、长寿园、定慧寺、花木大世界及如皋港区。政协主席李中林，市委常委、副市长黄成，市委常委、组织部部长张辉陪同。

2008年11月27日，安徽省黄山市徽州区政协副主席吴建明、方玉璋一行4人到如皋考察工业经济及招商引资工作。副主席刘聪泉陪同。

2009年2月12日，海门市政协副主席施彦敏一行6人到如皋考察学习产业发展情况。政协主席李中林，市委常委、副市长黄成，政协副主席章建平等接待，并陪同考察如皋港区船舶工业园和精细化工园。

2009年3月2—3日，江苏省委原副书记顾浩一行4人到如皋视察，实地察看双钱集团（江苏）轮胎有限公司、水绘园、东大街、丝毯艺术博物馆、大寿星园、如皋港发展规划沙盘、垃圾发电项目、如皋港务集团（皋澄国际）、江苏熔盛重工有限公司。市领导陈惠娟、姜永华、李中林、石耀，政协秘书长殷高华陪同。

2009年3月3日，通州市政协副主席葛涛一行5人到如皋交流学习民主评议工作。副主席张元健、秘书长殷高华接待。

2009年3月11日，启东市政协副主席袁裕丽、施炳新一行8人到如皋交流学习民主评议和提案工作。督导员于永芳、秘书长殷高华接待。

2009年3月28日，上海市闵行区政协常委张则其一行22人到如皋考察，参观水绘园、定慧寺及开发区。副主席章建平、秘书长殷高华陪同。

2009年3月28—30日，湖北省文化厅、钟祥市一行3人到如皋考察长寿研究工作，参观灵威观、水绘园和城市建设。副主席刘聪泉、原主席刘桂江、原副主席徐建平陪同。

2009年4月26—27日，安徽省淮北市相山区政协副主席申道存一行4人到如皋考察现代农业发展及土地流转工作。副主席刘聪泉接待。

2009年4月28日，昆山市政协原主席沈卫群率领该市政协联谊会40余人到如皋考察长寿保健情况，参观水绘园。副主席刘聪泉和原主席魏国平、刘桂江、浦文海陪同。

2009年5月9日，合肥市政协副主席王明杰、杨治茂一行37人到如皋考察沿江开发，参观如皋港发展规划沙盘、如皋港务集团、江苏熔盛重工有限公司。督导员陆小兵陪同。

2009年5月10—11日，江苏省政府原副省长戴顺智，江苏省政协原副主席沙人麟，江苏省政协原秘书长吴镕一行12人到如皋视察经济社会发展情况，视察南通华峰化工有限公司、南通德峰医药有限公司等企业。市领导陈惠娟、石耀、李中林、杨曹明、孙杰、陆小兵，政协秘书长殷高华接待。

2009年6月11—12日，江苏省政协理论研究会副会长、江苏省九届政协副主席冯健亲等一行 17 人由南通市十届政协主席曹能新等陪同到如皋视察，参观水绘园、定慧寺、江苏熔盛重工有限公司。主席李中林、副主席张元建、原主席浦文海、秘书长殷高华陪同。

2009 年 7 月 3 日，海安县政协主席陈友龙和副主席陈楷、蔡祝平一行 26 人到如皋交流联谊，参观水绘园、顾庄生态园、花木大世界。主席李中林，副主席张元健、魏祝明、章建平、刘聪泉，秘书长殷高华接待。

2009 年 7 月 15 日，海门市老科协会长陈如喜一行 30 人到如皋交流工作，参观如皋港区开发规划、江苏熔盛重工有限公司、顾庄生态园、定慧寺、水绘园。主席李中林和督导员、老科协会长于永芳陪同。

2009 年 7 月 30 日，启东市政协主席张建飞和副主席袁裕丽、蔡建平、宋逵、施炳新、袁圣菊一行 30 人到如皋考察学习，参观如皋港区开发规划、公用码头、垃圾发电、熔盛重工、顾庄生态园、花木大世界、水绘园。市领导李中林、黄成、张辉、张元健、章建平、刘聪泉、陆小兵接待。

2009 年 8 月 7 日，安徽省广德县政协副主席江晓华一行 12 人到如皋考察职业教育，参观职教中心和技工学校。督导员陆小兵、秘书长殷高华陪同。

2009 年 8 月 29 日，上海市卢湾区政协一行 16 人到如皋考察，参观水绘园。主席李中林、副主席章建平陪同。

2009 年 9 月 10—11 日，浙江省平湖市政协副主席王华根一行 10 人到如皋考察秸秆综合利用工作，参观郭园镇秸秆综合利用基地。主席李中林，副主席张元健、章建平，秘书长殷高华陪同。

2009 年 9 月 24 日，上海市嘉定区政协主席周关东一行 9 人到如皋考察如皋方言采编工作，参观定慧寺、水绘园。主席李中林、副主席刘聪泉、原主席浦文海、秘书长殷高华接待。

2009 年 10 月 22 日，贵州省政协原副主席伍席源一行 4 人在南通市人大常委会原副主任李炎陪同下到如皋考察，参观水绘园、花木大世界、东方大寿星园。政协主席李中林、人大常委会主任石耀、政协督导员陆小兵接待。

2009 年 11 月 5 日，主席李中林接待美国华润国际集团总裁、黄石市台湾同胞投资企业协会荣誉会长陈柏光先生和上海前邦实业有限公司董事长王建智先生。秘书长殷高华陪同。

2009 年 12 月 14 日，主席李中林参加郭园镇观音静院慈航安塔暨佛像开光庆典。

2009 年 12 月 15 日，东莞市政协主席刘树基、人大常委会副主任吕兢、政协秘书长黎锦辉一行 7 人到如皋考察，参观如皋港规划发展沙盘、如港新城、公用码头、江苏熔盛重工有限公司、李昌钰刑侦科学博物馆、东大街、水绘园。市领导陈惠娟、李中林、黄成和政协秘书长殷高华接待。

2010 年 2 月 14 日，南通市政协原主席程亚民、原副主席储长林、原秘书长冯祖祥等老领导和全国政协港澳台侨委员会副局级秘书黄健到如皋参加新春团拜会。主席李中林陪同。

2010 年 2 月 24 日，新疆塔城地区政协工委主任陈广明回家乡考察。政协主席李中林，政协副主席张元健、章建平，市人大副主任张秀良，市政府副市长陈万圣接待。

2010 年 2 月 27—28 日，南通市委原书记陈根兴、南通市政协原主席程亚民和原副主席储长林、南通市人大常委会原副主任周通生等一行6人到如皋视察，参观和考察李昌钰刑侦博物馆、李渔纪念馆、水绘园、城市建设和如皋港区沿江开发。主席李中林陪同。

2010年3月9日，靖江市政协主席苏增耀和副主席孙桂芳、王维三一行15人到如皋考察长寿文化。主席李中林、原副主席陆小兵接待。

2010年3月12日，海门市政协副主席郁斌一行4人到如皋考察学习港口物流和科技园工作。副主席魏祝明陪同。

2010年3月17日，丹阳市政协副主席李金连一行7人到如皋考察学习开放型经济。副主席章建平陪同。

2010年3月18日，宝应县政协副主席黄才童一行4人到如皋考察学习物流产业、农业产业化、融资工作以及城市经营。副主席张元健陪同。

2010年3月30日，宝应县政协主席韩国柱率领政协常委一行45人到如皋参观学习，考察江苏熔盛重工有限公司、双钱集团（江苏）轮胎有限公司、东大街、水绘园。主席李中林和副主席张元健、魏祝明陪同。

2010年3月31日，启东市政协副主席袁圣菊一行13人到如皋考察学习农民集中居住建设工作。副主席章建平陪同。

2010年4月24日，山东聊城市政协原主席赵振兰一行6人由南通市政协原秘书长冯祖祥陪同到如皋考察，参观长寿园、水绘园。副主席张元健陪同。

2010年6月9日，如东县政协主席徐建华一行20人到如皋学习如皋港区开发情况，考察江苏熔盛重工有限公司、水绘园。市长姜永华、政协主席李中林、副市长司祝建、政协副主席章建平接待。

2010年6月10日，海安县政协副主席陈楷一行8人到如皋考察学习长寿文化。主席李中林、副主席章建平接待。

2010年6月11日，通州区政协副主席葛涛一行8人到如皋考察人口计生工作。副主席张元健陪同。

2010年7月14日，东台市政协主席王业频一行9人到如皋考察学习经济转型升级，参观江苏熔盛重工有限公司、如皋港新城、万顷良田。主席李中林、副主席章建平陪同。

2010年8月3日，海安县政协主席朱春一行15人到如皋参观如皋港。主席李中林、全体副主席陪同。

2010年8月10日，镇江市京口区政协副主席沈成钧一行6人到如皋政协交流学习提案工作，参观红十四军纪念馆、东大街和水绘园。副主席刘聪泉陪同。

2010年8月24日，溧阳市政协主席崔国伟一行9人到如皋考察学习经济发展经验，参观江苏熔盛重工有限公司、水绘园、红十四军纪念馆。主席李中林和副主席张元健、章建平陪同。

2010年10月14日，陕西省子长县政协主席杜建军一行10人到如皋考察胡瑗研究情况，参观胡瑗墓、胡安定博物馆。主席李中林、副主席刘聪泉接待。

2010年11月3日，芜湖市政协副主席万相改一行18人到如皋考察学习绿化工作，参观东方大寿星园、顾庄生态园、花木大世界、城河风光带、水绘园、红十四军纪念馆。副主席刘聪泉陪同。

2011 年 3 月 13 日，南通市政协原主席程亚民、曹能新，原副主席储长林，原秘书长冯祖祥到如皋考察，参观如皋港。南通市副市长、如皋市委书记陈惠娟，政协主席李中林，政协秘书长殷高华接待。

2011 年 3 月 19—20 日，广东省茂名市政协副主席章宁到如皋考察，参观如皋港。政协主席李中林，市委常委、常务副市长黄成，政协副主席魏祝明、章建平、黄文斌接待。

2011 年 4 月 8 日，安徽省岳西县政协主席储成根一行 3 人到如皋学习交流政协工作。主席李中林、秘书长殷高华陪同。

2011 年 4 月 22 日，上海市奉贤区政协主席韦源率领考察团到如皋考察，参观熔盛重工。主席李中林、副主席章建平、秘书长殷高华陪同。

2011 年 5 月 10 日，如皋原县委书记唐如浴携夫人到如皋考察，参观如皋港。主席李中林陪同。

2011 年 5 月 12 日，新疆库尔勒市政协考察团一行 15 人到如皋参观。

2011 年 5 月 16 日，响水县政协副主席陆从华一行 5 人到如皋考察城乡统筹发展工作，参观如皋经济开发区万顷良田和农民集居区建设。副主席刘聪泉、秘书长殷高华陪同。

2011 年 7 月 1 日，兴化市政协副主席余建军一行 6 人到如皋考察开放型经济发展，参观江苏熔盛重工有限公司、双钱集团（江苏）轮胎有限公司、南通美能得太阳能电力科技有限公司。副主席章建平陪同。

2011 年 7 月 6 日，东海县政协主席高生军一行 6 人到如皋考察学习科技工作，参观科技馆、软件园、科技创业园。副主席黄文斌陪同。

2011 年 7 月 26 日，东台市政协主席王业频一行 8 人到如皋考察学习城乡饮用水安全工作，参观区域供水工程和制水公司。主席李中林和副主席张元建、章建平陪同。

2011 年 9 月 30 日，在光华大酒店三楼国际厅举行各界人士国庆茶话会。市委、市人大、市政府部分领导，市政协全体领导，全体政协常委及部分社会知名人士参加。政协主席李中林致辞，市委常委、副市长司祝建通报上半年经济情况，各界人士代表发言。市委副书记黄成到会并讲话。

2011 年 10 月 10 日，海门市政协副主席、统战部部长席尚俭一行 8 人到如皋考察，参观南通威世药业。主席李中林、副主席张元建接待。

2011 年 10 月 19 日，太仓市政协离退休老同志一行 20 人到如皋参观水绘园、红十四军纪念馆、花木大世界。副主席章建平陪同。

2011 年 11 月 11 日，汇丰银行（中国）有限公司工商业务部华东区总监黄文丽一行到如皋考察，参观软件园、水绘园、文化广场。南通市政协秘书长朱进，如皋市领导姜永华、司祝建、李中林，如皋政协秘书长殷高华接待。

2011 年 11 月 17 日，南通市政协原副主席施景钤一行 20 人到如皋考察，参观软件园、城市规划展示馆。副主席张元健、原主席浦文海陪同。

2011 年 11 月 22 日，浙江省嘉兴市政协副主席王询一行 10 人到如皋考察，参观水绘园、城市规划展示馆、花木大世界。主席李中林、副主席张元建接待。

2012 年 3 月 26 日，大连市旅顺口区政协副主席崔岩一行到如皋考察学习提案工作信息化建设工作。主席李中林、副主席刘聪泉接待。

2012 年 4 月 9 日，如东县政协主席陈建华一行 14 人到如皋考察学习，参观红十四军纪念馆、双钱集团（江苏）轮胎有限公司、城市规划馆。主席李中林、副主席魏祝明、秘书长殷高华接待。

2012 年 5 月 4 日，大丰市政协副主席陈化祥一行 6 人到如皋考察学习区域经济发展情况。参观江苏九鼎集团有限公司、江苏力星钢球有限公司、城市规划馆。主席李中林、督导员张建平接待。

2012 年 5 月 9 日，江苏省华夏经济促进会一行数人到如皋考察。副主席刘聪泉陪同。

2012 年 5 月 10 日，海门市政协副主席郁斌一行 20 人到如皋考察学习，参观水绘园。副主席魏祝明、秘书长殷高华陪同。

2012 年 5 月 17—18 日，常州市政协理论研究会一行 20 人到如皋参观学习，参观水绘园、定慧寺、花木大世界。南通市政协原主席曹德新，南通市副市长、如皋市委书记陈惠娟，政协主席李中林，政协副主席黄文斌接待。

2012 年 9 月 26 日，在行政中心第五会议室举行各界人士中秋国庆茶话会。市四套班子领导、市政协离退休老领导、部分政协常委、社会各界人士代表 83 人参加。政协主席李中林致辞。市委副书记、市长姜永华通报全市经济社会发展情况和决战决胜更高水平小康社会的举措。

2013 年 4 月 16 日，南通市政协原主席、政协理论研究会（联谊会）理事长曹能新一行 16 人在如皋市长江镇召开研究会第四组第一次会议，实地视察长江药用植物园、青少年素质教育基地、港务局码头。市委书记姜永华、市长陈晓东、主席李中林接待。

2013 年 4 月 18 日，泰州市姜堰区政协到如皋政协学习交流文史工作，参观红十四军公园、博物馆。副主席刘聪泉、原主席刘桂江陪同。

2013 年 5 月 17—18 日，广东省蕉岭市政协主席一行到如皋学习考察长寿工作，参观水绘园、红十四军纪念馆。主席李中林、副主席刘聪泉、原主席刘桂江陪同。

2013 年 11 月 19 日，仪征市政协到如皋学习考察幼教工作，参观江安镇黄市幼儿园、如城镇东皋幼儿园。副主席刘聪泉陪同。

2013 年 11 月 19—21 日，浙江省平湖市政协主席一行到如皋学习交流政协工作，参观软件园、龙游湖、顾庄生态园、长寿博物馆、水绘园、长江药用植物园。主席李中林、副主席黄文斌接待。

2014 年 12 月 6 日，广西壮族自治区桂林市永福县政协主席刘永祥率队到如皋考察养生养老健康产业，考察高新区（城南街道）左郛村居家养老服务站、如皋市长寿养生园、博爱康复护理院。主席李中林、副主席郑振明、原主席刘桂江陪同。

2015 年 2 月 21 日，海门市政协一行 8 人到如皋考察学习口岸开放和港口建设工作，参观如皋港区物流码头、船舶码头、联检大楼。主席李中林和副主席郑振明、钱志刚接待。

2015 年 3 月 10 日，海安县政协副主席朱为民一行 5 人到如皋征集相关抗战史料。副主席钱志刚陪同。

2015 年 3 月 25—26 日，天津市蓟县政协副主席张力一行 8 人到如皋考察学习历史文化名城保护工作，参观东大街、定慧寺、博物馆。副主席钱志刚陪同。

2015 年 3 月 26 日，江都区政协副主席王勤宏一行 10 人到如皋考察学习依法治市工作。副主席黄文斌陪同。

2015 年 4 月，沛县政协一行 14 人到如皋考察学习职业技术教育工作，参观市职教中心、第一职业中专学校。副主席钱志刚陪同。

2015 年 4 月 7 日，新疆伊犁州奎屯市政协副主席阿扎玛提哈生别克一行 6 人到如皋考察学习职业教育、均衡教育工作。副主席钱志刚陪同。

2015 年 4 月 23 日，启东市政协副主席宋逵一行 7 人到如皋考察学习镇（街道）政协工委工作。副主席郑振明、秘书长殷高华陪同。

2015 年 4 月 28 日，如东县政协主席陈建华一行 13 人到如皋考察学习养老产业发展工作，参观长寿养生园、长寿博物馆、博爱康复护理院、高新区左邬村居家养老服务站。主席李中林、副主席郑振明、秘书长殷高华陪同。

2015 年 5 月 13 日，江阴市政协副主席喻伟力一行到如皋考察学习历史文化遗产保护工作。副主席钱志刚陪同。

2015 年 5 月 21 日，湖北省宜都市政协副主席潭国银一行到如皋考察学习教育信息化建设工作。副主席钱志刚陪同。

2015 年 6 月 10 日，兴化市政协副主席彭周良一行到如皋考察教育工作。副主席郑振明陪同。

2015 年 6 月 19 日，东台市政协副主席吴善宽带队到如皋考察公共文化建设。副主席郑振明陪同。

2015 年 7 月 7 日，无锡市滨湖区政协主席刘洪兴一行 8 人到如皋考察优化综合发展环境工作。主席李中林、副主席黄文斌陪同。

2015 年 7 月 20 日，如东县政协副主席桑健一行 6 人专程考察林梓红木工艺品市场。副主席郑振明陪同。

2015 年 11 月 10 日，东台市政协副主席郑静波带领离退休老干部到如皋考察学习经济社会发展情况。主席李中林、副主席郑振明、秘书长殷高华陪同。

2016 年 5 月，崇川区政协主席俞汉林率队到如皋考察宗教文化工作。政协主席李中林和政协副主席、统战部部长钱志刚陪同。

2016 年 8 月 31 日—9 月 1 日，福建省柘荣县政协主席王鼎秦带队到如皋考察学习城市建设工作，参观东大街历史文化街区、花木大世界（如皋）国际园艺城有限公司、顾庄生态园、如港新城。主席李中林、副主席黄文斌、秘书长殷高华陪同。

2016 年 9 月 22—23 日，浙江省长兴县政协到如皋考察学习，参观软件园人才公寓、如皋港区江苏隆昌化工有限公司、顾庄生态园。副主席张亚鸾陪同。

2016 年 10 月 13 日，沭阳县政协副主席唐军玉一行到如皋经济技术开发区考察，参观开发区综合文化站、政协委员之家、康迪电动汽车江苏有限公司、华夏电影展示馆、南通百应能源有限公司。副主席郑振明陪同。

2016 年 11 月 30 日，浙江省海宁市政协主席张炜芬一行 16 人到如皋考察学习，参观龙游湖生态公园、华夏电影展示馆、花木大世界（如皋）国际园艺城有限公司、李昌钰刑侦科学博物馆。主席李中林、副主席黄文斌陪同。

2016 年 12 月 7 日，盐城市政协到如皋考察学习，参观城北街道政协工委和民宗侨台委员组委员之家、花木大世界（如皋）国际园艺城有限公司、李昌钰刑侦科学博物馆。副主席钱志刚陪同。

2017 年 3 月 14 日，海门市政协副主席姜晓静一行 5 人到如皋政协交流提案工作，参观花木大世界（如皋）国际园艺城有限公司、李昌钰刑侦科学博物馆、龙游河生态公园。副主席严世斌陪同。

2017 年 3 月 19—20 日，湖北省荆门市政协副主席柯昌军一行 10 人到如皋考察长寿文化和长寿产业，参观博爱康复护理院、花木大世界（如皋）国际园艺城有限公司、李昌钰刑侦科学博物馆。副主席杜永红陪同。

2017 年 4 月 11—12 日，嘉兴市秀洲区政协副主席胡建新一行 5 人到如皋交流政协工作，参观电影博物馆、李昌钰刑侦博物馆、花木大世界（如皋）国际园艺城有限公司、顾庄生态园。副主席冒平、秘书长许映亮陪同。

2017 年 4 月 26 日，宜兴市政协副主席洪雅一行 10 人到如皋考察学习提案办理工作及生态建设治理工作，参观龙游河生态公园、顾庄生态园、花木大世界（如皋）国际园艺城有限公司。副主席冒平陪同。

2017 年 5 月 4 日，射阳县政协副主席刘慧一行 10 人到如皋考察学习石材产业，参观东升石材园。副主席杜永红陪同。

2017 年 5 月 10 日，农工党南通市委专职副主委吴鸿飞一行 6 人到如皋考察调研，参观如皋经济开发区高标准农田建设示范区。副主席郑振明陪同。

2017 年 5 月 12 日，新沂市政协副主席赵素梅一行 11 人到如皋考察学习文化旅游产业，参观东大街、水绘园、李昌钰刑侦科学博物馆、花木大世界（如皋）国际园艺城有限公司。副主席冒平、秘书长许映亮陪同。

2017 年 5 月 18 日，江西省武宁县政协副主席兰浩林一行 12 人到如皋考察学习城市管理工作，参观考察数字化城市管理平台以及丰泽怡园和西城花园小区物业管理。副主席冒平陪同。

2017 年 6 月 12 日，仪征市政协副主席赵永江一行 8 人到如皋考察学习民事行政检察工作。副主席郑振明接待。

2017 年 6 月 26—27 日，湖州市南浔区政协副主席陈文龙一行 14 人到如皋考察学习美丽乡村建设，参观顾庄村、平原池村。副主席郑振明陪同。

2017 年 7 月 6 日，东台市政协主席鲍宇一行 13 人到如皋考察学习培大育强企业工作，实地参观江苏九鼎集团有限公司、汽车文化馆、康迪电动汽车江苏有限公司、江苏陆地方舟新能源车辆有限公司、南通百应能源有限公司。主席张元健、副主席冒平、秘书长许映亮接待。

2017 年 8 月 2—3 日，湖北省京山县政协到如皋考察学习工业经济发展，参观江苏恒康家居科技股份有限公司、江苏力星钢球有限公司、南通万达轴承有限公司、花木大世界（如皋）国际园艺城有限公司、江苏陆地方舟新能源车辆有限公司、泰慕士服饰公司、汽车文化馆。副主席郑振明陪同。

2017 年 8 月 15—17 日，青海省贵德县政协主席增巴率队到如皋考察交流，参观规划馆、水绘园、汽车文化馆、康迪电动汽车江苏有限公司、李昌钰刑侦科学博物馆、花木大世界（如皋）国际园艺城有限公司、顾庄生态园、龙游河生态公园。主席张元健、副主席郑振明、秘书长许映亮陪同，市委领导陈晓东、卓么本参加接待。

2017 年 8 月 21—22 日，沛县政协到如皋考察，参观东大街、水绘园、龙游河生态公园、顾庄生态园。主席张元健、副主席冒平、秘书长许映亮接待。

2017 年 9 月 12 日，江阴市政协党组成员符跃进一行 11 人到如皋考察学习实体经济和招商引资工作，参观东升石材园。副主席杜永红陪同。

2017 年 9 月 20 日，通州市政协副主席季平一行 7 人到如皋考察学习特色小镇建设，参观白蒲镇和搬经镇。副主席郑振明陪同。

2017 年 9 月 20—21 日，银川市西夏区委常委、统战部部长贺满诞一行 8 人到如皋进行产业合作交流，开展缔结友好合作商会活动，考察华夏电影展示馆、长寿文化园。主席张元健、副主席冒平接待。

2017 年 9 月 29 日，安徽省铜陵市政协到如皋拍摄文史专题片，副主席刘晓洁陪同。

2017 年 10 月 11 日，上海崇明区政协到如皋考察学习侨务工作，参观李昌钰刑侦科学博物馆、花木大世界（如皋）国际园艺城有限公司、华夏电影展示馆。副主席刘晓洁陪同。

2017 年 12 月 15 日，徐州市政协到如皋考察学习教育教学工作，参观如皋中学。副主席严世斌陪同。

2018 年 3 月 29 日，南通市崇川区政协副主席李红霞、吴佳培、王学平等一行 28 人到如皋考察学习文化旅游产业发展工作，参观考察东大街、花木大世界（如皋）国际园艺城有限公司、顾庄生态园。副主席刘晓洁陪同。

2018 年 4 月 3 日，通州区政协副主席季平一行 10 人到如皋考察学习医养结合工作，参观考察吴窑福康医院、博爱康复护理院。副主席严世斌陪同。

2018 年 4 月 9 日，启东市政协副主席龚建涛一行 8 人到如皋考察学习养老机构发展情况，参观考察九华长寿养生园、丁堰镇长寿星养老服务中心、博爱康复护理院。副主席严世斌陪同。

2018 年 4 月 9 日，射阳县政协副主席刘锦和一行 10 人到如皋考察学习石材产业发展，参观东升石材园。副主席郑振明陪同。

2018 年 4 月 13 日，高邮市政协副主席钱富强一行 11 人到如皋考察学习医养结合工作，参观吴窑福康医院、博爱康复护理院。副主席严世斌陪同。

2018 年 5 月 18 日，苏州市政协副主席王竹鸣一行 13 人在南通市政协副主席顾诺之的陪同下，到如皋考察学习委员服务管理和历史文化名城建设工作，参观东大街保护区、李昌钰刑侦科学博物馆、国际园艺城。副主席严世斌陪同。

2018 年 6 月 2—6 日，陕西省洋县政协主席陈三荣一行 11 人到如皋考察经济社会发展情况，参观东大街历史街区、红十四军纪念馆、李昌钰刑侦科学博物馆、花木大世界（如皋）国际园艺城有限公司、新能源汽车产业园区、汽车文化馆、南通荣威娱乐有限公司、奥体中心、安定小学、博爱康复护理院、如港新城、青少年素质教育实践基地、东升石材园等。政协主席、全体副主席分别陪同，市委书记陈晓东、市长何益军、人大常委会主任吴道健参加接待。

2018 年 6 月 20—22 日，四川省米易县政协副主席王纪伦一行 10 人到如皋考察学习教师队伍建设工作，参观李昌钰刑侦科学博物馆、花木大世界（如皋）国际园艺城有限公司。副主席严世斌陪同。

2018 年 6 月 26 日，佛山市南海区政协副主席何熠钢一行 16 人到如皋考察学习氢能源汽车产业，参观如皋经济开发区南通百应能源有限公司、加氢站、康迪电动汽车江苏有限公司、江苏赛麟汽车科技有限公司、江苏陆地方舟新能源车辆股份有限公司、汽车文化馆。副主席郑振明陪同。

2018 年 6 月 26 日，阜宁县政协副主席蔡如航、李德平一行 13 人到如皋学习考察工业项目推进工作，参观江苏恒康家居科技股份有限公司、江苏初曦生物科技有限公司、江苏赛麟汽车科技有限公司、南通加纬电池有限公司、南通荣威娱乐有限公司。副主席郑振明陪同。

2018 年 6 月 28 日，辽宁省阜新市政协副主席陈志宏一行 7 人到如皋考察学习氢能产业情况，参观南通百应能源有限公司、加氢站、康迪电动汽车江苏有限公司、江苏赛麟汽车科技有限公司、江苏陆地方舟新能源车辆股份有限公司、汽车文化馆。副主席郑振明陪同。

2018 年 7 月 8 日，堃霖集团董事长曾仲国一行在南通市政协朱进陪同下到如皋考察，参观丝毯艺术博物馆、华夏电影博物展示馆、李昌钰刑侦科学博物馆。副主席刘晓洁陪同。

2018 年 8 月 22 日，如东县政协副主席丛俊一行 13 人到如皋学习考察交通秩序综合整治工作，参观公安局交通指挥中心。副主席冒平陪同。

2018 年 8 月 28 日，睢宁县政协副主席邓冰一行 5 人到如皋考察学习“放管服”改革工作，参观不动产登记中心、行政审批大厅。副主席郑振明陪同。

2018 年 9 月 3 日，山东德州市陵城区政协副主席武秀莲一行 12 人到如皋考察学习镇村文史资料编纂工作，参观红十四军纪念馆、博物馆、图书馆。副主席刘晓洁陪同。

2018 年 9 月 11—12 日，湖北省钟祥市政协到如皋考察学习，参观软件园、花木大世界（如皋）国际园艺城有限公司、如皋港物流园区。副主席刘晓洁陪同。

2018 年 9 月 27 日，启东市政协离退休人员到如皋考察，参观龙游湖文化街区、外国语学校、东大街历史文化街区、顾庄生态园、花木大世界（如皋）国际园艺城有限公司、东升石材园、药用植物园、金岛生态园。副主席杜永红、秘书长许映亮陪同。

2018 年 10 月 11 日，浙江省平湖市政协副主席宁怡玲一行 9 人到如皋考察学习民主评议重点实事项目工作，参观东大街保护区、花木大世界（如皋）国际园艺城有限公司。副主席冒平陪同。

2018 年 10 月 16 日，镇江市丹徒区政协副主席叶向东一行 11 人到如皋考察学习美丽乡村和特色田园建设，参观顾庄生态园、花木大世界（如皋）国际园艺城有限公司、平园池村。副主席冒平陪同。

2018 年 10 月 22 日，辽宁省本溪满族自治县政协副主席朴希君一行 7 人到如皋考察学习提案办理工作，参观博物馆、文化馆、花木大世界（如皋）国际园艺城有限公司。副主席郑振明陪同。

2018 年 11 月 5 日，张家港市政协主席黄雪元一行 10 人到如皋考察氢能源产业发展情况，参观南通百应能源有限公司、康迪电动汽车江苏有限公司、江苏赛麟汽车科技有限公司。主席张元健、副主席郑振明、秘书长许映亮陪同。

2018 年 11 月 22 日，泰兴市政协副主席周桂香一行 10 人到如皋考察学习文化建设工作，考察东大街、文化广场、李昌钰刑侦科学博物馆。副主席刘晓洁陪同。

2018 年 11 月 22 日，沛县政协到如皋考察学习小区物业管理工作。秘书长许映亮陪同。

2018 年 12 月 12 日，河北省望都县政协副主席杜兴军、甄秀英一行 12 人到如皋考察学习农村文化建设工作，考察长江镇中心沙社区、顾庄生态园、江安镇周庄社区。副主席刘晓洁陪同。

2019 年 2 月 26 日，盐城市盐都区政协主席张建洋和副主席阮宜春、张荣銮一行 12 人到如皋考察学习接轨上海、制造业创新驱动、工业经济动能转换、提质增效等方面工作，考察康迪电动汽车江苏有限公司、江苏赛麟汽车科技有限公司、凌志软件如皋有限公司、小咖秀（江苏）科技有限公司、创新体检中心。主席张元健、副主席郑振明陪同。

2019 年 3 月 9 日，深圳市政协副主席王大平一行 6 人到如皋考察学习健康城市建设工作，参观东大街历史文化街区、丝毯艺术博物馆、红十四军纪念馆、华夏电影展示馆、李昌钰刑侦科学博物馆、花木大世界（如皋）国际园艺城有限公司、顾庄生态园。副主席刘晓洁、秘书长许映亮陪同。

2019 年 4 月 8 日，山东枣庄市台儿庄区政协副主席刘树起、赵瑞启一行 13 人到如皋考察学习高质量发展和优化营商环境、支持民营经济高质量发展情况，考察行政审批局、汽车博物馆、江苏赛麟汽车科技有限公司、南通荣威娱乐有限公司、花木大世界（如皋）国际园艺城有限公司。副主席郑振明陪同。

2019 年 4 月 17 日，四川省宜宾市翠屏区政协副主席王元枢一行 17 人到如皋考察学习建筑业工作，考察江苏南通六建建设集团有限公司和标龙建设集团有限公司承建项目、顾庄生态园、李昌钰刑侦科学博物馆。副主席刘晓洁陪同。

2019 年 4 月 17 日，辽宁省辽阳县政协副主席吴广厚、王红一行 9 人到如皋学习考察优化营商环境工作，参观行政审批局政务大厅。副主席郑振明陪同。

2019 年 4 月 25 日，兴化市政协副主席吴海盈一行 6 人到如皋考察学习营商环境建设工作，考察行政审批局政务大厅。副主席郑振明陪同。

2019 年 5 月 14—15 日，广东省新丰县政协主席潘允标带队到如皋考察营商环境建设工作，考察江苏天南电力有限公司、江苏力星钢球有限公司、汽车文化馆、行政审批局政务大厅。主席张元健、秘书长许映亮陪同。

2019年5月22—24日，广东省茂名市政协副主席章宁一行10人到如皋考察学习氢能源产业情况，考察氢能产业园、东升石材园、东大街、李昌钰刑侦科学博物馆。副主席郑振明陪同。

2019年5月27—31日，陕西省洋县政协副主席张宏钧一行10人到如皋考察学习经济社会发展情况，考察东升石材园、集装箱码头、金岛生态园、开发区公共服务中心、南通荣威娱乐有限公司、平园池民宿、软件园、北外附属龙游湖外国语学校、龙游湖生态公园、花木大世界（如皋）国际园艺城有限公司、顾庄生态园、东大街历史文化街区、红十四军纪念馆、博爱康复护理院、汽车博物馆、李昌钰刑侦科学博物馆、江苏恒康家居科技股份有限公司、蒲新生态园等。全体主席参加交流接待。

2019年5月28日，东台市政协主席鲍宇带队到如皋考察融媒体建设工作，参观如皋市融媒体中心。主席张元健、副主席刘晓洁、秘书长许映亮陪同。

2019年5月29日，上海市崇明区政协原副主席袁刚一行10人在南通市政协原副主席杨展里、储长林等陪同下到如皋考察学习生态环境和文化建设工作，参观东大街、顾庄生态园、花木大世界（如皋）国际园艺城有限公司。市人大原副主任刘聪泉、政协秘书长许映亮陪同。

2019年6月6日，靖江市政协主席范敏、副主席庞余亮一行4人到如皋交流文史工作，考察东大街、李昌钰刑侦科学博物馆、顾庄生态园。主席张元健、副主席刘晓洁陪同。

2019年6月13日，射阳县政协副主席刘慧一行8人到如皋考察学习学校、社会爱心组织、老年机构三方合作服务老年的教育模式，考察如皋中专老年烹饪进修班、博爱康复护理院、顾庄生态园。副主席刘晓洁陪同。

2019年6月19日，如东政协副主席桑健带队到如皋考察委员之家建设工作，考察城北街道委员之家。秘书长许映亮陪同。

2019年6月25日，云南省普洱市政协副主席王学文一行9人在南通市政协副主席金元等陪同下到如皋考察学习美丽乡村建设和农村环境治理工作，参观江安镇周庄社区、城北街道平园池村、如城顾庄生态园。主席张元健、副主席杜永红接待。

2019年7月1—2日，安徽省霍山县政协副主席廖华一行到如皋考察物业管理工作，参观武定苑、文定苑、江中世纪城、中央花园等小区的物业管理工作。副主席冒平陪同。

2019年7月2日，常熟市政协副主席桑五官一行到如皋开展“七一”主题党日活动暨工会活动，参观红十四军纪念馆、李昌钰刑侦科学博物馆。秘书长许映亮陪同。

2019年7月2日，山西省平定县委常委、政法委书记梁宝元和平定县政协副主席韩俊富一行到如皋考察改厕及农村污水综合治理情况，参观考察东陈镇杭桥村、山河社区、南东陈社区污水处理设施。副主席郑振明陪同。

2019年7月16日，通州区政协副主席季平一行到如皋参观考察健康扶贫工作，考察市残疾人康复中心、开发区（城北街道）顾巷村健康扶贫医疗保障工作服务站。副主席严世斌陪同。

2019 年 7 月 17 日，海门市政协副主席郁斌一行到如皋考察学习优质均衡教育工作。副主席严世斌陪同。

2019 年 7 月 22—23 日，河北省大厂回族自治县政协主席冯幸一行到如皋考察学习职业教育工作，考察江苏省如皋中等专业学校。主席张元健、副主席严世斌接待。

2019 年 8 月 7 日，淮阴市淮阴区政协副主席郑静一行到如皋考察职业教育工作，参观江苏省如皋中等专业学校。副主席郑振明陪同。

2019 年 8 月 21 日，沛县政协副主席李令军带队到如皋考察学习营商环境打造工作，考察行政审批中心、华夏电影展示馆、李昌钰刑侦科学博物馆和花木大世界（如皋）国际园艺城有限公司。副主席严世斌陪同。

2019 年 8 月 27 日，海门市政协副主席李鑫钊带队到如皋参观学习“有事好商量”协商议事室建设工作，考察经济开发区协商议事室，参观华夏电影展示馆、花木大世界（如皋）国际园艺城有限公司、顾庄生态园。副主席严世斌陪同。

2019 年 9 月 5 日，仪征市政协副主席施伟文一行到如皋考察学习文明城市创建工作，考察文定苑和武定苑老小区改造、文昌路智慧生态公厕、江中世纪城物业管理、翠湖苑垃圾分类、如皋市新时代文明实践中心。副主席冒平陪同。

2019 年 9 月 6 日，泰州市姜堰区政协主席钱娟一行 22 人到如皋考察“有事好商量”协商议事室建设工作，参观城北街道协商议事室、科技创新中心、华夏电影展示馆。主席张元健、副主席严世斌、秘书长许映亮接待。

2019 年 10 月 15 日，句容市政协主席章壮钧一行 9 人到如皋学习“有事好商量”协商议事建设工作，考察城北街道协商议事室、华夏电影展示馆、花木大世界（如皋）国际园艺城有限公司。主席张元健、副主席严世斌陪同。

2019 年 10 月 23—24 日，南通市政协原主席程亚民、原副主席储长林一行到如皋参观考察，考察软件园科创中心、华夏电影展示馆、花木大世界（如皋）国际园艺城有限公司、李昌钰刑侦科学博物馆。主席张元健，副主席冒平、杜永红，原主席刘桂江、浦文海陪同。

2019 年 11 月 13 日，宿迁市政协主席王益一行 19 人在南通市政协主席黄巍东等陪同下到如皋考察学习，考察东大街、华夏电影展示馆、花木大世界（如皋）国际园艺城有限公司、李昌钰刑侦科学博物馆。市委书记张建华、政协主席张元健陪同。

2019 年 11 月 13—14 日，上海市奉贤区政协副主席吴梅一行 12 人到如皋考察学习宗教场馆建设工作，考察定慧寺、灵威观、法华寺、华夏电影展示馆、花木大世界（如皋）国际园艺城有限公司、李昌钰刑侦科学博物馆。副主席刘晓洁陪同。

2019 年 11 月 28—29 日，南京市溧水区政协副主席王进荣一行 11 人到如皋学习交流优化营商环境工作，考察行政审批中心、江苏九鼎集团有限公司、华夏电影展示馆、花木大世界（如皋）国际园艺城有限公司、顾庄生态园。副主席郑振明陪同。

2019 年 12 月 11 日，盐城市政协副主席王锦胜带领盐城市下辖县（市、区）政协副主席到如皋考察引水工程运营情况，并参观华夏电影展示馆和东大街。副主席冒平陪同。

2019 年 12 月 12 日，太仓市政协主席邱震德、副主席王国其一行 7 人到如皋交流学习政协工作和基层协商机制载体建设，考察城北街道协商议事室、华夏电影展示馆、软件园科创中心、李昌钰刑侦科学博物馆。主席张元健、秘书长许映亮陪同。

第三节 表彰先进

为充分激发广大政协委员更好履行政治协商、民主监督、参政议政职责，1991 年 3 月 27 日主席会议研究决定，开展评选和表彰先进集体和先进个人活动，从此评选政协工作先进集体和先进个人常态化。为进一步激发广大政协委员建言献策热情，提高委员提案质量和提案办理质量，1996 年开始每年评比表彰优秀提案。1996—2016 年表彰提案承办先进单位（提案工作先进集体），2017—2019 年表彰提案工作先进委员组和提案工作先进委员。此外，2010 年和 2018 年表彰优秀社情民意，2012—2016 年表彰提案工作先进个人（提案办理先进个人、提案工作先进委员）；2017 年表彰慈善捐赠先进集体和先进个人；2018 年表彰“助推全面小康，彰显委员风采”主题活动先进委员。这些表彰均以文件的形式在政协全会上予以宣读颁布。

表一　如皋市政协表彰先进集体、先进个人名录

年份	先进集体（委员组）	先进个人（优秀政协委员）
1991	农业工作组 教育工作组 白蒲镇政协委员联系小组 丁堰镇政协委员联系小组	陈昭宽　王连生　李玉坤　金鼎生　李留福　康　伯　洪全义　徐炳刚 钱祖尧　杨兴哉　徐传香　徐相成　于家和　丁邦敬　苏人杰　丁邦魁 沈成功　方正华　李世楷　徐　琛　陈德萍　汪祖荫　马学贤　恒　岳 陈治平　朱谦恕　郭锡康　沐美云　刘德盛　谢庆生　唐楚江　张英田 石　岗　解志明
1992	农业工作组 教育工作组 白蒲镇政协委员联系小组 丁堰镇政协委员联系小组 “三胞”工作组 城东镇政协委员联系小组	王祖彭　马能宽　金鼎生　陈昭宽　石　民　王一呼　贾锦林　陈德华 杨兴哉　刘万方　张宝蔚　陈德萍　汪祖荫　洪全义　王宏渠　恒　岳 沈　督　陈治平　李世楷　钱先庆　徐相成　丁邦敬　冒传林　刘玉华 张英田　谢庆生　刘德盛　邹美林　林　铁　左宗昌　石　岗　沈成功 苏人杰
1993	农业工作组 教育工作组 科技工作组 白蒲镇政协委员联系小组 丁堰镇政协委员联系小组 城东区政协委员联系小组	冯　植　常　华　陶增俊　沈　督　钱祖尧　周铭华　俞云猛　胡明元 马家忍　石　民　夏　涛　钱育藩　贾锦林　马　沄　刘天华　张英田 左德元　李昌煌　沈国祥　郭进荣　纯　华　徐　琴　方正华　张宝蔚 冒　正　康　健　刘万方　陈治平　蒋建生　陈朝宽　苏人杰　蒋邦彦 郭建清　孙福基
1994	教育工作组 医卫工作组 白蒲镇政协委员联系小组 丁堰镇政协委员联系小组 “三胞”工作组 搬经镇政协委员联系小组	邓纯华　徐连生　张德昌　黄国柱　石　民　马家忍　于厥皋　方正华 徐　琛　平绍勋　刘万方　魏元菊　陈治平　刘志高　苏人杰　徐　斌 左德元　陈建国　王敬东　陈福南　赵　益　沈国祥　沈文光　谢庆生 张英田　黄扶正　汪祖荫　陶增俊　沈　督　秦兴国

续表

年份	先进集体（委员组）	先进个人（优秀政协委员）
1995	农业工作组 工商财贸工作组 文体工作组 白蒲镇政协委员联系小组 江安镇政协委员联系小组 搬经镇政协委员联系小组	郑汉彬　刘万方　李克灵　曹石泉　吴迪祥　李世楷　张宝蔚　张德昌 崔金余　汪祖荫　沈　督　陈昭宽　石　民　张跃均　秦兴国　董洪晨 陈福如　苏人杰　徐　斌　沈小玲　吴敬民　陆金胜　谢庆生　葛莉莉 钱　飞　陆新元　丁正祥　程纪新　赵　益　魏元菊　陈治平
1996	教育工作组 科技工作组 “三胞”工作组 江安镇政协委员联系小组 丁堰镇政协委员联系小组 如城镇政协委员联系小组	黄光祖　魏元菊　陈治平　黄国柱　程正元　戴佐庭　倪志高　赵俊龙 江　蕖　徐　琛　宋　健　王敬东　赵　益　陈朝宽　苏人杰　张如芳 沐美云　杨孔吾　谢庆生　张英田　过凤英　沈　察　顾春林　徐连生 孙家俊　钱祖尧　邓纯华　方正华　陆金胜　法　如　王晓建
1997	医卫工作组 科技工作组 教育工作组 如城镇政协委员联系小组 江安镇政协委员联系小组 白蒲镇政协委员联系小组	陶增俊　倪绍卿　徐传香　孙家俊　黄光祖　平绍勋　赵　益　陈朝宽 钱祖尧　李克灵　于厥皋　苏人杰　蒋邦彦　徐　斌　许秀银　金来英 丁忠信　李昌煌　张如芳　朱　武　秦兴国　石光汉　吴敬民　朱玉圣 陆金胜　黄国柱　解志明　谢庆生　沈　察　张　如　钱　飞　赵俊龙 石　民　周久桂　葛莉莉　徐　琛　宋　健　冒保民　倪志高　王朋年 陈治平　魏元菊
1998	教育工作组 农业工作组 科技工作组 “三胞”工作组 法制工作组 白蒲镇政协委员联系小组 如城镇政协委员联系小组 磨头镇政协委员联系小组	谢庆生　陈　皞　陈治平　魏元菊　周贵进　陶增俊　张新才　严道宏 赵俊龙　贾六一　冒保民　康　莉　蔡日建　黄光祖　蓝建红　黄国柱 吴希林　周国祥　薛端华　赵明德　戴　毅　张昌明　蒋邦彦　周太荣 吴　琼　汪　梅　朱玉圣　李建云　马　沄　刘玉华　马湘平
1999	科技工作组 文体新工作组 “三胞”工作组 教育工作组 医卫工作组 城建工作组 搬经镇政协委员联系小组 城西镇政协委员联系小组 丁堰镇政协委员联系小组 白蒲镇政协委员联系小组	黄光祖　冒保民　陈耀东　卢红梅　汪祖荫　平绍勋　江　蕖　郭进荣 钱祖尧　金来英　许秀银　王永茂　魏元菊　陈埠炎　环俊仁　周立新 黄国柱　王宏渠　雪　峰　金鼎生　陈治平　陆新元　李二祥　李万春 周太荣　肖云德　李昌煌　朱新建　陈建国　张昌明　谢庆生　刘玉华 钱德平　鲍家华
2000	科技工作组 “三胞”工作组 医卫工作组 农业工作组 教育工作组 白蒲镇政协委员联系小组 丁堰镇政协委员联系小组 石庄镇政协委员联系小组	黄光祖　冒保民　陈耀东　蒋本立　宗学广　朱玉圣　吴明娟　张新才 冯　植　朱守华　张维嘉　平绍勋　赵俊龙　孙建五　王爱凤　钱祖尧 性　观　蓝建虹　曹光华　黄国柱　吴迪祥　许秀银　魏元菊　沈　察 陈治平　周太荣　蒋　邦　夏春兰　方景涵　邱明槛　张昌明　朱新建 柳美芳　李万春　马　运

续表

年份	先进集体（委员组）	先进个人（优秀政协委员）
2001	科技工作组 教育工作组 医卫工作组 白蒲镇政协委员联系小组 丁堰镇政协委员联系小组	平绍勋　赵俊龙　赵兰芳　冒保民　陈耀东　徐连生　宋元进　吴明娟 鲍家华　姜　鹊　陈文俊　钱祖尧　王奎礼　许秀银　周国祥　孙永明 汪　植　钟利林　金海建　性　观　吴希林　钱　进　马湘平　沈寿友 吉文刚　苏　燕　沈　察　陈德平　宋　健　李万春　周太荣　蒋邦彦 朱新建　陈铁炎　崔桂根　王淑次　蔡宏祥　马　沄
2002	科技组 教育组 经济一组 医卫组 城建组 东片组 南片二组 西片组	宋　健　张秀良　钱祖尧　陈建秋　周国平　张新才　吴希林　夏春兰 吴明娟　朱玉圣　赵俊龙　李万春　鲍家华　蒋邦彦　环俊仁　方景涵 钱　进　石光汉　陈耀东　张英田　冒保民　张　进　曹光华　许秀银 苏　燕　周国祥　谢庆生　徐东建　张昌明　平绍勋　赵兰芳　钱德平 性　观　戴　毅　孙家俊　魏元菊　金鼎生
2003	科技科协组 社会法制组 农业组 台侨民族宗教组 医卫组 教育组 东陈组 长江组	马湘平　袁国遐　王　斌　鲍家华　赵俊龙　姜步源　孙晓霞　周晓凤 徐　虎　张一兵　马向民　钱德辉　姜　鹊　殷高华　杨中泽　王　辉 许建军　刘伯梅　黄山峰　包国平　钱长稳　朱一飞　陈昭志　钱　进 李　耘　张启芳　唐晓梅　冒海燕　鲍兴来　陈洪生　张友联　洪德军 张如芳　胡　燕　陈建国　邱国强　缪鹏程　钱德平
2004	科技科协组 农业组 医卫组 台侨民族宗教组 城建组 教育组 磨头组 搬经组	鲍家华　赵俊龙　孙晓霞　刘晓东　高申贵　马向民　朱守华　万国全 杨忠泽　陈汝春　包国平　钱长稳　陈昭志　张　彬　陈　魄　张启芳 葛云彩　张义林　尤四新　肖云德　钱广军　陈建国　邱国祥　谢坤建 钱德平　陈　进　钱德辉　黄山峰　吴　琼　万　建　曹　娟　丁正美 阎生辉　孙道宽　严世元　刘伯梅　冒家琪　朱霁云　陈德芳　李建明 朱小燕
2005	社会法制组 科技科协组 农业组 城建组 教育组 人口资源环境组 白蒲组 东陈组	王云娟　袁国遐　徐东建　朱守华　姜　鹊　殷春泉　沈永祥　高利炎 金海建　钱长稳　姚呈明　黄山峰　沈　健　陈洪生　沈　新　徐拥军 孙道宽　徐　虎　朱为民　孙德兵　许映如　鲍家华　赵俊龙　胡　燕 陈铁炎　孙晓霞　刘　平　马向民　徐　斌　高申贵　江健华　王爱凤 张启芳　赵伦钧　缪　鸽　佘柳涛　王　斌　杨恒喜　阎生辉　邱国祥 陈建国　张贤国　陈德芳　王淑次
2006	科技科协组 教育组 农业组 社会法制组 经济委员组（一） 城建组 东陈组 搬经组 白蒲组	殷高华　王新祥　黄天铨　刘金城　陈德芳　沈　新　汪　梅　钱广军 李建明　石小康　马　红　邱国祥　陈建国　杨恒喜　阎生辉　陈　剑 宋艳春　鲍家华　谢跃进　陈新生　张奎宏　喻耀辉　孙晓霞　陈　进 张　勇　马向民　钱德辉　严世元　张兆民　李向东　黄山峰　卢卫国 王永茂　刘晓洁　王宏渠　高利炎　沈永祥　陈昭志　黄文斌　谷正芬 沈孝峰　张启芳　蒋小兰　曹　娟　刘伯梅　邹国良

续表

年份	先进集体（委员组）	先进个人（优秀政协委员）
2007	教育组 农业组 科技科协组 城建组 经济委员组（一） 社会法制组 白蒲组 长江组 工青妇社会保障组	张少元　陈铁炎　胡　燕　邱国祥　朱为民　王爱萍　杨恒喜　阎生辉 严世斌　钱广军　汪　梅　张奎宏　姜步源　陈新生　佘柳涛　曹　娟 朱霁云　张兴国　严世元　钱德辉　冒家琪　钟利林　高利炎　赵俊龙 金义明　黄山峰　沈　健　沈爱萍　姚呈明　马向民　徐　斌　陈　进 刘　平　夏正国　杨忠泽　马德凤　万国全　陈昭志　薛冠军　陈　皞 谷正芬
2008	医卫组 农业组 文体新组 工商组 经济委员组（一） 如城组 社会法制组 长江组 丁堰组 吴窑组 石庄组 常青组 柴湾组 经济开发区组	丛立新　蔡可如　谢跃进　陈凝华　马亚梅　张　健　李　平　钱　进 王云娟　张英霞　周松林　高申贵　吴　淞　邱建明　姚亚云　李向东 黄山峰　万建华　朱一飞　神俊华　谷正芬　陆　彦　张　彬　平绍勋 王　莉　葛云彩　张永飚　卢建斌　宋健山　陈　进　张瑞忠　王志敏 李小军　曹建国　张佩华　袁春静　肖云德　李思余　王爱萍　朱林生 汪慧君　沈　锋　陈德芳　许和林　陆亚红　孙福才　李建明　陆海燕 周光华　范宝银　杨恒喜
2009	工商组 经济委员组（一） 农业组 社会保障组 文体新组 法制组 科技组 林梓组 长江组 丁堰组 常青组 磨头组	谢跃进　金义明　蔡可如　浦文海　施　莱　张国俊　顾　晏　钱　进 王云娟　张耀先　周晓凤　黄鹏程　吴　淞　施建林　姚亚云　陈银忠 黄山锋　金海建　汪　植　陈　皞　谷正芬　沙　进　张　彬　平绍勋 钱小兰　秦建军　储存红　赵伦均　沈孝峰　缪祥才　印　霞　季秀琴 许波元　曹建国　王光进　袁春静　王芸芸　石卫国　夏律国　朱林生 薛美银　沈　锋　宋在付　沈志高　崔桂根　周光银　蔡正荣　章　强
2010	农业委员组 社会保障委员组 工商委员组 经济委员组（一） 教育委员组 文体新委员组 法制委员组 如城镇委员组 长江镇委员组 经济开发区委员组 下原镇委员组 袁桥镇委员组	陈凝华　徐培华　周光银　黄建龙　陈　兵　李　平　马亚梅　马亚梅 钱　进　王云娟　王云娟　周松林　高利炎　黄鹏程　吴　淞　施建林 周庆如　蔡薛培　蓝建虹　李跃进　谷正芬　吴燕芳　吴伯平　陆　彦 平绍勋　钱小兰　葛云彩　张惠玲　葛媛媛　钱爱华　陆　彪　刘炜建 刘培新　韩冬庆　王光进　李　季　王芸芸　季美华　谢美华　姜石泉 沈亚萍　李世芬　沙　枫　胡成华　蔡舒萍　李建明　吴宏兵　申传银 王建梅　章　强

续表

年份	先进集体（委员组）	先进个人（优秀政协委员）
2011	教育委员组 工商委员组 农业委员组 文体新委员组 法制委员组 社会保障组 长江镇委员组 石庄镇委员组 雪岸镇委员组 吴窑镇委员组 白蒲镇委员组 袁桥镇委员组	孙晓霞　贾浩祥　沙卫东　印　霞　张奎宏　金　杰　王芸芸　王舜慧 李　季　卢志敏　王光进　曹建国　丁　飞　鲍兴来　许波元　季美华 陈　剑　沈　峰　钱德平　朱林生　汪慧君　季秀琴　范宝银　章　强 丁国娟　胡海云　杨效先　薛建兵　胡成华　薛美银　陈铁炎　朱玉圣 范钦坤　张　健　马亚梅　施　莱　王　捷　袁国遐　钱广胜　谷正芬 陈　皞　许映如　徐培华　贲爱民　石峥嵘　黄山峰　陈银忠　蔡薛培 唐晓梅　施建林　邱建明　顾建华　李跃进　吴　琼　钟利林　储呈红 葛云彩　丁忠学　施　勇　张耀先　周建共　吴　淞　黄鹏程　夏建国 王　莉　吴伯平　沙　进　蔡可如　洪宝瑚　强汉林　神俊华　葛媛媛
2012	农业委员组 文体新委员组 工青妇委员组 经济委员组（一） 经济委员组（二） 教育委员组 人资环委员组 长江镇委员组 桃园镇委员组 白蒲镇委员组 江安镇委员组 东陈镇委员组	孙晓霞　郭震寰　陈　进　赵仁奇　张本荣　刘培新　曹建国　陈炎林 陈玉峰　陆冰华　陆仲玉　许　鹏　姚红梅　汪慧君　朱晓一　周志翔 沈　丽　印文明　陈永祥　刘　军　陆炳锋　黄美兰　缪世益　任国红 章　强　徐培华　陈凝华　李百忠　缪新华　蔡可如　周光银　印　露 陶　建　陈　兵　佘柳涛　郭晓莉　施　勇　高利炎　秦　林　薛娟娟 唐晓梅　金海清　张冰峰　邱建明　许　俊　蔡薛培　薛瑞华　陆平民 照　空　陈卫华　花金全　谷正芬　卢海琴　李斌斌　徐正洪　沈明慧 沙　进　王　莉　葛云彩　曹　蓉　洪　霞　张永飚　缪　虹
2013	如城街道委员组 城北街道委员组 长江镇委员组 搬经镇委员组 磨头镇委员组 农业委员组 文体新委员组 经济委员组（一） 教育委员组 医卫委员组 工青妇委员组	马亚梅　陈　彬　赵仁奇　张奎宏　张本荣　程学勇　刘春和　薛金余 张兰燕　王光进　陈海涛　田茂娥　姚红梅　朱　杰　王金凤　陈德芳 印文明　陈志祥　陈永祥　蔡舒萍　陆炳锋　马　彬　卢建军　吴　为 徐培华　姚广圣　康晨晖　缪新华　夏建国　陶　建　孙　梅　王云娟 佘柳涛　施　勇　高利炎　陈　进　薛娟娟　章建国　邱建明　张冰峰 何　艳　唐晓梅　陆　平　蔡薛培　宋海峰　花金泉　李跃进　陈卫华 谷正芬　吴剑平　徐正洪　沙　进　陈仲兴　周祥国　陈　洁　葛云彩 储呈红　缪　虹　张永飚
2014	如城街道委员组 城北街道委员组 长江镇委员组 白蒲镇委员组 经济委员组（一） 法制委员组 教育委员组 城建委员组 科技科协委员组 工商委员组	孙晓霞　宋健山　张奎宏　马志宏　李春梅　明圣平　刘　全　刘春和 居慧祥　曹建国　王光进　陈　炎　陈海涛　张　军　陈洪生　姚红梅 沈　波　蔡爱忠　陈德芳　印文明　陆亚红　宋在付　吴　为　蔡舒萍 闻　江　沈　丽　黄美兰　朱晓辉　孙增福　卢建军　黄安宏　夏　彤 王志斌　姚呈明　张　进　缪新华　贾宏斌　施　莱　李　平　王云娟 郭晓莉　孙宏琛　高利炎　王中维　施　勇　孙天骄　章建国　薛娟娟 张冰峰　邱建明　洪　俊　唐晓梅　朱东兵　蔡薛培　陆　平　花金泉 照　空　李跃进　谷正芬　吴剑平　沙　进　陆　彦　徐正洪　周祥国 蒋莹芳　洪　霞　葛云彩　殷亚平　吴建华　缪　虹

续表

年份	先进集体（委员组）	先进个人（优秀政协委员）
2015	城北街道政协工委 下原镇政协工委 如城街道政协工委 东陈镇政协工委 石庄镇政协工委 经济委员组（一） 农业委员组 文体新委员组 法制委员组 民宗侨台委员组 科技科协委员组	明圣平　李春梅　马志宏　马亚梅　段昊翔　席兰兰　曹建国　张兰燕 朱文静　赵美兰　陈玉峰　姚红梅　张　建　张　俊　孙建军　宋在付 蔡舒萍　王建宏　沈　峰　周荣林　马　彬　张　婧　谢仁宏　徐培华 王志斌　姚广圣　缪新华　夏建国　张云忠　陈钦炀　孙　梅　陶　建 王云娟　郭晓莉　施　勇　陆金林　高利炎　章建国　薛娟娟　丁　非 张冰峰　王春瑜　司建妹　蔡薛培　薛瑞华　陆　平　花金泉　照　空 陈卫华　谷正芬　吴剑平　沙　进　薛国城　陈仲兴　钱小兰　蒋莹芳 杨　扬　曹　蓉　葛云彩　葛媛媛　李　军
2016	如城街道政协工委 城北街道政协工委 长江镇政协工委 东陈镇政协工委 白蒲镇政协工委 农业委员组 法制委员组 经济委员组（一） 社会保障委员组 工商委员组	倪新福　马志宏　李春梅　马亚梅　段昊翔　黄　萍　许　鹏　顾　华 施伯林　朱文静　赵美兰　张　军　丁　洋　李宝华　朱　杰　贾小芳 孙建军　宋在付　薛建兵　陈志祥　赵　山　朱岳兵　黄美兰　黄海波 徐光兵　谢仁宏　王志斌　徐培华　姚广圣　夏建国　缪新华　张云忠 陈钦炀　王云娟　佘柳涛　征大生　高利炎　汪农生　张　健　章建国 章士友　丁　非　张冰峰　冒　伟　康　岚　蔡薛培　张建高　夏茂宏 韦　华　陈卫华　吴剑平　谷正芬　张永海　沙　进　周祥国　李斌斌 蒋莹芳　曹　蓉　葛云彩　洪　霞　李　军　狄晓葵
2017	如城街道委员组 搬经镇委员组 江安镇委员组 丁堰镇委员组 民宗侨台委员组 农业委员组 城建委员组 工商委员组 法制委员组 文体新委员组	杨　锐　沙　锋　陈　然　张英霞　李　晋　谢小丽　居惠祥　陆炳峰 申　燃　李小军　王东方　谢仁宏　宋在付　沙　剑　王加福　蔡舒萍 李丽萍　张长健　汤小燕　金鑫华　陈　建　郭夕俊　张美伦　李春梅 陈　瑶　郑淑一　葛云彩　徐小燕　姜健荣　姜树华　纪成如　张永飚 殷再宏　陈　实　陆　彦　冯　斌　姚广圣　夏　彤　花金泉　陈卫华 照　空　曹建国　周祥国　钱小兰　张红娟　关海欧　孙　梅　张　锋 冒海清　徐春建　马小平　吴剑平
2018	如城街道委员组 城北街道委员组 长江镇委员组 江安镇委员组 丁堰镇委员组 农业委员组 民宗侨台委员组 文体新委员组 社会保障委员组 工商委员组	花金泉　王东方　陈卫华　葛云彩　蔡舒萍　孙天骄　张永飚　李小军 张长健　陆爱斌　申　燃　谢小丽　赵红飞　田茂娥　张小兵　陆亚红 王舜慧　徐春建　张　娟　杨　海　王　源　夏　彤　殷再宏　韦　华 照　空　金义明　陶　进　纪成如　张英霞　张锦贵　王　震　钱海标 钟　宗　李春香　张　峰（妇联）　王亚明　陈　瑶　姜健荣　曹建国 吴剑平　谷正芬　卢海琴
2019	如城街道委员组 城北街道委员组 搬经镇委员组 丁堰镇委员组 江安镇委员组 工商委员组 经济委员组（二） 民宗侨台委员组 法制委员组 经济委员组（一） 教育委员组	明圣平　花金泉　王东方　马志宏　吴春燕　张英霞　陈卫华　葛云彩 贲晶晶　姚广圣　张　娟　李　兵　张永飚　张锦贵　周　勇　谢仁宏 何　艳　李小军　孙　梅　吴　健　陈忠明　张长健　曹建国　王　源 蔡舒萍　杨　海　杨达桥　张　峰　朱宏彬　金义明　钱海标　照　空 钱康梅　陶　进　姜健荣　罗晶晶　张吴麟　曹明凯　郭小兵　马亚梅 王　震　肖　莉　殷再宏　冒海清　张云忠

表二 如皋市政协表彰优秀提案、提案承办先进单位名录

年份	优秀提案	提案承办先进单位
1996	1. 端正交警行为，树立良好形象（黄光祖） 2. 关于加强乡镇农业服务体系建设的几点建议（赵俊龙 周翠萍） 3. 建议对变电工程实施调整（平绍勋） 4. 关于接待标准的几点建议（陶增俊） 5. 关于旧城改造的几点建议（朱济民 康 健） 6. 关于建设十里花市的建议（徐连生） 7. 要加强青少年思想政治工作（丁亚林） 8. 切实开展人生观、世界观教育（张慕变）	纪律检查委员会 建设委员会 教育局 卫生局 工商局 公安局
1997	1. 要加快农业结构调整步伐（孙家俊 邵晓泉） 2. 加大力度抓好农村教育的“两个转变”（石兴仁） 3. 加强公路养护管理，巩固黑色化工程成果（王连生） 4. 解决大中型企业主要领导兼职过多问题（洪美兰） 5. 建议对市属骨干企业会计实行委派制（申必林） 6. 对一次性医疗用品要加强管理（黄光组） 7. 关于加快建成东皋小学的建议（杨文留） 8. 增强市民交通意识，加强交通安全管理（张宝蔚） 9. 采取切实措施，改善自来水水质（李世楷 冯 植等） 10. 要抓紧解决断头路问题（许秀银 方正华） 11. 认真清理和整顿收费秩序（朱守华） 12. 认真解决白雁中学出路问题（钱祖尧 丁亚林）	组织部 卫生局 教育局 工商局 劳动局 财政局 物价局 交通局
1998	1. 扶持并加速发展工业内部行业“火车头”（朱守华） 2. 加强警务督察，规范依法从警（黄光祖） 3. 加强影像市场管理，促进精神文明建设（钱先庆） 4. 建议加强农村合作基金会管理（陈国俊 吴明娟） 5. 深化素质教育，改变应试教学（程泥禾 徐 琴 陆新元） 6. 尽快加强学校周边环境综合治理（苏 燕 方景涵等） 7. 建议市区交通高峰时增设交通岗（魏元菊） 8. 建议修改中医院选址方案，将门诊部并到住院部（吴迪祥） 9. 关于整修东陈至建设乡沿河段公路的建议（陆万富） 10. 建议拓宽“如石”公路部分路段（石兴仁 刘德胜） 11. 建议尽快整修皋北大桥（金海建 杨淑仪） 12. 建议在如皋中学附近路段尽快安装路灯（黄裕龙等18人） 13. 关于加强丁埝乡北沙村道路建设的建议（汪 梅等5人）	—
1999	1. 关于建立新型银企关系的建议（刘 斌 孙旭东） 2. 关于推进如皋市农业产业化经营的建议（刘玉华） 3. 加强对全市乡镇工业的组织和领导（徐连生） 4. 加强技术监督力量，提高打假力度（洪炎秀） 5. 建议有关部门重视交通干道建设和管理（钱祖尧 陆小兵） 6. 加强殡葬管理，刹住二次土葬风（沈 察） 7. 建议把中小学生素质教育落到实处（贾六一） 8. 加强对联防队员的教育管理（黄光祖） 9. 反腐败切勿忽视基层（石兴仁） 10. 开发老年智力资源，成立老年科协（郑汉彬 王连生） 11. 遵守建设工程程序，提高工程质量意识（张世和等3人） 12. 关于整治如皋市纯净水行业的建议（伊藤郁子等14人）	—

续表

年份	优秀提案	提案承办先进单位
2000	1. 关于制定出国考察情况交流制度的建议（赵俊龙等3人） 2. 关于对各类基金和捐款进行审计，并对社会公布的建议（贾六一　陶增俊） 3. 建议公布建设项目的审批流转程序并实施快速运作（黄光祖） 4. 建议对全市青少年加强勤俭节约、艰苦奋斗的教育（沈良旭等5人） 5. 加强养老保险金征收和管理工作（蒋宜和） 6. 建议建立如皋技术市场（张周吉） 7. 建议加快小型农田水利建设工程产权制度改革（鲍家华等5人） 8. 建议市委、市政府将推行执法责任制、开展依法治理工作列入部门、单位年度工作目标责任制考核内容（蒋本立　张美泽） 9. 建议加强对网吧、电脑房的管理（吴迪样　张　平）	—
2001	1. 关于开发如皋旅游资源，治理好如城内外城河的建议（汪植等3人） 2. 关于崇尚科学，反对封建迷信的建议（孙家俊等6人） 3. 加强社区管理，活跃社区文化（刘晓洁等人） 4. 取缔青蛙贩卖市场，严厉打击不法商贩（邹国良） 5. 关于建立科学决策机制，把决策的科学化、民主化落到实处的建议（陈文俊） 6. 建议政府减控招待费用（马湘平） 7. 对如皋市外流骨干教师现象的思考和对策（钱祖尧等） 8. 关于加大全市各镇脏、乱、差现象整治力度，严肃查处违章行为的建议（蒋邦彦） 9. 建议尽快改善开发区投资环境（陈　时）	—
2002	1. 关于加快改善如城地区自来水水源水质问题的建议（许秀银等8人） 2. 改善投资软环境，加大招商引资力度（蓝建虹等3人） 3. 保护和发展如皋特色产品，扩展国内外市场（吴明娟） 4. 关于机构改革中注意保护技术骨干和科技人员的建议（赵俊龙等6人） 5. 关于尽快拆除小土窑的建议（谢庆生等4人） 6. 内外城河整治后要加强管理，发挥人文景观作用（尤玉民） 7. 在如城实施亮化工程建设（沈永祥等3人） 8. 建议成立市慈善机构（钱先庆　吴迪祥等） 9. 建议扶助社会弱势群体（鞠如凡　程鸿因等）	建设局 劳动社会保障局 交通局 财政局 国土局 环保局
2003	1. 打造长寿品牌，发展长寿文化产业（陈昭志等3人） 2. 机关热点岗位作风应尽快转变（沈永祥） 3. 建议协调解决社区居委会办公及配套用房（沈孝峰） 4. 关于建立起社会诚信公约的建议（万　建等3人） 5. 关于保护挖掘东大街旅游资源的建议（汪　植） 6. 建议学校加大学生食堂的硬件投入，加强自身管理，减少食源性事故隐患（刘柏梅） 7. 建议给地区、街道冠名，设置路牌，绘制旅游地图（李　耘　包国平） 8. 制定奖励政策，鼓励增加出口（孙旭东） 9. 建议保护好古树名木（朱霁云　邹国良） 10. 建议加强拆迁市场管理（黄文斌） 11. 加强对伤残军人和特困户优抚、扶贫工作（刘德胜） 12. 关于建立教师医保制度的建议（严宏生）	建设局 财政局 交通局 教育局 农工办 人民法院 公安局 劳动社会保障局

续表

年份	优秀提案	提案承办先进单位
2004	1. 采取强力措施，切实保护环境（李建明） 2. 关于"修复中山钟楼"的建议（徐　琛　殷春泉） 3. 全力支持民营企业掀起全民创业热潮（顾留忠　姜步源） 4. 尽快制定城市建设详规，严肃执行城市建设规划（沈永祥等3人） 5. 关于加快如泰河整体规划开发建设的建议（朱守华　张　建） 6. 关于进一步完善职工医疗保险事业的有关建议（张义林等3人） 7. 加强农产品质量安全体系建设（王连生　卞建如） 8. 加强村级组织阵地建设（薛冠军） 9. 重视高级科技人才队伍建设（钱德辉　严世元） 10. 关于解决农村通达工程质量问题的建议（冒海燕） 11. 应尽快建立青少年犯罪预防体系（黄文斌） 12. 重视沿江开发的可持续性（徐　敏） 13. 建立文化、娱乐、休闲为一体的中华长寿园（葛云彩） 14. 对全市中心卫生院进行产权制度改革（邱国祥　汤道荃）	—
2005	1. 建议把红十四军纪念馆建成革命传统教育基地（赵建明） 2. 加强建筑规划审批，凸显古城建筑风格（谷正芬） 3. 加强农村饮用水安全管理，预防意外事故发生（缪鹏程） 4. 科学修订绿化规划，体现"花木盆景之都"（王　斌） 5. 搞好农村居住规划，逐步实现集镇化（朱新建　沈志高） 6. 建议在原"圆仁堂"规划地兴建"百花广场"纪念景点（张秀良　钱长稳等45人） 7. 提高导游素质，全力保证"创优"（沈永祥） 8. 保护土地资源，促进可持续发展（李建明） 9. 关于对如皋长寿现象进行系统科学研究的建议（陈正言） 10. 加强管理，保护古建筑和名胜古迹（包国平等6人） 11. 高度重视博物馆、档案馆、图书馆的建设（徐建平　王永茂等13人） 12. 关于农村义务教育实行"以县为主"办学的思考（陈铁炎） 13. 加强如城地区社会治安综合治理工作（袁国遐） 14. 加大循环经济发展力度，促进经济社会可持续发展（卞建如） 15. 加快推进农村小康进程，加大对农业的投入力度（鲍家华　赵俊龙等12人） 16. 关于加快实现沿江开发突变的建议（沈　健） 17. 排查火灾隐患，动员全民防患未然（钱德辉等6人） 18. 建议制定化解镇村债务的具体考核办法（羌汉荣等6人） 19. 关于加快农村危桥整修进程的建议（佘柳涛） 20. 完善农村通达工程安全配套设施，增强行人交通意识（张少元等3人） 21. 加强社区干部队伍建设，提高社区管理水平（陈昭志） 22. 切实加强基础教育，打造如皋教育品牌（赵伦钧）	政府办公室 建设局 交通局 劳动社会保障局 公安局 教育局 农林局 财政局 环保局 经贸委

续表

年份	优秀提案	提案承办先进单位
2006	1. 招商引资必须坚持量质并举（张　勇） 2. 规范收费标准，创造最佳投资环境（陈新生等5人） 3. 农业技术推广体系建设亟待加强（卞建如） 4. 构建城乡食品安全网络，保障农村食品安全（徐斌等6人） 5. 适应农村税费改革，关心农村弱势群体（薛冠军） 6. 关于破解“拆迁难”的建议（陈昭志） 7. 关于加强如城农贸市场管理的建议（沈永祥等3人） 8. 切实加强对通达工程的管护（谢跃进等4人） 9. 再次建议实施“观风桥”“观风路”工程（周　星） 10. 关于防范沿江地区发生重大生态污染灾难的建议（李建明等3人） 11. 大力推进自主创新，提高经济核心竞争力（严世元等8人） 12. 推进公平教育，构建和谐如皋（蔡宏祥　洪远琪） 13. 农村文化建设亟待加强（李四海） 14. 切实加强对民营医院的监管（钱德辉等6人） 15. 建议给农村中小学教职工办理住房公积金（殷高华等10人） 16. 建立纯净水市场准入制度，保障群众饮用水安全（储呈红　沈爱平） 17. 关于发展如皋市体育运动的建议（季志伟等6人） 18. 关于深化殡葬改革的建议（姜　鹄等10人） 19. 切实关心企业改制破产“4050”下岗人员的建议（刘桂江　杭　俊等12人） 20. 关爱长寿老人，打响长寿品牌（谷正芬等8人） 21. 建议加强如城消防设施建设（袁国遐） 22. 关于消除供电、广电、电信交越线路安全隐患的建议（徐东建等6人）	政府办公室 交通局 建设局 劳动社会保障局 农工办 教育局 卫生局 财政局 公安局 环保局
2007	1. 建议对火车站周边环境实施改造（张兆民　姜步源） 2. 关于抢救和保护如皋革命遗址的建议（民宗侨台组） 3. 建议深化与完善农业技术推广体系改革（经济科技委员会） 4. 建议规范管理商品房的维修资金（季志伟等3人） 5. 建议加快东大街文化保护区建设（张　权） 6. 关于设立沙元炳纪念馆、完善颐园功能的建议（钱长稳） 7. 建议强化居住小区物业管理的监管力度（温俊彦等3人） 8. 关于科学推进农民集中居住建设的建议（许映如等3人） 9. 关于推进高效农业规模化的建议（鲍家华　赵俊龙） 10. 建议加强对慈善事业的功能性建设（赵建明　杭　俊） 11. 建议加强政府性债务的监督管理工作（钱德辉　万　建） 12. 注重卫生事业经费投入，解决群众看病难、看病贵问题（周庆如　黄山峰） 13. 关于对优秀教育人才实行津贴的建议（殷高华　万国全） 14. 建议做好城镇非职工居民医疗保险工作（方景涵等3人） 15. 重视农村集贸市场管理，保障农村食品安全（朱林生　张　斌） 16. 构筑维护农民权益的法制保障网（苏　燕） 17. 关于扶持和培育中小企业的建议（刘　平　葛云彩） 18. 招商引入资本的运作效益有待关注（谷正芬） 19. 关于切实加强学生接送车管理的建议（李建明　陈铁炎） 20. 关于加强城市文化定位、增强如皋持久竞争力的建议（刘晓洁等4人）	市政府办公室 交通局 建设局 劳动社会保障局 农工办 教育局 财政局 公安局 城市管理执法局 安监局 文化局

续表

年份	优秀提案	提案承办先进单位
2008	1. 关于维修管理红十四军纪念碑的建议（周光华） 2. 健全工作机制，建设爱心城市（丛立新） 3. 建议加大对社区建设和社区管理投入（彭理英） 4. 关于每乡镇新建公办幼儿园的建议（陆亚红） 5. 建议大力发展现代服务业（王有进） 6. 重视节能减排工作，确保经济可持续发展（张百璘　征大生） 7. 关于加大沿江开发配套建设工作的建议（蔡舒萍　刘　军） 8. 关于提升如皋城市规划建设整体品位的建议（曹建国） 9. 整合资源，打造特色，加快发展旅游经济（朱一飞等4人） 10. 关于制定实施交通安全规划和交通安全管理规划的建议（袁国遐） 11. 加快推进农村小康进程，切实增加农民收入（高利炎） 12. 加大《劳动合同法》贯彻实施的力度（沙旭字　蔡培林） 13. 关于给身体病残且无生活来源居民发放基本生活救助费的建议（高如等4人） 14. 加强新农合医疗慢性病补助基金管理的建议（黄山峰） 15. 加强食品安全监管，确保群众安全消费（许映如　张中强） 16. 加强农村师资配备，均衡发展城乡教育（刘培新） 17. 建议保护发展如皋非物质文化遗产（蒋小兰等4人） 18. 关注镇村两级债务化解问题的建议（徐　海） 19. 着力加强小区基础设施配套，积极有序推进集中居住（姜石泉等3人） 20. 加强商品圈定位，提升城市品位（范钦坤）	市政府办公室 建设局 教育局 交通局 发改委 农工办 劳动社会保障局 组织部 财政局 民政局 工商局 城市管理执法局
2009	1. 关于构建新的科学发展评价机制的建议（夏正国） 2. 重视“大学生村官”的培养与管理（吴燕芳） 3. 关于建立政府债务管理和偿还机制的建议（袁国退） 4. 进一步加大生态、安全农业的发展力度（卞建如） 5. 科学规划，加强管理，高标准建设如港新城（李建明）	交通局 民政局 住建局 发改委 农　委 公安局 国土局 环保局 审计局 农工办 人保局
2010	1. 关于加快“诚信如皋”建设的建议（吴燕芳） 2. 完善新闻发言人制度　确保公众信息及时权威（丛立新） 3. 加大支持鼓励大学生创业力度（沈亚萍） 4. 加强区域供水工程管理，确保全市人民安全饮水（许映如等19人） 5. 关于将医疗器械产业发展提升为市级战略产业的建议（夏建国等4人） 6. 实现政府信息资源共享，更好地服务如皋市“跨江争强”（葛媛媛等3人） 7. 关于建设如皋市长寿农副产品批发市场的建议（工商委员组） 8. 引导规范企业、公民迈入低碳经济时代（陆　彪） 9. 加强社会养老机构建设，加快如皋市养老事业发展（许　俊） 10. 关于促进民营企业提高自主创新能力的建议（顾宏兵等6人） 11. 规范金融秩序，严打高利贷违法行为（钱长稳等2人） 12. 切实加强学校及周边道路交通安全管理（缪　虹等27人） 13. 建议城建规划公示前要充分酝酿（施　莱等12人） 14. 关于有计划安排经济适用房和廉租房的建议（黄鹏程） 15. 增建城市雕塑，提升城市品位（沈孝峰等2人） 16. 谢师宴之风应降温（张奎宏） 17. 关于开展“关爱女性健康行动”的建议（陆亚红） 18. 大力实施商标战略，促进经济转型升级（卞建如） 19. 实施机动车“安居”工程，有效节约城市空间资源（秦建军等19人） 20. 实施万顷良田工程应注意保护产业特色（佘柳涛等）	公安局 住建局 交通局 教育局 卫生局 发改委 文广新局 农　委 城管局 工商局 如城镇 人力资源和社会保障局

续表

年份	优秀提案	提案承办先进单位
2011	1. 建议政府加强市政消火栓等消防基础设施建设（袁国遐） 2. 创建国家有机食品基地示范市（许春龙） 3. 发挥行业商会作用，当好经济发展排头兵（张建华） 4. 加强城乡新型社区管理服务组织建设（周勇骑） 5. 关于真正落实公车改革的建议（钱　进） 6. 建议驻镇政协委员列席所在镇人大会议（汤道荃等） 7. 进一步构建和完善如皋市农村文化体制与机制建设（葛云彩） 8. 加强社区办公用房和居民公益性服务设施建设（缪祥才等） 9. 关于做好保障性住房建设的建议（朱晓东） 10. 健全中小企业信用担保制度（下原委员组） 11. 科学有序推进“万顷良田建设工程”（徐　海） 12. 关于整治、保护、开发龙游河的几点建议（马向民等） 13. 发挥“水上高速”优势，科学规划连申线沿河产业带（张百璘） 14. 关于加快推进农村专业合作经济组织建设的建议（顾宏兵等） 15. 关于实行优秀校长、骨干教师轮岗促进均衡教育的建议（马　红） 16. 加快现代农业转型升级，提升高效农业的品位（农业委员组） 17. 大力推进养老事业，推动如皋社会经济和谐持续发展（李建明等） 18. 以 2011 年系列庆典为契机，提升如皋文化大市形象（政协学习文史委） 19. 规范房地产市场，加强监管，维护人民群众利益（袁　泉） 20. 加大知识产权保护力度，打造创新型城市（吴剑平）	发政委 人社局 住建局 公安局 交通局 教育局 卫生局 财政局 农工办 城管局 农　委 旅游局
2012	1. 加快发展具有如皋特色的文化创意产业，推动如皋实现文化大发展大繁荣（陈　明） 2. 优化公交配置，方便群众出行（佘柳涛） 3. 关于提高中小企业职工参保率的建议（吴剑平） 4. 加快旅游产业配套设施建设进程（高利炎） 5. 亟待增设如皋城市雕塑文化景观（施　莱） 6. 关于制定如皋市总部经济优惠政策的建议（陆仲玉） 7. 关于尽快实施如城地区水系整治的建议（郝继锋） 8. 建立“长寿之乡”特色养老机制，促进社会管理创新（周平发） 9. 关于尽快制定出台市政府投资 BT 项目管理办法的建议（张兆民） 10. 切实加强校车管理（张建高） 11. 加快城区老小区天然气管道建设（张　进） 12. 建议出台鼓励在外高层次人才回如创业政策（张锦贵） 13. 加快推进信用担保体系建设，多渠道解决小微企业“融资难”问题（汪农生） 14. 关于加大群众重大疾病救助的建议（卞露露） 15. 建立长效管护机制，巩固村庄整治成果（李晓红） 16. 打造城市“15 分钟文化圈”，早日规划城市公共文化服务设施布点（姚呈明） 17. 推进镇、城区停车场（停车泊位）建设，着力缓解百姓关注的停车难问题（张永海） 18. 加大对农村集贸市场食品安全的监督力度（夏　彤） 19. 关于加强对学校及其周边饮食店食品安全监督和管理的建议（蔡　娟） 20. 加强水源地安全监管，确保区域供水安全（蒋楠隽）	住建局 交通运输局 教育局 公安局 城管局 发改委 人社局 卫生局 财政局 旅游局 国土局 工商局

续表

年份	优秀提案	提案承办先进单位
2013	1. 关于规范企业劳动用工状况的建议（吴剑平） 2. 关于支持青年就业创业的建议（陈　洁） 3. 关于切实加强设施农业建设与监管的建议（钱广胜） 4. 扶持实体经济，为如皋可持续发展提供支撑（征大生） 5. 切实加强水环境治理和水资源保护（储呈红） 6. 进一步加快如皋市城市公共交通建设（夏建国） 7. 控减镇级债务，建立管理机制（周松林） 8. 完善小微企业融资机制，促进小微企业健康发展（汪农生） 9. 加强药品广告管理，杜绝虚假广告泛滥（吴元祥等） 10. 建立蔬菜生产信息监测体系，减少菜农盲目生产（王学平） 11. 关于健全智障残疾人就业保障体系的建议（张永海） 12. 切实加强“广场舞”管理（康　岚等） 13. 关于在汽车客运站周边规划建设公厕的建议（郝继锋） 14. 实施动态运行线路调节，缓解上放学时段学校门前路段交通堵塞状况（邱建明） 15. 探索参政问责新形式，开创民主监督新局面（施　莱） 16. 关于强化高速公路入口沿线的建筑和景观绿化合理规划及整治的建议（薛国城） 17. 缓解交通拥堵，倡导绿色出行，推进公共自行车系统建设（郭晓莉） 18. 深度开发利用如城东大街旅游资源（陶进等） 19. 关于规范孕前优生健康检查的建议（陆　平） 20. 切实加强餐饮垃圾管理（黄文斌）	宣传部 农工办 发改委 公安局 人社局 住建局 交通运输局 民政局 卫生局 城管局 旅游局 如城街道
2014	1. 关于加强农村社会保险业务监管的建议（吴剑平） 2. 加强村级财务管理，化解村级债务（冒　平） 3. 对镇城区停车难问题现状的分析及解决对策（张永海） 4. 关于完善老小区功能设施的建议（戴维薇） 5. 建议构建覆盖城乡的公共法律服务体系（狄邦建） 6. 加快推进如皋港现代物流园发展进程（陈志祥） 7. 保护传承民间艺术，打造特色文化强市（陈玉峰） 8. 实施中心城区水系畅通工程（郭晓莉等） 9. 关于加大“农家乐”“生态园”扶持力度的建议（储呈红） 10. 进一步做强如皋市花木盆景产业之我见（袁权民） 11. 加快民营经济发展，助推如皋小康进程（征大生） 12. 对如皋市养老产业发展的思考与对策建议（孙天骄） 13. 关于休息日开放学校体育场所的建议（朱宏彬） 14. 加大河流整治力度，着力消除河流黑臭现象（谢跃进） 15. 关于进一步提升如皋市农机化水平的建议（周松林） 16. 加强对“新农合”资金的管理与监督（夏琪斌） 17. 关于延长提案落实工作追诉期的建议（施　莱） 18. 规范电动车行车安全，降低交通事故发生率（朱文静） 19. 统筹安排各类免费体检，提高财政资金使用效率（葛媛媛） 20. 关于加快打造东大街特色文化街区的建议（刘志伟）	住建局 公安局 交通运输局 卫生局 发改委 城管局 人社局 工商局 文广新局 体育局 质监局 国土局

续表

年份	优秀提案	提案承办先进单位
2015	1. 关于成立如皋旅游营销中心的建议（袁权民） 2. 在推进城镇化建设过程中，认真理清、积极消化大量空置房，整合房产资源（徐正洪） 3. 关于进一步加强如皋市古树名木保护的建议（冒　平） 4. 城镇化进程中更应保护好、建设好城市自然水系（张兆民） 5. 关于进一步加强城市公共交通建设的建议（郭晓莉） 6. 狠抓农村通达公路工程建设的质量（陆亚红） 7. 关于加强规划审批、强化批后监管的建议（张锦贵） 8. 关于建设新生路现代化大型农贸市场及停车场的建议（陆　彦　薛国城） 9. 发挥地理标志证明商标作用，推动如皋市农业经济发展（贾宏斌） 10. 加快改革发展，促进建筑业转型升级（丁忠学） 11. 加速推进电子商务产业发展，助推经济转型升级（张永飚） 12. 打造长寿产业体系平台，推动长寿产业集群发展（王志刚） 13. 加大劳动力资源整合力度，化解用工矛盾（陈　炎） 14. 完善市场监管体制后续改革（孙天骄） 15. 农村小额贷款纠纷多发应予重视（吴剑平） 16. 关于政府购买法律服务的建议（葛媛媛） 17. 关于加强治安保卫委员会建设与管理的建议（张永海） 18. 关于建立农药废弃物、包装物收集处置机制的建议（郝继锋） 19. 关于加强和规范校外教育辅导机构管理的建议（陈志祥） 20. 关于规范如皋市早教市场、建立早教实验社区的建议（朱文静　唐晓梅）	交通运输局 城管局 住建局 公安局 规划局 发改委 人社局 教育局 卫计委 市场监管局 如城街道 长江镇
2016	1. 如皋革命遗址保护和利用问题的思考（学习文史委员会） 2. 丰富整合旅游资源，优化水绘园、东大街、定慧寺旅游线（陶　进） 3. 关于加快完善城南新区城市配套的建议（陆　彦） 4. 金融纠纷案件大幅增长须引起重视（吴剑平） 5. 做强大宗商品现货交易平台，助推如皋市经济又好又快发展（薛建兵） 6. 关于加大如皋市工厂环境监测力度的建议（葛云彩） 7. 控制开发规模，有效化解库存，稳定房地产市场（李百胜） 8. 关于促进如皋市新增税源发展的建议（高建秋） 9. 关于加强政府性投资工程管理的建议（朱宏彬） 10. 加强 120 建设管理，科学安排伤者救治（孙德祥） 11. 关于加强技术标准战略、推动经济社会发展的建议（徐　明） 12. 关于快递业规范化管理的建议（张永海） 13. 关于加快发展如皋市养老服务业的建议（谷正芬） 14. 关于加快农村应急广播预警系统建设的建议（佘柳涛等） 15. 关于支持新型农业经营类主体发展的对策建议（汪农生） 16. 关于加强中小学生心理健康教育的建议（卢海琴） 17. 关于扶持灯彩等传统民间工艺发展的建议（夏建国等） 18. 关于规范城区小餐饮业设置与管理的建议（沙　进） 19. 关于发展农业适度规模经营的几点建议（康晨晖等） 20. 关于进一步放大如皋盆景优势的建议（郝继锋）	政府办公室 公安局 住建局 城管局 交通运输局 教育局 规划局 发改委 农　委 人社局 环保局 如城街道
2017	1. 关于加大如皋市水环境整治力度的建议（花金泉） 2. 关于推进城镇生活垃圾分类处置的建议（顾季青） 3. 关于进一步增加农民收入的建议（王正权） 4. 关于推进僵尸企业处置、服务供给侧改革的建议（王正权） 5. 关于加快新能源汽车产业高科技人才引进的建议（程明江） 6. 关于大力发展社区养老服务体系建设的建议（张云忠） 7. 关于加强畜禽养殖污染整治的建议（冒海清） 8. 关于推进如皋市规模经济发展的建议（高建秋） 9. 关于加快智慧城市建设的建议（徐　强） 10. 关于发展乡镇工业园区的建议（王东方） 11. 关于落实道路交通安全设施与道路建设“四同步”的建议（章春建） 12. 关于全面提升如皋港深度开发质态的建议（冯小兵） 13. 关于进一步加强农村学前教育工作的建议（丁爱华） 14. 关于加强龙游湖（河）整体规划、打造如皋旅游新空间的建议（孙德祥） 15. 关于建立李昌钰刑事侦探技术培训中心的建议（周　星）	—

续表

年份	优秀提案	提案承办先进单位
2018	1. 关于引导制造业转型升级、促进实体经济高质量发展的建议（王东方等） 2. 关于推进“乡村振兴”八大基础工程的建议（提案委） 3. 关于强化产业集聚区专业化布局、引领实体经济集群规模化发展的建议（长江镇委员组） 4. 关于加强和完善农村建房规划建设管理的建议（下原镇委员组） 5. 关于建立长效机制、巩固文明城市创建成果的建议（城南街道委员组） 6. 关于加强特色文化建设、提升旅游发展后劲的建议（邱贵平） 7. 关于深化产教融合、校企合作，为产业发展提供高素质技能人才的建议（社会保障组） 8. 关于建立生态环境司法保护中心的建议（章艾华） 9. 关于建立产业引导基金、提升产业发展格局的建议（经济一组） 10. 关于坚持需求导向、优化村居养老服务机构设置的建议（法制委员组） 11. 关于进一步巩固畜禽养殖污染整治成果的建议（磨头镇委员组） 12. 关于推进花木生产线上线下融合发展的建议（张　峰） 13. 关于加大对中小科创型企业培育的建议（顾卫国等） 14. 关于推进农村公路提档升级的建议（文体新委员组） 15. 关于提升农村河道治理质效的建议（朱宏彬等） 16. 关于采取有效措施推动新能源汽车应用的建议（城北街道委员组） 17. 关于加强城乡垃圾分类管理的建议（孙德祥等） 18. 关于加强企业所得税税源培育和征管的建议（冒海清） 19. 关于扶持新型农业经营主体、新型职业农民在现代农业领域创业的建议（钱海标） 20. 关于建立土壤污染修复治理长效机制的建议（郑淑一）	—
2019	1. 关于优化金融生态环境、全面加强金融支持实体经济高质量发展的建议案（顾卫国等） 2. 关于理顺自来水供水体制、尽快提高运营管理能力的建议案（提案委、陈卫华等） 3. 关于三产融合、深度对接上海的建议（王长忠） 4. 关于加强农村建房规划建设管理工作的建议（城建法制委） 5. 关于加快推进镇级公益性公墓建设管理的建议（狄邦建） 6. 关于深化“互联网+政务服务”、进一步提升政务服务大厅“一站式”功能的建议（丁陆一） 7. 关于加快科技创新、推动实体经济发展的建议（经济一组） 8. 关于在如皋市采取烟花爆竹禁（限）放措施的建议（何福平） 9. 关于多措并举办有质量学前教育的建议（姚亚云） 10. 关于加快发展如皋市第三代半导体产业的建议（张永飚） 11. 关于强化政务服务和产业配套、提升营商整体环境水平的建议（王东方） 12. 关于加强收治、管控易肇事肇祸精神障碍患者的建议（法制委员组） 13. 关于控制旧城区商品房开发、优化城市功能的建议（刘志伟） 14. 关于应对高值靶向药物冲击医保定点的建议（朱东兵） 15. 关于加强电动车生产销售源头管理的建议（章春建） 16. 关于做好杖头木偶非物质文化传承的建议（薛建兵） 17. 关于加大社会组织培育力度的建议（张　峰） 18. 关于主城区规划实施雨污分流的建议（张建华） 19. 关于加强农村人力资源开发、推动乡村振兴的建议（何　艳） 20. 关于建立城乡居民照护保险制度、造福如皋城乡居民的建议（葛媛媛）	—

表三 如皋市政协表彰提案工作先进委员组、先进委员和提案办理先进个人一览表

年份	提案办理先进个人	提案工作先进委员组	提案工作先进委员
2012	卢应峰 张红霞 王宏波 仲小龙 刘晓骏 张跃军 吴 昊 何云祥 佘文才 李 军	—	徐永宏 蔡 娟 张明亮 王正华 张 婧 徐培华 佘国平 谷正芬 蔡薛培 缪 虹
2013	卢应峰 张红霞 王宏波 仲小龙 刘晓骏 张跃军 缪鹏飞 石留权 佘文才 刘培林	—	佘国平 马志宏 陆亚红 施 莱 高利炎 徐正洪 方 江 浦文海 徐培华 陈志祥
2014	卢应峰 徐循然 佘文才 张 军 吴 昊 瞿 进 冯建卫 李 军 马 俊 陈小健 彭深海 沈亚林	—	张永海 高利炎 缪新华 沙 进 陆亚红 孙宁军 张永飚 张建华 陈永祥 朱东兵
2015	卢应峰 葛海燕 吴 昊 徐循然 王祥龙 瞿 进 陈 宏 冯建卫 杨 澄 冒 逊 苏 燕 许彬彬	—	徐培华 缪新华 施 莱 高利炎 丁 非 蔡薛培 谷正芬 葛云彩 缪 虹 马志宏
2016	徐育松 黄恒娥 张跃军 许 兵 姚松来 仲小龙 张 旭 程 蓉 冯建卫 吴海燕 朱松辉 吴小蓉	—	—
2017	—	法制委员组 农业委员组 文体新委员组 长江镇（如皋港区）委员组 如皋经济开发区（城北街道）委员组	孙天骄 张永飚 陆 彦 李丽萍 陆亚红
2018	—	文体新委员组 民宗侨台委员组 工商委员组 搬经镇委员组 长江镇（如皋港区）委员组	花金泉 李春香 朱岳兵 葛云彩 黄宏俊 葛媛媛 谢仁宏 朱文静
2019	—	工商委员组 民宗侨台委员组 法制委员组 长江镇委员组 如城街道委员组	朱宏彬 花金泉 谢仁宏 陈忠明 照 空 佘记南 蔡舒萍 吴红云

表四　如皋市政协表彰其他事项目情况一览表

年份	优秀社情民意委员	慈善捐赠		“助推全面小康，彰显委员风采”主题活动
		先进集体	先进个人	
2017	蓝建琴　许映亮　张小凤 刘俊华　卢海琴　周　星	城建委员组 民宗侨台委员组 工商委员组 搬经镇委员组 长江镇委员组	崔　伟　谢仁宏　张奎宏 郭小兵　杨　锐　沈渭章 李　晋　朱岳兵　何玉军 花金泉　曹建国　顾柔坚 陆　彦	—
2018	杨镇华　沈德君　肖　莉 张小凤　许　碟　朱生全 钱德贵	—	—	施勇如　费　苹　张孝俤 沈　宇　张云忠　姚建生 沈　锋　郭小兵　宋在付 孙　梅
2019	张　俊　李春香　刘俊华 詹文天　陈晓仲	—	—	—

第四节　大会发言·委员论坛

政协全体会议期间的大会发言是政协委员履行职能、参政议政的重要形式，是政协委员建言立论、服务发展的重要平台。1956 年至 2006 年，如皋政协坚持围绕中心，服务发展，关注民生，适时组织委员进行大会发言。为更好地集聚广大政协委员智慧，提高献计献策的深度广度，2007 年起创新举办“委员论坛”，自十一届五次全会举办“关注弱势群体，构建和谐社会”委员论坛，至 2019 年举办“以乡村振兴建设‘强富美高’新如皋”委员论坛，市政协每年精心选择党政所需、人民所盼的主题，组织政协委员深入调研，形成一批论文，并在全会上组织论坛活动。一批论坛成果被市委、市政府和相关职能部门采纳，成为如皋政协建言献策的特色“品牌”。

1957 年 10 月 7 日，一届二次全会上，委员朱石卿、刘心灿、吴宗俊、陈爱棠、李慰农、沈成功、冯天济、安子余、胡伯兰、姚志清、沈德明、胡烺如、僧现月、吴世达等和闾传民、高志庸等列席人员在大会上围绕大会报告与讲话精神做口头交流发言。

1959 年 9 月 15—16 日，二届一次全会上，委员安子余、黄星楼、胡伯兰、徐良泉、王爱棠、叶粹庵、熊坤强、赵宝发、吴慕陶、姚志清、吴养和、金鼎生、朱宅安、谢希韫、陈济度、汤慧余、张素华、沈成功、吴宗俊、颜邦桢、潘逸尘、何锦春、沈德明、吴宗明、刘心灿、金仁贵、僧现月、沙宇清、吴然庆、陈建岐、马骏一、董文龙围绕全会报告做口头交流发言，另有 12 人做书面交流发言。

1964 年 1 月 21—29 日，三届二次全会期间，29 名与会人员进行大会口头发言，13 人做书面交流，进行自我教育和相互教育。

1986 年 12 月 18—19 日，六届四次全会在党校礼堂举行“为两个文明建设服务”大会经验交流发言。副主席潘信征主持。全体政协委员、在如皋的江苏省政协委员和南通市政协委员出席会议。政协委员宗泉、汪铁君、纪国良、陈殿文、钱育藩、黄仪、戴崇颐、茅衍祥、俞坤维、苏人杰、蒋永之、陈郁美、张有德、朱轩臣、吴李芳、方弢、奚定九、鲍学林在会上进行口头交流发言，另有19份材料在小组交流。南通市政协副主席濮九康、如皋县县长潘宝才到会听取大会发言。

1989年4月2日，七届三次全会举办以“如何振兴如皋”为主题的大会发言。副主席马去鹏主持。政协委员康伯、钱育藩、邹康、贾锦林、黄仪、方弢、环斌、姚福泉、宗泉、丁忠信代表各个界别或地区，就改革开放、经济建设和相关社会事业发展提出意见和建议。县委石秀峰副书记到会听取大会发言并讲话。

1991年3月12日，八届二次全会期间，12名委员代表围绕市委、市政府的中心任务进行大会发言，积极献计献策。副主席袁泉主持。

1992年3月6日，八届三次全会上，委员方正华、解志明、马家忍、吴小平、徐炳刚、王祖彭、钱飞在大会上发言。市四套班子领导和部委办局负责人应邀列席。

1995年3月3日，九届三次全会举办大会发言。副主席章骥主持。委员赵俊龙、许秀银、程纪新、刘玉华、徐琛、孙家俊、黄国柱、徐斌、黄琳、钱祖尧、邹康、吴敬民围绕市委、市政府1995年建成百亿市的目标进行大会发言和书面交流。

1996年3月8日，九届四次全会上，10名代表进行大会发言，就加强农业基础地位、发展外向型经济、控减农民负担、科教兴市、城市建设等方面提出意见和建议。副主席章骥主持。

2001年1月17日，十届四次全会举行委员大会发言。副主席袁泉主持。黄光祖、赵俊龙、佘鸣皋、钱祖尧、张昌明、蒋本立、李万春、钱进、骆春林、尤玉明10位委员围绕农业技术推广、深化企业改革、稳定教师队伍、个体私营经济、依法治市、内外城河治理、医卫事业发展等进行大会发言。市委、市政府主要领导到会听取大会发言。

2006年2月10日，十一届四次全会举行大会发言。副主席张秀良主持。沈永祥、张义林、严世元、殷高华、李建明、赵俊龙等21名委员围绕促进科技创新、提高县域经济核心竞争力、完善农村养老保险体系、防范沿江地区重大生态污染灾害、破解拆迁难题、化解村级债务、推进教育公平、推进和谐社会进程等21个专题进行大会口头发言和书面交流。市委、市政府主要领导和相关部门负责人到会听取大会发言。

2007年12月25日，在江陵大酒店三楼多功能厅举办首次委员论坛活动。论坛主题是“关注弱势群体，构建和谐社会”。副主席于永芳主持。市委、市政府分管领导，市政协全体领导，市政协全体委员，在如皋的南通市政协委员，相关职能部门主要领导和分管领导，市政协机关全体人员出席。姚呈明、薛冠军、周松林、钱德平、周庆如、朱贵宏、赵伦钧、陈皞、袁春静、顾宏兵、张奎宏在论坛会上口头交流，其他8位同志做书面交流。市委副书记杨曹明参加会议并讲话。

2009年1月7日下午，在江陵市政府酒店三楼多功能厅举办“深入学习实践科学发展观”委员论坛活动。市委、市人大、市政府相关领导，市政协全体领导，全体政协委员，相关部门负责人出席论坛会。副主席刘聪泉主持。许映如等10名委员分别从创新体制机制、加强人才培养教育、统筹城乡发展、科学推进沿江开发、推进农村公共事业发展、正确处理经济发展与环境保护的关系、用科学的考评体系引领经济社会和谐发展等方面发言。市委常委、组织部部长张辉到会并讲话。

2010 年 1 月 12 日，在江陵大酒店三楼会议室举办“推进城乡一体化”为主题的委员论坛活动。黄鹏程等 10 名委员围绕城乡信息一体化、教育一体化、医疗保险一体化、农民集中居住、镇村债务化解、农业产业化、食品安全、土地流转、增加农民收入等问题发言。市委、市人大、市政府相关领导和有关部门负责人参加。

2011 年 1 月 10 日，在市民服务中心三楼报告厅举办委员论坛会。论坛的主题为“构建诚信社会，打造诚信如皋”。吴燕芳等 10 名委员从打造诚信政府、加强诚信企业建设、营造诚信社会建设的良好舆论氛围等角度做大会发言，另有 12 名委员做书面发言。市领导陈惠娟、姜永华等和各部门、各镇（区、园）负责人到会听取委员发言。

2012 年 1 月 13 日，市政协工作会议暨委员论坛在市民服务中心三楼报告厅召开。市四套班子领导，市法院、市检察院领导，市政协离退休老领导以及相关部门负责人，市政协全体委员，在如皋的南通市政协委员出席会议。副主席张元健主持。南通市副市长、中共如皋市委书记陈惠娟讲话；主席李中林做 2011 年度市政协常委会工作报告和 2011 年度市政协提案工作报告；委员周松林、佘德才、张冰峰围绕“建设美好新如皋”委员论坛主题进行大会口头交流发言，另有 23 篇论文的作者做书面交流发言。

2013 年 1 月 16 日，在文化馆多功能厅举办以“文化强市建设”为主题的委员论坛活动。副主席刘聪泉主持。市四套班子全体领导，各镇、各部门负责同志参加。委员紧紧围绕文化大发展、大繁荣，就如皋市文化素质提升、阵地建设、精品创作、产业培植、人才培育等 9 个方面提交论文 58 篇，择优筛选 22 篇汇编成集。张永飚、陆彪、程学勇和常青镇委员组进行大会口头交流发言，另外 18 篇论文的作者做书面交流发言。

2014 年 1 月 8 日，在行政中心礼堂举办“全面小康的如皋之路”委员论坛。副主席魏祝明主持。市四套班子全体领导，市法院院长，市检察院检察长，市政协老领导，各镇（街道）、各部门负责人，全体政协委员出席。委员策应如皋市委提出的“勇当苏中全面小康领头雁”的奋斗目标，围绕经济转型发展、社会事业建设、社会和谐稳定、生态文明建设等方面进行调研，提交论文 57 篇，择优筛选 22 篇汇编成集。韦玉华、征大生、孙天骄、谢跃进进行口头交流发言，另外 18 篇论文的作者做书面交流发言。

2015 年 1 月 15 日，在行政中心礼堂举办以“建设美丽如皋”为主题的委员论坛。副主席张亚鸾主持。徐哲明、张永飚、陈彬围绕加强生态文明建设做口头交流发言，其他 22 篇论文的作者做书面交流发言。

2016 年 1 月 11 日，在行政中心礼堂举办“建设法治如皋”委员论坛。副主席张亚鸾主持。市四套班子全体领导，市法院院长，市检察院检察长，市政协老领导，各镇（街道）、各部门负责人和全体政协委员出席。委员围绕依法决策、依法行政、公正司法、依法治理和法制宣传工作进行全面深入调查，抓住法治如皋建设中的重点、难点、盲点问题，认真“把脉”，务实“开方”。姚呈明、贾宏斌、花金泉、金小兵做口头交流发言，其余 22 篇论文的作者做书面交流发言。

2017年，策应市委提出的“聚力改革创新，增强转型发展新动能”工作部署，发动委员开展以“创新创业”为主题的委员论坛工作。全体委员围绕主题，分别从激发创业主体活力、营造创新创业氛围、优化政务环境等多个角度进行调研、撰写论文，选取15篇关于新常态下创新创业发展的对策建议论文汇编成册，在大会期间进行书面交流。

2018年1月12日，在行政中心礼堂召开以“聚焦大旅游，打造新引擎”为主题的委员论坛会。副主席郑振明主持。市四套班子全体领导、市法院院长、市检察院检察长、市政协老领导、相关部门负责人、全体政协委员和在如皋的南通市政协委员出席。姜树华、王舜慧、张永飚、照空进行大会论文交流，另外有16篇论文的作者做大会书面交流。

2019年1月24日，在行政中心礼堂举办以“振兴乡村，建设‘强富美高’新如皋”为主题的委员论坛会。副主席郑振明主持。市四套班子全体领导、市法院院长、市检察院检察长、政协老领导、相关部门负责人、全体政协委员和在如皋的南通市政协委员出席。委员围绕建设“生态宜居如皋”、深化农业供给侧结构性改革、农民致富增收、农村精准扶贫等方面展开调查研究，选取19篇具有较高质量的论坛论文汇编成册。陈鹏、王东方、孙梅、邱贵平进行口头交流，其他15篇论文的作者做书面交流。

表五　政协委员大会发言目录

年份	大会交流发言标题	发言人
1986	1. 当好参谋，做称职的委员 2. 当好党委参谋，做群众的贴心人 3. 立足本职，为群众致富多操心 4. 主人的愿望，公仆的责任 5. 为发展镇卫生事业献计献策 6. 积极发挥政协作用，抓好两个文明建设 7. 走与常柴联合之路，求得企业的生存和发展 8. 发挥智囊作用，促进四化建设 9. 忠诚为人民服务 10. 我们这个学习组为什么能坚持十二年 11. 群策群力献计谋，肝胆相照禀直言 12. 一切为了孩子 13. 立足本职，当好参谋 14. 发挥政协委员作用，为振兴农村集体商业出力 15. 发挥政协委员作用，积极参与学校思想政治工作研究 16. 青年当立志，做两个文明的建设者 17. 发挥政协委员的应有作用 18. 发挥政协委员作用，做好信息服务工作	宗　泉　汪铁君　纪国良 戴崇颐　茅衍祥　苏人杰 钱育藩　陈殿文　俞坤维 蒋永之　黄　仪　陈郁美 鲍学林　张有德　朱轩臣 吴李芳　方　弢　奚定九
1989	1. 整治大中型企业外部、内部环境刻不容缓 2. 科技兴县，农业仍然是基础 3. 科技兴县，须靠教育奠基 4. 科技兴县具有战略意义 5. 发展外向型经济应摆到战略位置 6. 要努力做好金融工作，为振兴如皋经济服务 7. 积极开展侨务工作，为发展外向型经济服务 8. 有识之士救救职业教育 9. 希望全社会关心支持如皋医疗卫生事业 10. 采取得力措施，确保物价指数增幅下降	钱育藩　黄　仪　方　弢 环　斌　邹　康　贾锦林 姚福泉　宗　泉　丁忠信 康　伯

续表

年份	大会交流发言标题	发言人
1992	1. 进一步重视和关心医疗卫生工作 2. 应不断优化统战工作环境 3. 对农村工作及农业技术推广工作的补充意见 4. 对政府工作的肯定与几点建议 5. 关于完善“三个报告”的十点建议 6. 落实深化改革、结构调整、扭亏增盈的对策思考 7. 关于加强民生工作的五点建议	方正华　解志明　马家忍 吴小平　徐炳刚　王祖彭 钱　飞
1996	1. 控减农民负担，补齐小康短板 2. 加快科技兴农步伐，强化农技队伍建设 3. 加强对“七所八站”监督管理 4. 把精神文明建设抓得更加扎实、更加深入 5. 全面落实科教兴市战略，积极启动教育现代化工程 6. 发展卫生事业，加速小康进程 7. 切实依靠科技进步，加快如皋经济发展 8. 搞好牵线搭桥，促进外向型经济发展 9. 进一步把农业的基础地位落到实处 10. 保护城市古旧建筑，重视人文资源利用	磨头组、城西组 丁堰组、城东组 白蒲组 江安组、石庄组 教育工作组、如城组 医卫工作组 科技工作组 “三胞”工作组 工青妇工作组、农业工作组 文化工作组、民族工作组
2006	1. 完善农民养老保险体系，推进构建和谐社会进程 2. 以科学发展观统领国土资源工作 3. 大力推进科技创新，提高县域经济核心竞争力 4. 化解村级债务，要站在战略高度，采取超常举措 5. 实施教育优先发展战略，率先基本实现教育现代化 6. 市场经济条件下公共卫生服务体系面临的困难及对策 7. 找准如皋优势，放大如皋特色，开发好沿江人力资源 8. 西部地区要崛起，需要政策的大力扶持 9. 未雨绸缪，防范沿江地区发生重大生态污染灾难 10. 关于破解“拆迁难”问题的几点建议 11. 关于农村集中居住建设过程中环境保护问题的建议 12. 建立河道长效管理机制，延长基础设施使用寿命 13. 教育公平是和谐社会的基石 14. 建设法治如皋，构建和谐社会，为全市经济社会协调发展提供强有力保障 15. 加大知识产权保护力度，优化自主创新环境 16. 提高教师生活质量，促进如皋教育发展 17. 关注弱势群体，构建和谐如皋 18. 提高农民生活质量，推进和谐社会建设 19. 弘扬办社宗旨，创新发展机制，为建设社会主义新农村做出贡献 20. 关于进一步加强如皋市综合治税工作的建议 21. 立足邮政行业特点，精心服务如皋经济持续跨越发展	沈永祥　张义林　严世元 赵俊龙　许　俊　姚呈明 刘向阳　李建明　陈昭志 钱德平　沈志高　尤四新 陈　皞　邱国祥　黄文恺 杭　俊　吴　琼　王有进 马向民　徐　虎　殷高华

表六　历年委员论坛文集目录

年份	论坛主题	论坛交流论文标题	作　者
2007	关注弱势群体，构建和谐社会	1. 弱势群体和政府责任 2. 切实深化“双帮”工作　致力助推全面小康 3. 帮扶弱势群体　共建和谐社会 4. 推进创业就业　加快富民进程 5. 关于困难家庭学生接受公平教育的思考 6. 加强监管　确保弱势群体饮食用药安全 7. 切实保障低收入家庭基本居住权 8. 实现社会保险全覆盖势在必行 9. 加强法律援助工作　促进和谐如皋构建 10. 关注少数民族同胞　促进共同繁荣发展 11. 企业做优做强的力量源泉和不竭动力 12. 促进教育公平　构建和谐社会 13. 为贫困家庭的学生撑开一片绿荫 14. 教育公平　一个都不能少 15. 让教育的天空阳光普照 16. 以创业带动就业对策探讨 17. 关注弱势群体　构建和谐社会 18. 关注弱势群体　构建和谐社会问题探析 19. 浅谈弱势群体的就业和再就业	姚呈明　薛冠军　顾宏兵 周松林　沈永祥　周庆如 朱贵宏　赵伦钧　陈　皞 袁春静　张奎宏　钱德平 李建明　陈铁炎　吴　琼 沈　健　王云娟　马向民 刘伯梅
2009	深入学习实践科学发展观	1. 统筹协调生产生活生态　稳步推进农村环境整治 2. 实施科学发展　做强旅游产业 3. 实施三个并重　实现科学发展 4. 以科学发展观为指导，正确处理文化大繁荣大发展的六个关系 5. 以科学发展观指导工商工作的思考 6. 学习实践科学发展观，正确处理好如皋市发展与环境保护之间的若干重大关系 7. 落实科学发展观要在务实上下功夫 8. 以科学发展观为指导　进一步加强和改进安全监管监察工作 9. 浅析国际金融危机对如皋市利用外资的影响及对策 10. 落实科学发展观　加快农村信息化建设步伐 11. 坚持以人为本　建构内外和谐 12. 深刻把握科学发展观的内涵　推进全市教育又好又快发展 13. 关于如皋市卫生事业改革发展的启示 14. 坚持以人为本　化解拆迁难题 15. 应对新矛盾　创立劳动争议调解新机制 16. 贯彻落实科学发展观　加快企业人才队伍建设 17. 统筹城乡发展　推进城镇化建设 18. 推行企业整合　吸引资金落户如皋 19. 强化自主创新　促进技术进步 20. 关注弱势群体　构建和谐社会 21. 加强高技能人才培养　助推地方经济发展 22. 落实科学发展观　改革创新促发展 23. 坚持科学发展观　推进小城镇建设 24. 用科学的考评体系引领经济社会和谐发展 25. 贯彻落实科学发展观　推进教育事业发展 26. 在招商引资中努力践行科学发展观 27. 构建和谐富裕文明的新农村必须高度重视农村公共事业发展 28. 扎实推进乡镇经济科学发展上水平 29. 积极应对金融危机　科学推进沿江开发 30. 按科学发展观要求推进农村集中居住区建设	许映如　丛立新　蔡可如 高　如　秦艳秋　李　耘 周松林　费秀平　张英霞 黄鹏程　王飞云　邱建明 黄山峰　王宏渠　王舜慧 周太荣　朱贵宏　刘晓东 葛云彩　强汉林　张永飚 陆　彪　张瑞忠　袁春静 钱德平　薛美银　许　忠 郭夕林　孙福才　崔桂根

续表

年份	论坛主题	论坛交流论文标题	作　者
2010	推进城乡一体化	1. 创建“信息农户”是农村信息化的关键 2. 加快城乡一体化进程　建设更高水平小康社会 3. 推进城乡教育一体化　努力实现教育公平 4. 抢抓机遇　顺势而为　推进城乡医疗保险一体化 5. 多措并举　有序推进农民集中居住点建设 6. 高度关注镇村债务化解　促进城乡统筹协调发展 7. 多方扶持　促进农业产业化发展 8. 发展农村现代流通　加快推进城乡一体化 9. 关注民生　确保农村食品安全 10. 加快如港新城建设　推动如皋城乡一体化进程 11. 加强土地流转管理　推进农村全面小康建设 12. 如皋西部革命老区发展现代农业经营剖析与探讨 13. 关于稳步推进农民集居点建设的几点思考 14. 加强农业技术培训　全面提升农民科技素质 15. 加大文化卫生事业投入　加快推进社会主义新农村建设 16. 在推进城乡医疗一体化进程中应充分发挥民营医院的作用 17. 关于搞好基层农技推广服务体系建设的几点建议 18. 积极扶持有机肥生产　促进农业可持续发展 19. 加强农资管理　促进农民增收 20. 提升道口转盘绿化　展现花木之乡风采 21. 加强规范运作　科学推进农民集居区建设 22. 增加农民收入是加快推进农村小康进程的关键 23. 推进如皋市城乡教育一体化的几点思考 24. 关于农村公路建设的几点建议 25. 让民主法治之花在如皋城乡绽放	黄鹏程　郭夕林　王光进 葛媛媛　谢美华　袁春静 朱晓东　王有进　黄向阳 李建明　徐培华　张百璘 李四海　佘柳涛　赵建明 陈银忠　丁佐华　周高建 徐培华　许映如　卢昆军 高利炎　邱建明　何　东 王舜慧
2011	构建诚信社会，打造诚信如皋	1. 紧跟“十二五”发展步伐　打造新如皋诚信品牌 2. 打造诚信社会应先打造诚信政府 3. 加强诚信企业建设　促进社会和谐 4. 打造诚信媒体 营造诚信社会建设的良好舆论氛围 5. 以诚信为本　构建和谐医患关系 6. 打牢诚信经营基础　净化农资市场环境 7. 加快建立房地产行业信用机制　促进如皋房地产市场健康发展 8. 多措并举　合力推进　着力构建排污单位环保诚信机制 9. 加强诚信教育　培育诚信学生 10. 倾力打造诚信政府　全面提升政府形象 11. 以全新服务理念构建新时期电信企业诚信形象 12. 对加强如皋诚信建设的一些思考 13. 健全中小企业信用担保制度　促进中小企业健康发展 14. 关于食品安全诚信缺失的分析与建议 15. 加强诚信农民建设　铺就全面小康之路 16. 对转型阶段如皋诚信建设的建议 17. 加强政府诚信建设　健全社会信用体系 18. 构建企业诚信体系　提升企业诚信形象 19. 加强综合治理　推进诚信如皋建设 20. 控制政府权力任意扩张　不断提高政府公信力 21. 共建诚信　共享和谐 22. 充分发挥政协委员作用　大力推进诚信如皋建设	吴燕芳　钱德平　沙旭宇 黄宏俊　医卫组　金义明 陆　彦　钱　进　王光进 缪永辉　黄鹏程　邱建明 下原组　许波元　黄宏柏 张冰峰　范钦坤　吴　淞 白蒲组　马　红　陆　彪 李四海

续表

年份	论坛主题	论坛交流论文标题	作　者
2012	建设美好新如皋	1. 加快经济大发展　共建美好新如皋 2. 打造“文化强市”　促进美好新如皋建设 3. 加强思想道德建设　构建和谐美好如皋 4. 大力弘扬传统爱心文化　建设现代化美好新如皋 5. 加快转型升级　建设美好如皋 6. 加快发展新兴产业　建设美好新如皋 7. 提升如皋城市形象　亟待增设城市雕塑文化景观 8. 建设和谐宜居城市　让生活更美好 9. 让生态经济与城市生态文明同行 10. 倾力打造“文化强市”　加速建设美好新如皋 11. 创新城市管理举措　促进城市科学发展 12. 发挥司法行政职能作用　促进美好新如皋建设 13. 从春桃社区看“美好新如皋”建设 14. 做强文化产业　打造美好如皋 15. 巩固创建成果　建设美好新如皋 16. 文化建设催生古城美丽“嬗变” 17. 推进农业现代化　建设美好新如皋 18. 加强美好新农村文化建设的思考 19. 增加农民收入　共建美好新农村 20. 建设美好新如皋　农业发展要“望、闻、问、切” 21. 摒弃陋习提升素质　携手共建美好如皋 22. 建设教育强市　为建设美好新如皋提供有力支撑 23. 民营企业要在建设美好新如皋中不断创新发展 24. 关爱精神病人　共建和谐如皋 25. 实施基本药物制度　促进基本医疗服务均等化 26. 为建设美好新如皋营造更优的价格环境	周松林　佘德才　张冰峰 丛立新　范钦坤　夏建国 施　莱　沙旭宇　耿银文 李四海　王云娟　陈　皞 丁国娟　葛云彩　胡成华 陈忠明　顾宏斌　雪岸组 沈亚平　徐海峰　王光进 尤四新　丁　飞　狄晓葵 蔡薛培　经济委员组（二）
2013	打造“文化强市”	1. 浅谈如皋“文化强市”路径 2. 勇当建设文化强市主力军 3. 浅谈推进“企业文化” 4. 加快如皋市文化创意产业发展步伐之我见 5. 建设生态文化　打造美丽如皋 6. 新农村文化建设的现状与对策 7. 让本土文化在如皋青少年心中扎根 8. 推进如皋网络文化建设的若干思考 9. 打造如皋花木盆景产业文化之我见 10. 用文化的力量成就一座城市 11. 彰显地域特色　打造文化品牌 12. 以下原镇为视野　谈村级文化建设 13. 建设城市文化　塑造城市之魂 14. 强化村级文化平台建设　提升人民群众精神文化生活水平 15. 打造文化强市之我见 16. 深化“文化强警”实践与思考 17. 更新理念　点面结合　用扎实的文化基础培植优秀文化之根 18. 推进文化产业大发展　开创文化强市新局面 19. 大力发展文化产业　实施文化强市战略 20. 推进如皋市粮食企业文化建设之我见 21. 实施“青春行动”　打造青年文化品牌 22. 加强社区文化建设　提升全民文化素质	张永飚　姚呈明　陆　彪 万有富　葛云彩　常青组 陈爱民　程学勇　黄安宏 周永进　印　露　张善良 陈　洁　张本荣　刘培新 谢晖来　张　婧　季　康 常青镇委员组　　秦　林 孙宏琛　钱小兰

续表

年份	论坛主题	论坛交流论文标题	作　者
2014	全面小康的如皋之路	1. 大力发展实体经济　不断提升区域竞争力 2. 加快民营经济发展　助推如皋小康进程 3. 加大如皋市生态文明建设的六点建议 4. 对如皋市养老产业发展的调查与思考 5. 放大中国花木盆景之都品牌之我见 6. 打造金融“皋”地　助推全面小康 7. 浅谈提高如皋市农村居民人均纯收入路径 8. 不断提升利用外资水平　助推建设全面小康社会 9. 推进如皋市村庄环境整治的实践与思考 10. 构建农产品流通体系　促进城乡一体化发展 11. 推进农业现代化建设的几点思考 12. 推进医疗卫生与养老服务相融合　促进养老产业健康有序发展 13. 推进农村实事工程　加快全面小康进程 14. 致力深化信访维稳工作　保障全面小康社会建设 15. 弘扬法治文化　提升依法治市水平 16. 农民集中居住对非农就业的影响分析 17. 全面建小康　维稳须先行 18. 浅谈城镇化建设与失地农民的精神重塑 19. 加强社区教育　提升建设全面小康社会软实力 20. 改善如皋市农村生态环境的一点思考 21. 推进如皋市全面小康社会建设的几点建议 22. 多措并举促建设小康新如皋	韦玉华　征大生　谢跃进 孙天骄　袁权民　马广源 万有富　张英霞　王志斌 王有进　张　婧　蔡薛培 陈卫华　钱广胜　吴剑平 陈　洁　谢晖来　缪新华 王光进　洪　俊　高利炎 张冰峰
2015	建设美丽如皋	1. 严守生态红线　造福子孙后代 2. 绿水青山就是金山银山 3. 提升全民生态意识　共同建设美丽如皋 4. 建设生态文明城市　激发经济发展活力 5. 关于发展“绿色洗染”的对策建议 6. 用生态文明理念引导新型工业化发展 7. 关于加快如皋市化工产业生态发展的调查与建议 8. 对如皋农村环境保护和建设的思考 9. 加大农村环保力度　共建城乡一体生态文明 10. 关于建设如皋美丽乡村的几点思考 11. 发挥村民主体作用　建设优美宜居乡村 12. 关于加强如皋市村庄环境整治的调研与思考 13. 发展生态产业　建设美丽乡村 14. 推进河道环境综合整治　实现“水美乡村”的实践与思考 15. 打造小城如皋的美丽街景 16. 推进生态文明建设　倡导健康生活方式 17. 加快生态文明建设　打造美丽如皋新城 18. 着力构建美丽公路新常态 19. 提升绿化建设水平　共建美丽生态如皋 20. 推进生态文明　构建美丽如皋 21. 建设美丽如皋　宗教界大有可为 22. 用法制保我碧水蓝天　建设美丽新如皋 23. 加强环境法治　助推如皋生态城市建设 24. 发挥学校教育功能　助力美丽如皋建设 25. 加快生态崛起　建设美丽如皋	谢跃进　蔡舒萍　金小兵 钱小兰　工商委员组 沙海军　贾宏斌　张永飚 曹武元　石小峰　张兰燕 孙天骄　马京武　戴维薇 徐哲明　周祥国　陆　彦 李跃进　黄安宏　李春梅 夏茂宏　储呈红　吴剑平 王光进　陈邦良

续表

年份	论坛主题	论坛交流论文标题	作　者
2016	建设法治如皋	1. 用法治方式治理“信访不信法” 2. 关于加快推进如皋市市场综合执法体制改革的思考 3. 强化“两个主体”法治意识　共建法治如皋 4. 强化公务员法治素养之我见 5. 加强依法行政　营造经济发展的“如皋环境” 6. 推进法治如皋建设实现新突破的粗浅思考 7. 强化如皋市农村法治文化建设 8. 加强基层法治建设 9. 推进新时期社区依法自治 10. 构建完善的税收法治体系 11. 在法治框架下深化如皋市行政审批制度改革 12. 浅谈基层司法所建设现状、存在问题及对策 13. 构建适合如皋青少年成长的法治环境 14. 努力打通卫生监管“最后一公里” 15. 打造有利于青少年成长的社会法制环境之我见 16. 运用法治思维与法治方式推动工业经济发展 17. 推进依法治理　确保释放活力与维护秩序两不误 18. 加强知识产权法律保护　助推企业创新驱动 19. 强化农村法治基础建设　开创依法治理新局面 20. 浅谈依法行政促进镇域经济发展 21. 用法治思维提升如皋人民幸福感 22. 坚持依法行政　加快法治政府建设 23. 实施知识产权战略　保护科技创新成果 24. 强化建筑企业法治意识　预防和控制法律风险 25. 试谈法治如皋建设三维度 26. 关于如皋新农村基层法治建设的思考	姚呈明　贾宏斌　金小兵 花金泉　韦　华　万有富 张　勇　倪新福　薛娟娟 高建秋　张英霞 东陈镇政协工委　焦朝勤 施学娟　杨　扬　沙海军 马亚梅　吴剑平　马京武 印文明　吴　为　沙　进 陈广建　沈　锋　张　军 张　建
2017	创新创业	1. 浅谈多层次的创业服务 2. 大力发展众创空间　打造产业发展新引擎 3. 引导和鼓励自主创新　促进民营企业做大做强 4. 优化中小企业创新环境　打造健康经济新动力 5. 推进简政放权　激发创新创业新活力 6. 大力营造氛围　全力打造平台　推动全民创业 7. 大学生创新创业方法浅谈 8. 农民工返乡创业与新农村发展 9. 推进新型孵化器建设　打造如皋特色创业孵化基地 10. 集聚能量　创新理念　推动现代农业快速发展 11. 从就业视角看全民创业的机遇和挑战 12. 鼓励创新　宽容失败　营造创新文化氛围 13. 不拘一格招才　大力创新引智 14. 播“红色种子”　建“红色引擎” 15. 浅谈青少年创新意识的培养	司建妹　城北街道政协工委 顾柔坚　王建宏　倪新福 张　军　陈学琴 东陈镇政协工委　韦　华 张　勇　葛媛媛　谢晖来 下原镇政协工委　贾宏斌 洪　俊

续表

年份	论坛主题	论坛交流论文标题	作　者
2018	发展大旅游，打造新引擎	1. 打好“长寿牌”：如皋旅游提质升级的不二法门 2. 如皋红色旅游发展模式研究 3. 给如皋休闲农业注入创意元素 4. 挖掘宗教旅游资源　推动如皋文化融合 5. 如皋市智慧旅游的现状和策略 6. 全面提升旅游品质　促进旅游业提质增效 7. 整合挖掘旅游资源　进一步推动如皋旅游业发展 8. 挖掘旅游资源　推进全域旅游 9. 推动旅游经济转型升级　做大做强如皋旅游业 10. 关于发掘如皋市长寿文化、促进旅游产业发展的调研报告 11. 关于加快旅游与文化融合发展的思考 12. 加强特色文化建设　提升旅游发展后劲 13. 彰显历史文化名城特色　开发城市旅游资源 14. 将文化搬进历史　打造全域旅游幸福“皋”地 15. 如皋文化旅游发展趋势及建议 16. 推进旅游与长寿文化产业融合发展 17. 挖掘本土文化　提升旅游文化品位 18. 加强特色小镇建设　促进乡村旅游发展 19. 发展乡村旅游的问题探究 20. 感悟盆景魅力　弘扬传统文化	姜树华　张永飚　王舜慧 照　空　李春香　钱小兰 城南街道政协工委 季　康　倪新福 工商组　文体新组 邱贵平　东陈镇政协工委 郑淑一　李　晋 张　娟　葛云彩　张长健 王东方　陈凝华
2019	振兴乡村，建设“强富美高”新如皋	1. 大力培育提升新型农业经营主体　发挥乡村振兴的主力军作用 2. 推动乡村旅游转型升级　深入实施乡村振兴战略 3. 实施乡村振兴战略　探索农村发展模式 4. 多措并举　推动乡村人才振兴 5. 浅谈如皋乡村振兴路径 6. 为产业兴旺插上“互联网+”的翅膀 7. 用“文化+”策略发展生态农业旅游 8. 立足本地优势资源发展乡村特色产业——以平园池村为例 9. 深挖乡村本土文化　繁荣乡村经济建设 10. 大力发展中医药事业　服务乡村振兴战略 11. 发展休闲旅游　建设美丽乡村 12. 探索城乡就业创业融合发展　推进农村农民致富增收 13. 构建社区教育共同体　全面推进社区繁荣、乡村振兴 14. 以党建引领乡村振兴 15. 引进市场机制　力促精准脱贫 16. 大力发展地方产业　实现持久脱贫致富 17. 深化“美丽乡村幸福家园”建设行动　扎实推进农村精神文明建设取得新成效 18. 用文化为乡村振兴铸魂 19. 乡村振兴　幼教先行	王东方　工商委员组 陈　鹏　邱贵平　李春香 丁陆一　汪树林　孙兴红 葛云彩　贾　运　杨　海 吴建华　张　俊 东陈镇委员组　张英霞 金鑫华　陈　实　朱银圣 孙兴波

第五节　区域研讨

20 世纪 90 年代初，县级政协之间不断加强横向学习交流。1991 年 9 月 20—22 日，由上海崇明县政协倡议，启东市政协、海门县政协、南通县政协、如东县政协、如皋市政协、海安县政协共同参加的长江口北部七县（市）政协联谊会在上海崇明县首次举行。此后，先后扩展到长三角十二县（市、区）政协和十三县（市、区）政协，会议名称也由原先的政协联谊会发展为政协工作研讨会。会议由成员单位依次轮流主办，每次会议确定一个主题举行交流研讨。自 1991 年以来，如皋市政协共主办 5 次。

1992 年 4 月 2—4 日，长江口北部七县（市）政协联谊会第二次会议在如皋市举行。七县（市）政协领导、秘书长（副秘书长）、相关委员会主任共 28 人出席。会议主要围绕“新时期人民政协工作如何为经济建设服务”这个主题进行交流和探讨，与会人员参观如皋绢纺厂、如皋兔毛纺厂、如皋手套厂、绿园、水绘园和定慧寺。会议商定第三次联谊会在海安县举行。南通市政协主席唐真寿、副主席徐希权出席会议并讲话。如皋市委书记柯文、市人大常委会主任刘桂江、市长石秀峰参加接待。市委副书记管贵方代表市委、市政府致欢迎辞。

1996 年 5 月 21—23 日，长江三角洲十二县（市、区）政协工作研讨会第三次会议在如皋东方宾馆举行。如东、余杭、启东、奉贤、昆山、海门、海安、通州、崇明、嘉定、德清、如皋等十二县（市、区）的政协领导出席会议。南通市政协主席黄冰、副主席张克诚参加并讲话。如皋市委书记郁政、市人大常委会主任石秀峰、市委副书记刘桂江、常务副市长石耀等领导到会祝贺。如皋市政协主席魏国平代表如皋市政协致欢迎词。会议围绕如何深入贯彻落实中共十四届五中全会精神和全国政协八届四次会议精神、努力开展了解和反映社情民意工作、更好地为两个文明建设服务，进行交流和研讨。会议期间，与会人员参观定慧寺、绿园、水绘园，开展丰富多彩的文娱活动。会议商定第四次会议由上海市奉贤县政协承办，研讨内容为“如何充分发挥提案工作在履行政协职能方面的作用”，时间初定在 1996 年 11—12 月。

2002 年 10 月 31 日—11 月 2 日，长江三角洲十二县（市、区）政协工作研讨会第 16 次会议在如皋市召开。会议围绕“做好新世纪政协换届的各项工作，为人民政协履行职能提供坚强的组织保证”这一主题进行广泛深入的研讨和交流。如皋市政协主席刘桂江主持。南通市政协主席程亚民和南通市委常委、如皋市委书记蓝绍敏到会并讲话。南通市政协秘书长冯祖祥和如皋市委副书记石耀、市人大常委会主任石秀峰、副市长陈照东参加会议。会议同意接收东台市政协参加研讨会，决定第十七次会议在上海市奉贤区召开。

2008 年 5 月 19—20 日，长三角十三县（市、区）政协工作研讨会第 27 次会议在如皋光华国际大酒店举办。德清县、余杭区、奉贤区、崇明县、嘉定区、启东市、通州市、海安县、昆山市、东台市、海门市、如东县、如皋市的政协主席（副主席）、秘书长、经科委主任 60 余人出席。如皋市政协主席李中林主持。南通市政协副主席徐守铭在会上致辞；如皋市委书记陈惠娟介绍如皋经济社会发展情况；与会各县（市、区）政协领导围绕“搞好视察调研工作，助推地方经济发展”分别交流发言，共同探讨人民政协视察调研工作的新思路、新举措。研讨会期间，与会人员考察开发区轮胎集团、如皋港经济开发区、水绘园、长寿园，并于 19 日下午在光华国际大酒店广场集体悼念四川汶川地区大地震遇难者。如皋市委副书记、市长姜永华参加并讲话，市委常委、副市长黄成陪同考察。

2013 年 11 月 7—8 日，长三角十三县（市、区）政协工作研讨会第 38 次会议在如皋市行政中心二楼贵宾厅举行。余杭区、昆山市、奉贤区、嘉定区、德清县、东台市、崇明县、海门市、启东市、通州区、如东县、海安县、如皋市的政协主席（副主席）、秘书长、提案委主任出席研讨会。如皋市政协主席李中林主持。市委书记姜永华到会致辞。会议围绕“推进提案办理协商民主”开展专题交流发言，就立足提案工作如何贯彻落实党的十八大提出的协商民主要求进行深入研究探讨。会议期间，与会人员参观江苏熔盛重工有限公司、药用植物园、青少年素质教育基地、双钱集团（如皋）轮胎有限公司、水绘园、红十四军公园。如皋市政协全体领导、部分政协委员参加。

第七章

附　录

第一节　会议报告辑录

政协如皋县第一届委员会常务委员会工作报告（节录）

（1959 年 9 月 11 日在县政协二届一次会议上）

陶肖溪

根据政协章程有关条款的规定，本会第一届委员的任期到 1958 年 3 月届满。由于 1957 年 10 月召开一届二次全体会议以后，本县同全国各地一样掀起整风反右派斗争的高潮，大家都投入运动，在此期间人事方面也有变动，因此，第二届县政协委员的产生和全体会议的召开推迟到今天。这是要首先说明的。

县政协自成立以来，在中共如皋县委的直接领导和江苏省政协的经常指导下，在推动社会各界人士的思想改造、开展人民民主统一战线的政治协商以及各个工作组的活动方面都取得了不少成绩。自 1957 年 10 月到现在的这一段时间里，我们采取各种形式，组织县政协委员和各界社会人士投入全民性的整风学习，先后共举行辅导学习的报告会 8 次，召开内容涉及国内外时事政治的座谈会、讨论会 20 次。例如，拥护周恩来总理的声明，反对美帝国主义在台湾海峡进行军事挑衅；讨论坚决平定西藏上层反动分子的叛乱问题；学习毛主席《关于正确处理人民内部矛盾的问题》和“帝国主义和一切反动派都是纸老虎”的论述；学习国防部部长彭德怀元帅《告台湾同胞书》；批判修正主义者的荒谬言论；邀请老红军、老同志座谈 1927 年土地革命的意义；征求人民公社普遍建立以来群众的反映和意见；等等。这些学习活动，帮助本会成员和所联系的各界人士提高了思想认识，激发了他们积极参加社会主义建设的热情。

在此期间，为了加强人民民主统一战线，我们开展了政治协商活动。1957 年 12 月，本会常委同县人委举行联席会议，就召开县二届二次人代会的主席团人选、各委员会成员、大会秘书长等名单进行协商。1958 年 5 月，先后两次召开常委扩大会议，同各人民团体的代表一起，协商县第三届人民代表和县第三届人民委员会组成人员、县长、副县长、法院院长候选人的初步名单。这些协商，发扬了民主，反映了县政协常委们的意见，对全县人民的政治生活起到了协调作用。

近两年来，县政协组织了一大批各界人士先后到各地参观访问，视之为进行现实的社会主义教育的途径。例如，组织参加整风学习的全体学员参观各机关、企业“双反”（反贪污浪费、反右倾保守）展览和本县工农业技术革新展览；组织百余人的参观团前往南通市参观专区各县各项成就展览。同期还先后组织政协委员和各界人士前往白蒲镇、勇敢乡、新民乡、城西乡等地参观水利工程建设和中小学教育。这些参观活动，使政治学习同实际结合起来，让大家对社会主义制度优越性的认识具体化。

近两年来，本会设立的工商、文教、医卫三个工作组，都围绕党委的中心工作，结合自己的业务开展了活动。下面，择其要者而言。

工商工作组协同县工商联举办了有270余人参加、历时4个月的整风学习班，提高了工商界人员走社会主义道路的自觉性。随后又发动工商界人员开展了历时45天的向党交心运动，帮助他们检查修订自我改造规划。还协助如城工商联召集工商界193人参加的会议，学习民建中央、全国工商联中执委联席会议的文件，推动全城工商界人员形成“积极服务，加强改造”的浓厚气氛。

文教工作组为倡导勤俭办学，发动师生支援农业生产或到工厂劳动，帮助农村中小学开辟试验田，以及多次在文教界召开的会议上宣传人民政协的性质和作用，阐明县政协文教工作组的任务，等等，都取得了明显的成绩。

医卫工作组配合县卫协召开了为期40天的中医学术交流会，主讲者大多是医卫工作组成员，听讲的医生和学生有660余人。此后，同如城镇医院配合组成15人的巡回医疗队，前往城西、何庄、戴庄等地把医、药送到户，送到田头和场头，历时两星期，共有1 103人接受医疗。还组织有经验的医师给部分中小学师生做卫生讲座，给群众宣传防治冬春季传染病的知识，或到各公社卫生院讲学，其中仅听讲的农村医务工作者就有166人。医卫工作组搜集了民间单方183个，并协助县卫生协会搜集验方、秘方约20 000个，由5位委员驻会加以筛选、整理，编写《如皋本草》一书，并附采集的药材标本，作为献给中华人民共和国成立10周年的贺礼。

回顾1957年10月县政协一届二次全体会议召开以来，这1年零10个月是不平凡的时期，县政协作为人民民主统一战线组织，尽心尽力地为我县的社会主义建设做出了贡献，这是应当肯定的。

（陶肖溪时为第一届县政协副主席）

政协如皋县第二届委员会常务委员会工作报告（节录）

（1962年5月5日在县政协三届一次会议上）

胡伯兰

本会从1959年9月召开的二届一次全体会议到现在，已经两年多了。我们在中共如皋县委的直接领导下，紧密围绕党和政府各个时期的中心任务，积极参与国家的政治生活，开展政治协商，组织各界人士学习政治时事，为增强本县各界民主人士的团结、调动一切可能调动的积极因素为社会主义建设服务做了许多工作，发挥了政协组织应有的作用。

一、开展政治协商讨论

政协地方委员会的任务，主要是通过协商讨论以推动全国政协的决议和号召在本地区得以实现，同时协商和进行地方的人民民主统一战线工作。因此，我们通过全委会、常委会、常委扩大会和各种座谈会，为贯彻执行党和政府的方针、政策，有的事前协商、有的事后讨论了不少重大问题。在此期间，本会委员列席了如皋县三届二次人民代表大会，着重对发展我县的农业生产问题展开讨论，提出意见和建议。在本届县政协召开的历次常委会上，先后对第四届县人民代表的候选人名单，对中小学毕业生的升学与就业安排，对党的知识分子政策和搞好合作共事的关系，对市场供应和集市贸易，对征集新兵入伍的对象与政策，对城镇人民公社和举办公共食堂，对本会主办的各界人士政治学习班，等等，都进行充分协商，并将提出的建议和意见及时反映给县委、县政府采择施行。

两年多以来，对国内外发生的重大事件，我们不失时机地组织座谈讨论。择其要者，例如，关于中印边界冲突问题，我们几次召集各界人士座谈会，使大家认清了问题发生的前因后果，从而一致拥护我国政府所采取的态度和对策；关于中央决定特赦一批战犯、摘去一些人的“右派”帽子问题，经过多次讨论达到统一认识；关于反对美帝国主义侵略、拥护我国政府解决台湾问题的主张，以及支持古巴人民的革命斗争，也都组织了讨论，加深了大家对美帝侵略本质的认识。

二、领导学习工作

为了加强对学习工作的领导，经常委会慎重研究决定：推举出常委和各界有代表性的委员 17 人组成学习委员会；后来因人事变动又及时加以调整，以保证领导学习的机构健全、力量充实。

这一时期，县政协组织各界人士学习分两种形式：一是短期脱产的政治学习班，二是经常性的学习组。兹分述于下。

各界人士政治学习班。从 1960 年 8 月到 1962 年 4 月共举办 6 期。每期约 2 个月，学员百余人。6 期结业的学员共 680 人。学习班贯彻了和风细雨自我教育的方针，强调启发自觉性，坚持摆事实、讲道理，不勉强统一看法，形成既生动活泼又严肃紧张的气氛。因之消除了学习班开办之初有些人的疑虑：主要的是工商界中的资本家怕搞运动，小商小贩认为是“陪资本家来改造”，其他界别的人，有些认为“自己不是资产阶级，和资本家一起学习受委屈”。经过学委会反复动员，不厌其烦地讲明政策、谆谆诱导，使学员消除疑虑，对学习产生兴趣，进而体会到自己能够成为县政协政治学习班的学员是接受党的培养教育的好机会。他们经过短期脱产学习，绝大多数人思想认识和理论水平都有显著提高，回到原工作岗位后，工作积极性大为提高，表现大为不同。

社会人士学习组。1958 年在如城建立，有组员 10 余人。县政协二届一次全体会议后，逐渐增加到 30 人左右。随着对各界社会人士团结面的扩大，要求参加学习的人也日渐增多。于是，驻会工作人员采取登门走访的方式，到有关单位调查了解，经学委会审定吸收 20 多名社会人士为学习组成员。

三、推动各工作组开展活动

本会在二届一次全体会议之后，经常委会慎重研究，为原有的工商、文教、医卫工作组都增加了组员；新设了社会工作组和白蒲综合工作组。每个工作组都有 20 多人。

工商工作组经常主动与本界别的人员联系，检查县政协布置的工作贯彻的情况，在工商界中倡导“为消费者服务”的风尚，特别是在配合有关部门对工商界进行调查研究中起了很大作用。不少工商业者即使内心存在问题，平时也不肯对人谈。工商工作组成员分别同他们促膝谈心，设身处地启发他们说心里话，从而帮助政府比较深透地掌握了工商界的实际情况。例如，调查中发现工商业者中有很多困难户，其中获得经济补助的达586户。

文教工作组经常举行小型的座谈会、联欢会，协同本界的工会、妇联组织，特别是在假期中开展宣传、访问工作。这个工作组的成员，绝大多数是优秀教师或先进工作者，他们总是分秒必争地辛勤工作，对于提高教学质量起了示范作用。其中，像如皋师范的谢蔚东委员，虽已63岁，但为了教好语文，他每天大早总是走进课堂领导学生早读。所以，文教工作组对我县中小学教育尽了很大努力。

医卫工作组深入群众，宣传爱国卫生，并在如城西郊大队搞了一个卫生标兵红旗区，为社员普查疾病，上门治疗，结合实际开展公共食堂和托儿所的卫生指导活动，受到群众的好评。

新设立的社会工作组和白蒲综合工作组都主动协助如城、白蒲两镇开展街道工作，为创办小型工业、组织中小学教师进行教学业务辅导、推动居民“除四害，讲卫生”等都做出了成绩。

四、其他工作活动

举行多次报告会。听众达千人以上的有两次。一次是1961年2月1日由县委书记、本会主席倪锦瑜向全县各界人士做“当前国内外形势”的报告，同时传达了中共中央关于农业问题的指示。另一次是1962年1月7日举行的知识界人士报告会，由县长、本会副主席兼学习委员会主任委员沈忠怀做了“关于知识分子当前的情况，红与专以及百花齐放、百家争鸣方针问题”的报告；县委宣传部部长、本会常委王学源传达了《中国科学院关于自然科学研究机构当前工作十四条意见（草案）》。两年来，还举行专题报告会十多次，约请县委、县人委各部门负责同志到会介绍某一专题及相关的政策。

（胡伯兰时为第二届县政协副主席）

政协如皋县第三届委员会常务委员会工作报告（节录）

（1964年1月21日在县政协三届二次会议上）

潘逸尘

一、关于政治协商

一年多以来，本会先后召开常务委员会议6次（包括常委扩大会议），对一些重要问题进行了政治协商。其中，三届二次常委会与县人委四届四次全体委员会议同时举行，与会者一起听取传达江苏省第二届人民代表大会第三次会议通过的省人民政府工作报告，领会省政协二届三次全体会议的精神和决议。经协商讨论，委员们的共识是：国家最困难的时期已经过去，各方面的情况已经开始好转。尤其是知识界的委员对周恩来总理所指出的“要进一步团结一切爱国的知识分子，他们中的绝大多数已经是属于劳动人民的知识分子”感到鼓舞和兴奋。工商界的委员对周总理关于对爱国的民族资产阶级分子的定息“延长三年、到时再议”的指示表示感激。在三届三次常委会议上，专门学习讨论了党的八届十中全会公报，随后组织了26名委员前往5个农村人民公社参观访问，从而让大家对贯彻以生产队为核算单位后的农业生产情况有了具体的认识。

二、加强学习的组织领导

一年多以来，县政协选送9人到江苏省政治学校学习，选送到南通专区政治学校学习的有50多人。从1962年下半年到1963年上半年，县政协举办了3期政治学习班，学员近300人。同时，学委会抓紧了对社会各界人士学习的组织工作，吸引了越来越多的人自愿参加学习。除县政协的一个中心学习组外，其余5个组的成员大多是老年退职、退休的各界人士，他们多数出身于非劳动人民家庭，乐于接受社会主义思想教育，特别是对新旧社会两种制度的对比有着比较深刻的体验。

三、开展文史资料的征集和对台宣传工作

1963年5月，县政协设立文史资料研究委员会，下设文史工作组，从事征稿、访核、编辑整理和文稿誊清等工作。经7个多月，已征集文稿32篇，其中涉及国民党统治时期的居多，涉及清末和北洋军阀统治时期的次之。已选出经整理稿件约五分之一打印成文，分送文史委员会各委员审核；有些稿件则请撰稿人补遗，求其准确详尽。

一年多以来，县政协开始注意并参与了对台宣传工作，先后组织专门对象撰写稿件20余篇。其中，有本县人写给去台家人的，也有写给在台亲友的。许多稿件被广播电台采用，对去台人员传送了家乡社会主义建设和亲人平安生活的信息。

四、继续推动各工作组开展活动

县政协设立的各个工作组在密切同各界人士的联系、扩大社会的团结面、配合和协助常委会实现工作计划等方面都发挥了很好的作用。在此期间重要的活动有文教工作组在如城召开的近300人的小学教师会议上，由组长储心斋代表全组介绍了前往5个农村人民公社参观访问的情况，帮助一些人消除对“包产到户”的模糊看法。这个工作组同居住或工作在农村各地教育界的县政协委员、同老年退休的教师经常保持联系，不但有书信往来，还登门看望访问，及时向学校领导和教育主管部门提出建议和意见。医卫工作组分别在石庄、磨头、江安建立了工作小组，以便对当地社会上的医卫人士开展工作。推举了医疗上有造诣的县政协委员举办3次业务讲座，听讲的医卫工作者达679人次。还先后召开了节制生育、中医学术经验交流等专业性的会议，为提高医疗理论水平和推广临床经验做出了贡献。医卫工作组还积极协助县卫生局进行江苏省中医学会论文征集、流医管理、中医带徒整顿、个体开业医生的鉴定、宣传计划生育等工作，并且都做出了成绩。工商工作组抓住国家宣布定息“延长三年，到时再议”的政策，多次召开大、中、小工商业从业人员座谈会，帮助广大工商界人士理解党对爱国的民族资产阶级分子的关怀照顾，促使一批工商界人士以对党感恩图报的感情做好工作。对于国务院颁

布的《关于在精简工作中妥善安置资产阶级工商业者的若干具体规定》和《关于处理资产阶级工商业者退休问题的补充规定》两个文件，工商工作组同县工商联一起在工商界的上层人士中进行了学习和宣传。

各位委员，1964年是国民经济第三个五年计划的第二年，我们应当继续在党中央和毛主席的领导下，自力更生，奋发图强，努力发挥人民政协组织的作用，为争取国民经济情况的进一步全面好转，为我县贯彻执行以农业为基础、以工业为主导的发展国民经济的总方针做出应有的贡献。

（潘逸尘时为第三届县政协副主席）

政协如皋县第四届委员会常务委员会工作报告（节录）

（1981年4月26日在县政协五届一次会议上）

吴凤琴

第一，回顾县四届政协的历程，明确新时期政协的地位、任务和作用。

我县政协第四届委员会是1966年1月产生的。在举行了第一次全体会议之后不久，发生了“文化大革命”。我们简略地回顾我县第四届政协到现在15年以来的历程，怎能不思绪万千，感慨交集，共同感到这次大会的召开确实是来之不易的呢！

党的十一届三中全会以来，各条战线拨乱反正，正本清源。各项事业健康发展，成效卓著，令人鼓舞。我县政协在县委的直接领导下，于1979年年底正式恢复活动。一年多以来，驻会人员同委员们普遍进行了联系。今天，在新的第五届县政协第一次全体会议上，老委员久别重逢、扬眉吐气，新委员风华正茂、精力充沛。新老委员济济一堂。正如一些委员所说的，我县人民政协能够有今天，正是党的十一届三中全会以来的路线、方针、政策完全走上正确轨道的一个体现，也是我县党的统一战线工作得到发展的一个标志。

随着国内阶级状况的根本变化和国际形势的发展，我国革命的爱国的统一战线具有空前的广泛性，它在社会主义和爱国主义的基础上更加巩固和发展了。全国政协主席邓小平同志指出：“我们要进一步加强全体社会主义劳动者、拥护社会主义的爱国者和拥护祖国统一的爱国者的广泛团结，使我国统一战线和人民政协在发挥社会主义制度优越性的实践中，做出积极的贡献。”这就为我们开展统一战线和人民政协工作指明了方向。

我们希望各位委员认清新时期人民政协所处的地位、担负的任务和应发挥的作用，从而振奋革命精神，激发自己的荣誉感和责任感，把党赋予的重任担当起来！

第二，县政协恢复活动以来的工作情况。

1. 组织部分政协委员和各界人士，开展了学习座谈活动。

在县委的领导和推动下，县政协恢复活动之前，就有一部分原县人委委员、县政协常委和委员组织在一起，定期进行时政学习。县政协恢复活动之后，根据从实际出发、按不同特点自觉参加的原则，扩大了学习组织和参加学习的人员队伍。以教育、医卫界的委员和社会人士为一组，以工商界人士为另一组，每周坚持学习半天。对各个阶段的重大政治、时事、政策问题，例如邓小平同志关于《目前形势和任务》的报告、党的十一届五中全会公报、五届全国人大三次会议和全国政协五届三次会议的主要文件，都列为学习的重要内容。党中央有关重要文件下发后，按照规定，分别组织县政协常委、委员和各界人士听取县委领导人的传达相告，或集体阅读文件，进行讨论座谈。对于某一时期的重大政治事件，我们也及时地召开小型会议，畅谈感想和体会。此外，对涉及经济和政治生活的一些重要问题，例如市场物价管理、经济体制改革、如城建设规划、本县编史修志等，我们也在力所能及的范围内，通过组织学习座谈，征求意见，向有关部门提供意见和建议。这些学习座谈活动，不仅直接配合了各个阶段党的中心工作，而且调动了一部分委员和各界人士的积极性。有些委员提高了认识，表示要团结一致向前看，跟着党坚持走社会主义道路。有的老年委员由衷地表示：报国之日苦短，报国之心倍切，愿以有生之年为实现四化出力。

2. 传达贯彻了江苏省政协四届三次会议和江苏省工商联第三届会员代表大会的精神。

3. 协助有关部门，认真落实党的统战政策。

县政协把协助有关部门解决历史上遗留的问题、认真落实党的统战政策看作自己应尽的责任。一年多以来，进行了以下几项工作。一是遵照中共中央 1979 年 95 号文件的规定，贯彻落实党对原工商业者的政策，对一部分已退休的原工商界人员换发了退休证件（原为另制的蓝色封面证件，改为同一般退休职工一样的红色封面证件），补发了一部分定息。二是配合县区别“三小”办公室，贯彻落实中共中央 1979 年 84 号文件精神，进行了把小商、小贩、小手工业者从原工商业者当中区别出来的工作。这项工作情况复杂，政策性强，意义重大。我们除推荐曾经参加过对私营工商业实行社会主义改造工作的 5 个同志作为办公室的成员外，还积极提供中华人民共和国成立前后本县私营工商业的情况和资料，以便对照政策，给予区别。被区别出来的小商、小贩、小手工业者及其亲属如释重负，纷纷表示对党的感激心情。三是向有关部门反映情况，提出意见，推动落实知识分子政策、错划右派改正的政策、侨务政策、对台和原国民党起义投诚人员的政策。复查纠正了他们当中的冤假错案，使一些长期受到压抑的人扔掉了包袱，调动了他们及其亲属的积极性。对于回国或来内地探亲的港澳同胞、海外侨胞和外籍华人，我们热情地向他们宣传政策，介绍家乡的新风貌，协助做好接待工作。去冬今春，我们还尽力参与对全县港澳同胞、台湾同胞、海外侨胞、外籍华人及其亲属情况的调查工作，为县政协今后协同有关部门开展侨务、对台工作创造了条件。四是参加调查如城、白蒲两镇宗教界人士的现状，对其中一些人的户口、住房、疾病治疗、生活困难补助等问题，与有关单位协商后适当地给予解决，使一些年老的宗教界人士生活有着落，得以安度晚年。五是对一些在“文革”中逝世的县政协委员和知名人士举行追悼会，恢复了他们的名誉，协同有关部门处理了善后工作。正是由于逐步落实了党的有关政策，许多县政协委员和各界人士在不同的岗位上发挥了自己的才干，做出了可贵的贡献。

4. 对县政协委员和有关社会人士进行了全面走访慰问，恢复了同他们的联系，帮助解决了一些实际问题。

十几年来，我们同分散在全县各地的县政协委员和有关社会人士的联系中断了，相互间的关系显得生疏了。1980 年下半年，我们派出驻会的工作人员，对 102 位县政协委员和有关社会人士挨门逐户地进行走访慰问。委员们见到专程登门访问的县政协机关干部，感动得热泪盈眶。有的委员说："这表明党终归没有忘掉我们，我们永远也不会忘记党的恩情啊！"有的委员随后寄来诗词或信函，表达对党的感激之情。通过普遍走访慰问，我们不但弄清了县政协委员和有关社会人士的变动情况，恢复建立了县政协同委员们的联系，而且为筹建第五届县政协委员会创造了条件。我们将走访中碰到的问题向县委和有关部门做了汇报与反映，协助解决了一些实际问题。此外，我们还及时探望和慰问了生病的委员以及部分已故委员的亲属。对生活特别困难的，给予必要的经济补助。

（吴凤琴时为第五届县政协副主席）

政协如皋县第五届委员会常务委员会工作报告（节录）

（1984 年 3 月 10 日在县政协六届一次会议上）

王学源

一、把组织委员和各界人士学习党和政府的重要文件、领导人的重要论著等作为经常性的大事认真抓紧抓好

三年来，我国人民的政治生活中发生了许多已经载入史册的大事，形成了一些重要文件。例如，1981 年 6 月党的十一届六中全会通过的《关于建国以来党的若干历史问题的决议》，胡耀邦同志在庆祝中国共产党成立六十周年大会上的讲话；1982 年 9 月邓小平同志在党的第十二次全国代表大会上的开幕词，胡耀邦同志所做的题为《全面开创社会主义现代化建设的新局面》的报告。这些重要文件的发表，特别是《邓小平文选》的出版发行，受到县政协委员和各界人士的热烈欢迎和坚决拥护，大家以高度的政治热情如饥似渴地学习这些重要文件和文献。根据上级政协历次的通知和县委的统一部署，我们把如何抓好学习列为主席会议的重要议题，先后 7 次专门召开县政协常委会议，学习讨论上述文件和文献，并先后 4 次通过相应的决议，从实际出发，对委员们分别提出学习的重点、步骤、时间和具体要求。

县政协组织和推动学习的主要方法是：对居住在如城而不在职的委员和各界人士，尽量组织他们同机关干部一起听传达或辅导报告；对分散在集镇或农村的委员，则采取分片集中的办法，传达文件精神，了解学习情况，介绍学习的好方法。三年中，我们共购发各种学习参考材料 6 580 余份，先后召开过 42 次不同规模、不同对象、不同主题的座谈会，交流学习心得，借以相互启发。我们还动员有条件的委员就不同的学习内容写自己的认识和体会。总之，通过各种途径，把学习的要求贯彻下去，把学习的收获和经验集中起来，再通过小型座谈、个别走访、印发简报等形式传播开去，把历次的学习逐步引向深入。

三年来持续不断的学习活动，成效是比较显著的。许多委员认为体会深、收获大：思想路线拨正了，一些模糊认识澄清了，作为爱国统一战线的成员对党的信赖更坚定了，对到 20 世纪末要达到的奋斗目标进一步明确了。特别是全面、正确地认识了毛泽东同志的功过是非，肯定了毛泽东同志的历史地位和伟大功绩，加深了对毛泽东思想在我国革命和建设事业中所发挥

的巨大指导作用的理解。

二、对我县的一些重要事务进行政治协商，开展调查研究，献计献策

县五届政协委员列席县第八届人民代表大会的各次会议，听取县人民政府的工作报告，参与讨论我县以经济建设为中心的各项工作，提出建议和意见，就是一种很好的知情和出力。三年来，我们还采取了两种主要形式比较广泛地进行了政治协商。一种是由县委主要负责同志主持，就涉及我县的一些重要事务通报情况，讲解政策，提请县政协常委会或组织一部分知情的委员进行政治协商。例如，对县人大、县政协的人事安排，对先后实行的烟、酒和纺织品价格的调整，对怎样使我县农民尽快富裕起来，对政社分设，对县级机关的机构改革，对从重从快打击严重刑事犯罪活动，等等，都进行了郑重其事的协商，做到发扬民主、知无不言、言无不尽。另一种形式是，由有关主管部门分别提出一些涉及人民切身利益的问题，由县政协组织部分有某项专门知识的委员，结合实际，对照政策，既调查情况，又协商研究解决办法。例如，对城建规划的修订、工业布局的调整、一些工厂企业污染的治理措施、县人民医院传染病房污染源的处理方案、鲜鱼产供销当中的问题等，都一一进行认真的协商。我们将每次协商提出的意见和建议都整理成文，报告县委并转告县政府有关部门，借以发挥民主监督的作用。

三、把主动协助有关方面抓紧落实各项统战政策当作县政协工作的一项重要内容

三年来，县政协在人手偏紧的情况下，为非党县政协委员和其他统战政策的落实付出了相当多的时间和精力。例如，我们协同县委统战部，采取个别走访、小型座谈、填写表格等形式，对 124 位非党县政协委员逐个进行调查，基本做到情况清楚。我们还先后协助县委统战部对如城原来寺庙的房产、宗教界 34 人“文革”中被扣发的工资或生活费、一部分工商界人士被扣发的附加工资等情况也做了比较全面的调查了解。在此基础上，根据政策，耐心地做好各方面的工作，力争问题得到合情合理的解决。1983 年秋季以来，在江苏省政协、南通市政协落实政策调查组的推动和帮助下，克服了种种困难，解决了一批久悬未决的难题。到 1983 年年底，在提出的有些政策问题需要落实的 46 名非党县政协委员中，已得到落实的 37 人，占 80. 40%。其中有副主席 2 人，常委 6 人，委员 29 人。按性质划分，属于错划右派改正的 5 人，发给困难补助费 600 元，平反“文革”中冤假错案的 24 人，明确任用性质为干部的 7 人；已退休的委员明确原干部职务的 4 人，退还被挤占或被没收的房屋共 76. 5 间，补发“文革”中被扣发的工资和附加工资 25 656 元。对“文革”期间财务被查抄者，在 1973 年已作价退赔 18 057 元的基础上，1983 年又作价退赔和补差 2 753 元（退还的原物未算在内）。此外，三年来，县政协还协助统战部门落实工商界人士的有关政策，推动 14 个单位补发工商界 163 名从业人员被扣发的附加工资 43 111. 66 元（其中包括县政协委员 6 人，补发附加工资 1 782. 75 元）。对原工商业者、侨眷、台胞、知识界知名人士、合作商业人员，对照政策可能解决的诸如职务安排、住房、户口、退还股息、困难补助等问题，我们都尽力协助有关部门加以解决。这些政策和举措使得许多非党县政协委员和有关人士心情舒畅，调动了他们在各自岗位上为四化建设、为完成祖国统一大业做贡献的积极性。

四、组织委员进行视察、参观访问，为政府有关部门改进工作反映情况、提出建议

三年来，县政协每年都要同县人大联合组织两次视察活动。例如，针对 4 个县属镇环境卫生和蔬菜生产中的问题、6 所中小学贯彻执行党的教育方针的情况、如城镇组织待业青年参加劳动服务社的做法和经验、农村 8 个生产队和县畜禽场兴办沼气的效益、丁堰供销社和如城饮服行业实行经营体制改革的途径和收获，以及如城内城河淤塞和污染的现状等，先后组织 10 个视察组进行观察，参加的委员共 42 人次。县政协委员和县人大代表一起视察，尽管职能有所不同，但都受到县党政领导和主管部门的重视和支持。这些视察活动，事先有计划，事后有汇报，所需时间不长，力量比较集中，既帮助总结经验，肯定成绩，也实事求是地指出不足之处，提出解决问题的意见和建议，因而受到有关领导的重视，推动了被视察单位的工作。

五、分别召开工商界和知识界人士为四化建设服务经验交流会

党的十一届三中全会以来，我县广大工商界、知识界人士解放了思想，获得了可以充分发挥知识和才能的广阔天地。他们为四化建设服务的热情可嘉，经验可取。为此，县政协于 1982 年 3 月召开了工商界 60 余人参加的交流会，其中有 19 人介绍了自己在本职岗位上为四化建设服务的成绩和经验；县糖烟酒、百货两个公司总支的负责同志介绍了落实党对原工商业者政策的做法和收获。同年 9 月间，召开了来自教育、科技、卫生、文化和农业战线上的 90 多人参加的知识界人士为四化建设服务经验交流会。在会上发言的 13 位同志反映了他们自三中全会以来精神振奋，兢兢业业、勤勤恳恳地为四化建设做贡献的事迹，生动地说明了“四化需要知识分子，知识分子更需要四化”的事实。

六、办理提案，接待来访，处理来信；慰问年老或患病的委员，尽力帮助他们解决困难

县五届政协召开过 3 次全体会议，共收到委员提案 844 件。我们逐年分类编号登记，转请县政府各主管部门办理。这是一件涉及面广、工作量大的日常事务。我们做到了件件有着落、事事有交代。通过办理提案，我们了解了委员们的意见和要求，推动主管部门积极创造条件，解决了一些人民群众迫切希望解决的问题。

三年来，县政协经手或请有关部门立案处理的群众来信共 85 件。来信提出的要求，凡是属于政策规定应当办理而且客观条件允许办理的，我们都尽力催促有关部门及时办理。属于超越政策规定范围不能办理的事情，我们也向来信者做了详尽的答复。同样，对于为数众多的来访者，我们耐心听取他们的申述，给以热情的接待。平时和重大节日的前夕，我们对年老患病的委员及一些遗属也主动关心，登门看望，去医院慰问，对生活确有困难的尽力给予帮助。所有这些，都受到人们的一致称赞，对于巩固和扩大爱国统一战线具有十分重要的意义。

邓颖超主席在全国政协六届一次会议的开幕词中指出：“中国人民政协是我国爱国统一战线组织，是我国政治生活中发扬社会主义民主的一种重要形式。它集中了各行各业的名流和专

家，完全有条件在建设有中国特色的社会主义事业中做出更加出色的工作。人民政协要更加发扬民主，广开言路，放手工作，充分发挥委员的积极性和专长，为中华民族的繁荣、富强和统一，做出更大的努力。”这一段话，又一次对人民政协的性质、地位、任务和作用做了明确的阐述。

今后的一年，我们要继续在党的十二大精神的指引下，以“毋忘团结奋斗，致力振兴中华”作为指导我们行动的准则，勇于改革，勇于创新，力争我县政协的工作在原有的基础上开创一个新局面。

（王学源时为第五届县政协副主席）

政协如皋县第六届委员会常务委员会工作报告（节录）

（1987 年 3 月 22 日在县政协七届一次会议上）

贲正祥

一、履行政治协商、民主监督的职能，就我县经济建设和社会发展的某些问题进行实地考察、调查研究

县六届政协始终把履行政治协商、民主监督的职能列为重要的工作内容，取得了较好的成效。在先后召开的 5 次县政协常委会议和第四次全体委员会议上，县委、县政府的负责同志分别到会介绍了我县工农业生产、乡镇企业的发展、县级机关的整党、我县“七五”计划的制订、1986 年全县经济工作的概况和 1987 年两个文明建设的目标与措施等情况，既有事实和数据说明已取得的成绩和进展，又实事求是地指出存在的困难和问题。每年，县政协委员列席县人民代表大会，听取县人民政府的工作报告。委员们都以主人翁的责任感展开充分的协商讨论，对前进过程中应当兴利革弊、扬长避短的事项提出了建议和意见。这样，县党、政领导直接听到各个方面的意见，有助于集思广益、做出决策、推动改革、促进工作。县政协因而显示出其特有的“智囊团”的效能和民主监督的作用。

在以往的三年中，我们围绕经济建设这个中心，选择某些比较重大的课题，组织一部分委员，并约请有关部门的同志参加，进行实地视察或考察，作为政治协商、民主监督的一种形式加以实施，从而帮助主管部门把事情办好。例如，我们曾先后同县人大常委会一起，对农村专业户、乡镇办工业的发展和部分农村中学实行教育结构改革；对长江、高井、磨头、夏堡、东陈 5 个乡产业结构的情况，对如城自来水厂水源污染的原因及治理办法，对 16 家工厂企业贯彻国务院关于安全生产、劳动保护的决定和遵守法规的现状，等等，联合进行了视察。

三年来，县政协还组织一部分委员先后对县直机关 14 个部门和 7 个区、乡（镇）贯彻执行县委《关于非党政协委员知情出力问题的通知》的情况，对全县原工商业者和“三小”的变化情况，对我县工业交通系统部分科技人员所学与所用之间的矛盾和存在的问题，对我县电视大学的现状和需要解决的困难，对邓园乡东风村建房占用土地的情况，对我县淡水养鱼和芦滩养鱼的发展前景，以及配合南通市政协工商工作组、农业工作组先后对我县名特优风味食品

生产的现状和优质棉基地的情况等，进行专题调查研究。参加调查的有主管部门的负责干部和专业技术人员。调查的方法有现场实地察看，有个别访问，也有座谈论证。调查结果事实清楚、数据准确。提出的意见和建议一般都能切合实际。写成的书面材料，有的被县委作为《内部参考》转发，有的引起主管部门的重视，认为有利于改进工作。

二、加强对学习的领导

学委会根据县政协常委会的要求，对各个时期学习的内容和重点、须明确的目的和要求都及时做了研究和部署。白蒲、石庄、城西等地区的县政协委员联系小组把学习当作一项主要的活动内容。委员们除了在所属单位做学习的表率外，还自学有关文件，集体讨论学习中碰到的问题，交流学习心得，理论联系实际，提高了对学习必要性与重要性的认识，激发了参加改革、投身四化建设和促进祖国和平统一的热情。

县政协在领导学习的过程中除派出干部分别到各个委员联系小组传达文件外，还寄发了各种学习材料5 680多份。通过编印简报，及时介绍了学习动态和经验。

1986年3月，遵照全国政协和中央统战部的通知，在县政协委员和各界人士中开展了学习、宣传潘恩良爱祖国、爱人民、有理想、有道德，为四化建设奋进不息的高尚情操和忘我精神的活动。9月间，县政协专门召开了学习潘恩良先进事迹的情况交流会，总结学习的收获，提出继续深入学习潘恩良的要求。这一活动取得了显著的成效。

县六届政协还举办专题报告会或座谈会，以辅导来推动学习。例如，约请县委农工部领导同志做关于在农村进一步完善经济承包责任制的报告，约请县经委领导同志做工厂企业推行经营管理体制改革情况的报告，由县政协领导同志做关于和平统一祖国形势的报告，约请县委宣传部领导同志做关于学习社会主义精神文明建设指导方针决议的报告。对于一个时期的重大事件，例如，中、英两国关于香港问题联合声明的公布，中央关于沿海开放城市统战、政协工作座谈会的精神，我们召开了参加人数较多的座谈会，传达了中共中央一号文件，以统一委员们和各界人士认识坚持四项基本原则、反对资产阶级自由化的重要意义。这些专题报告会和座谈会受到委员们和各界人士的好评，有助于他们正确理解党的有关方针政策，从而增强了他们在思想上和行动上同党中央保持一致的自觉性。

三、紧密围绕两个文明建设，各工作组和各地区的县政协委员联系小组积极开展了多种活动

财贸工作组协助南通市民建、工商联，为我县商业、供销系统的500余名职工讲授了百货零售商店的柜台服务、布匹种类的知识，这对我县中青年商业职工而言是很好的业务培训。该组还协同县财贸领导组，对如城、白蒲镇部分集体商业一度面临的困难进行调查。县委、县政府将调查报告加了按语摘要在《内部参考》上转载。县政府还专门召开会议，商讨帮助一部分集体商业摆脱困境的措施。鉴于我县商业系统正在试行改革，财贸工作组协同县财贸领导组、商业局、县工商联，对县百货公司零售商店实行联销计酬和柜组核算、五金交电公司试行经理负责制的情况做了调查。县委、县政府办公室编印的《内部参考》转载了对五金交电公

司的调查报告。

医卫工作组邀请南通市政协医卫工作组一行13人来我县讲学。他们有的对居住在如城的100多名离休干部做了《老年保健知识》和《怎样预防中风》的报告；有的分别对我县110多名各科医务工作人员做了学术报告；还分别到县人民医院和中医院参加了疑难病例的会诊。县政协医卫工作组邀请南通市九三学社部分成员来我县讲学达12次，还会同石庄镇县政协委员联系小组，对石庄卫生院新建门诊楼的选址问题进行实地察看，使数年难定的选址问题终于获得解决。1986年六一前后，医卫工作组会同主管部门组织医务人员，对如城7周岁以下的3 100多名幼儿进行了体格检查，并对两个幼儿园幼儿的健康状况做了调查。此外，医卫工作组还协同县老龄委员会和老干部局，对百岁老人做了健康状况检查。

侨台工作组协助建立了县侨联，协同有关部门接待和重点走访了回大陆探亲的去台人员及其亲属，开展“三胞”联络工作。1986年7月，侨台工作组会同县侨台办公室和侨联，召开了“三胞”眷属致富座谈会，其中有7位“三胞”眷属介绍了勤劳致富的经验。

宗教工作组协助有关方面进一步落实了党的宗教政策，逐步按原貌进行了定慧禅寺的修复工作，从而使如城及四郊部分群众的宗教活动进入正常轨道。

各个地区的县政协委员联系小组都在当地党委的领导下联系和团结了各界人士，因地制宜地开展活动，使人民政协的工作逐步深入基层。

石庄地区的县政协委员联系小组为当地党委和政府的一些工作出主意、当助手、干实事。在南通市政协召开的经验交流会、江苏省政协五届十四次常委扩大会上，他们分别介绍了各自开展活动的情况和做法。1986年5月，他们组织了医疗小组，到石北乡三八村进行扶贫医疗。此外，他们还参观了石庄小学，对该校危房和教学用桌凳缺损情况做了调查，提出了解决问题的建议，并促其得到落实。

近两年来，白蒲地区的县政协委员联系小组协助开办了两个幼儿班，缓解了镇上幼儿入学难的问题；对百岁老人进行健康状况检查；就地考察镇上的公共设施及水源污染情况，推动镇政府整修了一条马路。

四、积极协助有关部门，进一步做好对非党政协委员落实政策的工作

县六届政协坚持不懈地把协助有关部门落实对非党政协委员的政策看作完成拨乱反正、促进安定团结的重要工作。在县委的领导和县政协的协助下，连同以前的统计，有各类政策性问题需要落实的非党政协委员共计55人，117件待落实事项都已得到解决。这对于增强党与非党人士的团结、搞好合作共事、巩固和扩大我县的爱国统一战线，是十分有利的，也是非常必要的。

五、响应县委、县政府的扶贫号召，县政协对高井乡和郭园乡进行扶贫咨询工作

高井乡是我县比较贫困的一个乡，我们首先通过牵线搭桥，动员南凌乡有养长毛兔技术经验的专业户把种兔和饲养技术引向高井乡，帮助一些贫困户学会饲养长毛兔，以增加副业收入。一年来，帮助高井乡引进的100对长毛兔已开始繁殖，随着兔毛销售情况的好转，已产生

经济效益。同时，我们和市政协科技工作组、农业工作组一道，对高井乡毛纺厂、铸件厂、油漆厂等单位，通过实地考察，在技术、信息、经营管理、供销渠道和资金等方面，帮助解决了不少问题，深受他们的欢迎。最近我们又在牵头同有关方面联系，帮助高井毛纺厂转产，这个项目正在洽谈中。

推荐有某项专长的县政协委员有针对性地提供咨询服务，是我们开展扶贫工作的又一种形式。例如，当我们了解到郭园乡酱醋厂面临困难、发生亏损时，就同县工商联配合，征得有关部门同意，推荐对酱醋类产品有技术专长的赵振扬委员前去提供咨询。该厂从改进操作工艺、保证产品质量、增加品种、提高出品率入手，经济效益明显上升，实现了扭亏为盈。

六、先后两次召开经验交流会，介绍为两个文明建设服务的经验，分别推荐代表出席省、市政协召开的表彰大会

在县政协委员中，许多同志立足本职，一贯勤勤恳恳地为我县的两个文明建设、为促进祖国的和平统一努力工作，做出了显著的成绩。因此，县六届政协于1984年12月召开了以政协委员为主并邀请部分各界人士共130多人参加的经验交流会。会上，介绍既做好本职工作又积极参加政协活动经验的有25人。1986年12月中旬召开的县政协六届四次全委会议把部分委员交流为两个文明建设服务的经验列为会议的主要内容。在会上介绍的经验材料属于集体的有6份，属于个人的有12份。在小组会上介绍的个人材料有19份。无论是集体或个人介绍的经验，都来自实践，内容丰富，各有特色，给人启迪。

按照江苏省政协的要求，经过同有关部门协商，由县政协提名，南通市政协推荐，江苏省政协审定，1984年11月下旬，我县有4名政协委员出席了江苏省政协召开的表彰先进大会。

1985年4月，我们按照南通市政协的通知，同各有关主管部门研究提名推荐，经南通市政协审定16位同志为出席南通市政协表彰先进大会的代表。他们之中，有在我县的市政协委员，有县政协委员，有去台人员家属，有县政协工作组的工作人员。

七、重视改进委员提案的办理工作

县六届政协历次全体会议期间，共收到提案739件。政协委员提出提案，是反映各界人士的意见和建议、帮助党委和政府改进工作的重要方式。为此，县政协建立了常设的提案工作委员会，加强了对这项工作的具体领导。驻会负责同志亲自审阅比较重要的提案，与各有关部门密切协作，改进了办理提案的方法，提高了办理提案的质量，推动解决了不少实际问题。关于办理委员提案的具体情况，县六届政协提案工作委员会将向本次全体会议做专门报告。这里不具体讲。

八、征集、编辑出版了两辑《如皋文史资料》

单独征集、编辑和出版《如皋文史资料》，这是县六届政协二次全会以后作为一项重要工作来抓的。县政协建立了文史资料研究委员会和文史办公室，研究制订了我县文史资料的选题、征集和编辑计划。由于不少委员和各界人士积极撰稿或提供史料线索，因而共征集到文稿

60 多篇，40 余万字。遵循文史资料工作要高举爱国主义旗帜、贯彻实事求是原则的精神，经过集体研究审定，选出文稿 38 篇，21 万多字，分别编成两辑《如皋文史资料》。第一辑于 1985 年 9 月出版。第二辑于 1986 年 12 月出版。

这两辑文史资料比较系统地反映了我县历史上一些名人的生平，记载了中华人民共和国成立前国民党、三青团组织的概况，各个时期的县政府、地方武装的活动，敌伪军的罪行，以及当时社会、政治、经济、文化等方面的情况，介绍了我县的一些名胜古迹和土特产品的历史与现状。总之，这些都是比较珍贵的资料，对于发展爱国统一战线、教育年轻一代和进行两个文明建设，都是具有实际意义的。

九、遵照政协章程规定，不失时机地召开各类会议，同时注重县政协机关的建设，保证了日常工作的顺利完成

在三年的任期内，县六届政协经常地向县委请示、汇报工作，做到遵照政协章程办事。先后召开全体委员会议 4 次，常委会议 14 次，主席会议 44 次。这些会议，分别根据职权规定和实际需要，及时地传达贯彻了党中央、省、市委的有关文件和上级政协会议的精神，协商讨论了涉及我县经济建设和社会发展及人民群众所关心的重要问题，审议和安排了各个阶段工作活动的计划，保证了县政协工作的正常运转，使之达到了预期的目的。

同时，我们注重县政协机关的组织、思想和作风建设。通过学习和工作实践，增强了统战观点、服务观点和群众观点。充实了秘书处的工作人员，建立了岗位责任制。驻会同志重视深入基层，广交朋友，调查研究的次数和时间多了。由秘书处编印的《如皋政协》简报，三年共印发 47 期，起到了传递信息、沟通情况、交流经验、推动工作的作用。

振兴中华、统一祖国是全民族的神圣职责，也是人民政协工作的总目标。对于新的一届县政协的工作，我们总的建议是：在中共如皋县委的领导下，坚定不移地协助党委和政府贯彻执行党的十一届三中全会以来的路线、方针和政策，为推动“一国两制”方针实施服务，为建设社会主义物质文明和精神文明服务，为社会主义民主与法制建设服务。

（贲正祥时为第六届县政协副主席）

政协如皋县第七届委员会常务委员会工作报告（节录）

（1990 年 3 月 18 日在县政协八届一次会议上）

贲正祥

政协如皋县第七届委员会自 1987 年 3 月召开第一次全体会议以来，在中共如皋县委的领导下，在南通市政协的指导下，紧紧围绕经济建设这个中心，高举社会主义和爱国主义的旗帜，充分调动政协委员和各界人士的积极性，努力发挥“政治协商、民主监督”的职能作用，为巩固和发展爱国统一战线，为推进我县的治理整顿、改革开放和两个文明建设，积极开展了各项工作，取得了较好的成绩。现将主要工作报告如下。

一、发扬人民政协的优良传统，认真组织和推动委员学习

组织政协委员学习，是人民政协的优良传统，也是提高委员思想政治素质和参政议政水平的重要途径。三年来，我们认真组织委员学习了中共十三大文件和全国人大、全国政协会议精神，学习了有关政协、统战理论和时事政治。通过学习，大家加深了对社会主义初级阶段理论的认识，提高了贯彻执行党的基本路线的自觉性，明确了治理整顿、深化改革的重要性和迫切性。

为了提高学习效果，我们注重加强对学习的组织领导。第一，及时部署学习工作，明确学习要求。根据形势的发展，我们注意及时提出不同阶段的学习内容、重点、目的和要求，做到年有计划、季有安排、月有重点。第二，采取灵活多样的学习方法。坚持自学为主、适当集中的原则，做到学习与座谈讨论、辅导交流相结合，学习与调查研究、参观考察相结合，学习与通报情况、知情出力相结合。1987 年，我们在全体委员中开展了“长江杯”自我教育学习征答竞赛活动，根据大家在平时学习、工作中遇到的疑难问题，出了 30 道既联系实际又有一定理论深度的题目，交给委员们思考、研讨和回答，受到委员们的欢迎。第三，认真总结和交流经验。我们狠抓了坚持 16 年之久的政协直属学习组的学习，及时总结推广了他们的学习经验。我们还通过《如皋政协》简报，经常介绍各组（委）的学习情况和经验。第四，认真做好学习的服务和指导工作。县政协领导经常到政协委员联系小组传达有关文件，参加和指导学习。同时，我们还及时寄发各种学习资料，推动和促进了委员们的学习。

二、认真履行职能，积极开展协商监督活动

1. **通过会议，多层次、多形式地开展协商活动**。县政协领导列席县委常委会、人大常委会和县长办公会议，就全县的重大问题的决策进行讨论和协商；根据政协章程规定，三年来，共召开全体委员会议 3 次、常委会议 15 次、主席会议 26 次，对全县的大政方针、经济发展战略、重要的人事安排以及人民群众关心的重大问题进行协商讨论；请县委、县政府领导以及有关部门的负责同志先后通报了有关工业生产、外向型经济、财政预决算、廉政建设、治理整顿和深化改革等方面的情况。委员们畅所欲言，直抒己见，提出了许多很好的意见和建议，为县委、县政府领导的决策提供了依据。

2. **组织调查考察，实施协商监督**。组织调查考察，是人民政协实施协商监督的一个有效方法。三年来，我们就机电排灌、双增双节、物价管理、城市规划、食品卫生、环境污染、汽车站服务质量等专题开展了调查考察活动，共写出调查考察报告 22 篇，提出意见和建议 82 条。县委、县政府很重视我们的这些意见和建议，有不少调查考察报告在县委、县政府办公室编印的《内部参考》《如皋情况》《信息与调研》上转载；有的意见和建议通过专门召开县长办公会议，研究落实措施；有的意见和建议领导直接批示有关职能部门贯彻执行。

三、积极开展组（委）活动，为我县两个文明建设献计出力

工作组（委）是人民政协经常联系委员和各界人士、履行协商监督职能、为新时期三大

任务服务的统一战线的具体组织形式。七届期间，我们充分发挥人民政协“综合智力库”的作用，积极开展组（委）活动，为我县两个文明建设服务。据统计，各组（委）开展学习座谈、通报情况、参观考察、调查研究、专题论证、咨询服务等活动达300多次。

各工作组在开展的一系列活动中取得了较好的效果。农业工作组对东陈镇河道蓄水效益进行了考察。通过考察，认为东陈镇在三、四级河两端新建控制物蓄水的做法很好，既能排、能灌，又发展了养殖业，已产生了较好的经济效益和社会效益。为此，向县委、县政府提出了推广东陈镇三、四级河蓄水的经验。县委、县政府办公室编印的《如皋情况》对此经验进行了推广。工交工作组多次深入高井乡，帮助扶持乡办企业，开展各种咨询服务，既解决生产任务，又解决设备、技术、资金等问题，促进了该乡工业的发展。财贸工作组关心群众生活，主动协助有关部门解决了个别乡定量人口生活用煤供应和恢复如城北门开水炉子的问题，受到了广大群众的好评。妇幼工作组考察丁西卫生服装厂、如皋县手套厂女职工的劳动保护问题，对如何贯彻《女职工劳动保护规定》提出了很好的意见和建议。祖国统一工作组通过多种形式向“三胞”及其眷属宣传祖国大陆的形势和党的统战政策，加强了与“三胞”的联系和交往。计划、教育、医卫、文化、民族宗教工作组也都根据各组的特点，开展了活动。

乡镇的政协委员联系小组为当地的两个文明建设积极献计献策，也收到了很好的效果。白蒲政协委员联系小组活动频繁，注重实效。他们坚持利用多种形式开展活动30余次，先后提出并为镇党委、镇政府所重视和采纳的意见和建议40余条。丁堰政协委员联系小组视察丁堰小学危房，积极协助镇委、镇政府集资，兴建了教学楼，解决了附近儿童入学难的问题，受到了当地群众的称赞。如城政协委员联系小组多次组织委员考察镇办企业和宏坝村办企业，为企业渡难关出主意、想办法。此外，城东、城西、薛窑、搬经、磨头、石庄、江安政协委员联系小组也都从各自的实际出发，积极开展了各项活动。

四、切实做好委员提案的办理工作

委员提案是委员行使民主权利的重要方式，也是党和政府同各界人士加强联系的重要渠道。县政协七届一次会议以来，我们共收到委员提案829件。这些提案内容丰富，涉及我县的经济建设、政治生活、社会发展、统一战线和人民生活的各个方面，比较集中地反映了政协委员和广大人民群众的希望和要求，体现了政协委员参政议政的积极性。县政协提案工作委员会以认真负责的态度做好提案的审理、分类、交办、催办工作，加强与承办单位的联系，采取多种形式办理，使提案办理的进度比较快、质量比较高。对于提案办理情况，我们另有专题报告。

五、努力做好《如皋文史资料》的征集、出版工作

文史工作是人民政协的重要工作之一。三年来，我们充分发挥文史资料研究委员会的作用，高举爱国主义旗帜，坚持实事求是的原则，遵循文史资料为巩固和扩大爱国统一战线服务的方针，不断拓宽文史资料的征集范围，努力提高质量。不少委员和各界人士热心撰稿或提供史料线索，先后共征集到各类文史稿件89篇66万余字。经过编审，采用稿件53篇，25万余

字，编辑、出版发行了《如皋文史资料》第三辑、第四辑。同时，在开展港、澳、台文史资料的征集和交流方面有了新的进展。从而使文史资料更好地为改革开放和社会主义两个文明建设服务，为祖国统一服务，起到了以史育人、以文会友的积极作用。

六、发挥政协联系面广的优势，积极开展“三胞”联谊工作

三年来，我们按照“放宽视野、广交朋友、宣传政策、争取人心”的海外统战工作方针，注意充分发挥政协联系面广的优势，加强了与“三胞”的联谊工作。我们多次邀请有关“三胞”及其眷属参加中秋、国庆、春节等各种茶话会，同他们开展各种联谊活动。通过这些活动，向他们宣传祖国大陆的政策和家乡的变化，激发他们的爱国思乡之情。我们还协助有关部门开展了“三胞”的接待及其眷属的走访工作，及时听取他们的意见和要求，尽可能地帮助他们解决生产和生活中的一些困难，争取他们为家乡建设做出贡献。我们还先后多次组织有关人员去深圳，约请我县部分香港同胞在深圳见面，通过谈家常、叙乡情，宣传了如皋，广交了朋友，联络了感情。

三年来，我们在履行人民政协协商监督职能的同时，还协助县委、县政府做了大量的中心工作。县政协的领导同志不仅按照县委的统一分工包片，还认真分管了户粮、发证、城市建设和烈士陵园的筹建等工作，做到四套班子“同唱一台戏”，受到南通市委、市政协领导的赞扬。我们还连续两年举办了高中文化补习班，减轻了社会负担，受到学生、家长和社会各界的欢迎。

（贲正祥时为第七届县政协副主席）

政协如皋县（市）第八届委员会常务委员会工作报告（节录）

（1993年2月18日在市政协九届一次会议上）

袁　泉

政协如皋县（市）第八届委员会自1990年3月召开第一次会议以来，在中共如皋县（市）委的领导下，在市人大、市政府的大力支持下，认真贯彻党的“一个中心、两个基本点”的基本路线和《中共中央关于坚持和完善中国共产党领导的多党合作和政治协商制度的意见》以及全国、全省统战工作会议精神，紧紧围绕如皋市的中心工作，充分调动全体委员的积极性，切实履行政治协商、民主监督的职能，努力开展了各项工作，为促进如皋市的经济建设、改革开放和其他各项事业的发展做出了应有的贡献。

一、认真组织和推动委员学习，不断增强贯彻执行党的基本路线的自觉性

三年来，国际形势急剧变化，我国改革开放和社会主义现代化建设事业也进入了新的历史时期。为了帮助委员正确认识国际国内形势，进一步理解和贯彻党的“一个中心，两个基本点”的基本路线，坚定社会主义信念，增进在共同政治基础上的团结合作，提高参政议政的水平，我们始终把组织和推动委员学习作为市政协的一项重要工作来抓，先后组织委员学习《中

共中央关于坚持和完善中国共产党领导的多党合作和政治协商制度的意见》，江泽民同志《在庆祝中国共产党成立七十周年大会上的讲话》，邓小平同志南方谈话精神，中共十三届六中、七中、八中全会和十四大文件以及重要的国际国内时事政治等内容。

为了帮助委员深刻理解学习的内容，提高学习的效果，我们主要做了以下一些工作。一是根据不同时期的学习内容，及时发出学习通知，明确内容要点，做出具体部署，提出学习要求。二是围绕学习内容组织编撰和下发各类学习资料，举行辅导报告会、座谈会，组织收听录音报告、收看电视录像。1992 年 10 月，党的十四大召开后，我们立即举行了在城部分委员和各界人士座谈会，畅谈大会的主要精神和伟大意义，激发大家学习贯彻党的十四大精神的热情。三是认真抓好各工作组、联系小组和直属学习组的学习，并利用《如皋政协》及时报道各组的学习情况，介绍学习的体会和经验。四是结合学习内容，组织委员开展参观、视察、调查等活动，联系实际，不断加深对学习内容的理解。五是不断改进学习的方式，活跃学习气氛，提高学习效果。例如，1992 年 7 月至 9 月，我们与统战部、台办、侨办、工商联等单位联合举办了“政协统战知识有奖竞赛”活动。这次活动有三个特色。一是发动面广。参赛对象不仅有政协委员、宣传委员、统战委员、三胞眷属、工商联会员，而且有广大机关干部、工厂企事业单位职工等。二是领导重视。市委、市政府领导对这次活动十分重视，不仅给予大力支持，而且有的领导还带头参赛。不少地区和部门的领导亲自组织学习，认真答题。在 324 名参赛干部中，局级以上干部 87 人。三是宣传了政协统战知识，扩大了社会影响。

二、紧紧围绕全市经济建设这个中心，切实履行人民政协政治协商、民主监督的基本职能

第一，通过召开政协例会和专题协商会，组织委员对全市经济发展的战略决策进行认真的协商讨论。三年来，我们共召开全委会 3 次、常委会 17 次、主席会 27 次，先后对市委、市政府提交的《关于如皋市国民经济和社会发展第八个五年计划（草案）》、《如城工业小区的规划意见（讨论稿）》、《政府工作报告（讨论稿）》、关于加快如皋经济发展的有关政策件意见、如皋港经济开发区的发展规划以及财政决算和预算情况报告等重要事项进行了认真的协商讨论。在协商讨论中，委员们都以高度负责的精神对全市经济发展战略、建设规划、决策措施等方面提出了许多积极的意见和建议，受到市委、市政府的重视和采纳。特别是近两年，我们认真贯彻协商在决策之前的原则，采取政协全委会先于人代会召开的做法，大大地调动了全体委员参政议政的积极性。全会上，委员们联系如皋市实际，围绕加强农业、发展多种经营、调整产品结构、提高经济效益、努力开源节流、减少财政赤字、发展文教卫生事业、提高全民素质、加速城市建设、发展第三产业、加强廉政建设、改进机关作风等方面，提出了许多好的建议。这些建议多数被市政府和有关部门采纳，使提交人代会的“八五”计划和政府工作报告更加完善，更加符合如皋市的实际情况，为实现市委、市政府一些重大决策的民主化和科学化发挥了积极作用。

第二，围绕全市经济工作中的一些重要问题，深入开展一系列专题调查和视察活动。三年来，我们共开展专题调查视察活动 23 次。调查和视察的选题，突出了以经济建设为中心。在

农业方面主要有农用物资的供应、生猪的生产和经营、庭院经济的发展、农业生产和农村工作的状况等；在工业方面主要有企业的各项负担、产品结构的调整、“三资”企业的发展、企业的扭亏增盈等。此外，我们还注意安排了对血防工作、城市食品卫生工作、知识分子工作、街道居委会工作以及城市的建设和管理等有关社会主义精神文明建设和民主法制建设方面的调查和视察。每次调查和视察活动结束后，我们都及时写成书面报告，或以建议案的形式送交市委、市政府。市委、市政府对市政协的报告和建议案很重视，有的意见和建议通过专门召开会议，研究落实措施；有的意见和建议领导直接批示有关部门办理；有的意见和建议被市委、市政府在决策中采纳。

第三，充分发挥委员的智力优势，为振兴如皋经济献计出力。人民政协是一个高层次的智力库。三年来，我们利用这一优势，围绕经济建设这个中心，开展了以下工作。一是通过召开多种形式的座谈会、意见听取会、献计献策会等，围绕群众普遍关心的热点问题，广泛听取政协委员和各界人士的意见和建议，帮助市委、市政府改进工作，以促进经济建设的发展。二是开展全面走访委员的活动，及时了解和征求委员对全市经济工作的意见和建议，并及时整理成书面报告，以引起市委、市政府的重视。三是组织委员为振兴如皋经济献计献策。1992 年，我们还围绕经济建设这个中心在政协委员中开展了传递一条信息、牵一条横向经济联合的线、进行一次咨询服务、提一条合理化建议、办一件实事的活动。广大政协委员以极大的政治热情积极参加了这一活动，并在其中做出了积极的贡献。在年终总结评比中，有 33 名委员被评为先进个人。

第四，不断改进提案工作，充分发挥提案在全市经济建设中的积极作用。三年来，我们共收到委员提案 856 件，到 1992 年 8 月已全部办理。其中委员满意和比较满意的 770 件，占办复总数的 90%。在提案工作中我们着重在提高提案质量和办理质量上下功夫。在办理过程中，我们一是召开提案委员和承办单位负责人会议，使其直接见面，沟通情况，交换意见，促进提案的办理；二是对重要提案或疑难提案组织有关单位的负责同志进行协商会办或实地调查，促其尽快结案；三是全面走访委员，对提案办理进行跟踪调查，广泛征求委员对提案办复的意见，对办理不满意的提案，要求办理单位重新办理并答复委员。市政协在积极参与党政部门办理委员提案的同时，还注重抓了疑难提案的办理工作，使一些多年未能解决的问题得到了比较好的解决。1992 年，我们还首次开展了优秀提案和先进承办单位的评比活动，总结了提案工作经验，进一步调动了委员和承办单位围绕经济建设写好提案和办好提案的积极性。

三、广泛开展联谊活动，为发展如皋经济牵线搭桥

三年来，我们积极开展对外联谊，为发展如皋市横向经济联合穿针引线。一是召开各种联谊会。1991 年，我们配合市委、市政府及其有关部门开展了定慧寺建寺 1 400 周年庆典活动，并在深圳召开了如皋撤县设市联谊会，从而进一步宣传了如皋、扩大了影响，为发展如皋市外向型经济做出了贡献。1992 年，我们邀请长江口北部七县（市）政协的同志召开了政协联谊会，不仅增进了与兄弟县（市）政协间的友谊，同时也探讨了新时期人民政协为经济建设服务的新路子。二是开展与兄弟省、市、县（市）的相互参观学习活动。三年来，我们先后组

织有关委员赴海门、崇明、嘉定、海安、泰兴、徐州、深圳、海南、辽宁、吉林、黑龙江、厦门等省、市、县参观学习；同时，我们也邀请并热情接待了来自全国各地的兄弟市县政协和国内外到如皋参观考察的各界朋友先后 61 批 450 多人次。通过相互间的参观、考察、学习，我们不仅巩固了老朋友，结交了新朋友，而且为发展如皋市与兄弟市县的横向经济联合和外向型经济打下了良好的基础。三是为如皋市经济的发展积极穿针引线，当好“红娘”。近年来，我们在对外联谊交友中为市兔毛纺厂、无线电三厂、轴承厂等企业在融通资金和引进技术、设备、人才等方面做出了积极贡献。1992 年，我们还邀请上海崇明县政协到如皋市鞋帽厂参观考察。两家政协牵头，帮助如皋鞋帽厂与崇明海桥瀛海皮鞋厂就有关方面的经济合作进行了洽谈，达成了协议，受到了双方的好评。

四、不断加强对委组工作的联系和指导，努力发挥委员参政议政的积极作用

为了扎实有效地开展委组工作，全方位地发挥委员参政议政的积极作用，三年来，我们注意加强了对委组工作的联系和指导。一是建立健全组织。政协八届一次会议以后，我们建立了 3 个委员会、10 个工作组和 10 个区（镇）政协委员联系小组，后又根据形势发展的需要，增设了“三胞”工作委员会，建立了委（组）工作室，加强了对委组工作的领导。二是帮助引导各委组认真制订好年度活动计划。每年政协全委会期间，政协领导都注意深入各委组，具体地帮助各委组根据全委会的任务要求，结合各委组的实际，认真制订好活动计划。同时，我们还将比较好的活动计划在《如皋政协》上进行介绍，以指导各委组有计划地开展好各项活动。三是政协领导和机关工作人员分工参加各委组活动，加强了对各委组工作的联系和指导。四是组织联系小组负责人前往南通县石港镇参观学习该镇政协小组活动的经验，以扩大眼界，拓宽小组活动的思路。五是召开各委组负责人会议，交流各委组活动的情况和经验，开展评比先进委组的活动。1992 年，农业、教育、“三胞”工作组，白蒲、丁堰、城东联系小组被评为先进集体。

五、广泛征集文史资料，做好编辑、出版工作

三年来，我们高举爱国主义和社会主义旗帜，坚持实事求是的原则，认真贯彻全国、江苏省、南通市政协文史工作会议精神，遵循文史资料为统一战线和两个文明建设服务的方针，解放思想，不断拓宽文史资料的征集范围，努力提高史料的质量，先后共征集到文史稿件 257 篇 86 万余字。经过认真编审，采用稿件 138 篇 38 万多字，编辑、出版了《如皋文史》五至七辑。同时，我们还为江苏省政协编印的《江苏近现代人物选录》，为南通市政协出版的《情系南通》《南通市政风情录》征集了部分稿件。此外，我们还开展了港、澳、台文史资料的征集和交流工作，进一步宣传了如皋，扩大了影响，较好地发挥了文史资料为经济建设服务、为精神文明建设服务、为统一战线工作服务的积极作用。

六、切实加强政协机关的自身建设，不断提高服务质量

为了适应新时期对政协工作的要求，三年来，我们注重从以下几个方面加强政协机关工作

人员的思想、组织、作风建设，努力提高了工作效率和服务质量。一是坚持了学习日制度。每逢学习日，我们认真组织机关人员学习党的路线方针政策、重要的时事政治、统战理论和政协业务知识，提高了大家的思想水平、政策水平和业务能力，增强了做好政协工作的自觉性。二是加强了制度建设。我们先后制订了《主席会议规则》《秘书长、副秘书长工作规则》《关于深入基层联系群众的规定》《政协如皋市委员会提案工作条例》等，提高了政协机关工作制度化、规范化的程度。三是密切了同委员和各界人士的联系。近年来，我们每年组织一次机关工作人员普遍走访委员的活动，及时了解委员的学习、工作和生活情况，听取他们对全市经济工作以及对政协工作的意见和建议，尽力帮助他们解决一些实际困难，受到委员们的普遍欢迎。同时，加强了对政协机关离退休老同志的服务，注意做好委员和各界人士的来信来访工作。四是完成了文稿拟写任务。三年来，我们不仅较好地完成了各种会议、视察调查、经验总结材料的文稿拟写任务，还认真编写了《如皋政协》28 期。同时，向市以上政协刊物投稿并被采用的有 48 篇，其中 1992 年就有 17 篇。五是开展了联系点工作和其他各项工作。按照市委的统一分工，市政协领导和秘书处的同志积极做好包片、联厂以及农村社教工作。同时还完成了市委交办、市政府托办的工农业生产、融通资金、市政建设、深圳办事处等方面的工作任务。此外，我们还与市委党校等单位连续三年联合举办了高中文化补习班，这不仅为高等学校输送了大批人才，同时也减轻了社会就业的压力，受到了学生、家长和社会各界的欢迎。

各位委员，在新的一年里，我们建议九届市政协要在十四大精神的指导下，以经济建设为中心，紧紧围绕市委、市政府的工作中心，提高全体委员的积极性和创造性，认真履行政治协商、民主监督的基本职能，为加快如皋市改革开放和经济建设、推进民主法制和精神文明建设做出新的成绩，使政协工作跨上一个新台阶。

（袁泉时为第八届市政协副主席）

政协如皋市第九届委员会常务委员会工作报告（节录）

（1998 年 1 月 2 日在政协十届一次会议上）

袁　泉

过去的五年，是很不寻常的五年。五年来，全市人民认真学习贯彻邓小平理论和党的基本路线，进一步解放思想、开拓进取，物质文明和精神文明建设全面推进，改革开放、经济建设和各项社会事业都取得了新的成就。市政协在中共如皋市委领导下，在市政府和有关部门支持下，高举邓小平理论伟大旗帜，紧紧依靠广大政协委员，广泛团结各界人士，始终坚持围绕中心，服务大局，选准角度，发挥优势，扎扎实实地履行政治协商、民主监督、参政议政的主要职能，不断探索政协工作的新路子，使政协工作更趋活跃，参政议政水平明显提高，为巩固和扩大如皋市爱国统一战线，促进改革开放、经济发展、精神文明和民主政治建设，维护社会稳定、增进人民团结、推动各项社会事业的发展，做出了新的贡献。

一、继承优良传统，推动委员学习，增进了各界人士的团结合作

组织和推动委员学习，增进各界人士在共同政治基础上的团结合作，是人民政协的一个优良传统。九届政协期间，我们继承和发扬这一优良传统，始终坚持把组织和推动委员学习作为一项重要工作来抓，建立和坚持了市政协机关、各委员会、工作组、联系小组和市政协直属学习组的学习制度。根据形势和任务的要求，先后举办了专题讲座和辅导报告会12次，召开学习心得交流会5次，组织学习竞赛2次，寄发学习资料120期。

为了坚持和完善共产党领导的多党合作和政治协商制度，充分发挥人民政协在国家政治、经济、文化和社会生活中的重要作用，五年来，市政协认真组织委员学习了中共中央批转的全国政协《关于政治协商、民主监督、参政议政的规定》,《中国人民政治协商会议章程》，江泽民总书记、政协主席李瑞环关于做好新时期人民政协工作的一系列重要讲话。通过学习，广大委员明确了中国共产党领导的多党合作和政治协商制度的一系列重大原则和方针政策，提高了对新时期人民政协性质、地位和作用的认识，增强了自己作为政协委员的光荣感、使命感和责任感。

九届政协期间，我们着重组织委员认真学习了邓小平理论，中共十四大、十五大精神，重要的时事政治以及市第八次党代会精神。通过学习，广大委员进一步解放思想、转变观念，对邓小平理论的精深内涵有了更深刻的理解，对党和国家的路线、方针、政策有了更明确的认识，对如皋市实现“五年翻两番，全面达小康”的各项目标、任务、措施有了更深入的了解，提高了参政议政的能力和水平。

1997年，是我国历史上不平凡的一年。香港胜利回归祖国和中共十五大胜利召开，这两件举世瞩目的大事，翻开了我国历史发展新的一页。为了迎接和庆祝香港回归祖国，我们先后与有关部门联合举行了香港回归祖国报告会、座谈会、茶话会；举办了“天龙杯”迎香港回归书画展览和迎香港回归“三胞”工作成果展览；开展了“力星杯”《中华人民共和国香港特别行政区基本法》知识竞赛等活动。通过这一系列活动，有效地推动了学习《中华人民共和国香港特别行政区基本法》的深入开展，使广大政协委员和社会各界人士加深了对邓小平同志提出的“一国两制”伟大构想的理解，激发了爱国主义热情，增强了统一祖国、振兴中华的信心与决心。为了认真学习贯彻好十五大精神，我们及时发出了学习通知，对学习、宣传和贯彻十五大精神提出了明确的要求。同时，我们还通过召开座谈会和心得交流会使委员们更加明确把邓小平理论确立为党的指导思想的重大现实意义和深远历史意义。我们一定要高举邓小平理论伟大旗帜，不断增强在共同政治基础上的团结合作，同心同德，艰苦奋斗，开拓进取，把建设中国特色社会主义的伟大事业全面推向21世纪。

二、紧紧围绕中心，切实履行职能，增强了政治协商参政议政的实际效果

政协全体委员会议、常务委员会议和主席会议是人民政协开展政治协商的主要形式和各方面代表人士参政议政的重要场所。根据政协章程的要求，我们充分利用全委会、常委会、主席会议等主要形式，开展了各项行之有效的政治协商、参政议政活动。五年来，我们共举行全委

会议5次、常委会议26次、主席会议56次。除参与《如皋市国民经济和社会发展“九五”计划和2010年远景目标规划》、《如皋市社会主义精神文明建设“九五”规划》、每年的政府工作报告和全市国民经济与社会发展计划以及财政预算等重大事项的协商外，我们还紧紧围绕中心，对加速推进产权制度改革、发展外向型经济、加快沿江开发、搞好农村百项致富工程、发展个体私营经济、兴办第三产业、促进科技进步、加快城市改造建设、创建卫生城市、实施精神文明建设“五项工程”等事关全局的全市改革开放、经济建设和社会发展中的重大课题，开展调查研究，进行协商讨论，为市委、市政府制订和实施有关重大决策进言、献策、出力。例如，为了推进市委“两沿”战略实施，1996年，通过对加快沿江开发战略实施情况的调查，委员们提出了要迅速建立统一协调的领导机构和强有力的工作班子，要尽快制定沿江开发的整体规划和近期实施计划，要研究制定沿江开发的激励政策，要统一部署、落实项目、分期实施等4条建议。为了加快城市改造建设，1995年以来，市政协多次组织委员进行视察，专题召开政协常委会和各界人士座谈会，提出了要强化领导、精心规划、统一政策、保证质量、保护文物等20多条建议。为了加速个体私营经济的发展，五年来先后3次组织委员调研，并在常委会上专题协商讨论，对如何进一步加大宣传力度、制定优惠政策、搞好服务、培育市场、严格管理等方面提出了不少好的意见和建议。这些意见和建议，对推进“两沿”战略的实施，对搞好城市建设和管理，对市委、市政府制订加快如皋市个体私营经济发展的政策，都发挥了积极的作用。五年来，我们组织有关委员就如皋市改革开放、经济建设和社会事业发展中一些重大问题开展调查研究活动30多次，认真撰写了30多篇调查报告。调查报告反映的情况和问题、提出的意见和建议得到了市委、市政府和有关部门的重视，有的被批转实施，有的被接受采纳，有的被有关报刊选用。据不完全统计，被《如皋情况》《如皋政报》《如皋市报》选用的有28篇，被南通市报刊选用的有20篇，被省级以上报刊选用的有12篇。

三、反映社情民意，开展民主评议，加大了民主监督的工作力度

反映社情民意、开展民主评议是加大民主监督力度的有效方法。九届政协期间，我们按照全国政协的要求，在围绕全市两个文明建设搞好政治协商参政议政的同时，注意围绕正确处理改革、发展和稳定三者之间的关系，切实反映社情民意，抓住一些群众十分关心和迫切需要解决的问题开展民主评议，积极探索民主监督的新路子。五年来，我们共举行各种类型的座谈会、茶话会100多次，走访委员和各界人士1 200多人次，征集和办理委员提案1 235件，组织委员视察100多次，编印社情民意简报42期，开展大的民主评议活动3次，使政协的民主监督作用得到了有效发挥。我们坚持抓大事、抓群众关心的热点难点问题的原则，先后就切实减轻农民和企业负担、加快城市改造建设、狠刹行业不正之风、加强环境保护和计划生育工作、规范中小学收费、加强盐业管理、搞好党风廉政建设和医德医风建设、提高自来水水质、提倡政府为民办实事等事项，在广泛听取委员及各界人士的呼声和要求的基础上，与有关职能部门开展对口协商，共同研究解决办法，使一些条件成熟、力所能及的问题得到了较好的解决，群众较为满意，收到了密切党群关系、改进政风行风、维护社会稳定、推进社会主义民主政治建设的良好效果。

1997年以来，我们结合如皋市的实际，就如何更好地履行人民政协民主监督的职能，在方法和形式上进行了一些有益的探索，先后组织委员开展了对自来水水质、中小学收费和医德医风的民主评议活动，都取得了良好的效果。1997年年初，如城广大市民对自来水水质反应较为强烈。为此，我们以科技工作组为主，组织委员对自来水厂进行了视察，向如城居民发放问卷调查表近200份，走访了20多个部门和单位，收集了近300个数据，踏查了水源沿途情况。在此基础上，我们与自来水厂及其主管部门开展了对口协商、民主评议自来水水质的活动。市政府分管领导和自来水厂主管部门领导高度重视，自始至终参加了民主评议活动。委员们畅所欲言，在指出自来水厂硬件建设和制水过程中管理上存在的问题后，提出了改善水质的合理化建议。三季度，我们又组织委员跟踪调查。在有关部门的共同努力下，水厂制水管理有了明显改善，二期扩建工程顺利通过验收并投入试运行，自来水水质较年初有了显著提高，广大市民表示满意。

为了加大民主监督的力度，增强民主监督的效果，我们采取与有关职能部门对口协商的办法，约请主管部门领导参加，就需要解决的问题共同研究解决办法，效果明显。1997年，我们还将备受广大群众关注的政府为民办实事的情况列为政协常委会议的重要内容。组织委员，分4个小组，分别对市政府1997年为民所办8件实事逐项进行视察和调查了解。在此基础上，召开了市政协九届二十四次常委会，委员们根据8件实事的进展情况和存在问题，坦陈己见，畅所欲言，提出了十分中肯的意见和建议，希望市委、市政府根据量力而行、尽力而为的原则办好向人民群众所承诺的8件实事，以取信于民。会后，市委、市政府采纳委员们的意见和建议，加大了对所办实事的督办检查和资金筹集的力度，推动了一些实事项目的实施进程。

四、发挥自身优势，努力多办实事，扩大了人民政协的社会影响

人民政协具有组织上的最广泛的代表性和政治上的最大限度的包容性，具有智力雄厚、位置超脱、下通各界、上达中央诸方面的优势。为了充分发挥人民政协的这种特点和优势，九届政协期间，我们按照邓小平同志提出的“三个有利于”的标准和政协主席李瑞环提出的“尽职而不越位，帮忙而不添乱，切实而不表面”的要求，在实际工作中，力避清谈，努力发挥政协的整体、群体和个体功能，为全市两个文明建设多办实事，从而扩大了人民政协的社会影响。

五年来，市政协按照市委的统一分工，做到“四套班子同唱一台戏”，努力做好所分工联系的乡镇、企业、城市的改造建设和扶贫解困等方面的工作，较好地完成了市委交办、市政府托办的各项任务。市政协领导经常走出去，为争取高标准节水灌溉示范工程、种子工程、蔬菜加工、矿机厂铸塑机铸件加工等项目和资金，为落实三峡移民工程对口支援的政治任务、争取国家三峡办对口支援资金、在湖北省秭归县创办三峡天龙家具厂，为引进先进的果树栽培技术、实施“百万银杏”工程、推广优良品种，等等，做出了努力，取得了效果。我们十分重视委员提案的办理，每年都从政协委员提案中选择一些广大人民群众十分关心和迫切需要解决的问题，积极开展视察调查活动，努力为人民群众办实事。我们曾为新建如城六中、新建蒲下公路等组织委员视察、召开协调会等，受到了有关部门的重视，委员们提出的建议得到了较好

的落实。1997年，我们针对委员提案中反映的白雁桥中小学师生行路难的问题，组织委员视察，参与市政府领导召开的有关部门和乡镇领导参加的现场办公会，拿出了实施方案。目前，会议纪要中的各项事项正在组织落实中，白雁桥中小学师生行路难的问题可望尽快得到解决。

为了充分发挥全体委员的积极作用，我们加强了对委组工作的领导。市政协九届一次会议以后，我们及时建立了学习、提案、经济、“三胞”、文史资料研究5个工作委员会，建立教育、医卫、农业、计划、工交、“三胞”、科技、文体新、工青妇、工商、财贸、民族宗教12个工作组和10个农村乡镇委员联系小组，连续五年开展了评比先进委组和委员先进个人的活动。各委组根据市政协的要求，积极开展了各项活动，做到既献良策又办实事，组织委员开展了大量富有成效的工作。学习委员会积极组织委员学习邓小平理论，参加南通市政协举办的学习竞赛活动，取得了丰硕成果。提案委员会加强了提案的征集和办理力度，提案质量和办理水平有了明显提高，五年共办理提案1 235件，做到件件有交代、事事有着落，委员满意率达97.04%。“三胞”委员会认真贯彻“和平统一，一国两制”方针，积极利用委员与海外“三胞”联系广泛的有利条件，采取多种形式，争取广大“三胞”对家乡建设的关心和支持，为捐资办社会公益事业牵线搭桥。文史资料研究委员会努力拓宽史料征集范围，编辑出版了《如皋文史》八至十辑，为宣传如皋、宣传政协工作发挥了积极作用。教育工作组为普及九年制义务教育以及为江苏省如皋中学、江苏省如皋第一职业高级中学的搬迁和市职教中心、如城第六中学的新建，医卫工作组为实施农村“甘泉工程”和多次组织下乡扶贫医疗，文体新工作组为保持如皋古城文化风貌、开辟新的旅游景点，科技工作组为推进水厂扩建和公路黑色化工程；工商、财贸工作组为兴办各级各类市场，农业工作组为实施农村百项致富、百万银杏和种子工程建设，工青妇工作组为产权制度改革和特困职工解困，丁堰联系小组为恢复和开发观音山景点、解决丁堰卫生院新建病房楼资金不足的困难，白蒲联系小组为新建蒲下公路、促成台胞吴敬基夫妇捐资办学，如城联系小组为加强社区建设及物业管理，搬经联系小组为搬经市场和水厂建设，江安联系小组为江安中心卫生院门诊楼的建设，城东联系小组为东陈小学的搬迁，等等，都做了大量的工作，取得了较好的效果。经济委员会，工交、计划、民族宗教工作组，薛尧、石庄、城西、磨头联系小组也积极开展了不少活动，为当地的两个文明建设做出了努力。广大委员在认真做好本职工作的同时，积极参加政协委组活动，在广大人民群众中树立了良好的形象。五年来，共有30个组次被评为先进集体，168人次被评为先进个人。1997年，经认真总结评比，科技、医卫、教育工作组，如城、江安、白蒲联系小组被评为先进集体，陶增俊等42名委员被评为先进个人。

五、完善规章制度，加强自身建设，促进了政协工作的规范化和制度化

根据政协主席李瑞环提出的“讲质量、讲效率、讲规范、讲协作”的要求，我们加强了市政协机关的思想、组织、作风和规章制度建设，不断完善政协工作的运行机制，在政协委员中和社会上树立了良好的形象。

在组织建设方面，我们根据工作需要及时调整了机关的办事机构和委组负责人，充实了一些年富力强、热爱政协工作的同志，增强了机关工作的活力。在市委的关心下，一些在政协机

关成长起来的干部被输送到更需要的工作岗位担任领导职务。根据政协统战工作的新情况、新特点和新要求，届中增补了有关方面的政协委员18人，使委员结构更趋合理。另外，取消了1名不称职委员的委员资格，维护了政协的社会声誉。

在制度建设方面，我们建立健全了机关各项规章制度。依据新的政协章程和全国政协《关于政治协商、民主监督、参政议政的规定》，我们修订完善了《关于进一步加强和改善政协工作的意见》《关于贯彻政协全国委员会〈关于政治协商、民主监督、参政议政的规定〉的实施意见》《政协如皋市委员会常务委员会工作规则》《政协如皋市委员会提案工作条例》《政协如皋市委员会调查视察工作规则》《政协如皋市委员会工作组、委员联系小组活动办法》《政协如皋市委员会秘书长、副秘书长工作规则》《政协如皋市委员会关于加强了解和反映社情民意工作的意见》等。这些制度的制定和实施，使政协工作进一步规范化、制度化。

在思想作风建设方面，我们加强了机关的政治学习和思想教育。坚持学习日制度，定期组织机关人员学习邓小平理论、党的路线方针政策、政协统战理论、业务知识和普法知识，提高了政治思想水平和业务工作能力。通过开展学习孔繁森、“树公形象、创最佳服务”、“讲文明树新风”、制订《政协机关廉政勤政公约》和机关文明办公等活动，机关工作人员较好地树立了勤奋学习、努力工作的敬业爱岗精神，服务意识增强，工作效率提高，形成了团结协作、勤政廉洁、务实高效的工作作风。五年来，政协机关人员被记功、嘉奖、授予“十佳公仆”“优秀共产党员”称号及获评各方面工作单项先进的达40多人次。市政协机关连续四年被评为市级文明单位，政协支部1995年被评为如皋市先进基层党支部，市政协秘书处、学习委员会、提案委员会连续三年被南通市政协评为先进集体，分别受到如皋市委、市政府和南通市政协的表彰。

九届政协期间，我们注意关心机关干部生活，做好对离退休老同志的服务工作，使机关凝聚力得到进一步增强。在市委、市政府的关心下，本着尽力而为的原则，逐步解决了机关干部的住房困难，基本保证了老干部政治、生活待遇的落实，组织他们参加老有所为、老有所乐的活动，老干部工作受到有关方面的好评。此外，我们积极开展了与兄弟县（市）政协之间的联谊活动，成功地举办了长江三角洲十二县（市、区）政协工作研讨会；多次接待了各地政协和国内外来访的各界朋友和知名人士，为宣传如皋、提高如皋在海内外的知名度做出了努力。

（袁泉时为第九届市政协副主席）

政协如皋市第十届委员会常务委员会工作报告（节录）

（2003年1月4日在政协十一届一次会议上）

袁 泉

过去的五年是不平凡的五年，是全市人民认真贯彻党的十五大会议精神、各方面工作都取得突破性进展的五年。五年来，市政协在中共如皋市委的领导下，在市人大、市政府的大力支持下，高举邓小平理论伟大旗帜，坚持以“三个代表”重要思想为指导，继承和发扬历届政协的好传统、好作风、好经验，紧紧围绕市委、市政府的工作中心和全市改革发展稳定的大局，切实履行了人民政协的主要职能，为促进如皋市社会主义物质文明、政治文明和精神文明的协调发展做出了积极的贡献。

一、发扬优良传统，推动理论学习，提高了委员队伍的整体素质

组织和推动委员学习，增进广大委员和各界人士在共同政治基础上的团结合作，是人民政协的一个优良传统。十届政协期间，我们继承和发扬这一优良传统，组织委员认真开展了多种形式的学习活动。一是举办委员培训班。换届之初，我们举办了全体委员培训班，邀请南通市政协老领导对大家进行了专题辅导，使广大委员，特别是新委员明确了人民政协在我国人民政治生活中的重要地位和作用，增长了人民政协的有关知识，增强了履行委员职责的光荣感和使命感。二是举行辅导报告会。五年来，我们先后组织在城委员听取了有关两岸关系、我国加入世贸组织和学习江泽民同志“七一”讲话等5场报告会，帮助委员认清了形势，扩大了视野，增长了知识，增进了共识。三是提供学习参考资料。本届期间，我们向各位委员发放了全国政协编写的《政协委员手册》和南通市政协编印的《政协工作文件汇编》，为委员组征订了《人民政协报》，并转发了江苏省政协编印的学习期刊等资料，从而基本满足了委员和委员组开展学习的需要。四是适时组织委员专题学习。针对国内外发生的重大事件，如我国驻南联盟大使馆遭北约导弹袭击、“法轮功”邪教问题、澳门回归祖国等，适时组织委员开展专题学习，特别是中共十六大召开以后，认真组织委员学习江泽民同志的报告，使广大委员进一步认清了国际国内形势，加深了对中共十六大伟大意义的认识，明确了今后的目标和任务，更坚定了全面建设小康社会和为如皋实现“追赶式奋进、跨越式发展”努力奋斗的信心与决心。五是认真组织“三个代表”重要思想的学习教育活动。在组织委员学习中，始终坚持把学习“三个代表”重要思想放在突出位置，并努力结合实际，对照“三个代表”的思想要求，不断改进工作。通过开展一系列学习宣传教育活动，提高了政协委员队伍的整体素质，增强了广大政协委员履行政协职能、实践“三个代表”的自觉性，促进了政协工作的有效开展。

二、围绕工作中心，深入调查研究，增强了政治协商的实际效果

政协全委会议、常委会议和主席会议是人民政协开展政治协商和参政议政的重要形式。五年来，我们充分利用这些重要形式，紧紧围绕市委、市政府的工作中心，就全市改革开放、经济建设和社会发展中的重要问题开展了一系列政治协商活动，收到了良好的效果。

1. 精心组织全委会议的整体协商。十届政协期间，我们共召开全委会5次，主要就每年的政府工作报告、国民经济与社会发展计划的报告、财政预决算情况的报告，特别是对市国民经济与社会发展“十五”计划等重要内容进行了认真的协商讨论，提出了许多有价值的意见和建议。在十届四次全会期间，我们组织进行了大会发言。为搞好大会发言，委员们在全会召开前就深化企业改革、依法治市、稳定教师队伍、小城镇建设、内外城河整治、农村文化事业发展等专题进行了深入调查研究。大会发言中委员们提出的一些重要意见和建议得到市委、市政府及其有关部门的重视和采纳。在十届五次全会期间，委员们就如城广大市民十分关注的自

来水厂的水质水源问题进行了充分的协商讨论，形成了《关于加速解决自来水厂水质水源问题的建议案》。此后，市政协又组织委员赴通州、海安考察区域供水问题，实地察看了如皋市自来水厂、长江取水口、如海河水质情况，提出了近期搞好污水处理，在如泰河上建拦污闸，抓紧长江引水工程规划的制定、立项和设计等建议。市委、市政府对此非常重视，目前，污水处理厂、拦污闸工程已开工建设，长江引水工程规划方案也论证结束。

2. 切实开展常委会议的重要协商。五年来，市政协常委会紧紧围绕全市经济和社会发展中的重大问题，在组织委员深入开展视察调查的基础上，进行了充分的协商讨论，形成视察调查报告 50 余份、常委会综合报告 14 份。市委、市政府对政协常委会的协商意见非常重视，认真予以研究和采纳。2000 年，市政协常委会围绕粮食流通体制改革进行协商讨论，对及时处理如皋市三万余吨陈化粮、推动粮食流通体制改革发挥了重要作用。同年，市政协常委会就城市建设和管理问题协商讨论后形成的综合报告，市委、市政府主要领导都做了重要批示，市委办、政府办的内部刊物《工作研究》以及《如皋日报》都进行了转载，这对推进全市运用经营城市的理念、筹集资金、加快城市改造和建设发挥了积极作用。2001 年，市政协组织委员对如皋市开展的市属企业、教育、卫生等 13 个方面改革进行视察调查，市政协常委会就此进行协商讨论，常委们充分肯定了改革所取得的成绩，总结了成功的经验，指出了存在的问题，提出了不少建设性的意见和建议。市政府对这些意见和建议高度重视，逐条认真进行了梳理，列表明确了责任市长和责任部门，市政府常务会议将这些意见和建议列入重要议题进行讨论，要求责任市长和责任部门认真研究、采纳和落实。2002 年，为了推进经济的可持续发展，构建如皋市人才优势，市政协常委会组织委员就经营管理人才、科技人才、外向型经济人才、技能型人才 4 个专题深入有关乡镇和 30 多个企事业单位进行调查，召开了不同类型的座谈会开展调研，在赴江阴、东台等县（市）考察学习的基础上，就如何实施我市人才战略问题进行了充分的协商讨论。会议形成的综合报告较全面地分析了如皋市的人才现状、近年来取得的成绩和经验，指出了存在的问题和与经济发展要求不相适应的地方，介绍了外县市的成功做法，提出了解决如皋市人才紧缺矛盾的建议和意见。这对完善如皋市人才发展规划、缓解人才紧缺矛盾、促进经济可持续发展将产生有益的影响。

3. 认真搞好主席会议的专题协商。十届政协期间，我们先后就土地管理、计划生育、环境保护、公安、检察、法院、司法、科技、教育、劳动保障、行政服务中心等工作与相关部门开展专题协商活动 28 次。各相关部门对主席会议在专题协商中提出的意见和建议积极予以研究和落实。例如，2002 年，市政协主席会议就协商行政审批中心工作提出的关于“认识要再统一、领导要再加强，确保市委、市政府的决心和措施落到实处；强化人员培训，严肃办事制度，努力建设‘集中、公开、依法、热情、高效、廉洁’的服务窗口；落实‘中心’编制，解决办公经费，确保‘中心’有效行使‘组织、协调、服务、监督、管理’职能”等建议，在市委、市政府的关心下，都得到了有效的落实。“中心”在搬迁以后，强化了服务职能，提高了服务质量，改观了“中心”形象，受到基层单位、企业和广大市民的好评。

三、关注热点问题，反映社情民意，加大了民主监督的组织力度

十届一次会议以来，我们结合如皋实际，就广大人民群众密切关注的热点问题，充分利用各种有效形式，通过政协委员的广泛参与，加大了民主监督工作的组织力度，为推进如皋市机关的作风建设和部门的行风建设发挥了积极的作用。

1. 组织委员对部门行风建设开展民主评议。五年来，我们单独或会同市纠风办，先后对供电局、公安局、工商局、交通局、物价局、劳动和社会保障局、质量技术监督局等11个部门的工作进行了民主评议，推进了这些部门的行风建设。2002年，我们会同市纠风办对物价部门开展民主评议。为使民主评议工作切实有效，我们先后几次与市物价局共同研究贯彻三级联评精神，组织相关活动。市物价局对委员们在民主评议中提出的意见和建议十分重视，他们逐条进行对照检查，逐条研究整改措施，逐条认真办理落实，从而使这次活动取得了实实在在的效果。

2. 及时了解和反映社情民意。近几年来，市政协把了解和反映社情民意工作作为实践“三个代表”的重要途径，认真研究，狠抓落实。五年来，通过各种形式收集到社情民意信息200余条，其中不少是领导关注和群众关心的热点问题。对收集到的信息，我们及时进行处理，送相关领导参阅，为市委、市政府了解民情、体察民意、集中民智发挥了积极的作用。2002年，社情民意工作有了较大进展，全年编发社情民意专刊15期，其中有8期得到市领导批示，被有关部门采纳办理，如关于警惕封建迷信活动死灰复燃、搞好如皋长寿之乡的宣传、清理整顿网吧市场、加强机动三轮车管理、加速实施管道燃气工程等建议均得到重视和采纳，推动了相关问题的解决。

3. 举荐委员担任部门行风监督员。五年来，我们根据上级有关《加强人民政协工作的决定》的精神和有关部门的要求，共举荐30余名委员和机关干部担任了公安局、检察院、法院、建设局、人事局、国税局、地税局、国土资源局、环保局、物价局、交通局、药监局、质量技术监督局、劳动和社会保障局等部门的行风监督员。这些委员不负众望，不辱使命，通过各种方式，深入调查研究，及时了解和反映社情民意，对一些部门存在的问题和薄弱环节提出整改建议，较好地发挥了行风监督员的作用。

4. 组织委员开展专项视察活动。五年来，我们先后组织委员对如皋市纯净水生产质量、液化气市场、生猪管理、建筑工程质量、大气环境、城市绿化景点建设等广大市民十分关注的问题开展了30多次视察活动。在视察活动中，委员们根据发现的突出问题和存在的薄弱环节，及时与有关方面进行沟通，提出批评、意见和建议，促进了有关问题的解决。2002年，委员们在视察城区绿化工作中提出的关于“精心创造城市绿化特色，重塑如皋‘花木之乡’新形象”的建议，得到有关部门高度重视，在城市重要景点、街道、广场、城河、国道两旁等区域种植了各具特色的树木和花卉，使如皋城区绿化环境有了较大的改观。

四、发挥自身优势，奋力开拓创新，拓宽了参政议政的工作领域

参政议政是政治协商、民主监督的拓展和延伸。搞好参政议政，贵在主动，重在实效。五

年来，我们注意充分发挥委员的人才智力优势，努力拓宽参政议政领域，取得了较好的效果。

1. 围绕重大问题组织委员深入调查研究，建言立论。如皋历史悠久，古文化资源丰富。如何从实际出发，挖掘如皋的人文资源，加速发展如皋市的第三产业和旅游业，是一个值得研究探讨的课题。为此，我们于1998年组织有关委员进行了专题调查和研讨，向市委、市政府递交了《关于挖掘古文化资源，发展地方特色旅游的建议》。经过认真研究论证，市政府将市政协的建议吸纳进《如皋市城市总体规划》，组建了旅游局，从而有效地促进了如皋古文化资源的保护、挖掘、开发和利用，如皋旅游业得到了新的发展。

2. 围绕重点工程组织委员开展听政议政，献计献策。治理内外城河是市委、市政府近年来为改善如皋投资环境、推动如皋经济快速发展而实施的一项重点战略性工程。围绕这项工程的实施，我们先后多次组织委员召开座谈会、献计献策会，就挖掘沿河古文化资源、修复人文景观、丰富和完善城河规划建设等内容提出了许多有价值的意见和建议，得到了市委、市政府的重视和采纳，如委员们就内外城河清淤、驳坡、截污管道、配套建筑物等具体工程问题提出的建议，不少在工程施工中得到实施，并取得了初步成效。

3. 围绕重要活动组织委员参与出谋献智，多办实事。2002年，市委、市政府为了搞好招商引资和项目投入，做出了举办“两节一会”的重大决策。围绕举办好“两节一会”这一重要活动，我们组织委员开展了一系列工作，努力为活动取得圆满成功多办实事。一是市政协领导积极参与有关“两节一会”重大问题的研究；按照市委统一分工，参与对联系镇的招商引资和项目投入的督查工作；受市委委托，牵头组建“如皋市长寿研究会”，积极参与了由中国老年学会医药保健康复委员会、中国老年杂志社和如皋市政府联合举办的“二十一世纪长寿论坛”的活动。二是向全体政协委员发出号召，积极为“两节一会”多办实事，并将此作为评选先进委组和先进委员的重要条件。广大政协委员积极响应市政协的号召，在各自的工作岗位上积极为本单位的招商引资牵线搭桥，为全市的“两节一会”多办实事。例如，文化、新闻、卫生、法制等界别的委员利用自身优势，为成功举办“群星拜寿”文艺晚会和“太平盛世”万岁宴发挥了积极作用。三是发动全体机关同志为招商引资、项目投入出智出力。从市政协领导到普通机关工作人员，大家走南闯北，多方联系，较好地完成了市委下达的目标任务。

五、加强联系指导，活跃委组工作，扩大了人民政协的社会影响

政协的专门委员会、委员组工作是政协工作的重要组成部分，是政协发挥委员主体作用的重要基础。五年来，我们重视加强对各委员会和委员组工作的联系和指导。各委员会和委员组根据市政协的要求，结合各自的实际情况，组织委员开展了一系列富有成效的活动，扩大了人民政协的社会影响。

1. 提案质量和办理水平有了明显提高。市政协十届一次会议以来，提案工作委员会共收到委员书面意见和建议1 063件，经审查立案1 041件，至2002年年底，已全部办理结束。提案质量逐年提高，提案办理更注重实效。对一些重要提案和难点提案，市政协领导牵头督办，保证了提案的办理和落实。2002年，我们还对十届一次会议以来的提案办理工作进行了回头看，对其中已列入计划而未办理落实的提案进行了跟踪督办，对原不具备但现已具备办理条件

的难点提案，要求有关部门抓好落实，从而有效地提高了提案办理质量，提高了委员对提案办理的满意率。

2. 文史资料征集出版工作取得新的成果。五年来，市政协学习文史工作委员会坚持为统一战线服务、为社会主义精神文明建设服务的方针，认真调查研究，精心制订了《如皋文史工作“十五”规划》，编辑出版了《如皋文史》第11—14辑，约50万字。其中，2000年编辑出版的《胡瑗》文史专辑，2002年为配合市委、市政府举办“两节一会”编辑出版的《古邑如皋一片金》，较为全面地介绍了古城如皋的历史文化、人文资源、旅游景点，为宣传如皋、提高如皋的知名度、推动如皋旅游业的发展做出了贡献。

3. 对外联谊和联络活动有了新的拓展。市政协及其海外联络委员会在开展对外联谊和联络活动中始终遵循高举爱国主义和社会主义两面旗帜的要求，突出团结和民主两大主题，积极开展了促进祖国和平统一和经济建设的联谊联络活动。适时组织委员走出去，先后到北京、上海、南京、武汉、辽宁等地，与各地知名人士，特别是经济界人士加强沟通联系，增进相互了解。五年中，我们共接待到如皋观光、考察、洽谈项目的国内外朋友和客商100余批1 200余人次。2002年11月，我们成功举办了长江三角洲十二县（市、区）政协工作研讨会。通过这些活动，宣传了如皋，吸引了有关方面对如皋的关注，也提高了一些客商在如皋投资的兴趣。五年来，市政协领导利用对外联谊和联络的优势，受市委、市政府委托，在相关部门的具体努力下，为如皋争取到了不少资金。例如，1998年，争取到了国家计委、水利部等部门140多万元拨款；2000年，争取到了享受国家拨款的如海灌区和种苗培植绿化等项目，帮助电子材料厂等单位取得了江苏省经贸委的拨款等。

4. 委员组工作迈上新的台阶。市政协十届一次会议以后，我们及时建立了各个委员活动小组，后又根据乡镇区划的变化及时进行了调整撤并。其间，我们先后5次召开了委员组负责人会议，总结交流委员组活动的情况和经验，开展了评比先进委员组和委员先进个人的活动。各委员组根据市政协的要求，都结合实际开展了各项富有成效的活动。例如，经济一组的委员围绕企业改制、下岗职工再就业等专题进行调研，科技组的委员视察液化气市场并开展对如皋水资源和大气环境的研讨，教育组的委员开展送教下乡的活动，城建组的委员视察居民住宅楼工程质量，东片组的委员民主评议丁堰工商所、交管所、派出所并视察白蒲镇区环保工作，等等，都取得了较好的效果。2002年，市政协开展了以“五个一”（撰写一件提案、反映一条社情民意信息、提出一条合理化建议、为招商引资牵一条线、为群众办一件实事）为主要内容的争创先进个人、先进委员组的活动，经年终总结评比，科技、城建、教育、医卫、经济一组和东片、西片、南片二组等8个委员组被评为先进集体，钱祖尧等37名委员被评为先进个人。

六、搞好机关建设，完善各项制度，保证了政协工作的有序开展

搞好政协机关建设是政协工作顺利开展的重要保证。五年来，我们通过开展“三讲”学习教育和“三个代表”重要思想学习教育等活动，切实加强了机关的各项建设，确保了政协工作的有序开展。

1. 加强机关人员的思想政治教育。五年来，我们根据形势发展的要求和机关人员的思想

实际，积极开展了各项思想政治教育活动。例如，在县处级领导干部中开展了“三讲”学习教育活动，在全体机关人员中开展了“三个代表”重要思想学习教育活动，坚持联系思想和工作实际，坚持开展批评与自我批评，坚持狠抓落实整改，机关干部的精神状态和思想作风有了明显变化，统战观念和服务意识有了明显增强，工作质量和效率也有了明显提高。与此同时，机关支部、工会也积极开展了形式多样的学习教育活动，在团结和带领机关人员共同开展好政协工作中发挥了积极作用。

2. **建立健全各项工作制度**。十届政协期间，我们在原有工作制度的基础上制定了《政协如皋市委员会提案审查办法》《主席联系常委制度》《机关干部联系委员制度》《关于加强政协宣传工作的意见》，修订了《关于加强了解和反映社情民意工作的意见》《政协如皋市委员会调查、视察工作规则》《政协如皋市委员会委员组活动办法》。同时，我们还将历届政协制定的《关于贯彻〈政协全国委员会关于政治协商、民主监督、参政议政的规定〉》《政协如皋市委员会常务委员会工作规则》等汇编成册，发给委员学习参考，从而促进了政协各项工作的规范化、制度化建设。

3. **积极参与全市中心工作**。市政协在履行职能做好本职工作的同时，按照市委统一分工，为如皋改革开放、经济建设和各项社会事业的发展做了大量的工作。一是切实做好分工联系的各项工作。市政协领导既积极为市委、市政府宏观决策建言献策，又认真做好市委分工联系的各项工作和交办的阶段性工作任务，尽其所能地帮助基层协调解决出现的矛盾和问题。二是努力完成市委交办的调研任务。2001 年，市委交办了对市招投标管理办公室、行政审批中心、会计中心的工作和全市花木生产状况的专题调研，市政协组织专门力量，在较短的时间内就拿出了相应的调查报告，为市委、市政府相关工作的决策提供了依据。例如，全市花木生产状况调研报告中有关发展花木生产的意见和建议，不少被吸收到市委《关于加强推进如皋市花木产业化经营的意见》中。三是认真负责地搞好新世纪广场建设。市委下达政协负责新世纪广场建设的任务后，原市政协主要领导亲自挂帅，成立了广场建设领导小组。在哈尔滨金马集团、吴窑建安公司、市建设局、供电局等几十个单位和企业的支持下，未要财政拨款，经过 5 个月的艰苦奋战，终于在 2000 年 8 月建成了广场，从而改善了如皋投资环境，为广大市民提供了理想的休闲场所。四是主动配合市委召开全市政协工作会议。在协助筹备全市政协工作会议的过程中，市政协一方面认真学习领会江苏省、南通市政协工作会议精神，另一方面走出去，赴浙江、上海等地学习外地政协工作的经验，为协助市委起草大会报告和《关于进一步加强人民政协工作的决定》文件做出了自己的努力。五年来，市政协机关工作受到上级政协和中共如皋市委的充分肯定，市政协办公室连续被南通市政协评为先进集体，被中共如皋市委、市政府评为文明单位。

五年来，市十届政协在中共如皋市委的领导下，坚持解放思想、与时俱进、开拓创新，各方面的工作都取得了新的成绩。回顾总结十届政协的工作实践，我们有以下几点体会：

（1）只有始终坚持和紧紧依靠党的领导，才能坚持政协工作正确的政治方向。

（2）只有始终坚持服从和服务大局，才能更好地充分发挥人民政协的职能作用。

（3）只有始终牢牢把握团结、民主两大主题，才能更好地创造民主和谐的工作氛围。

（4）只有始终坚持充分发挥委员的主体作用，才能使政协工作开展得更加生动活泼，更加富有成效。

（5）只有坚持与时俱进、开拓创新，才能把政协工作不断推向前进。

（袁泉时为第十届市政协副主席）

政协如皋市第十一届委员会常务委员会工作报告（节录）

（2007 年 12 月 26 日在政协十二届一次会议上）

于永芳

一、牢牢把握发展主旋律，全面开展政治协商，助推如皋市经济社会科学发展

市十一届政协以来的五年，是如皋市经济社会迅速发展的五年，也是政协工作与时俱进、锐意进取、取得丰硕成果的五年。五年来，十一届政协在中共如皋市委的领导下，在市人大、市政府的支持下，坚持以邓小平理论、“三个代表”重要思想和科学发展观为指导，牢牢把握团结和民主两大主题，围绕中心、服务大局，认真履行政治协商、民主监督、参政议政职能，各项工作在历届政协工作的基础上迈出了新的步伐。政治协商是中国共产党领导的多党合作的重要体现。十一届政协常委会立足全市经济社会发展大局，围绕市委、市政府决策部署，多层次、多形式、多领域开展政治协商，先后召开全体会议 5 次、常委会议 25 次、主席会议 89 次、各种专题协商会议 16 次，向市委报送各类协商报告 76 份。报告中的意见和建议均得到市委、市政府的高度重视和采纳，为促进全市经济和社会全面、协调、可持续发展发挥了积极的作用。

发扬民主，广泛协商。政协全会是政协履行职能最集中、最重要的活动。十一届政协努力规范协商程序，组织委员以大会发言、小组讨论、撰写提案和反映社情民意等形式，广泛协商讨论，坦诚建言献策。在市十一届政协三次会议上，围绕《政府工作报告》和《如皋市国民经济和社会发展“十一五”规划纲要》，委员们就“促进科技创新，提高县域经济核心竞争力”“完善农村养老保险体系，推进和谐社会进程”“推进教育公平”“破解拆迁难题”“化解村级债务”等 21 个专题发表了有深度、有见解的 160 条意见和建议。由于委员们的意见和建议建立在充分调研的基础上，因此，协商意见既有针对性，又有可操作性，得到市委、市政府及有关部门的重视和采纳，政治协商取得了实效。在今年年初召开的十一届五次会议上，我们把政协委员的真知灼见整理分类为积极应对宏观调控、优化招商引资、推进沿江开发、稳步实施新农村建设、扎实抓好环境打造、大力加强和谐社会建设等六个方面，及时呈报市委。市委主要领导当即批示有关方面“认真参考、采纳落实”。

精选课题，重点协商。五年来，政协常委会注重抓住事关发展的重大课题，按照“少而精、专而深，出精品、求实效”的原则，集中力量进行调研论证和纳智建言，精选了“发展花木特色产业”“创建中国优秀旅游城市”“千万元以上项目投入情况”“发展现代物流业”“被征地农民社会保障”“农业龙头企业在农业产业化中的带动作用”“抓住苏通大桥通车契

机，促进经济发展方式转变”等重点课题，由领导带队，组织委员深入调研，写出的调研报告或建议案都得到了市委、市政府主要领导的充分肯定和明确批示。这些协商报告选题好、立意高、调研深、意见实、建议好、可操作性强。例如，2004 年，关于发展旅游产业、打好旅游城市品牌的意见和建议，为如皋市 2006 年成功创建中国优秀旅游城市发挥了积极作用。2005 年 7 月，市政协常委会提交的关于“大力发展现代物流业”的报告得到市委、市政府采纳，把物流业作为第三产业的重点进行规划发展。今年 6 月常委会提交的“农业龙头企业在农业产业化中的带动作用”、9 月提交的“抓住苏通大桥通车契机，促进经济发展方式转变”两个专题报告，市委领导及时批示：可在研究确定 2008 年工作思路时借鉴和参考。

强化制度，经常协商。根据市委《关于进一步加强新形势下人民政协工作的意见》要求，十一届政协将政协主席会议协商和专委会对口协商作为市政协履行职能的经常性活动。十一届政协先后就加强生态示范市建设、沿江开发、城乡自来水管理、农村文化建设、土地规模经营、“平安与法治”如皋建设、劳动与社会保障、财政税收、审计、科技、外经、环保、交通、建设、民政、物价、教育、卫生、体育、食品安全等重要工作进行主席会议协商，在听取相关部门情况通报、实地视察的基础上，与政府分管领导面对面沟通，出主意、献良策，促进了这些工作的顺利开展。此外，政协各专门委员会、委员组也分别与相关部门开展经常性的对口协商，使政治协商向多层次、多领域延伸。今年 3 月，市政协经济科技委员会和经济界委员与如皋市金融系统各部门开展对口协商，向市领导报送了《关于中小企业融资问题的协商报告》。市政府就改善如皋市金融环境制定了相关实施意见，为如皋市中小企业的发展提供了较好的金融保证。

二、聚焦重点热点，深化民主监督，助推如皋市社会民主法制建设

民主监督是人民政协的一项重要职能，十一届政协着眼于从群众最关心、最直接、最现实的问题出发，聚焦社会关注的重点、热点问题，探索有效监督形式，切实加大了监督力度。

关注民生，视察社会热点。市政协紧紧围绕市委、市政府的年度重点工作和群众关心的热点、难点问题，开展视察，并注意与专题协商、提案办理相结合，取得了令人满意的成效。2003 年年初，市十一届政协一次会议通过实地视察，提出了《关于改善如城地区饮用水质量的建议案》，市委、市政府十分重视，为保证水源水质，根据实际情况，在如泰河上建筑了拦污坝，有效防止了污水回流，并做出了加快区域供水工程、彻底改变水源水质的决定。十一届政协先后就农产品质量体系建设、发展职业技术教育、推进幼儿教育事业发展、农村集中居住区建设等问题组织了 37 次视察，参加视察考察的委员达 500 多人次。委员们通过实地视察考察，针对存在问题提出对策建议，立足于支持、帮助、促进被视察单位的工作，寓民主监督于视察之中，得到了社会各方面的广泛认同。近年来，不少部门、单位主动邀请政协视察，要求市政协听取工作情况汇报。今年 8 月，主席会议就如皋市纪检监察工作开展了专题视察活动，所提出的加大案件查处和行政监察力度、加强干部队伍建设、拓宽监察领域、强化党员干部教育等意见受到市纪检委负责人的高度重视。他们逐条对照，研究改进措施，并于 10 月下旬以正式文件形式向市政协反馈了改进、落实情况。

着眼全局，深化民主评议。十一届政协先后对城市管理、劳动和社会保障、水务、交通等部门的工作开展了民主评议。通过座谈了解、发放问卷调查、征询意见、召开评议会议，公正、客观地评议部门工作。被评议部门发自内心地认为，政协的民主评议既有分量，又提供支持。评议活动架起了广大委员和党政部门沟通的平台，民主监督通过民主评议的形式落到了实处。

多方参与，监督行风政风。十一届政协先后举荐政协机关和基层政协委员220人次担任政府部门的行风监督员；每年全会期间，配合市纪检等部门，对党政及条管部门的作风建设情况打分、测评，以促进机关部门的行风政风建设；组织相关委员参与全市阶段性重点工作的督查，先后参与了对江苏省文明城市、江苏省卫生城市、中国优秀旅游城市、省和国家科普示范市、国家环保模范城市等创建工作的专项督查，有力地助推了这些创建工作的圆满成功。

三、坚持履职为民理念，积极参政议政，助推如皋市和谐社会建设

五年来，市政协深刻把握履职为民的理念，以促进科学和谐发展为出发点，采取多种形式积极建言献策，参政议政更加活跃、富有成效。

坚持议政为民，建言立论成果丰硕。十一届政协坚持把促进和谐社会建设作为参政议政的重要内容，把加快经济发展、化解社会矛盾、营造和谐稳定的环境作为重要目标，围绕人民群众的生产生活，向市委、市政府多建有用之言、多献务实之策、多谋长远之道，建言立论取得丰硕成果。五年来，市政协开展协商、视察、调研等参政议政活动116次，其中围绕民生问题的履行职能活动就达58次。解决好“三农”问题是关系建设全面小康社会、发展和维护广大农民利益的一项重点工作，市政协围绕“三农”问题，共组织了促进农民增收、发展农业龙头企业、建立农产品质量安全体系、加快农村文化建设、科学推进农村集中居住、发展农村合作经济组织、切实抓好被征地农民社会保障工作等12次调研、视察活动，从不同角度、不同层面提出建议意见78条，为市委、市政府解决“三农”问题提供了较好的参考意见。沿江大开发是拉动如皋市经济快速发展的重点工作，市政协围绕这个重点，通过专题调研、组织委员视察、主席会议协商、召开座谈会等形式献计献策，先后就发展专业园区、如皋港区开发建设、千万元以上项目投入情况等课题，提出加快沿江开发、搞好生态环境保护、实施集约化开发利用等意见和建议，为政府的科学决策提供了依据。小区物业管理与百姓生活息息相关，今年，市政协组织委员开展视察调研，向市委、市政府报送了《如皋市城区小区物业管理情况的调研报告》。市委、市政府主要领导认真采纳政协所提建议，在随后市政府出台的《如皋市物业管理暂行办法》中吸纳了政协有价值的建议。

市政协还十分注重发挥政协联谊会、长寿研究会、历史文化研究会、老科技工作者协会和社会各界知名人士的建言立论作用。五年来，长寿研究会组织节会活动，打响了长寿品牌，提高了如皋知名度；老科协发挥500多名老科技工作者的智力优势，为经济社会的发展做出了新的贡献；联谊会发动老委员出谋献策，支持发展；历史文化研究会弘扬如皋人文历史，提出了《关于如城东大街景区建设的策划》等一批专题调研报告，并参与如城地区地名命名和更名研究，为提升如皋的城市形象、申报历史文化名城发挥了积极作用。

坚持以人为本，提案工作再上新台阶。提案工作是政协的一项全局性工作，是政协委员参政议政的一种重要形式。十一届政协遵循“围绕中心、服务大局、提高质量、讲求实效”的原则，开展提案工作。五年来，共收到委员提案 1 288 件，其中审查立案 1 251 件，表彰优秀提案 89 件。在提案办理的实践中，逐步形成了交办、领办、督办制度，与部门协商办理制度，考核推进制度，滚动办理制度，办理反馈制度，等等，有效促进了提案工作水平的不断提高。一些重点提案办理后，社会影响大、效果好。近年来，针对委员们提出的改善如皋城乡投资环境，提升城市形象，美化、亮化、净化、绿化如皋等一批提案，政府高度重视，积极动脑筋、想办法，五年累计完成城乡基础设施投入 140. 2 亿元，完成了河道整治、道路建设、危桥改造、城市及景观建设等一批重点工程，满足了广大人民群众的愿望和要求。市政协通过办理委员们提出的农村中小学教师工资拖欠严重的提案，推动市政府于 2005 年 4 月起将全市农村中小学教师工资全额纳入市财政统一发放，使得全市农村 163 所中小学近 8 000 名教师的工资按时发放，稳定了农村教师队伍，保证了教育教学质量的提高。今年，由市委领导领办关于妥善解决城镇居民医疗保险的提案，通过市政府及相关部门的努力，我市出台了《如皋市城镇居民基本医疗保险试行办法》，从 7 月 1 日起全面实施城镇居民基本医疗保险，使 8 万多城镇居民得到了实惠。

坚持为民代言，构筑社情民意“绿色通道”。十一届政协十分重视发挥社情民意这个“直通车”的作用，充实了队伍，健全了网络，发动委员为民代言，反映社情民意。五年来，共收集社情民意信息 400 多条，筛选、整理了 75 条重要信息转报市委、市政府。市委、市政府领导及时处理，发挥了社情民意信息的应有作用。今年报送的“沿江地区环境污染问题不容忽视”“关于在重要道口设置红绿灯等安全警示标示的建议”“建议成立农技 110”“尽快清除农村道路十字和丁字路口两旁的障碍物”等 16 条社情民意受到市委、市政府相关领导的高度关注，不少信息已转化为政府为民办实事、做好事的具体内容。今年 6 月，市政府还专题召开“市政协社情民意信息办理落实情况汇报会”，进一步强化了各部门对这项工作的重视程度，有效推动了社情民意的办理和落实。

坚持参政为民，参与全市重点工作成效明显。市政协积极参与组织、协调、督促、落实各项重点工作，为推进全市的招商引资、项目投入、沿江开发、全民创业、环境打造及新农村建设做出了积极贡献。政协主席和副主席列席市委、市政府的重要会议，能够切实反映所掌握的基层实情、群众的意愿和要求；参加市委、市政府的重大活动和调研，能认真思考、建言献策，以严谨的态度，参与相关问题的研究和决策。此外，根据市委的统一分工，在全市重点工作目标任务的推进与实施之中，市政协各委组发挥了各自的优势，为沿江开发重点项目特别是涉水项目的审批、如皋港铁路专用线项目的立项建设、区域供水工程的实施推进等做了大量卓有成效的工作。

四、突出民主和团结两大主题，广泛联络联谊，不断扩大政协的社会影响力

五年来，市政协牢牢把握团结和民主两大主题，充分发挥联系面广、包容性强的特点和优势，创新形式、拓展领域开展富有特色的联络联谊工作，为凝聚发展力量、提升如皋的知名度

做出了积极的努力。

活跃联谊交流，展示如皋形象。五年来，市政协共接待全国各地政协来访185批2 000多人次，在热忱接待各地宾朋的同时，向他们多方面宣传如皋，展示如皋新形象，提高了如皋的知名度和美誉度。市政协还主动“走出去”，扩大对外交流交往，每年积极参加长三角十三县（市、区）的政协工作研讨会，组织赴外地考察学习，借鉴外地经济社会发展和政协事业发展的经验；走访在外地工作的政协委员及如皋籍知名人士，向他们宣传家乡的发展和变化，激发他们的爱国爱乡热情。每年春节、中秋和国庆节期间举行的社会各界人士迎春茶话会、国庆中秋茶话会已成为各界人士了解如皋经济发展成果的窗口和展望发展前景、凝聚发展合力的平台。2006年，纪念市政协成立50周年活动进一步扩大了人民政协在全社会的影响。

征编文史资料，发展文化事业。文史资料工作是人民政协一项独具特色的工作。十一届政协传承挖掘、保护如皋历史文化的传统，编印了《如皋文史》第15—19辑，共115万字，收集整理了如皋的大量珍贵史料。《古邑如皋一片金》《如皋历史文化》两书系统介绍了如皋有史料记载以来的发展历程、地域文化、风俗人情、历史沿革。2006年，市政协牵头资助出版了《如皋方言研究》，抢救、挖掘和保护了如皋方言这一珍贵的非物质文化遗产，进一步弘扬了如皋的语言文化。政协文史工作不仅发挥了存史、资政、团结、育人的作用，同时也带动社会各界人士，为如皋的文化宝库增添了新的财富。

倡导服务于民，真诚回报社会。广大政协委员弘扬奉献精神，热心社会公益事业，力所能及地开展为民服务活动：有的委员与贫困家庭助学结对，给贫困学子和困难家庭雪中送炭；有的委员利用经济优势帮扶村居，以实际行动为如皋市新农村建设添砖加瓦；医卫、教育、科技、文化等界别委员发挥专长和优势，数十次开展义务送医、送教下乡、送戏进村等活动；经济科技界委员积极开展科技扶贫，给基层群众带去社会关爱、带去知识财富、带去文明新风。广大政协委员心系人民群众，致富不忘回报社会，五年来共向慈善基金会、扶贫济困基金会、红十字会、敬老院、特殊教育学校、帮扶村（户）以及学校和道路建设等公益事业捐资近两千万元，为社会弱势群体献爱心，为社会和谐聚人心，赢得了社会的尊重和赞扬。

五、立足委员主体，推进“三化”建设，政协自身建设不断加强

五年来，市政协着眼于人民政协事业的长远发展，立足于委员主体，在加强学习、完善机制的基础上，搞好服务，提高素质，强化基础，不断推进政协工作的制度化、程序化、规范化建设，提高了政协工作的整体效能。

以“三化”建设为保证，推动政协工作规范有序开展。建立健全各项规章制度是政协“三化”建设的首要环节。市政协以贯彻落实《中共中央关于进一步加强中国共产党领导的多党合作和政治协商制度建设的意见》《中共中央关于加强人民政协工作的意见》《全国政协章程》及《中共如皋市委关于进一步加强新形势下人民政协工作的意见》等文件精神为契机，强化了建章立制工作，先后修订完善了《如皋市政协全委会工作规则》《如皋市政协常委会工作规则》《如皋市政协主席会议工作规则》《如皋市政协提案工作条例》《如皋市政协委员视察调研工作规则》等10个政协工作的规范性文件，加大了政协例会、视察调研、民主评议、提

案办理、反映社情民意等各项工作制度的落实力度，推动了政协工作更加规范有序地开展。

以强身固本为宗旨，加强思想政治建设。市政协始终把加强理论学习、提高机关人员和全体委员的思想素质放在重要位置。围绕学习贯彻“三个代表”重要思想、党的十六大和十七大精神、胡锦涛总书记在庆祝人民政协成立55周年大会上的讲话精神、中共中央两个5号文件精神、社会主义荣辱观及新修订的政协章程等内容，市政协组织了多种形式的学习教育活动。政协常委会例行学习、政协主席会议定期学习、政协机关每周一学习已经成为制度。政协机关扎实开展保持共产党员先进性教育，使全体工作人员进一步坚定了理想信念，加强了作风建设，并通过建立长效机制，使先进性教育活动制度化。

以提高履职能力为基础，发挥委员主体作用。市政协重视加强委员的管理，不断提高委员队伍的整体素质。围绕中央关于统一战线和人民政协工作的新论述、新精神，市政协先后举办了“学习贯彻十六大精神”“构建社会主义和谐社会”“台海形势分析”等12场大型专题报告会、讲座和委员辅导培训，2 000多人次参加了学习。通过集中学习、交流思想、畅谈体会，委员们进一步增强了做好新时期政协工作的责任感和使命感。广大委员积极投身“两为”“五个一”活动，在参政议政的舞台上展现才华、展示风采，政协各界别的专业人才特长和智力密集优势得到充分发挥。经济委员组一组积极为招商引资穿针引线，教育委员组多次组织教育界政协委员“送教下乡”、到苏北地区对口支教，社会法制委员组为推动和谐社会建设组织调研，长江委员组为加快沿江开发献计出力，等等。五年来，委员们在本职岗位建功立业的同时不忘履行职责，科技科协、城建、经济一组、社会法制农业、民宗侨台、教育、医卫、长江、东陈、磨头、搬经、白蒲等委员组先后被评为先进集体，委员255人次被评为先进个人。

以开拓创新为追求，保持政协机关生机活力。市政协常委会以“效能提速”和“创建人民满意机关”活动为抓手，以打造“委员之家”服务品牌为载体，不断加强机关建设。通过制定并落实内部学习、工作、管理等规章制度，机关工作效率和服务水平明显提高，自觉以政协干部“政治坚定、作风优良、学识丰富、业务熟练”的标准要求自己。市政协机关群策群力，开拓创新，连续五年完成了市委下达的招商引资、社区共建、“百村万户帮扶”、“六城同创”等工作任务。五年来，市政协机关工作受到上级政协和如皋市委、市政府的充分肯定。市政协办公室、经济科技委员会、提案委员会连续多年被南通市政协评为先进集体；政协机关被南通市委、市政府和如皋市委、市政府评为文明单位并受到表彰；2006年度，市政协机关在全市综合测评考核中成为优秀部门；2007年，机关党支部被评为先进基层党组织，受到市委的表彰。

十一届政协工作的五年，是围绕中心、服务大局、有所作为的五年，是与时俱进、不断进步的五年，是强化内部建设、有所建树的五年。五年工作的实践充分证明：只有坚持和依靠党的领导，才能保证政协工作的正确方向；只有坚持贯彻科学发展观、服从服务于发展大局，才能有效履行政协职能；只有突出团结和民主两大主题，才能充分体现和发挥政协的特点与优势；只有充分发挥委员的主体作用，才能推进政协事业的长足发展；只有坚持与时俱进、不断创新，才能保持政协工作的生机与活力。在此，请允许我代表市政协第十一届常委会，向广大政协委员，向关心、支持政协工作的各位领导、各位同志、社会各界人士表示崇高的敬意和衷心的感谢。

十一届政协的工作虽然取得了长足的进步和发展，但与党对政协工作的要求，与社会各界对政协的期望相比，还有较大差距。在新的历史条件下，人民政协如何更好地履行职能，还有不少尚待研究解决的问题：政治协商如何更好地列入党委、政府的决策程序；民主监督如何取得进一步的实效；政协工作如何进一步创新方式方法，如何为政协各参加单位参政议政创造更好的条件；等等。这些问题，都有待在实践中不断探索、不断解决。

（于永芳时为十一届市政协副主席）

政协如皋市第十二届委员会常务委员会工作报告（节录）

（2012 年 3 月 19 日在政协十三届一次会议上）

李中林

十二届政协工作回顾

十二届政协一次会议以来的四年，是如皋经济持续跨越发展、社会全面进步、城乡面貌显著改善、综合实力明显增强的四年，也是市政协工作与时俱进、开拓创新、蓬勃发展的四年。四年来，市政协在中共如皋市委的正确领导下，在市人大、市政府的大力支持下，深入学习贯彻科学发展观，牢牢把握团结和民主两大主题，紧紧围绕推动跨越发展、保障改善民生、促进社会和谐等重点，积极履行政治协商、民主监督、参政议政职能，为促进全市经济社会又好又快发展、推进社会主义民主政治建设、构建和谐如皋做出了积极的贡献。

一、立足发展大局，积极协商议政，建设有为政协

本届政协围绕市委、市政府中心工作，结合人民群众关心的难点、热点问题，拓展议政内容，完善协商形式，协商议政成果丰硕，在推进科学决策、民主决策中切实履职、积极作为。四年来，共召开全体会议 4 次、常委会议 18 次、主席协商会议 65 次，举办委员论坛 5 届，先后就工业、农业、服务业及社会事业各方面 52 个课题，组织政协委员多层次、多角度开展协商议政活动，为市委、市政府科学决策提供了重要参考。

1. 紧贴发展主题协商议政。全会期间，全体委员以高度的政治热情认真履行职责，围绕“一府两院”报告、“十二五”规划以及如皋市经济社会发展中的重大问题展开政治协商。委员们就产业结构调整和转型升级、统筹城乡发展、建设生态文明、城建、交通、保障和改善民生等涉及政治、经济、文化、社会、生态文明、法治建设和党的建设等各领域的相关问题提出了很多好的意见和建议。市政协对这些意见和建议认真进行汇总和分析，四年共向市委、市政府和有关部门整理提交意见和建议 1 408 条，推动了全市各项工作的开展。针对十二届四次会议期间委员们高度关注的“三农”问题、税收征管、司法公正、物价稳定、招投标等方面的工作，2011 年，市政协专题组织了 11 次专题视察调研和协商活动，将委员们的意见、建议进一步深化提升，提炼的 50 多条建议均得到市委、市政府领导的高度重视，并在相关的工作中

予以采纳和落实，为如皋市“十二五”开好局、起好步发挥了积极作用。

为配合市委、市政府科学编制好“十二五”规划，市政协在规划编制前期主动作为、超前谋划，邀请相关界别的政协委员和专家学者39人，分别对“策应沿海沿江开发战略”“加快城镇一体化发展”“人力资源开发”“教育改革和发展”“加强文化建设”“推进生态建设和环境保护”等6个专题展开先期调研，广泛听取意见，集聚群众智慧，形成的调研报告为“十二五”规划的编制提供了重要参考。2011年，围绕如何更好地投身“十二五”建设、更好更快地实现经济社会发展目标，发动委员开展“建设美好新如皋”大研讨。委员们结合自身工作实际，深入调研，详察民情，汇聚民意，提交了39篇有分量、有见地的调研报告。在年初的政协工作会议上，部分委员代表做了精彩的大会发言。他们剖析问题犀利、深刻，提出的建议、对策有针对性，起到了启人心智、鼓舞人心的良好效应。

2. 围绕重大问题尽智出力。市政协一直高度关注工业经济平稳快速、健康协调发展。面对如皋市工业经济突飞猛进、跨越发展的形势，同时也针对遭遇金融危机冲击和宏观环境压力剧增的状况，市政协先后组织委员围绕“工业集中、产业集聚”“三大主体功能区建设”“工业企业运行情况和园区转型升级”“信息化带动工业化”“扶持中小企业发展”“培育和壮大高新技术产业”等课题开展了4次政协常委会调研协商、4次专题视察调研和3次主席会议协商，把脉工业企业运行，为经济发展献良方。共提交调研报告11篇，提出建议和意见近60条，均得到了市委、市政府的高度重视和充分肯定，并批转相关部门参考落实。其中关于人才公寓建设的建议被市委采纳，全市3处人才公寓迅速开工建设，目前如皋经济开发区、软件园的人才公寓已建成使用。2011年，为策应工业经济转型升级的发展战略，市政协选取“信息化带动工业化”课题作为常委会调研协商内容。市政协常委会及相关职能部门组成3个专题调研组，对全市工业企业信息化发展现状进行了深入细致的调查研究和常委会协商讨论，最终形成了《推进“两化”深度融合，加速工业转型升级》的协商报告。市委主要领导迅速做出批示，要求对协商报告提出的“两化”融合的建议和意见进行研究落实。

3. 聚焦热点问题建言献策。市政协持续关注统筹城乡一体化发展这一事关和谐社会构建的重点工作。十二届三次会议期间，举办了“推进城乡一体化”委员论坛活动，委员们从城乡教育一体化、医疗保险一体化、农民集中居住、农业产业化、土地流转、增加农民收入等方面提出了很多有深度、有价值的意见和建议。相关镇（区）和部门充分借鉴、运用论坛成果，推动了如皋市城乡一体化进程。近几年，市政协还组织部分委员围绕“化解镇村债务”“农民增收”“发展设施农业和现代农业”等课题开展了深度调研。《关于增加村级收入、控减村级债务的视察调研报告》中对村级负债普遍较重的分析引起市委、市政府领导高度重视。根据政协报告所提建议，市委迅速研究出台了《关于加快村级集体经济发展，严格控制村级债务的意见》。该意见推行两年多来，累计化解村级债务3 000多万元。2011年，市政协高度聚焦农业、农村，深入开展3次专题视察调研，连续提交了《关于如皋市地方特色农产品资源保护和开发利用情况的视察调研报告》《大力发展现代农业，为“十二五”迈进基本现代化做出新贡献》《多措并举，顽强拼搏，奋力实现“十二五”基本现代化的农民增收目标》等报告，为“三农”问题积极建言献策。市委、市政府领导对专题协商意见给予了较高评价，报告中提出的意见和建议成为进一步完善全市农村政策、统筹推进城乡一体化发展的重要依据。

二、坚持创优创新，加强民主监督，建设务实政协

十二届政协积极探索民主监督的新思路，丰富拓展提案、民主评议等民主监督的形式和内容，着力增强民主监督的实效。

1. 发挥民主评议在民主监督中的重要载体作用。四年来，市政协先后对“两税”、公安、卫生、金融银行业等4部门工作开展了民主评议。为增强评议工作的监督实效，我们在形式、内容和监督领域上都进行了有益探索，注重从“评”字上入手、在“促”字上求实、在“改”字上较真，不断增强被评部门的执行力和公信力。2011年，市政协首次将民主监督领域扩展到政府部门以外的单位和机构，选择对全市银行业金融机构进行评议，得到市政府的鼎力支持。9家银行和分支网点负责人分别到相关界别委员组、所在镇（区）委员组，与政协委员“面对面”座谈，汇报工作情况，倾听委员意见。市政协对委员评议建议和意见及时整理，归纳总结了118条，并即时进行了反馈。9家金融机构以评促改，整顿作风，提升服务，促进了银行金融业的行风转变。如皋市政协认真履行民主监督职能、开展民主评议的经验和做法被《人民政协报》刊用，并被中国共产党新闻网等网站转载。

2. 发挥提案在民主监督中的主渠道作用。四年来，广大政协委员以饱满的政治热情和强烈的社会责任感，围绕全市经济社会发展和群众关心的重要问题积极提交提案。十二届政协期间共提交提案1 447件，立案1 377件。所提问题已解决或列入计划解决的737件，占53.5%，委员对提案办理结果的满意率和基本满意率达98%以上。提案数量和质量较上一届均有所提高。为提高办理质量，市政协加强了对提案工作的领导，加大督办力度，通过提案人、承办单位、提案委联合开门办案，市政府、市政协联合督办，对办理结果跟踪视察调研等方式，有力地促进了提案的办结、落实，推动了一批影响较大的问题的顺利解决。2011年，在提案工作中全面推广了网络系统，实现委员提案网上提交、查询、立案、批示、交办、答复、反馈，使提案工作更加快捷、透明。2011年，通过提案网络系统，对本届政协提案办理工作开展“回头问效”跟踪检查，组织委员对政府部门提案办理工作开展网上民主评议，让委员对提案办理工作进行评价打分，有效促进了提案办理整体水平的提高。

3. 发挥委员在民主监督中的主体作用。四年来，市政协共向有关单位和部门推荐政协委员80多人次担任行风监督员、廉政监督员。特约监督员怀着强烈的责任意识，积极发挥主体作用，通过参加有关部门的情况通报会或座谈会，参加聘请单位组织的检查、旁听、视察和明察暗访等活动，有针对性地提出意见和建议，积极开展监督评议。特别在“全国文明城市”创建期间，市政协共组织政协委员230多人次对全市商业零售、银行、公安、税务、供水供电供气、公交、医院等21个“窗口”服务行业进行视察督查，委员们深入了解全市创建过程中存在的问题和不足，提出督查整改建议，为文明城市创建发挥了积极作用。

三、始终关注民生，尽心履职为民，建设亲民政协

市政协紧紧围绕保障和改善民生，反映群众愿望和诉求，积极建言献策，协助党委和政府

了解社情民意，共建和谐稳定社会。

1. 广揽民意听民声解民忧。市政协切实把反映社情民意作为传递民生民情、服务人民群众的重要渠道，及时把人民群众的意见和呼声反映给党委、政府。鼓励委员深入走访村、社区、学校、医院、企业和群众，广泛了解民生民情。进一步畅通了社情民意渠道，先后聘请社情民意兼职信息员 34 名，建立和完善了联系沟通机制、编审报送机制、反馈通报机制、工作激励机制。四年来，共收到社情民意信息百余条，整理报送《如皋政协》（社情民意专版）51 期。市委、市政府领导分别在城市建设、历史文化保护、减免困难家庭部分费用等多份社情民意上做出批示，转送有关部门办理，促进了一批群众热切期盼的问题的落实解决。

2. 视察调研察民情促发展。市政协始终坚持贴近民生、贴近实际、贴近群众开展视察调研，四年先后组织委员就住房保障、小区物业管理、教育资源均衡、物价、民政等 25 项民生工作开展了视察和调研，向市委、市政府提出民生方面的建议、意见 130 多条，反映群众利益诉求，为民生事项积极奔走呼吁。农村危桥改造是近几年市政府为民办实事工程之一，也是委员提案关注的重点。为推动这项工程的实施，市政协连续多年将之列为重点督办提案，2011 年又组织部分常委和委员对全市农村危桥工程推进情况进行了视察，及时指出了各镇（区、园）之间建设进展不平衡、有的基础设施及配套建设不衔接、桥梁设计标准偏低等问题，就统一思想、筹措资金、组织招投标、加强质量监管和施工安全等提出了意见和建议。

3. “三解三促”办实事惠民生。全市“领导干部下基层”活动启动后，市政协领导成员及机关工作人员纷纷下基层、入农户、访民情、送温暖，与基层群众心连心，深入了解基层群众的所需、所想、所盼，帮助驻点村制订发展规划，落实帮扶举措。全体政协委员也热心关注城乡特困家庭和农村基层建设，帮助困难群众改造危房，扶孤助学，赠送技术设备，引进基础设施项目，等等。据统计，2011 年，共有政协领导成员、机关干部和政协委员 200 多人次为城乡困难家庭和学生捐款 100 多万元，介绍 200 多名困难家庭劳动力就业，资助贫困学生 50 多名。

四、广泛凝聚力量，扩大民主团结，建设和谐政协

市政协坚持团结和民主两大主题，在政协委员、社会各界、广大群众及兄弟县（市、区）之间加强沟通联系、相互交流学习，着力营造和谐稳定、积极进取的社会环境。

1. 交流联谊积极活跃。我们把做好联谊交往作为宣传如皋、发展如皋的重要平台，聚合各方智慧、凝聚各方力量为如皋的经济社会发展多做贡献。成功举办了人民政协成立 60 周年纪念活动，举行 4 届国庆中秋茶话会，8 次参加并承办 1 次长三角十三县（市、区）政协工作研讨会，加强了与各界的交流合作，努力扩大如皋市的知名度和社会影响。对来自全国各地的政协来访热情接待，宣传和介绍如皋经济社会发展成就和深厚历史文化，四年共接待省内外考察团 164 批次。同时，我们也根据调研课题需要，组织相关政协委员到先进发达地区学习考察，通过工作交流，增进友谊，开阔视野，启发思路，促进政协事业发展。

2. 文史工作成果丰硕。十二届一次会议以来，市政协编辑出版了《如皋文史》第 20—23 辑，共 87 万字，记录了红十四军革命史、人民政协成立 60 周年、如皋经济开发区和如皋港区

发展历程等不同历史时期的宝贵资料。为纪念辛亥革命100周年、中国共产党建党90周年、如皋市撤县建市20周年，挖掘和保存如皋在这些重大历史事件中的珍贵史料，市政协通过新闻媒体向全社会发出征稿启事，同时向亲历这些事件的老领导、老同志，党史、革命史研究领域的专家、学者，如皋籍的在外知名专家、教授约稿，共征集到各类稿件60多篇，收集了大量弥足珍贵的历史资料和研究成果。2011年，市政协还配合南通市政协学习文史委员会建立了如皋籍海外人士名录，耗时半年收集了124名海外人士详细资料；收集整理了如皋“百年老字号”资料，出版了《东皋话旧》上、下两册，在省内外产生了很好的影响。

3. 宣传工作有声有色。我们注重利用各类平台和媒介，宣传政协活动、文化建设的精彩片段，展示政协工作成果，及时将政协工作中的做法、经验和政协委员在促进科学发展的生动实践中涌现出来的先进个人，在新闻媒体上进行宣传和报道。四年来，共在南通市级以上报纸杂志及网络媒体发表稿件316篇，其中国家级媒体61篇，多角度、多层面宣传和介绍了如皋政协的工作。经过三个月的精心筹划和设计，如皋政协网进入试运行阶段，不久将正式开通。

五、注重自身建设，提升整体水平，建设活力政协

市政协带领广大政协委员坚持以学习促提高，以制度促发展，积极创新工作思路，不断加强自身建设，进一步提高政协组织的感召力和凝聚力，增强政协生机和活力。

1. 不断创新管理机制，激发委员活力。十二届一次会议以来，市政协为加强对委员的管理与服务，在工作机制上进行了一些探索和创新。一是委员教育管理更加规范。对新任委员进行任职培训，定期邀请专家学者为委员做讲座，不断增强委员责任意识，提升履职能力。二是工作机制更加健全。建立委员履职档案，实行政协委员年度述职制度。在每个镇（区）设立委员组，方便灵活地开展活动。实施了政协主席联系常委、常委联系委员及定期走访委员制度，四年中，政协主席、党组成员及政协常委走访了大部分政协委员，加强了与委员的沟通和交流。三是工作体系更加完善。积极为委员履职搭建平台，安排政协委员参加调研、视察、行风政风监督等活动，为他们提供知情出力的平台，激发委员的议政热情。对在本职工作中爱岗敬业当模范、积极履职争先锋的委员，在各级媒体宣传报道其风采。

从效果来看，全市政协委员普遍表现出高度的政治责任感和良好的精神风貌，积极参加政协活动，关注社会热点、难点问题，在各条战线上奋力拼搏、创先争优、建功立业，展现了新时期政协委员的风采。据不完全统计，四年来，共有120多名委员在行业中表现突出，发挥模范作用，获如皋市级以上表彰；委员热心公益事业，真情回报社会，为社会公益事业捐赠2 000多万元。本届以来，共有202名委员被市政协评为先进委员。

2. 建设政协和谐文化，彰显工作特色。市政协致力于创建富有政协特色的和谐文化，打造“和谐家园”特色品牌，以各具特色的主题实践活动为载体，增强政协文化的吸引力、辐射力和影响力。我们将2011年定为政协文化建设年，结合党性教育、委组活动、调研考察等平台，开展特色主题活动，让委员感受到来自政协大家庭的温暖和谐氛围。2011年“七一”期间，我们组织在如皋的部分南通市政协委员赴延安重走红色路，重温革命历史，接受灵魂的再洗礼。市政协在各次重要会议召开时，制作“政协文化建设”宣传图片展，宣传政协文化

建设、文明创建、政协活动精彩片段，展示政协文化建设成果，营造文化氛围。

3. 加强机关服务管理，提高服务水平。本届以来，市政协以提升效能、规范工作为目标，相继制定和完善了《政协如皋市第十二届委员会全体会议工作规则》《常委会工作规则》《主席会议工作规则》《关于视察调研工作的意见》《提案工作条例》等9项规章制度，以制度为保障，促进履行职能的规范化、制度化、程序化。健全和完善了机关管理各项制度，组织机关干部经常性开展专业知识和思想政治学习，引导、教育机关干部弘扬敬业奉献精神，提高工作水平和工作效率。在中国共产党建党90周年、清明节、“七一”等时刻，组织机关党员干部凭吊先烈、重温入党誓词，开展各种形式的革命传统教育主题活动，对思想作风不断进行锤炼，保证了机关有序、高效运转。市政协办公室、经济科技委员会、文教卫体委员会连年被南通市政协表彰为先进集体。市政协机关连续四年在全市综合考评中被评为先进单位。

回顾四年历程，我们在实践中积累了许多宝贵经验，并得到一些有益启示，需要在今后工作中继续坚持、完善和发展。

启示一，只有围绕全市经济发展的大目标，立足全市社会建设的大格局，政协工作才能展示新作为，做出新贡献。

启示二，只有紧紧抓住履职为民这个工作重心，为民代言、为民建言，政协工作才能在全局中有地位，在群众中有威信。

启示三，只有坚持与时俱进、开拓创新，不断赋予政协工作新内涵和时代精神，政协工作才能常做常新，充满生机与活力。

启示四，只有强化委员责任意识，充分发挥委员主体作用，政协工作才能树立新形象，迈出新步伐。

同志们，过去的四年，我们的工作取得了很大成绩，但对照新形势和新任务的要求还有差距和不足，主要表现在：委员的主体作用发挥不够，少数委员组活动不正常，个别委员参政议政自觉性、主动性不高，有的委员甚至四年未提交一份提案和社情民意；在调动和发挥委员积极性、主动性方面还缺乏有效的措施；在政协调研成果的转化利用上需要进一步加强跟踪问效；等等。这些问题不同程度地影响了政协的形象和工作的开展，我们将予以高度重视，并在新一届政协工作中切实加以解决。

（李中林时为十二届市政协主席）

政协如皋市第十三届委员会常务委员会工作报告（节录）

（2017年1月11日在政协十四届一次会议上）

李中林

过去的五年，在中共如皋市委的正确领导下，市政协十三届常委会始终围绕团结和民主两大主题，认真履行政治协商、民主监督、参政议政三大职能，推动了政协事业持续健康发展。

一、顺应时势，改革创新，准确把握政协工作的政治方向

1. 强化理论武装，筑牢政治协商思想基础。本届政协始终坚持把思想建设放在首位，继承和发扬人民政协注重学习的优良传统，认真落实各项学习制度。通过举办专题讲座、辅导培训等多种形式，组织广大政协委员深入学习中共十八大和十八届三中、四中、五中、六中全会精神及习近平总书记系列重要讲话精神，特别是视察江苏时的重要讲话精神，不断强化政治意识、大局意识、核心意识、看齐意识，在思想上与党中央保持一致，在工作上与市委同心、同向、同步。五年来，共举办全体委员专题学习会 5 次，政协党组中心组学习会 60 次，委员专题培训班 10 期。通过组织委员专题学习贯彻习近平总书记在庆祝人民政协成立 65 周年大会上的重要讲话精神，进一步加深了委员们对人民政协性质定位的理解和把握，增进了委员们在中国共产党领导下发展政协事业的思想共识。2016 年，分别在江西干部学院、青岛全国政协培训基地举办政协委员培训班，着力提升政协委员和政协机关干部在新形势下做好政协工作的思想认识和工作能力。

2. 加强制度建设，推动政治协商规范有序开展。深入贯彻党中央《关于加强人民政协协商民主建设的实施意见》和江苏省委政协工作会议有关精神，根据中央发展社会主义协商民主的战略部署，推进协商民主广泛多层制度化发展。十三届一次会议期间，市委召开全市政协工作会议，下发《关于新形势下进一步做好人民政协工作的意见》，就政协协商内容、协商形式、活动组织、成果转化等做出明确规定，为政协协商民主规范有序发展提供了重要保障。市委常委会每年讨论通过政协年度协商计划，并由市委批转《政协工作要点》，对协商议题、协商形式、活动组织等做出明确安排；年底的市委常委（扩大）会议专题调研政协工作，听取政协工作汇报。这些制度性安排，保证了政协协商内容与党政工作中心保持一致，政治协商活动始终在市委的领导下有序推进。

3. 加强载体建设，推进政治协商向基层发展。根据党的十八大提出的“完善协商民主制度和工作机制，推进协商民主广泛、多层、制度化发展”要求，本届政协在市委、市政府的高度重视和全力支持下，根据实际需要，积极推进政治协商向基层发展。2015 年，在各镇（区、街道）全面设立政协工作委员会；2016 年，在南通地区率先推动“政协委员之家”建设。目前，28 个委员组的“委员之家”已全部建设到位，为委员在政协平台上协商议政提供了重要载体，为推动政治协商向基层发展做出了有益探索。我们的做法得到了上级政协机关的充分肯定和推广。

二、围绕中心，服务大局，着力畅通协商民主渠道

五年来，本届政协充分发挥协商民主重要渠道和专门机构作用，紧扣年度协商计划，把握协商的节奏和频度，将不同层次的课题分别在政协全会、常委会、主席会议、专委会等平台上进行协商，先后开展专题协商、界别协商、对口协商、提案办理协商等活动近百次，内容涉及经济、文化、社会、生态文明等各个方面，形成协商报告百余份，为推动如皋市经济社会发展积极建言献策。

1. 依托委员论坛，组织集体协商。本届政协抓住政协全会期间委员集中、社会关注度高的有利时机，坚持每年举办一次委员论坛活动，邀请市党政主要领导、分管领导与全体委员面对面协商，使之成为政协履职的“重头戏”。五年来，先后围绕建设美好新如皋、文化强市建设、全面小康的如皋之路、法治如皋建设、推动创新创业等主题举办5次委员论坛活动，遴选汇编了5辑117篇论文，提出意见和建议1 300多条，为党政科学决策和职能部门改进工作提供了重要依据和决策参考。特别是每年从中筛选部分优秀论文进行大会交流，不少议题引起市委、市政府主要领导高度重视，并批示相关部门落实。

2. 召开常委会议，进行专题协商。五年来，政协常委会共举行专题协商议政活动7次，分别就社会管理创新、高新技术产业发展情况、新型城镇化建设、农业产业化体系建设、公共卫生服务体系建设、发展长寿产业、发展外向型经济等专题进行协商讨论，提出的许多具有前瞻性、战略性、全局性的对策建议被吸收到市委、市政府有关政策和重要文件之中。第六次常委会围绕如皋市高新技术产业发展情况提出的“加快实施创新驱动战略，推动产业集聚、培育特色产业”的建议被市委采纳。随后，市委根据此项建议出台《关于加快科技创新，促进全市经济转型升级的激励意见》，在政策上、经费上加大对各类科技创新载体的扶持力度，有效提升了企业自主创新能力和创新载体效能，加快了如皋市产业集聚和产业升级步伐。2016年6月至8月，政协常委会围绕“发展长寿产业”开展了近两个月的调研协商，分成3个调研小组，召开市内协商座谈会4次，赴省内外先进地区考察学习，形成了《叫响长寿品牌　壮大特色产业》的调研报告，报告中关于“建立长寿产业发展专门机构，以大健康产业为终极目标，带动长寿产业发展”的建议引起市委、市政府的高度重视。目前，大健康产业指挥部已经成立，由市政府主要领导亲自挂帅，按照“一个产业、一个规划、一位分管领导、一个专业团队、一支产业基金”要求，大力推进大健康产业发展，一个新的经济增长极正在悄然成长。

3. 通过主席会议，进行对口协商。本届政协充分发挥各专委会人才荟萃、智力密集优势，以主席会议为协商平台，精心选择事关如皋市发展全局的重大课题，与相关职能部门进行对口协商，形成一批具有较高价值的专项调研报告。主席会议围绕镇级债务问题开展深入调研，在了解情况、摸清底数的基础上，提出了“适度负债、讲求效益、加强管理、规避风险”的建议，推动市政府制定了《如皋市政府性债务管理办法》，努力防范债务风险。经济科技委员会组织本界别部分委员围绕如皋市特色产业发展情况，赴浙江、山东等地学习考察，经主席会议协商，形成《学习借鉴浙鲁经验，做优做强特色产业》的调研报告，提出“优化产业结构、推动产业集聚、打造产业体系，推动特色产业转型升级”等意见，市政府充分吸纳该调研成果，制定了全市《加快特色产业发展的意见》。城建法制委员会围绕推进如皋市城乡统筹发展开展调研，提出的强化产业支撑、夯实基础设施、加强土地管理、拓宽投融资渠道、抓好示范试点建设、出台产业扶持政策等具体建议被市委、市政府转化为如皋市推进统筹城乡综合配套改革的政策措施。经济科技委员会与市科技局围绕如皋市电子信息产业发展情况开展联合调研，提出的优化政策环境、完善产业创新体系、推进园区建设、创新人才培养等建议被充分吸收到如皋市“十三五”电子信息产业发展规划中，其中“鼓励企业与高等院校、科研院所合作培养人才”的建议已经落实，南通大学软件学院在高新区正式挂牌。

4. 依托提案办理，提升协商实效。本届政协不断创新提案协商形式，通过组织相关提案委员参与政协的有关调研、协商、视察活动，邀请市分管领导、政协委员、承办单位面对面协商等，不断提升提案协商效果。本届以来，共收到提案 2 062 件，立案 1 949 件。所提问题已经解决或已列入工作计划逐步解决的 1 855 件。委员们对办理结果满意或基本满意率达 99.64%。我们十分注重对提案办理成果的转化，一些重点提案已逐步转为党政部门决策。比如，由陈洁委员代表共青团界别提出的《关于支持青年创业就业的建议》，市政协主席会议以建议案的形式呈报市委。在政协的持续呼吁和推动下，2014 年，市财政局联合团市委、如皋农商行成立了青年创业梦想援助工作站，制定实施了《如皋市青年创业小额贷款贴息管理办法》，市财政每年拨款 60 万元专项资金财政贴息。政策出台后，当年撬动银行发放贴息贷款、低息贷款各 500 万元，带动青年就业 200 余人；2015 年，共发放青年创业小额贷款 283 笔 5 206 万元；2016 年，完成审批发放贴息、低息贷款共 273 笔 4 546 万元。一份提案催生了一项惠民政策，为全市创业青年起好步注入了强劲动力。

三、聚焦民生，反映民意，不断增强民主监督实效

本届政协坚持把维护和实现人民群众根本利益作为履行民主监督职能的出发点和落脚点，围绕市委、市政府惠民政策措施落地，大力开展提案督办、专题视察、民主评议、派驻民主监督员等活动，积极推动民生事业发展，努力增进人民福祉。

1. 跟踪督办民生难点问题提案。本届政协从委员提案中选择涉及教育、就业、医疗、物价、社保、住房、交通、食品药品安全等民生难点问题的提案，通过市政府领导领办、市政协主席会议成员督办，重点提案持续跟踪督办、分类集中办理、民主评议提案办理等举措，切实加大提案督办力度，有力地促进了一大批民生难点问题的解决。例如，针对主城区水系贯通问题的提案，本届政协连续五年不断呼吁和持续跟踪督办，终于使之落实到规划层面。2016 年年初，如皋市对城中片区防洪规划进行了修编，通过水系沟通、河道治理和闸站控制，在中心城区形成独立的集引水、控制、调度、净化功能于一体的水利工程系统，提升了城市防洪排涝能力，同步实现城区“水清、水畅、水美”的水生态目标，提升了城市整体形象和综合竞争力。

2. 积极开展民生热点问题视察。本届政协以界别为单位，组织委员从自身最熟悉的领域、最擅长的专业、最了解的民情入手，广泛开展视察调研活动，积极为增进人民福祉、提升群众获得感献计出力。五年来，委员们先后就奥体中心运营、市长公开电话受理中心、新型农村合作医疗制度、失地农民保障、餐饮服务食品安全、教育资源优质均衡、基层文化建设、保障性住房与安置房建设、社会养老服务体系建设、民营医疗机构运行情况、人口与计生服务、供销社“三农”服务、文化体育设施投入使用情况、少数民族工作、粮食工作、物价工作、职业教育发展、残联工作、广电网络工作等近 50 项民生热点开展专题视察调研，通过视察调研，既对如皋市相关惠民政策措施落地进行民主监督，又在掌握实际情况的基础上，为市委、市政府及有关职能部门加强和改进工作提出针对性的意见和建议。此外，我们每年组织对政府为民办实事项目进行专题视察，深入项目现场实地察看，听取责任单位和建设单位汇报情况，针对

项目建设工作中存在的问题提出建议、意见，推动如皋市为民办实事项目的落实。

3. 认真组织民生重点部门民主评议。本届政协有计划、有步骤地组织全体政协委员，每年集中对一个涉及民生的重点职能部门开展民主评议活动，这种专项集中监督活动开辟了民主监督的新渠道。委员们参与评议热情很高，每年的参评率均在95%以上，2016年达到96.7%。五年来，先后对农委、工商、教育、环保、人社等五个部门的工作进行民主评议。评议中，全体政协委员在广泛听取群众意见的基础上，与被评议部门面对面协商，对各部门重点工作及队伍建设情况分项测评打分，反馈收集到的具体意见，五年中共向相关部门原汁原味反馈建议、意见537条。通过评议，被评议部门认真对照检查，研究制定整改方案，落实具体整改措施，以评促改，整顿作风，提升了为民服务水平。除对这些重点部门组织评议外，我们还推荐政协委员担任纪委、检察院、法院、公安局、交通局、城管局等部门的人民监督员、行风监督员、行政决策听证代表，加强对这些重点部门的民主监督。同时，组织委员代表参加政府扩大会议、行政决策听证会、法院庭审旁听等，广泛直接了解政情、知晓民情，扩大监督面。

四、增进团结，促进和谐，广泛凝聚社会正能量

本届政协注重发挥统一战线的重要组织作用，坚持把群众路线贯穿到政协工作的始终，把加强团结、促进和谐贯彻落实到履职的各个环节，坚持商以求同、协以成事，积极协助党委政府广泛凝聚人心，寻求最大公约数，画好最大同心圆。

1. 广泛联系界别群众。政协常委会研究制定了委员联系群众制度，要求每个委员至少联系3名本界别群众，通过定期走访、座谈等方式，耐心倾听本界别群众呼声，积极反映各界群众利益诉求，扩大社会各界有序政治参与。五年来，分别对台资企业运营情况、侨联工作、少数民族工作、宗教工作进行专题协商。通过协商活动，一方面向市委、市政府提出建议和意见，另一方面向台属（胞）、侨眷、少数民族、宗教人士宣传党的方针政策，共商发展大计，不断巩固和发展如皋市广泛的爱国统一战线。

2. 积极纾解民忧民困。本届政协充分发挥政协联系面广、界别性强的特点和优势，组织委员积极反映民情民意，发挥好信息“直通车”作用。五年来，共收到各方面社情民意信息280多条，我们选择了其中社会关注度高、群众急盼解决的60条问题，通过《如皋政协》（社情民意专版）报送市委、市政府主要领导和分管领导。一些建议和意见被批转有关部门研究办理后，群众关切的一批民生问题得到及时妥善解决，如335省道修建、北门大桥安全隐患、消除随意焚烧垃圾现象、整治城市排水体系等。我们还积极发动政协委员开展爱心帮扶活动，市政协机关党员干部带头，参与联助村的结对帮扶及包户精准扶贫工作，五年来筹措或联系帮扶资金120多万元，帮助村民发展生产、提高收入、改善生活，较好地完成了帮扶工作任务。文教卫体委员会充分发挥联系界别优势，组织医卫、文体界别委员开展了5场100多人次的送医、送文化下乡活动。自2014年开始，城建、工商、民宗侨台等委员组发动委员资助贵州沿河土家族自治县等地52名家庭困难的大中小学生，直至其完成学业。2015年，石庄镇委员组发动企业家委员成立“诚源港务集团爱心基金”。2016年，市政协牵线在外能人，以其个人名义向市慈善基金会定向捐资100万元；发动政协委员积极捐资，帮助下原镇桃园村建成社区公

共服务中心。这些善行义举彰显了政协组织和政协委员的为民情怀。

3. 大力开展联谊交流。本届政协通过走出去、迎进来，积极推动政协间的联谊交流。先后接待全国、江苏省、南通市政协调研和福建、浙江、山东、河南、广东、天津、青海、新疆等省（市、区）政协考察团150余批次，同时组织部分委员赴周边省、市学习考察交流50多批次，通过交流，学习外地经验，宣传推介如皋。积极参加全省政协工作会议、长江三角洲十三县（市、区）政协工作研讨会、沿海十四县（市、区）政协工作研讨会、全省市（县、区）政协主席座谈会等活动，交流如皋政协工作经验。积极开展走访在外企业家委员活动，一方面了解他们的工作生活情况，激发他们关心家乡发展、支持家乡建设的热情，另一方面通过他们宣传推介如皋，扩大如皋影响力，为如皋项目招引出谋划策。

4. 致力提升文史水平。本届政协创新文史工作思路，切实发挥文史工作存史、资政、团结、育人的作用，认真开展文史资料的征集、研究工作。五年来，完成江苏省政协、南通市政协组织的沿海开放、纺织史话、名医名家、海外名人、抗日战争等史料征编任务9.8万字；深入挖掘如皋历史资源、名人文化和特色民俗，编印第24—28辑《如皋文史》；组织编写、印刷《如皋长寿经》，与江苏凤凰科技出版社合作出版《寿比南山》，与古吴轩出版社合作出版《如皋百岁寿星图》，揭秘如皋长寿现象，提升世界长寿乡美誉度。从2015年开始，实施“雉水英才”采编计划，对如皋籍院士、将军、知名企业家以及当代文化界和体育界的知名人士等20位名人分期、分批进行实地采访，一方面积累珍贵的历史资料，另一方面充分利用他们的优势资源，为如皋经济社会发展聚力汇智。活动开展以来，累计为如皋招引高端人才和优质项目、产学研对接等提供有效信息11条。2016年11月，如皋市政协作为县级政协唯一代表，在江苏省政协文史工作座谈会上交流文史工作经验，受到省、市政协领导充分肯定。

五、完善机制，拓展平台，不断加强自身能力建设

五年来，十三届市政协围绕“三加强”“三提升”，不断加强政协自身建设，政协工作科学化水平得到进一步提高。

1. 加强常委会自身建设，提升担当意识。本届政协注重发挥常委会组成人员的领导和表率作用，把常委自身使命与常委会作用的发挥联系在一起，与人民政协事业的发展联系在一起，积极履行职责，用人民满意的工作成果展示政协常委的良好形象。研究制定《常委会工作规则》《常委联系委员制度》，先后召开5次常委专题学习会，学习政协理论、业务和履职相关要求，系统性地加强思想政治建设、作风纪律建设、制度机制建设和履职能力建设。充分发挥政协常委的中坚和骨干作用，教育和引导各位常委认真履职、不负重托，努力做学习研究的表率、参政议政的表率、团结合作的表率、联系群众的表率。

2. 加强委员队伍建设，提升履职水平。本届政协坚持把提升履职能力作为加强委员队伍建设的重要抓手，通过组织委员集中学习培训，学习政协理论、统战政策以及改革开放和经济社会发展新思维新理念，不断提高委员的履职能力和水平。开展主席会议成员走访委员活动，关心委员工作生活情况，增强委员队伍的向心力、凝聚力。做好委员履职活动的统计、登记、建档工作，探索委员量化考核办法，为委员考核评优、遴选留任等提供科学依据。加大对不称

职委员的处置力度，通过与组织、统战、纪检等部门沟通，对违纪、违法、不称职委员及时做出处理，本届政协共有 12 人因违法、违纪、不称职等原因被终止委员资格。开展优秀委员、优秀提案评比表彰活动，积极宣传委员履职成果，不断激发广大委员参政议政、自觉履职的热情。

3. 加强“四型”机关建设，提升服务能力。本届政协以深入开展党的群众路线教育实践活动、“三严三实”专题教育、“两学一做”学习教育为契机，扎实推进创新型、务实型、勤廉型、服务型机关建设。全面落实政协党组和机关党总支从严治党主体责任，持续改进作风，推进效能建设，落实文风会风、工作作风和生活作风等常态化监督机制，严格执行中央“八项规定”和省市委“十项规定”。将年度重点工作任务分解到各委办、具体到人头，实行月工作清单制度，每月召开主席办公会，听取各委办任务完成情况汇报，检查工作落实情况。不断优化政协机关干部队伍结构，从党政机关交流一批专业突出、经验丰富的干部到政协机关，切实提高政协履职能力和水平。同时选派一批业务精、能力强的年轻干部到城市搬迁、信访维稳、新农村建设等工作一线接受锻炼。认真做好政协联谊会、历史文化研究会、红十四军研究会、老科协、《红楼梦》研究会等社会团体的服务工作，注重发挥老同志的积极作用。建立政协新闻宣传工作考核机制，深入报道全市政协组织履职成果，五年来，累计在《人民政协报》和省、市政协媒体发稿百余篇，在市新闻媒体和网站发稿千余篇，政协影响进一步扩大。修订完善机关财务、车辆、日常工作等管理制度，提高机关服务保障水平。

各位委员，回顾过去五年的工作，我们深切体会到，十三届市政协各项成绩的取得，是中共如皋市委正确领导的结果，是市人大和市政府大力支持、社会各界密切配合以及政协各参加单位和全体委员共同努力的结果。在此，我代表十三届市政协常委会，向所有关心、支持、参与政协工作的同志们、朋友们表示衷心的感谢！

回顾总结工作成绩的同时，我们也清醒地认识到，与党和人民群众的要求相比，与人民政协肩负的使命相比，与广大政协委员的期望相比，我们的工作还有一定的差距，主要是：协商成果转化有待加强，民主监督力度还须进一步加大，理论研究推动实践创新还须进一步努力，委员主体作用还须更进一步发挥，等等。对此，建议新一届政协予以重视，切实加强和改进。

五年来，市十三届政协始终坚持人民政协长期以来形成的重要原则，又不断赋予新的时代内涵，为我们不忘初心、继续前进提供了有益启示：

启示一，始终不渝坚持党的领导，是政协事业持续发展的根本保证。

启示二，始终不渝坚持围绕中心、服务大局，是政协事业持续发展的基本原则。

启示三，始终不渝坚持聚焦民生、反映民意，是政协事业持续发展的根本方向。

启示四，始终不渝坚持团结民主主题，是政协事业持续发展的坚实基础。

启示五，始终不渝坚持开拓创新，是政协事业持续发展的动力源泉。

（李中林时为十三届市政协主席）

政协如皋市第十四届委员会常务委员会工作报告（节录）

（2018年1月12日在政协十四届二次会议上）

张元健

2017年，是如皋向着全面建成更高水平小康社会砥砺前行、激情奋进的一年，也是新一届政协扬帆起航、奋发作为的一年。一年来，十四届政协委员会在中共如皋市委的坚强领导下，深入贯彻党的十八大以来习近平总书记系列重要讲话精神，认真学习党的十九大精神和习近平新时代中国特色社会主义思想，紧扣市委、市政府中心工作，坚持团结和民主两大主题，认真履行政治协商、民主监督、参政议政三大职能，集思广益助发展，倾情履职惠民生，凝心聚力促和谐，努力为建设“强富美高”魅力如皋贡献力量。

一、重学习，强素质，增进委员广泛政治认同

“学如弓弩，才如箭镞。”新一届政协常委会深刻认识并准确把握新常态，组织常委会组成人员率先带头学习，同时分层次、分类别、分阶段组织广大政协委员开展主题鲜明、形式多样的学习教育活动，坚持求同存异，切实把思想和行动统一到市委决策部署上来，自觉与市委、市政府同心同行。

1. 在强化党委领导上增强自觉。政协党组自觉把政协工作纳入党委工作全局，始终坚持围绕中心、服务大局，把自觉接受和主动争取市委领导作为做好政协工作的根本保证。年初在确定常委会协商、主席会议协商、评议监督及各类调研视察课题时，能够准确把握市委工作重心，及时了解相关决策部署，做到精心选题，精准建言。认真贯彻落实市委《关于加强和改进人民政协工作的意见》，完善党对政协工作领导的制度保障。政协党组一年两次向市委常委会做专题工作汇报，年度协商计划报请市委常委会同意，邀请党政领导和有关部门负责同志参加政协全委会、常委会、专题协商会等制度均得到很好的落实。

2. 在日常学习培训中增进共识。常委会坚持把思想政治建设放在政协各项建设的首要位置，丰富学习内容，创新活动形式，持续推进“两学一做”常态化、制度化。政协党组成员带头学习，带头讲党课；政协机关班子成员充分运用市委中心组扩大学习、专题辅导报告会、党课、在线学习、党校选学等平台，深入学习习总书记治国理政新理念、新思想、新战略，学习党的十九大精神、人民政协协商民主理论和如皋市委的重大决策部署，全年累计有200余人次参加各类学习研讨活动。广大政协委员也充分利用“委员之家”开展政治理论学习，增强政治意识、大局意识、核心意识、看齐意识，更加自觉地在思想上、政治上、行动上同以习近平同志为核心的党中央保持高度一致，夯实坚持党的领导这一共同思想基础。

3. 在教育实践活动中提升素质。针对换届后新委员超过三分之二的新情况，常委会把加强委员思想政治教育、开展教育实践活动作为重要任务，创新开展“弘扬老区革命精神、争做优秀政协委员”的主题教育活动。先后分4批组织新任政协委员，分赴延安、井冈山、古田、大别山等全国革命传统教育基地接受培训教育。通过开展教育实践活动，帮助各界委员领会

“四个全面”战略布局的深刻内涵，增进政治认同，坚定理想信念，提升了委员履职为民的政治责任感。

二、议大事，献良策，助推如皋持续跨越发展

“不谋全局者，不足谋一域。”市政协常委会始终把聚焦中心、服务发展作为履职的第一要务，主动对接大局，努力融入大局，积极服务大局。全年围绕市委、市政府中心工作组织开展2次常委会专题协商、15次主席会议协商和专题视察调研活动，形成了1份常委会建议案和14份协商调研报告，为助推“强富美高”魅力如皋建设积极建言献策。

1. 助力如皋创新转型战略实施。为聚力改革创新，增强转型发展新动能，常委会坚持问题导向，立足全市创新转型的重大课题，将新能源汽车产业发展作为常委会调研协商的重要内容。为了提高协商效率，同时使常委会协商更有深度，我们组织常委会成员深入企业摸实情、听实话，并组成3个调研组分赴浙江、山东、广东等地解真题、取真经，还邀请专家做专题辅导讲座，加深委员们对国内外新能源汽车产业现状、发展趋势和国家政策的把握，让常委会协商在更宽领域、更高平台上进行。常委会协商形成的“完善扶持政策，激发主体活力”“做强龙头企业，打造‘航母编队’”“推进智能技术，谋划前沿发展布局”等建议、意见得到市委、市政府重视。

2. 助力如皋特色产业发展。一年来，市政协紧紧围绕全市改革发展、聚焦富民的工作大局，先后组织了石材产业城规划建设和港投集团视察调研，结合如皋实际，就石材产业城发展、石头小镇建设、港投集团发展等向市委、市政府建言献策。围绕富民增收这一党委政府的工作重点，我们组织了“高标准农田建设”和“强化富民举措，促进农民增收”两次主席会议协商，提出了具有可操作性的建议、意见。围绕旅游产业发展，我们开展了以“聚焦大旅游，打造新引擎”为主题的委员论坛征文活动，委员们围绕主题深入调研，思考论证，提出意见、建议，共提交论文78篇，市政协择优选择20篇汇编成册，供市委、市政府参考借鉴。

3. 助力如皋重大市政工程推进。为了解如皋市区域供水运行管理现状，市政协通过现场察看、座谈协商并借鉴邻县成功做法，对完善区域供水运行管理体制提出了前瞻性意见和建议。市委书记陈晓东对此高度重视，认为政协调研报告“质量很高，分析非常到位，问题解决迫在眉睫”，要求相关部门抓紧实施供水集团方案。为了解城市水系畅通工程进展，查找推进难点，政协常委会成员认真听取城市水系规划编制说明和工程建设情况，开展现场视察调研，深入协商讨论，最终形成关于“加速推进城市水系畅通工程规划建设”的建议案提交市委、市政府，推动了如皋市《市区河道控制性规划》《河道蓝线专项规划》《河道管理办法》的制定出台。

4. 助力如皋历史文化资源挖掘利用。文史资料工作作为政协独具特色的重要工作，服务当今、利在千秋。一年来，市政协创新开展文史工作，积极助力如皋发展大局。一是延伸文史服务功能。全年征集重要史料30万字，完成《如皋文史》29辑的编印，涵盖了如皋市政治经济、文化教育、风尚习俗等各方面的丰富史料，凸显了以史为鉴、以史资政的政协文史特色。二是拓宽文史征集渠道。通过定向约稿、公开征稿、采访口述、座谈研讨，面向社会各界广泛

征集文史资料。继续实施“雉水英才”采编计划，组织人员分赴广州、深圳、重庆、北京等地对如皋籍名人进行拜访和采写，联合新闻媒体进行专访报道，积累了大量珍贵史料。为传承和弘扬如皋治沙精神，组织专门力量对如皋市战高沙的激情岁月及其精神资源进行深入挖掘和调研，先后采访当年参与削平高沙土的亲历者27人，编印完成《如皋文史》特辑——《勠力同心战高沙》，让当今如皋人重温治沙精神，凝聚发展共识，汇集创新动力。三是发挥文史育人作用。开展专题党史党课和地方历史进企业、进社区、进学校活动，全年讲授14场，受众近两千人，宣传和弘扬我党不忘初心、砥砺奋进的优良传统，受到广泛好评。

三、惠民生，解民忧，提升城乡广大群众福祉

一年来，市政协常委会把关注群众期待、回应群众关切、促进惠民利民贯穿于履职的各个环节，以“但愿苍生俱饱暖”的忧民情怀，为推动保障和改善民生倾心助力。

1. 聚焦热点难点察民情。常委会组织委员围绕社会关注度高的热点、难点问题，深入调研，协商建言，推动相关惠民举措落地生效。2017年，我们发动全体委员，尤其是各镇（区、街道）委员，在全市范围内就“五道医疗保障线”基层落实情况开展调研。调查采用问卷调查、实地走访的方式，共填写调查问卷877份，走访调查年内住过院的困难群众344人。经过对调查问卷系统分析，向市委提交了调研报告。针对调查中出现的问题，市政协提出了着力解决低收入边缘家庭医疗救助问题、建立村医疗保障服务“最后一公里”高效服务机制等建议和意见，供市委、市政府决策参考，确保“五道医疗保障线”工作真正落实到位。

2. 畅通民意渠道听民声。一年来，我们共整理编发《如皋政协》（社情民意专版）12期，全部直接涉及民生热点问题，其中关于进一步优化城区公交运行、农业“三项保险”理赔简单化导致种植户不满应引起高度重视、加强健康步道规划建设等的建议，市政府主要领导均批示并批转相关部门研究落实。此外，关于加强种植业面源污染防控、提升税务大厅服务效能、加强严重精神障碍患者救治管理、加强全市治安技防建设、加强职业技能对口培训、共建校园周边食品和文具安全“防火墙”、加强如皋市少数民族工作等的建议，均得到有关部门的重视和有效解决。

3. 致力慈善公益暖民心。为充分彰显政协委员的民生情怀和责任担当，市政协以关心关爱弱势群体为己任，发动和组织政协委员投身慈善公益事业，广泛开展扶贫济困、捐资助学活动。经过城建、工商等6个委员组联袂倡议，全体委员积极响应，我们成立了南通市首个政协委员慈善爱心基金，377名政协委员慷慨解囊，共筹集爱心基金75.9万元。首批帮扶特困单亲家庭学生137名，发放善款19.35万元。此外，不少政协委员自觉投身各类社会公益活动，据不完全统计，全年通过各种途径捐资捐物约500万元。如皋市政协委员热心慈善公益的做法被“江苏大走访”微信公众号录用并推广。

4. 着力精准扶贫解民困。新一届政协放大政协组织优势，持续深入开展“走帮服”活动。各位主席和机关领导班子成员带头深入挂钩村居、企业调研走访，与村干部、企业负责人共谋发展思路，破解发展难题。先后协调解决了部分村居道路维修资金筹措，企业融资、技改、申报、验收等方面的实际问题；带头走访困难农户，商讨脱贫致富的出路；看望慰问结对帮扶对

象、特困学生家庭，帮助缓解燃眉之急。市政协机关“走帮服”活动开展以来，科级以上领导干部共走访挂钩村居、企业35家，村民760户，筹集资金65 900元定向帮扶41户低保特困家庭；梳理村民生产生活、医保、就业等方面的问题96条，帮助协调解决各类问题66个。

四、勇探索，笃践行，促进政协工作创新发展

“物有甘苦，尝之者识；道有险夷，履之者知。”新一届政协认真贯彻落实省、市政协工作会议精神，既继承传统，又注重创新，积极探索政协协商民主的新途径，政协工作焕发出新的生机与活力。

1. 积极探索提案协商办理模式。新一届政协不断创新提案办理机制，把协商理念、创新思维贯穿提案工作全程，逐步构建职责分明、重在协商、督办有力、落实到位的提案办理新格局，提案协商办理工作走在全省政协系统前列。一是狠抓初审协商环节，每一件提案都需要经过提案委员会按要求审查立案才能成立。二是狠抓交办协商环节，明确每一件立案的提案都须交由相关部门办理，对有争议的提案及时进行办理责任协商，确保提案交办对口，分办合理。三是狠抓重点提案督办协商环节，高度聚焦重点、难点工作及热点问题，经协商推荐和主席会议审定，确定了12件年度督办重点提案，并通过主席会议协商、专委会协商等多种形式进行督办。四是狠抓办前协商环节，在全省率先制订出台了《提案办前协商试点方案》，开展“提案办理协商前移下沉”，实施“有准备的协商、有碰撞的协商、有质效的协商”，凝聚提办合力，优化办理方案，强化办理质效。该做法在全省市县主席座谈会上进行了交流，《共商提案办理，推进转化落实》被收入江苏省政协公开出版发行的《提案工作创新》一书。《人民政协报》进行了专题报道，省内外多个单位前来考察学习。

2. 不断激发委员履职活力。新一届政协创新优化委员服务管理方式，拓宽协商议政有效渠道，为委员参政议政、建言立论提供平台，为委员发挥作用、展示才华搭建舞台。“政治有地位、建言有渠道、出力有舞台”的良好局面正在形成。一是提升委员履职能力。以各委员组为单位，以“委员之家”为课堂，深入开展委员“全覆盖”巡回培训。全年共培训27批359名政协委员，参训率达到92%。二是搭建委员履职平台。全年委员参加提案办理见面会达280余人次，参加视察调研活动400余人次，参与各类协商活动500余人次，委员活动参加率达90%以上。全市28个“委员之家”均实现活动常态化、制度化，各镇（区、街道）工委以“委员之家”为平台，组织委员开展视察调研，积极为所在镇（区、街道）经济社会发展建言献策。三是完善委员履职考核机制。建立委员履职管理档案，推行年终积分考核制度，通过委员自评、小组测评、全会通报的形式，压实履职担子。四是引导委员建功立业。积极引导广大委员充分发挥在本职工作中的带头作用、政协工作中的主体作用和界别群众中的代表作用，躬行实践，彰显才干。我们创新委员服务管理的做法，先后被《江苏政协》杂志、人民政协网和人民论坛网转载报道。

3. 持续强化政协民主监督职能。一是把民主监督寓于视察调研之中。一年来，市政协先后围绕全市“263”专项行动推进、社会治安综合治理、“七五”普法、垃圾分类处理、河长制推进落实、交通重点工程建设、广电网络运营、群众体育、民营剧团发展等民生问题，组织

开展系列视察调研活动，提出的“强化‘263’整治顶层设计，着力以治本为主”“切实加大智慧社区统扶力度，加快智慧城市建设步伐”“完善硬件设施，推动体育事业可持续发展”“加快推进火车站周边环境综合整治，提升站前广场整体形象”等建议和意见，被市政府及相关部门采纳落实。此外，还对市财政工作和检察院、法院工作开展主席会议协商。二是把民主监督寓于提案工作之中。鼓励和支持委员选择党政重视、群众关注的热点、难点问题，深入基层群众，认真调查研究，提出批评意见和建设性建议，实现一份提案监督一项工作。一次全会共审查立案411件提案，办理满意率达93.2%，基本满意率为6.8%，较好发挥了提案的监督作用。三是把民主监督寓于评议之中。组织开展民主评议水务工作，历时一个多月，委员参评率达96.8%。广大委员与水务部门面对面沟通，特别是对群众高度关注的农村河道整治、环境长效管理等问题进行了重点监督和协商。我们将收集到的210条委员意见和建议，其中关于河道治理、环境管护、农田水利工程建设方面的意见达到了120条，如实反馈给水务部门，并继续跟踪委员意见的落实情况。

五、强基础，增效能，提升政协自身建设水平

“工欲善其事，必先利其器。”一年来，市政协常委会主动适应新形势、新任务、新要求，把加强自身建设摆在突出位置，有力提升了科学化管理水平，夯实了政协履职的基础保障。

1. 推进管理创新有新机制。市政协常委会结合新的形势和要求，扎实推进落实政协队伍管理制度改革，制定实施《委员履职服务管理办法》《委员履职积分制管理实施办法》等配套制度。重新修改完善政协机关40多项规章制度，形成《制度汇编》。探索建立灵活的政协协商选题机制，在年度协商计划基础上，注重围绕全市性重点工作、阶段性热点工作、突发性难点工作，丰富参政议政形式，由相关专委会与相关部门沟通后提出对口协商议题；或者选取界别关注、专业性较强的课题有针对性地开展界别协商，保证了协商活动的及时性、针对性和有效性。

2. 参与中心工作有新担当。一是积极参与“六大指挥部”工作。各位主席带头融入“六大指挥部”体系，认真做好所参与指挥部各项工作的推进。二是全身心投入全国文明城市创建。各位主席带头深入各创建点位和挂钩联系镇，现场办公，及时交办督查发现的问题，确保创建不留死角。机关全体人员深入居民小区，配合开展环境整治，参与路段协管，宣传创建知识，为如皋成功创建全国文明城市做出了政协人应有的贡献。三是主动服务招商引资。为履行政协服务中心职能，机关各位同志群策群力，积极担当作为，及时发现捕捉项目信息；各位主席积极参加联系镇项目洽谈，帮助协调解决项目推进中的具体问题，全年共上报确认项目信息10条，落地开工项目2个。四是加强全局性重点工作督查。根据市委总督查组分工，牵头对全市社会事业、“三农”工作、小城镇建设、生态文明、城建交通、建筑业及农业现代化等重点单项经济工作，部分10亿元以上重特大项目推进以及“一河两行业”整治等进行了重点督查，有力推动了相关工作的开展，促进了相关问题的解决。

3. 提升机关效能有新气象。我们以作风建设为抓手，着力提升机关干部干事创业的精气神，积极打造文明和谐、团结向上、优质高效、清正廉洁的机关形象，更好地为委员履职服

务。一是增强工作执行力，提升机关服务效能。发挥政协机关在政协履职过程中的参谋助手和服务保障作用，坚持高点定位，力争优质高效，不断提高办文、办事、办会的质量，力求领导满意、委员满意。根据年度政协工作要点，分解细化工作任务到每月，及时制订月工作计划，每一项重点工作均明确完成时限和责任人，分解落实到相关委室和分管领导，月底进行“回头看”，确保每项工作按序时推进。二是充分发挥基层党组织的战斗堡垒作用和党员先锋模范作用。广大党员发挥聪明才智，放大自身优势，始终保持蓬勃向上、昂扬奋发的精神状态，心系发展大局，积极作为，为助推如皋市经济社会发展凝聚正能量。三是注重培养团队精神。机关支部、工会通过开展学习教育和文体活动，不断增强政协机关的凝聚力，激发了干部职工的工作活力。四是老干部服务发展、服务社会的热情不减。从政协领导班子退下来的老同志仍保持奉献余热的抱负和情怀，不辞辛苦出山林，热心公益，为民效力，积极参与或牵头开展关心下一代、历史文化研究、红十四军（新四军）研究、《红楼梦》研究、老年科协等工作。政协机关第二党支部被表彰为“如皋市先进离退休干部党组织”。市政协原副主席于永芳同志被评为全国老年科协工作先进个人。

4. 加强政协联谊有新渠道。市政协常委会筹备召开了如皋市政协联谊会五届一次会员大会，选举产生了新一届联谊会理事会。联谊会充分发挥联谊会会员的作用，积极开展各种活动，彰显了老政协委员的责任担当。密切与各地政协的友好交流交往，加强与兄弟县市政协的交流研讨，全年共接待全国各地考察组团 60 多批共 600 多人次。加强政协工作对外宣传，完善新闻宣传工作考核机制，深入报道履职成果，全年在各级新闻媒体和网站发稿百余篇，被省市级以上政协媒体录用稿件 34 篇，其中被国家级媒体录用 17 篇，扩大了如皋政协对外影响力。

回顾一年来的工作，我们也清醒地认识到，新一届政协工作刚刚起步，与新时代新要求和人民群众的新期待新愿望相比，我们的工作还存在不少差距和不足，比如：参政议政、民主监督的实效仍须进一步增强；履行职能的方式方法仍须进一步改进；政协委员的界别优势仍须进一步发挥；政协工作制度的落实仍须进一步强化；等等。这些都需要我们高度重视、认真研究，并在今后工作中切实加以解决。

（张元健时为十四届市政协主席）

政协如皋市第十四届委员会常务委员会工作报告（节录）

（2019 年 1 月 21 日在政协十四届三次会议上）

张元健

2018 年，是全面贯彻落实党的十九大精神的开局之年，也是新时代人民政协事业全面提质增效的一年。一年来，市十四届政协常委会在中共如皋市委的坚强领导下，深入学习贯彻习近平新时代中国特色社会主义思想和党的十九大精神，组织广大政协委员围绕市委中心工作，集思广益助发展，倾情履职惠民生，凝心聚力促和谐，为推动高质量发展、加快建设“强富美高”新如皋做出了新的贡献。

一、抓思想建设，强理论武装，政治信念更加坚定

市政协常委会始终坚持正确的政治方向，提高政治站位，树牢“四个意识”，坚定“四个自信”，不断增强“两个维护”的思想自觉、政治自觉、行动自觉。加强全体委员的思想政治建设，自觉把思想和行动统一于市委的各项决策部署，与市委同频共振，同向发力。

1. 强化政协党的建设，扛起主体责任。市政协党组认真贯彻落实中共中央办公厅《关于加强新时代人民政协党的建设工作的若干意见》，切实肩负起加强新时代人民政协党建工作的政治责任，把好方向，服从大局，抓好落实。坚持党对政协工作的全面领导，严格执行重大事项和重要情况向市委请示报告、年度协商课题报请市委常委会同意、邀请党政领导和部门负责同志参加政协重要会议等制度，政协工作全面融入党委工作大局。加强政协党的建设，引导激励机关党员和党员委员立足岗位建功立业，在履职尽责中充分展现党员风采。注重发挥党组织和党员委员的积极作用，切实把党的政策主张转化为各界别广泛共识，做到根植于心、笃定于行。参加省市政协组织的习近平总书记关于加强和改进人民政协工作的重要思想学习研讨活动和政协系统党的建设工作座谈会，《落实协商民主制度，促进决策科学化民主化》的经验在全省政协系统党建工作座谈会上书面交流。

2. 深化学习教育活动，坚定“四个自信”。市政协常委会坚持把思想政治建设放在首位，丰富学习内容，创新活动载体，学习教育活动常态化、制度化。坚持“双周学习会”制度，组织开展多层次、多形式的学习研讨活动；邀请市纪委、组织部、宣传部主要领导上专题党课；政协党组成员带头学习，带头讲党课；机关班子成员轮流导学，开展专题辅导，政协党组及机关中心组全年围绕相关专题开展理论学习 25 次。组织常委会组成人员和机关党员干部系统学习了党的十九大精神，新修订的党章、宪法和政协章程以及党纪党规，使全体党员同志进一步增强了政治敏锐性和政治鉴别力，提高了政治警觉，保持在大是大非和重大政治原则问题上的鲜明立场和坚定态度。

3. 锤炼党员党性修养，永葆初心本色。市政协机关通过重温入党誓词、过政治生日、开展主题党日教育等党性教育活动，引导全体党员增强党员意识，厚植理想信念，提升组织归属感。先后分批组织机关党员参观南京大屠杀遇难同胞纪念馆，瞻仰中共一大会址、嘉兴南湖革命纪念馆和淮安周恩来纪念馆，开展党性专题教育，引导大家学习革命先辈坚定的理想信念、强烈的宗旨意识和时代担当，从中汲取继续奋进的力量。严格落实“三会一课”、谈心谈话、民主生活会、组织生活会和民主评议党员等工作制度，规范程序，创新载体，机关全体党员的身份意识、组织意识、责任意识和表率意识进一步强化。

4. 开展委员培训实践，夯实履职基础。市政协把组织履职培训作为提升委员能力素质的重要举措。2018 年，组织新任政协委员 90 多人分别赴河南林县红旗渠、贵州遵义等教育基地接受理论知识集中培训和革命传统教育，增进委员政治认同，使其坚定理想信念，提升履职为民的政治责任感。组织开展提案工作系统业务培训，帮助委员快速掌握基本履职方式，实现了所有提案网上提交与网上答复反馈的无缝对接。积极扩大委员知情范围，组织委员参加视察调研、提案办理协商、民主评议、法院庭审观摩、行政决策听证以及市委、市政府相关重要会

议，准确把握全市工作大局和经济发展大势，增强委员履职的针对性和实效性。

二、议发展大计，献务实良策，协商议政更有质效

2018 年，市政协常委会围绕中心、服务大局，组织开展专题常委会协商 2 次，主席会议协商、视察调研及专委会视察 29 次，形成专题协商报告 16 份；共征集到“振兴乡村，建设‘强富美高’新如皋”委员论坛活动论文 31 篇，为助推如皋高质量发展走在前列建言献策。

1. 紧扣新城规划建设，助推城市转型升级。市政协常委会高度契合市委、市政府重大战略决策，立足全市产业优化升级和城市创新转型，将高铁新城规划建设列为常委会调研协商的重要议题。常委会组成人员实地视察施工现场，听取新城规划建设推进情况汇报，并开展深度协商讨论，从全局高度深入研究，从操作层面进行论证，在基础设施、功能配套、项目建设、产业项目招引等方面提出建议意见。这次专题协商调研充分、建言有力，得到了市委、市政府的充分肯定。

2. 紧扣全域旅游示范区创建，助推产业融合发展。市政协常委会组织开展了“国家全域旅游示范区”创建工作的协商议政活动。部分政协常委分成三个调研小组，分赴浙江、安徽、山东及本省先进地区参观考察，学习创建经验，并分别撰写出高质量的调研报告。政协常委会经过深度协商，充分听取建议和意见，最终形成关于加快推进“国家全域旅游示范区”创建工作的建议案，建议案从全域旅游创建“别人怎么做、我们做了啥、我们差在哪、我们怎么办”四个层面，立足如皋市实际，提出了一些切实可行的建议，得到有关方面的好评。

3. 紧扣“放管服”改革，助推营商环境优化。根据省市县政协“三级联动”要求，市政协常委会将助推深化行政审批制度改革列为市政协主席会议协商内容。组织专题考察组赴浙江慈溪、杭州下城及广州白云等地，考察学习行政审批制度改革成功经验；邀请企业家委员代表座谈，听取真实感受和建议；先后召集相关镇区、部门和企业召开座谈会，并实地走访部分企业，制定发放调查问卷 150 份，多形式、多渠道听取“放管服”改革工作推进情况、企业评价及相关建议。充分运用江苏省政协统一部署的专题民主监督载体，寻找当前如皋市营商环境中的堵点、痛点，形成有较强针对性、操作性的专题协商报告。

4. 紧扣实体经济发展，助推发展质态提升。市政协围绕实体经济转型发展的质态提升，开展高质量发展专题调研，听取全市高质量发展相关指标完成情况分析，积极探讨对策举措，进行专题协商议政活动。一是组织项目建设深度协商。选择部分典型项目进行剖析，深入项目现场察看，并赴先进县（市）学习考察，紧扣项目招引、项目产出、项目承载及项目服务等，提出了项目建设的建议，供决策参考。市委主要领导批示：政协调研的项目建设情况分析研判很到位，对全市 2019 年项目招商和项目推进及创新组织推进体系等方面很有借鉴意义。二是调研金融支持实体经济发展。召集金融办、人民银行及 19 家商业银行参加座谈，就金融业如何更好支持实体经济发展，从加强政策引导、推动银企对接、提升担保能力、优化金融环境四个方面提出对策。市政府主要领导高度肯定调研报告，要求金融办加大工作统筹和创新力度，搭建金融供给侧和需求侧有效对接的工作平台。三是围绕提案办理助力实体经济高质量发展。对委员们所提交的有关 47 件提案进行综合提炼，形成了《引导制造业转型升级，促进实体经

济高质量发展》和《实施“乡村振兴”八大基础工程》两份建议案，得到市委、市政府高度重视，相关可行性建议被全面分解督办。

三、谋民生之利，解百姓之忧，履职为民更富活力

市政协常委会坚持“以百姓之心为心”，立足新时代人民群众对美好生活的向往，关注民生需求的新期待、新关切，多谋民生之利、多解百姓之忧，助力如皋高质量发展更有温度，让发展成果更多惠及百姓。

1. 聚焦矛盾焦点，呼应民意。市政协常委会及时跟踪基层干群反应比较强烈的焦点问题，立足妥善解决问题，加快推动相关惠民政策尽快落地。围绕贯彻实施乡村振兴战略，市政协把农村规划建设管理工作列为主席会议协商的重要课题，先后组织对近五年各镇区建房情况进行全面摸底统计，开展多层面座谈交流，听取相关部门、镇区、村居的建议和意见，组织相关部门赴宜兴、溧水等地学习考察，召开主席会议进行专题协商，就乡村振兴和农村规划建设管理问题提出了9条建议，为如皋市农村规划建设管理工作提供决策参考。市委、市政府主要领导对此高度关注，要求相关部门认真研究，加快出台相关政策。目前，相关部门正在抓紧研究制定如皋市农村规划建设管理新规。此外，市政协还对财政、公安、检察、法院工作开展主席会议协商。

2. 聚焦热点难点，关注民生。市政协常委会把完善社会保障、补齐民生短板作为委员履职之基，对全市五道医疗保障线政策落实情况开展调研，借助江苏省政协常委会协商议政平台，积极反映基层实情，争取政策支持。通过深入走访调研，听取多方意见，提出需要省级层面加强顶层设计、完善相关政策措施的建议，得到江苏省政协相关专委会的关注。2018年，市政协先后围绕社会和群众普遍关切的农路建养一体化、食品安全监管、农产品对接上海、电信基础设施建设、居家智慧养老、教师人才流动、医疗卫生信息化建设、基层文化队伍建设、体育休闲小镇建设等社会关注度高的热点、难点问题，组织委员视察调研，深度协商，助力相关民生问题的有效解决。

3. 聚焦民情民意，倾听民声。市政协常委会引导委员关注社会热点和群众关切，积极报送社情民意。市政协认真筛选，深入剖析，提出对策。全年共整理编发《如皋政协》（社情民意专版）12期，使之成为市委、市政府领导了解民生的重要窗口。其中，关于推进如皋籍学子回乡就业创业的建议被纳入如皋市科技人才联席会议工作机制重点推进的内容；关于进一步理顺社区与小区物管公司关系的建议被市政府领导批转，市政府领导要求结合城市建设管养体制确立加以落实，并建立有效的考核机制。此外，关于完善226省道设施确保通行安全、实施对磨头镇境内雷达营北侧界河的治理、强化食品快检追溯和安全监管、做好宁启铁路绿色通道建设工程管护、加强搬迁安置小区管理、加强茅稚河等河道管护的多项建议，均得到市政府领导和相关部门高度重视，有效推动了相关问题的解决。

4. 聚焦弱势群体，温暖民心。全体政协委员继续传递善举、传承爱心，热心慈善公益事业，关心关爱弱势群体，充分彰显为民情怀和使命担当。全体政协委员参与捐资设立的“政协慈善爱心基金”组织开展了第二批捐赠活动，百名单亲家庭特困学生得到救助，共捐助爱心基

金16.1万元；广大企业家委员积极参与社会捐赠，全年63名企业家委员捐款累计679.24万元，有14人捐款超过10万元。

四、重民主监督，显资政优势，政协工作更具特色

市政协常委会坚持求真务实，凝聚创新发展的智慧和勇气，进一步深化协商民主建设，创新民主监督方式；深入挖掘文史资源，彰显资政优势，不断焕发出政协工作的生机与活力。

1. 关注重点难点实施提案监督。一是创新实施提案征集协商，提升提案监督的针对性。注重精准发力，增强建言分量，集中推进集体提案、联名提案，大力实施提案并案协商。2018年提案立案交办数332件，占提案总数的77%，同比下降19%；集体提案、联名提案67件，占交办提案的20.2%，同比上升17.5%；集中并案提案69件。提案征集实现了由数量型向质量型转变。二是推进提案办理全程协商，扩大提案监督的参与面。在全省率先全面实施办前协商，全年实施面对面办前协商提案共273件。推进提案办理全程参与，全年提办人员见面沟通率提高了25%。三是跟踪监督重点难点问题，增强提案监督的实效性。结合全市重点工作督查和主席会议专题协商，先后组织58名提案人，就"巩固畜禽养殖污染整治成果""打造最美公路，助推全域旅游""推进农村公路提档升级"等集体提案办理推进情况进行实地观摩督办。立足统筹推进如皋市高质量发展重点、难点，对6件年度重点提案加大领办和督办协商力度，促进重点提案办理协商成果转化。

2. 关注重点部门实施评议监督。2018年，市政协组织开展了民主评议民政局、农委工作，历时一个多月，委员与部门面对面沟通协商，委员参评率达到97.1%。市政协对两个部门同时评议，分别量体裁衣，聚焦社会关切，围绕社会救助、优抚安置、养老服务、殡葬改革和新型农业经营主体培育、种植养殖业发展、农产品质量安全监管、农业生态环境保护等方面，开展评议监督和民主协商。共收集整理委员建议、意见226条，其中涉及民政局的有122条，涉及农委的有104条。市民政局、农委根据反馈意见及时进行整改，推动了各项重点、难点工作的创新突破。

3. 关注社会热点实施专题监督。市政协充分发挥委员主体作用，根据省市县政协"三级联动"要求，创新污染防治攻坚督查方式，积极助推污染防治攻坚行动，化解环境风险。围绕环境污染防治攻坚督查，组织推进巡河行动、镇区委员组环保督查、环境信访重点镇督查、三河三行业督查、环保基础设施建设督查、突出环境问题整治、长三角区域污染防治协作机制落实情况现场督查等7项视察调研，充分运用主席会议督查、专委会专题调研等形式，分线督查中央及省市督查交办件等突出问题，取得阶段性成效。此次专题督查行动持续时间近9个月，各位主席牵头组织督查活动75次，先后督查117个点，提出建议、意见203条。督查交办的问题和建议经跟踪督办，大部分得到了有效落实。

4. 挖掘文史资源彰显资政优势。一是拓展文史征集渠道。通过专题约稿、公开征稿、采访口述、座谈研讨，全年征集重要史料128篇，录用48篇22万字，完成《如皋文史》30辑的编印。开辟《如皋文史》"改革开放40年"专栏，录用高质量文稿16篇。二是积极参加《名人与南通》主题采写活动，完成吕岱、胡瑗、冒辟疆、李渔、袁枚5人的资料编写。三是全面

启动《如皋政协志》编修工作，发挥史志存史资政作用。目前编修工作正紧锣密鼓进行。四是继续实施"雉水英才"采编计划。联合新闻媒体，先后对中科院院士马瑾，中科院院士、兰州大学校长严纯华等7名如皋籍名人进行专访，激发名人家乡情愫，促进交流互动。五是强化文史服务功能。开展地方历史进机关进社区活动，全年共讲授17场次。参与《如皋市老区建设发展史》《如皋改革开放40周年影像志》策划及文稿撰写。

五、创管理新招，促自身建设，服务水平更为提升

市政协常委会主动适应新时代，积极探索开展政协工作的新思路、新方法，着力提升履行职能的制度化、规范化，委员队伍建设、机关建设不断加强，委员履职活力不断激发，履职成效不断增强。

1. 创新委员履职管理。一是健全委员管理制度。制定出台《政协委员履职积分制管理考评办法》《政协委员履职服务与管理办法》，坚持定性与量化相结合，科学评价政协委员履职实绩。全面加强委员参会、参与视察调研、民主监督活动的日常登记考核和检查监督，完善委员履职档案，实行年度积分考评。制定《届内委员增补实施办法》，严格政治纪律和遴选标准，全年对43名委员进行了增补和调整。二是搭建委员履职平台。组织委员积极参与各类协商议政活动，全年委员参加提案提办协商恳谈400余人次，参加各类视察调研和民主监督活动700余人次，委员活动参加率达90%以上。三是发挥委员主体作用。在企业家委员中深入开展"助推全面小康，彰显委员风采"主题活动，走访企业家委员90余人次，激发委员参政议政热情，促进委员在助推全面小康中建功立业，为全市经济社会发展发挥积极作用。据不完全统计，78名企业家委员2018年完成销售收入224.1亿元，纳税7.9亿元。该主题活动被列入2018年政协机关改革创新申报项目。

2. 服务重点工作推进。一是积极参与招商引资。市政协积极担当作为，领导班子成员带头，机关同志群策群力，共同关注招商引资，及时提供项目信息。经科委赴浙江等地考察项目情况，协调落实项目选址，协助办理项目审批手续。全年上报确认项目信息8条，落地开工项目3个。二是积极参与重点工作督查。市政协班子成员经常深入挂钩联系镇、村及企业，推进重点工作。各位主席根据分工，牵头对全市农业、城建、社会事业等条线工作和污染防治攻坚行动进行重点督查，成立专项督查组，建立工作机制，强化民主监督。在污染防治攻坚督查中，市政协先后形成《全市污染防治督查报告》《突出环境问题整治督查报告》《长三角区域污染防治协作机制落实情况联动民主监督情况报告》等5篇调研报告提交市委、市政府。"助推污染防治，做好委员作业"主题活动被列入2018年政协机关改革创新申报项目。三是积极参与全国文明城市创建回访督查。各位主席带头深入各创建点位和挂钩联系村、社区，现场办公，及时督查交办存在的问题。机关全体人员深入居民小区，配合开展环境整治，宣传创建知识。

3. 加强外宣联谊交往。强化政协亮点和特色工作宣传，深入报道履职成果。全年在各级新闻媒体和网站发稿百余篇，被省市级以上媒体录用信息和调研文章39篇，其中《如皋市政协组织委员督查污染防治工作》《贯彻落实十九大精神　在"学得深、悟得透、做得实"上下功夫》《全域旅游怎么干，委员论坛来支招》《来自基层的"委员作业"》《创新实施提案征

集协商》《增大办理合力，增强办理实效》等32篇稿件被国家级媒体录用。做好政协微信公众号平台的更新维护，全年共推送信息近60条。组织老干部和部分政协联谊会会员实地考察如皋市及外县（市、区）经济社会发展亮点，开展各类集中学习和视察调研活动，激发大家服务发展的热情。积极参加省市政协各类交流研讨和联席会议，密切与各地政协的友好交流交往，全年共接待全国各地考察组团60多批共700多人次，与陕西洋县结成友好政协。

4. 提升机关服务效能。以开展“走帮服”“党员服务进社区”“支部书记下访日”活动为契机，领导班子成员带头深入挂钩村居、企业调研走访，激发服务意识，改进工作作风，协调解决难点问题。先后帮助松杨社区开展畜禽粪污整治，协调筹集路桥维修、应急广播安装资金，指导镇污水处理厂实施技术改造；全年深入挂钩企业走访座谈100多人次，助力企业提质增效；机关科级以上领导干部共走访农户255户次，筹集资金6万余元定向帮扶51户和6个挂钩社区；共开展党员干部进社区志愿服务活动5次。实现了中心工作推进与走访帮困的有机结合，真正用服务发展、服务群众的实际行动促进机关作风的进一步好转。原市政协班子老领导继续保持服务发展的热情，积极开展关心下一代、历史文化研究、红十四军（新四军）研究、《红楼梦》研究、老年科协等工作。

回顾一年来的工作，我们也清醒地认识到，市政协工作与新时代新要求和人民群众的新期待新愿望相比，还存在不少差距和不足，主要是参政议政、民主监督的力度仍需加大；调查研究的深度仍需加强；履职的方式方法仍需创新；委员界别优势的发挥仍需强化；等等。这些都需要引起我们高度重视，并在今后工作中加以解决。

（张元健时为十四届市政协主席）

第二节　重要文件

中共如皋县委关于做好新时期人民政协工作的通知

（皋委发〔1986〕23号）

为了进一步做好新时期人民政协工作，使政协这个具有广泛代表性的爱国统一战线组织更好地为新时期的三大任务服务，为当前政策、改革开放和两个文明建设服务，根据中共中央和江苏省委有关指示精神，特做如下通知：

一、各区、乡（镇）党委和县直有关部门要重视加强对人民政协工作的领导和支持，并且由一名副书记分管政协委员联系小组或政协委员的工作。凡是分布在各区、乡镇的县政协委员，都要以区（如城单独）为单位建立政协委员联系小组，党委分管的副书记兼任组长，委员中再产生一名副组长，以利正常开展政治协商、民主监督的活动。

二、各区、乡（镇）党委和政府，对全局性的大政方针和群众生活的重要问题，在正式公布实施前要向政协委员联系小组和分布在乡镇的县政协委员通报情况，进行政治协商，广泛听取他们的意见。

三、县级各有关部门召开的经济建设、城市发展、科学技术、文教卫生等有关业务会议，均应通知政协工作组和联系小组的负责人参加，以便知情出力。

四、县政协组织的政协委员参观考察及调查研究活动，各有关单位和部门要积极支持，热情欢迎，如实介绍情况，虚心听取政协委员的批评意见或建议。

五、对政协委员提出的提案，有关单位要按照要求认真处理，做到有答复、有交代，能够解决的问题要及时加以解决。

六、县委、县政府各部门印发的有关文件、资料等，在报送县委、县政府的同时，也要抄送县政协参阅。

中共如皋县委员会

1986 年 4 月 8 日

中共如皋县委批转县政协党组《关于加强和完善政治协商、民主监督制度的意见》的通知

（皋委发〔1989〕34 号）

为了进一步加强社会主义民主政治建设，充分发挥人民政协的重要作用，支持和协同政协履行政治协商、民主监督的职能，使之经常化、制度化，更好地为我县社会主义民主政治建设和改革开放、经济建设服务，现将县政协党组《关于加强和完善政治协商、民主监督制度的意见》转发给你们，请认真贯彻执行。

人民政协是最广泛的爱国统一战线组织。共产党领导的多党合作制度和政治协商制度是我国的基本政治制度，也是我国政治体制的特点和优势。我们必须增强社会主义民主政治建设的意识，正确认识人民政协的性质、地位和作用。政协进行政治协商时，可视情况邀请党委、人大、政府以及有关部门的负责人参加会议，并请有关负责人就提交协商的问题做出说明。对政协委员的提案、举报和政协建议案，政协有责任做好征集、转送、催办工作，党委、政府和有关部门则应以认真的态度研究办理。

各级党政组织和有关部门都应积极为政协委员参政议政创造良好的条件和环境。党委、人大和政府及各部门的有关文件和资料，应发送给政协或政协有关委员会；党委和政府召开的有关会议，可通知政协的有关同志参加；对工作在基层的政协委员，所在单位和部门召开重要会议时，一般应邀请他们参加；要尊重政协委员的民主权利，在政协各种会议上，政协委员可以充分发表各种意见；对政协的全体会议、常务委员会议及其他形式的协商会议，广播电台和电视台一般均可报道。党委要把政协工作列入议事日程，定期讨论研究政协工作的有关问题，帮助解决工作中的实际困难。各级党政机关及有关部门都要积极支持政协开展工作，善于通过政协同各人民团体和各界人士进行广泛的联系。全体党员，特别是党员负责同志，都要通过支持、帮助或参与协商工作，自觉增强民主意识，做接受民主监督的模范。

中共如皋县委员会

1989 年 6 月 24 日

关于加强和完善政治协商、民主监督制度的意见（节选）

中共如皋县政协党组

（1989年6月14日）

政协全国委员会《关于政治协商、民主监督的暂行规定》，经中共中央同意，以中委〔1989〕13号通知要求各地参照执行。现根据中央和省委有关指示精神，结合我县的实际，对加强和完善政治协商、民主监督制度提出如下意见：

一、政治协商、民主监督的目的是发扬社会主义民主，反映社会各方面的意见和要求，为参加人民政协的各界人士参政议政开辟畅通的渠道，集思广益，促进县委、县政府重大决策的科学化与民主化，协助并推动全县各级党政机关改进工作，提高效率，克服官僚主义，反对腐败现象，监督国家宪法、法律和方针政策在本地区的贯彻执行；推动社会主义物质文明、社会主义精神文明和社会主义民主法制的建设，促进社会生产力的发展；协调社会各方面的关系，促进各方面的相互沟通和理解，加强在共产党领导下各人民团体、各界人士的团结合作；贯彻执行"一国两制"的方针，促进祖国统一大业的实现。

二、政治协商的主要内容包括（1）县委、县政府关于贯彻党和国家方针政策的重大决策；（2）县政府工作报告、县财政预算、全县经济与社会发展规划；（3）县级领导人人选；（4）全县性的重大体制改革方案；（5）重要的地方性规定；（6）群众生活的重大问题；（7）政协内部的重要事务以及有关爱国统一战线的其他重要问题等。

三、政治协商的主要形式。（略）

四、民主监督的主要内容。（略）

五、民主监督的主要形式。（略）

六、政治协商的程序。（略）

七、县政协进行政治协商可视情况邀请县委、县人大常委会、县政府以及县党政有关部门的负责人参加会议，并请有关负责人就提交协商的问题做出说明。

八、协商的议题与会期确定之后，县政协至少在一周前将通知或有关文件送达参加会议的人员，以便与会人员事先做好准备，充分反映各有关方面的意见。

九、政协委员的民主权利应受到保护，在政协的各种会议上，各种意见都可以充分发表。

十、以县政协常委会、主席会议或以各专门委员会、工作组、政协委员的名义提出的重要建议、意见和批评，均由县政协以正式文件形式送达有关方面或部门。有关方面或部门应积极负责地进行研究处理，并将结果尽快以正式文件形式做出答复。

中共如皋市委
批转市政协《关于进一步加强和改进政协工作的意见》的通知

（皋委发〔1995〕31号）

市委同意市政协《关于进一步加强和改进政协工作的意见》，现转批给你们，希结合实际认真贯彻落实。

人民政协是我国人民爱国统一战线的组织，是中国共产党领导的多党合作和政治协商的重要机构，是我国政治生活中发扬社会主义民主的重要形式。全市各级党组织要进一步提高对政协工作重要性的认识，更加自觉地把政协工作列入重要议事日程，切实加强和改善对政协工作的领导。全市党政各部门要把政治协商、民主监督纳入决策程序，积极支持政协充分履行主要职能：进一步加强同政协的联系，为开展政治协商、民主监督、参政议政创造条件；重视发挥政协的民主渠道作用，认真办理政协的建议和委员提案，热情支持政协开展对外联谊交往活动，同时，努力做好其他各项工作，为全市的改革开放和两个文明建设服务。

中共如皋市委员会

1995年8月18日

关于进一步加强和改进政协工作的意见（节选）

中共如皋市政协党组

（1995年8月7日）

根据中共中央13号文件精神和《政协全国委员会关于政治协商、民主监督、参政议政的规定》的要求，为努力完成市委、市政府提出的各项工作目标和任务，为全市的改革开放和两个文明建设服务，特提出如下意见：

一、各级党委要进一步提高对政协工作重要性的认识，加强改善党对政协工作的领导。人民政协是我国人民爱国统一战线的组织，是中国共产党领导的多党合作和政治协商的重要机构，是我国政治生活中发扬社会主义民主的重要形式。各级党委要充分认识新形势下人民政协在我国政治生活和社会主义现代化建设中的重要地位，把政协工作列入重要议事日程。市委每年要听取一至两次政协工作的汇报，研究讨论政协工作；市委、市政府每年要不定期举行重要情况通报、意见听取会或座谈会，听取各界人士对全市两个文明建设和民主法制建设的意见、建议和批评，并互通情况，统一认识。市政协也可组织各人民团体和各界人士代表同市委、市政府领导座谈，交流思想，交换意见，取得共识，保持一致，以形成群体合力，为全市的改革、发展、稳定做出新贡献。

二、市委、市政府及其有关部门要把政治协商、民主监督纳入决策程序，积极支持政协充分履行主要职能。按照中央13号文件要在决策之前与政协进行协商的规定，有关涉及全市的大政方针以及政治、经济、文化和社会生活中的重要问题，市委和市政府在决策之前向政协通报情况，进行协商，使之程序化、规范化，逐步形成重要问题通过政协进行协商的制度。党委和政府所属各部门也要同政协有关专门委员会建立对口协商制度，经常沟通情况，交换意见。在加强重大问题决策前协商的同时，还要经常向政协通报有关实施情况，充分发挥政协在决策实施过程中的民主监督的职能。

三、党委和政府及其有关部门要进一步加强同政协的联系，为开展政治协商、民主监督、参政议政创造条件。一方面，政协要紧紧围绕党和政府的中心任务，自己出题目，认真开展调查视察，切实为全市的改革开放和两个文明建设献计献策，参政议政；另一方面，市政协召开全委会、常委会，市委、市政府有关领导参加。党委和政府要主动给政协提出协商内容和课题，为政协履行职能创造条件。政协党员主席可列席市委常委会和其他重要会议，政协副主席可列席市政府组成人员会议和有关的常务会议，政协负责同志可应邀列席人大常委会的有关会议。市各有关部门和区乡镇党委、政府要加强与政协各委员会、工作组、委员联系小组的联系，重要问题及时通报。乡镇人代会可邀请政协委员列席，听取他们的意见，也可以根据工作需要就某些重要问题进行共同调查和研究。

四、各级党政部门要重视发挥政协的民主渠道作用，认真办理政协的建议和委员提案。党政领导干部要虚心听取各种意见，特别是要听取不同意见，切实保障政协委员的民主权利。对政协委员提出的提案建议及批评意见，有关方面及部门要认真对待和办理，不得推诿扯皮，要有领导分工，指定专人负责办理。对涉及全局性重大问题的调查报告、建议案，党政主要领导要亲自关心，及时处理，并要认真付诸实施；限于条件暂不能办的，也要及时妥善地予以说明。对政协委员的调查视察，有关单位要热情欢迎，提供方便。

五、各级党委和政府要充分发挥政协优势，积极创造条件，支持政协开展对外联谊交往活动。把政协开展的各项对外联谊交往活动列入全市的对外活动计划，实行统一的安排。充分发挥政协作为大统战组织的作用，根据工作需要，在全市招商或出访中安排政协组团或随团出访。利用政协委员与海外联系面广的条件，有关部门要与政协“三胞”委员会加强联系，协同动作，努力为发展全市外向型经济牵线搭桥。市委、市政府要支持政协开展海外统战工作，在接待“四有人物”活动中，要充分发挥政协组织的作用。

六、政协委员所在单位要支持委员参加政协的各项活动，给他们提供时间保证、旅差费报销等必要条件。按照中央及省市有关规定，给政协委员听取传达和阅读中央及省市县有关文件［市政协委员可阅读发至乡镇级的文件，市政协常委可阅读发至县（区）级的文件］。为保证工作的连续性，政协常委在任期内可不办理离退休手续，待任期届满或调整充实后再按有关规定办理。

七、党委宣传部门要切实加强对政协工作的宣传，并列入议事日程。要进一步加强对政协性质、地位、作用的宣传，加大宣传的广度和深度，努力提高广大干部和群众的统战观点和协商意识。市报社、电台、电视台等新闻单位对政协的重要会议和重要活动要重点报道；要大力宣传委员参政议政的活动，介绍委员的事迹，调动委员参政议政的积极性。

八、组织人事部门要进一步重视政协机关干部队伍的建设，关心政协机关干部的培养和使用。政协机关干部应与党政机关干部一样，实行多向交流，改变只进不出的状况，以增强政协机关的生机和活力。对政协机关干部的编制、职级应根据有关规定执行。

九、加强政协机关建设，切实帮助解决实际困难。政协机关必须加强自身建设，提高干部素质，改进工作作风，提高工作效率，更好地为委员履行职责服务，使政协机关成为委员参政议政的场所和委员之家。希望党委和政府要为政协开展工作创造条件，对政协的活动经费、办公条件、干部福利等方面存在的实际困难，切实帮助解决，以利于政协工作的顺利开展。

中共如皋市委关于进一步加强人民政协工作的决定

（2001 年 10 月 24 日）

为适应新的形势和任务的需要，认真落实省委、市委关于进一步加强人民政协工作的决定，加强和改善党对政协工作的领导，更好地坚持和完善中国共产党领导的多党合作和政治协商制度，充分发挥人民政协在推进如皋经济和社会发展中的作用，根据省、市政协工作会议精神，特对进一步加强如皋市政协工作做如下决定。

一、进一步提高对人民政协性质、地位和作用的认识

1. 中国共产党领导的多党合作和政治协商制度是我国的一项基本政治制度。人民政协是中国人民最广泛的爱国统一战线组织，是中国共产党领导的多党合作和政治协商的重要机构，是我国政治生活中发扬社会主义民主的重要形式，是各党派、各人民团体、各族各界代表人士团结合作、参政议政的重要场所。我国宪法规定，中国共产党领导的多党合作和政治协商制度将长期存在和发展，人民政协工作是党的全局工作的重要组成部分。各级党组织要从建设中国特色社会主义、加强社会主义民主政治建设的战略高度，充分认识人民政协的性质、地位和作用，深刻理解做好政协工作的重要意义，切实加强和改善对政协工作的领导。

2. 充分发挥人民政协的优势和作用。以“十五”计划实施为标志，如皋市经济和社会发展进入富民强市、加快现代化建设的新阶段。做好人民政协工作，对于巩固和发展爱国统一战线，增强党的凝聚力，促进党委和政府决策的科学化、民主化；对于调动各方面的积极性，维护团结稳定的大局，加快改革开放和现代化建设的步伐；对于贯彻“一国两制”方针，为实现祖国统一大业多做贡献，都具有十分重要的意义。各级党组织要自觉坚持和完善中国共产党领导的多党合作和政治协商制度，充分发挥政协的优势和作用，动员全市各阶层和各方面人士献计献策、团结实干、负重拼搏，为促进如皋市实现“追赶式奋进，跨越式发展”的目标做出积极的贡献。

二、积极推进人民政协履行职能的规范化、制度化建设

1. 进一步规范政治协商。政治协商是人民政协的一个重要职能。政治协商的主要内容包括改革开放和现代化建设的重要方针政策和部署、政府工作报告、财政预算和决算、经济与社会发展计划、社会政治生活和民主法制建设的重大事项、党委提出的重要人事安排、人民群众

普遍关心的热点问题以及其他需要协商的重大问题。政治协商的主要形式有政协全委会议、常委会议、主席会议、常委专题座谈会议、各专门委员会会议以及根据需要以政协名义召开的其他协商会议。把政治协商纳入决策程序，在具体的实施中，切实做到“三在前”“三在先”，即重大决策要协商在党委决策之前、人大通过之前、政府实施之前，制定经济和社会发展中长期规划要先协商后决策，对重要人事安排和关系人民群众切身利益的重大问题要先协商后决定，制定重要地方性政策意见要先协商后通过。每年政协全委会结束后，市委和市政府要会同政协制订出全年的协商计划，分阶段有步骤地组织实施。市委和市政府提交政治协商的重要议题，每年应不少于两次。市政协也可根据市委、市政府的年度工作要点，主动向市委、市政府提出重要协商议题的安排建议。在协商时，党委、政府有关领导要到会通报情况、参加讨论、听取意见。

2. 切实加强民主监督。民主监督的实质就是有组织的人民群众监督。民主监督的主要内容包括国家宪法法律及地方法规的实施情况，本地区国民经济和社会发展计划及财政预算执行情况，精神文明建设和民主法制建设情况，国家机关及其工作人员履行职责、遵守法纪、为政清廉等方面的情况，人民群众生活中的热点、难点问题的解决情况等。民主监督的主要形式有政协全委会议、常委会议、主席会议及其提出的建议案，各专门委员会提出建议或有关报告，委员视察，政协提案和社情民意信息，行风评议，委员举报或以其他形式提出批评和建议，参加党政部门组织的调查和检查活动等。各级党委、政府要把政协民主监督作为推进工作、改进作风、加强廉政建设等的重要手段，及时向政协通报有关情况，真诚欢迎、支持和自觉接受政协的民主监督。对政协委员的提案、反映的社情民意、提出的意见和批评，要认真办理，及时负责地做出答复。市政府每年要向政协常委会通报一次提案办理情况。市委、市政府要支持政协对政府有关部门和司法机关的工作与行风建设进行视察、检查，认真听取他们所提出的意见和建议，积极改进工作。要逐步试行聘请政协委员和各界代表人士、工商联成员担任特邀检察员、监察员、审计员、教育督导员制度，并充分发挥他们的作用。各级人大、纪检监察、司法机关和新闻单位也要大力支持政协开展民主监督，使政协的民主监督和法律监督、纪律监督、舆论监督等紧密结合，更好地发挥作用。

3. 积极支持政协参政议政。人民政协的参政议政是政治协商和民主监督的拓展和延伸，其内容和形式除政治协商、民主监督的主要内容和形式以外，还包括选择人民群众关心、党政部门重视、政协有条件做的课题，组织调研，提出建设性的意见和建议；通过听政议政等多种形式，广开言路，广开才路，为改革开放和社会主义现代化建设献计献策。市委和市政府对政协提交的调研报告，要认真研究、采纳，要指导政协围绕市委、市政府的中心工作更好地参政议政。对政协主席会议、常委会议提出的建议案，党政主要领导要亲自阅批，并纳入督查工作的内容，督促有关部门认真办理，将办理结果以正式文件形式向政协反馈。

三、积极创造条件，使人民政协更好地开展工作

1. 坚持政协领导参加有关重要会议的制度。政协主席应列席市委常委会议和其他重要会议。政府全体成员会议、常务会议和其他重要会议，要邀请政协有关领导参加。市委、市政府

职能部门召开的有关重要会议，要邀请政协相关的专门委员会负责人参加。

2. 坚持重要情况通报制度。市委、市政府每半年要向政协通报一次工作情况，就全局性的工作和政协委员普遍关心的重要问题听取意见；政治、经济和社会生活中的重大问题应及时向政协专题通报。建立由市委办公室主任牵头，人大办公室、政府办公室、政协办公室主任参加的联席会议制度，就政协履行职能中的有关重要事项进行协调和安排。联席会议每年不少于两次。建立和健全市委、市政府有关部门与政协专门委员会对口联系制度。党政有关部门要同政协提案委员会、学习文史委员会、经济委员会、科教文卫委员会、城乡建设和社会法制委员会、海外联络委员会经常联系，在制定重要规划、计划、方案时，事先应征询政协对口专委会的意见；政协专门委员会亦可根据情况，邀请对口的党政部门负责同志通报情况、听取意见。

3. 维护政协委员履行职责的权利。在政协的各种会议上，政协委员可以充分发表不同意见，任何单位和个人不得对提出批评或不同意见的政协委员进行排斥和打击报复。在镇的政协委员根据需要可参加镇有关重要会议，了解镇党委、政府的意图，发挥他们在基层的作用。政协可根据需要，组织委员到有关部门或单位开展视察、调查和考察活动，有关部门应如实反映情况，并为调查、视察等活动提供方便。政协委员所在单位要积极支持委员参加政协组织的活动，为委员履行职责提供阅读文件、活动时间和旅差费报销等必要条件。委员参加政协的活动应计入委员的工作量。司法机关在依法对有犯罪嫌疑的政协委员采取限制人身自由措施前，应事先向政协通报情况；确属情况紧急的，要在事后及时通报。

4. 支持政协广泛开展海外联谊活动。市委、市政府要支持政协多渠道、多层次、多形式地开展海外联谊工作，充分发挥政协组织和委员在招商引资、科技教育和文化交流等方面的作用，广泛团结港澳台同胞和海外侨胞，为推进改革开放和现代化建设、实现祖国统一大业服务。市委、市政府及有关部门组团出访和外事接待工作可视情安排政协有关同志参加。

5. 切实保障政协工作经费和办公条件。政协开展活动所需经费应列入本级财政预算，并随着政协事业的发展而相应增加。政协机关的办公用房、办公设施、工作用车等应统筹安排，妥善解决。

四、政协要充分发挥优势，探索新时期政协工作的新路子，努力开创新局面

1. 市政协要自觉坚持和依靠党的领导。高举邓小平理论伟大旗帜，以“三个代表”重要思想为指导，坚持党的基本路线，认真执行党的统一战线方针，牢牢把握团结和民主两大主题，紧密围绕市委和市政府的工作中心，积极履行政治协商、民主监督和参政议政职能，为进一步巩固和扩大爱国统一战线、加快如皋市改革和发展步伐、顺利完成“十五”计划提出的各项任务多做贡献。

2. 市政协要积极协助党委和政府做好协调关系、化解矛盾的工作，维护社会政治稳定。要努力促进委员之间、委员与各族各界群众之间、海内外人士之间的联系和沟通，增强在共同政治基础上的团结。要积极主动地协助市委和市政府深入开展思想政治工作，凝聚人心，增进共识。要保持反映社情民意渠道的畅通，加强同社会各界的联系，倾听群众呼声，体察群众情绪，反映群众愿望，维护群众利益，做好通报情况、传递信息、沟通思想的工作，努力维护安

定团结的政治局面。

3. 市政协要努力提高履行职能的质量和水平。政治协商要制订计划，选好课题，充分准备，改进形式，做到生动活泼、卓有成效。要主动选择改革和发展中的重要课题，组织委员开展多种多样的调查研究，提出有前瞻性、科学性、针对性和可操作性的意见和建议，供党委、政府及有关部门决策参考。要选择人民群众普遍关心的热点问题，加大民主监督的力度，完善监督方式，讲究监督实效。加强对政协委员，特别是新当选的政协委员的培训，提高委员自身素质，充分发挥委员在履行职能中的整体功能。

4. 市政协要充分发挥工商联和各人民团体在人民政协中的作用。要坚持“长期共存、互相监督、肝胆相照、荣辱与共”的方针，尊重工商联和各人民团体所享有的权利和职责，支持他们以团体和组织名义在政协会议上发表意见，提出提案，反映他们的意见和要求。对他们的提案，要重点督办并及时反馈。坚持和完善市政协同工商联和各人民团体联系的制度，充分听取他们的意见和建议，努力做好相互沟通、增进理解的工作，使政协真正成为中共同工商联和各人民团体及社会各界人士保持密切联系、亲密合作的重要渠道。

五、切实加强和改善党对政协工作的领导

1. 切实把政协工作纳入市委重要议事日程。要从政治原则、政治方向和重大方针政策上切实加强对政协工作的领导。市委常委会每年至少安排一次专题会议，听取政协工作汇报，研究部署政协工作，解决政协工作中的重要问题，积极支持市政协，大胆创新，努力探索履行职能的内容和形式的新路子。每届党委任期内要召开一次政协工作会议，对政协工作中涉及全局性、方向性的问题提出意见，做出部署。市委书记亲自抓政协工作，市委、市政府各有一名副职具体联系政协工作。

2. 重视抓好政协的组织建设。要进一步加强政协领导班子的建设，把政治上坚定、作风上民主、工作能力强、熟悉统战政策、热心政协工作的同志选配到政协工作。要认真做好政协委员人事安排工作，政协换届时委员人选的推荐和届中调整均应严格贯彻执行《中共中央办公厅关于各级政协人事安排问题的通知》（厅字〔1991〕16 号）精神，认真听取政协党组的意见，并严格按政协章程办事。要从政协履行职能的实际需要出发，合理安排政协的界别设置和委员构成，按规定比例配备好党外副主席、常委、委员。要把社会各界具有较高文化素质和专业特长、在群众中具有较大影响、有较强参政议政能力的人士安排做政协委员。按照干部“四化”标准和德才兼备的原则，培养、选拔任用政协机关干部，加大政协机关干部的交流力度，做到与党政机关干部一视同仁，增强政协机关活力。切实加强机关内部管理，提高工作效率。

3. 市政府及其各部门要积极支持、配合政协开展工作。要充分认识坚持重大问题提交政协协商，推进决策的民主化、科学化，是密切政府与政协联系的一条重要原则，也是新的历史条件下做好政府工作的客观要求。工作中要自觉接受政协的民主监督，加强和改进政府工作，提供相应的工作环境，提供完善的制度保障，提供必要的物质条件。切实办理好政协委员的提案和建议案，要继续加强办理工作的制度化、规范化建设，进一步探讨和完善提高办理工作质量的方法。对承办中出现的热点、难点问题，要不回避、不推诿，积极研究并采取措施，使问

题得到妥善解决，真正使提案办理工作成为政协委员建言献策的最佳渠道，成为政府听取民意、改进工作的有效模式。

4. 充分发挥市政协党组和党员委员的作用。市政协党组要认真履行市委赋予的职责，主动汇报和请示工作，保证党的路线、方针、政策及市委的决定、决议在政协工作中的贯彻和落实。要协助市委做好政协的人事安排工作，团结党外人士，搞好合作共事。政协中共党组成员和政协委员中的共产党员，要自觉坚持马列主义、毛泽东思想、邓小平理论，身体力行江泽民同志“三个代表”的重要思想，发扬党的优良传统和作风，认真贯彻执行党的路线、方针、政策，坚决执行党委的决定和指示，真心实意地与党外人士交朋友，努力做学习的模范、合作共事的模范、廉洁奉公的模范、发扬民主作风的模范、联系各族各界群众的模范。在党政部门担任职务的政协委员，要带头参加政协的各项活动，努力完成政协交给的任务。

5. 加强对统一战线和人民政协理论的学习和研究。要把统一战线和人民政协理论作为党委中心组和党员干部学习的一项重要内容，年轻领导干部尤其要加强这方面知识的学习和研究。市委组织部门、党校和行政学校要把党的统一战线和人民政协理论列入培训的内容，对各级干部进行教育，并形成制度长期坚持。

6. 加大对政协工作的宣传力度。各级党委宣传部门和新闻媒体要采取切实措施，有计划、有重点地宣传中国共产党领导的多党合作和政治协商制度，宣传人民政协的性质、地位和作用，宣传政协开展的重大活动，宣传政协履行职能的经验、成效和政协委员的先进事迹，进一步提高全社会对政协工作的认识，形成重视、支持政协工作的良好氛围。

中共如皋市委关于做好新形势下人民政协工作的意见

（2006 年 11 月 25 日）

为深入贯彻落实《中共中央关于加强人民政协工作的意见》（中发〔2006〕5 号）和《中共江苏省委关于做好新形势下政协工作的意见》（苏发〔2005〕35 号），支持政协围绕团结和民主两大主题积极推进政治协商、民主监督、参政议政的制度化、规范化和程序化建设，现结合如皋实际，就进一步加强和改善党的领导，做好新形势下的人民政协工作，提出如下意见。

一、进一步提高对做好新形势下人民政协工作重要性的认识

1. 从加强党的执政能力、巩固和发展我国社会主义政治制度的高度，充分认识做好新形势下人民政协工作的重要性。人民政协是中国共产党把马克思列宁主义统一战线理论、政党理论和民主政治理论同中国具体实践相结合的伟大创造，是中国共产党同各民主党派、人民团体和各族各界人士风雨同舟、团结奋斗的伟大成果。中国共产党领导的多党合作和政治协商制度是我国的一项基本政治制度，人民政协是实行这一基本政治制度的重要政治形式和组织形式。加强人民政协工作，有利于坚持和完善中国共产党领导的多党合作和政治协商制度，巩固好党同各人民团体、各界人士的团结合作；有利于不断发展社会主义民主政治，建设社会主义政治文明，发挥社会主义政治制度和政党制度的特色和优势；有利于团结海内外一切可以团结的力

量，巩固和扩大共产党执政的群众基础和社会基础。同时，加强人民政协工作，充分发挥政协的协商监督作用，有助于党政机关更好地改进作风，提高效率，克服消极腐败现象；有助于党委、政府按照“三个代表”重要思想的要求，全面加强自身建设，不断提高领导水平和执政水平。

2. 从贯彻党的十六届六中全会精神、促进社会和谐的高度，充分认识做好新形势下人民政协工作的重要性。人民政协是中国共产党领导的各党派、各团体、各阶层大团结、大联合的组织，其基本属性、主要职能、组织构成、工作原则和活动方式，与构建社会主义和谐社会的要求是完全一致的。学习贯彻党的十六届六中全会精神，充分发挥人民政协大团结、大联合的政治优势，有利于凝聚人心、协调关系、化解矛盾、理顺情绪，有利于引导人民团体、社会各界人士正确认识和处理好各种利益关系，协助党和政府妥善处理人民内部矛盾，解决好人民群众最关心、最直接、最现实的利益问题。构建和谐社会，政协工作作用巨大，舞台广阔，必须把政协的民主性、包容性和消解矛盾的特点与优势充分发挥出来，努力使人民政协成为促进社会和谐的一支重要力量。

3. 从贯彻落实科学发展观、推动如皋经济社会跨越发展的高度，充分认识做好新形势下人民政协工作的重要性。实现如皋市经济社会科学发展、跨越发展，需要激发一切创造活力，调动一切积极因素，聚集一切发展资源，团结广大干部群众共同奋斗。人民政协作为最广泛的爱国统一战线组织，人才荟萃、智力密集，位置超脱、视野宽阔，沟通各界、联系广泛，是如皋市经济社会发展中一支不可或缺的重要力量。全市各级党组织要把是否重视政协工作、能否发挥好政协委员作用作为检验领导水平的一项重要内容，把支持政协履行职能的制度化、规范化、程序化建设作为重要职责，进一步推动政协工作的改进和提高。

二、完善和规范人民政协的政治协商

1. 政治协商是发扬社会主义民主的重要形式，也是党和政府广集民智、实行科学民主决策的重要环节。按照省委提出的“三在前、三在先”的要求，切实做到事关如皋市经济社会发展的重大问题和重要人事安排协商在党委决策之前、人大通过之前、政府实施之前，把先协商后决策、先协商后通过、先协商后实施的民主程序真正落到实处。

2. 政治协商的主要内容。社会主义物质文明、政治文明、精神文明建设和构建社会主义和谐社会中的重要方针政策及重要决策部署；政府工作报告；国民经济和社会发展规划；财政预算和决算；重大改革方案；有关重要人事安排；政府投资的重大建设项目；关系人民群众生产、生活和切身利益的其他重大问题；有关统一战线的重要问题；党委、人大、政府、政协认为有必要进行协商的其他重大问题；政协各参加单位建议通过政协进行协商的重要问题。

3. 政治协商的主要形式。政协全体委员会议，常务委员会会议，主席会议，常务委员专题协商会议，各专门委员会会议，政协党组受市委委托召开的座谈会，各专门委员会与市有关部门的对口协商会议，根据需要召开的由政协各组成单位、有关人民团体和各界代表人士参加的内部协商会议等。

4. 规范协商程序。（1）协商议题的确定。市委、市政府根据政治协商的主要内容，将有关重大问题提交政协进行协商。政协也可根据各组成单位和委员的建议提出协商议题。每年政协全委会议结束后半个月内，由市委办主任牵头，召开市委办、人大办、政府办主任、政协秘书长联席会议，提出全年协商计划和重点协商议题，报市委批准后实施。根据形势的发展和需要，协商议题也可临时提出。党政有关部门与政协有关专委会对口协商的议题，由双方共同商定。（2）协商前的准备。政协要根据协商议题确定相应的协商形式。市委、市政府及有关部门要提前将协商内容的材料送交政协，并支持政协围绕协商议题组织调研、视察等相关活动。临时确定重大问题的协商，也要尽早告知政协，以便做好准备，保证协商质量。（3）协商会议的召开。政协全体会议期间，党政领导及部门负责人要列席相关会议，听取委员大会发言并参加讨论或专题座谈。政协常委会议、主席会议及其他协商会议，市委、市政府及有关部门应根据议题和内容安排相关负责同志到会通报有关情况，听取意见和建议。（4）协商意见的处理。协商会议召开后，政协要及时整理政协委员和各人民团体、各界人士的意见、建议，并送达有关方面或部门。

三、支持和推进政协的民主监督工作

1. 民主监督是我国社会主义监督体系的重要组成部分。市委、市政府要把政协的民主监督作为推进工作、改进作风、加强勤政廉政建设的重要手段，自觉接受监督，并支持政协不断探索民主监督的形式和途径。

2. 民主监督的主要内容。国家宪法与法律、法规及地方性行政措施实施情况；市委、市政府制定的重要方针政策、决策贯彻执行情况；本市国民经济和社会发展规划及财政预算执行情况；重大公共事业建设项目的实施情况；国家机关及其工作人员履行职责、遵纪守法、廉洁从政等方面的情况；政协建议案和提案的办理落实情况；参加政协的单位和个人遵守政协章程和执行政协决议的情况，其他需要监督的重要问题。

3. 民主监督的主要形式。政协全委会议、常务委员会会议、主席会议向市委、市政府提出建议案；各专门委员会提出建议或有关调研报告；委员视察、委员提案、委员举报、大会发言、反映社情民意或以其他形式提出批评和建议；政协对党政部门组织民主评议活动；政协委员参加市委组织的有关调查、检查和督查活动；政协委员应邀担任司法机关和政府部门特约监察人员；政协围绕人民群众关注的热点、难点问题开展专题民主监督活动；在新闻媒体上开办的专栏或专题节目中提出意见和建议等。

4. 完善民主监督机制。在知情、沟通、反馈环节上建立健全制度，畅通民主监督渠道。加强政协民主监督与党内监督、法律监督、行政监督、社会监督的协作和配合，提高民主监督的质量和实效。依法保护政协委员民主监督和履行职责的权利，鼓励政协委员负责地提出批评、建议和意见。

四、重视和发挥人民政协参政议政的作用

1. 参政议政是人民政协履行职能的重要形式。各镇、各部门、各单位要积极支持政协围绕政治、经济、文化和社会生活中的重要问题以及人民群众普遍关心的问题，开展视察调研，

反映社情民意，进行协商讨论，举办委员论坛及各种研讨活动，通过调研报告、提案、建议案、反映社情民意信息或其他形式提出意见和建议，充分发挥参政议政作用。

2. 为政协参政议政创造良好条件。坚持重要情况通报制度，凡中央、江苏省、南通市和本市的重要会议、重要情况，要根据不同内容和性质，及时向政协通报。市委、市政府每半年要向政协常务委员会通报一次经济和社会发展情况，听取意见和建议。市委、市政府根据全局工作部署，每年可提出一两个重要课题交由政协进行调研，为决策提供依据，也可选择若干课题，委托政协或邀请政协委员进行调研论证。建立健全党政有关部门与政协相关专门委员会对口联系制度，相互通报情况，相互邀请参加重要会议，交流信息，协调工作。

五、进一步做好政协意见、建议的办理工作

1. 对政协全体会议、常委会议、主席会议提出的建议案和协商意见，党政主要领导要亲自阅批。市委办、政府办要将其纳入督查工作范围，督促有关部门认真研究办理。各镇、各部门要进一步健全制度、完善措施，认真负责地做好政协意见和建议的办理工作，并将采纳落实和改进情况及时向政协进行书面反馈。政协可适时组织委员对政协一些重要意见和建议的采纳情况进行跟踪视察。

2. 加强提案办理工作，提高提案办理质量。各镇、各部门分别明确一名负责同志具体负责和协调提案的交办和办理。市委办、政府办要加强对提案办理工作的协调，并每年向政协常务委员会通报一次提案办理落实情况。选择一批重要提案，分别由市委、市政府相关领导同志亲自阅批、督促和协调有关部门认真办理，切实解决“重答复、轻落实”的问题。继续把政协提案办理情况作为党政部门和有关镇目标责任制考核的一项重要内容。

六、切实抓好人民政协的自身建设

1. 不断加强政协组织的思想政治建设。市政协要坚持以邓小平理论和“三个代表”重要思想统揽政协工作，保持政协工作正确的政治方向。坚持团结和民主两大主题，不断巩固政协各参加单位和各界人士在共同政治基础上的团结合作，巩固和发展最广泛的爱国统一战线。坚持围绕中心、服务大局，把促进和服务发展作为政协工作的第一要务，认真贯彻落实科学发展观，抓住如皋市经济社会发展中一些具有综合性、全局性、前瞻性的重要问题，加强调查研究，积极建言献策，切实履行政治协商、民主监督、参政议政职能。坚持把实现和维护最广大人民群众的根本利益作为政协工作的出发点和落脚点，及时了解和反映社情民意，巩固和发展民主团结、生动活泼、安定和谐的政治局面。

2. 切实发挥工商联和各界别代表在政协中的作用。积极支持工商联、各界别代表在政协会议上充分发表意见和主张，提出团体组织的提案，积极反映团体成员的意见和要求。通过政协这个统一战线组织培养、选拔党外干部。保证党外人士在政协委员、常务委员和政协领导成员中占有一定的比例，并切实维护他们履行职责的权利。

3. 进一步体现政协组织的界别特点和优势。要适应形势发展的需要，研究并合理设置界别，扩大团结面，增强包容性。认真探索发挥界别作用的方法和途径，根据界别的特点和要求

开展活动，充分调动各界别参政议政的积极性。通过界别渠道密切联系群众，努力协调关系、化解矛盾、理顺情绪，增进社会各阶层和不同利益群体的和谐。

4. 重视发挥政协委员的主体作用。市政协要认真组织委员的学习和培训，促进委员提高自身素质，遵守政协章程，履行委员职责。政协委员要积极参加政协组织的会议和活动，深入调查研究，多献务实之策，更好地联系群众、关注民生、致力发展、奉献社会。建立健全政协委员履行职责的保障机制，尊重和依法保护委员的各项民主权利，对抵制或阻挠政协组织和委员依照章程行使民主权利甚至打击报复的，要给予严肃处理。政协委员所在单位要大力支持政协委员的工作，在时间、经费、工作条件等方面为政协委员履行职责提供保障。要建立健全委员管理制度，对委员履行职责的情况，政协机关要定期向市委组织部、统战部及委员所在单位通报，并作为换届时人事安排的重要依据。对不称职、不履行或不能正常履行职责的委员，对违法、违纪的委员，由政协党组提出免除或撤销委员资格的建议，报市委审定后，由政协常委会根据《中国人民政治协商会议章程》（简称《政协章程》）和有关规定及时予以调整。

5. 要着眼于统一战线和人民政协事业的长远发展，重视和关心政协的组织建设，充实优秀的年轻干部到政协机关工作，把政协机关干部的配备、选拔、培养和使用纳入党政干部队伍建设总体规划，统筹安排。不断加大政协与党委、政府之间的干部交流力度，使政协的干部有进有出，合理流动，以增强政协工作的活力。政协机关要适应壮大爱国统一战线和发展社会主义民主政治的要求，加强政治理论、市场经济、法律法规以及政协理论、统战等知识的学习，弘扬与时俱进和改革创新精神，大兴求真务实之风，提高全局观念、服务意识。完善为政协履行职能服务的各项工作制度，提高工作水平和效率。

七、进一步加强和改善党对政协工作的领导

1. 政协工作是党的全局工作的重要组成部分。按照总揽全局、协调各方的原则，进一步加强和改善党对政协工作的领导。要把政协工作列入党委重要议事日程，每届党委任期内至少召开一次政协工作会议，市委常委会每年至少听取一次政协党组的工作汇报，及时研究并统筹解决政协工作中的重要问题。继续坚持和完善政协领导参加有关重要会议制度。

2. 高度重视政协领导班子的配备和建设。从政协工作的实际出发，把政治坚定、作风民主、熟悉统战政策、热心政协事业、在群众中有威望的同志配备到政协领导班子中来，不断优化政协领导的年龄结构和知识结构。每届政协领导班子中至少要有一至两名比较年轻，能任两届的党员负责同志担任领导职务，以保持政协工作的连续性和稳定性。政协党组要在市委领导下，认真履行职责，主动请示和汇报工作，保证党的路线、方针、政策及市委的决定、决议在政协工作中的贯彻落实，并通过广泛的协商讨论，使党的主张成为人民团体和各界人士的广泛共识。政协委员中的中共党员和政协机关中的中共党员，要增强政治责任感，不断提高自身修养和能力，广交、深交党外朋友，努力成为合作共事的模范、发扬民主的模范、廉洁奉公的模范。

3. 切实加强政协的组织建设。政协党组要按照《政协章程》和《如皋市政协委员遴选办法》的规定和程序，在市委的统一领导下，认真抓好换届人事安排工作，真正把拥护《政协

章程》、有代表性、有社会影响力、参政能力强、热心政协事业的各界优秀人士吸纳到政协委员队伍中来。为适应经济社会发展和构建和谐社会的要求，适当增加政协委员的数量，并扩大农村委员的比例，条件成熟时，以镇为单位设立农村委员组，切实发挥农村委员作用。

4. 支持政协进一步加强与港澳台同胞、海外侨胞联系，积极开展对外交往，促进交流与合作。把政协的对外交往纳入全市对外交往工作的总体计划，统筹安排。党委、政府组团出访和接待来访，要视情安排政协有关同志参加。市政协也可根据参政议政的需要和上级政协的安排或推荐，参加有关团组出访或接待有关团组的来访，并在经费上给予保证。

5. 加强人民政协的理论研究、教育和宣传工作。各镇党委、政府要把人民政协理论作为中心组和党员领导干部学习的一项重要内容。党委组织部门、党校和政府行政学校要把党的统一战线和人民政协理论列入对领导干部尤其是新任领导干部培训的必修课程。宣传部门要加大对人民政协理论、政策的宣传力度，在全市营造重视和支持政协工作的良好氛围。

6. 切实保障政协经费和办公条件。政府在安排财政预算时，应切实保障政协开展工作和委员履行职责所需的经费，并随着政协事业的发展相应增加。政协的重要会议和活动经费列入专项经费予以保证。政协机关的办公用房、公务用车、办公自动化建设、机关老干部活动等要根据实际需要予以保障。

中共如皋市委关于加强和改进人民政协工作的意见

（2017 年 10 月 24 日）

为深入贯彻落实以习近平同志为核心的党中央关于加强人民政协工作的一系列新决策、新部署，更好地把省、市政协工作会议精神落到实处，现就加强和改进全市政协工作，提出如下意见。

一、加强和改善党对人民政协的领导

1. 准确把握新形势下政协工作总体要求。人民政协是各党派团体和各族各界人士发扬民主、参与国是、团结合作的重要平台，是适合中国国情、具有鲜明中国特色的制度安排。加强和改进全市政协工作，必须坚持中国共产党的领导，坚持和完善中国共产党领导的多党合作和政治协商制度，自觉把中央和省、市委决策部署贯彻到政协工作中去；坚持宪法和政协章程确定的人民政协性质定位，始终围绕中心、服务大局，建真言、谋良策、出实招；坚持大团结大联合，充分发挥政协作为爱国统一战线组织作用，汇聚起共襄伟业的强大力量；坚持发扬社会主义民主，充分发挥政协作为协商民主重要渠道和专门协商机构的作用，推动实现广泛有效的人民民主，为高水平全面建成小康社会做出贡献。

2. 切实把政协工作纳入党委工作整体布局。每届党委任期内召开 1 次政协工作会议，至少开展 1 次对政协履行职能情况的监督检查。党委常委会每年至少听取 1 次政协党组工作汇报，党委领导每人每年至少出席 1 次政协组织的履职活动。市政府及其职能部门要重视和支持政协履职，政府领导每人每年至少出席 1 次政协开展的协商议政活动。充分发挥政协党组领导

核心作用，党委成立的政协换届领导小组应有政协党组负责同志参加。党委有关部门在换届研究界别设置，政协委员、常务委员与专门委员会主任、副主任名额及人选，以及届中人事调整等问题时，应认真听取政协党组意见。政协机关可设立机关党组。

3. 大力加强对政协理论与实践学习宣传。把人民政协理论列入党委（党组）中心组学习内容，作为党校、行政学院（校）定期培训党政领导干部和公务员的必修课程。把政协新闻宣传纳入党委宣传工作的总体安排和年度计划，认真做好政协重要会议和重要活动的报道。市各新闻媒体要通过开辟专版、专栏、专题节目和网络交流等多种形式，有计划、有重点地宣传政协工作，展示政协委员参政议政、建功立业、示范引领的风采，形成有利于政协事业发展的良好环境。

二、支持和保证政协依章程履行职能

1. 注重政协协商与党委和政府工作的有效衔接。把政协协商作为重要环节纳入决策程序，坚持协商于决策之前和决策实施之中，切实做到“三在前”“三在先”，即重大决策协商在党委决策之前、人大通过之前、政府实施之前，制定国民经济和社会发展中长期规划要先协商后决策，关系人民群众切身利益的重大问题要先协商后决定，制定重要地方性法规时要先协商后提请审议。健全重大决策执行过程中的协商机制。明确党委、政府和政协在协商活动中的职责，建立健全议题共同确立、计划共同制定、人员共同参与、实施共同推进的政协协商工作机制。健全政协知情明政制度，除邀请政协领导参加或列席党委全体会议、常委会会议和政府全体会议、常务会议等重要会议外，党政有关部门召开的重要会议应邀请政协有关方面负责同志参加。建立党委和政府及有关部门定期通报情况制度。政协常委会议和主席会议的建议案、调研报告等重点调研协商成果，要通过党委常委会议等形式专题听取汇报，并作为党委、政府决策的重要依据。对政协报送的专项建议、调研视察报告和重点提案、社情民意信息等，党政主要领导和分管领导要主动阅批。党委办公室、政府办公室要将党政领导同志做出的批示及时告知政协办公室，对明确要求有关部门办理的，要将办理情况纳入督查工作范围。要把对政协建议案、调研视察报告、民主评议报告、提案、社情民意信息等意见和建议的采纳、落实、反馈情况作为党政部门综合绩效考评的一项重要内容。

2. 积极支持政协开展民主监督。把政协民主监督工作纳入党委工作总体部署，完善民主监督的组织领导机制。市委和政府负责同志要自觉接受、积极支持与保证政协依章程进行民主监督，认真倾听批评和建议，并督促有关方面办理监督意见。加强民主监督与市委和政府工作的衔接，由市委办公室、政府办公室、政协办公室会商，统筹协调民主监督议题、工作安排等重要问题。完善会议监督、视察监督、提案监督、专项监督等形式，重视发挥政协社情民意信息、委员来信来访、委员举报和民主评议等在民主监督中的作用。政协应围绕党委和政府重要工作落实等，确定专项监督议题。党委和政府有关部门组织的调查、检查、听证等活动，应视情吸收政协委员参加。政协可应有关部门邀请，推荐特约监督员或组织民主监督小组。加强政协民主监督同党内监督、人大监督、行政监督、司法监督、社会监督、舆论监督等的协调配合，有效发挥其作用。

3. 努力为政协参政议政创造条件。充分发挥政协委员在市委重大决策咨询中的作用，建立健全政协智库，逐步完善相关决策咨询制度。支持政协对重大政策措施、重要决策部署的贯彻执行情况，重要事项、重大项目、重点工作的推进情况等开展视察。政协每年至少安排2次委员集中视察。市委办公室、政府办公室要强化对建议案和提案办理工作的协调，政府办公室要将其办理纳入政府年度督查计划，每年向政协常委会议通报办理情况，并支持政协对建议案办理情况进行“回头看”，对承办单位办理提案情况开展民主评议。向党政领导摘报重点提案特别是民主监督性提案，改进政协主席会议和主席、副主席以及专委会督办重点提案的做法。发挥政协社情民意信息渠道畅通、视野独特的优势，及时反映社会不同阶层、群体的愿望和要求。

三、重视和突显政协委员的主体作用

1. 完善委员推荐提名工作机制。委员推荐应坚持标准、广泛协商、严格把关，党内的由组织部门提名，党外的由统战部门提名，其中的民主党派成员、非公有制经济人士应当在提名前与民主党派、工商联协商，提名的各界别政协委员人选应当听取政协党组意见。建议名单由统战部门汇总并征求有关方面意见后，由组织部门报同级党委审定，从而把代表性强、议政水平高、群众认可、德才兼备的优秀人士吸收到委员队伍中来。推荐南通市政协委员时应尽可能兼顾到镇（区、街道）。

2. 加大对委员履职的服务力度。健全委员履职服务保障机制，党委和政府要切实支持委员参加政协会议与活动，尊重和保障委员在履职中的知情权、参与权、表达权、监督权，并督促委员所在单位保障其各项待遇不因履行委员职责而受到影响。有计划地组织政协领导约访、专委会走访所联系的界别和委员，听取意见、建议，帮助解决实际问题。探索菜单式履职服务机制，加强对委员的学习培训，教育引导委员“懂政协、会协商、善议政”“守纪律、讲规矩、重品行”，切实当好界别群众的代表、本职工作的模范、政协履职的主体。建立服务委员评议机制，每年组织委员对政协领导班子和政协机关服务委员工作进行民主测评、民主评议，根据测评结果和委员提出的意见、建议，制定整改措施，并通过适当方式向委员通报。

3. 加强委员履行政协职能的管理。建立委员履职档案，统计委员履职情况，每年定期向组织部门、统战部门、委员所在界别（委员联系小组）和单位通报，并将委员履职情况作为换届时继续提名的重要参考。严格会议和活动请假制度，委员出席情况应书面通知本人并在一定范围通报。委员应及时总结年度履职情况，每年在界别（委员联系小组）会议上述职，并提交书面述职报告。政协每届举办1～2次委员履职报告会，听取委员述职。逐步建立委员履职的利益冲突回避机制。完善委员履职评价、激励和约束机制，按规定对优秀委员、优秀提案、优秀社情民意信息等予以奖励，对不称职的委员依纪依规依法严肃处理。

4. 支持和促进委员更好地履职尽责。积极探索委员依照章程履职的方式方法，充分发挥委员作用，不断提高委员工作成效。委员工作经费列入本级财政预算，每人每年不少于1 500元，并随着经济发展和委员履职需要逐步调整。委员参加履职活动时，根据需要给予必要的物质上的便利或补贴。

5. 稳步推动政协工作向基层延伸。市政协应加强对各镇（区、街道）政协工委的指导，政协领导到联系的镇（区、街道）政协工委开展调研视察指导每年不少于2次。支持各镇（区、街道）政协工委开展活动，积极探索委员联系点、委员之家、委员活动日和委员网上信箱等联系群众的新形式。省级以上开发园区、乡镇（街道）党委和政府要大力支持所在地委员开展活动，将其所需工作经费列入财政预算，专款专用，确保落实到位。

四、推进和强化政协组织自身建设

1. 发挥政协团结统战功能。尊重和保障工商联及无党派人士在政协履行职能、协商议政、发挥作用的权利。完善市级党员领导干部同党外人士联系交友制度。坚持政协秘书长与工商联秘书长和有关人民团体负责人联席会议制度。加强同党外知识分子、少数民族人士、宗教界人士、港澳台同胞和海外侨胞等的团结联谊，密切与非公有制经济人士、新的社会阶层人士、出国和归国留学人员等的联系沟通，通过各种议政平台和交流渠道，创造有序参与协商、合理表达诉求的条件。党委要统筹安排政协的对外交往工作，促进海内外联谊和交流。

2. 发挥政协界别优势。按照有关规定，适时调整政协界别。支持政协将界别活动纳入政协年度工作计划，依托有关人民团体和政协专委会开展带有界别特色的履职活动。探索建立党政职能部门与政协界别的联系机制，加强党政领导和有关部门同政协相关界别之间的协商交流。完善政协办公室、专委会服务界别活动的工作机制和保障机制。

3. 发挥政协专门委员会基础作用。支持政协合理设置专委会，完善专委会的职能。本市政协专委会的名称应与南通市政协保持相对一致。选拔德才兼备、热心政协工作的同志担任专委会主任、副主任。创新专委会工作思路，加强与党委和政府相关部门的对口联系，不断提高工作实效。

4. 发挥政协机关保障作用。把政协机关干部的培养、选拔、使用纳入整个干部队伍建设，加大政协机关干部多领域、多部门、多岗位任职和挂职锻炼力度，每届应有一定数量的政协机关干部与党委和政府机关、基层的干部进行双向交流。选送政协机关干部到各级党校、行政学院（校）或出国（境）教育培训，提高政务性服务能力和统筹协调能力。根据政协工作实际情况，解决好政协机构设置、干部配备、人员编制、工作经费、办公条件等问题，为政协有效履行职能、顺利开展工作提供有力保障。

中共如皋市委关于加强新时代人民政协党的建设工作的实施意见

（2019年7月5日）

为深入学习领会习近平新时代中国特色社会主义思想和党的十九大精神，全面贯彻落实新时代党的建设总要求，更好坚持党对人民政协工作的全面领导，根据中共中央办公厅《关于加强新时代人民政协党的建设工作的若干意见》、中共江苏省委办公厅《关于加强新时代人民政协党的建设工作的实施意见》和中共南通市委《关于加强新时代人民政协党的建设工作的实施意见》等文件精神，结合如皋市实际，现就加强新时代人民政协党的建设工作提出如下实施意见。

一、把握性质定位，明确总体要求

1. 重要意义。人民政协作为统一战线的组织、多党合作和政治协商的机构、人民民主的重要实现形式，是国家治理体系的重要组成部分，是具有中国特色的制度安排，中国共产党的领导是中国特色社会主义和人民政协政治组织最本质的特征。在全市政协组织和各项活动中，党是居于领导地位的，坚持党的领导是政协必须恪守的根本政治原则。当前，如皋市正处于上下同心真抓实干、追赶跨越，奋力构建长江经济带战略支点重要支撑、接续开辟如皋高质量发展新境界的关键时期，这对政协进一步坚持党的领导，强化政协党组织在政协工作中的政治领导力、思想引领力、群众组织力、社会号召力，提出了新的更高要求。加强新时代人民政协党的建设，是实现党对人民政协全面领导，巩固和发展最广泛的爱国统一战线的必然要求；是深入推进“融合党建”、加快建设“强富美高”新如皋的必然要求；是发挥政协协商民主重要渠道和专门协商机构作用，增强党政决策科学性、施策有效性的必然要求，对始终保持政协工作正确的政治方向具有重大而深远的意义。

2. 指导思想。全面贯彻习近平新时代中国特色社会主义思想和党的十九大精神，认真落实习近平总书记关于加强和改进人民政协工作的重要思想，坚持以党章为根本遵循，按照新时代党的建设总要求，以党的政治建设为统领，全面推进政协党的政治建设、思想建设、组织建设、作风建设、纪律建设，把制度建设贯穿其中，深入推进反腐败斗争，不断提高政协党的建设质量。发挥政协党组的领导作用、政协机关党组织的战斗堡垒作用、政协组织中共产党员的先锋模范作用，把市委的决策部署和对政协工作的要求落实下去，把全市人民的智慧和力量凝聚起来，共同为实现市委确定的目标任务而奋斗。

3. 基本原则。坚持党的领导，准确把握政协性质定位。切实担负起管党治党主体责任，抓好党的建设、意识形态、党风廉政建设“三个责任制”落实，坚持民主集中制，确保政协党组织的活力和党的团结统一。坚持政协党组发挥领导作用与政协组织依照法律和政协章程履行职责相统一，把党的领导贯彻落实到政协履行职能的全过程、各方面，把党的主张通过民主程序转化为政协组织的决定。坚持从实际出发，积极探索创新。切实加强政协党的各项建设，积极推进政协党的组织对党员委员的全覆盖，党的工作对政协委员的全覆盖，以党建高质量推动履职高质量，以履职成效检验政协党建工作的质量和水平。

二、树立正确导向，提高政治站位

1. 增强政治定力。政协党的政治建设的首要任务是坚决维护习近平总书记的核心地位，坚决维护党中央权威和集中统一领导。市政协党组织要牢固树立“四个意识”，切实增强“四个自信”，发挥好把方向、管大局、保落实的重要作用，确保把党中央大政方针和党的决策部署不折不扣贯彻落实到政协全部工作之中。严格执行重大问题请示报告制度，政协党组每年至少向市委报告1次全面工作，政协年度协商计划、常委会工作报告以及全体会议、换届工作、工作机构调整等要向市委请示；传达执行上级党委、政协重要会议精神，党的重要指示和决定的情况要专题报告；党组年度工作要点和工作总结、民主生活会情况、贯彻落实党风廉政建设责任制和意识形态责任制情况、政协领导班子成员分工调整等重大事项与重要情况要及时报告。

2. 落实政治责任。把加强思想政治引领、广泛凝聚共识作为委员履职的中心环节，严格要求政协组织中的共产党员时刻牢记自己的第一身份是共产党员，第一职责是为党工作，牢固树立政治意识、大局意识、核心意识、看齐意识，在政治立场、政治方向、政治原则、政治道路上同以习近平同志为核心的党中央保持高度一致，做到党中央提倡的坚决响应、党中央决定的坚决执行、党中央禁止的坚决不做，为推进习近平新时代中国特色社会主义思想在如皋落地生根，推进“五位一体”总体布局、“四个全面”战略布局在如皋市形成生动实践，做出新的更大贡献。

3. 夯实政治基础。认真落实开展党的统一战线工作的职责要求，引导无党派人士、各人民团体和各族各界人士深入学习习近平新时代中国特色社会主义思想，深刻理解中国共产党历史、统一战线历史、人民政协历史，深刻认识政协是一个政治共同体，增进对中国共产党和中国特色社会主义的政治认同、思想认同、理论认同、情感认同，共同落实党中央对政协的领导和对政协工作的要求，在道路、方向、目标上形成统一意志和步调。建立政协党组同无党派人士经常性联系制度和党员委员与党外委员谈心谈话制度，正确处理一致性和多样性的关系，及时了解统一战线内部思想动态，把在一些敏感点、风险点、关切点上强化思想政治引领同经常性思想政治工作结合起来，增强坚守政治底线的定力，提升寻求最大公约数、画出最大同心圆的能力，夯实团结奋斗的共同思想政治基础。

三、注重理论武装，筑牢思想根基

1. 突出政协理论学习系统化。以党组理论学习中心组学习为引领，政协常委会议专题学、主席会议集体学、机关中心组和委员组系统学、委员培训集中学、座谈会交流学等相配套，形成完备的学习制度体系。创新委员学习制度，采取“请进来”“走出去”等多种方式，按照懂政协、会协商、善议政的要求，强化对委员的集中培训，着力提高委员的政治把握能力、调查研究能力、联系群众能力、合作共事能力。每届政协任期内，制定委员学习培训规划和年度实施计划，实现对党员领导干部、党员委员为重点的委员培训全覆盖。大力弘扬马克思主义学风，推进“两学一做”学习教育常态化制度化，按照中央统一部署开展“不忘初心、牢记使命”主题教育；突出专题协商议政，把学习教育与政协常委会议、主席会议专题协商议政相结合，与视察考察、专题调研、民主监督等履职实践相结合，用党的创新理论武装头脑、指导实践、推动工作。

2. 把牢意识形态工作主动权。切实加强党对意识形态工作的领导，认真落实意识形态工作责任制。在政协专题议政性常委会议、主席专题协商会议、专题协商座谈会、企业家委员座谈会、专题民主监督活动，以及界别协商、对口协商、提案办理协商、委员组活动中，加强对意识形态的引领，严格对政协新闻宣传、社情民意信息、委员意见建议等的审核把关。强化对如皋市政协网站、“智慧政协”移动履职平台和内部资料《如皋文史》等所属意识形态阵地的建设与管理，注意区分政治原则问题、思想认识问题、学术观点问题，旗帜鲜明地反对和抵制各种错误观点。

3. 构建政协理论研究新格局。坚持面向实际，把实践对策研究作为着力点和主攻方向，拓展基础理论研究的思路和渠道。组织市政协各参加单位、广大政协委员、机关干部开展政协理论研究，并将研究成果转化为规范性文件和工作举措。建立富有政协特色的应用型智库，为高质量建言资政提供智力支持。建立参政议政人才库，为政协履职提供人才保障。

四、完善组织架构，规范组织生活

1. 实现党的组织对党员委员全覆盖。市政协党组要按照党章和《中国共产党党组工作条例》等有关规定，担当政协系统管党治党主体责任。建立完善政协党组、机关党总支、专委会党支部组织体系，按照“专委会+委员组”的模式，探索建立专委会功能型党支部和委员组党小组。政协机关党总支、专委会党支部以及各委员组党小组，在政协党组和市级机关工委的统一领导下，突出政治功能，开展党的工作，组织各种形式的学习和履职活动，抓好党员委员的思想政治、组织纪律、党风廉政等方面的建设，发挥党员委员的先锋模范作用，确保党的决策部署落到实处。市政协全体会议期间和重要视察考察调研、集中学习培训等活动，设立临时党组织。

2. 实现党的工作对政协委员的全覆盖。健全政协党组成员联系相关界别党员委员、党员委员联系党外委员制度，完善联系无党派人士委员机制，充分发挥党员委员在政治引领、发扬民主、合作共事、廉洁奉公等方面的模范作用。加强政协党组织与党委相关部门、党员委员工作单位和推荐单位党组织的联系，探索建立“互联网+党建”等模式，实行党员委员组织关系一方隶属、参加双重组织生活的办法，组织和引导党员委员自觉接受政协党组织教育管理和参加政协党组织活动、进行党性锻炼。

3. 严格执行党的组织生活制度。政协机关党组织要尊崇党章，严格执行新形势下党内政治生活若干准则，增强党内政治生活的政治性、时代性、原则性、战斗性，营造风清气正的政治生态。坚持民主集中制原则，坚持集体领导制度，完善议事规则。认真落实“三会一课”、主题党日、谈心谈话和民主评议党员等制度，开好民主生活会和组织生活会，把维护以习近平同志为核心的党中央权威、贯彻党的理论方针政策和决议、执行党的政治纪律和政治规矩，以及履职中发挥党员作用、开展团结联谊活动等作为重要内容。专委会党组织要按照功能型党组织的要求，抓好对党员委员的教育和管理。政协组织中的每一名共产党员都编入政协组织党的一个支部、小组，参加党的组织生活，党员领导干部必须过好双重组织生活，接受党内外群众监督。

4. 着力加强政协“两支队伍”建设。贯彻落实新时代党的组织路线，坚持党管干部原则，建设忠诚干净担当的高素质干部队伍。在市委领导下，完善委员产生机制，推进以委员人选推荐提名和委员履职服务与管理为主要内容的“荐”“管”融合机制。换届时界别设置和名额分配，委员、常务委员及专委会主任、副主任名额和人选，以及届中人事调整，要认真听取市政协党组意见，将充分协商体现在队伍建设全过程和各方面。党员常委要带头履职建言，确保履职建言正确的政治方向，进一步提高履职建言质量。建立市政协委员列席市政府全体会议、常务会议和市政协常委会议制度，为更多委员有效参与协商活动提供实践平台。完善委员履职考评办法，强化量化考核，健全履职档案，对委员履职情况和结果采取适当方式进行通报，并作为届中人事调整、换届时继续提名的重要依据。落实政协机关绩效考评实施办法，加大政协机关干部培养、选拔、任用和对外交流力度，激发机关干部工作中的更多热情、创新和奉献，在新时代展现新担当新作为。

五、坚持驰而不息，深化作风建设

1. 永葆勤廉务实。严格贯彻落实中央八项规定及其实施细则和省委、市委具体办法精神，坚决反对形式主义、官僚主义、享乐主义和奢靡之风。政协党组织和共产党员要坚持求真务实、真抓实干，做转作风、改作风的表率。持续改进视察考察工作，严格执行不准搞迎来送往、层层陪同，不准违反规定吃吃喝喝，不准接受礼品、纪念品、土特产，不准接受超标准接待，不准搞高消费娱乐、健身活动等要求。不断改进调查研究方式方法，严格控制团组规模，优化队伍组成，深入基层、深入群众、深入实际，着力提高调查研究质量，推动政协工作提质增效。切实改进文风，各种文件力求简明扼要、具体可行，会议发言提倡开门见山、言之有物。坚持简约俭朴办会，科学安排会期、规模，不搞与会议无关的活动。

2. 践行为民宗旨。政协党组织和党员委员要坚持党的群众路线，密切同委员和群众的联系，发挥“委员之家”“委员工作室”作用。进一步完善政协党组成员、政协常委、党员委员、机关党员联系群众制度，走访看望委员、接待和处理委员来信来访等制度。常态化走访所联系的镇（区、街道）、村、社区、企业以及委员和群众，开展调研，听取意见、建议。政协组织中的党员领导干部和党员委员要自身正、自身净、自身硬，弘扬党的统战工作的优良传统作风，在同党外人士打交道时，坚持相互尊重、平等待人，以民主的作风和良好的形象团结人、影响人，决不能居高临下、颐指气使。

六、牢记使命担当，严守纪律规矩

1. 严明党的纪律。政协党组织要教育政协组织中的共产党员严格遵守党的政治纪律和政治规矩，把对党忠诚、为党分忧、为党尽职、为民造福作为根本政治担当，坚决防止和反对个人主义、分散主义、自由主义、本位主义、好人主义，坚决防止和反对宗派主义、圈子文化、码头文化，坚决反对搞两面派、做两面人。党员委员特别是党员领导干部在大是大非面前必须旗帜鲜明、亮明态度，不能动摇基本政治立场，不能被错误言论所左右，不能无动于衷、置身事外。党员委员要正确认识和处理党内民主和人民民主的关系，把握好在政协会议上协商议政的边界和底线，在政协活动中决不允许发表任何与党中央大政方针相违背的言论。

2. 严把管理关口。政协党组织要严把各项活动的政治关，认真组织委员履职尽责，努力营造既畅所欲言、各抒己见，又理性有度、合法依章的良好协商氛围。要重点强化政治纪律和组织纪律，带动廉洁纪律、群众纪律、工作纪律、生活纪律严起来，以共产党员的模范行动影响和带动广大委员守纪律、讲规矩、重品行。

3. 严肃执纪问责。政协党组织要进一步落实党风廉政建设责任制，强化“一岗双责”。坚持把纪律和监督挺在前面，注重抓早抓小、抓苗头抓细节，强化日常管理监督，持之以恒正风肃纪，坚决防止利用政协影响力谋取私利，坚决防止利用委员资源谋取私利。开展经常性纪律教育和警示教育，增强拒腐防变的意识和能力。支持市纪委监委派驻政协机关纪检监察组履行职责。对违纪违法的，严格依纪依法做出严肃处理。

七、推进整体联动，强化党的领导

1. 切实把政协党建工作纳入党委工作总体布局。市委要加强对政协工作的领导，将政协党建工作纳入党委工作总体布局，一起谋划、一起部署、一起推进、一起检查、一起考核。建立健全定期听取政协党建工作汇报制度，及时研究和解决工作中存在的重大问题。市委每届要召开 1 次政协工作会议，至少开展 1 次对政协履行职能情况的监督检查，把党建作为重要内容进行落实。市委主要负责同志带头参加政协重要会议和活动，带头做党的统战工作，带头广交深交党外朋友，加强对政协党建工作的具体指导。

2. 始终以党建引领和推动政协履行职能的实践。牢固树立抓好党建是本职、不抓党建是失职、抓不好党建是不称职的理念，把党建工作和履行职能有机结合，认真研究制订党建工作规划和年度计划，加强督促检查，严格考核评价。建立健全政协党建工作责任制，政协党组主要负责人履行党建第一责任人职责，其他党组成员抓好职责范围内的党建工作。配齐配强政协党务工作队伍，增强做好新时代政协党建工作力量。政协机关党总支在政协党组、市级机关党工委领导下，完善政协党建工作制度，负责组织推动政协机关党建任务落实。市政协党组和专委会党组织在指导各委员组履职活动中，要把党建作为重要内容。市政协党组每届至少组织召开 1 次政协党建工作会议，同时建立党建工作汇报会、党风廉政建设工作会议等制度，总结推广经验，推动改革创新，提高政协党建工作整体水平。

3. 主动与党委有关部门联系配合形成强大合力。政协党组织要主动加强与同级党的纪检、组织、宣传、统战等方面的联系配合，共同做好政协党的工作，共同建设好委员队伍、干部队伍，形成推动全市政协系统党建工作的强大合力和良好氛围。

中共如皋市委关于全面推进“有事好商量”协商议事室建设工作的意见

（2019 年 11 月 13 日）

为深入贯彻习近平总书记关于加强与改进人民政协工作的重要思想，贯彻执行中共十九届四中全会，中央、江苏省委、南通市委政协工作会议精神，充分发挥政协专门协商机构作用，积极探索政协协商同社会治理相结合，扩大政协协商参与面与界别群众工作覆盖面，切实把政协的制度优势转化为参与基层治理的效能，根据江苏省、南通市相关文件要求，结合如皋实际，经市委研究同意，在前期先行先试的基础上，全面推进“有事好商量”协商议事室建设。现提出如下工作意见。

一、工作目标

坚持以习近平新时代中国特色社会主义思想为指导，深刻领会习近平总书记提出的“有事好商量，众人的事情由众人商量，是人民民主的真谛”的重要论述，充分认识“有事好商量”协商议事室是党委工作的重要组成部分，是发扬基层民主的重要形式，是推动政协协商与基层协商有效衔接的重要平台。按照“党委领导、政府支持、政协搭台、各方参与、服务群众”的工作格局，在全市范围内全面推进“有事好商量”协商议事室建设，把“有事好商量”协商议事室建成党委政府的“好帮手”、人民群众的“连心桥”、委员履职的“新平台”，更好地发挥政协作为专门协商机构和国家治理体系重要组成部分的作用，在推进常态化协商议政中实现建言资政和凝聚共识双向发力，为争当长三角更高质量一体化发展先锋、加快建设“强富美高”新如皋、推进治理体系和治理能力现代化做出积极贡献。

根据统一部署，在前期试点的基础上，从11月份起，全市所有镇（区、街道）、村（社区）实现“有事好商量”协商议事室全覆盖，并向企事业单位和政协界别延伸。12月底，每个“有事好商量”协商议事室实现“有阵地、有标识、有制度、有流程、有活动、有实效”，初步形成“主体多元、内容丰富、形式多样、程序规范、质效明显”的良好局面，推动政协协商向基层有序延伸，助推发展、惠及民生、促进和谐。

二、工作重点

（一）打造协商平台。建设“有事好商量”协商议事室是政协协商与基层协商有效衔接的务实创新，是提升政协参与基层治理效能的有效创新。充分发挥镇（区、街道）、村（社区）、企事业单位等政协委员履职联络机制的作用，整合现有的政协委员之家、委员群众联系室、委员联系点等，依托已有的协商、议事、服务中心等平台，建立“有事好商量”协商议事室，把涉及群众切身利益的协商送到基层一线，不断拓展基层群众参与政治协商的渠道。纵向上，实现镇（区、街道）、村（社区）“有事好商量”协商议事室全覆盖，探索与全市三级网格办、“两代表一委员”深入基层联系群众接待制度的延伸衔接，筛选贴近群众、更接地气的合适议题开展市、镇（区、街道）、村（社区）级协商。明确平台标识，在“两代表一委员工作室”插牌“有事好商量”协商议事室。横向上，根据界别特点，率先在经济界、工商界、医卫界、民宗侨台界、法制界、环境资源界等六个界别委员组建立协商议事室，其余界别稳步推进。镇（区、街道）协商议事室的召集人由党（工）委分管政协工作的同志或政协委员组组长担任；行政村、社区协商议事室的召集人由行政村、社区党组织负责人担任，协商议事工作接受上一级党委领导和政协组织指导；企事业单位和政协界别协商议事室的召集人由相关界别召集人或政协委员担任。

（二）精选协商议题。聚焦全市经济社会和改革发展要事、民生改善的实事、社会治理的难事，通过党政点题、群众出题、委员荐题等方式，以书面、口头、网络、信息点收集等形式广泛收集议题。镇（区、街道）协商议事室的议题，报同级党委审定；行政村、社区协商议事室的议题，报上一级党委审定；企事业单位协商议事室的议题，报所在地镇（区、街道）党（工）委审定；政协各界别协商议事室的议题，由政协联系的专委会初审，提请政协党组审定。

（三）选准协商主体。坚持群众代表和利益相关方参与协商原则，根据协商议题的实际需要，因时因地制宜，保持适度规模，明确各层面参与协商议事的对象。充分发挥委员主体作用，将各级政协委员全体编入“有事好商量”协商议事室，原则上每个村、社区协商议事室至少有1名政协委员参加。注重协商主体的广泛性、代表性、结构性，邀请相关党政部门和基层党代表、人大代表、乡贤及有关专家等共同商议，且群众代表比例不少于议事代表总数的三分之一，充分体现“与民真协商、为民真协商”，最大限度调动各方参与基层公共事务协商的积极性。

（四）完善协商流程。确保协商规范有序、务实高效开展，协商流程为：通过多种形式收集、筛选、初定协商议题后，报同级党委或上一级党委审定同意；根据协商议题，确定参与协商的各类主体，并通过多种方式，向参与协商的各类主体提前通报协商内容和相关信息；组织多种形式的协商前调研，走访座谈，摸清情况；借助“有事好商量”协商议事室这一平台，灵活运用会议协商、书面协商、网络协商等多种形式，实现面对面沟通协商、线上线下互动协商、场内场外联动协商，让各类主体充分发表意见、建议，形成协商意见、建议清单报党委政府；加快协商议事成果的跟踪问效和转化落实。各级党委收到建议清单后应及时研究会商，提出责任落实清单，及时反馈和公示协商成果，持续跟踪建议办理情况，向协商主体、利益相关方和群众反馈落实情况等。

三、工作要求

（一）统一认识，高站位贯彻落实。全市各级党组织要把思想认识统一到习总书记关于人民政协新时代新方位新使命新要求的重要论述上来，站位提升到中央、江苏省委、南通市委要求的高度，进一步加深对“有事好商量”协商议事室是政协协商与基层协商机制有效衔接的具体组织形式、重要载体和重要平台的理解。要把这项工作作为党委交办的必成工作，切实担负起全面推进建设的重任，加强统筹，上下联动，合力推进，不断提高基层社会治理水平，夯实党的执政基础。

（二）把握核心，高效率组织推进。各镇（区、街道）、各政协界别要把握统一要求，抓住核心环节，依托现有条件，建立协商平台，努力做到因地制宜，力戒形式主义。要突出开放式、融入式、共享式的要求，推动建设“有事好商量”协商议事室、委员工作室和社情民意信息点“三位一体”新模式，让政协委员与基层群众面对面协商。要在基层选配好协商议事的组织骨干，既包括党委分管政协工作的负责人，也要有政协委员骨干，还要联合其他相关对象和力量。要组织委员多了解国家大政方针，多关注党政中心工作，多联络各界群众，夯实“有事好商量”协商议事室开展活动的群众基础，努力提高协商工作质量。

（三）探索完善，高标准优化机制。坚持把改革创新和不断探索完善贯穿于“有事好商量”协商议事室建设的全过程，加强与各方面的协调配合。市政协党组成员、主席会议成员要带头深入基层，在实践中不断总结经验，创新机制，帮助协商解决基层在工作推进过程中遇到的问题。各级党政部门要主动参与协商议事室活动，主动回应群众关切，抓好协商成果办理落实。党委宣传部门要加强宣传引导，发挥新闻媒体的传播主渠道作用。市政协各基层委组、界别要具体担负起推进建设的重任，制定切实可行的工作方案，健全工作网络，配强协商议事工作召集人。要高标准完善机制，进一步优化政协协商与基层协商有效衔接机制、建言资政和凝聚共识双向发力机制、委员联系群众机制等，不断提升政协协商与基层协商有效衔接工作制度化、规范化、程序化水平。

第三节　政协制度汇编

中国人民政治协商会议如皋市委员会常务委员会工作规则

（1995 年 9 月 1 日政协如皋市第九届委员会常务委员会第十四次会议通过）

为了加强和健全政协如皋市委员会常务委员会的工作和制度，根据《中国人民政治协商会议章程》的有关规定，制定本规则。

一、常务委员会职权

1. 决定召集并主持政协如皋市委员会全体会议（每届第一次会议由主席团主持），审议提交全体会议的文件。

2. 组织委员履行政治协商、民主监督和参政议政的主要职能，实现人民政协章程和全体会议决议规定的任务。

3. 审议通过以常委会名义向中共如皋市委、如皋市人民政府提出的建议案。

4. 协商决定本届政协参加单位、委员名额和人选的变更，以及下届政协参加单位、委员名额的人选。

5. 决定政协如皋市委员会各工作机构的设置、变动和任免其领导成员。

6. 任免政协如皋市委员会副秘书长。

二、常务委员会会议

常务委员会会议一般每季度举行一次。

1. 会议的日期、议程由主席会议决定。

2. 会议由主席主持，也可由主席委托的副主席主持。

3. 会议的任务：

（1）讨论决定常务委员会会务工作中的重大问题。

（2）听取中央和省市有关重要会议精神的传达；听取市委、市政府及有关部门关于党和国家大政方针贯彻执行，市的重大政策措施的制定实施，以及群众生活中普遍关心的重大问题的情况通报，并进行协商讨论，提出意见和建议。

（3）审议重要的专题调查、视察报告和建议案。

（4）审议专门委员会的工作报告。

（5）审议决定有关人事问题。

4. 常务委员应如期参加常务委员会议。因故不能参加者，须履行请假手续。定期公布出缺席情况。

5. 不是常务委员的市政协副秘书长和专门委员会副主任，可列席常务委员会会议。

6. 常务委员会举行会议时，采取全体会议和分组会议相结合的办法。在全体会议上，可以各人民团体的名义发言，可由小组推荐代表发言，也可以个人或几个人联合发言。

三、主席会议

主席会议一般每月一次，必要时可临时召集。

1. 会议的议程由主席提出，或由秘书长提出报主席决定。

2. 会议由主席主持，也可由主席委托的副主席主持。

3. 会议的任务：

（1）常务委员会会议闭会期间，讨论处理常务委员会的会务工作。

（2）协商讨论市委、市政府的重大决策和重要事务，以及群众生活中普遍关心的重大问题，提出意见和建议。

（3）审议以主席会议名义向市委、市政府提出的建议案。

（4）决定常务委员会召开会议的日期、议程，审议提交常务委员会会议的文件。

（5）审议专门委员会年度工作计划和委员调查视察课题。

（6）讨论决定其他重要活动。

4. 本会副秘书长以及与议程有关的其他负责人列席主席会议。

四、常务委员会会议、主席会议，都要发扬民主，进行充分协商讨论，全面反映各方面的不同意见和建议

需要常务委员会会议、主席会议做出决定的事项，按民主集中制原则办理。

五、常务委员会会议、主席会议均应做记录

主席会议纪要经秘书长签发后，印发主席、副主席、秘书长、副秘书长、各专门委员会主任、副主任以及工作组、联系小组负责人。

六、文件审批

1. 以市政协名义发出的文件，凡属全局性的重大问题，由主席审批或经主席会议讨论决定。对于一般性的问题，按分工由副主席或秘书长签发。

2. 已经常务委员会会议或主席会议通过的向市委、市政府提出的建议案，由秘书长签发；转送有关部门的专题调查、视察报告，由秘书长或分管副秘书长签发。

七、本工作规则经常务委员会通过后实施

中国人民政治协商会议如皋市委员会提案工作条例

（1995年9月1日政协如皋市第九届委员会常务委员会第十四次会议通过）

第一章　总　则

第一条　为了更好地发挥政协提案在履行政治协商、民主监督和参政议政中的作用，根据《中共中央关于坚持和完善中国共产党领导的多党合作和政治协商制度的意见》《中国人民政治协商会议章程》《政协全国委员会关于政治协商、民主监督、参政议政的规定》《政协全国委员会提案工作条例》，制定本条例。

第二条　政协提案是政协的参加单位和委员（以下称提案者）向政协全体会议或常务委员会提出的，经提案委员会审查立案后交付有关单位办理的书面意见和建议。它是人民政协行使政治协商、民主监督、参政议政职能的一个重要方面；是参加政协的单位和政协委员为社会主义现代化建设和祖国统一大业献计出力，完善中国共产党领导的多党合作制度的一种重要方式；也是协助中国共产党和人民政府加强与各界人士联系，实现决策民主化、科学化的一条重要渠道。

第三条　提案工作是人民政协工作的重要组成部分，应当在建设中国特色社会主义理论指导下，坚持社会主义初级阶段的基本路线，充分发扬民主，广开言路，为维护安定团结、促进如皋市两个文明建设和祖国统一大业服务。

第二章　提案委员会

第四条　提案委员会是在市政协常务委员会和主席会议的领导下负责提案工作的常设机构，由主任、副主任和委员若干人组成，每届任期五年。人选经市政协每届第一次全体会议决定。提案委员会任期内的人事调整由市政协常务委员会决定。

第五条　提案委员会的职责：

一、研究制订本届各次全体会议的提案工作计划。

二、组织、征集提案，对提案进行审查立案并确定承办单位。

三、对提案办理情况进行检查和督促，推动承办单位认真办理提案、落实提案。根据实际需要组织提案者和承办单位座谈，选择重要提案，组织开展视察调查，对提案办理不够认真的，及时商请、督促承办单位重新办理。

四、负责向全体会议、常委会议、主席会议报告工作。

第六条　提案委员会全体会议，一般每季度召开一次，必要时可临时召集；主任会议，根据工作需要进行。

第七条　提案委员会要加强与委员的联系，听取意见，改进工作；加强与市委、市政府办公室以及承办单位的联系和协作，推动提案的办理；加强与兄弟县（市）政协的联系，沟通情况，交流经验，提高提案工作质量。

第八条 提案者提出的提案对国家和社会有贡献，承办单位办理提案认真负责并有显著成绩的，由提案委员会给予表彰，或者报请常务委员会或全体会议给予表彰。

第三章 提案的提出

第九条 下列人员和单位可以提出提案。

一、本届市政协委员，可以个人或联名方式提出提案，在全会期间也可以小组或者联组名义提出提案。在本市的江苏省、南通市政协委员也可对本市提出提案。

二、参加政协的人民团体、界别，可以团体或界别名义提出提案。

三、本会各专门委员会、工作组、联系小组，可以集体名义提出提案。

第十条 提案的基本要求：

一、提案应围绕国家大政方针、爱国统一战线内部关系、地方重要事务以及人民群众关心的重大问题等方面提出。

二、提案内容应当简明扼要，实事求是，做到有情况、有分析、有具体的建议。

三、提案书写应当符合规范要求，使用统一的提案纸，做到一事一议、字迹工整；委员联名提出的提案，发起人签名应当列于首位；以团体名义提出的提案，须有该组织负责人签名并加盖公章。

第十一条 提案可以在全体会议期间提出，也可以在闭会期间提出。

第四章 提案的审查

第十二条 提案委员会对提案的审查立案以本条例第三章第九条、第十条规定的标准为依据。凡经审查立案的提案，都要根据内容和有关单位的职责确定承办单位。

第十三条 凡不符合立案标准，或内容属于国家机密、民事争议、司法诉讼等方面问题以及纯属反映委员本人或亲属某些要求的，可不立案，但应向提案人说明情况，以其他适当方式送有关单位研究处理。

第十四条 提案委员会可选择某些有关全局性的重要提案，提请主席会议或常委会议审议通过后，作为建议案处理。

第十五条 提案经审查立案后应当及时交办。全会期间的提案，通过召开承办单位会议集中交办；闭会期间的提案，随时交办。

第五章 提案的办理

第十六条 承办单位办理提案要认真负责，积极主动，不得推诿扯皮，并注重实效。接到提案后一般应在三个月内答复，情况复杂的不超过六个月。

第十七条 办理提案工作应当有领导分管，有专人负责。健全制度，严格程序。对涉及两个以上单位会同办理的提案，主办单位与会办单位应当积极配合，主动协商解决。办理提案过程中，应当加强与提案者的联系，及时沟通情况，共同研究落实提案的措施。

第十八条 提案复文，要由承办单位分管领导核实签发，直接答复提案人；联名提的，应分别函复全体提案人，同时抄送市政府办公室和市政协秘书处。

复文内容的基本要求是：提案所提问题已经解决的，要将有关情况做比较详细的介绍。提案所提问题应予解决，但一时难以解决的，要制订规划，拿出措施，确定完成的时间。提案所提问题，确实难以解决的，要实事求是，说明情由，解释清楚。

第十九条　每年提案全部办理结束后，按文书处理程序要求，立卷归档。

第六章　附　则

第二十条　本条例由市政协提案委员会负责实施。

第二十一条　本条例经市政协常务委员会审议通过后施行。

中国人民政治协商会议如皋市委员会委员调查、视察工作规则

（1995年6月2日市政协九届二十八次主席会议通过）

一、根据《中国人民政治协商会议章程》和《政协全国委员会关于政治协商、民主监督、参政议政的规定》的有关精神，结合政协如皋市委员会工作实际，制定本规则。

二、组织政协委员调查、视察是深入实际，联系群众，反映社情民意，履行政治协商、民主监督、参政议政职能的重要途径和有效方法。通过调查、视察，委员了解党和国家的方针、政策、法令的贯彻执行情况，以及工作中的经验和存在的问题，向市委、市政府和有关部门提出意见和建议。

三、政协委员调查、视察是有组织的集体活动，由委组或市政协秘书处计划安排。市政协委员原则上每年应至少参加一次调查或视察活动。

四、市政协委员调查、视察的课题，由各专门委员会、工作组、联系小组提出，凡涉及全局性工作的重大课题由秘书处统一平衡，并征求有关部门的意见，提请市政协主席会议审议决定。

五、委员调查、视察应坚持“小型、专项、节约、实效”的原则。调查活动可根据课题需要选定地点，视察活动一般采取“一题、一组、一地”的方法进行。

六、调查、视察结束后，要写出调查、视察报告。并在此基础上，视情况分别形成提案和建议案，报送市委、市政府或有关部门。

七、本规则经主席会议审议批准后施行。

中国人民政治协商会议如皋市委员会工作组、委员联系小组活动办法

（1995年6月2日市政协九届二十八次主席会议通过）

一、为了密切政协组织与委员的联系，推进委员的经常性活动，履行委员职责，发挥广大委员的整体功能，市政协建立工作组、委员联系小组。

二、根据市政协组成的特点和便于活动的原则，在城委员按照参加市政协的各人民团体和

界别分别建立政协工作组；农村委员分别按区建立政协委员联系小组。

三、政协各工作组、联系小组负责人负责召集和组织本组的活动。

四、政协工作组、委员联系小组活动的内容：

1. 传达市政协常委会议和主席会议的有关精神，通报政协工作。

2. 推动委员学习建设有中国特色的社会主义理论，学习中国共产党和国家的方针政策与法律，学习统一战线和政协工作理论，学习时事政治，交流学习心得。

3. 根据市政协的部署和要求，组织委员参加政协的有关视察、专题调查、决策咨询等活动。

4. 组织与人民团体成员和所在界别人士的联系活动，了解社情民意。

5. 反映对市政协工作的意见和建议。

6. 开展委员的联谊活动。

五、政协工作组、委员联系小组活动应从实际需要和效果出发，做到经常化、多样化，每季度至少一次。必要时，可进行小组间的联合活动。

六、市政协委组工作室负责与工作组、联系小组的联络，协助开展活动、交流情况、总结经验，并为工作组、联系小组的活动创造必要的条件。

七、本办法经主席会议审议批准后施行。

中国人民政治协商会议如皋市委员会秘书长、副秘书长工作规则

（1995 年 6 月 2 日市政协九届二十八次主席会议通过）

为了健全秘书长、副秘书长的工作制度，根据《中国人民政治协商会议章程》和《政协全国委员会关于政治协商、民主监督、参政议政的规定》，结合如皋市工作实际，制定本规则。

一、分工

本会设秘书长一人；设副秘书长一人至数人，协助秘书长进行工作。

1. 秘书长协助主席工作，并负责处理本会的日常事务。

2. 副秘书长协助秘书长处理本会的日常事务。

二、主要职责

1. 协助主席、副主席组织实施常务委员会会议和主席会议通过的决议、决定。

2. 负责全体委员会会议、常务委员会会议、主席会议、专门委员会会议的会务工作，向主席或分管副主席提出关于这些会议的日期、议程的建议。

3. 主持政协机关日常工作，协调平衡、处理各委组之间的关系。

4. 提出市政协机关工作机构的设置及有关人员的任免建议，并向主席或主席会议报告。

5. 负责办理主席、副主席交办的其他事项。

三、会议

（一）秘书长会议

秘书长会议由秘书长、副秘书长组成。

1. 会议一般一月一次，先于每月的主席会议举行，必要时可临时召集。会议由秘书长召集并主持，也可由秘书长委托副秘书长主持。

2. 会议的内容：

（1）讨论决定秘书长职责范围内需要讨论决定的事项。

（2）审核提交主席会议审议的文件。

（3）研究全体委员会会议、常务委员会会议、专门委员会会议等重要会务及本会其他重要活动的组织安排事项。

（4）研究部署专门委员会工作。

（二）秘书长办公会议

1. 会议一般每月举行一次，在每月的主席会议之后举行，必要时可临时召集。会议议题由秘书长决定。会议由秘书长召集并主持，也可由秘书长委托副秘书长主持。

2. 会议的内容：

（1）布置召开全体委员会议、常务委员会议、主席会议及其他重要活动的准备工作。

（2）传达主席会议精神，听取政协机关各方面的工作汇报。

（3）研究办理主席、副主席交办的事项，讨论和安排机关日常工作。

（4）其他事项。

3. 会议议题，除临时召集的会议外，一般应提前通知。与会人员不能出席会议时，可对讨论的议题提出意见。

4. 对讨论决定的重大事项应及时向主席或主席会议汇报。

5. 秘书长会议、秘书长办公会议均应做记录，如有必要可整理出会议纪要印发给主席、副主席、秘书长、副秘书长、各委组负责人。会议纪要由会议主持人签发。

6. 以市政协秘书处名义发出的文件，要经过秘书长或分管副秘书长签发。

本工作规则经主席会议审议批准后实施。

关于贯彻《政协全国委员会关于政治协商、民主监督、参政议政的规定》的实施意见

（1995 年 9 月 1 日政协如皋市第九届委员会常务委员会第十四次会议通过）

为了贯彻落实《政协全国委员会关于政治协商、民主监督、参政议政的规定》，加强社会主义民主政治建设，逐步实现政治协商、民主监督和参政议政的规范化、制度化，进一步发挥如皋市各人民团体和各界爱国人士在全市政治生活中的作用，结合如皋市实际，提出如下实施意见。

一、人民政协的主要职能是政治协商和民主监督，组织参加本会的各党派、团体和各族各界人士参政议政。

二、政治协商是对全市的大政方针，以及政治、经济、文化和社会生活中的重要问题在决策之前进行协商和就决策执行过程中的重要问题进行协商。

政治协商的主要内容包括市人民政府工作报告、财政预决算、国民经济和社会发展计划；城市总体规划；经济社会发展长期规划；市委、市政府关于如皋市经济建设、精神文明建设、民主法制建设、改革开放、对外交往和社会生活等方面的重大决策；市级重要人事安排；有关台湾同胞、港澳同胞和海外侨胞工作方面的重要决定；市政协的建议案；市政协与如皋市统一战线内部的重大问题；其他重要问题。

政治协商的主要形式有政协如皋市委员会的全体会议，常务委员会议，主席会议，各专门委员会会议，各种专题座谈会、意见听取会、献计献策会，列席市委、市人大及市政府的有关会议等。

政治协商的议题原则上是谁决策谁提出，亦可由市政协主席会议提出，具体实施由市委、市政府、市政协办公室主任会议统一协调。

市政协根据市委、市政府的提议，安排协商活动并决定协商的形式和参加范围。

协商的议题和会期确定后，有关部门应提前 15 天将与议题有关的文件材料送交市政协秘书处，市政协应提前一周将会议通知及有关文件送达参加会议的人员，以便与会人员事先做好准备，充分反映各有关方面的意见。

市政协进行政治协商时，应邀请市委、市政府以及有关方面的负责人参加会议，并就提交协商的问题做出说明，听取意见。

委员在政治协商中提出的意见、建议和批评，由市政协秘书处整理后，以正式文件形式送交有关方面。

重要的视察报告、专题调查报告、重要提案，以及委员的重要意见、建议和批评，经市政协常委会议或主席会议讨论通过，再以市政协常委会议或主席会议建议案的形式向有关方面提出。

三、民主监督是对国家宪法、法律和法规的实施，重大方针政策的贯彻执行，国家机关及其工作人员的工作，通过建议和批评进行监督。

民主监督的主要内容包括国家宪法与法律、法规在如皋市的实施情况；党和国家的大政方针和江苏省、南通市的重要方针政策在如皋市的实施情况；如皋市国民经济和社会发展计划、财政预算的执行情况；如皋市城乡建设总体规划的实施情况；如皋市国家机关及其工作人员在履行职责、遵守法纪、为政清廉等方面的情况；参加市政协的各单位和个人遵守政协章程和执行政协决议的情况。

民主监督的主要形式有市政协全体会议、常委会议或主席会议向有关方面提出建议案；各专门委员会提出建议或提交有关报告；委员视察；政协提案；委员举报或以其他形式提出批评和建议；市政协组织有关委员参加市委、市政府及其有关部门组织的调查和检查活动。

四、参政议政是政治协商和民主监督的拓展和延伸。参政议政的内容和形式除第二条和第三条规定以外，还包括选择人民群众关心、党政部门重视、政协有条件做的课题，组织调查和研究，积极主动地向党政机关提出建设性的意见；通过多种方式，广开言路，广开才路，充分发挥委员专长和作用，为改革开放和社会主义现代化建设献计献策；等等。

五、政协委员的民主权利受到保护，在市政协的各种会议上，各种意见都可以充分发表。

六、市政协的全体会议、常务委员会议及其他形式的协商会议和重要活动，应做新闻报道。

七、市政协的各专门委员会、工作组、联系小组在常务委员会的领导下，组织委员参加各项经常性活动，做好专题座谈、专题调查、政协提案和委员举报工作，并与市党政有关部门取得联系，建立必要的对口联系制度，相互支持，相互配合。

八、各专门委员会的重要建议和委员的重要提案，可由有关专门委员会通过后提交常务委员会议或主席会议讨论，经常务委员会议或主席会议通过，再以市政协常务委员会或主席会议建议案的形式向有关方面提出。

九、以市政协常务委员会、主席会议或以各专门委员会名义提出的建议、意见和批评，均应以正式文件形式送达有关方面或部门。有关方面或部门应积极负责地进行研究处理，并将结果尽快以正式文件形式做出答复。

十、为切实履行政治协商、民主监督、参政议政的主要职能，市政协要通过多种形式帮助委员了解有关情况，为委员参政议政创造良好条件；政协委员要努力学习，深入实际，调查研究，积极参加政协的各项活动，密切联系自己所代表的团体及有关方面的群众，积极反映群众的意见和要求，在参政议政中更好地发挥应有的作用。

中国人民政治协商会议如皋市委员会
关于加强了解和反映社情民意工作的意见

（1995 年 6 月 2 日市政协九届二十八次主席会议通过）

人民政协是我国政治生活中发扬社会主义民主的重要形式。充分发挥人民政协代表性强、联系面广、渠道畅通的优势，及时了解社情民意，如实向市委、市政府及有关部门反映，供研究决策时参考，是市政协工作的一项重要任务。为了加强这项工作，特提如下意见。

一、了解和反映社情民意的内容，主要是对如皋市政治、经济、文化和社会生活中各种问题的意见和建议。

二、了解和反映社情民意的形式，主要是政协例会、视察、调研、信访、专题座谈、委员走访等。

三、畅通信息渠道，逐步形成及时有效地反映社情民意的工作机制。

1. 市政协秘书处要及时整理各个例会期间委员所反映的意见和建议。

2. 市政协秘书处除有计划地组织委员深入开展专题调查、视察外，可视情况组织有关界别的委员，每年举行一到两次专题座谈会，听取和反映各界人士的意见和建议。

3. 各专门委员会、工作组、委员联系小组开展活动，应反映社情民意，并可根据需要，组织所联系的各界人士进行座谈讨论，交流信息，反映意见，提出建议。

4. 广大委员要经常深入实际，与所在团体和界别的群众建立广泛的联系，采取走访、谈心、座谈等方式，认真听取并及时反映他们的意见、要求、呼声和建议。提倡全体委员每人每年至少提出一条建议，反映一条信息。

四、建立信息工作网络。市政协秘书处具体负责委员信息和意见、建议的汇总与整理工作，并编写社情民意简报。专门委员会、工作组、委员联系小组负责人负责收集各自工作范围内的信息和意见、建议，并及时报送市政协秘书处。

五、社情民意简报要及时、如实反映委员提供的信息和提出的意见、建议。简报经分管副秘书长审核后，由分管副主席签发，报送市委、市政府、市人大、市政协领导同志，并视情况抄送市有关部门领导同志。

六、积极为委员了解和反映社情民意创造条件。要采取多种形式，帮助委员了解情况、掌握政策、扩大视野。尊重和保护委员的各种民主权利，使委员的各种意见能够充分发表。

七、在了解和反映社情民意的同时，广大委员要向所联系的各界群众积极宣传党的方针政策，帮助群众正确认识形势和任务，做好解释、疏导工作。

政协如皋市委员会
关于开展“政协委员之家”创建活动的实施意见

（2015 年 12 月 16 日）

为深入贯彻落实党的十八大和十八届三中、四中、五中全会精神，习近平总书记在庆祝人民政协成立 65 周年大会上的讲话精神，以及中共中央印发的《关于加强社会主义协商民主建设的意见》精神，着力推进协商民主制度化、规范化和科学化进程，更好地发挥广大政协委员在全市经济社会发展中的作用，为政协委员知情出力、施展才华打造履职平台，使政协工作向基层延伸，进一步增强政协工作活力，经市政协主席会议研究，决定开展“政协委员之家”创建活动，现提出如下意见。

一、目的意义

“政协委员之家”是加强委员学习、联谊和交流的平台，也是更好地开展履职活动的主阵地。创建“政协委员之家”，主要目的就是把委员有计划地组织起来，把参政议政工作提到日程上来，把委员在本职工作中的纽带作用、在界别群众中的代表作用和在政协工作中的主体作用充分发挥出来，增强凝聚力、生命力，使政协委员可以更好地贴近中心、贴近实际、贴近群众，多建利民之言、多谋富民之策、多办惠民之事。

二、目标要求

（一）建设目标

按照通盘考虑谋划、分阶段稳步推进、运行中规范完善、全方位突破创新的思路，选择有基础、条件好的镇（区、街道）、界别起步，2015 年 12 月底前完成“政协委员之家”示范点任务，2016 年基本实现全覆盖。

（二）建设标准

创建“政协委员之家”要坚持“突出功能定位，体现政协特色”的原则，以政协各工作委员会和界别委员组为责任主体，集中体现“学习、交流、履职、联谊”为一体的功能。要求结构布局合理、设施设备实用、档案管理规范、环境卫生整洁，做到“五要”：

一要有固定的场所。本着节俭实用的原则，各工委、界别应结合本组实际，充分利用原闲置办公用房或综合利用其他活动室建立“政协委员之家”，面积原则上不少于 20 平方米。

二要有标志。室外在醒目位置悬挂“政协委员之家”标志牌，由市政协按照“成熟一家挂牌一家”的原则授予。

三要有制度。要建立健全委员学习、工作、管理、联系、考核等各项规章制度和委员履职档案。

四要有活动记载。要有计划地组织委员开展形式多样、内容丰富的学习、履职、公益、文体、联谊等活动。建立“委员小组活动登记表”“委员履职情况登记表”等基础台账，要有专人记载。

五要有资料。订阅委员学习必需的《人民政协报》《中国政协》《江苏政协》《南通政协》等学习资料，供委员参阅。

（三）相关要求

各建设单位应依托“政协委员之家”组织委员开展丰富多彩的活动。

1. 加强学习交流。组织委员进行政治理论学习和业务知识学习，交流履职经验和做法，努力提高委员的综合素质和参政议政的能力。

2. 反映社情民意。密切委员和人民群众的联系，组织委员定期开展“委员开放日”活动，听取界别群众的呼声愿望、利益诉求、意见建议，及时了解、反映社情民意，提高为民履职、为民代言的针对性和实效性。

3. 做好团结联谊。组织委员开展广泛的谈心、交友活动和丰富多彩的文体娱乐活动，加强委员之间的沟通交流，联络感情，增进友谊，活跃气氛。

4. 参加履职活动。组织委员积极参加政协统一组织的调研视察、界别活动和扶贫济困活动等，注重在参与履职中收集社情民意，发挥特长优势，主动帮扶群众。与此同时，在活动中注重委员履职典型培树，广泛开展宣传报道，并在全会期间进行表彰奖励。

5. 组织委员考评。组织委员开展年度述职考评，填写年终履职档案，听取委员对市政协本年度工作的意见、建议。

三、组织领导

1. 统一思想，提高认识。建设“政协委员之家”是市政协进一步拓展委员履职空间的新探索，也是政协委员密切与群众联系的重要渠道，各政协工委主任、界别委员组组长要充分认识其重要性，切实把这项活动摆上重要议事日程，增强做好创建工作的自觉性和主动性，加强领导，着力推进。

2. 高度重视，精心组织。“政协委员之家”创建活动在市政协常委会统一领导下进行，由主席会议成员协调推进，市政协各委办对所联系的镇（区、街道）工委、界别委员组承担具体任务的衔接指导。

3. 整合资源，形成合力。要积极争取所在单位党委、党组的支持，发挥委员主体作用，共同建设“政协委员之家”。采取多种方式，整合各方资源，循序渐进地抓好“政协委员之家”的软硬件建设。

4. 注重成效，不断创新。“政协委员之家”建设是市政协工作的一个创新举措，各工委、界别委员组要在规范化、程序化、制度化上下功夫，在推动委员工作上做文章，真正做到形式与内容的统一、形式与效果的统一，通过“政协委员之家”建设努力使政协开展的各项活动在围绕中心、服务大局上见成效，在关注民生、为民排忧上见成效，在提高委员素质和履职能力上见成效。

5. 加强宣传，营造氛围。要将“政协委员之家”创建活动与宣传信息工作有机结合，做到以宣传营造氛围、以实绩赢得口碑。要做好思想发动，使广大委员充分认识到开展这项活动的重大意义，进一步激发他们的积极性、主动性和创造性；要坚持宣传鼓动，加大对活动的宣传报道力度，努力营造浓厚的舆论氛围。

中国人民政治协商会议
如皋市委员会委员履职服务与管理办法

（2017 年 4 月 11 日政协如皋市第十四届委员会常务委员会第二次会议通过）

第一章 总 则

第一条 为进一步加强和规范政协如皋市委员会委员履职服务与管理工作，根据《中国人民政治协商会议章程》（简称《政协章程》）和《中国人民政治协商会议全国委员会委员履职工作规则》及有关规定，制定本办法。

第二条 政协委员是政协履行政治协商、民主监督、参政议政职能的主体，做好政协委员履职服务与管理工作是加强政协自身建设的基础性工作。

第二章 履职要求

第三条 履行《政协章程》规定的权利和义务，执行市政协全体委员会议、常务委员会议、主席会议的决议和决定。按照懂政协、会协商、善议政，守纪律、讲规矩、重品行的要求，珍视委员身份，牢记使命责任，立足本职岗位，积极履行职责，发挥委员主体作用，积极为全市建设更高水平小康社会发挥委员应有作用。政协常委带头履行职责，发挥示范引领作用。

第四条 参加市政协全体委员会议、常务委员会议和其他会议；参加市政协组织的专题协商、对口协商、界别协商、提案办理协商和专项视察调研以及其他形式的协商会议和视察调研活动；参加市政协组织的民主评议活动和其他专题民主监督；参加界别、镇（区、街道）工委组织的会议和活动。

第五条　撰写、提交提案，有序监督提案的办理；了解基层和群众的意见和要求，通过市政协组织反映社情民意。

第六条　参加市政协组织的委员论坛活动，积极撰写委员论坛论文。

第七条　参加市政协组织的学习培训、新闻宣传、文史资料征编以及其他履职活动。

第三章　履职服务

第八条　牢固树立委员为本的服务理念，健全政协委员履职服务保障机制，采取有效措施，切实增强政协组织的向心力、凝聚力和政协委员的责任感、成就感、归属感。

第九条　加强委员联络联系工作。市政协主席会议成员有计划地开展走访、约访委员活动，市政协各专门委员会有计划地走访联系界别和镇（区、街道）工委委员。采取多种方式，了解委员所需所求和工作生活情况及履职情况，听取委员意见、建议，帮助委员解决实际问题。

第十条　改进政协会议和活动。精简会议，改进文风、会风和活动方式，提高会议和活动质效。做好委员履职活动的组织工作，凡须政协委员参加的各类会议和活动，应提前发出通知，确保委员、常委能按时获得有关信息，了解有关要求。

第十一条　加强与委员所在单位沟通协调，要求委员所在单位支持委员参加政协会议和活动，为委员履职创造必要条件。做好委员来信、来访、来电的受理、转办、督办工作，确保委员反映的情况和问题事事有回音、件件有答复。

第十二条　建立服务委员评议机制。定期采取座谈会、问卷等方式听取委员对政协机关服务委员工作的意见、建议，针对服务委员过程中存在的突出问题，制定整改措施，并通过适当方式向委员通报。

第十三条　加强政协服务型机关建设。采取有效措施，提高市政协机关工作人员政治理论水平、业务素质和政策水平，强化服务委员意识，增强服务委员本领，建立健全委员履职服务考核机制，加大考核力度，确保政协机关为政协委员履职提供优质高效服务，切实把政协机关建设成名副其实的“委员之家”。

第四章　履职管理

第十四条　登记统计

市政协办公室负责政协委员参加全体委员会议、常务委员会议和其他重要会议、视察、调研活动情况以及撰写委员论坛论文、反映社情民意信息情况的统计，提案委员会负责政协委员提交提案、办理点评反馈情况的统计，各界别委员组和镇（区、街道）工委负责政协委员参加小组活动情况的统计以及委员个人信息变更情况的报送。办公室对委员履职情况进行汇总统计，及时归入委员履职档案，作为委员届中考核以及换届遴选的主要依据之一。

第十五条 请假考勤

市政协委员、常委因特殊原因不能出席市政协全体委员会议、常务委员会议的，应履行请假手续，向指定负责人请假，不得由他人代为签到，不得只签到不出席会议。

须全程请假不出席全体委员会议、常务委员会议的，应提前一天以书面形式向市政协办公室提出申请，并经市政协秘书长批准；政协全会期间不能参加某次会议、讨论或需要提前离会的，应提前向大会秘书处或市政协办公室提出申请，并经大会秘书长批准；政协常务委员会议期间不能参加某次会议、讨论或需要提前离会的，应提前向市政协办公室提出书面申请，经秘书长批准；因故不能参加市政协组织的视察、调研、考察活动的应向有关委室负责人请假；因故不能参加各界别组或镇（区、街道）工委组织活动的应向委员组长或工委主任请假。未经同意不参加会议和活动视为无故缺席。会议、活动期间，实际参加时间少于全程三分之二的，视为缺席。

有下列情形之一的，可以请假：

1. 参加全国性会议或重要活动的。

2. 参加全省性或南通市会议或重要活动的。

3. 参加市委、市政府重要会议或活动的。

4. 因出国、出境或生病不能出席会议的。

5. 其他特殊情况。

第十六条 述职报告

市政协委员应每年总结年度履职情况，在各镇（区、街道）工委主任会议、界别委员组会议上述职，并提交书面述职报告。市政协每年举办一次年终履职总结会，听取组长述职。

第十七条 考核通报

市政协制定委员履职考核办法，细化考核内容、考核标准、考核程序、结果运用，对委员履职情况进行定期考核。市政协根据委员履职情况和考核结果，采取适当方式定期向政协党组、主席会议报告，必要时向市委组织部、市委统战部和委员所在单位进行通报。

第十八条 奖优激励

开展表彰先进活动。市政协每年组织一次优秀委员评选表彰，对参加政协活动热情高、参政议政实绩好的委员进行表彰；每年举行一次优秀提案评选表彰，对积极撰写提案并产生明显经济社会效益或较大社会影响的优秀提案人和承办单位进行表彰。市政协对受表彰的优秀委员、优秀提案人给予奖励，并通过新闻媒体对优秀委员和优秀提案人进行集中宣传报道。

建立和完善委员履职成果有效利用机制。对委员通过各种形式对如皋市经济社会发展提出的意见与建议、反映的社情民意等履职成果及时以调研报告、建议案或提案、社情民意信息专报等方式报送市委、市政府和有关单位（部门）办理、参考、解决。定期组织开展委员履职成果展示活动，对委员重大履职成果集中进行宣传报道。

第十九条 惩戒处理

对不履职、不称职和违法违纪的市政协委员、常委，视情采取提醒谈话、劝其辞去委员或常委职务和撤销委员资格等方式予以处理。

市政协委员、常委，一年度中有下列情形之一的，市政协对其进行提醒谈话：

1. 委员无故缺席一次市政协全体委员会议的。

2. 常委无故缺席一次市政协常务委员会议的。

3. 委员除参加全体会议外，未按要求参加其他政协有关会议活动的。

4. 委员没有提交提案或社情民意信息或者没有提供会议发言材料的。

市政协委员、常委，届中有下列情形之一的，劝其辞去政协委员或常委职务：

1. 委员累计无故缺席两次市政协全体委员会议的。

2. 常委累计无故缺席两次市政协常务委员会议的。

3. 委员除参加全体会议外，两个年度未按要求参加其他政协有关会议活动的。

4. 委员连续两年没有提交提案或社情民意信息或者没有提供会议发言材料的。

市政协委员有下列情形之一的，给予告诫，情节严重的撤销政协委员资格：

1. 违反《政协章程》或市政协全体委员会议和常务委员会议的决议、决定，造成不良影响的。

2. 违反党纪政纪、国家法律法规，妨害团结稳定，造成不良后果的。

3. 损害群众利益或个人行为不端，影响政协委员形象，造成不良影响的。

4. 受到治安拘留、司法拘留或刑事处罚的。

第二十条　对受到提醒谈话的市政协委员、常委，经市政协主席会议确认后，常委由主席会议指派相关成员进行谈话，委员由市政协分工联系的委办主任进行谈话。对受到劝辞委员或常委职务和撤销委员资格处理的市政协委员、常委，市政协会同有关方面按规定程序办理。

第二十一条　市政协委员、常委对受到劝辞委员或常委职务、撤销委员资格处理不服的，可以申请复议，市政协在收到复议申请后，及时召开主席会议做出复议决定。

第二十二条　市政协委员被执法执纪机关审查的，经市政协主席会议研究，暂停其参加政协活动。在执法执纪机关有明确结论后，再按规定程序办理。

第五章　附　则

第二十三条　本办法经市政协常务委员会审议通过后于 2017 年 5 月 1 日施行，解释权和修改权属市政协常务委员会。

如皋市政协主席联系常委、常委联系委员、委员联系界别群众的“三联系”实施办法

（2017 年 10 月）

为深入贯彻落实党的十八大、十九大会议精神，切实发挥政协优势，发扬民主，增进与委员的联系，充分发挥委员履行政协职能的主体作用，推进政协工作的制度化、规范化、程序化建设，根据《中国人民政治协商会议章程》有关规定，结合如皋市政协实际，制定本办法。

一、目的意义

密切联系界别群众，听取、反映界别群众的意愿和诉求，关注民生问题，促进经济和社会健康发展，是政协委员的重要责任和崇高使命，是委员发挥主体作用的内在要求。建立“三联系”制度，就是为了体现政协组织的特色，转变工作作风，将政协工作牢牢植根于基层，为委员履职搭建新平台。

二、联系对象

市政协主席、副主席每人联系若干名常委，常委联系若干名委员，每位委员至少联系 3 名界别群众。联系对象原则上按界别活动组、地区联络组划分。

三、联系方式

政协坚持“三联系”方式具体而灵活，着力体现“三联系”制度的操作性。在开展“三联系”活动中，可通过召开联系对象座谈会、重要情况通报会，定期走访联系对象，邀请联系对象恳谈，组织联系对象参与视察、调研等方式，进一步加强与常委、委员和界别群众的联系，指导其开展履职工作。主席和常委通过定期不定期深入常委和委员所在单位，加强对其工作表现和履行委员职责方面的考察，了解委员在学习、工作、生活中存在的困难和问题，促使所在单位为委员履职创造有利条件。

四、联系内容

1. 了解委员的思想、工作、学习、生活和履行职能等方面的情况。

2. 听取委员对市委、市政府重大决策、经济社会发展战略、重要政策措施等方面的意见、建议和要求。

3. 听取委员对所代表的界别和群众关注的社会热点、难点问题及其他社情民意的反映。

4. 了解委员所在单位对委员履行政协职能的支持程度。

5. 征求委员对市政协工作的意见和建议。

五、具体要求

1. 市政协常委至少每年一次向所联系的委员了解其工作情况以及界别群众情况；委员每年至少参加一次市级或镇（街道）组织的活动，每个季度应安排相对固定的时间开展联系界别群众活动。

2. 对委员、界别群众反映的重大问题和有价值的意见、建议，要及时整理并以社情民意的形式向有关领导和部门反映。

3. 要关心委员，力所能及地帮助协调解决存在的问题、困难，使委员在履行职能中发挥更好的作用。把联系界别群众与服务群众结合起来，联系对象有具体困难时，委员要充分发挥自身的社会影响力、职业优势和专业特长，尽力给予各方面的帮助。

4. 委员联系界别群众，重点要考虑本界别中有代表性和影响力的人物、基层群众、村（社区）干部，委员可以自己落实联系对象，界别活动组也可以从本界别中推荐部分代表人物供委员选择。

5. 统筹兼顾，注重实效，合理安排时间，认真落实联系制度，对联系情况进行认真记录。

6. 政协办公室要及时收集联系动态、汇总情况、交流经验，从而推动联系工作扎实有效开展。

中国人民政治协商会议如皋市委员会提案办理协商办法

（2018 年 1 月 8 日）

为了深入贯彻落实党的十九大精神和中央、江苏省、南通市《关于加强人民政协协商民主建设》的文件精神，推进提案办理协商工作制度化、规范化、程序化建设，根据《中国人民政治协商会议全国委员会提案办理协商办法》《中国人民政治协商会议江苏省委员会提案办理协商办法》（苏办发〔2016〕51 号）、《中国人民政治协商会议南通市委员会提案办理协商办法》（通办发〔2018〕2 号），结合如皋市实际，制定本办法。

一、明确总体要求

提案工作是人民政协工作的重要组成部分，是人民政协履行政治协商、民主监督、参政议政职能的重要载体，是政协委员履职尽责和各界别发挥作用的重要内容，是反映各方面要求和意见、向党委和政府部门提出建议的重要形式，地位特殊，意义重大。提案办理协商是人民政协协商民主的重要形式，是提案者、提案承办单位、政协组织及有关方面为增进共识、推动提案办理开展的协商活动。

1. 突出协商主体。提案者和提案承办单位是提案办理协商的主体。提案办理协商应更好地发挥人民政协作为协商民主重要渠道的作用，成为党和政府科学民主决策的重要环节。政协组织要做好协商计划、组织、协调、督促、服务工作，推动提案办理协商广泛多层制度化开展。

2. 把握协商规律。提案办理协商应坚持围绕中心、服务大局、提高质量、讲求实效的提案工作方针，坚持民主协商、平等议事、求同存异、体谅包容的协商原则，坚持以增强办理实效为目标、以创新协商形式为手段、以完善协商机制为保障的工作方法。

3. 坚持全程协商。提案办理协商应贯穿于提案工作全过程，内容包括提案选题协商、提案审查协商、提案交办协商、重点提案遴选协商、提案经办协商、重点提案督办协商、成果转化协商等，主要采取咨询通报、实地调研、联合视察、直面恳谈、重点督办、网络议政、评估评议等形式进行。

二、把握关键环节

提升提案质量、提升提案办理质效，是提案办理协商的核心要义。做好提案办理协商，要重点把握认真撰写提案、精准审查立案、务实办理提案、强化督办提案 4 个关键环节，切实把政协履行政治协商、民主监督、参政议政职能有机融入提案办理协商全过程。

1. 认真撰写提案。鼓励和引导政协委员、政协各组成单位及政协各专门委员会积极撰写提案。加大各委员组和政协专门委员会提交提案的力度，增加集体提案比重。

（1）学习提高。把提案工作理论和业务知识列为政协委员学习的重要内容，利用多种途径加强经常性培训和辅导，增强提案者通过提案履职尽责的自觉性和主动性，不断提升其撰写高质量提案的能力和参与提案办理协商的能力。

（2）准确选题。提案选题应围绕市委、市政府中心工作和人民群众关心的实际问题，在广泛知情明政的基础上提出，注重选题的针对性。提案者应加强与相关部门的选题协商，相关部门要积极支持提案者的调研。市政协应邀请市委、市政府及有关部门定期通报情况；市政协各专门委员会、各委员组应加强提案选题的前期调研和咨询协商；市政协提案委员会应向市级部门征集提案选题，向社会公开征集提案线索，召开征询座谈会，就提案选题方向、涉及领域、工作难点等进行交流协商，共同做好提案提出的统筹工作，推行提案征集协商。

（3）深入调研。提案者应综合运用多种调查方式，吃透上情、摸清下情、了解外情、掌握实情，努力提高调查的深度和广度；认真总结提炼、分析研究，以问题为导向，提出解决问题的思路和路径，着力提升对策建议的针对性和可操作性；提案初稿形成后，应征求本界别群众的意见和建议，并与相关单位进行协商讨论，进一步完善对策建议。

2. 精准审查立案。严格审查标准，规范立案程序，坚持数量服从质量，努力做到提案立意高、选题准、情况明、分析透、建议实。

（1）提前预审。市政协全体会议期间的提案可适当提前提交。对收到的提案，市政协提案委员会从格式、题目、内容、建议等方面进行审阅。需要完善的，及时与提案者沟通协商，经提案者修改完善后再正式提交。

（2）严格初审。市政协全体会议期间，市政协提案委员会（提案审查委员会）与市有关部门组成提案审查组，依据提案工作条例对收到的提案进行初步审查，在充分讨论与协商的基础上提出是否立案的建议，并就提案内容和承办单位职能的匹配程度、对策建议和承办单位职权事权的统一程度进行协商，初定主办、协办单位。对未予立案的提案，逐件与提案者沟通，开展协商，达成共识。市政协提案委员会（提案审查委员会）向市政协全体会议报告提案初步审查情况。

（3）精准复审。市政协全体会议闭会后，市政协提案委员会与市委办公室、市政府办公室及相关职能部门沟通协商，主动听取市委、市政府分管领导意见，对初步审查的提案进行复审。复审报告提请市政协主席会议审议通过并予以公布。市政协全体会议闭会期间收到的提案，由市政协提案委员会按标准和程序及时审查立案。

3. 务实办理提案。承办单位要把制度建设作为做好提案办理工作的重要保障，构建领导重视、职责分明、重点突出、衔接紧密、运转协调的制度体系，强化流程管理，抓好关键环节，着力提升提案办理实效。

（1）合理交办。建立党委、政府和政协联合交办提案机制，落实提案承办单位，明确提案承办单位任务和要求。市委办公室、市政府办公室、市政协提案委员会根据职能分工，按照归口管理的原则，分别做好落实提案办理责任的协商。经审查立案的提案，通过提案网上办理系统进行预交办，对不适宜本单位主办的提案，相关单位要在规定的时限内提请市委办公室、市政府办公室予以调整，确保提案交办对口、分办合理。预交办期满后，由交办机关按程序正式交办提案。市政协全体会议闭会期间的提案，由市政协提案委员会及时商请有关方面交办。

（2）重在实办。建立健全提案者、政协提案委员会、承办单位有效沟通协商机制。承办单位要把与提案者的沟通协商作为提案办理的必经环节，着力推行“提案办前协商”，做到先协商后办理、先协商后答复。建立健全联系沟通、办理咨询、研讨交流机制，通过直面恳谈、网络互动、电话联系、见面交流、调研视察等方式，就建议的可行性、办理思路、具体举措、责任科室、时间节点、办理结果、绩效考核等与提案者充分沟通协商，接受监督。提案主办单位要加强与提案协办单位的沟通协商，统筹协调提案经办工作，提案办理复文应体现各方意见。承办单位要高度重视提案者对提案办理的反馈意见，对存在不同意见的，承办单位要重新研究，并在一个月内与提案者再次沟通协商，做进一步答复；对经协商仍存在较大分歧的，市政协提案委员会会同市委办公室、市政府办公室进一步组织“提办”双方沟通协商，并通过适当方式向有关方面反映情况。

（3）主动报告。承办单位要以规范的文稿，详细向提案者报告提案所提问题的解决情况、建议的采纳落实情况，可通过邀请提案者实地察看办理成果等方式，多方听取意见、建议。必要时，召开协商座谈会，邀请提案者和群众代表面对面协商讨论办理效果。对因条件、时机所限，一时不能办理的，应与提案者解释说明清楚，达成共识。承办单位要建立和完善提案办理台账制度，在当年办理任务完成后，及时向市委办公室、市政府办公室、市政协提案委员会报告办理情况。报告内容主要包括① 承办提案集中反映的问题及意见、建议；② 办理工作的组织实施、办理过程、具体做法和经验体会；③ 重点提案办理情况；④ 提案建议被采纳落实情况；⑤ 提案建议未能采纳的原因；⑥ 与提案者联系、沟通、协商情况；⑦ 提案答复意见公开情况。

4. 强化督办提案。构建参与广泛、层次分明、重点突出、形式多样、讲求实效的提案督办工作格局，不断提升提案办理协商水平。

（1）重点督办。根据重点提案遴选与督办办法，市政协提案委员会汇总各方重点提案推荐情况，与市委办公室、市政府办公室会商，提出重点提案候选建议，经市委、市政府分管领导审核，报市政协主席会议审定。经市政协主席会议审定后，提案委员会商请市委办公室、市政府办公室共同制订市委、市政府分管领导领办，市政协主席、副主席督办，市政协相关专门委员会参与督办的重点提案督办实施方案。重点提案督办协商活动，应邀请提案者、承办单位负责同志、有关市政协委员、专家学者和相关利益群众代表参加，督办协商成果形成重点提案督办纪要，报送市领导。对建议落实具有长期性、复杂性和反复性的重点提案，市政协应每年有针对性地实行跟踪督办协商，促进提案办理协商成果转化。

（2）领导阅批。将集体提案和社会关注度较高的提案提请市主要领导阅批，提出办理要求，加大推进和落实力度。

（3）注重对接。市政协主席会议、常委会议、专门委员会视察调研协商活动，充分吸纳与专题有关的提案者参与，融提案意见和建议于视察报告、调研报告、建议案中，推动相关意见和建议的落实。选择部分集体提案和委员关注度较高的提案，组织相应界别开展视察调研活动，推动提案办理协商取得更多成效。

（4）加强督查。市政协提案委员会商请市委办公室、市政府办公室加强对提案重点承办单位办理工作的督查。选择部分重要提案，进行办理工作“回头看”，推动提案办理落实。

（5）民主监督。每年选择部分承办提案较多的单位开展民主评议，总结办理经验，分析存在问题，提出整改意见，推动承办单位不断提升提案办理工作水平。将同一提案2次办理结果委员不满意或2件提案办理结果委员不满意的承办部门列为民主监督对象，以评议、走访等方式开展民主监督。积极探索建立第三方评估“提案和提案办理”机制。

（6）公开结果。提案办理结束后，市政协提案委员会商请市委办公室、市政府办公室，提出提案办理工作公开建议方案，将提案提出者及提案标题、内容、承办单位、答复内容等在网上公开，接受社会监督。

三、加强组织领导

高度重视、积极推动提案办理协商，真正做到工作上有部署、措施上有要求、组织上有依托、物质上有保障，充分发挥提案服务大局、改进工作的作用。

1. 党政高度重视。市委、市政府分管领导重视提案办理协商工作，关心提案立案情况，阅批重要提案，审核重点提案候选方案，领办重点提案。市委办公室、市政府办公室加强对提案办理工作的协调，市政府办公室每年向市政协常委会议通报提案办理情况，支持市政协对承办单位提案办理情况开展民主评议。每年市委办、市政府办、市政协办联合表彰提案办理先进单位。承办单位要把提案经办工作与本部门业务工作一并考虑、一起研究、一体部署、一同推进，明确分工、责任到人、保障到位，切实推动提案办理取得实效。进一步丰富宣传形式，加大宣传力度，积极营造全社会广泛关注、各界人士积极参与和支持开展提案办理协商的良好氛围。

2. 政协主动履职。市政协主席会议定期听取提案工作情况汇报，研究提案工作，关注集体提案，协商督办重点提案。市政协领导带队视察、调研和走访提案承办重点单位，出席提案办理协商会。每年开展1次优秀提案评选表彰。市政协常委会向全体会议报告提案工作情况。加强提案办理协商的理论研究和经验交流。

3. 强化绩效考评。坚持把提案办理工作纳入市政府年度督查计划，进一步完善绩效考核体系。将提案承办单位提案办理情况列入市级机关综合绩效考评内容，将提案承办区域提案办理情况纳入全市协调推进“四个全面”战略布局综合考核内容，将提案办理情况作为干部考核的依据。把提交提案、参与提案办理协商监督活动计入委员履职档案，列为委员履职考核重要内容。

市委办公室　市政府办公室 市政协办公室
关于做好提案办前协商工作的通知

（2018 年 1 月 8 日）

为深入学习贯彻党的十九大精神，按照苏办发〔2016〕51 号文件关于“先协商后办理”要求，切实提高提案办理质效，现就做好提案办前协商工作事宜通知如下。

一、准确把握提案办前协商指导思想

提案办前协商是提案主办单位在提案办理前，组织提案人和承办人认真解读提案，进行充分沟通协商，共商解决问题办法，为形成最佳办理方案所进行的政治协商活动。提案办前协商工作要以党的十九大报告关于协商民主总体部署要求为指导，以《中国人民政治协商会议全国委员会提案办理协商办法》《中国人民政治协商会议江苏省委员会提案办理协商办法》（苏办发〔2016〕51 号）为依据，以解决提案办理协商不及时、不充分、不到位，办理过程流于形式，办理成果不明显等问题为出发点和落脚点，充分借鉴先行试点单位成功做法，通过认真扎实协商，准确把握提案主旨建议，详尽了解现实状况和办理设想，深度协商形成办理方案，增强沟通、增进共识、增大合力，夯实提案办理和答复基础，更好地发挥提案在助推如皋经济社会发展中的作用。

二、准确把握提案办前协商时机形式

提案办前协商是政协协商民主的一个重要形式，是提案经办协商必经的重要环节，是落实“先协商后办理”要求的具体体现。

提案办前协商工作在全市各提案办理单位中进行。组织实施提案办前协商活动的组织者为提案办理各主办单位。协商时机在市提案交办会议以后、提案办理单位办理前（一般在每年 4 月上中旬进行）。协商形式：主办件在 5 件以上的办理单位，采取提案人和承办人（包括主办、协办单位承办人）集中面对面恳谈沟通的方式进行；主办件在 5 件以下的办理单位，可采取承办人与提案人逐个恳谈协商等方式进行。协商重点是综合性提案、集体提案和重点提案。

三、准确把握提案办前协商的方法步骤

主办件在 5 件以上的办理单位，组织提案办前协商工作必须按以下方法步骤进行：

第一步，充分做好提案办前协商准备。办理单位在接到市交办的提案后，迅速组织做好以下三项办理前协商准备工作。

一是提案办理联络员在分管领导的指导下，将本单位办理的提案，依据所属科室或部门职能，全面准确分解交办。

二是做好提案人和提案承办单位承办人集中面对面协商会务筹备工作。特别是提案主办单位，要依照提案类型、办理方向、部门职能，科学分解办理任务，落实牵头办理负责人和主

办、协办科室，组织召开本单位提案交办会。

三是安排提案者和承办人充分“备课”。提案者主要做好提案背景、主旨、建议解读准备，查阅相关政策文件，进行必要的深入调查，丰富完善意见、建议。提案主办、协办单位所属科室办理人员，在熟悉把握提案的基础上，就能不能办理、何时办理、怎么办理，从政策层面、实际状况、设想举措等各方面进行调查研究，做好协商准备。

第二步，组织提案办前协商活动。主要做好两项工作：

一是提案主办单位分管领导组织召开由提案人、提案办理人员（含主办、协办）参加的提案办前协商动员会，对办理前面对面协商工作统一提要求。

二是进行提案办前协商。提案办前协商由提案主办部门负责人组织实施，逐个提案沟通协商。提案办理数量相对较少的单位，统一组织实施面对面沟通协商；提案办理数量较多的单位，可分成几个小组并指定负责人，实施并行面对面沟通协商。

提案办前协商应因案施策，对于案由单一、问题清晰、建议具体的提案，实施简易协商，即组织者在通报提案主办、协办单位后，先由提案人阐明所提提案的现实性、办理的必要性和建议的操作性，再由办理方报告办理设想方案，有针对性地答疑解惑，最后由提案者和承办人双方就相关问题进行沟通、达成共识。对于切合党委政府重点工作、需要多部门合力推进的提案，实施广泛协商，即加强协商现场引导，各方畅所欲言、反复碰撞、广泛协商，凝聚办理最大共识与合力。对于社会关注的热点、难点问题的提案，实施深度协商，即在面对面广泛协商的基础上，进行实地调查会商，形成办理良策。

第三步，认真梳理转化协商成果。提案人和承办人面对面恳谈协商后，各提案办理单位全面梳理面商意见，把有价值、可操作的协商意见加以吸收，形成“一案一策”办理方案，并依据办理方案抓好办理工作。同时，以文件的形式抄送提案人和市政协提案委，以便提案人和政协组织跟踪督办，确保提案办理落实。

四、准确把握提案办前协商工作要求

一是增强认识定力。提案办前协商是人民政协协商民主的重要形式，是深化提案经办协商的新要求、新环节，是提案者、提案承办单位、政协组织为增进共识、推动提案办理开展的协商活动。做好提案办前协商工作，对于准确把握提案、优化办理方案、凝聚办理合力、提升提案办理质效具有现实意义。各提案办理单位要从落实“先协商后办理”的新要求出发，自觉打破“提案年年有，办理老一套”的思维定式，以积极的姿态把提案办前协商工作摆上议事日程，认真加以推进。各提案人要从履行协商民主职责新要求的高度，自觉打破“我提你办，一提了之”的思维定式，以主人翁的姿态，积极参与提案办前协商，确保“先协商后办理”的要求得以贯彻落实。

二是认真组织实施。认真扎实做好提案办前协商工作，对提高提案办理办复率、落实率、满意率有着事半功倍的效果。对此，各提案承办单位要把提案办前协商工作与谋划部署年度工作相结合，作为实现年度工作“开门红”的重要举措，列入重点工作加以推进，主要领导亲自抓，分管领导具体抓；要注重做好协商活动前的沟通协商准备、协商活动中的广泛深入协商、协商活动后的成果转化运用工作，确保在4月中旬前全面实施到位。各提案人要把参与提案办前协商活动作为自身职责，按时按要求充分做好协商前的准备，积极参与提案办理协商，注重跟踪所提提案办理，做到善协商、会协商、敢监督。市政协提案委要加强对提案办前协商工作的计划部署、指导推进、总结考核工作，切实当好“教导员”“协调员”“监督员”。市委办、市政府办和市政协办将加大提案办前协商考核力度，确保该项工作扎扎实实地开展。

三是及时总结评估。各单位要做好提案办前协商宣传报道工作。要指定专人负责收集整理工作中的好做法、好经验、好成效。该项工作结束后，各单位要及时进行总结，形成小结材料，连同“提案办前协商”实施情况表于4月25日前报市政协提案委。市政协提案委将把提案办理方和提案者组织和参与提案办前协商情况列入“第三方”评议提案和提案办理的内容加以评估，作为年度评比提案办理先进集体、提案办理先进个人的重要依据，作为政协委员履职积分考核的内容之一。对典型做法适时予以推广。确保提案办前协商高效推进，促进提案办理工作落实，更好地助推全市经济社会发展。

政协如皋市委员会关于届内增补政协委员、常委的实施办法

（2018年11月1日市政协主席会议通过）

《中国人民政治协商会议章程》第三章第三十一条规定，“地方委员会委员经相关程序后，须由各级地方委员会常务委员会协商决定”。为加强对政协委员、常委届内增补人员推荐、提名工作的规范性、程序性，严把增补人选的政治关、素质关、结构关，根据有关规定和工作实际，现制定增补实施办法如下。

一、增补工作需遵循的基本原则

1. 总量控制的原则。政协委员总量原则上不突破换届时确定的委员数总额。如确因工作需要须突破总额时，应由政协常务委员会协商确定。结构性人选调离原工作岗位时，原则上应辞去政协委员职务，确须保留的，应提请政协常委会协商决定。

2. 适时调整的原则。为保障政协履职活动的正常开展，对缺额委员、常委应及时予以增补。

（1）因各镇（区、街道）统战委员担任着各镇（区、街道）政协委员组的服务联络工作，如出现缺额，须提请政协常委会及时予以增补。

（2）企业家委员、条管部门委员等因工作关系调整出现差额，原则上一年增补一次。

（3）重要部门（如党委、政府部门）出现委员空额，可结合工作实际需要，提请政协常委会进行调整。

3. 利于工作的原则。为充分体现政协大团结大联合的工作原则，政协党组应积极关注社会各界的优秀人士，并把他们及时吸纳到委员队伍中来，画好最大同心圆，凝聚社会共识，形成强大合力，助推经济社会发展。

二、增补的相关程序

1. 提名推荐。符合增补条件的，增补人选提名可采取界别推荐、组织推荐、个人推荐等形式进行。

2. 协商确定建议名单。对各方面提出的推荐名单由政协党组讨论，确定初步建议人选后，报市委组织部、统战部审核把关、综合评价，反复同各推荐方面协商，形成建议名单，并填报政协委员推荐审核表。

3. 政协常务委员会会议通过。将委员建议名单提交常务委员会会议进行协商和表决，经全体常务委员过半数同意予以通过。

4. 公布。经常务委员会会议通过的委员，由政协办公室分别通知推荐单位和个人，向委员发委员证书，并通过新闻媒介向社会公布。

三、政协常委增补的相关程序

增补政协常委必须首先是本届政协委员，经政协党组提名，市委组织部、统战部考察后，须报市委常委会同意，然后提交政协全会表决通过。

政协如皋市委员会关于完善“政协委员之家”建设的实施意见

（2019 年 4 月 2 日市政协主席会议通过）

为深入贯彻落实习近平新时代中国特色社会主义思想和党的十九大精神，进一步把握政协新的历史方位和时代要求，落实好新一届全国政协提出的“加强委员队伍建设”这一重要任务，充分发挥委员在政治协商、民主监督、参政议政中的主体作用，持续激发委员履职的积极性、主动性、创造性，推进政协工作提质增效、创新发展，现就完善如皋市“政协委员之家”建设提出如下意见。

一、目的意义

“政协委员之家”是加强委员学习、联谊和交流的平台，也是更好地开展履职活动、听取群众意见的重要阵地。完善“政协委员之家”建设，主要目的就是在原有的“政协委员之家”基础上，进一步健全完善各项制度与活动功能，把委员有计划地组织起来，把参政议政工作提到日程上来，把委员在本职工作中的带头作用、政协工作中的主体作用和界别群众中的代表作用充分发挥出来，增强凝聚力、生命力，使政协委员更好地贴近中心、贴近实际、贴近群众，多建利民之言、多谋富民之策、多办惠民之事。

二、基本原则

1. 坚持党的领导。牢固树立“四个意识”，切实增强“四个自信”，坚定践行“两个坚决维护”，切实把中央、江苏省委、南通市委和如皋市委重要决策部署贯彻落实到政协工作中去，确保“政协委员之家”保持正确的政治方向。

2. 坚持围绕中心。聚焦“五位一体”总体布局和“四个全面”战略布局，贯彻落实新发展理念，重点围绕推动如皋市“四大重点工作”、打好“三大攻坚战”等，多建睿智之言，多献务实之策。

3. 坚持委员主体。认真落实市政协对委员履职的要求，充分发挥委员在本职工作中的带头作用、政协工作中的主体作用和界别群众中的代表作用，用实际行动交出一份满意的履职答卷。

4. 坚持注重实效。充分发挥界别和专业优势，着力在思想引领、团结联谊、资政建言、服务群众、岗位建功等方面不断创新、形成特色、打造品牌、多出成果。认真贯彻落实中央八项规定实施细则及江苏省委、南通市委和如皋市委具体办法精神，坚持求真务实，持之以恒转作风改作风。

三、建设目标

围绕“学习新思想、创新添活力、履职高质量、树立新形象”的目标任务，按照“职责清晰、功能明确、设施齐全、运行规范、活动经常、作用明显”的要求，把“政协委员之家”建设成为委员深化学习交流、加强团结联谊、彰显界别特色、密切联系群众、践行协商民主、积极建言献策的重要履职平台。

1. 建学习之家，打造学习交流新载体。开展形式多样的学习交流活动，定期组织委员学习习近平新时代中国特色社会主义思想特别是习近平总书记关于加强和改进人民政协工作的重要思想，学习党的路线方针政策，学习党的统一战线和人民政协理论，学习业务知识和科学文化知识，努力增强政治把握能力、调查研究能力、联系群众能力、合作共事能力。

2. 建履职之家，打造建言献策新平台。延伸政协工作触角，组织委员深入基层、深入群众，积极开展协商监督、调研视察、学习宣传等活动，促进委员履职常态化，通过提案、社情民意信息、调研报告等形式，积极献计出力。

3. 建团结之家，打造团结联谊新渠道。拓展联谊空间，创新联谊方式，通过开展丰富多彩的活动，加强委员之间的沟通交流，加深了解、增进共识、促进团结。

4. 建民主之家，打造凝心聚力新纽带。坚持民主协商、平等议事、求同存异、体谅包容原则，尊重和维护委员权利，营造畅所欲言、各抒己见、理性有度、合法依章的良好氛围。组织委员与群众面对面进行协商沟通，凝聚更多的智慧和力量，在推动协商民主广泛多层制度化发展中发挥积极作用。

四、基本要求

在2016年如皋市各委员组已建成“政协委员之家”基础上，根据新要求予以更新完善，确保2019年全部验收达标。

“政协委员之家”建设要坚持“突出功能定位，体现政协特色”的原则，以政协各委员组为责任主体，集中体现“学习、交流、履职、联谊”为一体的功能，达到“五有”的基本要求。

1. 有组织。各委员组组长是“政协委员之家”的负责人，要切实担起责任，按照“政协委员之家”建设要求，订立计划、制定制度、组织活动、抓好考核，要善于调动本组委员的主动性和积极性，充分发挥好“政协委员之家”主阵地作用，把各项履职活动做到位。各委员组副组长、联络员要积极协助组长工作，做好活动组织协调、联络、服务和考核工作，并及时收集档案资料，认真管好活动台账。

2. 有场所。有固定的活动场所，统一悬挂政协徽章和“政协委员之家”“群众接待室”标牌，配备必备的办公设备，设立委员活动园地。“政协委员之家”活动场所安排，本着“节俭、实用、便于使用”的原则，由各委员组组长根据实际协调落实。委员活动园地可包括委员简介、学习心得、活动剪影、学习资料等。

3. 有制度。健全委员学习、开展活动、收集和反映社情民意信息、联系群众、履职管理、考核奖惩等各项规章制度。

4. 有活动。树立为委员服务、为社会和群众服务的理念，以“政协委员之家”为依托，定期组织委员开展形式多样、内容丰富的学习、履职、公益、文体、联谊等活动。完善委员活动情况登记表、民情信息簿、学习培训登记簿等工作记载。

5. 有成效。开展活动做到有计划、有方案、有记录，责任落实，实现活动安排制度化、活动内容主题化、活动形式多样化、活动成果最大化。各委员组可采取单独开展或与其他委员组联合开展活动等方式，确定协商主题，开展视察调研活动，每年要形成有一定分量的调研报告，撰写集体提案，反映有质量的社情民意信息，开展一些公益活动等。

五、工作措施

1. 精心组织推进。完善“政协委员之家”建设是今年市政协的一项重点工作，也是贯彻落实江苏省、南通市等上级政协的要求，是进一步拓展委员履职空间的新探索，也是政协委员密切与群众联系的重要渠道。“政协委员之家”建设活动将在市政协常委会统一领导下进行，由主席会议成员按照分工协调推进，市政协委员工作委员会牵头各委办对所联系的委员组进行具体业务指导。各委员组组长、副组长要高度重视建设工作，担当起建设工作责任。各委员组要加强学习研究，细化工作方案，积极争取相关单位党委、党组的支持，发挥委员主体作用，共同建设“政协委员之家”。要采取多种方式，整合各方资源，循序渐进地抓好“政协委员之家”的软硬件建设，高质量完成“政协委员之家”建设的各项工作任务。

2. 注重建设成效。“政协委员之家”建设是加强和改进政协工作的一项重要举措。各委员组要按照建设工作要求和委员履职管理规定，明确工作职责，抓好日常管理，在规范化、程序化、制度化上下功夫，在推动委员工作上做文章，真正做到形式与内容的统一、形式与效果的统一，通过“政协委员之家”建设努力使政协开展的各项活动在围绕中心、服务大局上见成效，在关注民生、为民排忧上见成效，在提高委员素质和履职能力上见成效。

3. 加强宣传引领。加强对“政协委员之家”建设工作的指导与宣传，及时交流建设工作经验，协调解决存在的问题，通报建设开展情况。通过政协网站、微信平台等多种媒体，加大对“政协委员之家”建设工作的宣传报道，充分展示政协组织和委员履职为民的新形象。要抓好典型带动，及时总结、推广和宣传在建设工作中涌现出的好做法、好经验。适时召开“政协委员之家”建设现场推进会，以点带面，全面推进“政协委员之家”建设工作扎实有效开展。

4. 落实工作保障。各委员组要认真对照创建工作要求，不断提高硬件、软件水平，为委员之家建设提供坚实有力的保障。市政协将组织对各委员组“政协委员之家”建设进行验收评比，并按照财务相关规定要求，对获评优秀“政协委员之家”的委员组进行适当奖励，以此激励“政协委员之家”活动得以正常顺利开展。

第八章

卷　末

第一节　如皋县各界人民代表会议

中华人民共和国成立以后，如皋县政府为加强与人民群众的联系，根据中央人民政府关于《县级各界人民代表会议组织通则》的规定，于1949年12月24日邀请各界人士13人，成立如皋县各界人民代表会议筹备委员会，由季一先任主任，王遐松、何景平任副主任。1950年1月，如皋县首届各界人民代表会议举行，选举产生常务委员会，设正副主席，历经4届。1956年3月2日，根据《中国人民政治协商会议章程》，由第四届常务委员会主持，成立了中国人民政治协商会议江苏省如皋县委员会，各界人民代表会议自然消失。

第一届各界人民代表会议及其常务委员会

本届代表会议于1950年1月6—9日在如城举行，出席代表390人，县委书记季一先致开幕词，县长王遐松做《政府工作报告》。会议通过了《如皋县财政预决算》和县委书记季一先做的《工作意见的报告》，选举25名常委组成常务委员会，并于2月25日第一次常委会议上推定主席和副主席。

主　席：季一先　1950年1月—1950年7月

副主席：王遐松　1950年1月—1950年9月

　　　　何景平　1950年1月—1950年9月

常　委：

丁秀松	王遐松	朱明亚	李　瑞（女）	何景平	汪铁君
沙镇祥	季一先	马骏一	胡瑞坤	姜祝三	姚辉德
倪锦瑜	陆美银（女）	陈志君	陈汉民	陈家元	孙平生
孙邦俊	张朝模	张　旭	汤其尧	赵明镜	谢永富
苏元怡					

第二届各界人民代表会议及其常务委员会

本届代表会议于1950年9月25—28日在如城举行，出席代表410人。县长王遐松做《政府工作报告》，县委书记左开运做《土改问题的报告》。会议着重讨论了土改工作，通过了146个乡的《土改草案》，选举31名常委组成第二届常务委员会，并于29日第一次常委会议上推定主席和副主席。

主　席：左开运　1950年9月—1951年9月

副主席：王遐松　1950年9月—1951年8月

　　　　何景平　1950年9月—1950年10月

常　委：

丁秀松	王遐松	左开运	朱天佑	朱石卿	何景平
李　瑞（女）	沙镇祥	周德银	马骏一	姜祝三	夏正言

夏宝连	倪锦瑜	郭裕和	陆美银（女）	陈加有	陈　德
陈汉民	陈家元	陶肖溪	孙鳌清	孙少山	张　旭
贾宗文	汤慧余	汤其尧	汤慕徐	刘锦章	魏耀山
苏元怡					

第三届各界人民代表会议及其常务委员会

本届代表会议第一次会议于1951年9月27—30日在如城举行，出席代表444人。会议听取了《如皋县各界人民代表会议建立以来的工作总结》和县长倪锦瑜做的《县政府一年来的工作和今后工作意见的报告》，经过讨论，通过了决议。选举37名常委组成第三届常务委员会，并于10月2日第一次常委会议上推定主席和副主席。

第二次会议于1952年4月27—30日在如城举行，出席代表386人，列席8人。会议中心议题为普遍开展爱国丰产运动，发动群众组织起来，为提高单位面积产量而努力。结合进行“三反”“五反”的政策宣传。会议听取了县长倪锦瑜做的《县政府半年来的工作和今后任务的报告》，由县委书记左开运做了总结发言。经协商调整了常委。

主　席：左开运　1951年9月—1952年10月

副主席：巫云华　1951年9月—1952年4月

倪锦瑜　1951年9月—1952年10月

陶肖溪　1951年9月—1952年10月

汤慧余　1951年9月—1952年10月

常　委：

第一次会议选举的37人：

丁秀松	王耀庭	左开运	朱天佑	朱野樵	朱　白
巫云华	杨云高	吴敬宗	吴恕昌	何达盛	沈玉斋
沈松桂	林　茂	马骏一	胡伯兰	姚古渔	倪锦瑜
徐良泉	高兴隆	陆亦清	陆广发	陈友昌	陈　德
陈锦福	陈汝贤	陶肖溪	黄云芳（女）	黄锡五	程趾仁
汤慧余	万国臣	刘　淑（女）	刘松陆	刘延中	潘逸尘
储　骏					

第二次会议调整为33人：

丁邦敬	丁秀松	左开运	朱石卿	李汉卿	沈松桂
何达盛	吴恕昌	金其虎	姚古渔	胡伯兰	倪锦瑜
陈明朋	陈汝贤	陈　德	陈锦福	陈长富	陆亦清
张　健	马骏一	徐微之	唐锡铭	黄云芳（女）	黄　炎
陶肖溪	汤慧余	杨云高	万国臣	邹义良	阚登连
刘　淑（女）	刘延中	潘逸尘			

第四届各界人民代表会议及其常务委员会

本届代表会议第一次会议于1952年10月18—22日在如城举行，出席代表446人。县委书记左开运致开幕词，县长倪锦瑜做《政府工作报告》。会议通过了《如皋县各界人民代表会议组织条例（草案）》《如皋县各界人民代表会议议事规则（草案）》《如皋县人民政府委员会选举办法》《如皋县人民政府暂行组织条例》。最后由主席左开运做了会议总结。会上选举常委35人组成第四届常务委员会，10月23日第一次常委会议推选左开运为主席，倪锦瑜、陶肖溪、汤慧余为副主席。

第二次会议于1953年4月18—20日在如城举行，出席代表410人。县长倪锦瑜做《政府工作报告》。会议以继续加强抗美援朝力量、大力开展农业生产运动、整顿发展和提高互助组、做好春耕春种为中心内容，并加强民主建政工作，为普选做好准备。

主　席：左开运　1952年10月—1954年5月

副主席：倪锦瑜　1952年10月—1956年3月

　　　　陶肖溪　1952年10月—1956年3月

　　　　汤慧余　1952年10月—1956年3月

常　委：

丁邦敬	丁秀松	丁宗联	左开运	朱春华	朱石卿
吴兆庆	吴恕昌	金其虎	马骏一	胡伯兰	姜广银
夏守甫	倪锦瑜	徐微之	徐炳如	唐锡铭	陆亦清
陈长富	陈明朋	陈　德	陈锦福	陈汝贤	陶肖溪
孙忠权	张朝模	张秀芳（女）	邹义良	汤慧余	
汤宝一（女）	僧琴舟	刘　淑（女）	潘逸尘	储心斋	阚登连

第二节　参政会

1941年秋，中共如西县委贯彻执行党的统一战线政策，按“三三制”原则，召开各界人民代表大会，选举产生如西县参政会。至1945年9月，共历三届。

如西县第一届参政会

1941年秋，如西县第一届参政会会议在卢港区晓曙小学举行，苏中第三军分区司令员叶飞、苏中三地委副书记许家屯、苏中三专署专员朱克靖参加大会。叶飞做政治报告，如西县县长季恺做政府施政工作报告。会议着重讨论了巩固抗日民主根据地和减租减息问题。选举了正副议长各1人及驻会委员6人，组成第一届参政会领导机构。

议　长：邱　同　1941年秋—1942年11月

副议长：卢绿吟　1941年秋—1942年11月

如西县第二届参政会

1942年11月15—19日，如西县第二届参政会会议在度军井区北石庄举行。苏中三专署专员朱克靖做《政治报告》，县长季恺做《一年来政府工作报告》。会议主要讨论了“动员群众进行反伪化斗争，扩大边沿区，巩固根据地”的问题。会议选举了第二届参政会的正副议长3人和驻会委员9人，组成领导机构。1943年春改选了3名驻会委员。

议 长：邱 同 1942年11月—1944年9月

副议长：季 耀 1942年11月—1944年9月

沙国华 1942年11月—1944年9月

如西县第三届参政会

1944年9月10—15日，如西县第三届参政会会议在江安区周庄小学举行，规模比上两届都大。会议上由县委书记周特夫做《政治报告》，代县长曹衍正做《政府工作和今后工作任务的报告》，讨论了组织人力、财力、物力，准备反攻，粉碎敌人垂死的疯狂挣扎。与会全体代表宣誓：“誓以至诚，坚持民族气节，与敌伪做殊死斗争，不投降，不妥协，争取反攻胜利，如违誓言，甘受制裁。”会议做出《组织参政工作团，协助地方开展有关工作的决议》。选举产生了第三届参政会的正副议长3人、驻会委员9人，组成领导机构。1945年6月24—27日，在周庄小学召开了三届二次扩大会，学习了毛泽东《论联合政府》的重要文章，讨论了在党的领导下建立新民主主义新中国的历史使命。大会选举许家屯、邱同、何景平、陆植三、沙国华、张超模为出席苏中人民代表会议的代表。

议 长：邱 同 1944年9月—1945年9月

副议长：沙国华 1944年9月—1945年9月

汤慧余 1944年9月—1945年9月

1945年9月，原如西县第三届参政会更名为如皋县第三届参政会。随着行政区域的变化，增补了如城、丁东、柴湾等区的有代表性的人士为参政员。1946年春，于如城举行参政会驻委扩大会，对进城后党和政府的财政税收工作进行讨论，统一工商界人士的思想认识。1946年7月，参政会撤出如城，活动停止。

议 长：丁正铎 1945年9月—1946年7月

副议长：沙国华 1945年9月—1946年7月

汤慧余 1945年9月—1946年7月

第三节 如皋市（县）工商业联合会

一、机构沿革

1952年9月，如皋县工商业联合会筹备委员会成立。1953年1月，在如城举行如皋县工商联首次会员代表大会，选举产生如皋县工商业联合会第一届执行委员会，如皋县工商联正式建立。至1966年5月，历经3届。“文革”期间被迫停止工作。

1986年4月8日，如皋县工商业联合会恢复组织机构。

1993年5月，如皋市工商业联合会增挂如皋市商会牌子，两块牌子，一套班子。

2005年3月，如皋市商会更名为如皋市总商会。

二、主要职责

工商联建立初期，根据国家的过渡时期总路线和总任务，根据和平改造资本主义工商业的方针和购买政策，推动工商业者接受爱国主义、社会主义教育，逐步把私营企业纳入工商资本主义的轨道。1956年以后，随着生产资料私有制社会主义改造基本完成，工商联则作为以推动原工商业者自我教育为主要职能的人民团体，主要组织会员学习政治理论，坚定“听毛主席话、跟着共产党走、走社会主义道路”的信念，积极投入社会主义建设。

“文革”期间，工商联工作停顿。

十一届三中全会以后，工商联的主要职能是：

（1）参政议政。积极参加国家事务和经济、社会重大决策的政治协商，发挥民主监督的作用，对政府的有关政策、经济法规的制订提出建议并协助贯彻执行。

（2）为会员和社会提供经济信息与财务会计、法律等咨询服务，进行工商专业培训，帮助会员改善经营管理，提高生产技术，促进横向经济联系，交流研讨业务经验，协调会员之间、会员与企业之间、行业之间、地区之间的关系，沟通产供销渠道，为发展生产力、发展社会主义有计划的商品经济、促进国家经济建设而尽力。

（3）维护会员的合法权益，反映会员的意见、要求，成为会员与政府之间协商和对话的民主渠道，发挥桥梁作用。

（4）发扬爱国主义、社会主义自我教育的优良传统。

（5）加强与台湾、香港、澳门地区和世界各国工商社团及工商经济界人士的联系，促进经济、技术和贸易合作的发展。

（6）为会员提供必要的证明。

1991年7月，中共中央发布中发〔91〕15号文件，明确工商联主要工作对象为私营企业、个体工商业、“三胞”投资企业和部门乡镇企业，开展非公有制经济人士思想政治工作。20世纪90年代中期，如皋市工商业联合会作为市工商业界组织的人民团体和民间商会，主要职责是：

（1）参政议政，参与全市社会、经济重大决策的政治协商，发挥民主监督的作用，做好非公有制经济代表人士政治安排的推荐工作，配合市中心工作，广泛开展调查研究活动，协助和参与市委、市政府做好对全市非公有制经济发展政策的研究、制定、规划、协调工作；及时向市委、市政府和上级有关部门反映情况，提出意见和建议。

（2负责调查研究并反映全市非公有制经济代表人物情况，对他们开展以“爱国、敬业、守法”为主要内容的“团结、帮助、引导、教育”工作，联系和培养一支坚决拥护共产党领导、坚持走社会主义道路的骨干分子队伍。

（3）维护会员的合法权益，反映会员的正确意见、要求和建议，在会员和政府间发挥桥梁作用，当好政府管理非公有制经济的助手。

（4）为会员和社会提供市场、技术、商品等信息，为会员提供管理、法律、会计、审计、融资、咨询等服务。

（5）开展工商专业培训，帮助会员改善经营管理，提高生产技术和产品质量，改进财务、纳税等工作。

（6）按照有关规定，组织会员举办和参加各种对内对外展销会、交易会，组织会员出国考察访问，帮助会员开拓国内、国际市场。

（7）为会员提供必要的证明，协调关系，为会员和民间企业调解经济纠纷。

（8）增进与台湾、香港、澳门地区和世界各国工商社团及工商界人士的联系和友谊，促进经济、技术和贸易合作的发展，协助引进资金、技术、人才。

（9）办好会办服务事业、经济实体。

（10）承办市委、市政府和有关部门委托的事项。

三、内设机构

1953年至1957年，县工商联下设如城、白蒲、石庄、丁堰四个分会。工商联机关内部设立宣传股、业务辅导股、总务股三个中层机构。1958年以后，没有明确设中层机构，直至“文革”开始，停止活动。

1986年恢复后，机关内部没有设立中层机构，1980年2月，经县政府批准开办“经济技术服务部”。

1993年5月，如皋市工商业联合会增挂如皋市商会牌子。

1994年，工商联分设办公室、会员会务、经济三个方面工作。

2006年，工商联内部设立办公室、会员部、经济联络部、宣调部。

四、人员编制

1953年年初建立时在编9人，至1956年工改时仍为9人。1962年1月在编8人。1966年“文革”后工商联停止会务活动，人员除退休、死亡减员外，其余陆续转往其他部门。

1986年4月，恢复建立县工商联，当年1月在编2人。1987年11月5日，根据市委统战部、市编委、市财政局、市劳动人事局通财行〔1987〕129号、通编行〔1987〕35号文增加编制5人，共计编制7人。1987年年底在编2人，1988年10月在编3人，1989年7月在编4人，1990年1月在编5人。1997年，市工商联（商会）机关行政编制为5名，另核行政附属编制1名。领导职数：会长1名，副会长2名（以上均为驻会，其中一名副会长兼秘书长，秘书1名）。

五、主要领导更迭情况

1. 主席（1993 年之后兼商会会长）

潘逸尘	1952 年 9 月—1967 年 3 月
潘信征	1986 年 4 月—1997 年 3 月
章　骥	1997 年 3 月—2000 年 4 月
魏祝明	2000 年 4 月—2016 年 12 月
杜永红	2016 年 12 月—

2. 副主席（1993 年之后兼商会副会长）

孙　明	1953 年 1 月—1963 年 5 月
陈长富	1953 年 1 月—1959 年 8 月
安子余	1953 年 1 月—1966 年 9 月
吴兆庆	1953 年 1 月—1967 年 3 月
沈成功	1959 年 8 月—1967 年 3 月
吴宗明	1959 年 8 月—1967 年 3 月
潘信征	1959 年 8 月—1967 年 3 月
顾长山	1963 年 5 月—1967 年 3 月
孙德华	1986 年 4 月—1989 年 9 月（兼秘书长）
李志生	1986 年 4 月—1993 年 5 月
沈　察	1986 年 4 月—1997 年 3 月
黄　琳	1988 年 12 月—1997 年 3 月（1989 年 12 月兼秘书长）
王祖彭	1989 年 12 月—1993 年 5 月
王邦川	1993 年 5 月—1996 年 10 月
章　骥	1994 年 2 月—1997 年 2 月
顾春林	1994 年 2 月—1999 年 2 月
张英田（兼）	1994 年 2 月—1999 年 2 月
张汉启	1995 年 11 月—2001 年 11 月
徐复林	1997 年 3 月—1998 年 7 月
王维进	1997 年 3 月—2005 年 12 月（兼秘书长）
魏祝明（兼）	1997 年 3 月—2000 年 4 月
蔡成德	1999 年 2 月—1999 年 8 月
陈　钧	1999 年 8 月—2001 年 11 月
张新裕	2000 年 4 月—2003 年 7 月
顾建华	2001 年 11 月—2004 年 1 月
骆春林	2001 年 11 月—2004 年 1 月
严世进（兼）	2001 年 11 月—2003 年 12 月

王锦国　　2004 年 1 月—2009 年 12 月
陈新生　　2004 年 1 月—2006 年 12 月
蒋莹芳　　2006 年 1 月—2008 年 12 月
张建华　　2006 年 12 月—2012 年 12 月
郭震寰　　2006 年 12 月—2007 年 11 月
杨　龙　　2010 年 1 月—2015 年 12 月
缪爱国　　2010 年 12 月—
余国平　　2010 年 12 月—
倪东波　　2013 年 1 月—2018 年 2 月
顾卫国　　2016 年 1 月—
常伟华　　2018 年 11 月—

3. 党组书记

顾春林　　1998 年 7 月—1999 年 2 月
徐复林　　1997 年 3 月—1998 年 7 月
蔡成德　　1999 年 2 月—1999 年 8 月
陈　钧　　1999 年 8 月—2001 年 11 月
严世进　　2001 年 11 月—2003 年 12 月
王锦国　　2004 年 1 月—2009 年 12 月
杨　龙　　2010 年 1 月—2015 年 12 月
顾卫国　　2016 年 1 月—

第四节　如皋市党外知识分子联谊会

为贯彻落实《中共中央关于进一步加强中国共产党领导的多党合作和政治协商制度建设的意见》（中发〔2005〕5 号）精神，进一步加强党和政府与党外知识分子的联系，2005 年 12 月 14 日，经市民政局批复成立如皋市党外知识分子联谊会。初期吸收会员 170 名。

第一届理事会

根据《如皋市党外知识分子联谊会章程》规定，如皋市党外知识分子联谊会设理事会。本届理事会共安排理事 46 名，其中会长 1 名，副会长 5 名，秘书长 1 名，副秘书长 6 名。46 名理事中，教育系统 10 人，医卫系统 6 人，农水口 6 人，城建交通方面 2 人，文化、体育、新闻单位 3 人，经济、科技方面 13 人，政法系统 3 人，财政金融方面 2 人，其他 1 人。

会　　长：陆小兵
副 会 长：丁正祥　　陈爱玉　　黄文斌　　张兆民　　王志敏
秘 书 长：陈洪波
副秘书长：沈孝峰　　姜健荣　　姚寓韶　　佘柳涛　　王　辉　　沈　健

第一届如皋市党外知识分子联谊会会员分组情况：

教育一组（共17人，召集人：丁正祥）

陆小兵	丁正祥	严海风	邵永红	谭 勇	朱亚新
谢书平	李建军	郭仇建	贲国才	王全胜	姜跃明
冒锦华	余 强	刘剑锋	徐 斌	钱德平	

教育二组（共18人，召集人：姜健荣）

姜健荣	邱建明	程 然	王新祥	马能源	吴 琼
马德凤	姜亚云	王爱凤	缪爱华	冯志玲	王光进
蔡宏祥	尤和平	周玉梅	缪继红	朱天宝	王 周

农林水利组（共23人，召集人：陈爱玉）

陈爱玉	佘柳涛	李 锋	肖承璋	王学平	周志宏
席日锋	洪远琪	顾宏兵	许 梅	金义明	李百忠
徐培华	石峥嵘	曹国柱	沈万红	朱鲜平	黄建国
陈明娟	杨锦梅	肖海涛	黄 勇	金卫华	

医疗卫生组（共20人，召集人：沈健）

沈 健	曹 娟	冒志明	陈正言	徐 强	孙 健
朱东兵	薛 梅	李淑云	刘德胜	沈安明	薛正俊
吴元祥	张涟黄	陈 俊	章祥友	蔡建新	黄艳华
章允刚	薛 峰				

财政金融组（共23人，召集人：万健）

万 健	程正元	石 云	王小亚	刘 平	冒爱凤
吴锋斌	汪如健	霍海蓉	张 华	丁佐兰	殷宏林
朱一飞	顾晓亮	杭 涛	刘春宏	葛存学	孙祥国
倪明明	卞大军	韩益民	李坚平	奎沈东	

城建交通组（共8人，召集人：张兆民）

张兆民	王 辉	樊冬燕	孙 科	秦兴国	罗建平
薛 俊	张世秋				

文艺新闻组（共13人，召集人：姚寓韶）

姚寓韶	刘晓洁	陆 双	夏建国	张 旭	黄宏俊
刘 翔	周沈兵	陈志清	高 如	葛继延	缪新华
严道宏					

工业经济组（共14人，召集人：朱守华）

朱守华	陈治文	陈大明	郑振明	吴建国	洪德峰
苏 燕	徐 强	钱 进	周 鑫	蔡国平	周 勇
葛 灿	冒乃琴				

司法组（共16人，召集人：黄文斌）

黄文斌	沈孝峰	陈 皞	吴剑平	周明俊	卢建辉
徐剑锋	曹小龙	杨少华	周国建	杨国圣	蔡若岚
姚勇华	夏泽涵	徐红兵	徐 康		

工商组（共16人，召集人：王志敏）

王志敏	刘晓东	孙晓冬	蒋邦峻	葛志宏	李玉坤
邱国祥	王德峰	黄建山	徐 军	李仁华	吴益成
肖 群	金雅萍	王宏根	陈洪波		

第二届理事会

第二届理事会共安排理事32名（比上届减少14名），其中会长1名，副会长8名（与上届相同），秘书长1名，副秘书长11名。32名理事中，教育系统5人，医卫系统4人，农业农村方面3人，城建交通方面3人，文化、体育、新闻单位3人，工业科技方面3人，政法系统4人，财税金融方面3人，资源环境方面3人，其他1人。

会　　长：黄文斌

名誉会长：陆小兵

副会长（以姓氏笔画为序）：

刘晓洁	吴剑平	沈 健	沈孝峰	张兆民	陈 皞
姜健荣	姚寓韶				

秘 书 长：赵本良

副秘书长：

王 辉	朱一飞	朱守华	朱宏彬	佘柳涛	苏 燕
陆 彪	金义明	夏建国	徐 强	钱德平	

如皋市党外知识分子联谊会第二届会员分组情况：

教育组（15人，召集人：姜健荣）

陆小兵	姜健荣	钱德平	冒锦华	邱建明	程 然
严海凤	贲国才	王新祥	马德凤	王爱凤	薛 钧
顾长正	姚亚云	汤卫红			

医卫组（20人，召集人：沈健）

沈 健	徐 强	沈安明	孙 建	朱东兵	黄陈俊
朱晓玲	陆少波	李美琴	张 蓓	张爱萍	房宏生
王振华	周祥国	李小学	陆 平	陈建华	姜 燕
余瑞平	刘小鹏				

农业农村组（20人，召集人：张兆民）

张兆民	金义明	佘柳涛	石峥嵘	席日峰	顾宏兵
李百忠	徐培华	朱鲜平	黄建国	肖海涛	黄 勇

陈新育 黄冬梅 黄安宏 康晨晖 夏 彤 顾 宇
钱小兰 陈 鹏

文体组（12 人，召集人：姚寓韶）

姚寓韶 沈孝峰 夏建国 陈怀宇 黄宏俊 刘 翔
缪新华 陈细建 陈玉峰 谢 康 周虎跃 顾忠兵

政法组（13 人，召集人：陈皞）

黄文斌 陈 皞 吴剑平 刘晓洁 卢建辉 徐征曦
杨国圣 姚勇华 夏泽涵 徐红兵 卢海琴 宗卫兵
蒋晓荣

城建交通组（12 人，召集人：朱一飞）

朱一飞 王 辉 罗建平 张 俊 陈 蓓 吴军锋
冒鹏飞 徐海荣 马 浩 孙宏琛 金 鑫 董步昌

财税金融组（11 人，召集人：朱宏彬）

朱宏彬 万 建 冒爱凤 李志龙 季 康 沈 丽
霍海蓉 朱晓忠 陈国祥 章 衡 王丽萍

工业科技组（15 人，召集人：陆彪）

陆 彪 朱守华 苏 燕 吴建国 洪德峰 高利炎
王宏根 张永飚 王德峰 郭震寰 陆金林 朱 勇
张美伦 张英霞 赵本良

资源环境组（7 人，召集人：徐强）

徐 强 赵仁奇 钱 进 马小兵 李益群 姚建梅
周银兵

第三届理事会

如皋市党外知识分子联谊会第三届理事会共安排理事 36 名，其中会长 1 名，副会长 10 名，秘书长 1 名，副秘书长 1 名。36 名理事中，教育系统 4 人，医卫系统 5 人，农业农村系统 5 人，城建交通系统 4 人，文化、体育、新闻系统 4 人，工业科技系统 5 人，政法系统 3 人，财税金融系统 3 人，资源环境系统 3 人。

会 长：郑振明

副会长（以姓氏笔画为序）：

丁 非 朱宏彬 吴剑平 苏 燕 沈安明 陈玉峰
姚寓韶 赵仁奇 夏建国 郭震寰

秘 书 长：夏建国（兼）

副秘书长：赵本良

如皋市党外知识分子联谊会第三届会员分组情况：

教育组（15人，召集人：丁非）

丁　非	姜健荣	冒锦华	范留平	钱德平	严海凤
贲国才	王新祥	马德凤	薛　钧	顾长正	姚亚云
汤小燕	吴兴红	石春梅			

医卫组（16人，召集人：沈安明）

沈安明	李美琴	周祥国	刘小鹏	陆　平	朱东兵
朱晓玲	张　蓓	张爱萍	王振华	李小学	陈建华
姜　燕	佘瑞平	沙德胜	许利军		

农业农村组（21人，召集人：陈玉峰）

郑振明	陈玉峰	张兆民	沈孝峰	陈　鹏	佘柳涛
石峥嵘	席日峰	顾宏兵	李百忠	徐培华	朱鲜平
黄建国	肖海涛	黄　勇	黄冬梅	黄安宏	康晨晖
夏　彤	钱小兰	朱筠筠			

文体组（12人，召集人：夏建国）

夏建国	姚寓韶	缪新华	黄宏俊	陈怀宇	刘　翔
谢　康	顾忠兵	周虎跃	邱　辰	芮　莉	李雯雯

政法组（10人，召集人：吴剑平）

吴剑平	陈　皞	卢海琴	卢建辉	徐征曦	杨国圣
徐红兵	蒋晓荣	吴旎妮	杨益非		

城建交通组（11人，召集人：赵仁奇）

赵仁奇	朱一飞	王　辉	陈大勇	陈　蓓	吴军锋
冒鹏飞	马　浩	金　鑫	罗建平	王　震	

财税金融组（9人，召集人：朱宏彬）

朱宏彬	季　康	徐　强	万　建	冒爱凤	沈　丽
朱晓忠	陈国祥	孙　玮			

工业科技组（13人，召集人：郭震寰）

郭震寰	陆　彪	金义明	张新峰	张英霞	洪德峰
高利炎	王宏根	张永飚	韩　澄	何　丽	吴华锋
朱　云					

资源环境组（7人，召集人：苏　燕）

苏　燕	郑淑一	赵本良	钱　进	马小兵	李益群
王宏伟					

第五节 政协联谊会

由于年龄、身份、工作岗位变动等诸多因素，一部分政协委员换届以后离开了政协组织，但他们在社会上仍然具有相当大的影响力。为了更好地发挥老委员的作用，1999 年 7 月 6 日，如皋市政协联谊会正式成立。

第一届政协联谊会

理 事 长：魏国平

副理事长：马云鹏

秘 书 长：史有生

副秘书长：孙益新　严　伟

名誉理事长：明道奎

常务理事：

魏国平	马云鹏	史有生	孙益新	严　伟	章晓林
冯　璐	赵剑平	解志明	薛宝鑫	徐传香	李世楷
赵达时	秦兴国	康　健	方正华		

理　事：

明道奎	陈昭宽	杨文留	赵建华	杨海林	冒玉成
陈德华	范崇魁	黄　琳	贾　铭	董鸿晨	马鹏图
夏　瞳	刘同旺	倪绍卿	刘学海	倪志高	马能宽
钱再荣	倪　兵	裴友珍	于厥皋	李克灵	王崇德
郭必祥	邓纯华	庄绳武	周铭华	胡明元	尹　平
汤　迪	汪祖贻	朱济民	戴维元	葛增琳	夏铭镏
陆汉光	陈禹峰	张凤英	任储尧	朱云程	赵　益
苏人杰	翟东春	帅树忠	林铁雄	郭建清	郭夕康
沈文光	邹美林	石建国	印翠芳	孙福基	陆金胜
王春元	左宗昌	袁民岗	沙　炎	缪小华	夏　涛

第二届政协联谊会

理 事 长：浦文海　李中林

常务副理事长：刘桂江　于永芳

副理事长：王连生　严世进　徐建平　马云鹏　章　骥

秘 书 长：史有生

副秘书长：徐　梅　马武台　严　伟

名誉理事长：魏国平　明道奎

常务理事：

浦文海 刘桂江 王连生 严世进 徐建平 马云鹏
章　骥 史有生 吴希林 黄裕龙 徐　连 赵兰芳
刘志高 蒋本立 钱祖尧 许秀银

理　　事：

浦文海 刘桂江 魏国平 明道奎 王连生 严世进
徐建平 马云鹏 章　骥 史有生 徐　梅 马武台
严　伟 章晓林 赵剑平 赵兰芳 徐连生 骆春林
吉文刚 蒋本立 吴希林 黄裕龙 陶增俊 钱祖尧
许秀银 宗学广 刘志高 杨文留 庄绳武 郭进荣
陈恒健 黄国柱 环俊仁 邱明鑑

文史工作研究会

会　长：徐建平

副会长：吴希林　黄裕龙

会　员：

章晓林 徐　琛 康　健 严　伟 吴希林 黄裕龙
徐建平

经济工作研究会

会　长：王连生

副会长：徐连生　赵兰芳

会　员：

赵剑平 胡明元 翟东春 冯　璐（女）倪绍卿 夏　涛（女）
谢志明 平绍勋 孙家俊 秦龙甫 石仁志 陈宏因
汪祖荫 殷春祥 谢庆生 宋元进 黄光祖 郑汉彬
赵兰芳（女）徐连生 骆春林 周翠萍（女）崔跃章 刘玉华
石　民 徐复林 仲济凯 陈昭宽 章　骥 明道奎
王连生 浦文海

法制城建研究会

会　长：严世进

副会长：刘志高　蒋本立

会　员：

蒋本立 吉文刚 杨文留 陶增俊 洪炎秀（女）张世和
宗学广 李万春 沈　察 陈耀东 刘志高 杨海林
倪志高 史有生 庄绳武 魏国平 严世进

社会事业研究会

会　长：马云鹏

副会长：钱祖尧　　许秀银

会　员：

钱祖尧　郭进荣　陈恒健　马　沄　许秀银　金来英（女）
周国祥　张　平　吴迪祥　黄扶正　黄国柱　马武台
环俊仁　裴友珍（女）于厥皋　夏铭骝　李世楷　方正华
邓纯华（女）鞠如凡　刘炤松　严道宏　邱明鑑　刘昌启
徐　梅（女）马云鹏　刘桂江

第三届政协联谊会

理 事 长：李中林

常务副理事长：于永芳

副理事长：陆小兵　袁　泉　严世进　王连生　徐建平　马云鹏　章　骥

秘 书 长：史有生

副秘书长：周荣明　徐　梅　马武台　严　伟

名誉理事长：浦文海　刘桂江　魏国平　明道奎

理　　事：

李中林　于永芳　浦文海　刘桂江　魏国平　明道奎
陆小兵　袁　泉　严世进　王连生　徐建平　马云鹏
章　骥　史有生　周荣明　徐　梅　马武台　严　伟
吴希林　黄裕龙　徐连生　赵兰芳　蒋本立　陈昭志
钱祖尧　许秀银

文史工作研究会

会　长：徐建平

副会长：吴希林　黄裕龙

会　员：

徐建平　吴希林　黄裕龙　章晓林　徐　琛　康　健
严　伟　黄天铨　朱霁云　殷春泉　史有生　浦文海

经济工作研究会

会　长：袁　泉

副会长：徐连生　赵兰芳

会　员：

袁　泉　徐连生　赵兰芳（女）赵剑平　冯　璐（女）平绍勋
孙家俊　秦龙甫　石仁志　汪祖荫　黄光祖　郑汉彬
骆春林　周翠萍（女）陈建国　崔跃章　刘玉华　石　民
徐复林　赵俊龙　姜步源　葛振中　徐建林　程正元

钱德辉　谢常济　冒家琪　姜　鹄　周荣明　章　骥
明道奎　王连生　李中林

法制城建研究会

会　长：于永芳

副会长：蒋本立　陈昭志

会　员：

于永芳（女）蒋本立　陈昭志　吉文刚　杨文留　陶增俊
洪炎秀（女）张世和　宗学广　李万春　陈耀东　刘志高
杨海林　倪志高　庄绳武　沈永祥　张美泽　严世进
魏国平

社会事业研究会

会　长：陆小兵

副会长：钱祖尧　许秀银

会　员：

陆小兵　钱祖尧　许秀银　陈汝春　陈恒健　吴迪祥
黄扶正　黄国柱　环俊仁　鞠如凡　刘炤松　严道宏
邱明鑑　方景涵　于厥皋　江　蘖（女）孙慧明（女）杨淑仪（女）
陈正言　沈爱萍（女）刘德胜　王永茂　张　权　江健华
季志伟　张启芳（女）马武台　徐　梅（女）马云鹏　刘桂江

第四届政协联谊会

理 事 长：李中林

常务副理事长：章建平

副理事长：于永芳　陆小兵　袁　泉　严世进　章　骥

秘 书 长：殷高华

副秘书长：徐　梅　史有生　羌汉荣　顾艳枫

名誉理事长：浦文海　刘桂江　魏国平　明道奎

理　　事：

李中林　章建平　于永芳　浦文海　魏国平　明道奎
陆小兵　袁　泉　严世进　章　骥　殷高华　史有生
羌汉荣　徐　梅　赵兰芳　蒋本立　陈昭志　王永茂
王有进　环俊仁　顾艳枫

文史工作联谊分会

会　长：章建平

副会长：周庆如　王永茂　邹　康　张　权

会　员：

黄天铨 朱霁云 殷春泉 史有生 浦文海 李四海
汪　植 周庆如 邹　康 范存全 钱长稳 蓝建虹
郑浩明 范钦坤 王永茂 李建明 张　权 章建平
顾艳枫

经济工作联谊分会

会　长：袁　泉

副会长：赵兰芳　骆春林　王有进　葛振中

会　员：

李中林 袁　泉 赵兰芳 冯　璐 骆春林 陈建国
赵俊龙 姜步源 葛振中 徐建林 程正元 钱德辉
谢常济 冒家琪 姜　鹄 明道奎 鲍家华 夏正国
卞建如 王有进

法制城建联谊分会

会　长：于永芳

副会长：蒋本立　陈昭志　袁国遐

会　员：

于永芳 蒋本立 陈昭志 陈耀东 沈永祥 张美泽
严世进 魏国平 袁国遐 吴燕芳 李　耘 陈大明
强汉林 秦兴国 丁佐华 周忠良 顾建华 羌汉荣
马向民

社会事业联谊分会

会　长：陆小兵

副会长：陈汝春　环俊仁　陈银忠

会　员：

陆小兵 陈汝春 环俊仁 严道宏 方景涵 江　蕖
孙慧明 杨淑仪 陈正言 沈爱萍 刘德胜 江健华
张启芳 徐　梅 刘桂江 殷高华 杨忠泽 黄山峰
蔡建新 陈银忠 钱德平

第五届政协联谊会

理 事 长：张元健

常务副理事长：冒　平

副理事长：魏祝明　刘聪泉　章建平　于永芳　陆小兵

秘 书 长：许映亮

副秘书长：殷高华　徐　梅　周　星　严佩兰　顾艳枫　刘亚丽

名誉理事长：李中林　浦文海　刘桂江　魏国平　石秀峰　明道奎

理　　事：

张元健	冒　平	魏祝明	刘聪泉	章建平	于永芳
陆小兵	许映亮	殷高华	史有生	羌汉荣	徐　梅
杭　斌	贾宏斌	夏琪斌	周太荣	许　俊	章士友
周　星	严佩兰	丁建明	顾艳枫	刘亚丽	

文史工作联谊分会

会　长：章建平　刘聪泉

副会长：杭　斌　张　进　缪新华

会　员：

刘桂江	浦文海	章建平	刘聪泉	周　星	沈孝峰
夏建国	丁建明	杭　斌	史有生	李四海	洪宝瑚
周庆如	范存全	钱长稳	郑浩明	范钦坤	李建明
张　权	周光银	缪新华	张　进		

经济工作联谊分会

会　长：魏祝明

副会长：贾宏斌　汪农生　陈　进　张德进

会　员：

冒　平	明道奎	魏祝明	顾艳枫	周松林	葛振中
汪农生	鲍家华	夏正国	卞建如	王有进	贾宏斌
范存国	陶　建	张建华	贲爱民	佘柳涛	高利炎
孙晓霞	王中维	陈　进	征大生	张德进	

法制城建联谊分会

会　长：于永芳

副会长：夏琪斌　王云娟　薛国成　沈明慧

会　员：

张元健	李中林	魏国平	于永芳	许映亮	刘亚丽
沈明慧	沈永祥	袁国遐	吴燕芳	李　耘	陈大明
强汉林	秦兴国	周忠良	顾建华	羌汉荣	马向民
谢跃进	王云娟	阚德龙	郝继锋	夏琪斌	吴　迁
张永海	薛国城				

社会事业联谊分会

会　长：陆小兵

副会长：周太荣　章士友　许　俊　薛瑞华

会　员：

石秀峰	陆小兵	严佩兰	孙慧明	杨淑仪	沈爱萍
唐晓梅	张启芳	徐　梅	殷高华	杨忠泽	黄山峰

蔡建新	陈银忠	周太荣	钱德平	章士友	缪世春
丁 非	邱建明	冒 伟	康 岚	郭再萍	薛瑞华
许 俊	吴元祥	陆 平	刘继平	冒志明	

后 记

《如皋政协志》编纂工作，历经三年，五易其稿，于今付梓。这是如皋政协的第一部志书，值得纪念和庆贺。

《如皋政协志》编纂大致分为四个阶段。第一阶段，2018 年年初至 4 月，经主席会议研究，成立编委会，制订编纂计划，草拟篇目结构，明确人员分工，编制预算方案，召开启动会议；第二阶段，2018 年 4 月至 2019 年 6 月，查阅资料，编写初稿，2019 年 3 月形成一稿（汇总稿），2019 年 6 月形成二稿（初审稿），广泛征求意见；第三阶段，2019 年 7 月至 2020 年 7 月，调整篇目结构，深入查阅资料，分章充实完善，2020 年 2 月形成三稿，组织特约审校人员前后统稿修缮，2020 年 7 月形成四稿（再审稿），进一步征求意见；第四阶段，2020 年 8 月至 12 月，继续修改，交苏州大学出版社审稿、校对、定稿、付印。

《如皋政协志》的编纂自始至终得到各级领导的关心与支持，中共如皋市委书记张建华和如皋市人民政府市长何益军在百忙中拨冗为志书作序；市政协主席张元健对志书编写高度重视，多次主持召开编委会，研究部署编写工作；副主席冒平、杜永红、郑振明、严世斌对编纂工作十分关心、全力支持，认真审阅并提出修改意见；副主席刘晓洁亲力亲为组织推进，为志书编写出版倾注了大量心血；秘书长许映亮积极沟通协调、提供保障；政协历届老领导、老同志为志书编写出谋划策、提供史料、提出建议；各章节撰稿人秉持良史精神、信史原则，寒来暑往、披沙拣金，反复修改、精益求精；政协办公室和各个专委会全员参与，付出了辛勤劳动；如皋档案局（馆）在资料查阅上给予了很多帮助，苏州大学出版社对志书的审定和出版给予了大力支持，在此一并表示衷心感谢。

本志编纂及参与者如下：一稿、二稿由邱贵平统稿，史有生、周星、邱贵平、朱志伟、朱生全、顾艳枫、刘霞、吴小蓉、刘亚丽、石坚、许蝶负责收集整理资料，张爱娟协助查找档案，周程琦负责文档录入。三稿由孙天骄撰写概述；史有生撰写大事记；周星撰写组织机构和人员组成部分；万有富撰写主要会议和重大活动部分；朱生全撰写重要履职活动部分，其中经济科技和农业农村履职活动部分由丁建明负责撰写。四稿由孙天骄统稿，孙尔俊负责 1956—1999 年部分的审校，谢永华负责 2000—2008 年部分的审校，孙天骄负责 2009—2019 年部分的审校，黄恒娥负责照片的编辑和整理。

鉴于编纂人员水平所限，加之部分史料缺失、考订百密一疏，书中疏漏、失误、不足在所难免，敬请领导、专家和读者批评指正，以便在今后续志时一并补正完善。

《如皋政协志》编纂委员会

2020 年 12 月